U0516681

全國高等院校古籍整理研究工作委員會重點項目

浙江大學「211工程」三期「古代文化典籍整理、研究與保護」項目

雍正義烏縣志

上

義烏叢書編纂委員會
浙江大學浙江文獻集成編纂中心　編

〔清〕韓慧基　修
〔清〕沈裕　等纂
池雪豐　點校

中華書局

圖書在版編目(CIP)數據

雍正義烏縣志/(清)韓慧基修;(清)沈裕等纂;池雪豐點校. —北京:中華書局,2025. 3. —(義烏叢書·義烏往哲遺著叢編). —ISBN 978-7-101-16888-4

Ⅰ. K295. 54

中國國家版本館 CIP 數據核字第 2024M4W979 號

書　　名	雍正義烏縣志(全三册)
修　　者	〔清〕韓慧基
纂　　者	〔清〕沈　裕 等
點 校 者	池雪豐
叢 書 名	義烏叢書·義烏往哲遺著叢編
責任編輯	許慶江
封面設計	許麗娟
責任印製	陳麗娜
出版發行	中華書局 (北京市豐臺區太平橋西里 38 號　100073) http://www. zhbc. com. cn E-mail:zhbc@ zhbc. com. cn
印　　刷	三河市中晟雅豪印務有限公司
版　　次	2025 年 3 月第 1 版 2025 年 3 月第 1 次印刷
規　　格	開本/880×1230 毫米　1/32 印張 42¾　插頁 6　字數 680 千字
印　　數	1-2300 册
國際書號	ISBN 978-7-101-16888-4
定　　價	248.00 元

義烏叢書編輯部

主　　編　吴小鋒

副 主 編　何曉東　龔俊紅　潘桂倩

本書執行編輯　趙曉青

總序

汩汩義烏江，從遠古流來，流過上山文化，流經烏傷古縣，流入當今小商品之都，流成一條奔涌着兩千兩百餘年燦爛文明浪花的歷史長河。

義烏江流域，山川秀美，物華天寶，文教昌盛，地靈人傑。自秦王政始置烏傷縣，兩千兩百多年的歷史時期，勤勞智慧的義烏人在此耕耘勞作，繁衍生息，改造山河，創造了璀璨的歷史文化。

義烏地方文化，是中華民族文化的組成部分，因其獨特的地理環境和歷史原因，又具有自身鮮明的特徵。

義烏文化的獨特性，體現在「勤耕好學、剛正勇爲、誠信包容」的義烏精神裏，體現在「崇文、尚武、善賈」的義烏民俗裏，體現在「博納兼容、義利並重」的義烏民風裏。義烏精神及民風、民俗遂成爲源遠流長的中華民族文化之泓泓一脉，成了中國歷史上不可或缺的一頁。千百年來，義烏始終在傳承着文明，演繹着輝煌，從而使義烏這座小城魅力無限。

義烏自古崇尚耕讀，特别是唐代之後，學風漸盛，素有「小鄒魯」之稱。自宋以來，縣學、社學、書院及私塾等講學機構多有設立，而「莅兹土者，莫不以學校爲先務」。故士生其間，勤奮好學，蔚成風氣，學有成就，燁燁多名人。並且，輻射出巨大的文化能量，不僅本地名儒代有，在浩浩學海與宦海中大展宏圖，而且還活動過、寄寓過數不勝數的全國各地的文化名人，從文人學者到書家畫師，從能工巧匠到杏林名家，其生動活潑的文化創造與傳播，綿延不絶的文化承續與傳遞，從來没有湮滅或消沉過。在博大精深的中華文化領域裏獨樹一杆頗具特色的義烏文化之幟，在優雅千載的儒風中誕生了許多屹立於中華民族之林的英傑。也正是文化底藴的深厚與文化内涵的博大，造就了令人神往的義烏，使其作爲中華文化淵藪的鮮明形象而歷久彌新。

歷史，拒絶遺忘，總要把自己行進的每一步，烙在山川大地上。

時間逝而不返，它帶走了壯景，淘盡了英雄，留下了無數文化勝迹和如峰的聖典。只有在經過無數教訓和挫折之後的今天，人們才逐漸認識到作爲一個複雜系統的組成部分，城市的各要素所具有的種種不可替代的價值和功能，它們飽含着從過去傳遞下來的信息，而《義烏叢書》正是記録這些信息的真實載體。

歷史是無法割斷的，許多古老的文化至今仍然在現實生活中發揮着重要作用。當我們向現代化的目標邁進時，怎樣繼承古老文化的精華，剔除其封建糟粕，在傳統文化的基礎上建立社會主義新的文化格局，是一個擺在我們面前與物質生産同等重要的任務。

一位哲學家曾經説過，哲學就是懷着鄉愁的衝動去尋找失落的家園。今天，我們正處於一個重要的歷史性轉折時期，越來越多的有識之士也開始意識到，對民族民間文化源頭的追尋迫在眉睫。鑒於此，我們編纂出版《義烏叢書》，具有深遠的歷史和現實意義：

搶救文化典籍，古爲今用　文化典籍中的善本古籍，是前人爲我們留下的寶貴精神財富和歷史見證，極富文獻價值和文物價值。義烏歷代文士迭出，著述充棟。這些歷經滄桑而幸存下來的「國之重寶」，或出於保護的需要，基本封存於深閣大庫，利用率甚低；或由於年代久遠，幾經戰亂，面臨圮毁。如今，《義烏叢書》編纂工作的啓動，爲古籍的保護與使用找到結合點，通過影印整理，皇皇巨著撣除世紀風塵，使其化身千百，爲學界所應用，爲大衆所共享；同時，原本也可以得到保護。真可謂是兩全之策，是爲民族文化續命，是爲地方文化續脈。

繼承傳統文化，發揚光大　在義烏歷史上，有許多人文典故值得挖掘，有許多可歌可泣的先進事迹值得記載。撥浪鼓文化需要傳承，孝義文化值得發揚，義烏兵文化應予光大。但由於歷史上的義烏是個農業縣，文化底蘊雖然深厚，載入史册的却寥若晨星。而深厚的歷史文化傳統能孕育和產生强大的文化力，能爲塑造良好的城市形象提供重要基礎，這種文化力所形成的精神力量深深熔鑄在城市的生命力、創造力和凝聚力中，是推動城市經濟和社會進步的內在動力。因而，《義烏叢書》編纂者堅持傳統文化與現代文化相銜接，精英文化與大衆文化相兼顧，創作出義烏歷史上從未有過的文化系列叢書，既是精神文明建設的需要，也是物質文明建設的需要。

追溯文化發源，承前啓後　義烏經濟的發展，並非無源之水，無本之木。「參天之木，必有其根；環山之水，定有其源。」義烏發展的文化之源、義烏商業的源流之根、義烏文化圈的形成特質，包括宋代事功學説對義烏「義利並重、無信不立」文化精神的影響，明代「義烏兵」對義烏「勇於開拓、敢冒風險」文化精神的影響，清代「敲糖幫」對義烏「善於經營、富於機變」文化精神的影響等。因而，如何用文化來解讀義烏，也成了《義烏叢書》的重要組成部分。

廣義的文化幾乎無所不包，狹義的文化基本限於觀念形態領域。從以上包含的内容可看出，《義烏叢書》對「文化」的界定，似乎介於廣、狹之間，凡學術思想、哲學原理、科技教育、文學藝術等多個類别與層次，均在修編範圍之内。

幾千年歲月藴蓄了豐贍富饒的文化積澱。面對多姿多彩、浩瀚博大的義烏文化形態，我們感受到了其内在文化精神的律動。

保存歷史的記憶，保護歷史的延續性，保留人類文明發展的脉絡，是人類現代文明發展的需要。如今，守望歲月的長河，我們不能不呼籲，不要讓義烏失去記憶。

《義烏叢書》卷帙浩繁，她集史料性、知識性、文學性、可讀性、收藏性於一體，以翔實的史料、豐富的題材、新穎的編排，全景式地再現了江南「小鄒魯」的清新佳景和禮儀之邦的精深内涵。走進她，就是走進時間的深處，走進澎湃着歷史的向往和時代的潮音的實地，去領略一個時代的結束，去見證另一個時代的開始。宏大精深的傳統文化曾經是，也將永遠是義烏區域文化賡續綿延的基石，也是義烏繼續前進乃至走在全省、全國前列的力量。在建設國際商都的進程中，搶救開發歷史文化遺産，掌握借鑒先哲遺留的豐碩成果，是全市文化學術界的共同期盼。因而，編纂這套叢書既是時代的召唤，也是時勢的需要。

習近平總書記近年來一直强調，文化自信是更基礎、更廣泛、更深厚的自信。我們認爲，地方文化是中華文化的本質特徵和根本屬性，是中華文化的重要代表。我們對地方文化源頭的追尋，正是爲了堅定我們中華文化的自信。這也正是我們編纂出版《義烏叢書》的主旨與意義所在。

義烏叢書編纂委員會

目録

雍正義烏縣志卷之二十 藝文志……一二六九

前言

義烏自秦設縣，其志可考者，始於宋元豐年間，編纂者爲縣令校書郎鄭安平。然書涉南渡以後，蓋經後人綴補，已失其原貌（黄溍於至正本序云「必非其本書」）。其後，咸淳間漕貢進士黄應龢續修縣志而未有定本（黄溍云「蓋方纂輯而未經裁定，亦非其成書」）。元至正年間，邑人黄溍等合元豐、咸淳二書，又參以郡乘，删繁正誤，成《志》七卷，卷首一卷，是爲至正本。是書見於《千頃堂書目》、《絳雲樓書目》及錢大昕《補元史藝文志》，亦縣志之第一本（王廷曾於康熙本序云「此前志之第一本」）。

至明正統五年，有十卷之《志》，不知撰人。六年，有劉伯詢十四卷之《志》。朱肇序之云「參以舊説，分其類例而續修之」。隆慶之時，潘允哲等「鋭意編葺」，然「書未成而以内召行」，故是志「叙述闊略，編次無倫」（周士英序）。至萬曆年間，周士英、吴從周等續修之，成二十卷本《志》。該本亦爲現今所存之最早版本（王廷曾序云「今所見者，惟萬曆丙申二十卷之《志》」）。越四十餘年，崇禎時義烏知縣熊人霖深感前志之修已久，遂重加編綴，亦成二十卷。

繼而先後有于漣之《抄略》記崇禎庚辰（十三年，一六四〇）至康熙十二年（一六七三）之事，辛國隆之《抄略》記康熙十三年至二十二年之事。然王廷曾言二書「字譌頁脱，無可準據」，遂參《府志》、《通志》及各家文集，又取《甲子會記》、各省《通志》、紹興諸《志》相與校證，添省分合，纂爲康熙《義烏縣志》二十卷。雍正本正是在此基礎上增訂而成。

雍正《義烏縣志》二十卷，清韓慧基修。韓氏爲河北保定高陽縣人，三十七歲由監生中康熙五十二年（一七一三）癸巳科舉人，康熙五十七年戊戌科進士，又於雍正三年（一七二五）十二月分籤製浙江金華府義烏縣知縣。是書之參訂者爲浦江教諭沈裕，金華縣學生孔衍詡；助修者爲義烏縣明經黄之琦、樓承焜，太學生王夔；校訂者爲博士弟子員季映藜、樓元斐、黄士翮。

該志補充了康熙三十一年（一六九二）至雍正五年（一七二七）間的史跡，而其體例則幾無更動。如韓慧基《序》中所云：「本志爲前令會稽王公所增修，義例精明，考據詳核，其於國計民生之務，尤三致意焉。距今三十餘年，殘編失次，刊板罔存，及今猶可補輯。更數十年前者已湮，後者奚續，雖有志者，無能爲之力矣。……仍其舊而增其新，上以表協和之化，下以彰激勸之機，近之存一邑之掌故，遠之裹一代之簡編。」

該志有清雍正五年刻本，山東省圖書館、故宫博物院圖書館、日本東京大學東洋文化研究所、美國國會圖書館皆有藏本。其中山東省圖書館本僅存一至十四卷。此次點校，以中華書局二〇〇八年十二月影印的雍正五年刻本爲底本，部分内容參以康熙、嘉慶諸本及相關詩文集。在點校過程中，對於各本有異而又無法確定之處，本着「闕疑」原則，不臆斷妄改，保持底本原貌。凡底本确有訛、倒、脱、衍者，均已出注説明。但以下四類情況則徑改之：

一、異體字統一改爲現代通行繁體字，如「旹」改爲「時」、「為」改爲「爲」等；

二、舊字形統一改爲新字形，如「呂」改爲「吕」、「說」改爲「説」、「溫」改爲「温」等；

三、文中涉及康熙、雍正的避諱字，一般回改，如「元武」改爲「玄武」、「崇正」改爲「崇禎」等；

四、明顯的印刷錯誤，如「己」、「已」、「巳」之誤，「戍」、「戌」之誤，「毋」、「母」之誤等，皆據文意徑改之。

該志内容涉及職官、貢税、土物、詩文等各個方面，故而雖在點校過程中參以諸書，相與校正，但限於點校者學識淺陋，疏漏舛誤之處恐難避免，懇請廣大讀者批評指教。

重修義烏縣志序

一邑之志，天下之志也。凡人物風土之互異，章程規制之各殊，分之千有餘册，合而稽之，删其繁而存其要，煌煌乎一統之車書，于是乎在。故會典之成，必由省以徵之郡，由郡以徵之邑。苟闕焉無所記載，一旦輶軒下采，文獻無徵，誰之咎歟？則邑之有志也固宜。其或荒陬僻壤，地不列於名勝，人不顯於古今，强爲搜輯，牽綴成編，則作矣而不傳，傳矣而不著，文止譜其疆域，事無關於法戒，識者無取焉。烏邑山川，靈秀所鍾，忠孝文武，代有偉人，雖擔夫販豎，皆能道其行事，里居以相勸勉，而其流風遺俗之存，猶能遵守舊章，先疇舊德之思未盡泯也，則安知非昔之人，稽古訓今，而使繼序之不忘乎。烏之有志，所係顧不重哉。夫崇尚風教，考前哲之典型，示激揚於衆庶，有司之職也。勤宣德意，著當代之弘規，俟百世而不惑，臣子之情也。方今聖天子御宇，率惟敉功，勵精以治，曠典數行，鼓舞作新之意，陳之簡策，炳炳烺烺，薄海之内，輸誠向化，一道同風之治，再見於兹。當斯之時，不一闡揚盛事，發明教化之成，推論風俗之美，寧非缺失歟？本志爲前令會稽王公所增修，義例精明，考據詳核，其於國計民生之務，尤三致意焉。距今三十餘年，殘編失次，刊板罔存，及今猶可補輯。更數十年前者已湮，後者奚續，雖有志者，無能爲之力矣。此余不揣固陋而汲汲於斯役云爾。時則參訂者爲浦江教諭沈裕，金華縣學生孔衍詡；襄事者本縣明經黄之琦、樓承焜，太學生王夔；校正者爲博士弟子員季映藜、樓元斐、黄士翮。仍其舊而增其新，上以表協和之化，下以彰激勸之機，近之存一邑之掌故，遠之襄一代之簡編，幸前緒之可尋，乃事半而功倍，則余此舉不無小補云。其志之始末，王序言之詳矣，兹不贅。

時皇清雍正五年十二月吉旦，賜進士出身浙江金華府義烏縣知縣加一級韓慧基謹序。

義烏縣志舊序

縣人前史官黄溍序至正十三年秋八月二十日

義烏自秦爲縣，歷漢唐訖五季，見於前史與它圖記者，或總序一州一郡，或略舉一事一物，其詳靡得而周知。宋元豐舊志出於縣令校書郎鄭安平，而所記下及南渡以後，必非其本書。咸淳續志出於溍之族曾祖、漕貢進士應龢〔一〕，手稿見在，而别本互有異同，蓋方纂輯而未經裁定，亦非其成書。矧自國朝統一函夏，縣地入於職方，已七十有八年。官府之建置，人物之登用，風俗之趨嚮，户口之盈縮，貢賦之多寡，悉

〔一〕「曾祖」，底本原作「曾孫」，兹據上海圖書館藏《金華黄先生文集》校改。

無所登載，可不謂闕典歟！爲政者迫於簿書期會、米鹽碎務，未遑有所咨訪也。今縣大夫操約馭詳，而事無不理。爰以暇日，詢山川形勢、地之所生、語言土俗、博古久遠之事，得元豐、咸淳二書，屬湣重加詮次以傳。湣衰朽荒疏，無能爲役，乃俾王生禕、朱生廉合二書而參之郡乘，删其繁冗，訂其舛誤，法當補書則引類相從而增入之，附以辯證，釐爲七卷，初以圖冠於篇首。湣既辱視其成，自爲之《序》。會兩生並赴秋闈，遂使傅生藻相與較正，歸於執事者而刻焉。見大夫達魯花赤、儒林郎亦璘真，畏兀而人；尹承直郎陶思泰，許州襄城人。

又前户科給事中邑人朱肇序 正統乙丑冬十月初吉

正統六年八月十日，廬陵劉公伯詢來令義烏，得縣志讀之，參以舊説，分其類例而續修之。凡十四卷，以十年九月二十五日書成，屬肇序之。

竊惟志之爲書尚矣！天下之廣，兆民之衆，語言土俗，博古久遠之議，非志弗知。是以成周之時制，志有職掌，而志有二：内而邦國之志，小史掌焉；外而四方之志，外史掌焉，事皆達於朝廷，關於政令，故王者有誦訓之官，所由以設也。後世列郡雖或有志，未嘗領於王官，往往出於文人好事者爲之。然而僻陋之邑，無文獻足徵者，或核之未詳，或闕而弗具，聲華故實不獲附見於書者，十常八九。

公以己未進士，經明而行修，學博而才廣，覽前志絶筆之後，作者既寡，懼其缺文，而乃奮然獨以纂修爲己任。矧夫縣所轄四隅八鄉，鄉之所統者都，都二十有八，提封凡二百里，民堵屋三萬區，誠壯邑也。公又爲邑之宰、民之望，文獻有足徵者，宜其爲書。夫是書也，公之用心於事，必諏必謀、必度必詢，于時言語廬處之間，人才之消長，風俗之盛衰，聲華故實，雖久而遠，靡不博知。且志復合以圖，山川形勢、地之所生咸並録之，而更考訂之精詳，纂修之具備。教化以明，政令以興，上可以裨益於今日之治道，而比擬於成周之盛典也。非浮泛之士核之未精、缺而弗具者所可同年而語矣。

肇因僭妄，序其大概，輒又寓其贊美之私，以俟覽者知是書不特爲一邑之盛觀，後爲四方文學之士爲之述志者，是矜而是式也。若夫歷代沿革之故，前序備詳之矣，兹不復贅。

又晉陵周士英撰

萬曆丙申季秋朔吉

今天子治綦郅隆，詔延蘭臺、石室之英，珥筆紀載，嘉與海内郡國，有司咨求故實，上之以襄大典，甚盛舉也。於是不佞英捧檄而承乏邑寄，蓋三載於兹矣，則竊取邑之往牒讀之，不終卷而嘆曰：「嗟乎！『不習爲吏，視已成事。』夫已事之無稽，其若掌故何？何政令之爲也！」

余惟烏之有志，肇自宋元豐鄭安平，已續志出於黄應和，繼之文獻門人之銓次始集。國初正統六年，邑令劉君同暨給舍朱君肇克纂之，乃頗可著。傳百餘禩，以迄隆慶，潘君允哲方鋭意編葺，書未成而以内召行，屬經生司其事。叙述闊略，編次無倫，識者慨焉。余承其後，即山川星野，依然無改，而事異世殊，城市公署之廢興，貢賦户口之殷耗，人物宦迹之代作，賦咏著述之騰響，紛輪葳蕤，墜於余乎？余奈何其避燕郢之誚而滅往迹！於是以語諶文學。文學曰：「志者，古外史之流也，而縉紳先生難言之。蓋牽於時俗之説則虞穢，摇於雌黄之口則虞格，繩以筆削之旨則虞怨。

君侯習當代之掌故，而出其塵垢秕糟，陶鑄邑乘，且持功令以鞭箠二三子，敢不唯命。」則進諸生而授以凡例，令先次其梗概，網羅舊聞。涉旬月，迫季冬，弗克竟其緒。會余報滿，已於事而竣，曰：「吾今退而得卒業于志矣。」乃輟簿書之暇，發故室之笥藏，摭老儒之口默，雜采風謡而訂之。以賢士大夫之絶藉眇言，時與博士諸生商略更定，凡爲類八，爲目五十有三，爲卷二十。甫五閲月，書成，出以遍眎諸生。

諸生進曰：「往長老稱説，吾邑自顔宗建鵠、枕廬殉國，照映後先，故其民至于今猶崇尊親之化。家有譜，宗有祠，子孫犯奸盗者擯而不得祭會，故其民至於今猶重撿押之訓。皆雄里中者，不憚出粟以貸，令輸財以餉軍，而閭里化之，故其民至於今猶存好施之風。然而地薄土瘠，芋粟不充，故其民寡積聚而多貧；徵車四馳，狎習技擊，故其民好矜力而語難；杯酒責望，錐刀競争，故其民務懻忮而鬭捷；軍國糜耗，徵税百端，故其民多逋逃而骫法。以今徵之志，信矣。夫月異而歲不同矣，豈所謂風會之降如江河之不可反者邪？」

余曰：「諸生前而不聞《詩》之記列國邪？《豳風》歌稼穡，稱仁周牘；《無衣》賦戈矛，作霸秦基。等是民耳，漸之禮義則禮義，習之詐力則詐力。所爲轉移之者，異也。烏民輓近所漸習，蓋駸駸乎秦俗矣。至其親上死長、敬宗急公之誼，不以其故貶性。長民者，誠照之以災禍，安之以愛利，柔之以調和，一之以易良，道之以忠信，劫之以師友，則豈必易民而治哉。語曰：『奔蜂不能化藿蠋，越鷄不能伏鵠卵，而魯鷄則能之，其才固有巨小也。』余才小，安能化人？姑垂空言，載之志，以竢後之能者。」

文學曰：「諸生之言風，君侯之言治，邑乘之大義具是矣！上一日顧問侍臣，討論烏傷之掌故，請握簡以進。」遂以其言授之而弁之簡首。

又邑人吴大纘撰萬曆丙申孟冬

《義烏縣志》成，周公則以視大纘。大纘卒業，作而言曰：「志者，志不忘爾。故實足徵，何爲修之？方域既辯，何爲圖之？爲目五十有三，厥説何放失？〔一〕視故何駢枝？稱述炳炳，厥行焉遺？文辭燦如，何蒐何漁？采摭何詳？篇籍何侈？何舍簿

〔一〕「放失」，底本原作「放夫」，兹據下文所引司馬遷「罔羅放失舊聞」之語改。

書、期會而此焉？」

從事公曰：疏略抵捂而是非頗謬，可以徵乎？自隆慶至於今，二十餘歲矣。著爲制，疏爲令，承敝易變，當時爲是，可以闕然不録乎？夫論焉而潤色之，使文獻重邑逾章章較著，非苟而已也。此不一同地耳。其高下險夷利害，載籍不能紀也；車轍馬迹，不能周也。圖之而按牘，若履四封，不出户而可以擘畫。不然，邑令豈不疆理是務，而欲以考方辯域何繇哉？昔司馬子長之爲書、表、傳也，靡不總要舉凡，考源會委，誠覽其概，亦足通其指歸矣。而若秩祀，若禮儀，若礦防、民兵、田賦，廢邑之典章不載，遺利病登耗之故不述，放失孰甚焉？烏邑庶幾鄒魯，宗、王而下，姱節遺烈，何論顯幽，然或隱而未述，述而未章，章而未備，備而未當，今惟是執衮而議略，法九品之叙，舉其大、不遺其細以風之。而其間摛辭掞藻，作者斌斌，毋論經國，即以關風教，君子有采焉。而比文學於鄒魯之間，奈何使探藝海者致嘆於遺珠也？夫豈好爲繁博哉！志者，史之流也。《史》稱「罔羅放失舊聞」，以原始察終，爲聖人之耳目，而乃欲抑割其事，挹損其文，俟後之謂何？是志也，典刑故實既繁，然足以觀矣，若猶是辭迹已爾，將焉用亟從事也？語曰：「不犯所咨，則能訓治其民。」無亦覽流末之漸，以采風財化、追俗爲制，效前之廩廩，而去其秕政，無鈎攷咨詢之煩，其於圖民，若按越人之書而酌禁方也，豈其皇皇於簿書、期會而曰「其有瘳乎」？余不敏，日治程書，顧何能樹不朽之業，要所謂論次其義，竊取即二三子之力，余何敢讓焉。

大纘曰：美哉，洋洋乎！詳而核，文而有，則志之良也。乃若裨政，百姓之德也。余所謂耳食者，余則鄙哉！

又賜進士第大中大夫雲南布政使司右參政前奉敕整飭辰常黎靖兵備工科左給事中侍經筵講議邑人虞德燁撰 萬曆丙申冬十一月上浣之吉

古者記事之史謂之志，太史公更志爲記，班孟堅復於《漢書》立十志。今世志郡邑者大都仿班氏，而義例悉祖六經。是故疆域憲諸《禹貢》，法制準乎《周官》，風俗寓《五禮》之修，襃貶竊《春秋》之旨，象「大壯」而奠宫室，咏《風》

《雅》而綴詩章。蓋所以藉往迹、鏡來葉，而政教攸裨，所係非渺小者。若其具存文獻，規厲罔聞，即摛雲霞而窮隸首，君子奚取焉，况邑志又郡與天下印證者乎！

我烏受邑最古，肇稱漢唐。舊有志，前後令兹土者間修之。顧過繁者靡精，過略者靡詳，兼之沿革久則索紉難，時勢殊則劑量難，釁孽萌則防微預杜難，不有作者毅然起而折衷之，如信傳何？邑大夫當公牒叢委，分神寄慮，校讎其事，裁監操之默斷[一]，諏謀恊之閭巷，辨證參之往牒，品騭核之素履，或躋而新，或祧而舊，約或益之，繁或衰之，附或離之，判或合之，舊貫五之，創始四之，而人事乃十七焉[二]。志《人物》則表以存其概，傳以録其尤；志《藝文》則章疏取其拔丹，篇什取其勸化；《方輿》則弁以圖説；《時務》則紀及礦兵。補苴往昔而杼軸自我，更於類例，反覆闡明，蓋洵乎精且詳矣！今其書臚列具在，試覽形勝而披圖紀，疇不廪廪封守乎？考

〔一〕「默」字，底本原作「獨」，兹據《崇禎義烏縣志》改。

〔二〕「焉」字，底本原作「爲」，兹據《崇禎義烏縣志》改。

經濟而問興廢，疇不斤斤典常乎？按食貨而悉兵防，疇不蒿目民呰乎？稽人文而迹其品叙、口其紀述，疇不思振竪而攄經濟乎？用以立極樹教、章紀程物，規厲之道，於斯乎備。夫豈所爲存文獻、耀耳目，而無當作者之志哉？昔昌黎考圖經于韶郡，紫陽首問志于建康，邑大夫蓋心二公而起者。它日友經翼史、宣黼黻爲聖天子風化之助，志不在一邑而在天下，斯其左券也。夫《志》凡二十卷，類例四十六目，始事訖役凡二十月，兹殺青行矣。燁不揣鄙陋，次其顛末云。大夫周公士英，號惺莪，常之武進人，起家壬辰進士。

又縣儒學署教諭事舉人諶廷錦撰 丙申孟冬月之吉

夫國有史矣，而天下郡縣各有志者，何也？以鏡輿圖、辨風土、量食貨、甄時務、評人物、徵文獻，韙邇信遠，繼懲繩勸，以佐史之所不及者也。夫志，亦未可以易言也。昔者司馬氏年十歲誦古文，二十而行傳游天下，故其記、傳、書、表，叙事覼縷，象貌肖情，千載而下撫其簡，宛然若見當日事焉。故曰：馬遷良史也。志以佐史也，奈之何易言之也？夫泰、華、恒、嶽，人慕而登焉，至百里之内而耳目有不及睹記者矣。墳、典、丘、索，人争而鬻焉，至家藏世籍有敝帚視之者矣。常人溺於凡近，學者忽於習聞，况乎文采不足以耀無窮，是非不足以訂軒輊，而曰志云志云，人得無掩口笑哉？

古稠在春秋隸於越，比之列國，杰才輩出，考之史册爛焉。自秦罷侯置守，而顔孝子以血誠格烏，邑始以烏名，然未有專志也。宋元以來，稍稍有之，然遠者散落，近者雜沓。悍莪周公治烏之三年，政成訟簡，堂皇晏如，一意修古文禮樂事，覽舊志，瞿然曰：「烏昔稱鄒魯之邦也，而典籍湮滅至此乎！其司風教者之謂何？」乃購求民間故實，凡山穴殘碑，故家半編，悉攟摭焉。屬吴生、金生具草稿，而間與不佞揚榷之，公親操繩墨施斷焉。芟贋録真，汰駁澄醇，蓋十閱月而書始成矣。余讀之卒業，其義約而該，其事核而可信，其辯确時務甚晰，而其法可行之久，儻亦司馬氏之意乎？

余觀公治烏，嘗以一騎循行阡陌，降挹父老問氓俗疾苦，自阸塞要害之處以及村落陂池，無不身親歷覽焉。過顔、駱、宗、王故址，悽然吊心，欲障百川而東之。其最大者：户口有編，徵税有則，礦禁有議，召募有奏。蓋四年所而精神意念無息不流注於烏，則公之胸中業已有全志焉，奚待憑往牒飾文藻也？於是，縣之國門，而烏人士請付剞劂，以垂不朽。且謂是役也，不佞叨與焉，宜一言附之簡末。

顧不佞非嫺於文者，而誼不可辭，乃進烏人士告之曰：若亦知公志之所以修乎？夫事有似緩而實急，能禁未然而不能禁已然者，志是也。今公甫下令，而烏人士竊踊躍以喜，曰：「某，吾先世也。某，吾大父父也。」與者有華衮之榮，不與者有鈇鉞之辱。蓋亦善善一念不容已耳，由此念充之，可以銷懻忮而歸之醇美，故表章若鄉先哲懿行，使有所觀感而興起，爲人子依於孝，爲人臣依於忠，無伐技以相高，無悍戾而鼓訟，若者不愧顔、宗諸君子。而是志也，庶幾不託之空言矣。夫「紹明世，正《易》傳，繼《春秋》，本《詩》《書》《禮》《樂》之際，意在斯乎」，蓋司馬氏之志焉。愚以爲周公之志亦在斯也，爾烏人士以爲何如？

於是烏人士翕然稱曰：俞哉！敢不蚤夜講貫習服，以無忘我周公所論著焉！

又賜進士第中順大夫太常寺少卿前吏兵二科都給事中侍經筵官郡人許弘綱撰丙申冬十有二月上浣吉

皇輿自二畿外而稱大藩者必首浙，浙自宋儒後而稱中原文獻之傳者必首婺。婺凡八邑，而建自秦漢者必首烏傷。烏傷之更爲烏孝、爲稠、爲華川、爲義烏也，名號數遷，疆土數裂，而人物亦時時輩出其間。顏氏之在秦，駱丞之在唐，忠簡、文清之在宋，文獻之在元，王待制、龔都諫之在明，其尤著者也。迹烏之名山大川，不過雲黄、繡湖諸勝，都鄙不過二十八，户口田賦不過吴越壯縣之什三。然使數君子者，絜德度材，與四方豪傑聯駟而馳，未定誰爲中下，則烏之所由重，其在彼歟，在此歟？

宋元以來，郡邑始各有志。烏志一創於鄭安平，再續於黄應龢及文獻門人，而正統纂修之役，劉侯同爲大備。隆慶中，潘侯允哲嗣修之，始未嘗不刻意校讎，而末稍薄遽曼漶也。時事日新，遺編闊略，何以覯焉？毗陵周侯來而瞿然慨也，朞月政通，百廢具舉，爰咨之文學，謀之邑薦紳，爲局以授諸生吴從周、朱應秩等，討論編葺，而侯時取衷焉。閲歲帙成，爲卷二十，爲類八，爲目五十有三，語贍指深，悉具衆美。於是，雲黄諸山若增而秀，繡湖諸水若澄而清，原隰若闢而廣，先後官師人物之傑出者若旦暮遇而比肩接躅也。志如是，足無負劉、鄭諸公矣。余姻朱子應和、金子文德致侯之命，謂不佞家鄰壤，宜有所述，過而問序者再，不佞以不文辭而終不獲也，則嘗試言之。

夫志之與記埒耳，然記繁志寡，昔人所譏，得毋以所謂志將必有精義存乎！蓋孔子之作《春秋》也，其事桓、文，其文則史，而其義則曰「丘竊取之」，後世遂以爲裁自聖心，游、夏不能與。夫成周之史散在列國者，彬彬備矣。董狐南北汗青與日月争光，豈不能傳且久？惟無人折衷之。故雖齊、晋大邦，其究與邶、鄘同没没，而魯以一匹夫竊取其間，其史乃至今不廢。故《春秋》者，一國之史，而天下萬世之史也。魯之爲國，未必倍於烏，其史未必詳於烏志，而侯之折衷筆削，未必不廩廩孔氏法程，即進而志《兩浙》、志《一統》，恒必由之，奚翅烏傷與婺文獻足徵而已哉！於乎！掌故具而後吏視已成，視已成則吏習；鑑觀備而後人懷往哲，懷往哲則民興。不具不備，今日之事也。具且備矣而不習不興，後之君子儻亦惕然省乎！是侯之所以志，遂爲之序而交勖焉。

又知縣熊人霖序崇禎十三年六月吉旦

皇帝惠綏方夏，道洽政治，潤澤生民，薄海咸酥。丕昭成式惟求乂，誕肇命于閣部：惟《大明一統志》惟清有典，在土演和，民乃寧，其纘緝乃簡。載筆諸臣，肅肅對揚顯命，咸懷厥靖。惟兹方夏，郡若邑厥志或未奏于大府，其曷從周知風土、考厥格人彝言？乃旁咨郡若邑，各奏乃志。

臣人霖奉命宰義烏，祗祗威威，慎乃司，奉恤厥若，罔敢時瘝。爰閲故府，蓋在萬曆丙申歲，邑乘其脩，惟邑令周士英實珥筆。兹越四十有餘載，厥政厥人罔概見。矧兹有室大競，丕式見德于有邦。甲令載申，保惠惟民。完繕城闉，克鞏乃宇，敵干鍜戈。峙乃糗糧，乃積乃倉。庯蒐于甲士丁士，俾師桓桓其訖律，皇耋乃成。其可弗咨弗茹？矧兹令佐若司鐸，在厥服，饇用科目，緊民生好佛是繄。弗臚曷鏡，臣詎敢怠荒，以故楮報。乃猷詢于邑之黄髮謀人良士。惟黄髮謀人良士迪于臣曰：「綏土惟共厥績，憲往維稽厥章，稽章則共，共績則忠。藉用白茅，不敢苟也。」臣人霖避席瞿然曰：「格哉惟言！霖其敢所見無詞？其敢所聞無詞？所傳聞者，舊《志》具在，罔求有異詞焉耳。」蓋士英舊《志》，實因先臣劉同正統志。正統志因元黄溍至正志，維時厥徒王褘實贊厥辭。元志因宋元豐鄭安平志。安平于縣志，若道河自龍門積石，罔知厥原。然溯秦郡會稽，縣烏傷以來，昉漢《地里志》，乃進稽成周，越紐開疆。婺女維揚州，宅裔土茫茫。《尚書·禹貢》敻哉權輿，自古在昔，固曰「先民有作」也。述而不作，臣敢不恪執乃事！於時夏五哉生明，率訓導臣何等高、臣俞正君拜稽首，珥筆明倫之堂，咸編綴。

曰「縣圖」，增厥營建遵功令者。曰「方輿」，增厥城若梁新飭者。曰「經制」，增厥學門兵營。曰「物土」，考厥户口之版，餘維仍舊貫。曰「時務」，維兹擊柝踐更，簡練爲勇衛。維兹舉燭之役，革厥箕斂。惟兹敬獄恤惸，胥賑以糈罔攸畫，咸以惠康民生，簡恤民力，資澤民困，昭之書以永率俾，餘惟仍舊貫。曰「人物」，維職官，維選舉，系萬曆届兹，庸章朝廷，簡修進良，承弼恤土俾胥康，如其品藻，以俟君子。曰「雜述」，表厥典册法書軼者，暨謨議詠歌施于有政者，餘弗敢贊一詞，咸維仍舊貫。

蓋今志因舊文罔減，纘疇刊鮮。續古之人，時用功不閲月，克就厥緒。惟邑之迹咸備，既備乃奏，庸佐閣部敬共承式盛心，尚亦曰《大易》白茅之藉哉！蓋邑之格人，恒爲臣言貴因也。漢曹懿侯守約法畫一，宋趙忠獻、李文靖，咸于中外所陳利害罔攸聽。惟厥攸居，政事惟醇。臣奉以周旋，顧臣小吏也。服牛乘馬，曷敢憚勞？然爲政亦多因，維時率下親上，共績靖忠，温恭朝夕，庸對揚天子顯命，臣敢曰不素餐哉！

又邑人前工部左侍郎金世俊撰崇禎庚辰秋七月

秦顔烏氏，孝感飛烏，而吾邑以義烏名。郡縣初開，即有兹邑，其來舊矣。漢隸會稽郡，後乃屬婺，雖僻在山中，猶有千巖萬壑之勝焉，故越中一壯縣也。山水清美，代有偉人。唐初文傑，寔産於斯。敬業一檄，千秋誦義，曰義烏駱賓王，而義烏重矣；東京留守，隻手中原，「過河」之呼，至今猶壯，曰義烏宗澤，而義烏益重矣。此百代殊絶之人物，不待志而著。他若文清徐僑之正色立朝，文獻黄溍之雄文擅代，忠文王禕、忠愍龔泰之竭忠殉國，皆如轟雷皎日，在人耳目。而歷遡前修，文章節義，往往克自樹立，蓋其崇巒奇峭、巨浸縈環，風氣所鍾，故如山如石之操，如泉如瀾之筆，項背相望，披覽往牒，有不勝桑梓之共者。

邑志始于宋元豐鄭安平，續于咸淳黃應穌，而至正續修，則文獻董裁，而使其門人王禕、朱廉屬草。經大儒筆削，義例精嚴，故嗣修者亦易亦難。所謂易者，宗、駱諸公在前，文獻載筆，後人非卓犖可志，誰敢厠其坫壇、亂其衮鉞？主者仍舊貫而自精核，故曰易也。所謂難者，陵谷之變遷，人物之代謝，風俗之淳漓，户口之登耗，貢賦之多寡，時移事换，安能爲膠瑟之鼓？故曰難也。

國朝以來，一修於劉侯同，再修于潘侯允哲，萬曆丙申周侯士英又續修之，今又四十餘年矣。江右伯甘熊侯來令兹邑，政通人和，興廢舉墜，酌古宜今，爲烏畫便，種種可書。聖主加意元元，令郡國咨求故實，各以志上，備蘭臺、石室之記載。熊侯乃取舊志而續修之，雅不欲紛更，惟如文獻所云「法當補書，則引類相從而增入之」。追尋遐逖，附以新政，匝月而畢，真可謂難而易矣。蓋熊侯善屬文，爲壇石《公》《穀》，似固、彪、胡、蔡之庭授，自有淵源，與文獻諸君子結翰墨緣，故在今日，吾烏不大重歟！前事不忘，俱可爲後事之師。前人在望，亦可爲後人之則。俊不佞，幸覩成書，殊深周禮在魯之快，而興懷先哲，惄焉自嘆，則亦無有乎爾。

又賜進士第徵仕郎御試特擢翰林院檢討前廣東香山縣知縣行取邑人虞國鎮序

國初疆理既定，四方郡邑咸輯志書，蓋周、漢而還有輶軒之使以周土俗，故孟堅志《地理》，子雲訓《方言》，亦國風之義也。方今皇上道隆化溥，洋溢方宇，薄海内外靡遐不照，深計所以一紀綱、正風教者，爰申綸命，纂修會典。俞廷臣請俾郡邑各以志書獻，用資考訂，甚盛舉也。我稠本《禹貢》揚州之域，自秦以來，高顔烏之義，受名「孝烏」。嗣後顯人代作，駱丞著烈於義檄，忠簡矢忱於還旆，忠文奮貞于秉節，其餘英賢之盛，代不勝數，皆能質有文武，彪炳一時，而其風俗允篤果貞，急公赴義，樂易於善，復爲他郡望焉。

邑乘之修，自萬曆丙申以迄今，曠而不舉者四十五年。今豫章熊侯涖兹邑三載，百度具舉，訟平事理，賑煢勸農，講鄉約，興社學，而又釐革冗費，代完丁差，所以教養斯民者甚厚。繕城闉、謹儲蓄、嚴保甲、設兵制，夙夜小心，爲天子扞衛有邦，厥功懋焉。期將報績，而適逢聖明留意風俗之時，爰覽前載，董師儒詢遺逸，舉修斯典，而我里元老左司空金聿觀厥成械帙而印之。不佞國鎮不佞史官也，義當言史，蓋爲政者齊民必以義，道民必以禮，欲義先惠，欲禮先立。既立既惠，政事用備，小大有章，乃績可紀，考往訓今，式昭民度。若乃堇堇簿書者，豈暇游神于言文行遠哉！觀於邑史之告成，而益信我侯精白乃心，上佐天子明明之化，思意篤淵，經術弘邃，文章政事於兹見一班也。侯之尊公大司馬，文武憲邦，足當古所稱社稷臣，而筮仕吾浙，吾浙至今詠歌懋德焉。侯以承家爲報國，吾浙世庇《甘棠》，直以越乘爲傳譜，豈非熙朝盛事哉！

又題辭邑人童楷撰康熙十年十二月

邑以烏名，志孝也。在列傳有曰：吳叔和爲母負土，門巢赤烏；蕭放居廬，慈烏來集。凡以烏性孝，而行孝者多感召於烏，遂因一二翱翔侈爲僅事，要恭有純孝格天，致群烏畢集，共傷其喙，如吾邑顔氏子者。上溯秦漢，八婺皆以烏傷得名。由晋唐及今，或名烏孝，或名義烏，世變而名不變，以見孝道之恒存天壤也。夫孝爲百行之原，作忠於斯，求忠亦於斯，事功理學莫不根本於斯。故邑有孝子，而後如駱文忠抗辭討武，宗忠簡懇奏回鑾，王忠文秉節於諭梁，龔忠愍捐身於靖難，英風大節，千古爲昭；至若徐文清、黄文獻之理學，楊僕射、吴司寇之事功，本朝朱梅麓公之績著河防，金紫汾公之名高諫議，以及文人、莊士、烈女、貞姬，更僕未易悉，何莫非顔孝子有以開其原，而諸先正有以接其流哉！因思吾邑山川之勝不過繡水、雲黄，習俗之醇不過急公慕義，而人物之盛較無愧於大邑通都。舉而修志焉，蓋戛戛其難之。歲庚辰，邑侯鶴臺熊公纂訂成編，釐然可考，垂今三十有四載。皇帝道總顯承，孝隆尊養，纂修實録，揚扢祖德宗功，俾臣民知所法守。大哉王言，固已正天下之人心風俗矣。乃於宵旰之暇，復詔郡縣各脩志乘，用備《一統》全書。適桐江于先生來令兹土，仁孝性成，與太翁南宫偕捷，其承歡爲遠近所傳頌。甫下車，展拜顔孝子墓，春秋勤祀事，儼若有針芥之投焉。凡民間由孝而推之節義，一行可風即力請旌揚示勸，至講學課農，緩科省罰，興利去弊，善政不殫述。而於修乘之舉，尤不敢以具文視，躬行載筆，其慎其難。檢殘篇，詢故老，詳紀述，嚴去留，補缺正訛，無偏無濫，于以上告成書，爲盛朝黼黻，則忠全而孝亦全也。是役也，承延訪所及，因屬序之，而在烏言烏，謹從孝子立説，以弘聖天子之雅化，以彰賢執事之盛心，維桑人士讀是編而推上行爲下效，裕廷獻於家修，庶無嘆於古今人之不相及也云爾。

又知縣于漣序補抄舊序，康熙十二年癸丑正月

志有天下之志，有一邑之志。天下之志，合衆邑而成之者也，故邑志貴也。曷言乎補也？元黄溍言：「法當補書，則依類相從而增入之。」先民有作，自古在昔，不敢居作者之名，又不敢貽後時之闕，故曰補也。《義烏縣志》重修於崇禎庚辰，邑令熊人霖原本前邑令周士英舊《志》，自秦漢以至元明，記載良備，距今三十餘載，且當鼎革之餘世，再閲世事不相襲，掌故遺落，責在守土，補志固臣志也。

適天子從輔臣請，屬部院徵四方之志入史館，輯《大清一統志》。檄行郡邑，臣乃萃邑紳士之博聞，蒐集遺書，博采野謀。其前志所不必補者，「分野」「疆域」「形

勢」「山川」「歲時」「物産」等類，無煩續貂。若「風俗」所以辨人心，「經制」所以昭憲典，「賦税」所以資國用，以及「人物」之盛衰、「時務」「雜述」之升降得失，是不可不詳加纂定，依次補入。而補之中又有難爲補者，「人物志」也。人莫不私其親，而冀美名於身後，往往以庸碌之質，濫竽才名。鄉曲等倫謬稱碩德，甚至見在而立傳，白衣而冒官，容之滋濫，却之招尤。臣寧招尤，毋滋濫，凡以聖天子欲成一代信史而受命者，不以天子之心爲心，是不忠也，是臣所大懼也。

是書起於崇禎十三年，迄於康熙十二年，凡今之異於古，與今之繼乎古者，合則因綱總叙，分則逐目條疏，一一附於各條之後。補成而上之，采其緒論，彙成良史，以入告我后。倘殷然念僻邑之荒殘，建設之頹圮，賦役之重繁，人才之零落，涣布德音，嘉與維新，則此志也其義邑更化之一大機括乎？則臣志外之心也。

金華府同知兼攝縣事常光裕撰康熙二十七年

凡邑中山川之秀異，人物之奇偉，有亘天地、歷古今而不朽者。人未嘗親履其地，而欲悉知其山川人物，非覽邑志無由也。考古《周禮》，職方氏掌天下之圖，以掌天下之地，而又有小史掌邦國之志，外史掌四方之志。此一統志、通志、郡志、邑志所自昉也。然而邑志從詳，郡志、通志、一統志以次而從略，故欲周知山川人物者，必取邑志而備考之，由是質諸郡志、通志、一統志，如振裘得領、溯河得源，自博而歸於約，舉凡天下之大、古今之遠，殆一覽之無餘矣。

然則邑之有志也，豈細故哉！夫一邑之中，其爲疆域、形勝幾何，其爲風俗、禮儀幾何，其爲貢税、物産幾何，其爲水利、名迹幾何，其爲署廨、祠墓幾何，其爲政績、藝文幾何，分條别類，纖悉無遺。而余概之以山川、人物，不疑挂一而漏萬乎！不知古者賢豪輩出，多由於川嶽鍾靈。蓋豹必隱於邃谷，龍必伏於深淵，二者相因，理有固然。故舉山川，而分野、則壤、經制、物宜不外是矣。舉人物，而名宦、鄉賢、政事、文章不外是矣。此邑志之所係甚鉅，而修之不容緩也。

義烏縣志作之始自宋，時滎陽鄭君修之；止於明，時進賢熊君刊有成書，其山川人物彰彰可考。邇者桐江于君爲烏令，復取熊志而續修之，繕本雖成，未付剞劂。戊辰夏五，邑中紳士因余攝烏篆，進于君續修志請序於余。余一披覽之，見鷄鳴、石樓、畫塢、雲黄、酥溪、繡湖，山川之秀異甲於浙東，而若秦顔孝子、唐駱臨海、宋宗忠簡、元黄文獻、明王忠文諸公，忠孝節義理學文章難更僕數，其人物之奇偉又不止甲於浙東。噫！若此者非亘天地歷古今而不朽者耶？凡官兹土與生長兹土者，景行往哲，取法前賢，覽斯志也，不啻師保臨之而箴銘詔之矣。余今親履其地，心竊嚮往焉，惜乎攝篆未久，不遑授鐫。聊爲序此數言，以應諸紳士之請，則此志之增輯登梨是所望於後之君子云。

知縣王廷曾序 康熙三十一年五月吉旦

人臣叨一命之恩，無事不當以朝宁爲心者也。矧當堯舜之世，典謨宏備，可不翼翼禀承乎！日者下明詔，令直省各編《通志》。《通志》成，命儒臣彙修《一統志》，今《一統志》成矣。明臣李文正東陽曰：「東漢南陽撰作《風俗》之後，郡縣始各自爲志，兼地里、人物、文章、制度而有之，而史之法略具。」顧史之地里、文章、制度，核於職方之規格，燦於制誥、章奏之體製，洞於兵農、禮樂之條貫，而歷郡而縣，笵模草略，節目稀疏，如三家之鄙談中書堂事，食於耳者未徹於胸。史之人物美惡内外皆收，志則存美棄惡、詳内遺外，斯爲少異。

義烏故有志，在元邑人黄文獻志《序》中云：始元豐鄭安平，此邑令也，任始二年，而文獻云：下及南渡以後，必非其本書。蓋猶後人之因前志而綴補之也。又云：「咸淳續志出於溍之族曾孫、漕貢進士應龢〔一〕。」屬細高居士中輔之族孫、號「鐵巖」、嘗編《華川文録》者。然細高殁在宋秦檜後，檜卒在紹興二十五年，細高殁當是二十五六年，鐵巖當是開禧、嘉定時人，前文獻生七十年，鐵巖之生又先二十餘年，疑是「族曾祖」。所謂手稿與别本有異同、亦未成書者，此文獻所見之稿又見有别本也。

其文獻七卷之志，成於元至正十三年，本鄭侯、鐵巖二書，而於所闕之建置、人物、風俗、户口、貢賦，合以山川、形勢久遠之事，屬王忠文褘、朱長史廉，參之郡乘，删其繁冗，訂其舛誤，當補書者引類增入，附以辨證，初以圖冠篇首。此志實忠

〔一〕「應龢」，底本原作「應酥」，兹據上海圖書館藏黄溍《金華黄先生文集》改。

文、長史所編，而後傅廉使藻司校正焉。此前志之第一本也。而自至正十三年至明正統五年，有十卷之志，亦如鄭志，下及隆慶，而前闕五卷，不知其撰人。六年，劉侯同有十四卷之志，僅見朱給事肇《序》，亦未見其書。今所見者，惟萬曆丙申二十卷之《志》，周侯士英所輯，而本有二：一爲丙申原本，一爲崇禎庚辰迭綴遞翻之本。初則得庚辰本，而闕五卷，繼得繕本，繼又得庚辰全本，繼乃得丙申原本，繼乃得正統五年以前十卷之殘本，而國朝康熙十二年以前至明崇禎庚辰，則見于侯漣之《抄略》，十三年至二十二年，則見辛侯國隆之《抄略》。然抄者十不能一，而魯魚亥豕、字譌頁脱，無可準據。即順治丁酉之《賦役全書》亦不蒐入，簡明多闕。

乃參《府志》並稽《通志》，既取宗忠簡及文獻、忠文之集訂補編刻，而又討駱侍御賓王、金青村涓、陳文毅亮、宋文憲濂、方正學孝孺、楊文貞士奇、李文正東陽、謝文正遷、陶文簡望齡、陳大行際泰諸集，合之《甲子會記》、各省《通志》、紹興諸志互爲讎證。又丙申《志》以《先師廟》入《秩祀》，《列女》先《義行》，有以《選舉》入《雜科》、入《蔭叙》，《武科》入《武職》，有既立傳而復詳注於表，有增删十卷之志而不宜增、不宜删，有改移十卷之志而不宜改移，有分而不宜分，合而不宜合，有稅糧同額而疊書……或改正之，或特揭之，或省之、仍之。《職官》《選舉》訂而增之，《宦迹》《前修》《方外》並多訂定。《藝文》先於其人傳後附録一二，如忠文所云於郡邑之間取古今人之文而録之，使其人恃是以不朽，即遷、固史家遺意，而本《志》内復取前人文甚切於孝友、忠貞、文辭、理學者增入一二，其後人必擇其堪以追配前作者續之。蓋從來求治化之原，必本於編户，而發古今之覆，不出於版章。其於《疆域》《巖壑》《營立》《學校》《祠祀》《典禮》《賦役》《利病》《見聞》《方外》諸項，雜叙者揭之以表，如眉之在列；散述者乘之以格，如索之串錢。而《官師》《人物》《藝文》總以歸於性行、理學、勳績、文章，要使無一事之不確，無一善之不彰，無一詞之不信，無一字之不飭，特成之亟而文或未如其志。至於詳養浩、存二妙，庶以存十卷之舊，還先達補山南之《述》、南稜之《狀》，晉卿、彥脩、審言之《誌》，周卿、應教諭之《序》，標理學，益回鑾，登吴周之令，闡月泉之蹤，顯寓賢之迹，且以展文獻、忠文作志之心，抑或補其所未逮。

自此望咸淳而溯元豐，其間亦邇，而去立縣之初一千三百一十五年，前事亦漸可引端也。蓋十二年之有《抄》也，以當路之徵志而録之。以上二十二年之有《抄》

也，以是年有郡志之修，徵於縣而録之以進。而於《通志》之編、《一統志》之纂，亦惟以是應之。其於縣中先後宜訂宜增之事未經討定，即元豐二年以來六百一十四年，非徒不能灼見於心，亦且不能泛涉於目，則微特一時之政，未能參伍於累代，亦且一世之人，未能影響於昔年。思不遠而趨每下，何以凛法守而答聖明乎！兹雖於《通志》《一統志》既成之後，特爲編述以俟史宬之再有徵采，藉以上報云。其視他邑爲稍詳者，費文通有云：縣志宜詳。若需之歲月，容有進於此者矣。

義烏縣志凡例

一、義烏之志，傳始宋元豐時鄭校書安平作。咸淳中，黄進士應龢續之，非完書也。迨元至正，時黄文獻溍本二志而屬王忠文禕、朱長史廉編之，又令傅廉使藻校之，得七卷。及明，有十卷之志，今曰古《志》，劉侯同得之，增爲十四卷，此正統《志》也。蓋至正十三年文獻年七十七，忠文年三十二。今所見十卷之志，闕一卷至五卷，不知脩於何時、撰於何人。而正統之脩，自六年八月至十年九月，凡四年而成。自此踰一百五十一年至萬曆二十四年丙申，周侯士英修之，爲目五十有三，爲卷二十，經十五月而成。嗣後訂補改綴皆循丙申之舊，而面目漸失，倫次多乖，且版毁而書亦少。今距丙申九十七年矣。積而成忘，則前蹤付諸餘燼；沿而不續，將後緒視若飄風。懷古之思既絶，興今之説成虚。廷曾特取而重編之，乃丙申舊《志·凡例》云：《金華賢達傳》《義烏人物記》與先輩文集有足徵者。兹《人物志》在古《志》、舊《志》中每有增損更移，賢達在府亦經重定，亦多易换。其丙申《志》初得刻本闕十、十一、十二、十九、二十卷，已得抄本補之，後得全本，又得初本，乃得古本之半，而參以《婺賢文軌》《文統》《正學編》，駱臨海、宗忠簡、文獻、忠文、金青村，洎陳文毅、宋文憲、方正學、楊東里、李少師、陶文簡、陳大行諸集，與邑中一二名族名家譜稿，稽訂成書，其古、舊《志》所有概不從芟，尚有疏失，俟更訂之。

一、是志合《府志》、縣古《志》、丙申《志》原本及二三綴本而成。《府志》之創在宋紹興二十四年，後於烏志七十五年。其重葺在元至正改元，後於咸淳七十五年，先於至正癸巳十二年。而成化庚子復修，後於正統庚申四年、辛酉三十九年。萬曆戊寅之修，先丙申十八年。國朝之補在康熙二十二年。蓋正統辛酉以前《府志》皆采之烏志，而丙申則烏志參之《府志》。今二十二年之《府志》則以縣之《抄略》繼古、舊《志》與綴志而上之於府也。然而纘述之道貴在網羅，紀載之文亦資簡當，雖捃拾不無佚遺，描摹亦慚典雅，然操觚之頃，不敢苟作，則自凛焉。

一、境必有圖，原應依朱氏計里畫方爲之，而前無可因。職方有直省而無郡邑，今仍丙申《志》先之以《圖説》，繼之以《縣境》《縣治》《縣署》《廟學》《八鄉》，爲圖十三。於其徙易者訂之。舊曰《縣圖紀》卷一，今作《縣圖》卷首。

一、治以疆域爲限界，而建置、而形勝、而界至、而城郭、而鄉隅從之。《建置》特立一表，頂懸名，而旁著代，依年視之，易於曉了。《城池》則以今門爲目，故名作注，附以詩。《鄉隅》依後所增四隅外，以五六呼之。圖附下街市巷同其分野，則相循之説，特爲釋之。《形勝》舉其大者取先。《界至》舊曰《方輿考》。《疆域》在分條中作卷二，今名《疆域志》，爲卷一。其《坊表》改《營立》，《成德》《達材》入《學校》。

一、山水者，疆域之骨絡也。環烏皆山，憑江帶湖，比流秀焉。舊入《方輿考》，曰《山川》，作卷三。今目之曰《巖壑志》，而分四正四維，以里之近遠爲先後，間取記詠之篇，附之其山川後。《橋渡》改《營立》，《風俗》《歲時》改《典禮》。作卷二。

一、分土奠居必有築原揆日之事，則營立要矣。舊《志》卷四爲《經制考》，曰《公署》，而《學校》及《社學》《鄉約》入焉。今爲《營立志》，曰《署廨》，曰《坊表》，曰《橋渡》，皆資搆造記述附焉。而《署廨》附《廢署》，《坊表》附《廢坊》，依類從之。《鄉約》改入《典禮》。爲卷三。

一、教先以養，而政不如教。《營立》之不入《學校》者，以廟學之宜合編也。舊《志》卷五亦爲《經制考》，而目爲《秩祀》，以先師廟、啓聖公祠、名宦鄉賢二祠合之，繼以《禮儀》。今特立《學校志》，以廟領學，而先師廟、啓聖、宦賢三祠皆入焉。社學之外，益以《書院》，其廟位有圖，本於《闕里志》，學基有圖，縮碑陰而成之，并附《廢址》。詳《總論》及康熙三十年《修飭廟學記》。爲卷四。

一、祀爲國之大事，祭從民教所重，不可慢也。舊《志》，《秩祀》之先師廟與三祠既歸《學校》矣，其自社稷壇至婺女祠仍《秩祀》。而不可以秩概者：古、舊《志》如東嶽行宫等廟祠尾寺觀，此神類也，舉而不廢，改次《秩祀》後，曰《延祀》。先正舊以顔、宗、徐，洎朱左司、龔忠愍、龔侍郎諸祠次遺愛祠後，而文獻錯於徐前，忠文錯於朱前。駱侍御萬曆中檄祀，無祠。黄細高、龔右史、劉武節、葉通齋、金青村雜於家祠。今注駱祠於顔下，諸祠則特爲分出，依世而次，曰《專祀》〔一〕，

〔一〕「專祀」，底本原作「專祠」，兹據正文改。

次之繼以《合祀》。其家祠如吴泰伯至花溪追遠等祠，曰《追祀》。次之遺愛祠，祀前令曰《思祀》。次之又取《丘墓》，在古《志》卷八次《祥異》，舊《志》次《寺觀》後者，次之，文詩附焉。總稱《祠祀志》，爲卷五。

一、《禮儀》舊次《秩祀》，共爲《經制考》。今稍異昔，視故牒少爲更訂，而《鄉約》舊載《學校》，乃鄉約有所，所集者宦僚紳士軍民，不止師生，改從《講儀》，亦禮事也。而於冠婚喪祭後改入《歲時》，《風俗》亦從類焉。曰《典禮志》，爲卷六。

一、賦役原於周制之井徹，大學之財用此爲治綱。舊《志》作《物土考》：在卷六曰《則壤》、曰《户口》、曰《物産》；卷七曰《貢稅》、曰《徭役》；又於卷八另爲《時務書》曰《編户》《田賦》。又總例云：「賦稅加派不係舊額者詳書之，以竢議復。」綴云：「萬曆戊午後，軍興奉派不續入。」今作《户口》《田土》《貢稅》，各爲立格，而以《編户》合於《户口》，《田賦》合於《田土》。其《田土》格分析官民科則，新舊分合之殊使知法之美惡。《貢稅》格分注格前、格後，前則遞款相承，後則彙次全書。原本簡明，本續本捱，目疊貫裁，復改加先後，炳然繼詳編審之法以剔詭陷之弊，剖條鞭之義以清徭役之源，而《物産》多外公輸，改次《利病》。曰《賦役志》，爲卷七。

一〔一〕、舊《志》以《礦防》《民兵》《水利》合《編户》《田賦》爲《時務書》。今除《編户》《田賦》入《賦役》外，最有切於地方者曰《水利》，取其地而表之，次則改《物産》爲《土物》而注其名迹，間采邑人詩文於下，蓋仿他志而稍潤之，亦利民者。而民兵、山礦則病民者也，附有禁礦詳詞，并附丐俗，曰《利病志》，仍爲卷八。

一、官有紀，職有分，他志與《府志》咸稱《官師》。古《志》無表，舊《志》《官師》《選辟》並稱《人物》，卷九爲《人物》，表之職官依年爲次。今以《職官》《宦迹》爲《官師志》，表之職官仍依年次，前此加訂而續其後，仍爲卷九，而《宦迹》承之爲卷十，與舊《志》表、傳分次者異。

一、《官師》之後例次《前修》。舊《志》，《人物》之《選舉》亦依年爲表，次

〔一〕「一」字，底本原脱，兹據上下文體例補。

《職官》爲卷十，表與表合也；次則爲《人物傳》，《名宦》之後爲《名臣》等傳，爲卷十一，傳與傳合也。今以《宦迹》連《職官》爲《官師志》，而以《人物》屬《前修》，則《宦迹》終而志《人物》，其《人物》首表《選舉》，分前與後，表前爲卷十一，表後爲卷十二。舊《志》例云：「《人物》多出前志所載，寧簡無濫，殁而未久者闕之，以俟論定。」此合《名宦》《前修》言之。今《宦迹》既準，輿論不皆如湯義，仍所言藉以報施，而《前修》必據有誌傳、述作、贈紀之篇，稍參譜乘，細揆真贋，復俟彙觀海内通志以實之，究可審定也。

一、《名臣》《孝友》《忠義》《儒林》《政事》《文學》見古《志》之卷六，《隱逸》《篤行》《氣節》《尚義》《方技》《武勇》《貞節》見古《志》之卷七。而舊《志》，《人物傳》之《名臣》《儒林》見卷十二，《孝友》《氣節》見卷十三，《政事》《文學》見卷十四，《隱逸》《篤行》《列女》見卷十五，《義行》《武功》見卷十六，《方技》《仙釋》見卷十七。古《志》不立論，舊《志》無總稱亦無總論，今擬取文憲文派序中語，目以《前修》，思爲之論，以因舊而止。舊《志》以《儒林》先《孝友》，以《氣節》并《忠義》，以《義行》改《尚義》，以《列女》改《貞節》居《義行》前，以《武功》改《武勇》居《方技》前。其《仙釋》古《志》載卷八《寺觀》後，舊《志》在卷十七，次《方技》後。今《人物志》分上、中、下爲三：上爲《名臣》《理學》《孝友》《志節》，《理學》從增，《志節》從訂，居卷之十三；中爲《儒林》《政事》《文苑》《武功》，《文苑》以有理學之目稱從史，《武功》不宜過抑，挈次《文苑》，居卷之十四；下爲《實行》《隱逸》《方技》《寓賢》《列女》，《實行》兼篤、義二行，《寓賢》從創，居卷之十五。

一、《古迹》《祥異》《丘墓》《寺觀》《仙釋》《遺事》見古《志》之卷八；舊《志》，《古迹》《遺事》見卷十九之《雜述考》，改《祥異》曰《災祥》，與《寺觀》《丘墓》見卷十八之《雜述考》，《仙釋》見前《人物》。今以《丘墓》入前《祠祀》，《寺觀》《仙釋》入後《方外》，以《災祥》《古迹》《遺事》合稱《見聞志》，爲卷之十六。

一、《寺觀》《仙釋》，他志多分入《祠祀》《人物》，古《志》則相續爲目，不附《名臣》以後，《貞節》以前；至舊《志》而折爲《人物》《雜述》。今推古《志》之意，爲《方外志》，而以《仙釋》先《寺觀》，其廢寺舊入《古迹》，今如前例附後，塔墓遺迹文詩並附，爲卷之十七。

一、《藝文》。古《志》卷九爲表、記、碑、志、叙，卷十爲箴、贊、詩、賦；舊《志》卷二十先之以《先正書目》，繼之以文詩，共一卷。今仍作《藝文志》，曰《編類》，《書目》仍前。卷十八爲詔、疏及劄子、表、揭、箴、論及訓、議，卷十九爲記、序及引題、墓表、書啓、像贊，卷二十爲賦、辭、歌詩，其舊編内間改注各條外，更取前人有裨名教之篇補益一二，後有追配前作者審定以續，其贈言不繫本邑者另爲附編。

一、原始。七卷之志不可見矣，其十卷之古《志》載至元十三年以前事與文，當是七卷續本，而十四卷之志當是十卷續本，會取文獻之集訂補之，忠文之集編刻之，其文獻之山南《述》，葉審言《誌》，孔周卿、應教諭《序》，忠文之《先達傳》，當是七卷底本。其十四卷朱給事肇《序》云正統六年得縣志，則十卷志宜刻在六年以前，而志中歲月有「八年」「九年」至「正德十三年戊寅」「嘉靖十二年」「十八年」及「隆慶五年」，距萬曆丙申二十六年，豈十四卷之志遭燬，民間無收藏者，遂取十卷之志如丙申《志》之補綴法爲之？文獻《序》不云乎「鄭安平所記下及南渡以後，非其本書」，前人亦有似此者。

一、傳舊。昔人所作，苟有可存不敢輒廢。古《志》無總論，舊《志》總論如《建置》《形勝》《山水》《署廨》《橋渡》《民兵》《編户》《田賦》諸條多仍故文，惟於複句冗詞略爲芟定。

一、增續。舊《志》，《建置》不立表，《武科》無表，今從增。《學校》無廟位圖、基地圖，《職官表》佚縣令六、丞一、教諭一，傳無唐宋縣令，今合補。四簿明佚一，尉宋佚一，教諭佚四。《理學》《寓賢》無目與傳，《實行》之喻師，《隱逸》之俞金，及月泉諸人皆從補。若忠文之《文訓》、文憲之《理學纂言序》，大有關於學術，增入《藝文》。千巖長禪師之塔銘、語録、序并題語，補入《方外》，餘詳志内。

一、正譌。東江橋更浮爲石在宋慶元三年，以薛揚祖任於斯時也。古、舊《志》盧多譌「慶曆」。弘治十五年吕盛勸義士吴希彩、黄子宣、虞子盛修橋，而古《志》盧格《記》云「弘治紀元之庚申廣德李君文郁」。舊《志》於十五年下刻「吴盛」，李、吴俱無其人，惟傳稱「吕盛，字文郁，直隸建平人」。建平係廣德屬邑，「庚申」

爲十三年，「修橋」爲明年橋成，當是十五年，文不書名，字不精校，後難徵也。格當是成化中東陽盧某子，《府志》楷弟曰格，舊《志》且删其記，補綴者并去孟涵、孟實等名，而王舍人汶之文通傳於世者，亦爲改削，今特於橋下注出，文亦更正，匪徒以人之善不可湮，即志文亦不可蔑也。《礦防》之八保山，舊《志》作「寶」，亦訛。平礦之役，事在嘉靖三十七年，係趙侯太河事，見舊《時務書》，今入《利病志》，而舊《志》周侯士英《傳》稱：「八寶山舊傳有礦，處州之奸徒竊據擾害，公一舉剪滅之。」萬曆二十年距嘉靖三十四年，且「礦防」並不記再起之奸，掩趙爲周，宄矣！《亦璘真去思碑》文屬忠文褘作刻，胡助、忠文集具在也。《龔忠愍公祠記》商文毅輅作，訛「丙辰」，時文毅卒十一年矣。陳中立字仲玉，訛「立子」。允源在譜稱「雲南御史」，一作「御史謫雲南」，而表稱「雲南監察御史謫梅嶺巡檢」，今從表。文憲《文派》序撰於至正癸巳，至洪武戊申當是十五年，邑令當是張永誠，訛爲「五十年」「張允誠」。聖壽寺咸通間奉璘開山，訛「鳳林」。今俱改正，他多詳《志》内。

一、復合。舊《志》於古《志》有删而不當删者，如「二妙」劉剛、王綬

《傳》、《題名縣壁記》、《縣學地圖志》、方公孝孺贈龔給事詩，及楊公士奇詩，亦可入《附編》，豈當删乎？有分而不當分者，如龔忠愍入《名臣》，何爲與樓侍讀之《氣節》分乎？有改而不當改者，如石安叔、王博士之《孝友》，何改爲《篤行》乎？《仙釋》何改爲《人物》乎？學入《公署》可也，廟入《秩祀》可乎？碑何不可附祠傳乎？記詠、遺事何不可附事境乎？佳文何不可附傳後乎？《編户》《田賦》亦何必另作《時務書》乎？東江濟人恒於斯，舊《志》初本具在，何損節乎？《貞節》改《列女》是矣，何挈於《義行》《武功》前乎？此所爲復之、合之也。

一、存疑。古《志》，《藝文》如林士淵、劉繼善、吴澄、吴餘慶、王仲序、陳亢宗、顧謙、謝璉、邵正、丘觀相傳爲邑人，然澄與草廬同名，雜於蔡王之列，尚俟考諮。

以上凡例共二十條，前令王公所識，其間考據詳核，次第分明，燎若指掌，兹悉仍其舊。惟奉旨遵行事宜，及邑中修廢諸款，以類增入，固不敢掠人之美，且以表前志之苦心云爾。

韓慧基謹識

雍正義烏縣志卷首

縣圖

圖説

志必首圖。《周禮》職方氏所專掌，而漢相入秦之所先收，唐表元和十道，宋列元豐九域。明洪武六年令州府繪上山川險易圖。天順間造《一統志》已，銓部李默撰《輿地圖叙記》，條其風俗、阨塞、兵賦、藩封，視前爲核。至崇禎中，陳組綬鐫《職方圖》，本朱氏計里畫方，此爲最善。然計里之法以形不以塗，又從合而分則完，集分而合則舛。國朝屢詔直省履境爲圖，視古特詳，職方之書昭垂百世。縣雖百里，宜稟職方之法，兹仍舊《志》，於縣境、縣治、縣署、儒學并八鄉各爲圖，而山川、村墅、門關、阨塞、勝迹略具，因以審高下肥瘠。設隄梁、蓄洩，爲封植、守禦，庶亦可按而求之云。

圖則

環四周而畫者，東、西、南、北之界也。突而尖者，山也。雙行而細分者，澗也。雙行而大分者，江河也。或方或圓而長曲者，塘沼也。連點而逶迤者，路也。橫列如几而俯者，橋也。鱗比而相矗者，民居也。共圖十三：縣境圖、縣治舊圖、縣治圖、縣署圖、儒學圖、八鄉圖。

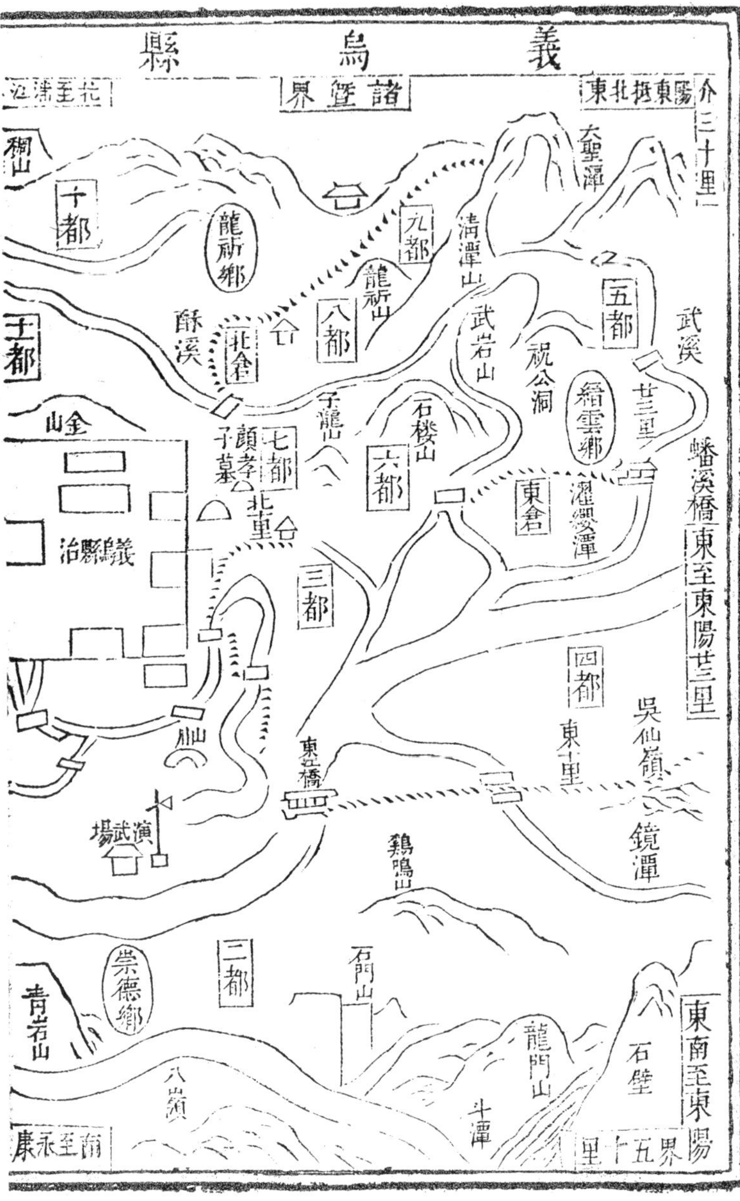
義烏縣
諸暨界
北至浦江
介三十里
陽東抵北東
十都
龍祈鄉
九都
龍祈山
清潭山
大聖潭
五都
武溪
八都
北倉
蘇溪
十一都
武岩山
祝公洞
繡雲鄉
廿三里
金山
子龍山
石樓山
顏孝子墓
七都
六都
東倉
濯纓潭
蟠溪橋
北堇
義烏縣治
三都
東至東陽廿三里
四都
吳仙嶺
東十里
東江橋
演武場
鏡潭
鷄鳴山
崇德鄉
二都
石門山
青岩山
龍門山
石壁
八山嶺
斗潭
東南至東陽界五十里
南至永康

境之圖
西北抵浦江界三十里
界三十里
覆釜
駱山
方山
香山
十六都
智者鄉
伏龍
十四都
永寧鄉
十三都
黃蘗山
十七都
十五都
十八都
繡湖
城隍廟
儒學
航慈溪
銅
義亭
湖塘市
西倉
十九都
社稷壇
西十里
養濟院
文昌橋
文昌閣
西至金華界四十里
一都
西江橋
金山
二十都
同義鄉
廿一都
廿二都
崇山
江灣
來山
釣魚岩
廿三都
明義鄉
廿七都
廿八都
葛仙
八保山
廿五都
南倉
廿六都
雙林鄉
廿四都
西南抵金華界五十里
界九十七里

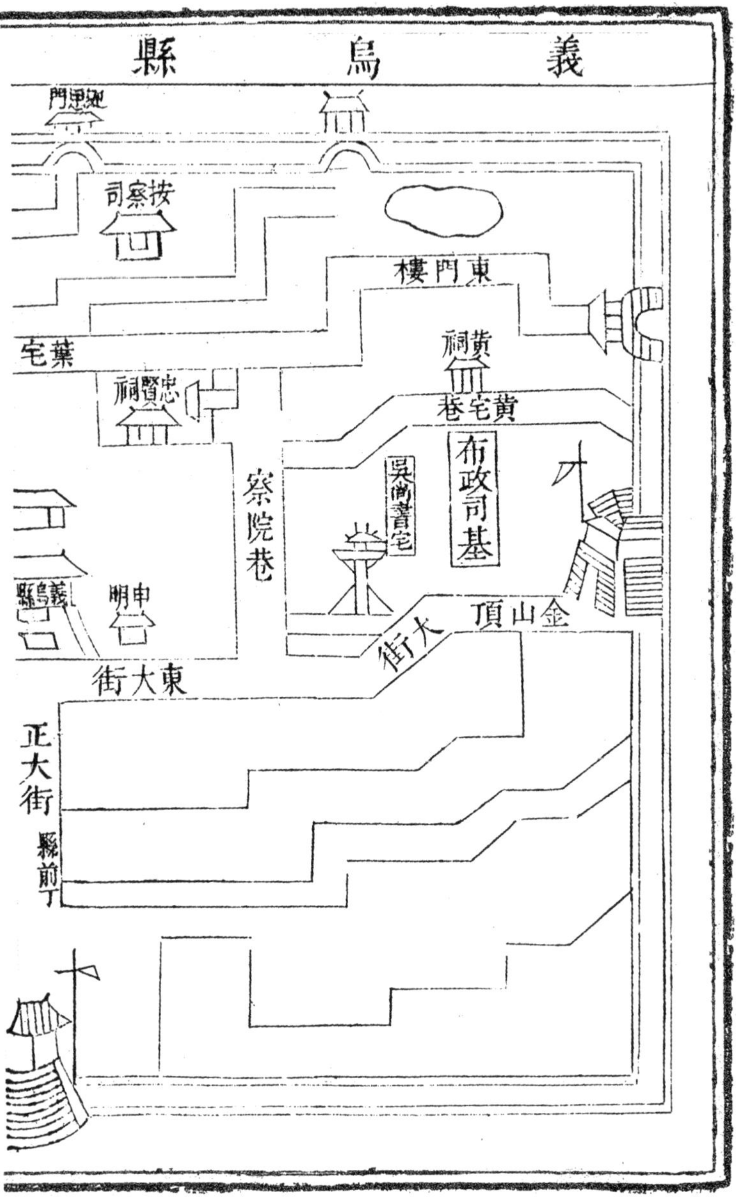
義烏縣
迎恩門
按察司
東門樓
葉宅
黄祠
忠賢祠
黄宅巷
布政司基
吳尚書宅
察院巷
義烏縣
申明
金山頂
大街
東大街
正大街
縣前

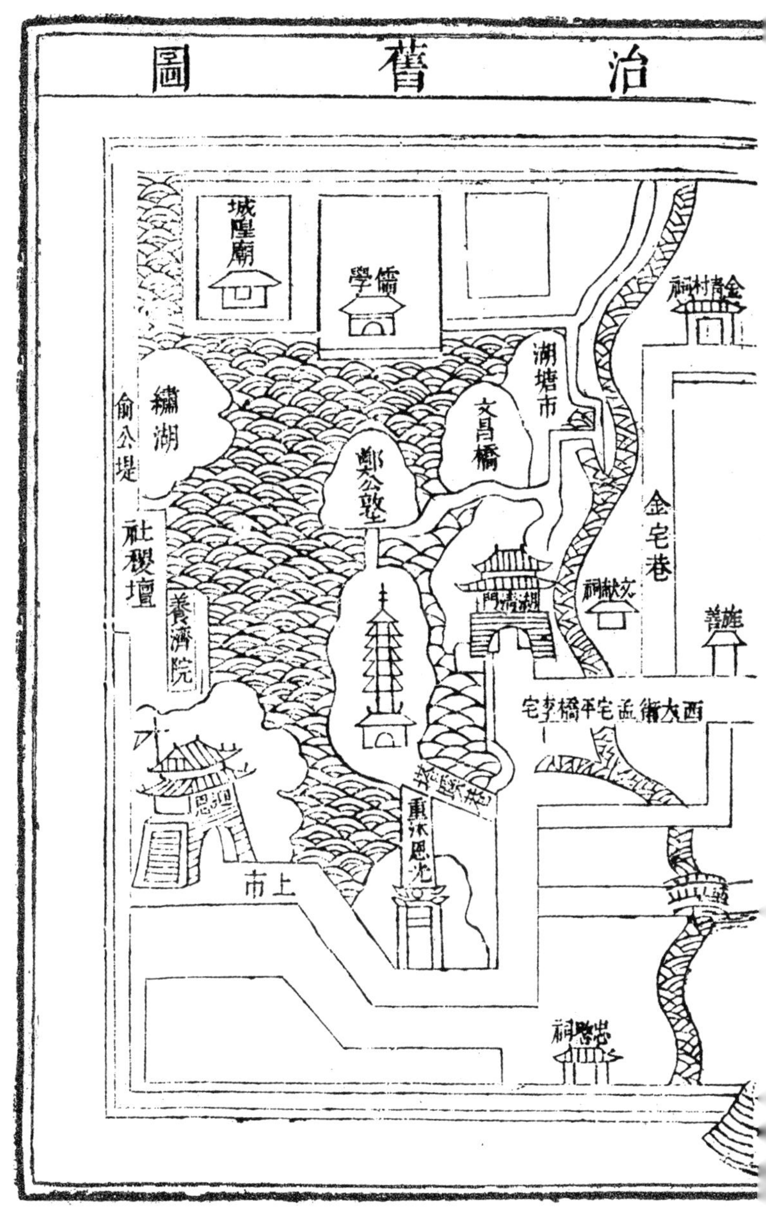
治舊圖
城隍廟
儒學
湖塘市
文昌橋
鄭公墩
繡湖
俞公堤
社稷壇
養濟院
湖清門
文獻祠
金宅巷
旌善
西大街孟宅平橋李宅
迎恩
重沐恩光
上市

義烏縣

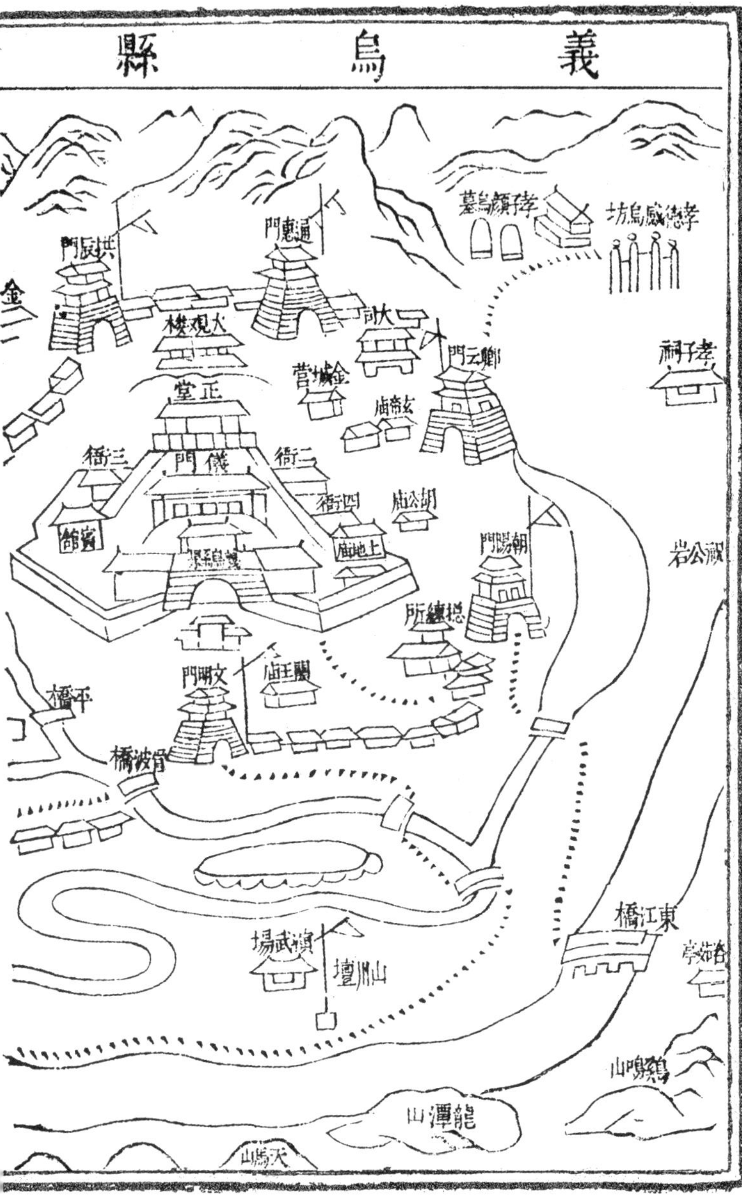
拱辰門
通惠門
孝子顏烏墓
孝感烏坊
大觀樓
大司
鄉云門
金城營
正堂
玄帝廟
孝子祠
三衙
儀門
二衙
四衙
胡公廟
賓館
土地廟
朝陽門
文明門
關王廟
平橋
東江橋
演武場
山川壇
雞鳴山
龍潭山
天馬山

治之圖

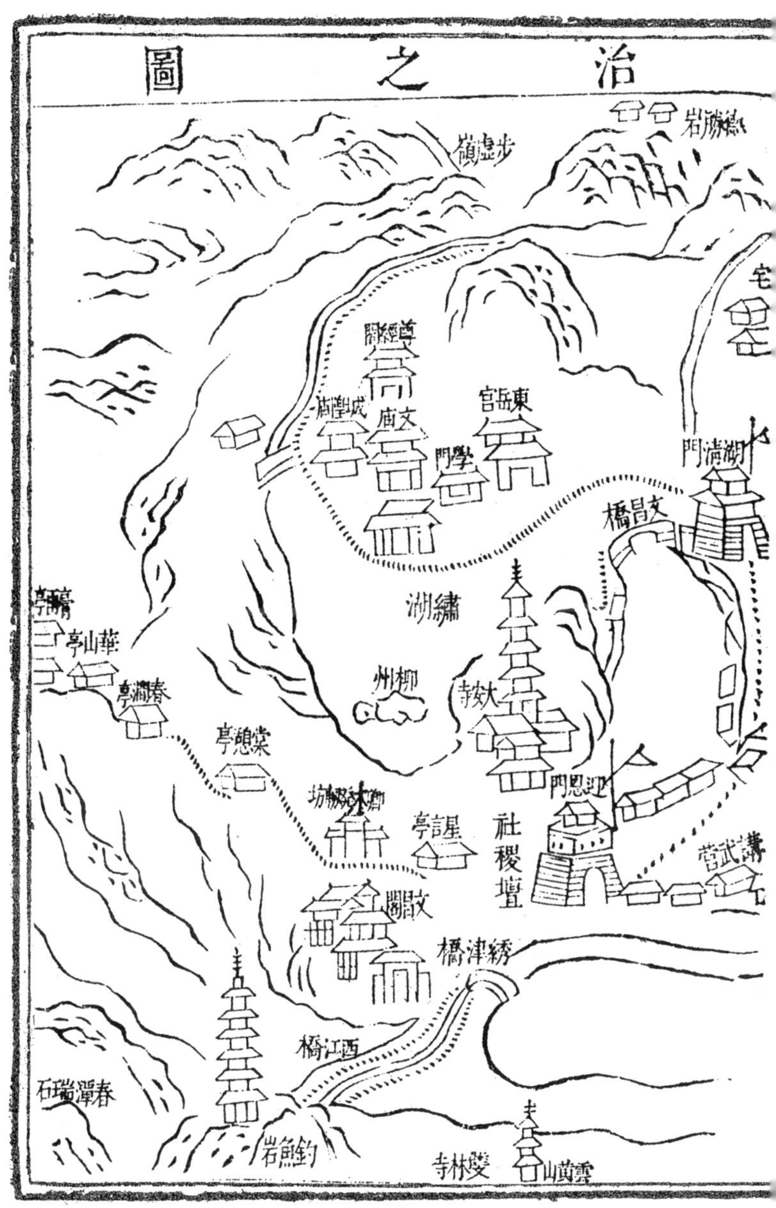
步虛嶺
尊經閣
文廟
東岳宮
學門
湖清門
文昌橋
繡湖
柳州
華山亭
春澗亭
棠憩亭
迎恩門
社稷壇
講武營
文昌閣
繡津橋
西江橋
春潭瑞石
釣魚岩
雙林寺
雲黃山

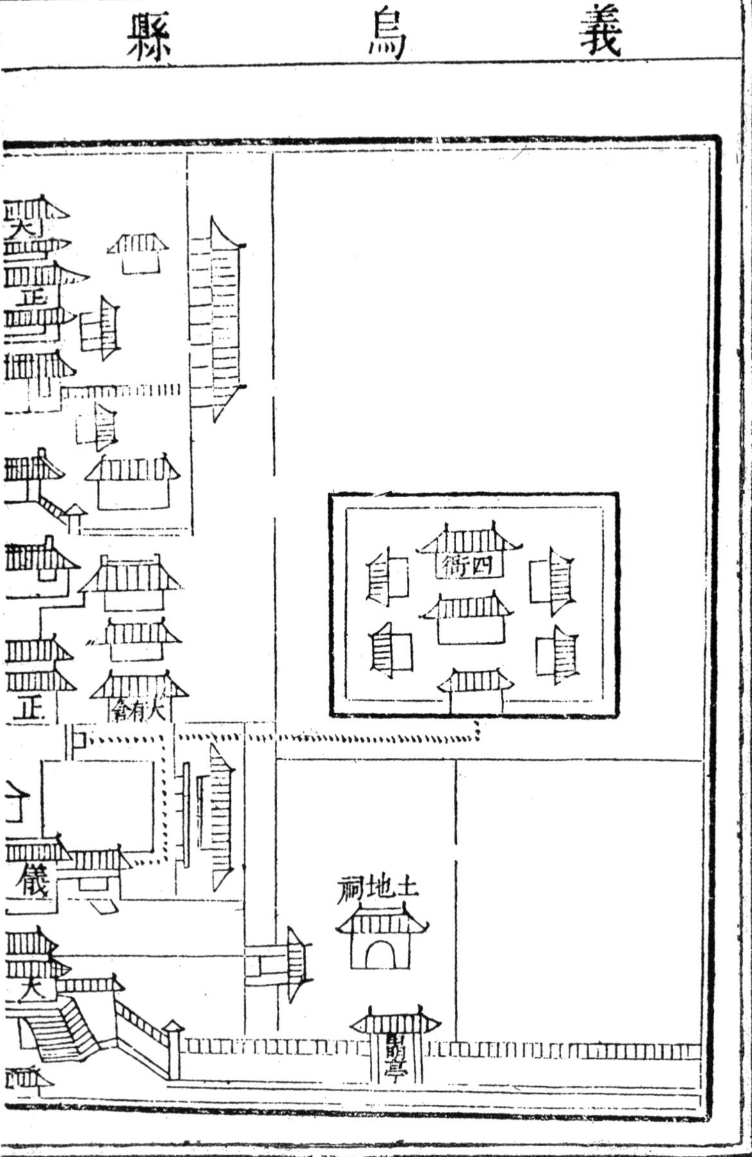
義烏縣
四衙
大有倉
土地祠
明亭
正
正
儀
大

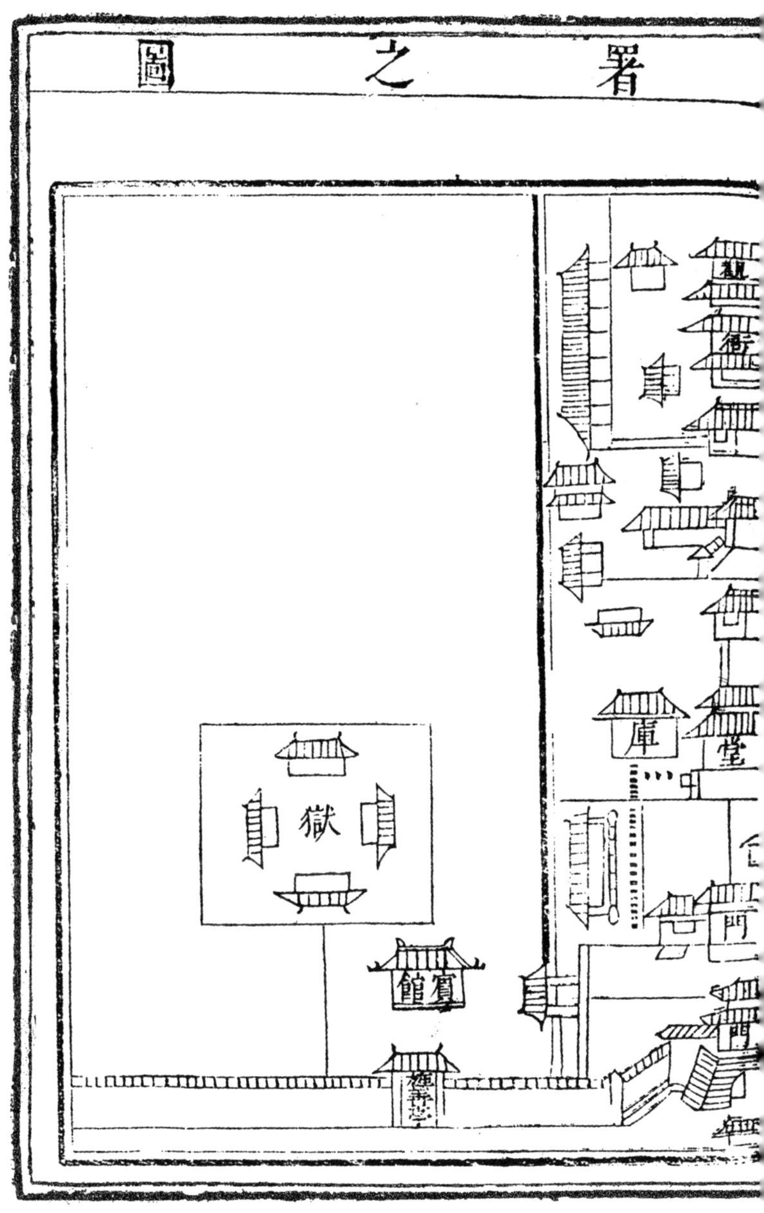
署之圖
獄
賓館
庫
堂
門

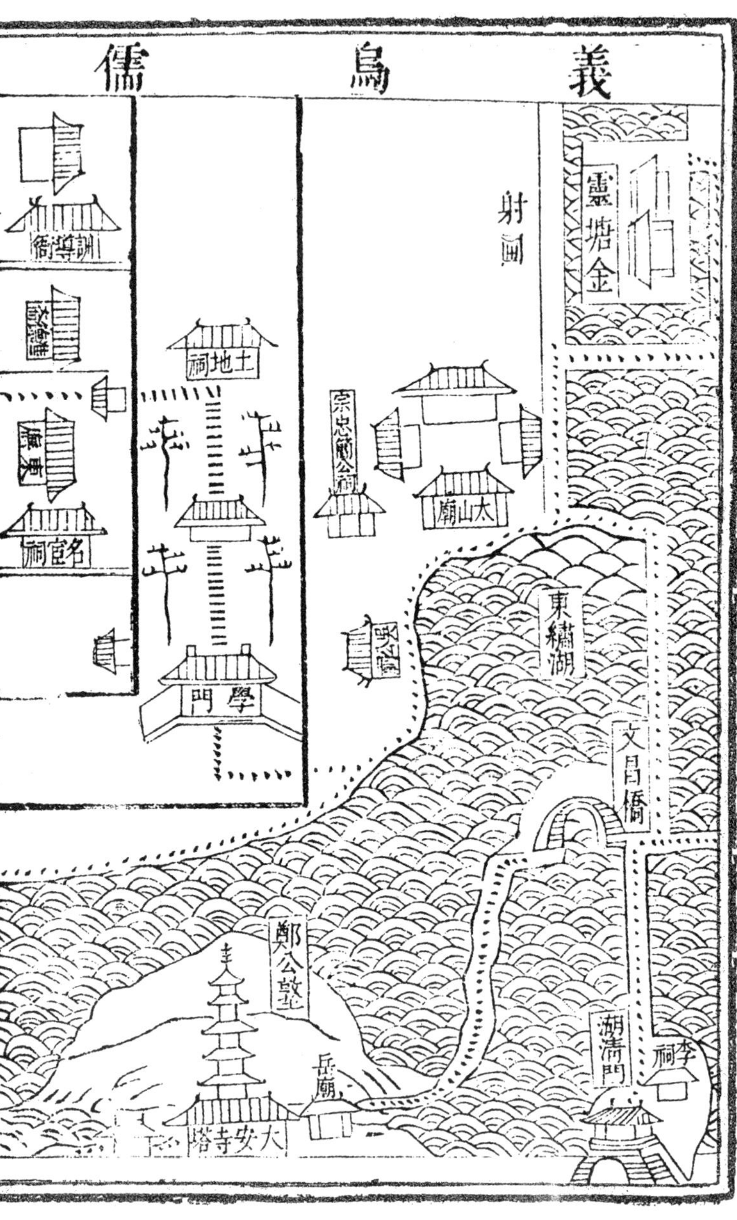
義烏儒
射圃
土地祠
宗忠簡公祠
太山廟
學門
訓導衙
名宦祠
東繡湖
文昌橋
鄭公墩
大安寺塔
岳廟
湖清門
李祠

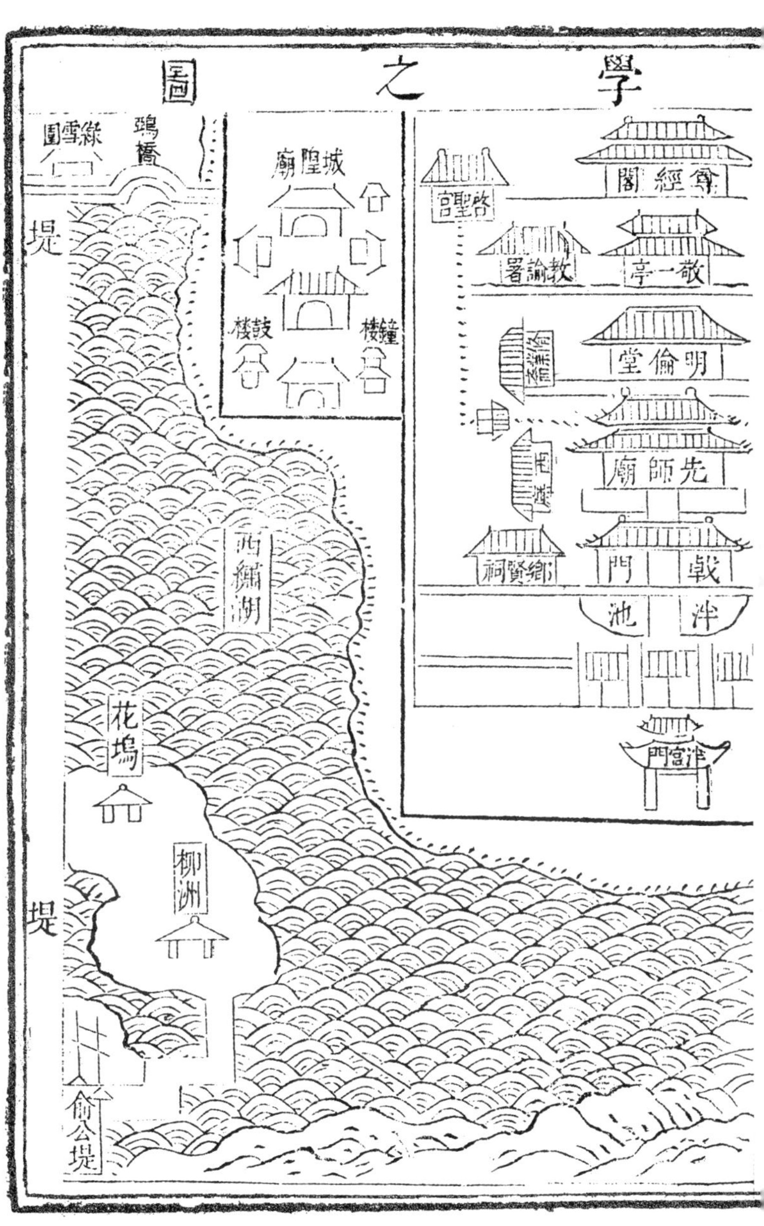
學之圖
鵶橋
綠雪園
堤
城隍廟
鼓樓
鐘樓
啓聖宫
尊經閣
教諭署
敬一亭
明倫堂
先師廟
鄉賢祠
戟門
泮池
泮宫門
花塢
柳洲
堤
俞公堤

四都界
石門山
龍門山
王山
齊山
忠節祠
御葬吳百朋墓
東十里
樓
池
塘
田
八嶺
青岩
刘宅
青岩山
鷄鳴山
山川
釣魚岩
月岩
文昌閣
西江橋
魏家山
演武場
李宅
山川壇
目村
銅山
童官山
金安山
龜山
季宅
社稷壇
西門
養濟院
陳宅
王宅
東平山
廿二都界

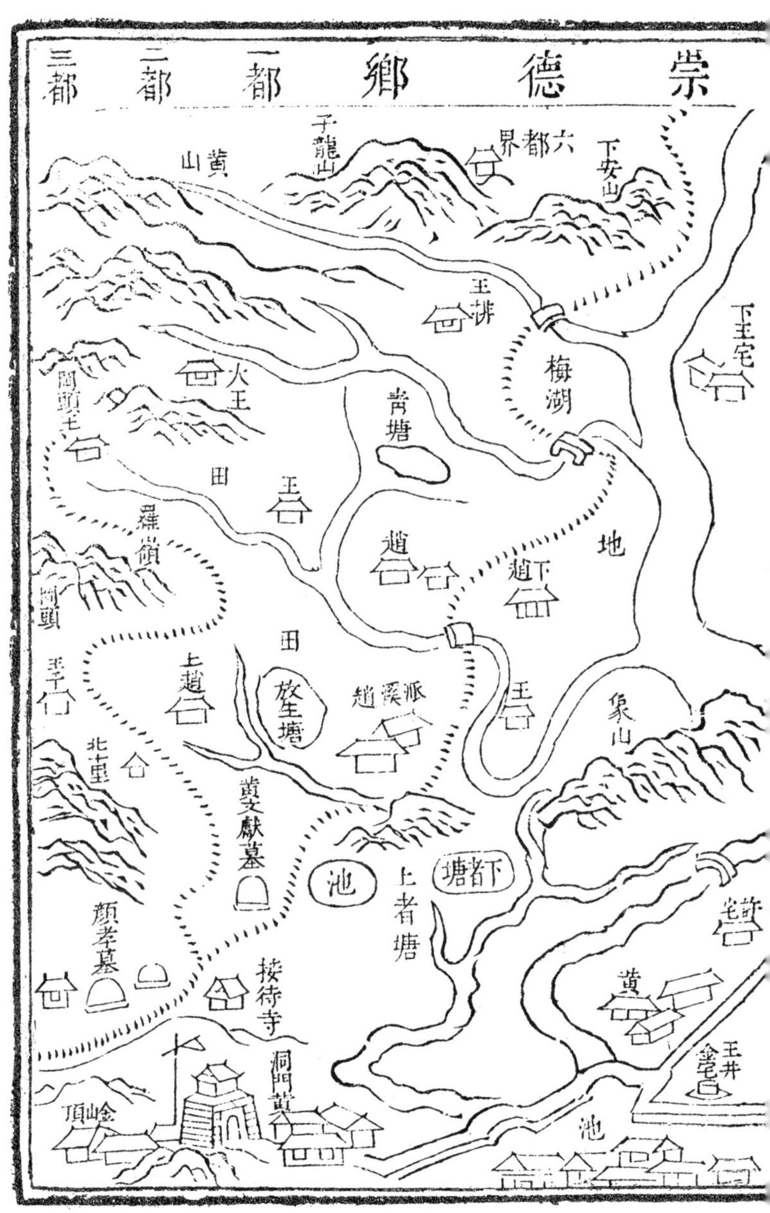
崇德鄉
一都
二都
三都
六都界
子龍山
黄山
下安山
王排
梅湖
大王
下王宅
岡頭宅
青塘
田
王
羅嶺
趙
地
下趙
岡頭
田
放生塘
上趙
派溪趙
王
象山
北土里
黄文猷墓
池
下都塘
上者塘
顔孝墓
接待寺
黄
洞門黄
金山頂
池
王井

縉雲鄉
東陽界
東陽下崑溪界
崑溪
畫溪
水簾
錢崖
師股潭
石鏡潭
石磯
荷花心
石板嶺
何
萬松城
官塘
隆平寺
吳仙嶺
大玄
泰伯祠
吳
吳尚書
四都
關王廟
夏湾吳
吳
青口
朱

六都
五都
四都
東陽界
黃岱
王几
文峯
大王山
纓山
天聖潭
滴水崖
東崖書院
五都
陳
鮑寺
花溪虞
霧溪陳
武岩山
金峰山
唐駱賓王墓
祝公岩洞
望白台
紫首
青瑣
尚書
登雲
縉雲鄉
上楓塘
上駱宅
駱王尚山
石樓山
石樓書院
施
謝
謝
東倉
朱
濯纓潭
樓
坂田
駱
陳
長山
華
施
六都
下鄭
駱
活魚塘
下駱宅
同塋駱
孫
洋塘駱

龍祈鄉
諸暨界
九都
八都
七都
三都界
龍祈山
潛厓山
清潭山
金山
杜門傳宅
陳
樓
和峯
李宅
八里橋蔣
講岩山
新園蔣
楊梅岡
張
西陶
荷葉塘
小芝寺
田
地

十都
九都
八都
七都
浦江界
浦江界
安貴嶺
深溪
田
陳
龍潭口
大陳
十都
箬嶺
馬安嶺
五石山
顏子岩
裕子塘
池
天亭
水竹洞
蔣祠
酥溪
北倉
雨崖山
東青塿
酥溪胡
下庫口
龍華金宅
嶺

永寧鄉
浦江界
仙姑山
楊公山
石門嶺
德勝岩
法隆寺
上岩
十二都
鍾墟鎮
西方張
傅宅
傅祠
胡門劉
石斛橋
下岩洞
朱
馬鞍
分水大王廟
馬交塘
鍾墟前傅
黃蘗山
朱
芦尖
三都界
洪巡溪
洪堂山
葉
朱湘墓
金
十一都
陳炳墓
八風嶺
黃塢
全陂嶺
朱進士
泮塘
鴉塘
遺安
泮塘朱宅
陶界
在城界
朱祠
朱宅

十四都
十三都
十二都
十一都
十四都界
浦江界
香山
香山口
蟠龍山
方岡嶺
三橋曹
致平岩方墓
稠岩
山富劉
漢太孫裔居
金山青溪祠
大嶺
十三都
南塘楊
濱頭陳
方祠
川塘方
高橋稠岩
進士楊定祠
新金墓
池
石坑
朱
蓮塘
金鸞塘
蔡
徐
孫
馬
蔣
張
葉公山
十五都界
池
何
十四都
山頭寺
東何
后俞
西俞
坂東陳
淨明寺
前洪吳
龍回吳
何
一都界

智者鄉
浦江界
伏龍山
五雲山
伏龍寺
香炉山
護法寺
五雲寺
龍山
胡
香山殿
五雲書院
分水塘
夏堰樓
橋頭樓
田
獅子岩
十五都
上溪張
楊
朱
洞
達摩菴
俞
樓
龍華堰
田
波塘
深塘
尚書宅
烏傘鄭
田
賈伯塘
二十都界

十六都
十七都
十六都
十五都
覆釜山
横嶺
方山
接石
陳
斯塘裡
傅
姑塘
陳
湖塘
賈何
橋裡何
上清寺
山頭沈
十七都
十六都
鳳山
金華界
吴湾江
陳
高岩
雲門
楊李
苦竹塘
胡吴
鮑
東塘
義亭舖
干全
十八都
玉蓮塘祠
鮑
楼二
季
九呈谷
十九都界

同義鄉
十五都界
何
河溪
廿二都
季
金
馬面嶺下
鄭
宅塘
官塘
翁村鋪
安福鋪
石橋
王
王
商
吳
崇山
童
釣魚岩
馬渚灘
姑塘
許
苗
謝
趙溪派
廿三都
深塘
馬
洪
洋灘渡
雙林寺
雲黃山
斗潭
石壁
雙林鄉界

雍正義烏縣志

六八

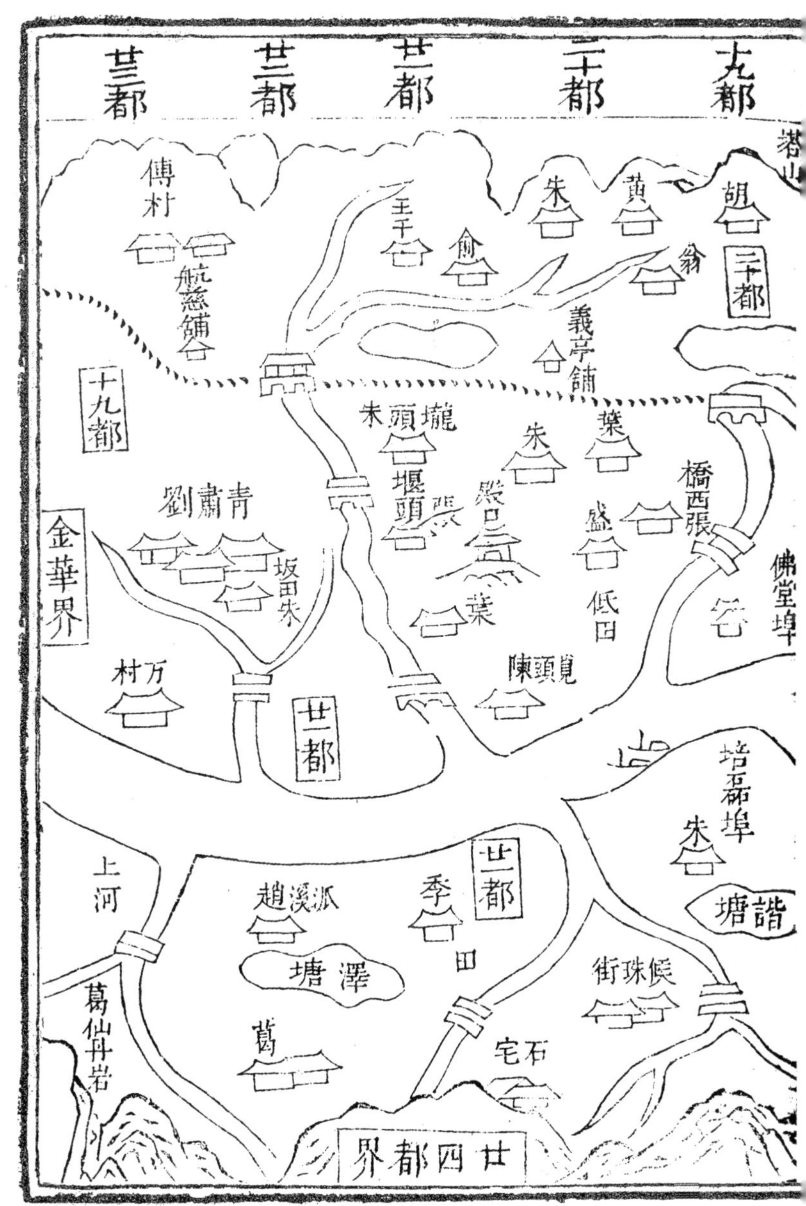
廿三都
廿二都
廿一都
二十都
十九都
傅村
航慈舖
十九都
金華界
劉肅青
坂田朱
村万
廿一都
朱頭壠
堰頭
義亭舖
朱
葉
橋西張
盛
低田
陳頭鬼
三十都
佛堂埠
培磊埠
朱
塘諧
廿一都
季
田
趙溪泒
塘澤
上河
葛仙丹岩
葛
街珠侯
宅石
廿四都界

雙林鄉
永康界
長松塢
黃岡
廿六都
后朱
后朱塘
下鄭
大山
同
清溪
后宅塘
溪西
葛山
廿五都
后山塘
橋下
黃芦
馮
橋亭
南倉
白山馮
朱
楊
桐塘
赤岸
江南廿一都界

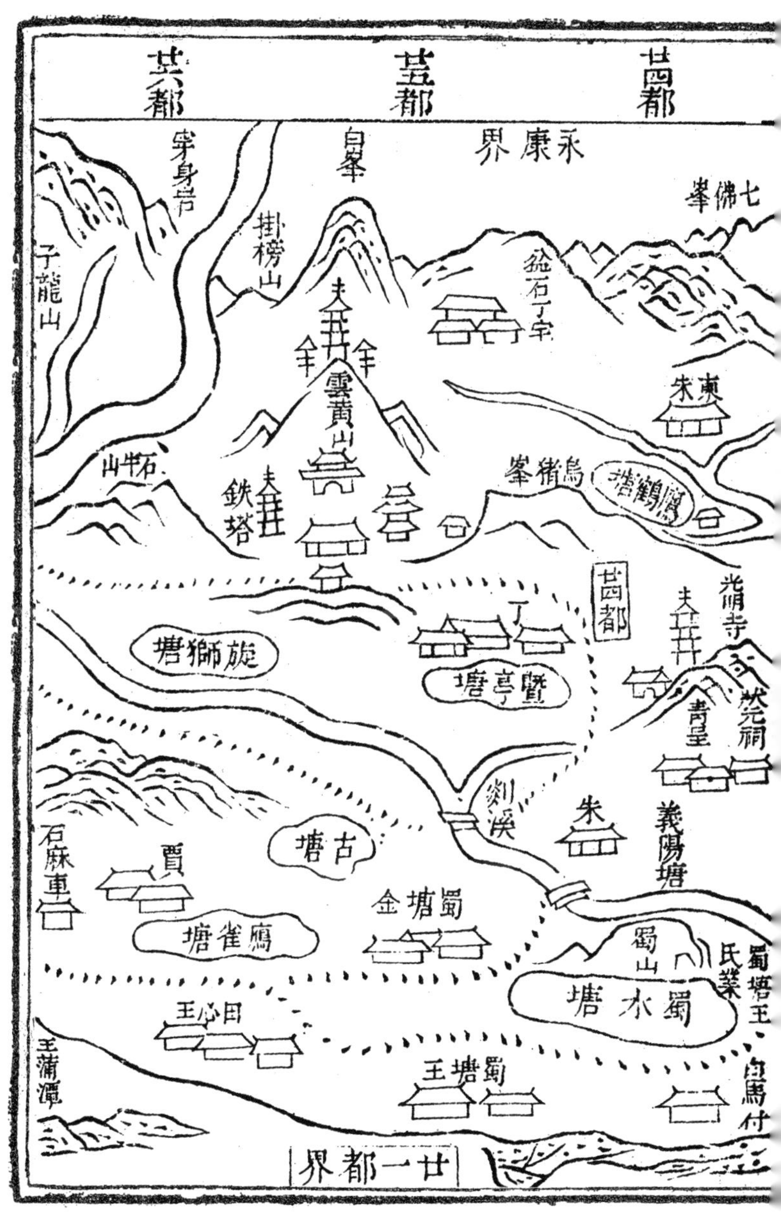
廿六都
廿五都
廿四都
永康界
白峯
七佛峯
子龍山
掛榜山
雲黄山
鐵塔
石牛山
烏猪峯
鶴湖塘
廿四都
光明寺
旋獅塘
暨亭塘
青呈
花祠
古塘
剡溪
朱
義陽塘
石麻車
賈
蜀塘金
寫雀塘
蜀山
蜀塘王
蜀水塘
白馬付
王蒲潭
蜀塘王
廿一都界

明義鄉

義烏縣志圖共二十四張

雍正義烏縣志卷之一

疆域志建置、形勝、界至、城池、鄉隅

建置

蓋聞延陵以季子得名，富春以嚴光垂譽，地由人顯也。烏自秦時作邑，以顔孝子名，爲八邑肇基。嗣後沿革靡定，分裂四封，古治尚存，人又以事而傳焉。

義烏，金華府屬縣，去府東稍北一百一十里。唐虞爲《禹貢》揚州之域，荒服之地。自夏少康封庶子無餘於會稽，號「於越」，此地在其西鄙。歷商至周皆屬於越，戰國時越爲楚并，乃屬楚。及秦始皇之二十五年，定江南，平百越，置會稽郡，始爲烏傷縣隸焉。《異苑》載：以顔烏孝子事，因名縣曰烏傷。漢興，封劉濞王吴，地在封内。濞誅，仍隸會稽郡。新莽改邑名「烏孝」，東漢仍曰「烏傷」。初平三年，分地置長

山縣。孫權領會稽，據江東，國號「吴」，地屬焉。後漢帝禪延熙八年爲吴赤烏八年，分縣地置永康縣。寶鼎元年，析會稽立東陽郡，以烏傷隸之。晋、宋、齊因其舊。梁改東陽爲金華郡。隋平陳，於會稽郡改置吴州。開皇九年，又分吴州置婺州，廢東陽縣，以五鄉入烏傷。大業三年，州復爲東陽郡。唐武德四年，郡復爲婺州，割烏傷一縣别立綢州，分置烏孝、華川二縣。綢，以綢巖得名，華川，一曰繡川，以繡湖得名。七年，州廢，復合二縣爲一，始名曰「義烏」，遂隸婺州。垂拱二年，復分縣地置東陽縣。天寶十三載，又分縣地置浦陽縣，即今之浦江也。金華即長山，蘭谿乃故金華之西界。然則唐婺州七縣在秦漢悉烏傷之境。義烏之爲縣，歷五代、宋、元至今，皆因之。唐史及《十道圖》定爲緊縣，《宋史》及《九域志》定爲望縣。元定爲上縣，隸婺州路總管府。明戊戌冬，下婺州，義烏歸附，以婺州路爲寧越府。壬寅春，改寧越爲金華府，義烏縣仍隸焉。國朝仍前。

分野。烏，古《禹貢》揚州之域。邑於東垂，於春秋爲越，於分野爲星紀。占者謂纏度上直於婺，分符之吏宰百里而應列宿，修政立事，動與乾象關，故録其分屬大較，與占測之有徵者，兼采列乘所記類附之。

天有紫宫、明堂，以藏神而布政；有九野、星土，以辨方而正位；有經星、常宿中環外衛，以象物而效官；有日、月，水、火、木、金、土之五星，爲犯合凌歷、羸縮妖化，以示變而譴告。此皆陰陽之精，其本在地，而上發於天者也。古之説天者，莫辨於《周禮》：大司徒以土宜之法，辨十有二土之名物；保章氏即今欽天監以星所主之十二土辨九州之地，所封封域，皆有分星，以觀妖祥。後之言星土者，或以州，或以郡，或以國，迄無定據。然星紀之屬吴越，始見於鄭玄《注》，諸説因之。其推算所入宿度頗有先後，總之不離斗、牛、女近是。范曄志星紀，起斗十一度至婺女七度，於辰爲丑，於分野爲吴越。《晉書》星紀起斗十二度，終須女七度。費直星紀起斗十度，終婺女五度。蔡邕星紀起斗六度，終婺女二度。唐僧一行星紀起斗九度，終婺女四度。《宋志》天市東垣南第六星曰吴越，吴越當天文南斗須女之分。《元志》斗四度三十六分六十六秒，入吴越分星紀之次揚州，分此蓋統吴、越而論之，未析言其地也。班《志》曰「吴，斗分野；越，牽牛、婺女分野」，則吴與越固有分矣。至隋唐，獨以婺名州，則牛與女又有分矣。説者謂斗、牛、女爲北方宿，而屬吴越，自南斗十二度至婺女七度爲統屬吴越，而專一郡，何以稱焉？嘗考諸家：賈公彦以諸國始封之日歲星所在爲其分；唐一行謂天下山河之象存乎兩戒，而以星辰河漢别其脉絡終始，爲十二次；蘇伯衡又謂天有三垣，紫微、太微皆將相輔弼之位，而天市下垣則列國星宿在焉；鄭夾漈則有古人封國命以致祭，如商丘主辰〔一〕、大夏主參之類。循是求之，邑之名爲婺州，正以其地上直於婺，而民間之專祠婺女，彼或有取爾也。以事應驗之：《左傳》二十二年，史墨曰：「越得歲，而吴伐之。」《注》：「是年歲在星紀。」班《志》孝景元年正月癸酉「金水合於婺女」，故三年有劉濞之亂，伏尸流血其下。孝武建元三年四月「有星孛於天紀，至織女」，占曰：「有女變。」陳皇后廢。獻帝建安初，歲星、熒惑、太白聚牛女，孫策、權開江東。此其時日災祥之占，分野休咎之别大較可睹矣。抑又聞之《晉書》曰：須女四星，天少府也，主泉布裁制嫁娶。《正義》曰：織女三星，天女也，主果蓏絲布珍寶。暗而微則天下女功廢，明則理。《星經》曰：兹星明，

〔一〕「主」字，底本原作「生」，兹據《崇禎義烏縣志》及文義改。

天下豐，女功儲大〔一〕**，國充富。邑故爲婺墟，是以俗重閨門之修，女多貞潔之行。命之主祀而神格，占之候氣而事驗云。**考「分野」並云：昉自黃帝，以地有是形，則天有是星。又云：星土辨于周公，凡百里之國皆有分星，以屬其土。爲説不齊。至一行謂：不以星之南北分地之南北，視雲漢貫注得其精氣之所。至明劉基，有《清類分野書》。龔斅等説分星于上，分土于度，分度于數，率以九州，在日月之下，都分南北街，南屬日，北屬月。經以二十有八宿，積數七百八十三星。郡縣猶古侯伯國，視其土之廣狹分屬一宿，一宿之所屬或一省、或兼省，郡得其宿之度而分居焉。縣又分其度之半數、一數以至四數、五數，入某宿幾度之頭、之尾若干分。　某宿之次于辰，在某支於數，建某宿于干支。又，近法：天一度當地二百五十里，第天大地小，天常運而地不變，經星二萬五千餘，歲行天一周，進退跳躍，古今所距，度分不一。方域各以世殊，而閩越荆楚，交廣東、通吴會，並曰揚州，分星止斗、牛、女三宿，即戒天畫里之説，亦有難通。

〔一〕「儲大」，於義難解，疑「儲」爲「昌」字之誤，《隋書·天文志》：「須女四星，天之少府也。須，賤妾之稱，婦職之卑者也，主布帛裁製嫁娶。星明，天下豐，女功昌，國充富。小暗則國藏虛。」

建置表

		烏傷縣	綢州	義烏縣
唐	《禹貢》揚州。			
虞	同。			
夏	於越西鄙。			
商	於越。			
周	於越。戰國屬楚。			
秦		始皇二十五年置縣。		
漢		隸會稽郡。初平三年，分置長山。延熙八年爲吴赤烏八年，分置永康。寶鼎元年，隸東陽郡。		
晉		隸東陽郡。宋、齊同。梁郡改金華。		

	隋	唐	宋	元	明	國朝
	會稽郡改置吴州。開皇九年，分吴州置婺州。	武德四年，郡復爲婺州。				
烏傷縣	廢東陽縣，以五鄉入縣。大業三年，州復爲東陽郡。					
綢州		割烏傷别立綢州。分置烏孝、華川。				
義烏縣		七年，州廢，復合二縣爲一，名義烏。緊縣。垂拱二年，分置東陽。天寶十三載，分置浦陽，即今浦江。金華即長山，蘭谿乃金華西界。	望縣。	上縣。隸婺州路總管府。	戊戌冬隸改寧越府。壬寅春隸改金華府。	隸金華府。

按：紹興私志有《沿革表》，未經采入。《會稽志》不立表，而以《沿革》先《分野》。《沔陽志》有《郡縣表》，而前列《郡紀》。惟《松溪志》古今割隸，譜最爲簡晰。兹特參合成之。

形勝

婺郡棋置八邑，而烏首建。南襟括蒼，北枕杭紹，東帶台嵊，西蹠衢嚴。歷秦至今一千九百一十三年，仍而不改。統觀四履，負山而治，塹設天險，層岡盤錯，滙以繡川，環以長江，吞吐包絡，勢若建瓴。右跨航溪，左負魏麓，前則文峰、玉几，而楓坑、鐵巖奠於坤巽之維；後則蓮巖、錦屏，而龍祈、五雲應於乾艮之位。其最勝者，黄檗龍蟠，青潭鷹啄，潛崖象踞，金峰麟集，晝塢涵碧，覆釜列翠，瑞雲輪囷，靈泉瀑布。武巖聚八景之秀，龍門挺雙尖之奇，大士遺餧虎之巖，葛仙存煉丹之窟。若幽蹤祕迹，爲耳目所不經見者，不可勝記也。至筴其要害，尤有可言。邑據郡上流，搤東越之吭。元末張士誠自諸暨入寇。及明太祖下婺，先令胡大海攻取蘭谿，西斷喉咽，已乃親提師旅，間從義烏躪入其深，而城遂附。由此觀之，郡治之東所恃以不受兵於敵者，烏爲之蔽也。縣治境界，獨善坑一路接壤諸暨，行旅往來，開上江之門户，疆域巨防，無踰於此。然崇岡四塞，疊障迴圍，車不方軌，人鮮連袂。天下有事，據險扼吭，烏得百二焉。兵志所謂「一夫當關，萬夫莫過」者，其在斯乎！稍轉而北，道通浦江，則龍潭綰其口，山谷高峻，翳以叢箐，延亘數十里，鳥不能飛渡，亦一方屏阸也。至於南與永康連界，挂紙、查嶺諸山，嶔崟巀嶪，如出天入井，不可攘掉。嘉靖間，處州不逞之徒入我南鄙，盜擾八寶山麓，我兵摧之若拉朽，亦險固便形勢利也。乃若東西路屬平坦，冠蓋輻輳，士庶肩摩，萬一有警，而金華、東陽爲之左右翼，互爲掎角，則輔車相依之勢也。特縣無城堞，捍禦不易，康熙甲寅，乘亂聚嘯，縣治遭燬。王師駐郡，相機剿撫，縣乃復完。則嚴衣袽之戒，慎復隍之慮，守土者宜爲保障計哉。

古綢之山峙於西北。喻演《記》。山環矗而邃，泉疏而清，平湖十里，涵碧澄酥。陳炳《記》。右擅湖光，左帶江流。朱叔麒《記》。《府志》作「朱淑」。襟溪帶湖，青巖、黄檗諸山環列於前後。川明山秀，其清淑之氣不下於他邑焉。舊《志》。

界至

東西相距六十里。

南北相距一百一十七里。

東至東陽縣治四十里。至東陽縣界二十里。地名下崑溪，自界至東陽縣治二十里。**至金華縣**

西至金華縣治一百一十里。義亭至航慈溪十里，路苦濘，知縣王廷曾捐砌。**至金華縣界四十里。**地名航慈溪。自界至金華縣治七十里。

南至永康縣治一百五十里。至永康縣界九十《府志》作九十七**里。**地名察嶺，自界至永康縣治五十五里，原作查嶺。

北至浦江縣治六十里。至浦江縣界三十里。以石斛爲界，自界至浦江縣治三十里。

東南到東陽縣界五十里。地名洪塘，自界至東陽縣治四十八里。

西南到金華縣界五十里。地名何樓子，自界至金華縣治八十里。

東北到東陽縣界三十里。地名愛頭，自界至東陽縣治二十六里。

到諸暨縣界五十里。地名善坑。舊《志》：自界至諸暨縣治六十里。善坑係官路，舖遞連絡，行旅肩摩。前此蹊敗不修，隘防不飭，廷曾鳩工葺治，輪卒扼守，俾出塗無困，伏莽自消。

西北到浦江縣界三十里。地名蒲墟。

附：驛程

西至本府：陸路一百一十里，水路一百二十里。
西至本省：陸路五百三十里，水路五百五十里。
西北至江南：陸路一千四百三十里，水路一千四百五十里。
西北至京師：陸路四千六百里，水路四千七百八里。

城池

縣自始建來，未有雉堞之迹。舊《志》稱：北依山麓，西帶繡湖，前左因地形爲濠，民廬之濱濠而居者十有三。今四圍以民舍爲郛，南有溝水，分自繡湖。有傳城趾週三里一十五步。載入《府志》。然不紀興築爲何代，蓋前此無可稽矣。明嘉靖三十五年馴至萬曆二十年，屢有倭患，議者以築城爲言，民氣大怫，緣增餉之後其力已竭也。乃國朝康熙十三年，邑爲寇破，敵樓遭毁，至十二月而復。然則記所云「城郭溝

池以爲固」，本王公設險之意，慮遠者亦宜及此，特須順民之情耳。

門七，上有敵樓。舊設四門：東曰「東陽」，西曰「金華」，南曰「繡川」，北曰「會稽」。宋大觀三年，知縣徐秉哲重建，開慶元年知縣趙必升重修。門各有亭，東曰「迎春」，西曰「渌波」，南曰「翠嶂」，北曰「迎韶」，尋廢。元至正十三年，達魯花赤亦璘真創金華門樓。明嘉靖五年，知縣林文焯重建四門。十九年，知縣張拱北重修朝陽門。三十四年，知縣曹司賢始用石築爲門樓，頗如城門之制，便於守望：東曰「朝陽」，仍其舊；東北更創一門曰「金鱗」；南曰「南薰」；西曰「迎恩」；西北曰「湖清」，縣民陳倫、黄鳳、金香、朱高助之；又設東北二門曰大、小「槐花」，縣民金爚助之。凡七門。崇禎十一年，知縣熊人霖廓建，更築敵樓。國朝康熙三年春，知縣孫家棟葺。十四年，知縣辛國隆修。三十年，知縣王廷曾增新。

東曰朝陽門。辰方門也，通東陽縣。前有名山曰「雞鳴」，其郭有渡春亭，每歲迎春於此。熊人霖詩：「雞鳴山氣上岧嶤，曉擁紅輪出海嶠。爲有宵衣勤聖主，始知曙戒動臣僚。千尋雉堞丹霞蔚，萬井龍鱗緑墅遥。東作方殷軍國計，敢忘匪懈報中朝。」

東北曰卿雲門。舊名「金鱗」，甲方門也。通紹興、寧波諸郡。出於其塗，有梁曰「酥溪」、山曰「善坑」，盤互險峻，屹若重關。熊人霖詩：竹箭曾傳《禹貢》文，千巖萬壑會稽分。朝隨滄海三秋月，旦上蓬萊五色雲。百二山河秦縣迹，六千君子越臣勳。朝廷有道修封守，日暮城樓鼓角聞。

南曰文明門。舊名「南薰」，正南門也。稠川如衣帶，天馬之山如几案。熊人霖詩：稠川如帶遶南疆，百尺樓開面向陽。几案遥來龍馬氣，窗疏近接斗牛光。秋深粳稻香盈縣，春曉雲霞色滿堂。聞道金門方較賦，即看多士共翶翔。

西曰迎恩門。西方門也。國有詔書至，從此門入。路通本郡。其水曲遶，曰「釣魚磯」。西一里曰「社稷壇」，又西五里爲「卿才發軔坊」、汪大司馬芨税處。又西二十里，爲潛溪宋學士讀書處。熊人霖詩：越東甲縣枕清川，稠嶺通源沃野偏。春到山城開漢詔，秋祈社鼓祝公田。即看棠墅卿才見，遥俯潛溪學士傳。獨愧書生承世賞，催科難答賜餐錢。

西北曰湖清門。乾方門也。繡湖紆曲遶其西。學宫在湖之上。熊人霖詩：西北高樓雄古都，遠吞雲影入平湖。人誇草木明如錦，我識山川聚可圖。《魯頌》釋丁天作泮，越謡祓巳水傳觚。却緣婺女金針妙，繡譜難將巧手摹。

東北曰通惠門。舊名「小槐花」，艮方門也，亦通諸暨之徑。向惟庫柵。熊人霖詩：縣城西北有高樓，爲挹春雲散緑疇。烟火萬家宵放犢，村莊三老晝扶鳩。包吳絡楚天王地，歷斗連牛婺女州。封靡由來仁政戒，况教撫字後徵求。

北曰拱辰門。舊名「大槐花」，亥方門也。北倚崇山，連亘若屏。向止木柵，今改建石樓。熊人霖詩：南鈴婺郡依南斗，北望神京静北辰。歷歷蟠螺輸兩税，巍巍鸖鵲起重闉。琴彈浙水家聲舊，詔領華川職事親。聞道未央方問夜，世臣保障敢稱循。

邑侍郎金世俊記：

蓋聞設險守邦，理彰習坎，重門擊柝，事中取豫。郛雉之名，創於姒初；盛受之義，著於東海。名邦大藩，窮障巖塞，莫不天横却月，地劃長虹。建威銷萌，寧人固圉，上術所由，遐哉邈矣。上臨御十有一載，四錫天弧，壹拯横潰，神旌所指，廟算畢應。然而長狄甗野，遺種尚有，郡羝觸藩，羸角叵測。於是闕北之令，始修江南之封。故將未雨而徹土，咸宜命日而設版。維兹稠邑，僻處東海，襟溪負山，據湖依阜。秦漢而下，雉堞莫施。蓋山水紆回，知是何年圖畫；而民生彫瘁，更難此日繭絲。旱潦相仍，征繕悉索。百堵未作，恍若斷鼇之艱；一簣甫開，已似鑿龍之險。公私並絀，金粟交殫。非夫沈勇全智之賢，烏睹體國綏民之盛也乎！惟我豫章鶴臺熊侯，實今大司馬壇石先生之哲嗣也〔一〕。大司馬書名何鼎，勒瑞姜璜，姬公破斧，實擅風騷。郤穀登壇，還敦詩禮。斟酌杓垣，異氣滿于緯象；提携寶劍，神采冠於丹青。蓋鸞掖之文價甚高，而鯉庭之道業彌懋，遂使穀似克和，鳴陰維候。若木單柯，旁蔭數國，長河始曲，忽然千里。靈姿燦其無

〔一〕「嗣」字，底本原作「似」，兹據文義改。

紀，玄炤鬱以難名。雲行風舉，埒衛叔之奇清；圓折方流，同班伯之甚麗。孝笋競抽，忠泉沸湧。風颷何遠，光景初昇。沛乎江漢之恒流，夐兮嵩華之自拔。若夫提衡大雅，宏奬風流，發唱驚挺，托辭雄曠。朱藍代邑，並入春陽之工；綃縠錯形，皆應天孫之杼。蓋有河梁遜其藻麗，鄴下愧其博物者矣。然而紫庭之述，已貴國門，赤社之司，重傳家譜。稟其義訓，伯禽居魯。惠于庶姓，卓傳移風。酌廉泉而矢志，推讓木以禮賢。念此僻隅，實稱古治。銜土有烏，顔孝子之令躅；在山如虎，宗忠簡之奇勳。草檄名傳，駱武功豈徒月露；立朝節著，王忠文自是斗山。顧慕遺風，裴回竟日。於是考驗圖經，周覽郊郭，形勝既矚，高下是圖。謂體天之險，等威以叙；因地之宜，溝封必固。是以折柳爲樊，積水作阻，咸足俾居無瓶，先壞而防。若其蕩然無所憑禦，相察靡屬，干掫莫從，豈非政體之鼠穹、醇化之螘壤也哉！然管鑰雖殷而帑庾告罄，爰乃博延纓緌，疇咨芻牧。僉曰：大師維垣，得道爲助。禦外之道，莫若儆備。制勝之方，莫若因形。義旅選勁，儆備也；崇樓建瓴，因形也。率然之首尾相應，風寒必腹背先護。事有半而功倍，政貴要而易從。謀夫攸同，龜兆既協，熊侯於是上其議於開府汝望熊公，直指聖任喬公、眉居梁公、藩大夫通所姚公、臬大夫浴元林公、本路爲輿李公、黄圖朱公、郡伯稚雲吴公、司李郘孫衛公，咸相賞可。謀野則獲，東里嘉裨子之能；聚米成圖，西師辨馬卿之勢。譬之牙曠調絃，后夔爲之撫節；郢匠操削，工倕爲之引繩。於是俯察旁羅，鳩工授事，馬迹内室，虎落外周。已而揣高度厚，仞溝物土，量期計庸，書糇慮用，制爲門樓七區。軫葛擁霧，岧嶢閉景。豐石峭趾，劃若斷岸之文；雄桷飛甍，矗似麗譙之勢。延虛架迥，環市闤鄽。可以游目開襟，觀祲望氣。表會結軌，置候閑邪。匪徒析羽之門，僅彰儀物卬車之闉、粗安旅次而已。至若壘舍四倚，梐枑再重，五兵夙設於其上，七較環列於其下，肅將春秋，毖誥晨暮。平居則穿鞠開場，注坡投石；有急則控弦引鏃，截鯨殲兕。仿周室之賦井，依軒皇之營衛。又所以固我户牖，抗彼風塵者也。夫劍閣天阻，孟陽攄其藻思；烟樓細景，明遠運其雄管。矧此豐構，保我家邦，而可道闕謳吟，事阻金石哉？余昔與大司馬共事六卿之堂，今覲賢君侯同欽三異之政，爰識始事，繫以新銘。其辭曰：翼翼稠川，東南通津。表疆於越，啓宇自秦。士誼廉節，女德清淳。代有良牧，綏此蒸人。勻勻土膏，繩繩環堵。窒巷四分，聚阸孤拄。徑鮮完闕，樓絶尺櫓。比衺缺領，擬車無輔。熊侯届止，憮然慮之。先事而備，惟古是師。乃興大庸，式建崇基。揵以石獻，隱以金椎。木樵聯聯，渠答繹繹。延閣流丹，飛簷俯碧。或臨澄湖，或瞰皋澤。或跨連岡，或據廣陌。上駕宛虹，下累層丸。宵漏警空，曉角淩寒。輕帆遠浦，落日危闌。山川相繆，烟霞此盤。崇櫨奕奕，華旌委委。我侯夙駕，逾闉越市。蒐我戎車，樂彼泮水。百禮具修，莫不燕喜。居有絃誦，行矢風謠。軋軋機杼，芃芃黍苗。户鮮驚吠，林多化鴞。昔稱阪田，今署樂郊。於穆熊侯，令聞令望。興墜舉利，禁奸制放。周道如砥，高門有閌。子來不日，風雅所尚。

知縣熊人霖記：

金華之義烏，于《禹貢》維揚州，在《天官》維星紀，須女分厥野。周隸於越，秦郡會稽，則縣烏傷。以顔孝子感烏，地名從主人，蓋初縣云。明興，高皇帝起江淮，初下越，則金華首附，輸軍興最，上嘉惠金華，成賦多折色。縣之碩儒學士王公褘，實雄才，思實左右高皇。世宗中興，兵部尚書譚公綸、總兵戚公繼光謂我民樸且勇，克偕成功，故邑表東越。今天子神聖勵精，孤卿百執震動恪共。詔郡縣固守厥疆，用戒戎作。人霖筮仕令兹邑，拜稽首受命，瞿然曰：「我聞邑無城，我其城之。」我其曷克城？朝於老謀，夕於掌故，圖厥俶事。秋八月壬寅受事，循我郛廛，稠水東，繡水西。顧瞻有阿，左高右下，天險不可升哉，地險山川丘陵哉。會巡撫商城熊公以督撫地方事，檄巡按寶應喬公以防禦，檄巡鹽蘭陽梁公以固圉，檄布政司上海姚公、按察司詔安林公、分守道東莞朱公、兵巡道南安李公、本府晋江吴公、理刑曲沃衛公、查盤長洲吴公，咸以兵部八議責成。檄余於下車之日，既咨度之，已奉檄，乃于九月朔庚申會於明倫之堂，乃登厥民，謀及卿士。僉曰：「地當其窪，勢不可久。在昔罔有雉堞，亦莫不寧。折柳樊圃，狂夫瞿瞿，衆心成城，厥惟舊哉。若興版築，我民用蕩析離居，且時詘羸，其曷可舉？《春秋》書『城郎』、書『城中城』，穀梁子咸譏。何譏爾？違衆以動用民之力。已悉『無戎而城，仇必保焉』。」人霖曰：「唯疑《雅》歌『實墉』，《傳》譏『恃陋』；《易》象『重門』。百雉而城，方國之制。《月令》『歲孟秋之月，補城郭。仲秋，築城郭』。古訓式哉，我其曷敢不徹於桑土！」邑人曰：「悉乎哉，辨也！敢不唯使君教，以對揚天子休命！」庸民之力，民弗以勞。乃慰乃止，維使君譽處哉。人霖既圖之，究之思之，議之僉之。人霖乃揚於撫按司、道府廳曰：「井田丘牧，因賦《出車》。金城湯池，設險守國。古昔明訓，大猷允經。維義烏越東望邑，文武忠孝，克炤耀簡編。乃城址靡稽，曩祖宗朝，則亦有若汪尚書道昆，卿才筮仕，張弛合度，小大有矩，乃亦弗築垣伊棘，良以地宅厥利、人載厥和也。運逢振作，君子鰓鰓不忘危，增城練兵。嘉謨入告，綸綍有俞。守土臣敢不惟力是視，紓朝廷南顧！小臣司邑，夙夜其敢懈，恭奉憲檄，究宣恩義。」父老子弟暨薦紳、孝廉、明經、文學，喻厥志、獻厥謨，乃大會於明倫之堂，對揚君師，肅肅穆穆蹌蹌，罔敢不恪思之重思！僉厥議曰：「邑必有門，門必有樓，櫓累以石，若延磚其上，可置火攻具，居高望遠，即有他非常，首尾策應，形禁勢格，克固我圉。」經費近三千計，自邑令捐俸薪爲倡，縉紳捐賜，餘爲倡富而好禮者咸終事焉。歲餘，克成功，黎民晏安，無騷擾也。於是相度厥宜，審局面勢。門高二丈有五，廣埒之制彷兗州城樓。主斂以間師黨正之能者，毋以吏；主進鳩工以邑之賢長者，毋庸胥徒因緣爲市。乃諏冬十一月乙丑，敬祭於司門之神，肇乃事焉。費隨入隨供，匠石歲計有餘哉。維十二月癸巳，人霖又率父老致祭於城隍之神曰：「維神受上天命，保佑此邑，容民育衆。人霖奉天子命來，實賴神默牖之。邑無城，煩天子慮，而延亘版築則費多，且蕩析民居，甚不忍也。父老議造城樓七區，上爲敵樓，其費則守土者、邑之好義者輸之，弗以累細民。既藉我二三賢長者董厥事，事之克勤，費之克經，體上天與神之心，神必福之。若有侵漁懈怠者，神必告之天而加之顯罰。惟神聰明正直，勤惰公私，神必審知之。人霖無所知，夙夜匪懈，罔敢用人而疑，維邀靈明神迪之，實受神賜，維明神克答天子秩祀之禮也。」神鑒既昭，人謀思輯。已巡按内江王公、守道萊陽宋公復銜新命來莅，益申飭修城事，威聲首路，有衆咸惕。鼛鼓弗勝，七門咸立。東肇蒼龍，寅賓出日，時曰「朝陽」。君子曙戒，民出而作，海氣辰集，道鷄鳴而南之，面勢孔陽，來鳳鏘鏘，時曰「文明」。長川泱泱，天馬來睨，乃道邑治而西，浴於咸池，達於婺郡，皇言如綍，辰告斯賦，敷時錫福，時曰「迎恩」。臨於邑社，遶於乾維，以臨繡湖，時曰「湖清」。斯樂于邁，言觀其旂。爰北嚮肅肅，若北面臣，斯門在邑〔一〕，乃心皇室，時曰「拱辰」。會歸其有極，枕于大阿，控于東維，衢於於越，或來或悅，熙熙穰穰，毋此疆爾界，灌輸率育，時曰「通惠」。又東至「卿雲」之門，山川絪緼，原隰既平，吴會越紐，周道如砥，光華旦旦，載懷載颺。七門翼翼憑憑，若斗魁、璿璣、玉衡七處羅。樓櫓大壯，睥睨臨制四鄉，火攻既傳，射疏及遠。風雨不能蝕，火石不能及。若護風寒，腹背是亟，若常山率然環如不可釋。雖曰維門，允也維城。維城維門，保我後生。越邦咸喜，以燕天子。既成奕奕，宜紀歲月。凡共事賢長者，列于碑陰，爰爲銘。銘曰：禹敷揚州，維少康孫。無餘主越，句踐興緒。君子六千，爰張越絶。秦郡會稽，初縣烏傷。稠水活活，駱丞檄唐。忠簡恢宋，光昭日月。高帝建隆，左右廓清。忠文抗節，世宗中興。譚公戚公，克咸膚烈。士質民勁，勢險守堅。罔崇雉堞，無城既疆。有城斯臧，在茲

〔一〕「斯」字，底本原脱，兹據《嘉慶義烏縣志》補。

興舉。戊寅之冬，鳩材庀工。七門爰啓，曾搆穹窿。累石睾厚，作鎮嶷嶷。威稜四方，永以無侮。雄表千里，井牧惠綏。環橋雍容，天作泮水。我車既攻，我馬既同。攸除狐鼠，祇哉祇哉。温恭朝夕，折衝樽俎。

鄉隅街巷、市鎮附

自昔井、邑、丘、甸之規變，而坊、隅、都、保之制興。邑内分四隅，隅有坊。城外分八鄉，鄉有都。唐：鄉三十，鄉五百家，鄉各有里，里百家。後經并省。宋：鄉二十六，各有都，都各有保。熙寧中，行保甲法，十家爲保，五十家爲大保，十大保立一都保，遂以二十六鄉爲二十六都保，仍存八鄉舊名以統之。鄉之廢者以爲所管之里。宣和以後，增爲二十八都保。元承宋制。明制：凡田土之經畫，則諸都皆畫地分保，以正其疆界，保有正；版籍之攢造，則諸都皆計户編圖，以定其徭役，圖有書。今二十八都，即宋之都保也。城中四隅，各管七都。嘉靖二十二年，增爲六隅，隅不復管都，其二税之徵收又各以區分，不限其鄉都。國朝康熙元年，行均里之令，定都爲五圖，圖十甲，以崇德鄉一、二、三都坐宦儒，餘七鄉坐民，俾無互擾。蓋隅鄉所以疆理封域也，而保甲、丁田之法俱備焉。

在城四隅今爲六隅

東隅，南隅，西隅，北隅，五隅，六隅。

隅一坊，共六坊。坊一圖，共六圖。

境内八鄉

崇德鄉。在附郭。管里三，曰崇德、青巖、義禽。管都三。舊二十圖。正統間并爲十五圖。後改十圖。今共十五圖。

一都。舊編圖七，改四，今五。二都。舊編圖八，并五，改四，今五。三都。舊編圖五，改二，今五。自一都至三都爲宦儒。

縉雲鄉。在縣東。管里三，曰縉雲、永昌、修仁。管都三。舊三十四圖。正統間并爲十六圖。今共十五圖。

四都。舊編圖八，改四，今五。五都。舊編圖十二，改四，今五。六都。舊編圖十四，改七，今五。自四都至十四都爲上鄉。自四都至二十八都爲民。

龍祈鄉。在縣東北。管里三，曰守順、上甲、下甲。管都四，舊二十七圖。正統間并爲十八圖。後改十三圖半。今共二十圖。

七都。舊編圖八，并四，改三，今五。八都。舊編圖六，并五，改四，今五。九都。舊編圖四，并三，改一圖半，今五。十都。舊編圖九，并六，改五，今五。

永寧鄉。在縣北。管里四，曰餘慶、永寧、烏孝、揚化。管都四。舊三十二圖。正統間并爲二十六圖。今共二十圖。

十一都。舊編圖七，今五。十二都。舊編圖十四，改三，今五。十三都。舊編圖十，改八，今五。十四都。舊編圖十，改八，今五。

智者鄉。在縣西。管里五，曰智者、崇義、修義、修政、敦義。管都四。舊三十二圖。正統間并爲二十六圖。改二十四圖半。今共二十圖。

十五都。舊編圖九，改六，今五。十六都。舊編圖五，并四，改二圖半，今五。十七都。舊編圖十，改九，今五。十八都。舊編圖八，改七，今五。自十五都至二十八都爲下鄉。

同義鄉。在縣西南。管里六，曰同義、永嘉、棲鳳、遵教、奉國、望仙。管都五。舊三十四圖。正統間并爲二十七圖。今共二十五圖。十九都。舊編圖六，今五。二十都。舊編圖六，今五。二十一都。舊編圖五，改四，今五。二十二都。舊編圖八，改六，今五。二十三都。舊編圖七，并五，改三，今五。

雙林鄉。在縣南。管里三，曰雙林、太平、蜀山。管都三。舊二十七圖。正統間并爲十六圖。改十四圖。今共十五圖。二十四都。舊編圖九，今五。二十五都。舊編圖十，并七，今五。二十六都。舊編圖八，改四，今五。

明義鄉。在縣南。管里三，曰繡川、王村、翁鋪。《府志》作俞村。管都二。舊十二圖。正統間并爲九圖。今共十圖。二十七都。舊編圖六，今五。二十八都。舊編圖六，改四，今五。

街

縣前直街。上市街。縣西。下市街。縣南。廿三里街。四都。酥溪街。七都、十都。楊街。十三都。候珠街。二十一都。赤岸街。野市街。俱二十五都。倍磊街。二十七都。

巷

黄樓巷。縣南三十五步。**金宅巷**。縣西三十步。**塔溪巷**。縣西五十步。**苗巷**。縣西七十步。**和塘巷**。縣西七十五步。**後朱巷**。縣北三十步。

市

縣市。上市：縣西七十步。下市：縣南三十步。本《府志》、舊《志》止「上市：縣西三十步」。集以三、六、九日。**湖塘市**。縣西五十步。儒學西。**青口市**。縣東十里。二都。**廿三里市**。縣東二十三里。四都。**花溪市**。縣東三十五里。二十三都。**雙林市**。縣南三十里。二十四都。**光明市**。縣南三十五里。**洋灘市**。縣南十五里。二十三都。**野墅市**。縣南三十五里。**赤岸市**。縣南四十里。俱二十五都。**江灣市**。縣西十五里。二十二都。**酥溪市**。縣北三十里。七都。**倍磊市**。舊名「培塿」。縣西南四十五里。舊《志》作「四十里」。二十七都。**八里市**。縣東北三十八里。八都。**楂林市**。縣東北四十里。九都。**盧砦市**。縣東北四十五里。九都。

雍正義烏縣志卷之二

巖壑志

山水

天地清淑之氣，融結而爲山川，嵩嶽尼丘，洽陽渭涘，孕毓由之。烏自建邑來，英賢挺出，指其姓字，心形俱肅，則秀流所萃，垂諸紀詠，可考鏡也。兹舉其大者，遞及峰巖井石，且以展禋祀，稽險塞，資溉殖，表名勝焉。

山峰、嶺、巖、洞、坑、石

象山。縣東三里。

鷄鳴山。縣東五里。高五十丈。昔有人聞金鷄鳴其上，群鷄皆應，故名。前瞰縣郭，傍睨大溪，衆山縈回。上有小亭，九月九日士大夫畢會于此，又名登高臺。

魏家山。縣東五里。

石門山。縣東九里。連山中斷，兩山對峙如門。宋陳炳記，見《藝文》。

南山。縣東十五里。蟠折縈迴，廣袤數里，上有平土可耕，人多居之。鮎溪之水出焉。

石樓山。縣東二十五里。亦名白巖山。高五十丈，周十三里，四面孤絶，兩山對峙，遠望若浮圖狀。山東西有巖，深袤數丈。東崖之上有巖者四，而巖之東由石徑行至第三級，有天然石闌護其外，少西又有數穴狀若房闥，一巖層級高下類重樓複閣，群巒環之，若屏幄然。舊《志》別載「白巖」，省從此。

武巖山。縣東三十五里。高數百丈，周圍十餘里，狀如紗帽，其下有八景。左滴水巖，四時流注不絶，聽之若鼓韻。

青巖山。縣南十里。高五十丈，有象鼻岡，有邑人王禕衣冠墓。王禕詩：幽僻青巖中，結屋開荒畦。群山列左右，雙澗鳴東西。蕭然守岑寂，環堵蓬蒿齊。林泉幸清勝，吾將暫冥棲。

齊山。在青巖山中，高三十丈，下有雙澗：南曰前溪，北曰梅溪。

天公山。縣南二十里。

雲黄山。縣南二十五里。一名松山。高一百四十丈，周三十里二百步。梁傅大士於此行道，黄雲盤旋其上，狀如車蓋，故名。有峭壁高百丈，廣三十五丈，下臨畫溪，五色相映。有穿身巖，因大士穿石壁而出名。有餧虎巖，因大士以齋餘飯餧虎名。《十道志》云：山多玄熊赤豹，大士化之，後不復出。又有飯石，乃餧虎餘飯所化，青白而紫。又有七佛峰、行道塔、旋獅池諸迹。邑人黄溍詩：束髮弄文史，掛席去瀛壖。邂逅乖良會，擯落迨兹年。息景念生理，洗心賓象筵。恭惟上皇代，異人秘靈詮。宗師既逾海，兹山亦棲賢。金棺滅雙樹，寶箧緘紅蓮。仰窺攝誘切，信知願力堅。内愧實菲薄，冥通未精專。褰裳碧峰雨，焚香石林煙。彩翠何紛糺，苔㵎窅洄沿。尋幽非外適，藴真冀重宣。二邊離有無，五濁空腥膻。豈伊俄頃用，應謝平生緣。

石牛山。縣南二十五里，雲黄山北。石狀如牛，故名。上有石牛祠。

蜀山。縣南四十里。高百丈，下臨蜀墅塘。相傳秦末有三山飛空而過，一山墮此。蜀人來言，蜀中所失之山即此，故名。山多靈草，上有仙壇，曰仙壇洞，曰陽春洞。

葛仙山。縣南五十里，高一百五十丈。有煉丹巖，相傳葛仙翁煉丹於此。又有雪峰嶺，高八百丈。

八保山。縣南五十里。舊不載。嘉靖三十七年間，永康、處州礦徒訛指有礦，糾數千人訌聚開坑。知縣趙大河率近山居民陳大成等平之。烏民因以武勇稱，而兵事之累亦自此始。

鳳林山。縣南五十里。平地有山巍然突起，高五十丈，故老相傳有鳳棲其上，故名。宋王氏立亭其上，時聚會。亭廢，有王德生重建。忠文公王禕有記。

大寒山。縣南六十里。山頂有池，四時不竭，春夏溢出爲瀑布泉。

來山。縣南七十里，高二百五十丈。群山自遠來，至此而止，故名。

三山。來山之東北。高四十丈。一山三峰，巍然聳拔，上有三山廟。

香山。縣西二十五里。其地多楓香木，故名。上有香爐峰，前有龍井，遇旱禱之輒應。又有夫人峰，以梁侍郎樓偃妻葬此，故名。有寺，見《寺觀》。寺有禮拜石。舊《志》別載「夫人峰」、「禮拜石」，省從此。

五雲山。縣西四十里。高廣莫知其數。唐時有五色雲幔其峰，故名。山口橋頭村前有繫馬石，上有手捻痕，相傳昔有神人繫馬於此，居民至今節序祀之。又上有智忍巖，下有邑人宋徐僑墓。五雲溪之源出焉。　徐僑歌：雲山窈兮風微，山徑繚兮雲依。蘭馨兮晨晞，松樛兮夕暉。有禽逍遥其間兮不去飛，俯啄兮蕨薇。昂吟兮緑筠枝，春與鼯騰兮秋鶩與啼。希鸞鵠兮志亦幾，絶樊弋兮隨所棲。空碧臨臨兮山四圍，泉咽咽兮流以時。寧易地兮頻若箕，與世相忘兮幽人期。山雖高兮步坦夷，雲雖深兮光陸離。胸洞洞兮陶然以怡，祈天命兮安厥宜。繫馬石，舊《志》作「縣西之十里」。

黄塢山。縣北七里。黄檗山之幹迤邐至縣治者。

黄檗山。縣北二十里。本名黄櫨尖。唐初置綢州於此山之下，及今縣治。山脉自北而南，其支分而出者亦皆吉壤。又北五里距馬鞍山不二里，洪堂山右有馬踏石，在延壽寺後何墅村，頑石橫道，上有馬蹄迹十餘，大於常馬。石色青緑，與他石異。又有手痕甚巨，五指宛然。相傳昔有居民夜聞人馬聲甚衆，逮曉見此。後浄居寺僧易名「黄檗」。櫨，《府志》作「蘆」。

洪堂山。縣北二十三里。在黄檗山北麓、馬踏石南。櫨尖、楊公、馬鞍諸山環列于後。右闞廣輪，綢香諸巖在其前，左顧四正、雲黄，四周如畫。

馬鞍山。縣北二十五里。高四十丈。在馬踏石之東，形如馬鞍，故名。絶頂有手掌痕，詳上「黄檗山」。

稠山。縣北二十五里。《府志》作「稠巖」。高四十五丈。峰巒稠疊，故名。稍南曰東山，兩大石當山之半。度石峽，有石窗，及有小洞。緣山而上，有危石臨澗水屹立，其平處俗呼「師姑平」。頂有德勝巖，下視平野歷歷如指諸掌，是爲上巖。北有上巖洞，在山腰，有石屋，中爲室，廣數丈，深十數丈，相傳晋咸康中丹陽令葛洪隱此。嘉靖中，邑人朱鴻即洞西稍前築廳舍三間，爲子弟講肄所，面植修竹千竿。萬曆中，知縣俞士章爲邑人致政，縣尹陳守亮築樓三楹，時往游眺，相與論文，或信宿而返。其陽爲下巖，上有胡公廟。公仕宋有惠於民。黄湣詩：曉色微茫尚帶星，修溪犖确斷人行。獨支瘦竹身猶健，高入層雲地忽平。落月正當山缺處，細泉頻作雨來聲。上方燈火清林曲，隱隱疏鐘一再鳴。喻良能詩：奔走塵埃老未休，每思上下兩巖稠。

闞心簿領三書考，回首家山四换秋。枝腹自憐鶊鼹少，江湖誰計鴈鳧留。又遮西日長安去，慚愧平生馬少游。舊《志》「德勝巖」、「上巖洞」别載，從《府志》省入。

青潭山。縣北四十五里。下有青潭。其最高處曰春岡、雪頂，有鷹嘴巖，石如鳥喙突出。旁有戰巖，相傳方臘寇時民多避此，牆址猶存。山側有天聖潭，形如大甕。宋天聖間祈禱靈驗，因名。「天聖潭」并入。

鷄棲山。縣北四十五里。一名金峰山。峰上有石屋，廣十餘步。北有降魔峰，西北有安貴嶺。

龍祈山。縣北四十八里。高六十丈。山之西有水名深溪，自縣北流入浦江。旱時居民祈禱，故名。

潛崖山。縣北五十里。麓有象鼻岡，椒有雙杉亭。　邑人李鶴鳴詩：獨往神逾静，冥搜路不迷。青藤蛇上樹，蒼石虎吞溪。複磴莓苔滑，深林絡緯啼。泉鳴珠珮迴，嶂簇畫屏齊。半嶺思清嘯，懸巖想暝棲。嵐光空翠濕，天勢蔚藍低。藥辨千年種，芝探五色泥。恍如升紫府，真似躡丹梯。吏隱污金馬，仙魔陋碧鷄。玉符原有訣，寶籙久應題。永念凌紅霧，終希馭白霓。月華還可掇，雲搆定峰西。

鐵巖山。縣東南二十里。俗名郭公山。極爲峻峭，攀援以登，至山半，有水簾下垂數十丈，如懸疋練。由水簾之側躡石磴以躋，可達絶頂。有曠土數百畝，有三塢、一潭。舊有郭公寺。舊《志》作縣東。

龍門山。縣東南二十五里。南山最高處，自山口循澗水磬折而行，過師股潭、石井坑，登樓梯巖，有平岡横亘其上，是爲龍門。旁皆平壤，民多耕桑于其間。由其東攀緣而上絶頂，有兩峰對峙，名雙玉峰，俗呼雙尖。由其南下繭嶺，俯矚深谷，是爲平山，有澗水經其中，西流入於畫溪。潭側石上有兩股痕，隱然天成，相傳傅大士濯足者。舊《志》作「縣東十五里」，與樓梯巖并入。

畫塢山。縣東南二十五里。畫溪之水經焉。其上中流爲斗潭，其下對岸爲石壁。

箭山。縣東北四十里。高三十丈。青潭山之東，横亘山源之口。山多竹箭，故名。

金麟山。縣東北六十里。舊傳金麟見於此，故名。

茗平山。縣東北七十里。俗傳法輪禪師茶園。

銅山。縣西南三十里。頂有銅巖，深數丈，廣如之，若房闥然。相傳古有銅牛見，衆逐之，投山前塘中，時謂銅精，山由此名。

金山。縣西南四十五里。屹立江流中。

東山。縣西北二十五里。崇巖峭壁，竹木森蔚。緣澗盤折至山半，二石間有釋氏抗雲精舍址。

黄山。縣西北四十五里。下有斷坑，相傳黄巢入寇，遣壯士鑿石爲之。宋元豐中，知縣鄭安平名曰黄山洞。洞深數十丈，巖石如劈，下有深穴，俯視使人森怵。中多伏翼，有翼大盈尺者。山左有螺井泉，根溪之水出焉。舊《志》洞作縣西，今并入。

峰

烏𣗳峰。縣東四十五里。初名烏巖。又一在縣南二十五里。峰巒秀異，岡阜紆回，名曰盤谷。舊《志》下有「雙尖峰」，省入「龍門山」。七佛峰，傅大士行道，七佛相隨於此，并入雲黄山。

雙峰。縣南四十里。二峰並拔天表，又名筆架峰。旁奇石高二丈許，上有棋枰，相傳爲仙人弈棋處。峰趾有澗清駛，曰梅溪。

香爐峰。香山上。邑人喻良能詩：燕雀桑麻五畝匀，香爐峰下磬湖濱。青衫不碍兩居士，白髮真成六老人。子美浣花元不惡，淵明栗里總宜貧。作詩飲酒真吾事，回首江湖懶問津。

嶺

八嶺。縣南十三里。高七十丈。南經石壁坑入東陽界。

毛皮嶺。縣南十五里。高一百五十丈。東入龍門山。

青口嶺。縣南三十五里。高十丈。上通東陽界。

雪峰嶺。縣南五十里。高八百丈。

掛紙嶺。縣南五十五里。高九百五十丈。

查嶺。縣南九十里。高百丈。

步虚嶺。縣北，界浦江，至峻。知縣熊人霖攝浦，因亭焉。　熊人霖詩：翠壁丹梯絶境懸，孤亭面面合蒼烟。搴帷却憶無懷氏，策杖虚疑小有天。候吏燎吹巖下月，山家飯供澗中泉。到來兩地絃歌滿，猶有催科愧俸錢。舊《志》下有「安貴嶺」，見「鷄棲山」。

巖

月巖。縣南二里。下臨大溪，其形如月。　喻良能詩：何年玉斧巧修成，半似明生半魄生。易使飛烏來匝繞，難將老蚌較虧盈。桂枝不逐秋風老，水影長隨夜氣清。曾是廣寒宫裏客，舊游重訪更含情。

青巖。青巖山之巖也。王褘讀書其中，有《青巖山居記》。　王褘記：青巖去義烏縣南十里，其山由東陽兩峴峰西來三十里，至於龍門，勢益穹窿。由龍門而西又二十里，是爲青巖。至是山支爲二，南支則重巒疊嶂，北支則崇嶺峻嶠，皆迤邐西行。方二支之分也，有山從中出，峰阜圓粹，纍纍若聯珠，曰齊山。而其勢遂卑，南北兩山，勢相環護，左昂右伏當其前，如龍虎，齊山儼然而中居。齊山之陽，坦爲平壤，廣袤可一里，民居廬雜處其間者皆傅氏。其外繞以雙澗，澗源出于二支之所分，夾齊山而出，至是乃合而爲一，行二三里，與群水匯爲大陂，曰新塘。而塘適當西山昂伏之會。塘外復有一小山，巋然特起，若遏水之衝者。大抵雙澗之外、兩山之間，陵谷幽邃，川原夷曠，而草樹甚繁茂，雅宜爲隱者之居。初，傅氏有以才學顯聞、仕爲侯官主簿，曰光龍者，與予祖母爲同産，故傅氏予外家也。至正乙未之春，予始至焉，愛其雙澗内屬兩山、外拱清淑之氣，若有所鍾，乃即傅氏居旁度平壤之中買隙地數畝，結廬居之。爲屋僅三數楹間，屋外植以竹木。右偏别爲小軒，庋書其内。讀書之餘，出緣澗而行。南澗水稍深，昌蒲生石上，與異草青翠相錯，絶可愛。北澗水淺，稍雨，水激石面，聲潺湲輒不休。有老梅數株，偃蹇横岸側，由雙澗所合直兩山之間，而西望金華，夫容峰近在目睫可攬也。予於是居而樂之，若將終身焉。或謂予曰：「仕與隱，其趍不同也。古之君子未嘗不欲仕，特惡不由其道耳。吾子學先王之道，且將爲世用，胡爲而遽言隱耶？」予告之曰：「仕隱一趣，吾無固必也。十年以來，吾南走越、北走燕，而惟利禄之是干，其勞心苦思，殆亦甚矣！是豈志於隱者乎？今天下用兵，南北離亂，吾之所學非世所宜用，其將何求以爲仕？籍使世終不吾用，吾其可以枉道而徇人？則吾終老於斯，益研窮六藝、百家，而考求聖賢之故，然後託諸言語，著成一家之書，藏之名山，以俟後世，何不可哉？君子之行止，視時之可否，以爲道之詘伸。是故得其時則行，守窮山密林而長往不返者，非也；不得其時則止，汲汲於干世取寵，勇功智名之徒尚入而不知出者，亦非也。一山之隈，一水之涯，特吾寄意於斯焉耳。吾之行止安敢固必乎哉！」或者無以詰，因疏其言揭諸壁間，爲《青巖山居記》。喻良能詩：寒食江村路，東風夜渡航。一篙春水碧，兩岸落花香。飛絮匆匆遠，青山故故長。兹游自奇絶，底用更尋芳。此下舊《志》載「穿身」「餧虎」「智忍」三巖，又南有「煉丹巖」，今改附「山」。舊《志》智忍巖作「縣西三十五里」。

覆釜巖。縣西六十里。形如覆釜，巖頂四隅孤絶，石芒峭發。行人患其險，鑿穴步躡，扳緣而上，非勇猛者不能往。上有平壤三十餘畝，土美可耕。中有廢地甚廣，山邃地迴，竹柏幽茂。

睡魔巖。縣東北三十里。酥溪上。唐牧護禪師常於巖上振錫而坐〔一〕，晨夕不寐，故名。

洞

竺陽洞。一名祝公巖。縉雲鄉武巖山之北。昔有僧書「竺陽洞」三字，後爲風雨所落。序

〔一〕「牧護」，底本原作「收護」，兹據後文《方外志·仙釋》牧護禪師條目改。

班虞國奇築樓於此，爲肄講所。

知縣周士英記：出縣郭之東可三十五里，其地蓋有祝公巖云。或曰：祝公，古隱丈人之流。莫詳其出處，故弗著，其著者在巖之勝。然以其遠於市湫也，游軺罕有至者。即至，人弗能有也。有之，則自華溪虞子始。蓋虞子之言曰：「往，先君侍御按蜀，疏入忤執政，坐落職，歸養巖中。將爲考室，弗克竟。奇勉承先君命，始庀基搆，薄崖臨原，以厭來觀之士夫，是所以志也。」一日，謁司牧氏，語之故，且邀之觀。司牧氏曰：「余之柴生乎守久矣！得無爲采芝叟揶揄耶？然願因子以徼山靈之不吾誚也！」會大參虞君重使使趣之，乃駕肩輿驅而前，循武巖山之北，巉巖紆磴，足相齧者五六里，而始抵巖。遂自麓躡而登之，剔蘚鏟崿，道甚飭治。逶迤上行數百武，及山腹，四望夷曠而洞在焉。昔有僧書「竺陽洞」三字而去，未幾爲風雨所落，故人猶以「竺陽」呼之至今也。洞石爛如赭霞，峆峪炯豁而嵌空若室者三。中最寬，鑿大士像，前虛半舍席客。右穿得石竇，尤奇聳，層樓危堞，刻峭若斲。轉而左，又有大洞，磐石度廣三丈，可列坐數百人。由石坼穿下有兩穴相通，俯而瞰其石，乃空懸尋丈許，附麗僅半之。余爲竦然，已乃却引睹前澗，布橋以渡。水潺潺流其下。旁有小洞十餘，怪石突出：似機，似臼，似鼻，似口，似耳，似斧劈者，似劍鍔者，似虬龍鱗起若噬人趾者。虞君又爲余指上有大洞，狀若石樓，兩旁若梯，嵌空玲瓏。由石罅環行，盤跚而上數百尺，扣其中，填填作鼓鼙聲，牧豎時馮而游焉。復巡途下低而憩息於虞子所卜築者，中有樓三楹，巋然立於叢薄翳篠之間，曰「憑虛」。右建「文昌」示崇學也，左置一室曰「望白」示不忘本也。洞上又蕩一小洞，像漢壽亭侯鎮之，示崇忠烈也。於是相與凭闌遠矚，其原隰鱗比，華溪瀠回，無乏於濯溉，其被野之毛足以食民也。流光馳景，却顧於斷蹊絶壑之下，雲雨之所出入也。其遥岑隱見膚寸數百里，鷄鳴、鹿皮、石兀諸峰，列峙如屏障。其英俊之域、紱冕所興，駱、宗諸君子之殘碑，故址猶有存者。司牧氏既得從虞君游，俛仰山原之勝，乃於是灑然而樂也，曰：「佳哉巖矣！豈非天造地設以遺其人者邪！吾聞它山有以一洞，擅勝者矣，而若者臚列棋置、連十餘洞以見奇；洞故多患窪濕，而若者則地燥而爽塏；又或患遠巘絶嶠，鳥道不可即，而若者踟躕畦苑，葱青峭蒨，彷彿爲欄檻間物，不啻韋之居而庾之樓也。夫虞君方退隱東郭，緬懷林藪，而從孫司儀子又萃止良朋、講業聚樂其中。昔人所稱『丘壑夔龍、衣冠巢許』者，蓋謂是乎！」遂相與倚楹，即席坐嘯，徘徊至日甫息虞淵而别。參政虞君名德燁，從孫司儀名國奇。司牧氏爲誰？毗陵周士英元孺父也。　知縣熊人霖詩：鐘鼎名卿氏縉雲，碧巖翠竹幾村分。高年不異尊盧俗，髦士能矜越絶文。百道雲烟初地起，半山鐃鼓四天聞。到來揖向明神祝，雨我公田答聖君。

光明洞。縣南三十五里。在光明溪東，高山之巔。　邑人金孔賢詩：久知巖谷可投簪，日陟山岑興更濃。石徑雨餘青蘚滑，洞門晝静白雲封。春深野鳥偏多語，地僻山花自作叢。無限幽懷何處著，浪隨鳴鹿過林東。

坑

楓坑。縣南七十里。坑深二十里。南入永康界。

善坑。縣北五十里。坑深五里。北入諸暨界。

石

數珠石。雲黄山。即傅大士餧虎餘飯所化者。有陶氏居山下，嘗資給，大士遂視之曰：「他日以飯石琢數珠，贍汝胄裔。」自兹惟一氏家能之，女已嫁則不能。他人仿效，石即穿裂。

石碧。縣南三十里。　邑人李鶴鳴詩：碧石日初上，春山風乍晴。偶隨黄犢出，閒傍綠溪行。幽鳥淡無語，落花如有聲。回看飛瀑下，樹杪白雲生。

羊印石。來山側。石上有羊迹十餘，如印泥中，深半寸許，不類刓刻，號「羊印石」。

釣魚巖石。距西江橋二里。面水，削成。　知縣熊人霖臨董字勒石詩：大石巖巖氣象尊，嵌空壁立捍津門。苔痕積鐵平如掌，松底垂蘿翠可捫。徙宅魚龍沈不吼，翻枝猿鳥舞還蹲。春潮進艇時舒嘯，渭水桐江共討論。

水江、溪、湖、塘、池、灘、潭、井、泉

東江。縣東三里。漢史所謂烏傷溪，後更名義烏溪，皆因縣爲名。源出東陽大盆山，經東陽城北西流至此。東距二十里而廿三里溪入焉。有魏家山乃土阜，阨於其旁，水爲之折。而稍南又二里，鮎溪入焉。過龍潭，循山西行至縣西南，爲九里江。又西與洋灘江會於合港，流入金華界，至府城下。又與武義、永康之溪會。

洋灘江。縣南十五里。即畫溪。群山縈連，草木如畫，故名。源出東陽甘溪、安文。經東陽城南西流至此，爲洋灘江。又西與義烏縣溪合港，入雙溪。

西江。縣西三里。蓋東江襟縣正南繞而西，控於蟠山，有繡湖之水來會，左右迴合。崇禎己卯，知縣熊人霖捐造西江橋。是秋，魁鄉榜者三人。

九里江。縣西南九里。

溪

派溪。縣東五里有流澗曰派溪。宋趙氏子孫世居其上。魏懿獻王墓在溪側西山之原，名「留春臺」。溪山環繞，風氣盤鬱。侍郎龔永吉名其地爲十景曰：楊墩望日、魏駕思雲、放生采蔬、

寺口栽松、福地種德、孝墓進賢、東江春泛、北浦曉行、青塘漁唱、白塴樵歌，名賢多賦詩詠其事。見古《志》，舊《志》無。

鏡溪。縣東二十里。以形似名。本《府志》。

廿三里溪。縣東。其西至縣郭，北至酥溪，南至東陽，皆二十三里，故名。源出蝦陂，西流至石基渡入大溪。

華溪。武巖山下。源出東陽，西流入廿三里溪。

梅溪。源出五雲山，至夏堰，地勢盤旋，林木陰翳，後倚兩刹，前列群峰，景爲最勝，有樓氏世居其間。宋學士濂遊詠其地，有「八景」之目，曰：郵亭駐節、義塾種賢、竹山積翠、水閣涵青、花園秀石、道院奇松、伏龍寶刹、繫馬仙巖。時有好事者繪圖以傳，見古《志》。舊《志》云：「源出青巖山中，溪多巨石，舊名『石溪』。侯官主簿傅光龍種梅居溪上，改今名。西流四里，匯于大陂，曰『新塘』。入合港，會于雙溪」。

畫溪。縣南二十餘里雲黄山下。經畫塢山，五色相映，故名。《府志》作「縣南十五里」。自東陽之西南鄉至斗潭，合於東陽，西至洋灘，流入金華。

光明溪。縣南三十五里。上接丹溪，下流入吴溪。源出梘坑。

吴溪。縣南三十里。源出查嶺山，至楓坑口西南流過王村，至丹溪而與婆塘坑之水合，因名「小雙溪」。又西北流爲吴溪，而峴溪自雲黄山來合，至黄蒲潭，同入大溪。

峴溪。縣南三十里。源出雲黄山，至黄蒲潭，入大江。

丹溪。縣南四十里。舊名赤岸。徐僑詩：丹溪群山俱有情，顒昂環列如逢迎。東出雙秀高衝天，惟先兩峰當我前。二水南來炯相顧，合流于西疑欲住。成此溪山一段青，中有一園十畝平。著我倏然數間屋，繞屋俱栽竹與菊。扶杖行舒景物妍，開卷坐對聖賢讀。嗟予藐焉天地間，居然分得此清閒。毋餒浩然有以老，也應不負爾溪山。

洪巡溪。縣北二十里。自葛辭橋北流至浦江新界，入諸暨豐江。

演溪。縣北二十里。北流至浦江新界，並入諸暨之豐江。本《府志》。

深溪。縣北四十里。源出龍祈山西北，流至浦江新界，入諸暨豐江。《府志》作十五里。

酥溪。縣東北三十里。源出清潭山，至丫口與深溪合，入豐江。

五雲溪。縣西北二十五里。源出五雲山，流至梅塢口，曰「梅溪」，至十八都，曰「華亭鮑家堰」，至盛家渡入大溪。

雙溪。縣西北四十里。源一自黄山，一自覆釜巖，二水合流沈氏居後。沈建祠溪側，源水潆迴，林下蒼翠，足供登眺，亦以「八景」名：曰雲菴喬木、烟谷曉鐘，目所見、耳所聞也；曰兩水流清、雙峰聳翠，川之流、山之峙也；曰魚橋卧澗，魚躍也；曰雁迹留山，鳶飛也；曰石壁樵歌，采於山也；曰竹湖漁唱，釣於水也。名賢遊賞其間，給事中朱肇有記，刻石沈庵中，見古《志》、舊《志》云：「至沈庵南，與根溪合派，總名航慈溪。」

根溪。縣西北六十里。源出覆釜巖，至沈庵南與雙溪合。《府志》作「縣南四十里」。合黄山溪之水，亦名「小雙溪」，同入於大溪。

湖

繡湖。縣治西，有湖廣數頃，群峰環列，雲霞掩映，爛然若繡，湖因以名。宋、元間好事者構亭榭、植花木，爲游賞之地凡二十四處。歲久荒廢。正統間，知縣劉同、縣丞劉傑時與鄉大夫龔永吉、朱肇賞宴其間，取其地與時會物，因事稱者八種云：驛樓晚照、烟寺曉鐘、花島紅雲、柳洲畫舫、湖亭漁市、畫橋繫馬、松梢落月、荷蕩鷺鷗，名「八景」，篇章賡和，積成卷帙，見古《志》。亦曰「繡川」，舊《志》云：舊分三管以均水，東管二十户、二百四十二畝，中管三十户、七百七十五畝，西管二十七户、三百四十三畝。今所灌幾倍於昔。頻湖寺院及好事家，多建亭臺，因有「八景」。大觀三年，知縣徐秉哲築堤以通往來，即柳洲造塔建寺，而景益勝。紹興十三年，知縣董爟請爲放生池，禁采捕，率民治湖灌田如舊。淳熙五年，縣丞吴沃更霔管爲斗閘，建橋其上。開禧二年縣丞胡衍、景定五年知縣林桂發，重濬治焉。洪武十一年，知縣孔克源勸民濬築。

復湮。景泰間，加濬。灌注采捕，惟民所利。弘治九年，知縣鄭錫文募民濬治，周圍築堤，間插桃柳。脩石閘，以時啓閉。積所濬土，樹松其上，因名曰「鄭公墩」。嘉靖十二年，訓導羅傅巖率諸生倩工築湖之北岸，因徙畫橋爲新橋。二十九年，知縣汪道昆復脩堤、創造石橋，周圍植以松柳。萬曆間，知縣俞士章復令沿湖居民累石築堤，以防侵佔。嗣後，崇禎九年知縣許直捐濬，修文昌石橋。十三年，知縣熊人霖捐濬，建繡津橋。國朝康熙三十年十月，知縣王廷曾捐濬。

學士宋濂碑記：義烏有繡川湖，在縣西一百五十步，廣袤九里三十步。舊設東、西、中三管，稽其户田之數以均水利，其所溉凡八百九十有五畝。後加疏瀹之功，其利愈博，以畝計者至於一千五百而贏。東、南各有斗門，釃以二渠，東渠循堤折行，會於南，又折而東，疏爲三，以達於田。然而衆流行潢洿間，挾之入湖，其勢易致填閼。在宋紹興甲子，知縣董爟請湖爲放生池，嘗一濬之。淳熙戊戌，縣丞吴沃以春夏暴漲而淫、管不能宣洩，始更爲閘，視贏縮而司啓閉，仍架石橋其上，人因以吴公名之。開禧丙寅縣丞胡衍、景定甲子知縣林桂發復皆重濬之。自後無繼之者。一遇亢暘爲沴，水輒涸，田遂不稔。曲阜孔侯來爲縣之三年，政通人和，百廢具興，乃躬履湖濱，愀然而嘆曰：「無湖是無田也，兹非縣令之責乎！」歸與僚佐謀，集八鄉二十八都之民，量地定徭，分鄉授事，各植小幟以別其界域，使不相淆亂。嚴示期約，責其成功。於是畚鍤齊舉，有不戒而趨之意。侯恐其過於勞也，趨承水利之家，具酒漿醢菹以食之。勸相既頻，功緒日就。湖之北故爲官道，水齧蝕且盡，因築而廣之。湖南沿堤亦有曲徑以通人行，居民侵塞，且及湖百尺，皆斥而復之。雜藝花柳，映帶左右，復聚土爲山於花島之後。經始於今洪武戊午正月十五日，至三月十八日，湖之濬已及三之二，以東作方興，遂輟其功。其深五尺有奇，役工三萬二千有奇。自興是役，晝恒晴，夜或雨雪；迨夫遂事，霪霖久不止，君子謂侯愛民之所感。是歲，婺七縣大旱，繡湖之田獨獲有秋。縣人士懷侯不能忘，援昔人名橋故事，既名土山爲「孔公墩」以識侯功，復來謁予文爲記，欲示後之爲令者俾嗣濬之。余觀載籍之中，有民社者能修陂渠之政，則屢書之而不厭其詳。此無他，以民食之所繫故，特用是以爲勸也。昔者史起之爲鄴令，大興水利以利民，至有「舄鹵生稻粱」之謡，及今五尺之童亦有知其賢者。世之爲令者，苟能如起之愛民，其令名有不垂於無窮者乎？繡川湖，縣之巨浸，一方之所倚賴。自景定甲子以迄于今，已閱一百十五春秋。佩銅章、墨綬者不知其幾人，皆漠然不以爲意，而孔侯獨能行之，可謂無愧昔賢者矣！因備書之，勒於金石，非惟永侯之聞，抑亦勸來者以則效之也。侯名克源，字敦夫，孔子五十代孫。系之以詩曰：華川之墟，衆水所趨。其勢回旋，匯而爲湖。黄流奔衝，歲受洿濁。不有濬之，化爲平陸。孰爲其先，澤我甫田。孰爲其後，維令之賢。其賢爲誰，裔自曲阜。我煦我育，不翅召父。百齡絶響，曰吾繼之。民食攸繫，何敢勿思。乃程土功，乃集徒旅。畚鍤齊興，其來如雨。森之綢綢，斥之緎緎。翕之鳩鳩，離之休休。窊者既深，壅者斯戢。建閘築防，節其出入。潦水時行，納之若虚。猶如東瀛，注於尾閭。亢陽爲沴，靡神不格。徒爾號呼，土毛盡赤。我行我野，黍苗芃芃。亦有流泉，其聲潨潨。人力勝天，遵古之義。胡不是修，索諸茫昧。彼歲遘凶，我年獨豐。拊已而思，伊誰之功？功在不刊，匪文莫記。采而書之，敢告惇史。洪武十一年冬十月記。

黄溍詩：垂雲晝朦朦，湖面惟一色。薄晚風更生，際夜雪初積。凝陰勢方盛，塵土喧暫息。坐久聞拏音，忽然破寥闃。

王禕詩二首：十里華川上，年來足勝游。雨花林下寺，風柳驛邊樓。漠漠芙蓉浦，依依杜若洲。平生身外事，未許付浮鷗。相携偶出郭，縱目路忘賒。山色初晴好，湖波積雨加。春濃浮酒興，人壯惜年華。世事猶多故，芳辰重嘆嗟。

金涓詩二首：湖上晴光麗物華，行行幽興浩無涯。林頭新店去沽酒，門外小盆來賣花。天氣可非三令節，春風多在五侯家。茅庵兀坐無餘事，静看游蜂報午衙。繡湖八月景堪題，士女扁舟尾尾齊。白水青山圖畫裏，淡煙疏雨夕陽西。芙蓉濯濯斜臨岸，楊柳依依密護堤。滿眼浪濤終古事，華川望斷意都迷。

驛樓晚照。邑人吴澄詩：夕陽遥映驛樓明，景綴丹青畫不成。征路馬嘶寒暝散，虚簷鴉噪暮天晴。平吞山色千重秀，下瞰湖波幾度清。多少往來人眺望，迥含一段古今情。朱肇詩：高閣翬飛古渡頭，夕陽西水影悠悠。落鴉聲裏皇華使，登眺嘗懷靡及不。陳思任詩：繚繞萬山裏，孤城背夕陽。樓藏烟樹藹，湖蕩水雲長。官柳迷春濕，津亭倚暮荒。憑闌送人處，離思正茫茫。

煙寺曉鐘。邑人吴餘慶詩：雲錦重湖煙水平，僧鐘隔岸曉聞聲。希微乍響隨飛鶴，倐忽洪音吼怒鯨。楊柳軟風吹不斷，樓臺殘月夢初驚。令人感慨加深省，今古悠悠無限情。縣丞劉傑詩：沆瀣初分曙色回，蒲牢聲出上方來。應知百八初敲罷，萬户千門次第開。陳思任詩：仙宫藏寂地，曉梵出疏林。一片烟霞古，諸天花雨深。三山同佛日，雙樹聽龍吟。安得辭纓冕，談禪坐碧岑。

花島紅雲。邑人王仲序詩：繡川川上有平臺，花裏晴雲晝不開。絳彩絪緼迷閬苑，紅光晻靄接蓬萊。隨波片片臙脂落，夾岸重重錦繡堆。佳客每來遊玩處，此身何異到天台。龔永吉詩：湖心瓊島植名花，爛熳如雲簇絳葩。更得樓臺相掩映，游人争道是仙家。陳思任詩：幽島浮空麗，名花結陣濃。紫霞披曉樹，碧水浸高舂。陰藹丹青積，氤氲錦繡重。携尊坐孤嶼，取次拾芙蓉。

柳洲畫舫。邑人陳亢宗詩：鴨緑粼粼湧漫波，鶯聲楊柳曉煙和。纜牽翠影微微度，棹拂柔絲款款過。繡幕湘簾開罨畫，短簫横篴載青娥。晚風十里湖邊路，亂入中流采芰荷。朱肇詩：柳舒春色鬬纖腰，畫舫臨湖河興饒。欲索竈頭醒醉物，茶烟已傍緑絲摇。吴之文詩：柳色拖金縷，湖波緑皺分。彩旗堤外裊，畫鼓酒中聞。月度千重樹，橋穿萬壑雲。扁舟恣歡賞，人是謫仙群。

湖亭漁市。邑人顧謙詩：白蘋風起浪花腥，湖上漁船泊近亭。遠遠居人纔市集，鼕鼕撾鼓未聲停。翻波活鯉穿青柳，出水鮮蝦帶紫萍。日影西斜分散處，阿誰换得酒雙瓶。劉傑詩：翼翼新亭瞰水邊，漁郎争萃鬻魚鮮。幾回得價分歸晚，沽酒酣歌月滿船。陳思任詩：烟潭漁艇集，曉市女牆偏。半雜松江鱠，全收漢水鯿。興來沽酒去，醉醒得魚還。瀟灑春湖上，翻令勝事牽。

畫橋繫馬。邑人謝璉詩：赤欄橋畔繡湖西，沙軟塵香襯馬蹄。風動絲韁花外駐，日移金勒柳邊嘶。園人飽秣紗窗草，遊客深憐錦帳泥。幾度欲歸還不去，從教控立在長堤。劉傑詩：神驥生來自渥洼，輿梁西岸繫枯槎。若逢伯樂重相顧，價直從教十倍加。陳思任詩：盈盈湖水畔，拍拍畫闌西。烟浦雙虹卧，春堤匹馬嘶。柳深迷玉勒，花落染香蹄。恣意尋芳去，東風倒接䍦。

松梢落月。邑人邵正詩：樹老千年飽雪霜，蟠枝低掛一輪光。明珠出海蒼龍躍，寶鏡懸空翠蓋長。兔窟清秋毫可睹，鶴巢夜久夢何長。居人露坐觀幽景，頓覺平生百慮忘。知縣劉同詩：蟜蟜蒼虬百尺餘，乘風上攫玉蟾蜍。夜闌樹杪圓如鏡，一似當年頷下珠。吴之文詩：蒼蒼松百尺，微月半天賒。散彩金穿户，流輝玉浸沙。氣清和露墜，望遠倚樓斜。皎潔無如此，休尋澗水涯。

荷蕩鷺鷗。邑人丘觀詩：藕湖風動水粼粼，驚起沙鷗聚散頻。數箇帶波投霽岸，幾雙明雪點秋旻。紅衣撲落香飄麝，翠蓋銜翻露瀉銀。一段閑情無限好，安能載酒樂逡巡。朱肇詩：荷華滿蕩吐精英，鷗鳥相依却自驚。異境幽香誰與占，不知何故不忘情。陳思任詩：藕花風動處，無數野鷗鷺。漠漠浮清浪，微微點緑萍。披香狎玉羽，翻露落紅英。溘漭春湖上，偏尋野老盟。

繡津橋。知縣熊人霖詩：十里湖香接芰荷，蕭蕭竹樹繡輕羅。潺湲曲水穿山麓，明月橋邊聽棹歌。

王褘詩，古《志》次首載《藝文》，舊《志》前首入此，二首仍載《藝文》，今并入此，《藝文》從删。乃金涓稿亦載二詩，俟訂。八景七言近體，本古《志》；七言絶句，從《藝文》改入。

塘

駱家塘。舊傳駱賓王居此。縣北一里。

石牌塘。烏傷墓前，上有石表，故名。縣北四里。

傅母塘。廣九十八畝。

陳龍塘。廣五十六畝。以上一都。

山爐塘。廣六十畝四分。二都。

上塘。廣二十三畝。

青塘。廣二十五畝八分。

麒麟塘。縣北一十五里。相傳宗忠簡公將生時，有金麒麟見此塘，故名。以上三都。

錢塘。廣一十九畝七分。

上楓塘。廣六十八畝。

下楓塘。廣五十畝七分。以上五都。

洋塘。廣一十九畝七分。

陳塘。廣八畝七分。以上六都。

青葉塘。廣一十九畝三分。七都。

後深塘。廣二十四畝五分。九都。

兩頭塘。廣二十畝。十都。

泮塘。廣二十八畝七分。

八步塘。廣三十畝。

金鵝塘。廣三十畝。昔人欲開此塘以通諸暨豐江，有金鵝飛出而止，故名。縣北一十里。
放生塘。廣四十餘畝。縣北五里。
餘慶塘。黄塢山之右原。縣北六里。
鴉塘。相傳顔孝子築冢時群烏銜土之處，故名。以上十一都。
青陂塘。廣五十五畝。
中水塘。廣四十二畝。以上十二都。
蓮塘。廣五十八畝。
清塘。廣五十四畝。以上十三都。
高塘。廣二十畝。
鮎鮐塘。廣二十二畝。以上十四都。
分水塘。廣一十五畝。
賈伯塘。廣八十畝五分。以上十五都。
苦竹塘。廣一頃八十畝。有雁迹石。十七都。
波東塘。廣五十八畝。

王蓮塘。廣七十五畝。

姑塘。廣三頃四十二畝，詳《府志》。以上十八都。

清肅塘。廣二十八畝五分。十九都。

徐塘。廣五十八畝七分。二十都。

澤塘。廣三十畝。

洙塘。廣五十畝。以上二十一都。

官塘。廣二百畝。

長塘。廣五十八畝。以上二十二都。

姑塘。廣五頃二十畝。

新塘。廣五十畝。以上二十三都。

稽亭塘。廣一頃二十畝。有傅大士漉魚潭。二十四都。

蜀墅塘。蜀山側。周圍四頃五十三畝，灌田數千畝。蜀墅頭。金涓詩：溪頭自舒散，天淡夕陽微。拂石松邊坐，看雲水上飛。舊磯雙鷺下，小棹一漁歸。不覺吟成久，苔痕濕上衣。餘詳見《水利》。

後山塘。廣四十一畝五分。以上二十五都。

後澤塘。廣二頃。

後朱塘。廣一頃一十畝。以上二十六都。

倍磊塘。廣一十九畝五分。二十七都。

山丫塘。廣一十九畝五分。二十八都。

姑廟塘。縣西南三十五里。昔有仙姑顯迹於此，遺墠尚存。

長茂塘。廣一百餘畝。縣西一十五里。

池

硯池。縣學前，上有石橋。

放生池。一在繡湖；一在東江，上至浪灘，下至龍潭；一在斷坑口。

旋螄池。雲黄山。池水紋多佛頂旋如螺形，故名。

灘

下陳灘。縣西三十五里。

後蔣灘。縣北一十里。

馬嘴灘。縣西四十五里。

潭

師股潭。龍門山下。潭側石上有傅大士濯足兩股痕。舊《志》作「縣東一十五里」。

黄蒲潭。縣南二十里。

包潭。縣西三十五里。包伯樞講學，宋濂從遊，徜徉於此，故名。

仙鴿潭。縣北四十里甘溪蜀山之旁。相傳昔有仙鴿起水中，故名。李鶴鳴《夢歸仙鴿谿堂》詩：谿堂相别已三年，夢繞青山興杳然。小閣蔭松風漾日，幽軒籠竹月含烟。歲華流水俱陳迹，世事浮雲且俗緣。桑柘雞豚能似舊，扶藤散步挾書眠。本古《志》。

龍潭。縣東南二里。龍潭山下。

錫潭。縣西南四十里。八保山下。

井

四井。舊傳郭璞所鑿，一曰「富井」，繡川門外百步；二曰「貴井」，朝陽門外五十步；三曰「貧井」，舊學西三十步；四曰「賤井」，縣前二十步。以泉之多少、清濁爲辨，惟富、貴二井甘美，遇旱不涸。

孝子井。烏傷墓旁。

大士井。九里江之南。泉甘色碧，深不及丈，遇旱不竭。相傳傅大士所穿，飲之療病。今名「善慧泉」。

龍井。香山寺前。有巨蜃潛其中。遇旱請禱，得蝤蠐，其應速，他魚則遲。已雨，復歸於井。

古綢井。滿心寺前。原綢州故址，故名。今湮。

虎皮井。縣東廢雙柏驛内。今湮。

泉〔一〕

二老泉。縣西一十五里。

錫杖泉。香山寺。

大士泉。寶林寺西廊之下。

螺井泉。黄山左。其泉一年出黄山之原，一年出五雲山之原，輪流不變。可以溉田，居民利之。《府志》、舊《志》作「縣西三十五里」。

瀑布泉。香爐峰。　喻良能詩：山居尠驩悰，理策事遨嬉。嶔岑屬初霽，眺覽得所宜。懸崖有飛瀑，注壑從涼颸。濛濛噴霧雨，冉冉含烟霏。清泠詎可汰，駛激疇能陂。會心欣有得，徙倚不知疲。雁蕩境千里，香鑪天一涯。平生未能矚，昏旦矧欲窺。何如兹山溜，若與幽人期。它年營菟裘〔二〕，舍是將安之。　又：瀑雨霏霏濕翠嵐，從來天半許誰探。凌空踏盡崚嶒石，始到峰頭第一潭。

〔一〕此部分底本缺，今據《康熙義烏縣志》補。

〔二〕「菟」字，底本原作「蒐」，兹據喻良能《香山集》改。

雍正義烏縣志卷之三

營立志

署廨

古者規方百里以爲侯服，分職帥屬，各有寧宇以宣序民事，故《雅》稱營謝，《風》咏定中，《春秋》營繕必書，誠重之也。明初建天下郡縣，令長貳朝夕聽政有當署，監臨者以事至有行署，使節來有賓署，下至諸曹掾、郵亭、筦庫、司局之類，咸禀法式。頹則飭之，極敝則新之，廢則舉之，逮後屢毁屢建。至國朝，丞簿並裁，署亦隨廢。兹取見存者列於前，以就廢者並舊《志》雜入古迹者綴後，而坊表、橋渡附焉。

縣治

縣址在城中正北。宋大觀四年，知縣徐秉哲建。宣和四年，知縣求《府志》作裘。移治重建。南渡後，知縣黄袞、葉蕃、張康、徐正卿、吕浦、趙必升皆一新之。元至正十四年，縣尹蕭玉重建。舊有三槐堂，凡四易其名：曰明虛，曰愷悌，曰清心，曰公明，後廢。皇慶元年，災燬。二年，達魯花赤黑漢廓其址而大新之，更建不欺堂在廳事東，敕書樓，宣詔、頒春二亭在廳事前，臨清亭、通幽亭、可款亭俱在廳事後。邑人朱叔麟記：義烏，婺壯縣，郡繩馭之。雖有健長吏，喜立事，無所見奇。皇慶元年夏四月，達魯花赤黑漢始至，鉏奸鍵豪，折摧譁鋒，立剗滯弊。吏束濕不敢舞，縣大治。意狹縣治撤宏之，會廛火延縣門，侯適奉檄歸，召鄉之有餘力者，諭使改作，衆靡然從，無色忤。彙財庀工，命符風行，闢榛砥礫，乃拓新基，重樓麗譙，吏舍有翼，徙舊廳治之北。右擅湖光，左帶江流，翬甃聿飛，黼棟傑屹，百度煌然，如其官書曰：「某年某月日某官建」。同列不與焉。部使者董公行縣，材其爲，嘉稱之。邑俗故纖嗇無大，俠雄易制。先是狎交縣要官，陰持短長，傲不可役。屬侯之言曰：「與其刳其膏以潤吾橐，孰若以吾之不欲而致潤乎茲宇！夫不勤于官，不駭于細民，苟利公家則爲之，而民猶惑乎其大也。是何足以識侯之心哉！彼固陋是，安視官府之不競。一楹之焕、一榱之飾尚憚爲，將以俟後之人，由今視昔，何如？」嗚呼！意者令之原也，身者政之率也，宰一邑者天下之則也。向使志於得不矯其故，怵於利不規其患，以此使民，而豈有不悱然非之，而斯今頫首受事，騖奔恐後，若子之趨父事，束驟操馳，靡有不共，非達於爲政者，孰能之？異時坐廟堂，統百官，訏謨庶政，授任群材，亦若兹宇之堵畫而底于績也。《春秋》大營繕，必書「作」，《易》之「革」曰「革而當」，蓋土木之功莫大於作，作莫難于改，善治民者使之而不知，勞之而不怨，斯其近於《易》《春秋》之義乎。雖然，此傳舍也，閱人多矣！人之居是官、去之日與侯始至之心不少貶者蓋鮮。侯賢乎哉！是役也，經始于是年十一月，迄明年三月，主簿察罕不花眡其成，典史趙英傑、張國祥、范綜營之〔一〕。邑人伐石紀勤，以赫無窮之聞。余爲記，繫之以詩曰：邑豪昔猘，官涎益饞。勢柄嚓移，孰軌孰刓。侯車戾止，壹是廉則。銖私窒蹊，篚賂錮隙。爰度攸宇，百里其瞻。昔庳今崇，翼翼嚴嚴。民曰廣哉，于役匆棘。仁歌被絃，以燕侯德。纓之舟之，繡濱浤浤。豐岷紀成，用侈厥勤。皇慶二年三月記。

至正十一年，達魯花赤亦璘真重修。至正十四年冬，土寇竊發，復皆燬。不欺堂及樓亭皆廢。

〔一〕「范」字，底本原作「趨」，兹據《崇禎義烏縣志》改。

明初，重建譙樓。扁曰「明遠」。**洪武二年，知縣張永誠遵定制拓基重建。**邑人王禕興造記：今天子既正大統，務以禮制匡飭天下，乃頒法式，命凡郡縣公廨，其前爲聽政之所如故，自長貳下逮吏胥，即其後及兩旁列屋以居，同門以出入。其外則繚以周垣，使之廉貪相察，勤怠相規，政體於是而立焉。命下，郡縣奉承惟謹。義烏隸婺，爲上縣，南昌張君爲令三年于兹，威惠並行，民吏悦服。先是，縣廨悉毁於兵，惟譙樓僅存。今治所雖有屋，而庳逼弗稱，君方圖新作之而命適下，乃益以興造爲己任。勸民之有餘力，裒材鳩工，擇日以庀事，民咸樂趨之。其中爲眂事之廳，廳之後爲燕處之堂，廳之前爲儀門，其左右爲步廊，堂之後爲令所居屋。丞簿之居，各以序爲。而廊之兩旁爲群吏之舍，又其東爲部使者分司之署，其西則繫囚之獄在焉。總爲屋若干區，以間計者八十有五。舊基不足，則取民地相並者益之，而割他地之隸官者償其民。規制完美，一如法式。經始於洪武二年六月己巳，至十月而落其成。蓋由張君使民有道，故興是鉅役而民不以爲勞，於是縣之士友以書告余曰：「子，縣人也，願記之。」按，縣志：義烏自漢以來爲烏傷，至唐武德四年以縣立綢州，又置華川縣。七年，州廢，省華川入烏傷，而更今名。華川故址在今縣南三十里，則縣治之在今所舊矣。然自縣之爲義烏，距今七百有餘年，爲令者不知幾人，而張君至是欽承上命，乃始斥而大之。雖君之材足以有爲，豈因仍更革之際，固係於時歟！昔南豐曾鞏氏有云：凡縣之得能令爲難，幸而得能令而興事尤難。今義烏得張君爲令，既幸得其所難得，而張君又能因時興事、以成其尤難者，是誠不可以不記。雖然，事成矣，苟非後之人相與保守之，烏能以不廢乎？夫欲使後人保守而不廢，必託之文字乃可以永久。而予不腆之文，不足以傳也，姑書其興造之歲月而著其成焉。君名永誠，字與名同。嘗爲大都督府斷事官知事，以選來爲令，治行爲諸縣最，其善政甚多，以不係於興造茲不著。贊是役者，主簿陳君著也。三年春二月甲子記。

歲久漸廢，惟廳門存。正統間，知縣劉同、縣丞劉傑相繼莅事，重建後堂、扁曰「居敬」。**川堂、譙樓、六房、左右書房、喜雨亭暨各官居舍。**邑人朱肇記：古者令爲縣，縣有廳，所以定民上下之分、而一其觀聽也。義烏爲金華壯縣，欲有爲，非學識弗稱。廬陵劉公伯詢，湖廣贊政習之先生之子，武進丞嘉會先生之孫，由正統己未進士來令義烏。至之日，吏抱成案請操決、請署。或進曰：「縣之廳苟焉支柱，可乎？」公曰：「政不在茲，而在吾職之所當先者奉勤爲念。君德未宣，思所宣之；民情未達，思所達之。是故學校在吾所當興，必先興之；賦役在吾所當均，必先均之；户口、田野在吾所當增當闢，必先增之闢之；盜賊、詞訟在吾所當息當簡，必先息之簡之。然後可及其餘。」或者退。目吏濡筆署事惟謹，名分定，視聽一。越明年癸亥歲首，人順時和，瑞椿生於戒石之亭。再三年丙寅五月四日，虎負子渡河之南而避。又四年己巳春，繡湖出靈龜，吏民父老捧而獻之令，祝曰：「六事舉，庶民安，令之德也。三瑞疊出，令之福也。福德，令之賜吾民者也；力役，民之報吾令者也。」令不自專，詢於丞，丞曰可；詢於簿，簿曰可；又下而贊邑者，亦從而曰可。龜正八鄉，大家輸財效力，工人薦技巧者，又以廳軒前後兩棟，其間簷並溜合，溜廢則梁棟壞，非久遠計。剗其上合而爲一，總其瓦墁，其下分棟如舊，寬廣不易，雄壯藻麗視昔則有加。幕庫廨舍，焕然一新。爰自繕工于景泰庚午六月甲申，落成於九月甲子。邑之人士買石請肇作記。肇曰：「公之興壞起廢可稱述者非一，廳爲首始焉。」答或問未可爲也，終焉諾，吏民父老可爲也。未可爲而爲，急也。可爲而不爲，緩也。未可爲則弗爲，可爲則爲，緩急得宜稱也。推而上之，至於臨大事、决大議亦不外此，非學識而何！若夫縣治沿革、廳宇廨舍、制度法式，創而改，廢而興，先達宋知浮梁州事朱公叔麟、國朝王忠文公禕備詳之矣。予獨以公之重於勤民，財用足，力役舉，舉之易，成之亟。《詩》云：「庶民攻之，不日成之。」朱子謂其言之善者，可以感發人之善心，於此可見。謹書刻石，以俟後之君子興壞起廢者有所取法焉。佐其事者，丞沅陵賈君仲舉、簿銅梁聶君仕傑、史定遠王君儀也。

成化十五年，知縣趙溥修。嘉靖十五年，知縣胡檽重建儀門；十六年，重建譙樓。邑人金江記：義烏縣署之前舊有門樓，所以出政令、嚴禁限、謹昏昕、通往來也。嘉靖辛卯，會燬於災。長洲胡公莅兹三月而政成，乃考廢而新焉，爰始謀築之。臺崇尋有六尺，樓準臺之崇，東西之廣八尋，南北之修半之。樓爲間者五，視舊加其二，而臺則舊之所未有也。勞不及民，費不勤官。經始於壬辰十一月朔日，訖工於癸巳十月望日。雄壯宏麗，山川增輝，士民或有未知其興作者，聞而聚觀，舉相顧啃，愕怳然以爲地之踴躍奮迅而出也。公以予縣人，屬記其成，予辭弗獲。按：禮，諸侯之制有皋、應、路門，天子之門加庫、雉焉。古者立國必先爲門，《春秋》於僖公書「新作南門」、於定公書「作雉門」，聖人特筆示魯僭也。文王遷豐。詩人述而歌之，其辭曰：「作豐伊匹。」釋者：「匹，言其稱也。」義烏爲婺壯縣，提封之廣，編户之衆，殆與古子男之國相埒。埒則有門樓非僭也，亦稱焉耳。胡公得所爲而爲之，乃稱所以爲縣者矣。斯役之成，豈徒準時制、備職守而已？庶於政乎有裨。若乃退思有樓、土神有祠、儲粟有倉、繫囚有獄、徒役胥史吏息有舍；前爲儀門、旁爲官廨；築二亭於門樓之外，左曰申明，右曰旌善；圮者完，隘者闢，遺者舉，爲屋以楹，數凡若干；則又不可以殫記者，因并書之。胡公名櫄。是爲記。

二十一年。知縣梅淩雲重建川堂。扁曰「靖共」。**萬曆十八年夏六月，燬於火，公廨無復存者，知縣金繼震倡義民捐助。於是，邑之虞、吴、龔三姓力任，完繕儀門、中廳、兩楹及川堂一帶，而齊民各以次醵金襄事，擇耆老黄承泗等十二人董之。經始於庚寅仲秋，迄辛卯季春望日工竣，規制視昔倍壯。**知縣周士英續記：今天子踐祚之十有七年，金君以治行高等由古澮調烏。其明年，縣治災，拮据土木，日魷魷弗恬即於次。又明年，上計於朝，尋擢典南禮。余以壬辰之十月代君乘傳至縣，步自闉門，睹公廨鼎新，厥搆極爲瑰壯，以問左右。左右對曰：「是金侯之爲也。先是，歲庚寅六月，邑人不戒於融，風夕驟燔，環市宅千廛立盡，倏延治宇，火烈烈莫可救。侯身自扞掫之，仰而歔曰：『天乎而奚降之災以難我也邪！我固非吾有也，寧災吾身，而毋貽厲公室！』然火竟至侯身孑立處所而滅，獨衙舍巋然存而已。災之明日，稍稍經紀工事。費且不貲，而括公帑之羨僅六百金，不足以繕興作。議者謂侯檄二三父老，號之於衆，宜必有應者。公又頻而嗒曰：『民乎吾不能書焚室、與之材，而更欲朘之資斧以佐災乎！民誰與我？』於是，邑之縉紳先生有虞君、龔君者，若而人群而弔於庭曰：『不腆故廨，湫隘庳陋，意者天降回禄，而令乎革於巳日與？我敝邑用不敢保聚以聽征繕。』博士家弟子群而語於庠曰：『孰使我優游而絃誦者？非侯乎！侯即不能無旦夕勤民，請得以身備綱紀之役。』里巷長老群而謀於野曰：『吾儕小人，皆有室廬，以辟燥濕寒暑，而侯今昕夕張蓋露處，衆謂侯可？其悉率儲胥以共鳩我公室，乃所以報也。』侯聞之，固謝，不獲已，卒聽博士先生主其計。士民以差上計，而百之、而什之、而伍之、而三之，最下者二之，蓋旬日而累數百金，更又旬日而累千金，主計者以報。侯曰：『其亟罷之，以若數而益之公帑之羨，足吾事矣！』乃遂庀役即工，采植於星虛，奠材於日至。於是爲之率者，若虞茂徽、虞良木、吴彦清、龔明道等，聚族而當肯搆之任，不煩里旅，而諸耆老咸協力襄事，丁丁數月而告落成。中爲正廳，凡三間，名爲『振新堂』，志重創也。左爲幕廳，右爲耳房庫、爲架閣庫、爲際留倉，各三間。兩廡列曹吏爲房十有六，西南爲獄禁，繚以垣，砌爲房二十有五。前爲露臺，覆以屋。又前爲箴石亭，亭前爲儀門五間。門之右爲寅賓館，左爲土地祠，凡三間。又左折而入，爲預備倉房二十三間。前爲縣之大門，上設鼓樓五間，東西爲『申明』、『旌善』二亭。正廳後爲川堂，又後爲後堂，凡三間。堂之東爲丞衙，稍前爲尉衙，西爲捕衙，而庭除庖室、扃垣之類，具加葺如舊。初，望氣者以北隅有刑德，數召災，乃又於是斥其羨，創大觀樓三間，環內衙之後。左既設忠賢祠以崇先正，而於右特建玄武廟。玄武，水象也，水克火，從所爲克，故神之於北之墟焉。凡宇廛以間計者一百七十有二，肩牆以丈計者二百有十，公私緡錢以兩計者一千九百有奇，詳著在《碑紀》中。」周士英曰：余觀於是役，蓋竊嘆金君之不易云。古言「非常之原，黎民所懼」，故以禹之聖焉而招瓦礫，以起之賢焉而騰怨誹，民之不可與慮始類如此。當金君之始爲是役也，創非常之舉，而民固信焉而不吾駭，前者唱「於」，後者唱「喁」，争踴躍成之，唯恐後。其上規下隨之略亦足睹矣！居久之，或肆南箕之舌以齮齕，一二胥役上核焉，獲顛末，乃於是罪訐者。君子是以益嘆金君之不易也。是役也，鄉縉紳則虞德燁、龔一清、陳守亮贊其議，巨室則華溪之虞、大圓之吴、松門之龔肩其重，義民則黄承文、方升九、王芳、毛伯暹、金李之屬勷其資，耆老則黄承泗、陳惟誠、龔希奭、金桂、李無疆、陳思善、王思聖、黄惟壽、葉思敬、楊一湘、毛如麟、馮仲賢董其役，佐理則幕職曾大賓效其勞，出納則司訓王澮、俞寵籍其數，例並得書。金君名繼震，别號戴槐，世於休，起家丙戌進士，與余同舉於鄉。余承其後私竊徵大厦之覆，且不宜使是役之没没不傳也，故具述其詳，令後得以觀感焉。

崇禎十三年，知縣熊人霖增修，於庫後建素絲堂。

國朝順治九年，知縣宋雲梯重建譙樓。康熙七年，知縣孫家棟重建吏舍。十三年，廳廨再燬於寇，知縣于漣僦民居視事。十四年秋，知縣辛國隆以私署退思堂三間爲正廳。十五年冬，於舊址建正廳、川堂、後堂、耳房庫、東西廊、儀門、土地祠、寅賓館，次第修飭。十六年秋，復捐建典史衙。十九年，又建譙樓。

山陰沈麟趾記：

今皇帝御極十有三年，適逆藩倡亂，東南蠢動，宸慮焦勞，思所以奠安區域、綏定元元，特簡材能之士出爲縣令者四十四人，而侯實居一焉。侯分符得義邑。邑於婺爲最劇，號稱難治。自晋梁以來宦兹土者，按姓名得百六十餘人，其間傑然稱循卓者蓋無幾，而况值戎馬紛紜、兵民交困之秋，欲其才德優長、恩威較著，不戛戛乎難之哉！侯自下車後，始也稍尚乎嚴，繼也濟之以寬，嚴則民畏，寬則民懷，嚴與寬合，畏與懷兼，爲政之大端具斯矣！邑署大堂向爲金公倡建，熊公增修，近被兵燹所燬。侯僅結茅數間以居，意在息時寧民，雖體統弗稱，晏如也。斯時邑之士民共請修建者再，而猶未之允也。越朞年，衆懇益力，侯乃申詳，各憲報可而後舉行焉。爰卜日選材，捐俸以爲首倡，不區區責助于閭閻。而急公者雲集，供役者子來，非侯之德意素孚乎人心，何能嚮應同桴鼓如是哉！夫堂所以辨等威、出號令、施政教也，壞則必飭、廢則必舉，故不當爲而爲則失之躁，當爲而不爲則失之怠。苟躁與怠，即一堂之不理而他事亦可類推矣！今而後知侯之能急先務也。雖然，侯而坐此堂也，民有利，必思所以興之，民有害，必思所以除之。民之瘡痍未起也，其所以生死而肉骨者奚若？民之風俗未良也，其所以轉移而變化者奚若？以是思憂，憂可知；以是思懼，懼可知。既而庶政和、百度貞，或執白羽而麾焉，或取緑綺而撫焉，古所稱不下堂而治者不越乎此矣！吾聞義邑爲婺郡上游，群峰盤繞，層岡四塞，而又滙以繡川，環以大江，風氣莫完固于此。而兹堂獨巋然高峙其間，所謂挹林巒之秀麗、苞河岳之英奇，邑之人文生齒，不從兹寢昌寢熾也乎！堂肇工于康熙十六年三月，落成於本年十月。侯姓辛，諱國隆。旗下官生邦人，思勒之貞珉以誌不朽，偶徵序于余。余樂紀其盛，故不辭而敬爲之記。邑知州金以琳記：歲甲寅，閩寇作叛，延及我烏，而縣治以毁。三韓辛公初莅兹土，謀所以新之。琳曰：「吾邑，義邑也。民，義民也。新之者其民乎！」公曰：「民痛矣！奈何復以此而重苦之也。」琳曰：「天子以禮制匡飭天下，凡郡縣公廨爲聽政之所，豈民舍反不如乎？即在當事者體民樂爲之心，而令其隨力以應，治成矣。」未幾而工成。鳴絃之堂，煌煌乎其雄也；有孚之庭，淵淵乎其深也；左右前後，軒朗照耀廓如也。子來之義，集於須臾。豈非義之民以義感者乎！公之德深矣！敷政十年，循良茂著與不其浚儀争勝，民之發爲歌頌者遍四境焉。若夫敦大體、崇風教、臨事達權、好道樂德、人即之如登春臺者〔一〕，又難更僕數也。夫治，所以辨等威、施政教，壞則必修，廢則必舉，苟當爲而不爲，則失所先務矣。孔子曰：「爲政以德，譬如北辰，居其所而衆星共之。」居其所，居德也；而居其位者，亦即在是，則新吾居以新此民，所云「不下堂而治者」豈徑庭歟！

國朝康熙三十年，知縣王廷曾增葺東西廊、譙樓，飭修庭階，新土地祠。

〔一〕「即」字，底本原作「接」，兹據《康熙義烏縣志》改。

正廳三間。舊額「振新堂」。旁兩間，虞氏助建。知縣熊人霖改爲「敬事堂」。

戒石亭一座。

川堂三間。舊額「有孚庭」，龔氏助建。

後堂三間。舊額「精誠軒」，今改□□軒。

幕廳三間。正廳東。

耳房庫三間。正廳西。

架閣庫三間。川堂西。

東廊十間。吏、户、禮房。舊《志》有糧、承發，今經制無。

西廊六間。兵、刑、工房。

獄房二十五間。西廊西。

儀門五間。吴氏助建。

土地祠三間。儀門外東。舊：王芳義建。

寅賓館三間。儀門西。

譙樓五間。即大門。

知縣衙。後堂後。廳三間，室三間。東厢房三間，西厢房三間。内門一座，中樓三間。後大觀樓三間，左舍十三間，右舍二十間。後右玄武廟，向與忠賢祠對。祠久廢。

典史衙。縣丞衙之前。正堂三間，室三間，東西厢房六間。

吏舍二。一東廊房東，一主簿衙前。

行署

按察分司。舊址在縣治西十五步。明洪武二年，知縣張永誠建。正統七年，知縣劉同重建。嘉靖二十六年，知縣楊東徙建故儒學基，在縣北一百五十步。毁。東西廊房各三間，後爲川堂，左右厢屋各三間，後室凡三間，前爲露臺，爲儀門，爲大門。知縣楊東記：直北有山，曰黄檗之山，蔓爲支岡，蜿蜒南來，可十許里，其中岡則右掖繡川之湖、左瞰烏傷之谿，勾僂而止，是爲縣治。縣治後二百步許爲儒學，其閲歲且久。正德十三年，巡按御史吴公華遷學縣西湖北崎上，因虚其地。自是，縣多火患，民居舊屋殆盡，延及按察分司。民滋警懼，徵諸堪輿家，以治所前嚣後闃爲陰，不能耦陽，故火無水忌，乃相與騰騰，歸咎于遷學，將圖復之。然學固安于新利舍舊，且以告于官司，亦泛漫視莫爲之，省民病焉。嘉靖二十五年，予以御史謫知縣事來，父老求民疾苦實首以是告。予詢之，知學不可以復，乃諭之退，更籌其便。明日，輒復旅進合言于予曰：「分司外臺，廉訪之所，舊惟切近市廛，故勿禁于火。苟以改作于學之廢址，去庫隘以即爽塏，將無不便。且地之售可就充費，倘傅之公贖之無硋者，庶其有濟。」予聞之，政之道莫要於急民，遂往來相度，審如所言，從之。具以請于當路，既獲報可，乃慮用元料、選吉授役，面勢奠位以昭等威。中爲堂三間，堂之後爲退居之軒一間，又後爲燕寢三間，旁爲庖湢及吏書之房六間。爲左右廊于堂之南六間。中外爲門二座，視寢與堂之數。塈毨藻飾，庭堂簾級，舉中程式。百堵周匝，乘以比棘，防範慎密。前瞻縣治，則隆然對起而腹背相倚矣。既固以完，是宜永存以弭憲節、以定衆心，似莫有便於此者。凡爲日二百有七旬以畢工，總其費僅三百金，無涉衆焉。既落成，都御史東崖虞公辱予教曰：「是役也，無逆于同，無妨于公。集事以静民而民不與，勤政之善物也。惟是公宇徙置廢興必詳其因，俾有考于來今，禮之恒則也。公其得無識乎？」予既不獲謝，于是乎書于石。若夫承委而克勤于董趣，則典史劉大有，部民有勞于幹以亟其成，則黄之宗旦、虞之守勤良朴云。久廢。

布政分司。明正統五年，縣丞劉傑即税課局基爲之。税課局，舊在縣治西。**卑陋弗稱。十年，知縣劉同徙建縣治東六十步。久廢。**

府公館。舊在布政分司西。久廢。

申明亭一間。譙樓外東。洪武六年奉例建。凡民間詞訟，里老問理於此。有犯奸盗者，書其名罪，以示懲戒。

旌善亭一間。譙樓外西。洪武八年建。凡民間孝子、順孫、義夫、節婦、志行卓異者，書其姓名以示勸勉。

屬署

醫學。舊在三皇廟内，今縣治東。久圮。按：義烏元時有醫學教諭宋淵，係濂兄。

陰陽學。縣治西。久圮。

僧會司公署缺。寓大安寺。

道會司公署缺。寓東嶽宫。

急遞鋪。凡一十一處。每鋪屋三楹，旁有兩廊，中建郵亭，外爲門，榜以某鋪。設日晷以視時刻，具旗鈴以嚴號令，置包匭以護封緘。凡有文檄往來傳至鋪，必附於曆，每一晝夜以行三百里爲程限，弗敢稽遲。義烏鋪路有三：東至東陽，西至金華，北至浦江。明洪武三年，建置鋪舍，東西鋪路俱因其舊，惟革西北至浦江路一鋪，增置東北至諸暨路五鋪，仍三路焉。嘉靖間，請革岡頭、蒲塘二鋪，又改善坑鋪爲嶺頭鋪云。

縣前總鋪。縣治南二十步。

東路雙牌鋪。總鋪東十里。達東陽下昆溪鋪。

西路安福鋪。總鋪西十里。

翁村鋪。安福西十里。

義亭鋪。翁村西十里。

航慈鋪。義亭西十里。西達金華棠梨鋪。

東北十里鋪。總鋪東北十里。舊有岡頭鋪，縣治東北二十里；蒲塘鋪，縣治東北三十里；廢革。

唐公鋪。蒲塘東北十里。

嶺頭鋪。舊名善坑鋪。唐公東北十里，達諸暨羅嶺鋪。按：烏舊有驛，以非衝道、使節罕臨革。但上司時取便道，橫江亂流，由諸暨入境，僅去一舍。牌到候迎，輒逾旬日。夫馬暫返，奄忽突臨。輿從困於饑疲，首領懾於震怒，廩食虚靡，上下交病，宜於酥溪置一公館或倉廳，歲僉夫役二名，帶管埽閉，量給工食，委令中途傳遞馳報，庶候人夙戒。夫馬免久候之勞，廩糧省虚糜之費，公私兩便。

預備倉。**原東南北三處**。東倉在繙雲鄉四都，計地一畝五分。南倉在雙林鄉二十五都，計地一畝四分四釐。北倉在龍祈鄉十都，計地三畝。**明洪武二十四年建。正統五年，縣丞劉**

傑即西郭荒址去縣一百一十八步增置一處。六年，知縣劉同勸富民出穀實之。弘治間，鄭錫文、吕盛皆嘗修葺。嘉靖五年，知縣林文焯重修。二十八年，知縣汪道昆增建廒屋，已東、南、北倉俱廢，西倉僅存。隆慶五年，察院謝公廷傑以倉在郭外，行文將倉基四畝零召賣爲移倉費。時推官劉守恒署縣事，召邑人朱應和納價銀三百三十一兩，貯庫察院，蕭公廪仍令應和領銀七十六兩，糾工改遷其倉於儀門之左，廳屋二十間，門屋一間，計地一十三丈，横一丈六尺。萬曆十八年，燬于火。知縣金繼震重建，南爲官廨三間，北廒屋三間，東西列上下廒各七間，門屋三間。後存九間。今止四間。明例：每歲該積穀八百石，舊編斗級二名，後因役苦繁重，改僉倉夫四名，額派工食銀四十兩。然往往正身不出應役，以致積棍包攬，始而倍索役錢，既則蠶食倉穀、虧折賠累，復及正户。徭役中之病民者無亟于此。近已無僉倉夫之事。國朝康熙二十二年癸亥，知縣辛國隆捐建。後廢。

常平倉。舊制莫考。元至正四年，縣尹周自强嘗一建，尋廢。萬曆二十二年，奉金衢兵巡道張議令，屬縣俱建常平倉。知縣周士英勘定縉雲鄉四都地名廿三里爲東倉，龍祈鄉十都地名酥溪爲北倉，智者鄉十九都地名觀音堂爲西倉，明義鄉二十五都地名赤岸街爲南倉。基地各二畝五分，規制廳屋五間，兩旁倉廒各七間，門屋三間，

視基之方扁如式建造。所有斂散之法，具載記中。兵巡道張《常平倉記》：天災流行，國家代有，則救荒之政，誠當亟講。顧既荒而賑，救之也難；未荒而預，備之也易。今之談荒政者不越二端：曰義倉，曰社倉，此預備而斂散者也；曰平糴，曰常平，此預備而糶糴者也。昔魏李悝平糴法：中饑則發中熟之所斂，大饑則發大熟之所斂而糶之。漢耿壽昌請令邊郡築倉，以穀賤時則增價而糴以利農，穀貴時則減價而糶以利民，名曰「常平倉」。英雄豪傑先後所見略同，萬世理荒之上策在是矣！今欲爲生民長久之計，則常平倉斷乎當復者。兹欲令各屬縣備察四鄉，有倉者因之，有而廢者修之，無者各於東西南北適中、水陸通達、人烟輳集、高阜去處官爲各立寬大堅固常平倉一所。倉基約四畝，合用工料本道察發贜罰並該府縣察處無碍官銀湊合，陸續備辦建造。每歲將守巡道及府縣所理罪犯紙贖，實將一半糴穀入倉。或察有廢寺田産及無碍官銀，聽其隨宜糴買。又或民願納穀者，一如祖宗已行之法：一千五百石請敕賜爲義民，三百石以上勒石題名。或如近日救荒之令：二百石以上給與冠帶，五十石以上給與旌扁。大約每鄉一倉，上縣糴穀五千石，中縣糴穀四千石，下縣糴穀三千石，各實之。但不許逼抑科擾平民，各擇近倉殷富篤實居民二名掌管，免其雜差，准其開耗，每收穀一百石，待後發糶之時，每名準與平糴三石，二名共糴六石，以酬其勞。糶完即换掌管，勿使重役。城中預備倉照嘗造送察盤，四鄉常平倉免送察盤，止於年終各倉經管居民將舊管、新收、開除實在總撒數目，用竹紙小册開報該縣，縣將四倉類册申送各院並布政司及道府察考。凡收糴，俱該縣掌印官或委賢能佐貳官監督，不許濫委滋弊。

穀到，用該縣原發較勘平準斛斗收量明白，暫貯别所，積至百石以上，方許禀官一收。如有臨收留難、及未收虚出、倉收既收、侵盗私用、冒借虧欠等弊，察追完足，各縣徑自從輕發落。其有侵冒至百石者，通詳定奪。每歲秋冬之交，本道或該府掌印管糧官單車間一巡視，以防掌印官之治名而不治實者。每除無饑、小饑之年，不糶外。或值中饑、大饑，四鄉管倉人役禀官監糶，另委富民數名用官較平等收銀。其放糶一節，當與四鄉保甲之法並行。如該鄉穀多，則糶穀一日，保甲一周；穀少，則糶穀分爲二三日，或四五日，保甲一周。務使該鄉積貯之穀數可待饑民冬春之糶數方善。四鄉不能盡同，各宜審量行之。大率賑糶與賑濟不同，不必每甲尋貧民而審别之以多寡其穀數，如一甲應糶五斗、或一石、或二石，則甲甲皆同，惟以穀攤人，不因人增穀。糶銀每甲一封亦可，庶乎易簡不擾。或甲中十家輪糶，則每日每甲糶不過二人，每人糶不過二斗。此荒年賑糶之大較也。每鄉除無災都保不開外，先期將有災保甲排定次序、分定月日，某日糶某保某甲、某日糶某保某甲，明白出示。令保正副公舉貧民，至期令其持價糶買，如富者混買，連坐保甲。仍行宋張詠賑蜀之法，一家犯罪，十家皆坐不得糶。中饑，糶倉穀之半；大饑，糶倉穀之全。俱照原糴價銀出糶，不可加增。或寧減之，大約減荒年市價三分之一，方可壓下穀價，不至騰踴。或倉穀糶盡而民饑未已，則慎選員役持所糶之穀本，赴有收去處，循環糴糶，源源而來，民自無饑。救荒有功員役，分别奬賞。此蓋儲用社倉之法，而糶用常平之意者也。四鄉糶完，即將穀價送官，聽掌印官於秋成之日就近各選委殷實人户領銀，盡數照時價糴穀。雖牙脚等費、晒揚等耗與造册紙張、工食等項，俱準開銷。其穀晒揚乾潔，官監上倉，如法安置，仍總計糴穀正銀並牙脚折耗等費，每石約共銀若干，報官貯册，以爲日後出糶張本。官不得將銀貯庫過冬，致高穀價、難買。如穀賤不糴，責有所歸。是倉不設於空僻去處者，恐荒年盜起是齎之糧也；穀不隸於臺使察盤者，恐委盤問罪是遺之害也；行平糴之政而不用稱貸取息之法者，恐出納追呼、蹈青苗法之擾民也。蓋社倉之法立，則以時斂散，富者不得取重息，而貧民沾惠於一歲之中；常平之法立，則減價糶賣，富者不得騰高價，而貧民受賜於數十年後大饑之日。昔蘇文忠公自謂：在浙中二年，親行荒政，只用出糶常平倉米一事，更不施行餘策。若欲抄劄饑貧，不惟所費浩大、有出無收，而此聲一布，饑民雲集，盜賊疾疫，客主俱斃。惟有依條將常平斛斗出糶，即官司簡便，不勞抄劄、勘會、給納煩費，但得數萬石斛斗在市，自然壓下物價，境内百姓人人受賜。此前賢已試之法，信不我欺。故曰：常平法斷當復也。**國朝康熙三十年，知縣王廷曾於正廳東捐建廒屋三層，共九間，詳名「大有」。**王廷曾記：縣故有際留、預備、常平三倉。際留以儲官吏俸糧，緣徵折給而廢。不止一邑也。預備凡四，置於鄉者三。常平亦四，則全置於鄉。鄉之迹成廢址，今所沿者惟預備之西倉，在儀門之左，而屋止四間，欹腐不堪。會上命直省州縣捐勸積穀，修常平之法以備荒災，俾小民永無饑虛，此萬世盈寧補助之規也。廷曾連歲倡捐不踰百十石，而好義者頗亦不乏。兹先出兩歲奉薪於堂東建廒舍，共三層，爲間者九，以續常平預備之闕，請之諸憲，安名「大有」，庶以仰奉朝廷「一民饑，我饑之」之意爾。

養濟院。縣西一百四十步。明洪武初，命立養濟院以處無告。知縣張永誠遵制建，久廢。正統間，縣丞劉傑奏准，後二年知縣劉同於故址重建。弘治間知縣吕盛、正德間知縣洪通皆常修葺。嘉靖五年知縣林文焯、二十一年知縣梅凌雲俱重修。其制，正屋三間，側屋各五間，外爲門屋一間。萬曆二十三年，正屋圮壞，知縣周士英命保正陳思言重建。崇禎十二年，知縣熊人霖捐委縣民吴思有重修，共屋二十二間，計地一畝五分。國朝收養孤貧五十名，每名歲給布花柴米銀六錢、口糧三兩六錢。

惠民藥局。明宣德三年，令天下軍民貧病者，惠民藥局給與醫藥。縣故有局，在縣治東。正統八年，知縣劉同重建，樓一間，計地三分。今圮。

漏澤園。知縣王廷曾捐資買孝子墳南黄姓地四畝五分，爲義塚。按：宋崇寧二年，詔諸州縣擇高爽不毛之地置漏澤園，即今義冢，以葬貧民之無地者。舊在縣西五里。淳祐中，縣人童必遠爲正其疆界，繚以周垣，限以高門，築屋其旁，扁曰「存義」，蕪廢無考。明時，義冢有二：一在縣西三十里張家山，陰陽家指爲吉壤可葬，張貴和捐與鄉人貧無葬地者爲義冢，正統初，侄世榮闢而廣之；一在縣南三里一都下湖，庠生蔣志高於成化十六年憫無主貧民及囚屍暴露教場，將祖墳邊己地五畝捨瘞，正德間，裔孫道珍見瘞者多而地隘，復助聯界地三畝，人名其地爲「化形壇」。

演武場。縣南五里下阜渡。嘉靖十八年，劉特宣遷于縣北五里顔孝子墓山。四十五年，同知張書紳因都指揮陳大成於原所仍復其舊，建正廳三間，川堂一間，居室三間，東西廊房共十一間。後圮。崇禎十三年，知縣熊人霖捐修。十月肄鄉兵于此。熊人霖詩：春蒐小隊出林坰，羽扇綸巾江上亭。組練光摇鷗鷺色，風雲氣壯鸛鵝形。六千君子推雄略，十二便宜憶武經。薄斂省刑多暇日，三農努力報朝廷。

總練所。本掾曹會館。崇禎十三年，知縣熊人霖遵旨訓練鄉勇，委原任巡檢黄尚惠駐。

金城營。崇禎十二年，知縣熊人霖于縣治東買民地建。

講武營。崇禎十三年。知縣熊人霖于縣治西買民地建。　熊人霖《兩營志》：《周禮》司馬之官因井田定軍賦，五人爲伍，五伍爲兩，百人爲卒，又推之爲師、爲軍。四時之隙，命有司講武，而教民以鼓鼙鐃鐲之節。人人使之爲兵，不必別爲營，而比閭族黨州鄉皆其營矣。厥後管仲作内政而寄軍旅，依仿周制，變爲輕利。于是國中之士爲兵，鄙里之民爲農，農之所舍爲廬，兵之所止爲營。兵民一分，遂不復合。我太祖初定天下，即分軍民，令願爲兵者立赤旗下，願爲民者立白旗下。自京師達郡縣皆立衛所，民力農養兵，兵守戍衛民。且諭侍臣曰：「兵不貴多而貴精，多而不精，徒累行陣。」此有邦有土者所當繹思聖謨也。夫有兵則有營、有陣、有食，其屯聚有地、較閲有時，春秋夏冬，晝戰夜戰有法，興師振旅有禮，凡兵之大紀皆然。承平日久，衛所軍益耗，始設民壯，以民之壯者衛民也，今且以供追呼奔走之用矣。歲額工食，每名七兩有奇，自軍興裁減過半。又有護解諸貼費，民壯日食餼每名每日不滿一分。夫庶人在官之食，原以代耕，糴賤猶可縮食，糴貴不免啼饑。今有八口之家，將一人食而七人受其餒乎，則民壯弗克壯也。固宜説者曰：「保甲鄉兵可恃，然南方郡邑鄉兵皆名爲兵耳，不餼於官，惟部使者按臨則里胥募近市民執殳應點，直同兒戲，上下相蒙，鄉兵猶之民壯已耳。」義烏從來稱勁兵處，又無城，不得不以兵爲衛，故相沿有守門、守栅、守倉庫鄉兵若干，皆見年里甲輪餼，然亦居亭主斂其餼，而顧老弱充之，取擊柝而已。余至履直金華，菁民弗靖，震于邑之鄰。部使急飭脩守戰具，而司馬門復注意議團練。余乃集邑之紳衿父老於泮宫，咨之維之。僉厥議曰：「鄉之有兵，古田賦遺也。曩者里出二兵顧象人耳。精可以勝多，蓋當年里胥出十金，養鄉勇百有二十，而材官蹶張之糈及營舍器械咸取足焉。」於是，大蒐於邑，取壯丁投石超距者百二十人，月糗六錢。材官教士精利者三十人，厥糗視厥材遞增。每日簿書稍暇，即當堂較藝，賞罰必行。每月赴教場習陣法，束伍簡器。一準戚大將軍遺制，乃取鐵官之利於閩中設處，工費購銃三十六。又訪劉草堂將軍家舊匠，造刀鎗二百，取材於山，則備筀竹之矛、堅木之梃約千竿。其火藥則給引采辦。練三月，軍既集，然兵民雜處、帥長僦屋，非制。爰建兩營，營各有總，總各轄三哨。西營曰「講武營」，以明農隙講武，《豳風》之「其同載纘」也；東營曰「金城營」，以明衆心成城，充國之金城方略也。每月更番，使得以休息樂佚。余恒惕然，惟恐勞民，且慮日後有征調之煩。營制既定，會天子俞議者請通行團練於寓内郡邑，且諭訓練鄉兵不得徵調。則天子明照萬里，小臣先甲而慮、未雨而圖，或不至以多事貽地方日後之擾騷哉！或曰：「越有君子六千，楚有組甲三百，今百五十人，將無存乎見少？」余曰：「兵之勝敵不在衆寡，而惟係于精練，顧節制分合何如耳。况以居守，非以出征。邑故無事之邑，即一旦有緩急，以兩營節制之士爲軍鋒，而風聲謡俗所被，又人人可以阻隘登陴。兵與民分，實與民合。兹舉也，建威銷萌，其在三事就緒之雅哉！」作《兩營志》。

國朝，府撥防兵四十人，領以總司，駐縣，寓居寺院。康熙三十年，知縣王廷曾即縣北故學廢址捐建營房三層各三間，後舍五間。自此兵不離伍，寺院無擾。按：元時故有鎮守軍營，立酒務廢址，亦即唐雙柏驛、宋義烏驛址也。而演武場建于明嘉靖間，距縣五里。崇禎中，總練所、金城、講武兩營亦廢。今以駐兵守七門，而守栅以民，守署及倉庫以民壯，其鄉勇亦不設，制視昔爲甚善云。〇營舍久廢，議建未就。

附：廢署

縣丞廳。舊在縣西一百五十步。宋紹興十二年沈直方建，有慈和堂、簡静堂、湖山第一臺、凈照關、晚照亭。舊《志》書廢。

縣丞衙。知縣衙左。堂三間，室三間，東西厢房十間。因縣丞奉裁而廢。

主簿廳。舊在縣東二十步。宋大觀三年，徙縣西五十步。宣和六年，主簿徐璪重建，有信美堂、觸志亭。古《志》已書廢。

主簿衙。知縣衙右。堂三間，室三間，東西廂房四間，門屋五間。因主簿奉裁而廢。

尉司。縣北一百八十步。舊在縣北五十步。宋紹興十二年，尉汪大雅徙縣西北一百步，縣學故址也。元改繡川驛。延祐三年，尉詹思丁重建於縣西金華門内。復廢。至正四年，縣尹周自强更建縣治之左。十二年，達魯花赤亦璘真徙至今所，即舊社稷壇基。

雙林、明義鄉巡檢司。縣南四十里。

智者、同義鄉巡檢司。縣西三十五里。

龍祈巡檢司。縣北三十里。

際留倉。**廒屋六間，縣廳西**。原設以儲官吏俸糧，後徵折色給發，不復收貯本色。倉廢。

縣倉。縣北二百步。宋大觀三年建。紹興十二年，知縣於古迹重建。

常平倉。繡川驛右。元至正四年，縣尹周自强建。明初，改税課局。後革。正統間，縣丞劉傑改建布政分司。

酒務。縣東四十步。唐雙柏驛、宋義烏驛廢址。

鎮守軍營。元置，即酒務址。

繡川驛。縣西北一百步。舊在城東四十步。唐名雙柏驛，宋名義烏驛。熙寧五年，知縣茹敦禮徙縣西一百五十步，後枕驌湖，因改名繡川驛。紹興十五年，知縣董爟重建，後有清曠亭。乾道四年，知縣張竑更名德星堂，又於湖濱創挹繡亭。元至正十七年，僉繡川站徙至於今所，即舊尉司也，今廢。

待賢驛。縣北三十里。唐文德二年置。廢久，莫詳遺址。

龍祈驛。縣北五十五里。元至元二十五年，僉龍祈站創置。今廢。

文星樓。縣西一百七十步。文星坊内。廢久，址存。

義學

國朝康熙四十一年，知縣沈曾純建設於朝陽門内，今圮。

育嬰堂。在西門外。知縣孫樹勸捐田，署本縣事本府通判胡具瞻、知縣熊祖旋並建堂。助田紳矜耆民姓名號畝詳列於後：黄之琦助七都下山塘邊路東田四斗，計租八秤；火爐田二斗，計租四秤；七碟塘頂田五斗，計租八秤；下山塘下兩號共田六斗，計租十一秤。

吴雲祉助晋田三畝一分九釐，計租二百二十觔，折銀九錢。

黄廷對助山塘邊路東田八斗，計租十二秤；長塘僕頭丘田九斗，計租十秤一千重；丁街橋頭丘田九斗，計租十二秤一千五重。

吴雲禄助六都洋塘前周屋邊田共八斗五升，計租共一百九十觔。

黄蘇升助六都八脚壢田五斗，計租十秤；上藕塘田二斗，計租五秤。

吴文科、吴昌言助石坐位田八斗，計租二百觔，折銀五錢五分；高湖山田六斗，計租五百五十觔；下河白殿下田一石，定租銀八錢一分，不論荒旱；岐頭嶺田五斗，定租銀五錢，不論荒旱；善坑田八斗，計租一百觔；鵝毛潭後畈田共二石九斗，計租七百觔；扁擔源田二石二斗，計租四百觔；破坵田八斗，計租二百四十觔，折銀六錢；殿山腳長富田共二石二斗，計租二百七十五觔，折銀八錢五分；香爐巖腳田二石四斗，計租四百五十觔，折銀一兩二錢；竹葉山腳田五斗，計租一百五十觔；巖頭下溪邊田八斗，計租二百四十觔；新樓門前田四斗，計租一百二十觔；南塢田五斗，計租一百五十觔；大頭堰口田一石三斗，計租三百四十觔；缺堰田五斗，計租一百三十觔；童村田一斗，計租二十六觔；派頂田四斗，計租一百四觔。

坊表

坊表之樹，著意也、著地也、著德也、著名也。治左右之表以意，稠川、甲邑諸

坊以地，顔、駱、宗、王及幽貞之表以德，卿才發軔、世科以下諸表以名。其遵道諸坊經廢者，萬曆丙申原《志》備載。後此綴志削之、易以新坊，頗錯互。兹稍次之，而附廢坊於後。舊《志》次《鄉隅》，今依類附《署廨》。

節愛坊。縣治左。康熙二十八年重建。舊名「承流」，崇禎十一年名「正己」。

廉平坊。縣治右。重建同。舊名「宣化」，崇禎十一年名「親民」。

稠川甲邑坊。

越右通都坊。

婺疆古縣坊。

孝烏古治坊。縣治南。康熙二十八年建。

文武忠孝之邦坊。一航慈溪，一善坑嶺，係交界。

稠關坊。三里店。以上崇禎十一年立。

龍門坊。

振綱坊。

肅紀坊。以上分司前。

卿才發軔坊。爲前令汪大司馬南溟先生道昆表也。熊人霖詩：九塞兵銷司馬法，一簾琴静大夫才。石樓百尺稠江上，遥和中原作賦來。

孝德感烏坊。東門外三里，表秦孝子顔先生也。熊人霖詩：秦時孝迹表烏傷，過客停車拜道旁。却問秦皇封禪處，烏啼殘碣卧斜陽。

唐傑流風坊。建九都，表初唐文傑駱武功賓王也。五都、六都、九都皆有裔。熊人霖詩：武功高去天三百，駱子才登第一峰。草檄能扶唐社稷，祠君可但作詩宗。

忠簡里。爲宋宗澤。

忠文故里。爲王禕。以上崇禎十一年立。

忠賢坊。縣治西。爲王禕、王紳、王汶立。

世科坊。爲龔永吉、陳舉、吴大用、吴福立。

褒孝坊。爲龔曇立。

湖清坊。爲狀元王龍澤立。

從善坊。爲榜眼朱質立。

文星坊。縣西。爲楊氏立。

孝行坊。爲樓藴、樓斗南、樓楷立。

旌異坊。爲謝愷立。

登雲坊。爲陶永成、馮大綱、吴大用、葉思銘立。

都憲坊二。爲虞守愚、吴百朋立。

繡衣坊。爲虞守隨、吴百朋立。

擢英坊。爲劉安立。

雄飛坊。爲大理寺丞李鶴鳴立。

清應坊。爲毛一松立。

登俊坊。爲朱曄立。

梯雲坊。爲俞道英、樓文昌立。

賓興坊。爲金福立。

登第坊。爲虞滙立。

晝錦坊。爲吴彰立。

經魁坊。爲趙勝立。

亞魁坊。爲虞文詡立。

應芝坊。爲虞仲恭立。

進士坊。爲虞守愚、虞守隨、虞槻、金世俊、金德義祠前立。

鵬霄振翼坊。爲樓鎮立。

尚書坊。爲虞復立。

天臺上卿坊。爲吴百朋立。

會魁坊。爲朱湘立。

經筵同侍坊。爲給事虞德燁、御史虞懷忠立。

殿中執法坊。爲御史龔一清立。

重沐恩光坊。爲龔印可立。

天官坊。爲誥贈金文亮、吏部四司郎中金世俊立。

孝義坊。爲朱叔誠立。

尚義坊。爲吴畿立。見《府志》。

三世部堂。爲吴瀾、吴瓊立。以上三坊並在吴大園。

完節坊。爲黄承洙妻李氏立。

附：廢坊表

遵道坊。
興文坊。
里仁坊。
金麟坊。
明德坊。
澄清坊。
拱辰坊。以上俱在縣治東。今廢。
新民坊。
崇儒坊。
阜通坊。
迎恩坊。
中和坊。

通靈坊。

甘泉坊。

湖山坊。

通泉坊。以上俱在縣西。今廢。

四牌坊。縣前。爲歷代名賢立。今廢。

橋渡

夏《令》、《周官》言杠梁之務象動天根，工成水涸。事若纖瑣，顧孟氏譏鄭小，而單子卜陳亡，譚王政者奚得忽而不講？邑東繞大江、滙衆流以入婺，其間橋梁、舟渡所在而有。而廣濟一橋，遞毁遞興，亦工之不可廢者。至諸鄉津隘類多民渡，每春夏川源暴漲，篙人乘急以索金錢，亦宜設法以慰望洋。舊《志》次《山川》，兹以事屬興作，改從《營立》。

橋

劉公橋。縣東六十步，東陽門外。

管婆橋。縣南五十步。碧波橋、新吴橋水道所會。

臨清橋。分司前。知縣劉同建。

文昌橋。縣西八十步。知縣鄭錫文建。後廢。知縣汪道昆改建縣西七十步。康熙三十年，知縣王廷曾重新。

野鴨橋。縣北一百八十步，湖塘之北渠上。

興濟橋。即東江橋。縣東三里，在東江，入東陽大路。舊有浮橋，宋慶元三年知縣薛揚祖更造石橋，號「薛公橋」。嘉定二年，知縣施寅重建。淳祐五年，知縣趙圓卿作新橋，易今名。邑人虞復記：按《春秋》書法，延厩言「新」，有舊也；三軍言「作」，爲之也；雉門兩觀言「新作」，裁而更爲之。吾邑之東江故有石橋，圮而更爲之。將單言「新」，其績不止於脩舊；直曰「作」，則非創爲之也。竊取二義兼言之，其可。橋始成於慶元初載。淳祐壬寅秋七月，甚雨，三日夜不止，水冒平地幾丈，橋反在水下，人不見其壞，水落惟址僅存。邑人驚嘆曰：「不復有此橋矣！」當始創時，浮屠有居實廬其旁，募緣以聚財。至是，其徒惟幾欲踵成之。時則朱君元龍自尚書左司郎歸繡湖上，惟幾謁曰：「願丐一言以興此橋。」朱君謝焉，又屬之予。予曰：「吾家萬山中，是謀非吾所能及，必朱君乃有濟。」一日詣君，道其故。君曰：「是邑政之大端，鄉非薛令之賢且才，雖百有居，奚益？今令窘催科不暇給，吾黨祇費言耳。今獨念五十年間，民恃橋無厄於水，今壞，屬爾已有不免焉者。事問當爲，成否委之數可也。」然而惟幾東西馳走，應者絶希，繆悠再期，綿絶一二，力殫策盡，而績於成之日茫如也。乙巳冬十月，趙侯圓卿來。侯才行通敏，勇于爲義。居亡何，縣綱整整。朱君乃始約予合辭以言，侯唯然曰：「吾責也。抑凡執藝事於官府者，率費夥而功窳。必得一二賢士友，如家事董治之，勿使吏與。苟有涉于有司者，則件目以達于令，令當施行之惟謹。」衆推周君勇、樓君晏，二君科目仕宦，期雖已薄，莫敢辭，日裹飯以往。既而樓君問塗，又得其兄曇繼之。始則博詢利病，孰宜因革，或謂前創稍庳，故水至而壅。於是增築其址，視舊崇六尺。或謂鄉也腹沙而背甃，故易潰。於是實之土而覆以石。其命群匠也，分地賦役，配以丁壯，殊厥志號，雲集而不亂，期以旬日而成。里中有老練世故者，方旁睨未信，俄而智巧捷出，不愆于素，殆以神物夜半駕天河而人不知也。當橋之中，作屋五楹，以待乘駟馬車而過者得以駐覽焉。又立東西二門，直西岸作閣二間，樓僧伽其上。凡可以增壯觀而壽此橋者，無不爲也。嗟呼，斯役鉅矣！其成也豈非數哉？然必待其人而後成，君子不謂數也。是役也，用人之力逾四萬，靡錢凡百萬，粟千石有奇，市材募役，不使人有毫髮不滿意，然亦不虛擲一錢也。方紹、慶間，號爲東南極盛之時，世道寬廣，比屋豐實。有居，一野衲耳，叩人之門，靡不傾倒。近歲富家大姓往往散落，人情類多較計纖微，間擁厚資亦相視澀縮，至煩邑大夫作禮脩辭，鄭重諭勉。吾黨有相與求助于鄰壤之賢者，而後集事，豈趙侯之用力視薛侯爲多，又世變之可慨者！橋始未有名，民德薛侯，以其姓呼之。今民于趙侯德之甚，請以「趙」易「薛」。侯雅不欲掩前人功，朱乃諗于衆曰：「昔柳子厚記興州導江之績，及乎杠梁之成，嘗以興工濟物歸美其爲州者。今二侯之爲邑，實皆似之，扁以『興濟』若何？」衆曰：「唯。」朱君遂顧謂余曰：「吾既名之矣，子盍爲之記？」余乃辭，不獲，用並書其始相與謀者如此。

元大德五年，僧永識修。皇慶元年，達魯花赤木薛飛爲浮梁。泰定二年，僧文中募作石橋於故址西八步，兩岸皆有石堤，中叠石爲七墩，橋長四十二丈。僧智宏募爲屋覆之。其南二墩水激而仆，達魯花赤亦璘真重修。明洪武五年，南隄及二墩毁於水。至十五年，主簿聶用和修如舊。後南二墩累爲暴水所圮，僧志洪、深遠相繼修完。永樂間，爲水激壞。正統三年，縣丞劉傑捐俸倡民擇石爲墩。正統六年，知縣劉同勸民助資完之。成化九年〔一〕，改卷石洞橋。東陽盧孟涵獨任其勞。十二年，洪水衝

〔一〕「九」字，底本漫漶不清，茲據《崇禎義烏縣志》補。

壞。十六年，同知李珍董建。復勸盧孟涵、盧孟實協力重建。**十七年，暴漲衝塌。十八年，知縣齊溥勸義民吴希仁捐資倡義，南築石堤，重建橋梁，搆屋建亭其上，改名「廣濟橋」。邑人王汶記：**廣濟橋在義烏縣治東三里，其江曰「東江」。江之水發源東陽山中，至是則衆流會合，其勢滋大。西去二百五十里，乃折而東入錢塘趨海。每歲春夏水漲〔一〕，則泛溢暴悍，不容篙艣；及秋冬水落，則淵潭無底，又不可厲揭。適當孔道，遠近往來于此者旦暮絡繹，此橋所以不可一日不作也。按郡《志》，舊有浮梁，宋慶元間縣令薛揚祖更爲石橋。後繼爲令者，若施寅、若趙圓卿，皆重造焉，終不免於壞。逮有元，又復爲浮梁者以濟塹時。泰定初，里人金文中始於故址之西八步叠石爲墩〔二〕，架木爲梁，且覆以屋。未幾，墮其南之二頓。洪武壬子，主簿聶用和重修之。歲久，頓亦圮。正統癸亥，縣丞劉傑擇石爲頓，甚堅固，甫架木，即去任。成化癸巳，東陽邑人盧孟涵又拆其每頓之半，改爲捲石洞橋，所費財力甚鉅。閲五載，亦爲暴漲衝塌。又後二載爲成化辛丑，元城齊侯溥以鄉進士起家來作宰。視篆之明年，巡于江上，偶見沙磧有因渡而死者，咨嗟久之，乃曰：「是責誠在我也！」翼日，遂命匠氏伐石于山，取其堅者；采木

〔一〕「漲」字，底本原作「長」，兹據《嘉慶義烏縣志》改。
〔二〕「墩」字，底本原作「頓」，兹據《嘉慶義烏縣志》改。

於林，擇其良者；用力於民，役其里中在官者。視北隄尚無恙，則仍其舊。南隄則纍石爲岸，以遏水怒，修一百三十尺，崇與頓等。中爲頓凡七，每頓用其舊之少半而增三之二，其狀東則小橢而剡其上，西則自下而上皆正方，崇四十有五尺，廣二十有四尺。頓之上疊木六重，高出頓上又八尺，貫以木梁，木之上布厚板，被以甎，修四百二十尺。板之上搆屋，屋以間計者四十。南北端爲亭者二，亭之外爲階級升降之道，各爲亭者一，亭東面爲神祠。凡屋之兩旁翼以板，以禦風雨。每間虛其上，爲檻以供眺望。前後所費錢二萬五千有奇，用粟二千八百斛。經始於成化十九年三月一日。時縣丞六安劉君副、主簿晋之焦君章、典史泰之吕君祥，皆同心並慮，殫其程督之勤。凡所部吏民靡不争先趨事，故材易聚、工易集而事易成，遂告畢於是歲八月十六日，侯率諸寮屬以落焉。乃革去舊題，榜之曰「廣濟」。由是，往來之人如履平地，無復患徒涉而憂漂没矣。但仰而視，則甍聳於上；俯而臨，則水逝于下；又倚而眺，則東陽之雙峴、金華之芙蓉若拱揖左右。靡不歡忻歌呼以頌齊侯之德能利及於物也，有如是夫！邑之耆老舉以此盛事，不可不刻諸石，乃相率徵予文以記。予惟先王之政，凡橋梁廬舍之事皆有經制。我高皇帝法古爲治，又著爲令以示群有司。奈何世之長民者往往忽于此而不加之意，惡在其爲政哉！元虞文靖公嘗曰：「善爲政者，當爲其所不可不爲。」若齊侯此役，蓋不可不爲者。且經營有方而民不知勞，用度有節而財不妄費，造作有法而事可經久，非善於爲政能爾哉！况其平日以勤慎自持，誠不可不書也。予不佞，乃直書其事，與前此興廢備記焉。庸告後之君子，凡可以壽乎斯橋者，尚益用其心以圖之。

弘治十五年，知縣吳盛勸、義士吳希彩、黄子宣、虞子盛捐修。嘉靖八年，大水，壞者過半。十四年，築甃建橋。東陽趙模、趙幹兄弟倡義爲之。越二年，毁，知縣方介董修。命幹重修。逾二紀餘，橋復朽壞。四十五年，侍郎吳百朋捐修。隆慶五年，橋屋壞，知縣歐陽柏修。萬曆七年，舉人吳大纘重整石墩。萬曆二十三年，墩頗傾頹，梁版朽壞，知縣周士英命吳彦清、虞學鳳、虞大常、虞懋徽悉新之。周士英記：

邑東之三里，兩涘渚涯之間，巋然有梁跨而浮焉，是爲東江橋。抗魏阜之重阻，扼龍潭之上流，砥柱隩區，經途横屬，蓋所謂重江複關之要、四會五達之莊也。是橋也，勢衝則基難鞏，歲久則木難支，工大則役難舉。宋慶元以前，上哉夐乎，靡得而記。已迨我明興，成化間邑宰齊君溥大加營飭，尋復圮。已弘治之庚申，李君文郁復增修之，輒又圮。水閲人而成川，橋閲人而成梁，亦當世得失之林也。余自履任再蜡，謹守管籥，一意與民休息，不敢以一畚鍤、一礪鍛遺邑父老憂。然每遇斯橋，則仰而欷曰：「諺有之曰：『些小不補，直至尺五。』是橋也，不如蚤爲之所，毋使傾覆，覆難圖也。」會參政虞君、鄉進士吳君謀所以搆之，請得而從事焉。余曰：「唯唯。是小借民力而大裨之永永，余敢以自諉？」則亟下令，趨二氏庀役即工，民乃大來，欣然捐己貲，殫心力以共若役。已乃撤朽剜蝕，植頹築虚，虹梁卧衡，隍塹縈輸。士女伫眙，工賈駢坒，則相與竊指而言曰：「丘陵成而獸往矣，大水深淵成而魚鼈安矣，松柏成而塗之人廕矣。我儕小人，重藺狎至，其幸馮此橋而川者陸、舠者寧，誰之賜也？則此兩都父老之所遺也。」或曰：「民未知義，未生其共。是橋也，發縱指示則縉紳先生之力也。」或曰：「道旁之築，衆爲政蔑以濟矣。是橋也，率作省成則邑大夫之命也。」余聞而矍然起，恧然自失焉。方今公私力詘，帑藏枵然。縣官無能出肺石之鍰以佐興作，至舉一邑之公役而勤我父老，且以獨勤我二氏之父老，衆謂令何？然令欲佚民而民勞，欲節民而民費，非有發徵期會，而舉木者、操畚者、引斤而執斧者邪許聲聞、工傭踵接，不五旬而事告竣，何落成若斯之易也？儻所謂富而好行其德者非邪？昔太史公稱素封者，居一歲種之以穀，十歲樹之以木，百歲來之以德。二氏故爲城東望族，而率能推先世之所餘，以營一邑之所利賴，蓋有足多者焉。夫世有濟一人、利一物者，猶必食報於天，而况橋之所馮依者衆乎？歸休乎二三子，穀木之獲利淺，而德之獲利大。異日者尸祝于鄉，而克世於後也，則橋其左券已。是橋也，凡役夫若干，用木石若干，費民財若干。余因諸父老之請而備列於石，非以耀成事也，以示後之志橋者有考也。系之以辭曰：皇皇赤縣，婺墟是域。盧井星羅，襟帶川澤。曰惟東江，以滙以瀉。爰茲建橋，綰轂其口。水陸共道，鱗集輻輳。亦越多年，梁木頽朽。我來茲土，載纘豐功。猗歟二姓，捐貲克從。庶幾子來，匪怒惟共。僉曰休哉，穹窿覆宇。形聳飛棟，勢超浮柱。惠露沾氓，仁風扇廡。千里誦義，四境歌舞。敢告後人，勖哉繩武。　虞德燁記：東江當越婺孔道，四方輻輳，蓋襟喉地云。其流奔突駛悍，霪潦暴溢，澒洞瀰漫，勢不可揭厲。初爲浮橋，宋慶元間更以石，尋圮於水。淳祐五年邑大夫趙公圓卿新之，易其名曰「興濟」，先世吏部公復記可考也。歷元迨我明興，遞圮遞飭，維時或佐貲官帑、或徵輸閭藏。是用應績，四方賴焉。夫何閱歲彌遠，風雨剥齧，傾頽鼪鼯不任足。行李往來，類踽踳悸慄，如蹈隍塹。邑大夫周公每過而欷曰：「辱在下邑，奈何其以涉病四方也。即吾不以乘輿示沾沾惠，龍火歲見，除道成梁，夫非令責哉！」顧公家苦無羡，勢不能不朘民財力以成，逡巡者良久，既而曰：「封疆在邑，終不可諉。有其舉之，曷敢廢焉！」乃捐俸立準，示民趨事。余偕吴春元直而前曰：「節用愛民，邑大夫之仁也。效力佐公，吾士民之義也。願歸而謀諸父老，率二氏子弟效義以奉揚仁意，可乎？」公又欷曰：「時詘舉贏，奈何以一邑事獨煩二姓？然是惟不獲已之役，藉倡義以先，事其濟哉。第吾不忍傷民財力，俾二氏費於率作，謂此心何！吾欲命而父老猶逡巡也。」二氏父老聞之益感，群相謂曰：「邑大夫不欲以土木敝民，諄諄噢咻，意念至矣，是役其可已乎！昔我先人虞子盛、吴希彩曾致力於是，吾儕宜亟修，以毋負邑大夫、以毋墮先績。即他族户殷者、力贍者非乏必需而讓扳而擾，其若大夫愛養吾儕，暨吾儕效義分何！」用是乃庀材鳩工，撤朽植頽，覆堤以梁，覆梁以甍，計崇若干、廣若干，爲楹若干，旁翼以欄，視昔加虔矣。人免濱險阽危、怵心戒目之苦，僉頌周公利濟之德不衰。豈吾二氏之能，由邑大夫惜民力，民自不愛其力；節民財，民自不吝其財。儻所稱上好仁而下好義者非邪？橋成，而周公誌之，意有遜焉。余謂天下事有因人而重者，萬安橋成於蔡君謨、英市橋記于蘇子瞻，迄今二橋賴二公名並傳不朽，以公德望而誌斯橋，吾固知是橋不朽矣。公之政，恤煢軫困而廢興墜舉，大氐皆是類，人人能口之，觀風者行當采而獻焉。並不具論，論其所以成橋者如此。周公名士英，號惺莪，壬辰進士。若縣倅郭君、縣尉黄君咸與共事，遹觀厥成，宜并書。

天啓七年，知縣鄭極祥修。邑人吴之器記：婺中邑多倚江，故多爲梁。烏傷治東道實赤城、吴寧縮轂，必涉江，江流漲不時。初爲浮梁，永樂間始爲巨梁，而厦其上。繼燬。萬曆中，晋江子環張公葺而顔之曰「平政」。歲壬子，有使者夜過，候火勿戒，再燬。後遂圮，無什一存者。天啓乙丑，鄭侯來受事，每有行過之輒心動。會歲課嚴，即鬼薪城旦諸贖鍰悉索，應當事急，計無所出。丁卯春，邑父老以公旬謁侯，告之故，且人授之籍，俾以意競勸而奏其事于諸臺。既得請，是年夏乃鳩工，凡若干楹，大約費漢緡錢千五百鍰有奇。徵材肯搆，視囊加鞏，訖秋落之。而諸父老請文其事，侯謝不敏。則咸曰：「邑之有兹梁，負者、戴者、駕者、徒者、干旄者朝夕馳騖乎其間，鮮有問其建置而德之者。繼而燬且圮，始相視而瞿瞿，鮮不望其旦暮復者。已燬且圮逾紀，而過焉者徒相視、莫能圖。蓋幾幾乎病涉矣，則鮮不感且嘆者。今幸賴侯之仁，得返其故。蓋勞者惕、行者思，鮮不喜極而歌者。夫唐香山氏，宋永叔、子瞻氏，其所之國，有役焉必文之，然其民靡有始而望、既而嘆、終而喜者。兹役也，其興廢利病之故，民實有概于中焉，是烏可以不文？」侯曰：「勞苦父老固也，役成而邑賴之，然以其力謀其利，告成事而已，而余何知焉！」會客有過侯者，聞父老之請而韙之，因告侯曰：「異哉，明府得毋易視兹役乎哉！夫政靡宏纖，易視之必疵。譬之治百畝然：俶載而易之，其耨芟必不力，其實必粃，即勿粃必不穎栗；既登之場，而猶易之，則再歲之播必無功，故必難之。然事未有端而遽難之，則生畏，畏則廢，故不如難之於告成。夫世之君子之於役也，非不諗利之當興，興之當己任。顧其始或難之，難之則多端而撓成。姑以竢諸後，借毋難焉。及臻厥成，又以爲不急而終易之，嗣有他必生避就，而不能以赴功。夫樹材於原，種鱗於沼，事非不易也，然當其慮始，恒以爲不急，曁其林林焉、育育焉，不能難之，而斥與詈日相尋，其不童且涸焉者幾希矣！故曰：觀成者不可以易，易之則政必疵。且明府不聞漢翟氏事乎？汝南有鴻隙陂，翟氏爲相，奏廢之。後郡枯旱，追怨翟氏而謡之曰：『壞陂誰，翟子威。飯我豆食羹芋魁。反乎覆，陂當復。誰言者？兩黄鵠。』嗟乎！此一陂之興復，而假制明神以與上争嚮其利者爲有德，民各有心，明府其安辭！」侯曰：「善！今而知所以爲政矣！遂屬之器記其語而系之以銘。其辭曰：維邑巖巖，濟川爲梁。經始之德，江流並長。有興必廢，有廢斯復。匪疚匪棘，以似以續。學山崇簣，築室潰成。先民有言，我用是程。役車匪勞，桑土匪暇。觀役知政，庶幾夙夜。

崇禎十二年，衿士以舊楹就圮、木版將朽，且爲邑上游過高非制，僉議徹朽楹，版以石。十三年，知縣熊人霖倡捐，曁吴、虞、金、陳、李各大姓助資，並爲木闌翼之。因歲首迎春於此，取杜必簡「梅柳渡江春」之句[一]，顔曰「渡春橋」。國朝康熙

〔一〕「句」字，底本原作「旬」，兹據《崇禎義烏縣志》改。

九年，知縣于漣修。十三年，邑寇紛嘯。冬，都統吳公率師由府趨暨陽〔一〕，取道烏邑。邑寇駭而奔至橋南，毀橋自固。大師逐之，斬獲無算。橋且廢。二十四年，知縣辛國隆捐市巨木爲梁，上覆以版，又慮歲久必傾，置田續葺，復命橋右庵僧立籍募之，欲改版爲石，未之能。教諭吴觀垣記：出邑東門三里有江曰東江，江之上蜿蜒而橫伏者爲廣濟橋，俗所云東江橋也。按邑志，自宋慶元以前爲浮橋，邑令薛揚祖始更以石。後令是邑者踵事增修，搆檻架亭，人不一制，然其最著者，自薛令而下，若宋施寅、趙圓卿，明齊溥、張維樞、周士英諸公，卓卓可道者也。明崇禎庚辰歲，邑侯伯甘熊公以舊楹就圮、版亦將毀，乃悉屏去屋宇，改爲平橋，覆以石而翼以欄，易名曰「渡春」。雖于舊制盡更，而行李絡繹亦甚便之。迨國家定鼎以來垂五十載，自繼熊侯而令茲者未聞有事于修葺，豈果橋之完固無恙邪？抑令之未暇謀邪？康熙乙卯，遼左辛公來令茲土，越十年，政和人安，乃捐俸若干，倡義修之。起于乙丑孟冬之朔，鳩工庀材，新其南之二墩，架以木栅，鋪以重版，于十二月之望觀成。民無顛溺，賴以永寧。或謂：「公之令於烏也，蓋十期於此矣。公今以政最，擢知沔陽州以去，而民之免于傾溺者實惟公之賜，雖然，毋乃疑於緩與？」余曰：「否。溯自甲寅乙卯以來，閩海陸梁浙東諸郡，若

〔一〕「公」字，底本原作一字空，兹據《嘉慶義烏縣志》補。

嚴、婺、衢、台，萑苻奸宄蝟毛而起。當此之時，烏邑之人民廬舍其銷殘蹂躪于兵火者，蓋無幾餘矣。自公下車以來，墟市蕪井聚而爲村邑，悍夫暴客化而爲齊民，幼者壯，老者安，養生送死，與民休息，而不知有令之擾。計十年之中，凡有廢墮，無不酌其緩急而先後具舉。其大者尤在加意斯文、振興學校，輪奂規模，彰彰在人耳目。而橋工修葺，特百廢具舉之一也。人見之者若以爲日不暇給，而公優然爲之，揆其志願，尚未有已，豈得謂緩於此也哉。且公既修之後，又以餘銀買楓木塘昃字九十號田三石，及二都往字一千九百六十號田八斗，貽于公家以輸賦之，餘積爲修橋之費，則愷惠之澤留於無窮。誠有宋迄明以來薛、趙諸君子所不逮也，其爲不朽孰加焉。橋修四百二十尺，廣二十二尺，高四十五尺，用銀三百金。登者、行者咸頌公德，諸生董事者咸來乞余文以爲記。余惟與公相接三年而知公之教養有如此，則斯橋之役誠不可以不書也。公諱國隆，字敬齋，遼左人。董其事者爲陳祥發、李培美、黄大呂、毛岳、樓元斐五生云。康熙丙寅五月，義烏縣儒學署教諭事、舉人武林吴觀垣撰。　邑人金以琳記：三韓辛公政成之十年，以琳曰：「縣治成矣，學宫飭矣，急務其在東江橋乎！我聞國家疆理天下，《冬官》之制垂範至今，而有司多置不講，豈以惠民之政於此猶病其少哉！視民饑猶己饑，視民溺猶己溺，此禹、稷事也。」公毅然曰：「是吾事也，吾當力行之。」遂捐俸以倡，伐石掄材，諏日興工，於莅政之餘親行董視。而墩之圮者崇之，梁之斷者易之，直欄楯，鋪版柵，嵬然翼然，屹立中流。直援千萬人濡軌褰裳之困、而予以坦途，厥功懋哉！蓋公以純誠惻怛之心，急民事如己事，故即薛、施、趙、劉諸令之殷殷於是橋者，而思有以永其功。於凡木石苧鐵、匠工人力之費，皆給以公貲，勿以責諸民，不浹歲而告成。又復置田三石八斗，爲日後補葺需。其用心抑何遠乎。橋成而公遷矣，將進此而作舟楫、作霖雨、登海宇於衽席，則是橋爲左券云。知縣熊人霖《東江渡春》詩：江橋東去海西涯，海曙江春轉物華。著草初濃蒼嶺霧，憑欄還繞赤城霞。村莊帖就棲雙燕，驛使書來見一花。無限韶光隨馬首，散分雨露與桑麻。按：是橋修建中間成化九年、嘉靖十四年，下從丙申原《志》作分注。王汶記從原本。○康熙三十年，知縣王廷曾倡橋屋。五十四年，燬於火，署縣張若霈重建，俱有記，載入編類。

鮎溪橋。縣東五里。入東陽大路。

均濟橋。縣東二十三里。其流西至縣郭，北至酥溪，南入東陽。

繡川橋。縣南一里。

登瀛橋。縣治南一里許。舊名「南井」。元至正五年建。明洪武三十三年，知縣吴佑命李承理、龔叔寧重建。正統間，洪水衝塌。九年，知縣劉同命趙仲芳修築，改今名。

洋灘橋。縣南十五里。入雙林、明義諸鄉。

峴溪橋。縣南三十里。入明義鄉，通永康界。久廢。元時，邑人丁一澄重建。

野墅橋。縣南三十五里。通東陽界。

光明橋。縣南三十五里。自倍磊通金華界。

三版橋。縣西四十五步。一去縣西四十五里根溪，入金華界。

新吴橋。縣治西五十步市心中。宋淳熙四年縣丞吴沃創建，下置閘節繡湖塘水，後圮。崇禎九年，重建。國朝康熙十年，耆民孟六卿重建。十三年秋，王師復城，山寇尚熾，縣無城，斷橋以禦。寇平後，知縣辛國隆甃石飭之。

湖西新橋。縣西二里。

協恭橋。縣西五里。松門里龔廷用等建。

霸亭橋。縣西十三里。入府城大路。

會善橋。縣西十五里。

官清橋。縣西二十里。知縣劉同建，舊名「何十婆」。

彭三橋。縣西二十五里。相傳昔有彭氏三女子造。

梅溪前橋。縣西二十五里。樓暹孫樓棟建。

香山橋。縣西二十五里。原通金華、浦江界。

義亭橋。縣西三十里。入府城大路。

裏方橋。縣西三十里。後改「步雲」。

梅溪後橋。縣西三十五里。邑人何伯祥建，樓文昌修東垛，樓安後人重建石橋。

天溪橋。縣西三十五里。披雲寺左。

航慈橋。縣西四十里。入金華界。

葛辭橋。縣北十八里。入浦江路。

洪巡橋。縣北二十里。入浦江路。

石斛橋。縣北三十里。副使方元建。廢久。泮塘民朱守約捐金倡衆重建。

唐公酬橋。縣北四十里。入諸暨大路。

盤溪橋。縣東北二十三里。上通台温路。

酥溪橋。縣東北三十里。至元四年建。入諸暨大路。

彭城橋。縣東北三十五里。

迎春橋。舊名「八里」。縣東北三十八里。

查林橋。縣東北四十里。入諸暨路。

泗洲橋。縣東北五十里。入諸暨大路。

繡津橋。縣西南三里。知縣熊人霖造。

西江橋。縣西南四里半，爲邑下流關鎖。舊在射堂南。明崇禎十一年，知縣熊人霖徙建，並遷學左文昌閣鎮之，立普渡禪林守之。邑翰林虞國鎮記：溯錢唐而東，郡邑棋置，厥治蓋多在山水間云。其與山相屬者羸什七，而水得什三。水道山而出，勢若瓴建〔一〕，湶湍巨瀨，白石齒齒。每春夏連澍，蹷跳盪射，瀰湃吞嚙，若與地争咫不得、怒而鬬者。而其山多附溪，逶迤分馳數十百里，乃若揖若拜，若井陘之口，無所不絹轂。蓋剛柔之所會、陰陽之所和也。乃厥經川中流，兩崖相望欲接者，宜爲梁。凡梁必居邑之下游，蓋鍾美利，毓風氣，人因地，地因天焉。余邑治所臨大溪，東受吴寧諸水，奔瀉抵邑境，南若帶遶，而西三里有峽束之，而峽石斗入水而東若抱。而繡湖之水，從峽背遶而會於川，繡湖水于是爲咔云。咔之外又有山曰磻山，峽石斗入水而東若抱，蓋吴寧水與繡湖水至是若襟之合矣。磻山之南岸，則天馬之支山展其趾，遥與磻山對。水中石骨隆起，自北而南，廣丈有尋，蓋自然之門户云。先是，萬曆中，主者欲於其又西一里釣魚磯爲梁，或病其遠、不便往來者，而二三樵夫欲梁近市、朝夕得利涉焉，遂請梁

〔一〕「瓴」字，底本原作「瓶」，兹據《嘉慶義烏縣志》改。

於射堂南。不得已，從之。梁正衝于邑治之前，若摧胸，而在繡湖上游又於泮宮作扼吭，襟抱虧疏，風氣滲洩，邑之人文居積漸不及維昔。又梁址當潭，暴漲輒圮，屢圮屢修，庸力歲歲靡休。公私病之。然循往狃成莫能誰何，垂三十餘年矣。歲在戊寅之秋，邑侯豫章熊公始視事，疇咨與人，博謀利害，洪纖遠邇罔不殫悉。父老始有以玆咎其告者，侯乃周行近甸，浮游覽觀，降原陟巘，至於再三。愾然良久曰：「夫地利人和交相成也。譬之考室必户鍵之，今不鍵于户而鍵于奥，奚益哉？」急召役夫徙之，減馬捐薪以爲經費。不閲歲竣役。以繩度之，凡去舊趾九百武而止，于是邑中諸山水咸大和會。考諸形家言，於法農商之業當漸饒沃，而隸泮宮者當以文詞起家、有名於世云。邑人大歡，愚智咸允，載德歌仁，踵謀於余，撰次厥事，以示有永。侯名人霖，字伯甘，西江之進賢人，登崇禎丁丑進士。其爲人廓落大度，明信篤淵，文章言語妙天下，天下無不知江西有大熊公、小熊公者。蓋侯爲大司馬壇石公之令子，大司馬舊嘗令吾浙之長興，著循良聲，上計稱東南第一，薦歷諫省卿寺，擢九列，爲一代宗臣，而長興人至今尤思之不衰。侯之爲治，精敏傑出，雖天性則然，抑亦湛于家學者素也。邑之東故有橋，曰「東江橋」，今橋猶是江也，而在邑之西，其稱名也順，余因名之曰「西江橋」，且以識爲西江熊公作也。士民之沾溉厥澤，豈特挽西江之水而活涸鮒哉！系之以詩，其詞曰：維石巖巖，溪流湯湯。厥形張弓，遶郭圍疆。隤沙徙岸，呀呷靡常。前人虞之，始剏修梁。厥梁之興，謀始匪臧。如以完珪，離爲判璋。如以梯衝，舞于堂皇。農穡維螟，士管則狂。山童澤涸，儲散居荒。熊侯莅止，祓除不祥。虹舒霓移，爰正厥方。寫材蕆制，樸斵用良。截險横騖，包野雄驤。丸封函谷，鑰閉隆堂。神工克就，遠勢攸藏。河山東來，于橐于囊。驂騑雲邁，覿風相羊。浮鼃役鵲，鞭石填滄。濟川卿才，世濟有光。西江之橋，維今甘棠。

知縣熊人霖記：凡天下地勢，澤國貴山，山國貴川，眂厥鍾美，都聚乃址。故浙江源浙嶺，道川而下，郡邑往往若瓴建川上。乃義烏宅金華上游，地勢綦高，山羸澤縮，獨稠川源于東陽，控于鷄鳴，經於東江而南抱於天馬。邑滙厥秀，辨方正位，環邑若帶。繡水在西，道源來會，味於磻山，襟抱迴合，天馬張厥趾，與磻山之麓離峙。兩涘石齒齒隱水底，若天官閣道，星在漢中。天之所設，固我風氣，誰能違之。往哲咸欲於此地建橋，弗果。行者以筏。迄萬曆中，采樵者浮竹爲梁于石堂南，直縣門。後主者因之伐石曾累焉。直水急流湯湯，岸善圮，復衝突縣治，不利形家言。邑之老人曰：「自浮橋造也，人文財用不如時。」且水激齧岸，數漂民田廬，君子憂之。時詘未舉。丁丑夏，大水，浮橋不沈者三版，行者病涉。戊寅秋八月，熊子至，喟然曰：「《周禮》：體國必先經野，司徒測土深，稻人掌豬洩，雍氏掌溝瀆澮池之禁，司險知川澤之阻，而以橋梁達其道路。小臣司邑，敢不謀于野！」乃浮於川，乃覿于原，乃陟于巘。既審于地，乃詢于黄髮，乃咨于多士，旁及庶民。僉曰：「惟使君視地，審我人謨，惟協梁磻山之麓，計甚便。」予乃悉索俸入，並金矢之餘，鳩匠因舊石十之三，伐新石十之七，而址因于山石斗入水者，有基無壞，刊鑿用良。厥修二十丈，高可通五丈舟，有無化居，距厥湍悍，兩涘連山，兩川砥柱。水土演，民用服，風氣完聚，文明以止。邑老大司空金公、太史虞公曰：「是宜名爲西江橋。」蓋山國貴川，稠川之爲稠江也久，而稠上游三里故稱東江，自東自西陰陽之所和也。我梁既成，有夷之行，叟歌童舞，負戴相錯，載驂載駟，君子攸屆，旨在《易》之「利涉大川」「利有攸往」，梁因山勢，防因地勢，洚水不警，原田每每，且溉且沃，長我禾黍，旨在《詩》之「實畝實壑」「我疆我理」。稠水東，繡水西，左之右之，雲氣沃盪，泉流既清，風行水上，旨在《傳》之「秀氣爲人」「知者樂水」。乃告成于巡撫熊公，巡按喬公、王公，巡鹽梁公，水利道姚公，守道朱公、宋公，巡道李公，本府吴公，理刑衛公，咸樂觀厥成。又立傑閣以鎮之，營精舍以守之，爲可久計。是舉也，在天之辰，紀地之宜。夫不煩里，役不踰載，余其敢自庸？亦曰：修理橋梁，令甲俱在。小臣司邑，敢怠乃職？敢不對揚我天子修和遠猷！《春秋》之法，恒事不書。根見成梁，政之大恒也。然諸父老士民，僉謨孔臧，俾余受成，而民晏如，宜紀石章，諸父老士民休乃勒銘。銘曰：天漢垂光，江星章章。閣道蒼蒼，員麗關梁。天馬徠即，皤山之陽。連山石鞋，灝氣歸藏。以梁以防，爰理爰疆。調龢陰陽，僉謀允臧。三才斂祥，蕩蕩周行。思樂西江，保我稠邦。

《西江橋成即事詩》：稠水西來合繡津，雞鳴山翠擁城闉。樓開鸛鵲風光麗，橋捲虹霓氣色新。憑檻椅桐銷永夏，隔江梅柳渡陽春。臣心只有清如水，若濟今誰帝賚身。　熊人霖《文昌閣序》：《天官書》：「斗魁戴筐六星，曰文昌宫：一曰上將，二曰次將，三曰貴相，四曰司命，五曰司中，六曰司禄。」《文耀鈎》曰：「文昌宫爲天府。」《孝經援神契》曰：「文者精所聚，昌者揚天紀，輔拂並居以成天象，故曰文昌宫。」《春秋元命包》曰：「上將建威武，次將正左右，貴相理文緒，司禄賞功進士，司命主災咎，司中主左理。」在天成象，文明以啓。肇祀未紀何時，而世之塑像，髯而龍準酡顔。或曰姓張，名亞，字仲子，即《詩》所稱「張仲孝友」也。或曰：梓童之神，司科名籍，曰：吾一十七世爲士大夫，未嘗武健嚴酷，一切憫人孤、周人厄、濟人急、救人危、容人過，昭事于天，神降之福，由厥所傳神道設教哉。夫吉星之精降于地，則爲忠孝有德人。傅説弼亮于殷帝，王良持正于晋卿，咸上符緯象，安知張仲不比于列星哉！我太祖武定天下，守之以文，命秩宗釐正百神祀典，文昌祠祀如故。肅皇帝又以神像賜輔臣，明神來格，矢其文德，儒者以爲秩祀之經而從之可也。稠故有閣，在學宫之左，而下爲學門，厥向倚東，嫌與文廟相背，士子僉議毁之。余曰：「勿毁也，厥材中度，厥甓中陶，厥工中程，曷亦念我前令許公若魯之締搆勤思。」己卯春，乃梁西江，顧瞻有阿，合於《爾雅》之「大山宫」。形家言當有神明之宅以鎮之。余曰：「宫哉，維文昌之宫哉。」乃遷于其地而飭之、而垣之、而丹雘塗之，不傷財，不勞民，傑搆巍然，佑我文明。既輯我士，爰作乃銘。銘曰：北斗燦，殷天章。前六星，魁戴筐。精氣存，渺中央。天降神，人維禎。侯孝友，侯忠貞。美東南，會稽分。縣烏傷，應婺星。稠水東，繡水西。控磻山，滙于兹。鴐鼋鼍，伏虬螭。據虎豹，紛陸離。白石爛，建虹霓。土反宅，水歸壑。乂邦人，建危閣。神之徠，瞷哉爍。《頌》投歌，《雅》合樂。桂叢生，梅鄂鄂。鷄鳴巔，臨高臺。魚以磯，天馬徠。奥神皋，邑壯哉。綏百里，協三才。弼北辰，平泰階。

《普渡禪林序》：天宫東井爲水事，北，北河；南，南河。兩河、天闕間爲關梁。在天垂象，聖人則之，徒杠輿梁以濟不通，其利普哉！余既梁磻山之麓，已遷文昌之宫鎮之，三老復于余曰：「非子大夫，橋不立也。雖然，行邁而至于斯者，載饑載渴，其欲息矣；冠蓋之士，其欲憩矣；夜者，其欲宿矣。之地也曠，必官師之所考也者。小人之所依，乃遡乃廛，乃慰乃止。子大夫垂意焉。」余曰：「敬受命。」三老曰：「子大夫將考室而使吏守之乎？民弗習也，餼弗給也。開初地而使僧守之便，厥顔宜曰『普渡禪林』。」余曰：「敬受教。雖然，西方之言兮，匪我所師也。」三老曰：「師哉！《易》曰：『利涉大川。』《書》曰：『用汝作舟楫。』《論語》曰：『博施於民而能濟衆。』《孟子》曰：『思天下有不被堯舜之澤者，若己推而納諸溝中。』今天子神聖，誕先登岸，受官分職，普天之下罔不弘濟。子大夫對揚皇休，作舟楫哉，惠而爲政，匪直也梁。將維是師于先王，用左右正德，利用厚生。經之紀之，道之相之，匡之振之俾攸濟。匪且有且，將維是來咨來茹。無封靡于爾邦，通道恤鄰，膏雨四國，俾兹民罔不被堯舜澤乃攸濟。普天之下，莫非王土。王臣蹇蹇，其曰獨賢。子大夫勉旃西方之言，普渡此物此志也！夫惟君子不表異，而軌于則。」余曰：「敬受教。惟余有未知，職思乃居，惕惕若涉淵冰。微吾子教之罔攸濟！」服時嘉言，作禪林銘。銘曰：荷精水布，懷仁引度。泉流既清，平平道路。利涉爲梁，攸税成聚。民之懌斯，神秩斯祜。　按：舊《志》：文昌祠初在先師廟西南，即梓潼七曲山靈應行祠，舊傳科名之籍神實司之，故以祠附學。貢舉廢，祠亦弗存。至元復開科舉，至正七年教官與邑人合力重建於舊學。歲久，復廢。永樂九年，知縣任倫、教諭胡春同捐俸同建。正統六年，知縣劉同、縣丞劉傑俱於舊學重建。正德遷學，未有祠。萬曆十九年，教諭王時春創建儀門西。崇禎七年，知縣許直移建學宫左。普渡禪林載「寺觀」，序因橋附此。

蔭龍橋。縣西南三十里龍陂，徐宗賢建。

高橋。縣西北十五里，進士楊定建。

景高橋。縣西北十五里浦江孔道，民素病涉。崇禎十三年，知縣熊人霖攝捕事，伐石四丈成之，以利往來。

演溪橋。縣西北二十里。

下巖橋。縣西北二十五里稠巖下，通浦江界。

五雲橋。縣西北三十里，北入浦江縣界。

附：廢橋

碧波橋。縣西北一百步繡湖之曲。舊名「湖塘」，立水閘節水。今廢。

渡

東江渡。縣東，入東陽大路。

孫村渡。縣東二十五里，入五都路。

廣益渡。舊爲橋，縣南三里，地名下埠。明萬曆七年，邑民龔來時捐造浮橋，知縣范儁捐助完之。十一年，知縣俞士章復命來時累石爲三磡，浮舟加葺如故。後舟損，改高橋，以鐵索攬木版而濟。邑人龔一清記：出邑南郭折而東，大溪經焉。曰「通濟橋」者，下累石，上覆屋，規制宏固，其來已久，達吳寧、天台諸巖邑。介溪東上利涉已。橋俯流而西可四里許，土人呼曰「下埠」。沿東及南，此爲要津。人病涉，每霖雨泛溢，險危特甚。往來小艇群而濟，間没焉。歲辛巳八月，以一艇没者人三十餘。邑民龔來時從岸目擊，不勝觸悼，乃謀所以善是濟者，捐家之贏倡之，益以勸助得銀穀貨木六十金餘，造舟爲浮梁凡一十六隻，木橋一十三節。下埠之有梁，與通濟相望，自來時始。又别刳二艇，防巨漲，撤梁而棹。依梁屋南岸，專數人，時其不虞。如是者數年，涉若坦途。丙戌，梁壞於暴漲。邑長令俞侯謂是梁不可已也。方歲祲而公帑大詘，惕然弗寧，出五十金，屬來時。來時周回相度，若水衝，當其衝爲累石磡者三，餘浮舟加葺如故。是浮舟也凡二興事矣。其始事，來時晝夜立水中。人告之曰：「得無腰生蛆乎？」來時恃無恙。及再事，感激於侯之率作，不憚暑濕猶始也。脛苦腫，朝夕弗懈，竟潰於成工告竣而兩足病莫舉矣。來時之力蚤竭，向非侯加之意，是終莫之濟也。鼓來時之義以利衆涉於無窮。《甘棠》載咏，茇憩在兹。來時歸澤於侯，伐石示不朽，屬不佞一清記之。爰據實直書，用規内之溝中而不知爲政者。二十年，知縣周士英歲給渡夫銀六兩增修之。後水漲橋傾，而形家言衝縣治，改用渡。

下埠渡。縣南三里，入雙林諸鄉，今爲廣益橋下。

洋灘渡。縣南十五里。

盛家渡。縣西二十里何家渡南。

下朱渡。縣東北十里。

石棋渡。縣東北二十里。通東陽路。

九里江渡。縣西南九里。入雙林鄉。

何家渡。縣西南二十里。入府城大路。

吴溪渡。縣西南三十五里。

雍正義烏縣志卷之四

學校志 聖廟　儒學　社學　書院

廟學

《府志》云：三代而下，郡縣有學自漢文翁始，有廟以祀孔子自唐太宗始，然太牢之祀、先聖之號，則前此矣，特至貞觀始行通祀，逮宋慶曆而即廟建學焉。乃舊《志》《學校》次《公署》，而「先師廟」首《秩祀》，入《經制考》。其志《學校》，於儒學曰「文廟」，儒學是學從廟矣。於《秩祀》首「先師廟」，而總序以封內山川、社稷、城隍、神祇引端，是「秩祀」當屬山川、社稷、城隍諸神，而「通祀」非一邑之祀，則不宜與諸神等。兹從《府志》，列先師廟並啓聖公祠及明倫堂、卧碑、儒學箴碑、敬一亭、尊經閣于前，而列教諭訓導宅、射圃、學倉洎學田于後，附以社學，至名宦、鄉賢附祀典者亦改入焉。其廟中位次、陳設圖，一依《闕里志》。

先師廟

廟在縣治西北一百八十步，繡湖濱。即稠州故址。明正德十三年，自治北遷此。詳後。五間。舊名「大成殿」，明嘉靖九年改「先師廟」。東廡九間，西廡九間。

廟位

至聖先師孔子

復聖顏子　述聖子思子　先賢閔子騫　先賢冉子雍　先賢端木子賜　先賢仲子由　先賢卜子商

宗聖曾子　亞聖孟子　先賢冉子耕　先賢宰子予　先賢冉子求　先賢言子偃　先賢顓孫子師

東廡先賢位

步叔子乘
琴子牢
陳子亢
公西子蔵
公西子輿如
邽子巽
樂子欬
顏子之僕
燕子伋
縣子成
公祖子句茲
秦子商
句子井疆
顏子祖
奚子容蔵
公良子孺
任子不齊
商子澤
漆雕子徒父
漆雕子哆
冉子季
伯子虔
冉子孺
梁子鱣
公西子赤
樊子須
漆雕子開
商子瞿
南宮子适
原子憲
澹臺子滅明

西廡先賢位

宓子不齊
公冶子長
公晳子哀
高子柴
司馬子耕
有子若
巫馬子期
顏子辛
曹子卹
公孫子龍
秦子祖
顏子高
壤駟子赤
石作子蜀
公夏子首
后子虔
公肩子定
鄔子單
罕父子黑
榮子旂
左人子郢
鄭子國
原子亢
廉子潔
叔仲子會
狄子黑
孔子忠
施之子常
秦子非
申子棖
顏子噲

東廡先儒位

左子丘明　穀梁子赤　高堂子生　毛子萇　杜子子春　王子通　歐陽子修　周子敦頤　程子頤　張子載　楊子時　朱子熹　陸子九淵　蔡子沈　許子衡　陳子獻章　王子守仁

西廡先儒位

公羊子高　伏子勝　孔子安國　董子仲舒　后子蒼　韓子愈　胡子瑗　程子顥　邵子雍　司馬子光　胡子安國　呂子祖謙　張子栻　真子德秀　薛子瑄　胡子居仁

東廡復祀先賢位

蘧子瑗　秦子冉

林子放　顏子何

復祀先儒位

鄭子康成　范子甯

西廡復祀先賢位

復祀先儒位

位次一依《闕里志》與瞿九思略同，較舊《志》小異。

先是，明初仍先代封爵，稱「大成至聖文宣王」，肖像服袞冕，四配。宋咸淳中，始定像服、稱「公」，十哲諸賢像服、稱「侯」，春秋以來諸儒稱「伯」。嘉靖九年，改「至聖先師孔子」，四配改「復聖、宗聖、述聖、亞聖某子」，十哲以下諸賢稱「先賢某子」，諸儒稱「先儒某子」。

先賢：顔無繇、曾點、孔鯉改入啓聖祠，顔何、申黨（即申棖）從裁；蘧公、伯寮、秦冉、□□、林放改祀於鄉。先儒：董仲舒，明洪武二十九年進；胡安國、蔡沈、真德秀，正統元年進；楊時，弘治九年進；后蒼、王通、歐陽修、胡瑗、陸九淵，嘉靖九年進；薛瑄，隆慶五年進；陳獻章、胡居仁、王守仁，萬曆十二年進；其羅從彦、李侗，崇禎中允進各廡，多未入。鄭衆、盧植、服虔、鄭玄、范甯、吴澄，改祀於鄉。荀況、戴聖、劉向、賈逵、揚雄、王肅、馬融、杜預、何休、王弼從黜。

歲春秋仲月上丁日舉祭。

東廡增祀先儒位

縣子亶

樂正子克

萬子章

尹子焞

諸葛子亮

陳子淳

王子柏

金子履祥

陳子澔

蔡子清

西廡增祀先儒位

牧子皮

公都子

公孫子丑

真子德秀

魏子了翁

何子基

趙子復

許子謙

羅子欽順

陸子隴其

陳設圖

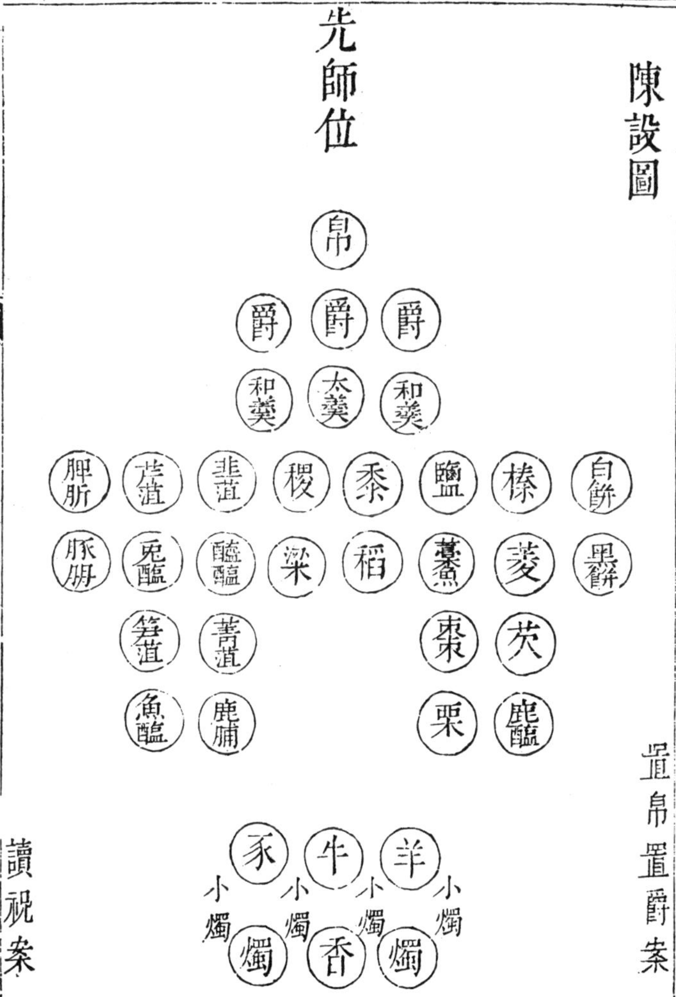

先師位

帛

爵　爵　爵

和羹　太羹　和羹

白餅　榛　鹽　黍　稷　韭菹　芹菹　脾析

黑餅　菱　藁魚　稻　粱　醓醢　兔醢　豚胉

芡　棗　菁菹　笋菹

鹿醢　栗　鹿脯　魚醢

置帛置爵案

羊　牛　豕

小燭　小燭　小燭　小燭

燭　香　燭

讀祝案

四配位

帛
爵
爵
爵
和羹
和羹
脾析
芹菹
韭菹
稷
黍
形鹽
榛
白餅
豚胉
兎醢
醓醢
粱
稻
薧魚
菱
黑餅
筍菹
菁菹
棗
芡
魚醢
鹿脯
栗
鹿醢
饌盤
豕
羊

小燭　燭　香　燭　小燭

十哲位

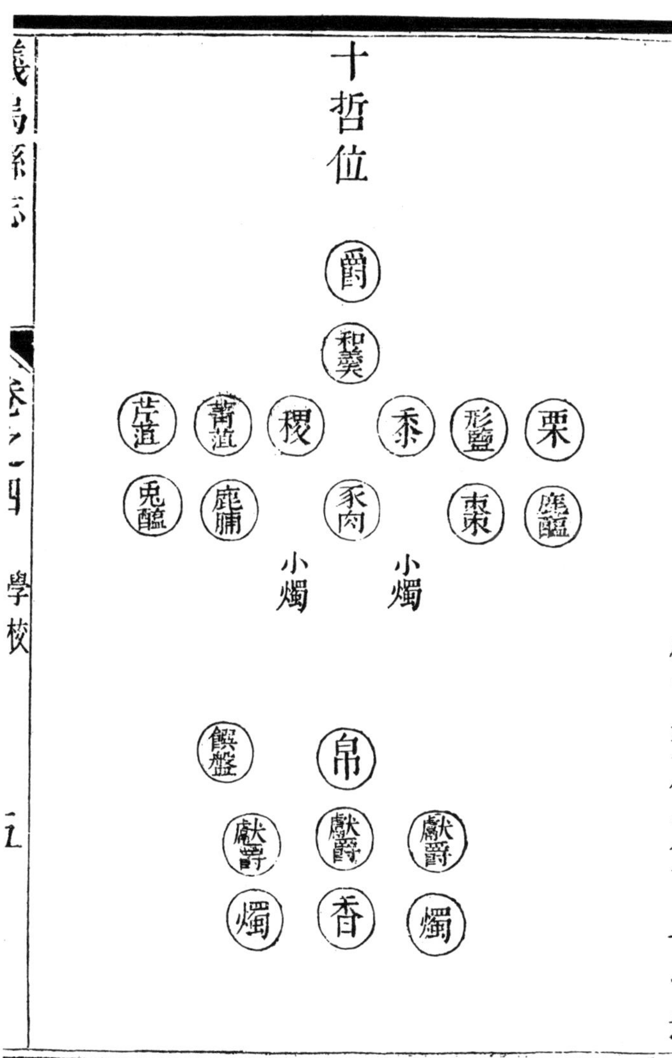

獻官拜位東西各一壇

兩廡 每四位一壇

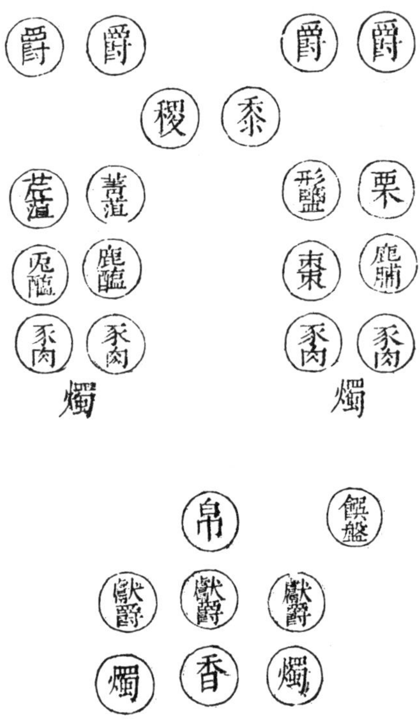

爵 爵 爵 爵

黍 稷

栗 形鹽 菁菹 芹菹

鹿脯 棗 鹿醢 兎醢

豕肉 豕肉 豕肉 豕肉

燭 燭

獻官拜位每廡三壇

饌盤

帛

獻爵 獻爵 獻爵

燭 香 燭

國朝康熙五十年，奉旨朱子熹改稱先賢，入殿配享，位列十哲末。

國朝康熙五十五年，西廡增祀范子仲淹，位列周子敦頤下，從江南學院余正健之請也。

國朝雍正元年，奉旨加封五代，更公爲王，啓聖公祠改爲崇聖祠。

國朝雍正三年，崇聖祠配享增入先儒張迪。

國朝雍正三年，奉旨兩廡復祀先賢四位，先儒二位：蘧瑗、林放、秦冉、顔何、鄭康成、范甯。廡增祀先賢六位、先儒十四位〔一〕：縣亶、牧皮、樂正子、公都子、萬章、公孫丑、尹焞、黄幹、諸葛亮、魏了翁、陳淳、何基、王柏、趙復、金履祥、許謙、陳澔、羅欽順、蔡清、陸隴其。

國朝雍正三年〔二〕，匾額「生民未有」。直隸各省儒學懸於大成殿正門。

按：禮器，先師位承帛以篚一，承酒以爵三，薦太羹以登一，薦和羹以鉶二，盛

〔一〕「先賢六位」四字底本原脱，據嘉慶《義烏縣志》補。

〔二〕「三年」底本原作「四年」，據嘉慶《義烏縣志》改。

黍稷以簠二，簋二盛鹽韭菹等。自嘉靖九年，以籩豆二十。《闕里志〔一〕》：牛羊豕。舊《志》：羊豕各一，籩豆減四。

四配。每位篚一、爵三、登一〔二〕。自嘉靖中去鉶二，餘同。用羊豕。自景泰時各一，又曰「添豕首」。舊《志》：共用羊一、豕一、登一、簠一、簋一、籩六、豆六。

十哲。每位篚、爵、鉶、簠、簋各一，籩、豆各四。用豕肉。舊《志》：共用帛二、豕一。

兩廡。四位爵四，篚、簠、簋各一，籩、豆各四。用豕肉四。舊《志》：每廡共用帛一、豕一。

闔廟共用鹿一、兔十。

祭器。載「祭器庫」下。

樂舞。明成化十二年用八佾。嘉靖九年改六佾。《闕里志》有樂器圖，「執籥、秉翟」樂舞

〔一〕「里」字，底本原作「禮」，茲據上下文及《闕里志》原書改。

〔二〕「一」字，底本原脱，茲據《嘉慶義烏縣志》補。

圖，有「迎神」、「尊幣」、「初獻」、「亞獻」、「終獻」、「徹饌」、「送神」、「望瘞」諸曲。

舊《志》祝辭：「惟師德配天地，道冠古今，删述六經，垂憲萬世。謹以牲帛醴齊、粢盛庶品，祇奉舊章，式陳明薦。以復聖顏子、宗聖曾子、述聖子思子、亞聖孟子配。尚享！」其月朔釋菜諸禮儀，並見《儀注》。每祭共用銀二十四兩四錢。

按：先師位舊於石座上，無龕。國朝康熙二十四年，教諭吴觀垣、訓導董奕相捐置。四配、十哲位無龕。二十七年，教諭丘克承捐置左右各兩龕。供案久缺，丘克承捐置，共五張，香爐、燭臺五副。

二丁祭品，向照額銀辦設。康熙二十九年，知縣王廷曾每祭捐俸銀四兩恪辦，歲以爲常。

廟門。三間。廡外。舊名戟門。嘉靖九年改今名，五間。門内廡南小屋東西各一間。門東更衣所。二間。舊《志》不附「廟門」。門西齋宿房。二間。即致齋所。舊《志》「三間，在明倫堂右」。後改「祭器庫」，移此。門外周垣三面。五十八丈。康熙二十八年，知縣王廷曾捐築。

泮池。廟門前，廣五十步，深二丈，上有石橋。

櫺星門。三座。門六。

西石柱，康熙二十九年六月爲烈風所傾，三十年重建。左角小門，二十八年創建。俱知縣王廷曾捐資。

明倫堂。五間。廟後。

進德齋。五間。堂東直下，今曰「東膳房」。

修業堂。五間。堂西直下，今曰「西膳房」。康熙二十九年，教諭丘克承、訓導朱鳴謙捐修。舊《志》：「堂下回廊，每隅六間。」今無存。

卧碑。堂東。明洪武十三年，禮部欽依出榜，曉示郡邑學校生員爲建言事理，本部照得：學校之設，本欲教民爲善，其良家子弟入學，必志在薰陶德性，以成賢人。近年以來，諸府州縣生員，父母有失家教之方，不以尊師學業爲重、保身惜行爲先，方知行文之意。眇視師長，把持有司，恣行私事。少有不從，即以虚詞徑赴京師，以惑聖聽，或有暗地教唆他人爲詞者有之。似此之徒，縱使學成文章，後將何用？況爲人必不久同人世，何也？蓋先根殺身之禍於身，豈有長生善修之道？所以不得其善者，事不爲己而訐人過失，代人報仇，排陷有司。此志一行，不至於殺身，未知止也。出榜之後，良家子弟歸受父母之訓，出聽師長之傳，志在精通聖賢之道，務必成賢。外事雖人，有干於己，不爲大害，亦置之不忿，固性含情，以拘其心。待道成而行行，豈不賢人者歟。所有事理，條列于後：

一、今後府州縣學生員若有大事干於家己者，許父兄弟侄具狀入官辨别。若非大事，含情忍性，毋輕至公門。

一、生員之家，父母賢智者少，愚痴者衆。其父母賢智者，子自外入，必有家教之方，子當受而無違，斯孝行矣，何愁不賢者哉？其父母愚癡者，作爲多非，子既讀書，得聖賢知覺，雖不精通，實愚癡父母之幸，獨生是子。若父母欲行非爲，子自外入或就内知，則當再三懇告，雖父母不從，致身將及死地，必欲告之，使不陷父母於危亡，斯孝行矣。

一、軍民一切利病，並不許生員建言。果有一切軍民利病之事，許當該有司、在野賢人、有志壯士、質朴農夫、商賈技藝皆可言之，諸人無阻當，惟生員不許。

一、生員内有學優才贍、深明治體、果治何經、精通透徹、年及三十、願出仕者，許敷陳王道、講論治化述作文詞，呈禀本學教官，考其所作，果通性理，連僉其名，具呈提調正官，然後親齎赴京奏聞，再行面試。如是真才實學，不待選舉，即時録用。

一、爲學之道，自當尊敬先生，凡有疑問，及聽講説，皆須誠心聽受。若先生講解未明，亦當從容再問，毋恃己長，妄行辨難，或置之不問。有如此者，終世不成。

一、爲師長，當體先賢之道，竭忠教訓，以導愚蒙，勤考其課，撫善懲惡，毋致懈惰。

一、提調正官，務要常加考校，其有敦厚勤敏，撫以進學；懈怠不律，愚頑狡詐，以罪斥去。使其學者爲良善，斯爲稱職矣。

一、在野賢人君子，果能練達治體，敷陳王道，有關政治得失、軍民利病者，許赴所在有司告給文引，親齎赴京面奏，如果可采，即便施行，不許坐家實封入遞。

一、前件事理，仰一一講解，如有不遵，並以違制論。

國朝順治間，禮部題奉欽依刊立卧碑，曉示生員，扁懸堂上。朝廷建立學校、選取生員，免其丁糧，厚以廪膳，設學院、學道、學官以教之，各衙門官以禮相待，全要養成賢才，以供朝廷之用。諸生皆當上報國恩，下立人品。所有教條，開列於後：

一、生員之家，父母賢智者，子當受教；父母愚魯或有非爲者，子既讀書明理，當再三懇告，使父母不陷於危亡。

一、生員立志當學爲忠臣清官，書史所載忠清事迹，務須互相講究，凡利國愛民之事，更宜留心。

一、生員居心忠厚正直，讀書方有實用，出仕必作良吏。若心術邪刻，讀書必無成就，爲官必取禍患。行害人之事者，往往自殺其身，常宜思省。

一、生員不可干求官長、交結勢要、希圖進身，若果心善德全，上天知之，必加以福。

一、生員當愛身忍性，凡有司官衙門不可輕入，即有切己之事，止許家人代告，不許干與他人詞訟，他人亦不許牽連生員作證。

一、爲學當尊敬先生，若講説皆須誠心聽受。如有未明，從容再問，毋妄行辨難。爲師者亦當盡心教訓，勿致怠惰。

一、軍民一切利病，不許生員上書陳言。如有一言建白，以違制論，黜革治罪。

一、生員不許糾黨多人立盟結社、把持官府、武斷鄉曲，所作文字，不許妄行刊刻，違者聽提調官治罪。

儒學箴碑。堂東。明宣德年製。萬曆六年五月立石，國朝仍存：「君國子民，教之育之。有育無教，或淪于迷。置吏俾育，建學俾教。爲教之方，本乎師道。清修實踐，正學博聞。成己成物，師道用尊。爲學之方，體仁由義。誦法周孔，亦致文藝。化民成俗，以善其鄉。成德達材，以資于邦。本末循序，用臻實效。勖爾師生，無忝學斆。」

東禮門。堂下左。

西禮門。堂下右。

東角門。廟後左入堂。

西角門。廟後右入堂。

敬一亭。一間。堂北左。内豎明御製《敬一箴》及御注宋《五箴》碑石。嘉靖初建，萬曆六年重新。

尊經閣。五間。堂北。嘉靖初建，萬曆六年重新。東西齋舍各五楹。毁。**饌堂。九間。**閣南。庖湢倉具。**號房。十間。**饌堂南。舊四所二十八間。久圮。萬曆五年，知縣范儁重建，東西共十間。久毁。

射圃亭。三間。號房東。《儒學圖》載義路東、訓導衙東北。

祭器庫。三間。舊在明倫堂東，後改訓導衙，以齋宿房爲之。**銅香爐一。銅花瓶二。小銅香爐四。**今存三。内一壞。**銅爵盃一百四十。**内失二。今可用者五十五，餘壞。**登六。鉶二十八。籩一百四十。豆一百四十。簠三十二。簋三十二。**以上，順治初燬。康熙二十三年，訓導董奕相捐置豆二百。失十二。三十年，教諭丘克承捐置五十五，訓導朱鳴謙捐置五十五，共存二百九十八，半代、登、籩諸器。**俎桌四張。**舊燬。康熙九年，教諭譚觀成捐置九張。**石香爐四十。**舊燬。康熙二十四年，教諭吴觀垣捐置二十。按：祭器用銅鑄，祖朱子。邑嘉定中教授楊焯索圖考制，鑄器數百。舊《志》「凡件五百四十九」。原缺。明萬曆十四年，教諭王汝源牒知縣俞士章各捐置。崇禎十三年春，知縣熊人霖捐，委生員金世僑、金漢翀修。今復補置外。**木燭臺二十副。**康熙二十四年，教諭吴觀垣捐置。

神厨。三間。毁。

宰牲房。三間。毁。

文廟祭品。殘缺居多。雍正六年，訓導沈愉魯詳明捐置。

銅登一。

銅鉶一。

銅簠三十二。

銅簋三十二。

銅尊四。

銅勺四。

銅獻爵四十二。

銅坐爵一百。

鐵大方燭臺一對。

銅鑲緑漆木邊一百二十。

緑漆木豆一百二十。

楠木帛篚一十二。

硃漆大木燭臺十五對。

鼎式黑漆大香燭一十五。

祭桌四十張。

祭器箱一十九隻。

鐵鎖一十九具。

崇聖祠。即前啓聖公祠舊址。

祠在明倫堂右，西禮門外之北。三間。前爲祠門。舊《志》載：「明嘉靖二年，知縣沈相建。十五年通判汪昉、二十八年知縣汪道昆、四十三年知縣曹棨重建。」考在東禮門外，今建土地祠所。國朝康熙二十二年，知縣辛國隆、教諭吴觀垣、訓導董奕相徙此。祀先師孔子父叔梁紇，始明嘉靖九年，用程敏政議，令天下學校各建祠，稱「啓聖公孔氏之位」。以顔子、曾子位廟中，而顔子父路、曾子父點在廡下，孔鯉、孟孫氏無祭，以之配享，稱「先賢某氏」之位。又以程子父珦、朱子父松、蔡子父元定從祀。萬曆丙申進周子父輔成，稱「先儒某氏」之位。按：祀始明嘉靖九年，而祠已建於二年，豈先有私祠邪？或誤載。〇舊祠久圮，雍正五年臘月，邑人樓元斐〔一〕、王夔捐資重建。

〔一〕「邑人樓元斐」五字，底本磨滅，兹據《嘉慶義烏縣志》補。

先儒張氏迪
先儒朱氏松
先儒周氏輔成
先賢孔氏
先賢顏氏
昌聖王伯夏公位
裕聖王祈父公位
肇聖王木金父公位
詒聖王防叔公位
啓聖王叔梁公位
先賢曾氏
先賢孟孫氏
先儒程氏珦
先儒蔡氏元定

崇聖五王位

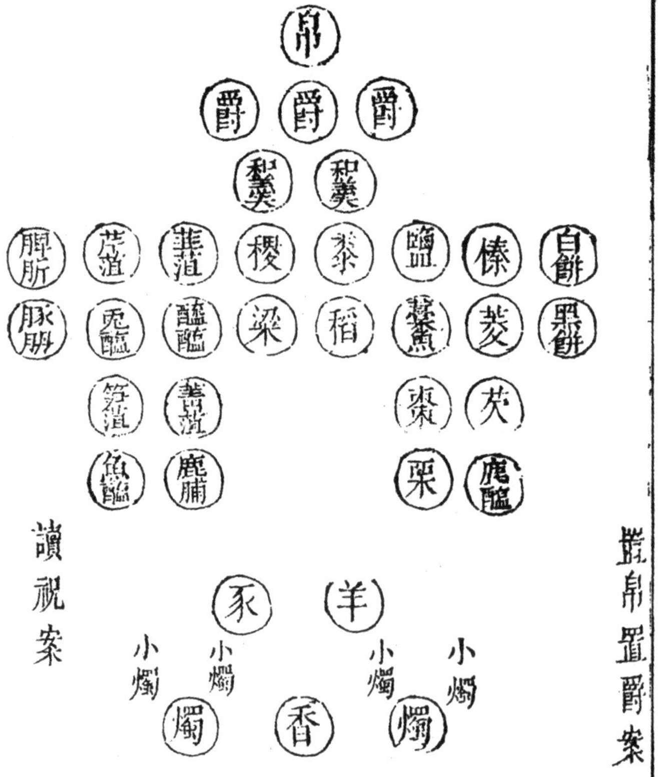

帛

爵 爵 爵

和羹 羹

白餅 榛 鹽 芹 稷 韭菹 芹菹 脾析

黑餅 菱 藁魚 稻 粱 醯醢 兎醢 豚拍

芡 棗 菁菹 筍菹

鹿醢 栗 鹿脯 魚醢

奠帛置爵案

讀祝案

羊 豕

小燭 小燭 小燭 小燭

燭 香 燭

四配位

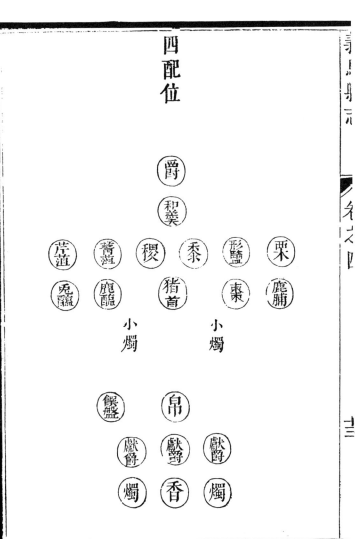

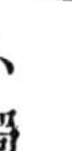

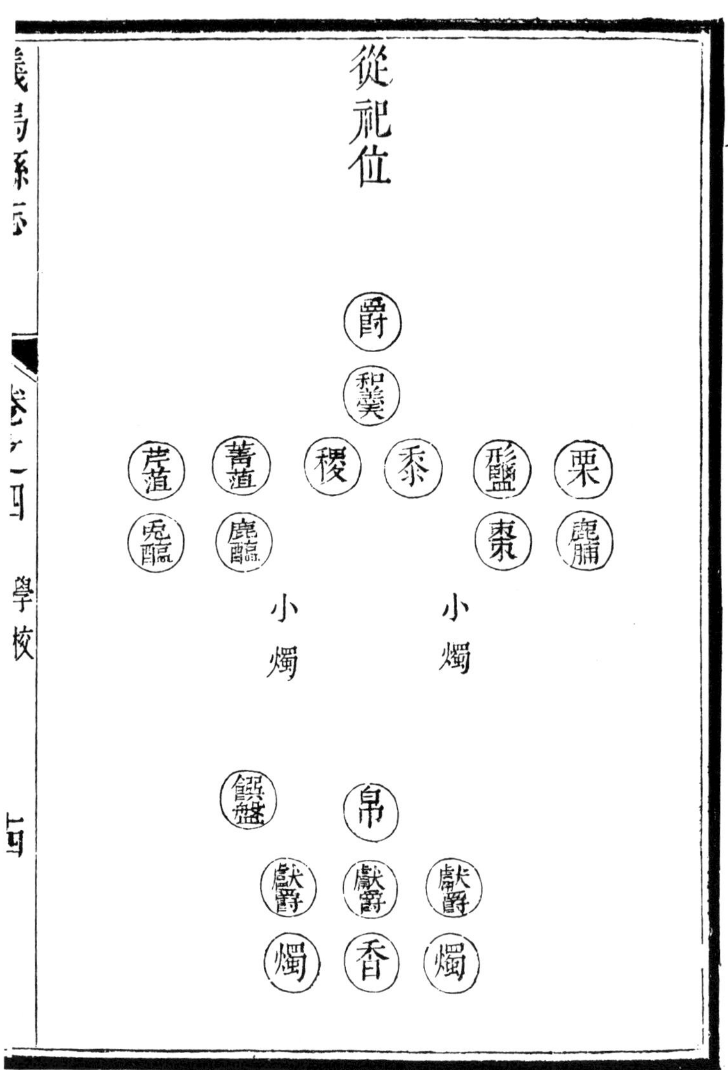
從祀位
爵
和羹
芹菹
菁菹
稷
黍
形鹽
栗
兔醢
鹿醢
棗
鹿脯
小燭
小燭
饌盤
帛
獻爵
獻爵
獻爵
燭
香
燭

舊以先丁一日行禮。今舉行。將有事於先師，則先釋菜，祭品視十哲用羊一、豕二、帛三、登一、鉶二、簠簋各一、籩豆各六。今悉照前圖，每祭用銀五兩五錢五分。

祝文：「惟公誕生至聖，爲萬世王者之師，功德顯著。兹因仲春、秋，特用致祭，以顏氏、曾氏、伯魚氏、孟孫氏配。尚享！」

名宦祠

祠在廟門東，三間。祀本縣宦兹土而有恩澤者。

明。知縣：王允誠，張永誠，吴祐，李玉，劉同，五人舊祀。方介，汪道昆，潘允哲，歐陽柏，四人明萬曆二十四年後申入。俞士章，見《府志》。周士英，朱顯文，二人二十四年後申入。吴尚默。舊《志》不載。許直，熊人霖。康熙十一年申入。

縣丞：劉傑。明萬曆二十四年後申入。

教諭：王汝源，李汰。二人二十四年後申入。

國朝

知縣：孫家棟。康熙十九年申入。

總督：范承鎮，李之芳。

巡撫：朱昌祚，馬如龍。

提督：李賽白理以上五位，通省送入名宦，年分無考。

祀用羊一、豕一、爵三、帛一。共用銀一兩八錢九分八釐。

祝文：「諸公宦歷一方，名垂百世。澤及斯民，遺思弗替。某等忝職兹邦，景仰先哲，今當仲春、秋，謹具牲醴庶品，用伸常祭。尚饗！」

鄉賢祠

祠在廟門西，三間。祀本縣鄉先達之賢者，即古鄉先生没而祀諸社之義。

秦。孝子顔烏。《府志·鄉賢》居首。

漢。尚書楊喬。本《府志》。

唐。臨海丞駱賓王。明萬曆三十年申入。

宋。孝子樓藴，留守宗澤，侍郎徐僑，左司朱元龍，提刑康植，名儒葉由庚，大儒黄中輔。萬曆二十二年申入。知府童必大。國朝順治十八年申入。

元。學士黄溍，名儒朱震亨，孝逸王汝建，明崇禎十年申入。教諭馮友仁，三十年申入。崇儒金涓。萬曆十四年申入。

明。待制王褘，都給事中龔泰，侍講學士樓璉，教諭陳中立，崇禎十年申入。楊芾，博士王紳，《府志》、舊《志》佚。孝子龔曇，《府志》、舊《志》佚。儒士王稌，《府志》、舊《志》佚。大理寺卿龔永吉，孝子陳文言，崇禎十年申入。中書舍人王汶，推官謝愷，尚書虞守愚，萬曆十四年申入。吴外郎朱湘，刑部尚書吴百朋，二人萬曆三十年申入。參政虞德燁，崇禎十年申入。御史龔一清，天啓三年申入。訓導朱時雍。萬曆三十八年申入。

國朝。教諭吴主一。康熙二十九年申入。贈給事中、知縣金德義，總督河道、兵部尚書朱之錫，二人順治十八年申入。給事中金漢鼎，康熙十年申入。訓導胡之翰，十七年申入。武節侯劉仕龍，康熙三十四年申入。工部左侍郎署工部尚書事金世俊。康熙五十一年申入。

祀同名宦。二祠不附載「廟門」者，從祠類也。

祝文：「仰惟諸公，挺生烏邑。學有淵源，宦歷先後，忠孝克全，仰垂當世，德啓後賢。兹當仲春、秋，牲醴豆籩，用崇德業，如日中天。尚饗！」

二祠舊在櫺星門左右。正德十四年，知縣羅柏建。隆慶四年，知縣歐陽柏重建於儀門左、舊射圃前，總爲門出入。　歐陽柏記：邑之賢、宦二祠廢弛久矣。柏承乏以來，奪於簿書，弗暇修葺。歲舉祀事，臨風感慨。《祭法》曰：「法施於民則祀之。」《祭義》曰：「祀先賢於西學。」兹諸君之生於斯、仕於斯者，固先賢也，固有功吾民者也。人方仰高風、懷遺澤，欲奠以椒漿，而顧無其所焉，砦將誰歸？詢故址在櫺星門外，咫尺曠野，以故易於頹敝。頃相度周遭，惟儀門東偏有隙地一畝，弗曠弗隘，爰並峙二祠於兹，仍取曩時所嘗祀者祀焉：宦五人，賢十五人。校圖考志，其履歷行誼，自有萬世不可磨滅之公論，固無俟予之軒輊也。第其間所稱，爵卑者「公」，無爵者亦「公」。公首五爵，今制，廟祀前代追贈「王」「公」諸爵一切革除，惟「子」者，男子之通稱，即「至聖先師」亦子之，况其他乎！昔先達有言：鄉賢有父子同祀一室者，父南向、子東西向。以此推之，先賢二龔父子也、二王祖孫也，祖孫父子同室，而坐向弗辨，可乎？且自建治以迄今日千有數百年，豪傑生於斯、仕於斯、所宜尊崇而尸祝之者，得無有泯泯無聞而載籍所弗録者歟？則夫釐正位號，以協典禮，及續有所增入者，庸有望於後之君子。邑人朱湘記：國家創制，凡官其土而有善政、足以庇民者，則祀之，爲名宦祠；凡生其土而有善行、可以表民者，則祀之，爲鄉賢祠。非徒示崇報也，將使嗣其官、後其生者有所觀感而興起也。是以祠於學宫之内、棨之聖賢之門牆，非其人不得與焉。厥祀亦重矣。邑二祠故在櫺星門左右，制極宏敞。歲久榱桷傾頽、丹黝剥落，有司以繕修爲諱，而市井無賴往往竊其摧朽，莫之禁詰，遂俱圮爲墟。春秋立棚而祭，草率成禮，過者咨嗟。歲隆慶庚午，潛江歐陽侯來視邑事，庶政修明，百廢漸舉，每慨二祠之缺。越明年夏，遂出餘帑，經始其事。以故址通衢而曠，乃度黌宫之左隙地一區，並建二祠於内，擇鄉耆之能而有行曰朱濟者，使董其事。不再月，祠告成，棟宇並峙，粉黛錯施，高軒廣牖，朱櫺墨扉，甓其垣，工而彌堅，闢其前，顧而豁焉。於是籩豆簠簋之飾，靡不畢具。夫以數十年不宇之祀，一旦鼎新，侯不請於上、不徵於民，工就而人不知其所出。使夫官是邑、生是鄉者，望而起敬，敬而思齊，誠有所觀感而興起也。則是邑嘗有善政，而鄉嘗有善俗也，孰非侯之遺也！侯之功顧不偉哉！祠各三楹，南向，繚以周垣，不限其内，總爲門於右、以時啓閉。落成之日，鄉人士喜而屬余言以記之，遂爲叙其事如此。侯名柏，江西泰和人，隸籍湖廣潛江，登隆慶戊辰進士，今召入爲刑科給事中。

儒學署

教諭衙。廟東，禮門外，義路東之北盡處。見《儒學圖》。居尊經閣左。舊《志》「在尊經閣右」，「右」爲「西」誤。其上有樓，有廳事，有東西廂，爲間凡一十有二。俱毀。今依見存識之。**堂三間。**敬一亭西。國朝順治十六年，知縣郝麟生、教諭徐弘彰移建。康熙三十年，教諭丘克承重新，扁「曉傳堂」。**寓室五間。**即尊經閣。衙室毀後居此。按：閣在他邑多廢，縣至今存，因寓加修。**書室二間。**曉傳堂西。**廊房五間。**尊經閣東側。**衙門一架。**曉傳堂下側。

訓導衙。舊有二所：一在教諭衙前之左，曰「東齋」，見《儒學圖》，毁；一在教諭衙前之右，曰「西齋」，即今新建土地祠之北。舊《志》云「一在進德齋後」，即此。亦毀。今兩齋裁一，移居祭器庫。其舊同上。依見存識之。**堂三間。**明倫堂東，扁「敬慎堂」。**書室一間。**敬慎堂東。**室四間。**敬慎堂北。**廊房三間。**室東。**庖舍二間。**廊房東南。**衙門一架。**敬慎堂西側。國朝康熙二十二年，訓導董奕相增新。董奕相記：東齋在尊經閣東，蓋舊址也。其地踞稠山、面繡湖，四峰宫環，兩橋對峙，高原古木可怡、可愕，難以名狀。向之官兹齋者視如傳舍，鮮有知其可樂，遂使朽棟頽垣震凌風雨。二十年來，舊齋就廢。會康熙十有四載，天子方圖治平，首崇文教，宇内學宫之齋復設，其署舍已廢者咸令整飭。時經兵燹之餘，受事者未暇理。余來于此，見其山水邃深，對之樂甚。然從門而入，止圭竇也；及堦，見齋三楹側立於東，形址既偏，規制復陋；寢舍三楹，卑若蝸廬，風雨且不蔽。余爲之興嘆，因相方庀材，更置卧室，添搆旁舍，增卑易腐，扶欹就整。不越月，堂室成，凡皆假子錢以償也。人方以余爲苦，余則曰：「樂甚，得無非人情乎！」雖然，齋之偏者，今已正其位且塗塈也，顏之曰「敬慎堂」。東楹之委而圮者，今則簷宇軒敞，塔影松濤，衆山屏列，朝霞晚霽，絢如綺繡，顏之曰「來山館」。偏於東者，昔之室，今移舊址，退丈餘，高廣倍前也，顏之曰「亦在軒」。東南旁舍，創建數楹，闢東牖、遥觀日出，曉色曈曨，山光變幻，暇即於此讀書，顏之曰「迎旭齋」。自兹而外，爲署門，西南向；爲設宅門，南向；爲寢室外軒三楹，亦南向；爲寢旁舍四楹，東向；爲旁舍廊三楹，與軒接，西向；繞而東南爲庖所二楹，又南向。左右位置相度經理，規模殆非舊矣！余居其中，朔望必偕大尹暨僚友班立謁廟，退即公座如常儀。吏抱案牘、摛紙尾，立左側。涉筆署字，事甫畢，即就齋閣退息矣。每與諸生較藝論詩，清談竟日。去則拭窗几、陳列圖史供吟嘯，或討究鄉射、養老之禮，治獄、執訊之法，追慕先儒經義治事之遺風，悠然有會於心也。遇良辰，且傚臨池學渲染，爐香茗椀，以領略烟霞之趣、覺耳目之表，非復塵境矣！若此者，樂之甚哉！夫官非要津，地居閒散，無錢穀刑名簿書之責，藏修息游，亦無程限。余惟樂乎此，使後之來者皆知樂其樂，而毋忘余重搆斯齋之意乎！時康熙癸亥歲桂月，繡川司訓、苕水董奕相生洲氏撰。

儒學門。三間。櫺星門東南。先是，東向，嫌與文廟背，崇禎十二年知縣熊人霖、教諭章日輝、訓導何等高、俞正君重造，西南向。落成日一榜三魁。熊人霖記：高皇帝肇造區夏，載輯干戈，詔府州縣立建學；親釋奠辟雍，皮弁、執圭再拜，獻爵，復再拜，乃退；欽定學規，期明體適用；頒卧碑于府州縣學；已，命立社學，閭里有塾，守令以時程督；已，選武臣子弟入國學，嘗召國子生諭之曰：「古之學者，文足以經治，武足以戡亂，故能出入將相而社稷安。今天下雖安，爾等當務學，然武可以忘哉？」詩曰：「文武吉甫，萬邦爲憲。」文武並用，古之道也。列聖繼作，長養人才。今天子躬神聖、建中和，廣厲學宫，于小學、武經尤所重。臣人霖以戊寅八月受事義烏。故事，守土官下車必先謁城隍之神乃履，而義烏文廟臨繡湖、直城隍廟東，余以辛丑入境，宿城隍廟，經文廟，欲下，從者曰：「不也，有屏在。」余曰：「敢哉？過廟必下，維古之制。」乃亟下車。越日，既履謁文廟，睹儒學門制不經，且偏向東、若于文廟相背，余乃謀於學博暨弟子員曰：「作之維門哉，徹之維屏哉。」僉曰：「俞允若兹。」冬十二月己丑，屏乃徹，修厥涂。己卯春王正月甲子，揆之以日，正學門位，南向廣二丈有三，深稱之。厥費則余捐俸入五十金，而署學諭孝廉德清章君、東齋分水何君、西齋海寧俞君捐餼左右焉，不以士民煩也。秋七月戊辰，門成。人霖乃進諸弟子員迪之曰：「在昔周王壽考作人，『使民興賢，出使長之。使民興能，入使治之』。役之則爲民，蒐之則爲兵，教之則爲士，官之則爲吏，誓之則爲師。諸士學古，入官議事以制，惟忠惟孝，時乃大訓。乃其惟乃邑先正王公忠文攸率哉！余自天子所來，提調學政，其敢不對揚天子休命！勖哉多士，日進于立德、立言、立功，維高帝所祈出入將相是式。《鹿鳴》《兔罝》，以應《棫樸》，維時懋哉！」已乃申命武士曰：「在昔有宋，則有若宗忠簡，克奮厥武，以遏猾夏。亦粵我明，則有若陳將軍大成，隸戚大將軍麾下，底定島夷。勖哉夫子，無俾先哲専美乃鄉！」已，召童子命之曰：「經哉《孝經》，學哉小學，余所輯句讀要言，維服率時將之，乃陟有成。余既立社學有九，懋哉式勤，乃升汝于兹學。」于時諸士咸鼓歌而作曰：「敬受命！」于時東齋何君颺曰：「簡厥修，進厥良，以率以勵，童子罔有佩觿，無小無大，從公于邁，請賡《思樂》之首章。」于時西齋俞君颺曰：「維時武士敦《詩》《書》、説《禮》《樂》，濟濟多士，克廣德心，請賡《思樂》之六章。」於時署學諭章君颺曰：「維子大夫，油油善教，若風若雨，烝彼多士，克奮厥志。左宜右有，將咸懋于乃勳，順彼長道，屈此群醜，請賡《泮水》之三章。」余乃避席再拜稽首曰：「明明天子，矢其文德，洽此四國，肆成人有德，小子有造，自今以始，行業堂堂，如出入斯門將將，學無面牆，如由斯路攸行。維余與諸君，實藉手無即於素餐。繡水泱泱，實式靈哉！」後燬。國朝康熙三十年，知縣王廷曾於東禮門外、義路之南重建，東南向。

土地祠。三間。向在儒學門故址東、舊啓聖公祠址。康熙三十年，知縣王廷曾改建東禮門外。

泮宫坊。欞星門外，左右有成德、達材坊，見舊《志》「輿圖」及李鶴鳴《記》〔一〕。

廟學沿革

縣故有學，肇自元魏。唐末五代，學廢。而有司廟事孔子，以爲通祀，在縣南。

〔一〕「輿」字，底本原作「與」，兹據《崇禎義烏縣志》及文義改。

宋慶曆中，即廟建學。九年，縣令毛惟瞻徙縣東一百步。崇寧初，徙縣西。宣和三年，燬於寇。紹興八年，知縣張衮新作廟學於縣北尉司故址。後知縣董爟、晏節、張紘皆嘗新之。邑人陳炳記：萃一邑之秀，俎豆其躬，詩書其心，達足以濟登一世，窮亦不失雍容禮樂、以儒其家。邑之有學，厥繫不輕矣！夫具耳目心思以生，無不可學也。人孰不有耳目心思，而不幸圭篳鬱沈、教無師講、貫無友其，遂呰窳而斲喪者亦不鮮，則學之或虧、或成，責有歸焉。繡川，婺之著邑，山環矗而邃，泉疏而清，平湖十里，涵碧澄酥，瀁泳於連甍之中，既水土得於造化特粹異，故士生其間，煒煒多名人。歲大比，籍于春官、甲乙於陛傳者，或最一郡。然湓廣敝蘘，又道介浙東西之衝，令嘗窮窮蚤莫，無食息暇。邑雖舊有學，亦難卒料理。維臨川晏侯節，明敏餘刃，閲治必欲迪其民。太守侍郎吴公素知人，嘉侯之能，由武義丞辟邑事。侯至亟薅薙，不淹月報成。部使者列薦於朝，得請爲真。侯間入學，周覽慨嘆，即命盡徹去颩欹蠹腐，斥公帑之羨而圭新之。殿堂齋廡，絶赫端儼，繚以峻垣，儀以森戟，坐從肖貌，悉光於初。又相其旁吉地，堂而壁之，安邑孝顔氏、忠簡宗公像，額以「忠孝」，以爲出處之軌憲。卒功，左誦右弦，宛然闕里。學者既德侯，以記謁予。予應之曰：「君子之於人，德之深則憂之亦遠。今侯之淑，諸君懇懇矣，而不知侯有憂焉。行于斯、言於斯，而異時炳烈鐘鼎者，亦權輿于斯，侯所志也；休於斯、泳于斯，而躝矩棘義者，或指于斯，非侯所志也。且吾聞簞瓢不堪，回及庶幾；曳屣而歌，參傳一貫。苦學之效，必然悉矣。吾告子頤古人之心，規古人之迹，去子之懻忮且多惑，惟聖賢是力，子勉哉！斯可酬令君之德。**紹熙四年，知縣虞汝翼重建大成殿。開慶元年，縣令趙必升即其西縣倉故址建明倫堂。景定二年，縣令李補建門廡。四年，縣令林桂發創建殿廊。**

元天曆二年，達魯花赤鐵閭撤故殿屋、拓其基、更新焉，改建明倫堂直殿後，規制有加於舊。至正元年，達魯花赤帖木迭兒新廟，並飭顔宗祠。柳貫《新廟碑記》：義烏名縣，因承烏傷、烏孝之後。以縣人顔氏子者，嘗喪親自負土成墳，群烏皆銜土助之，烏吻爲傷，其墓猶在縣東五里。謂孝爲百行之原，可以動天地、感鬼神，揭其至行以名縣，使人瞻仰感奮於百世之下，視孝子猶如一日也。孝子秦人。秦人習於暴戾，以亂易治。孝子區區氓隸，未嘗與聞《詩》《書》《禮》《樂》之教，而其天性之善有動於中，知有民彝而不知有其身。烏異類，猶憐而助之。凡有血氣者，莫不尊親斯言，豈無謂哉！然則學以明人倫，人倫之明，由夫孝弟。《孟子》曰：「堯舜之道，孝弟而已矣。」自堯舜至於塗人，其智愚賢不肖、品第懸絶，何啻千萬，而曰「孝弟」而已者，竭盡無餘之詞。則夫由塗人而可以至於堯舜，由盡己之性而盡人之性、盡物之性，此明倫善俗之教，所以歷萬變而常存，亘古今之不可易者也。義烏爲孝子過化之鄉，表孝弟而興於學，宜不在它郡邑後。而今之學，則宋紹興間縣令張衮之所徙，占地卑下，識者病之。

更數百年未有果於改作者。天曆二年，達魯花赤鐵閭君始拓基掄材，更於禮殿象先聖四侑十哲而祀焉，宏敞麗密，比舊倍差。而門堂齋廡，前翼後映，左右昭列，皆如其制。會鐵閭君免官去，而一時之苟完，或不能勝夫積久之摧落。逮今承務郎達魯花赤鐵木迭兒君之來，則既八閱暑霜矣。於是材幹之疏理者日以撓敗，瓴甓埒厚者日以刮剥。榛莽蔽翳，狐兔穿穴。君蠹然憂形於色曰：「聖師有臨，吾敢諉諸？」越明年，職脩政洽，度可以因時舉事，乃捐俸倡首。而士之籍於學者，咸勸趨之，輸財薦工，惟恐或後。既爲之革蠹爲堅，易腐爲良，而穹棟豐楹，華榱繡栭，眈眈巘巘，獸擲鳳騫，軒陛仡如，簾箔襜如，尊爵簠簋，踐列有容。每朔望釋菜，春秋釋奠，降升授位，啐嚌合節，僾然河目海口之聞於無聲，而神道設教有赫其承，尚「洋洋乎其在上」也。初，殿西廡下故有堂，專祠孝子，而以宋故東都留守忠簡宗公侑食其次。孝子之去宗公，餘二千年，忠孝一節，前承後引，天經地義，炳乎相望。禹、稷、顔子，易地皆然，非學之成效歟？鐵閭君之始興是學也，蓋嘗徙置儀門外之西南陬。今君亦并飾加之，且摶土肖像，按圖考禮，加之冠服，而以時節修其豆籩，薦之酏齊，稽於「釋奠有合」之義，固不必求之鄰國而得之矣。而况孝子之所以致孝於其親、忠簡之所以致忠於其君、而爲人倫之至者，皆出于吾性之所固有，非俟乎畀付而增益之也。《詩》不云乎：「天生蒸民，有物有則。民之秉彝，好是懿德。」物則者何？秉彝好德是已。然則爲是邑之民者，幸而生于顔、宗忠孝之里，又幸而際乎賢長官興學立教之時。處而修之于家，則思以自盡乎孝子之孝；出而任夫天下民物之責，則思致乎忠簡之忠。進思盡忠，退思補過，不得爲忠臣、得爲孝子，斯可矣！君由國子生以試入等，釋褐，授是官。才敏用裕，篤誠愛人，興學特其一善。在辟雍時，君爲生，予爲博士，嘗與同業。因其職事朱震亨、王良玉請識牲石，而并以興夫《甘棠》之風焉。至正元年辛巳記。**三年，縣尹周自强即明倫堂之南築杏壇。**黄溍記：義烏故有先聖廟，在縣南。宋慶曆中，徙于縣東，而立學以應命。崇寧初，命縣皆置學，又徙于縣西。尋燬于寇。今廟學在縣北，則紹興間所徙也。其後，又斥廟西地以爲學，而規制寖備。逮入國朝，有司以時繕治惟謹。天曆二年冬，達魯花赤鐵閭始盡撤而新之。奥殿邃廡，夷廷穹門，崇高修廣，悉倍其舊。且改作明倫堂，直廟之北墉，面勢甚正，而地脉隱隱隆然以起，堂適據其脊。或挾宮宅地形之術，審其方向，謂宜避勿犯。由是，未及就緒而遽輟工，後來間有不爲其所怵者，率憚於役殷費鉅，罔敢自任，顧假術者之言以爲解。閲歲滋遠，莫或有動其意者。至正三年夏五月，縣尹周侯自强來涖事，展謁而退，睹斯堂之塈茨不施，欹仄敝漏，殆將覆壓。問其故而爲之太息，亟令鳩材僝功，易其已壞而補其勿具。杇墁瓴甓，必堅必良；棟宇豐碩，櫺檻顯敞；飛檐步簷，周于四阿；左右齋序，爲屋十間。基而未搆者半，完舊益新，畢底于成。什器之須，待用無缺。先賢之祠曰「忠孝堂」，寓于廡下，則遷而位于廟之西南。巨石偃蹇，當乎前軒，則因其自然，輔以土壤及他山之石，使就平坦。甃其上爲杏壇，修五十尺有奇，而廣加其修五之一。始事於是年之冬，訖役於明年之春。主教事者欲圖賢侯之績，俾永勿墜，爰狀其實，屬溍記之。蓋古者惟有學而無廟，後世或有廟而無學，廟學之制莫備於今。詔書屢下，風厲作成，視昔有加，可謂盛矣。義烏爲名縣，其有學亦已久矣，何一旦倏興忽廢？春秋行事，「駿奔走，執豆籩」，濟濟在列，而考德問業、群居游息皆無其所，絃誦之聲希闊寂寥，幾若向之有廟而無學？何以廣教道、稱上旨哉？宜乎周侯鰓鰓焉致其力，而不卹於流俗也。凡先王建學明倫之本意，與是邦人材、風俗、文物之大概，有晉陵胡公珵、鄉先達朱公如璋、陳公炳及溍之六世祖處士君所爲記，論著已詳，石多不存，而其文並傳於今未泯。溍不敢剿取前人成説，以瀆告于同志之士，姑爲記其顛末如此，俾來者有考焉。十二年，達魯花赤亦璘真重修門廡。

明洪武三年，詔郡縣開設學校。廟之門廡及明倫堂、學舍之類歲久傾頽。《府志》作「知縣張永誠仍舊建廟學」。二十九年，教諭張復祖即學官舊廨廟西十步之樂育堂改爲明倫堂，爲諸生會講所。建文二年，原作三十三年。知縣吴祐修，及建齋舍於明倫堂前之左右，惟學門是舊所存，有忠孝、尊賢二堂。文昌祠附於學宫，歷年以來皆弛落。正統五年，縣丞劉傑葺正殿兩廡。六年、七年，知縣劉同重修戟門、明倫堂、學門、齋厨，規制復完。臨川王英《重修文廟記》：金華，古之婺州也。其山有金盆、紫微之高，其水有雙溪、繡川之流，以爲一郡之鎮。其靈氣所萃，鍾而爲人，若顔烏之孝，舒元輿之文學，葉衡、王淮之功業，東萊吕成公之道德，他可稱者未止於此，而義烏其屬邑，則以顔烏得名也。邑舊有廟學，圖志載創於元魏時，在邑南。宋慶曆間，徙邑東。崇寧初，徙邑西。紹熙中，徙邑之北。元因其舊。國朝洪武中，知縣吴祐常加修葺，迨今頹弊矣。劉君來丞兹邑，謁學宫，睹而慨然興嘆曰：「聖天子以文武神聖大德，嗣承列聖之統，臨御以來，屢詔郡縣修學宫、增廣弟子員，又藩方各置憲臣一人、專理學政，其重於學校如此。而聖師謁虔妥靈之地，有司不能上體聖意而作興之，其責可逭乎！是邑廟學當竭力以圖修建。」乃捐己俸爲僚屬之倡，而民之好義者争出金帛以爲助。所積既充，乃募工匠、集役夫，伐石取材，冶鐵陶甓，百用悉具。卜日興工，趨事者雲集。殿堂門廡、棟梁楹桷之屬，欹者植之，傾者正之，缺者補之，蠹腐者易之。廟學既新，先聖先賢之像加以繪飾，申申之容儼然在上。邑之耆老士民瞻望咨嗟，以厥功之成宜刻諸石，屬兵部武選郎中龔君永吉徵予爲記。嗚呼！劉君其賢矣哉！爲一邑之佐，衆務繁劇，能以修廟學爲己任，可謂知所重矣。記之不亦宜乎！雖然，廟以祀先師，學以育賢才也。矧金華爲大郡，義烏爲名邑，昔稱多賢，今之士豈無俊偉負才志，所謂山川之秀所鍾者歟！來游於學，既華其衣冠、安其居處，又豐其廪餼，可優游自逸乎，必知上之所教育之者，欲其學之成才也。然學豈易言哉！《書》曰：「學于古訓乃有獲。」聖賢之格言、大訓，昭如星日，載在六經，非窮探極索以明其理，不可得也。成公有言：「學者須是專心致志，絶利欲之源，凝聚停蓄，方有所得。」又曰：「道理無窮，學者先要無自足之心。」此鄉先正之至論，士當勉而不忘者也。惟如是，則德崇業廣，於學有成，出而爲天下國家之用，上可以致君，下可以澤民，上之意庶幾可以無負矣！劉君所以力於修治者，正以此望於邑之士也。士可不勉哉！乃書以爲記。廟之修，肇工於正統五年庚申春二月，明年正月成。協贊其事者，主簿監利楊騫、典史定遠王儀；承委董事者，耆民龔仁民、施孟彰、陳仲誠。劉君名傑，字仁傑，世居饒之樂平，讀書有才行，修廟學之外，於邑之壇壝、街衢、橋梁皆新之；嘗言故翰林待制王公禕死節事，詔加贈謚；又嘗言利民十事，下公卿議，多行之。龔君字天民，爲義烏士族，其請記甚力，蓋嘉劉君多善政云。**弘治十六年知縣吕盛，正德元年知縣洪通，相繼重修。十三年，清軍御史吴華遷今所。**吴華《遷學義民題名記》：予按義烏時，義之諸生首以遷學請予，難之。越明日，鶴鳴李九皋者進曰：「吾義辱公來，遷學第一事也。鶴鳴與諸生輩望爲此舉久矣！若有待也，幸勉從之。」予曰：「工費浩繁，而庫藏且空，爲之奈何？」九皋曰：「義之人頗尚義，苟鼓之有術，則不足爲也。」既而同知張齊、知縣羅柏相與贊之益力。昔魯僖公作泮宫，民樂之，聖人取焉。顧所重在學，區區勞費奚惜哉！予亦惟從之是也。又明日，乃進諸生，使各疏其人，得若干名。命之來，禮諭之，俾自爲多寡以各稱其家，一日二日得千金有奇。予喜，復進諸生而相與慶曰：「綢上之學，用兹卜成有日矣。吾聞君子不没人善，若兹百餘人者，召之即來，取之即應，不皆可以爲善者乎！亟爲我紀其姓字，以詔來者。」或曰：「學之就緒尚遠，而公亟爲是，何邪？」予曰：「是非爾所知也。夫舉事，以得民心爲本。財者，民之心也。彼樂輸其財，則其心從可知矣。子知有綢乎？盍往觀諸民得勤其子來之，恭士得侈其《思樂》之頌，君子得奔走讓揖於其間，使業可大、德可久、規模可弘且遠者，皆若人者先爲之地也。吾不少示褒嘉之私，則彼之爲善者，莫知所勸。夫以閭閻姓氏一旦重之碣刻，以近我德義之光榮孰加焉。俾凡烏之民，無小無大，罔不瞻望咨嗟，相與引恬，日趨於善而莫知爲之者。若然，則於我國家化民成俗之意亦未必無少補云。是爲記。嘉靖十三年十一月。邑人李鶴鳴記：義烏縣治西北百九十步有山曰古綢，蓋自黄檗山連延南來二十里而結于此。前瞰繡湖，四山宫環，勝絶一邑，爲唐綢州故址，故命焉。後爲滿心寺，寺且廢，議者咸謂宜於儒學。學故在縣治北百步，喧迫敗壞，多火盗虞，甚弗稱，然莫有任遷改者。正德戊寅冬十月，清軍御史臨川吴公華按縣，教諭桂林陳君鼒、訓導南昌熊君衍乃帥諸生狀學之當遷與其所宜，詣以請。公即日謁夫子於舊學，直游綢山之上，顧瞻徘徊，慨然嘆曰：「師生言是也。」遂定厥謀，進諸生謂曰：「吾欲兹費無干府藏，聞爾鄉富而尚義，爲我疏其人，吾將資焉。」於是得白金百二十鎰，然後頒號賦役，民大和會。斥址袤百六十步，横廣三袤之二，居中面陽爲大成殿五間，高五十尺，深十步，廣十七步。前爲舞廷六步，又二十步爲戟門五間，廣十六步，高深減殿五之二。庭東西相距二十五步爲兩廡，廡九間，高半於殿，深四步，袤如相距之數。爲迴廊於殿門廡之隅，隅六間。西南隅之右垣外爲神厨三間，稍南爲宰牲房三間。戟門外廷方三十三步，中爲泮池，深二仞，圍廣五十步，石橋其上。橋南七步爲櫺星門三座，中高三十尺，旁減中六之一。櫺星南左八步爲名宦祠三間，右爲鄉賢祠，祠有廡，屋三倍名宦。櫺星直南二十七步爲泮宫坊，坊前爲通逵。跨逵東西爲成德、達材二坊，坊皆石爲之。成德之内，面逵爲儒學門三間，門内道廣五步，北入十步，抵名宦南垣。折而東五步，又自東而北九十步，繞大成殿墉後，直北十九步，以達於明倫堂。堂五間，高三十七尺，深八步，廣十六步。堂左爲祭品庫，右爲齋宿房，各三間。堂南東西相距二十步爲進德、修業二齋，齋五間，高損堂十一尺，深損堂二步，袤十五步。堂北十二步爲尊經閣，高加堂八尺，爲間深，廣皆如之。閣之左爲公廨二所，右一所，所有樓，有聽事，有東西廂，爲間十有二。其所之南爲饌堂，庖湢倉具焉，凡九間。九間南爲號房四所，所七間。射圃在四所之東，亭三間。射圃之南爲青雲樓，正三間，廂十間，門三間，迴廊六間，泡溷二間。青雲之左俯繡湖，支流湍急處爲觀瀾亭一間，亭北又爲堂三間。自殿堂以及觀瀾亭，爲周垣者凡十有八焉。又循觀瀾西南直繡川橋，有潏廣十畝，曰「鄭公墩」。橋右復爲橋曰「文昌」以度之。爲繡湖書院，其上堂三間，廂六間，堂南因基之卑爲樓三間，上肩於廂，凡屋以間計者總二百有二十，仍舊者什之一。基之峻卑，飾之華簡，森有法度，無相背戾。出内估計，具有文册，無或不公。承委而總督其事者，金華同知濟南張侯齊、知縣吉水羅君柏；專其任而分理者，縣丞泰和康君嘉、縉雲丞稷山閻君泰；奔走服事先後衆工人者，則義民龔淳、陳淪、王元、黄如松、朱宙、毛曇、吴潭、朱珪、金琪、金垣等十人也。明年夏四月，吴公復來，遂趨成之。更二年，陳君鼒暨訓導華亭李君霆、江浦李君浦，始謀捐俸稍辦神龕、几幔及講讀、會食諸器用。蓋是役也，規模宏闊，工費煩大，顧成之以亟，嗣有司又不遑省視，而旁近豪猾公肆賊蠹，是以不五、七年間而寖成頹敝矣。初，吴公謂鶴鳴走狀請記于太史會稽董公玘，久未能得。既遷學之八年，鶴鳴得告家食，陳君行且代去，乃懼兹重事將遂無考，以不敏嘗與聞始末，得詳記之。縣丞王君廷臣，實任勒石。鶴鳴義弗獲辭，然國家所由立學，吴公及諸君子相與惓惓奉承之意，凡我同志當自知勸，不敢復瀆云。嘉靖四年記。**嘉靖十年，知縣馬致遠奉詔建敬一亭。十四年，署事通判汪昉重修廟學齋廡。**少卿胡森記。**二十九年，知縣汪道昆葺修。四十二年，知縣曹棻移儒學門，署事推官王楨重建明倫堂。四十四年，署事同知張書紳重修廟學、廟門及兩齋，委耆老黄子通等督之。萬曆七年，知縣范儁重修先師廟、明倫堂，更創敬一亭、尊經閣。**范儁《尊經閣記》：明興，重經術，故凡學必有尊經閣，示重也。重經蓋庶幾以重道，則閣之關於學誠非淺鮮已。烏庠尊經閣舊在學宫之北，歲久就圮。歷數十載，靡有輯者。余丁丑冬奉命來烏，以虔朔至學，則是閣惟荒榛敗礫存耳。余爲怵然。越明年，因修學之暇，進諸生議復建之。諸生唯唯，顧貲未有所出。余乃捐俸經始，烏人歡然相勸以義助，共得若干緡，遂庀材鳩工區畫，以度五閱月而閣成。諸生謂閣圮且久，今不勞而復，于崇朝視昔加雄，斯亦奇矣。是不可無紀，請志其巔末，以示將來。余曰：「尊經之義，先輩譚之備矣。余亟言獨以三代之學明倫是務，而六經也者，夫非人倫之撰乎？故尊經之與明倫表裏、共貫者也。願二三子顧名而加之意耳。誠宜爲臣尊君，爲子尊父，爲弟尊兄，少則尊長，賤則尊貴，問業則尊師，尚友則尊賢。内以尊德性，外以尊瞻視。修之學術，摛之文章，播之勳業，皆光明俊偉、駕軼宇内。俾是閣藉以增崇，斯之謂尊經而昔人創閣之意也。若乃挾藝以相抗，營寵以自矜，於彝倫罔攸恤焉，則失其尊之義，而與經悖矣。將閣且蒙詬，豈所願於二三子哉！閣凡五楹，高若干丈有奇，四面窗欞均布，宏敞洞豁，偉然聖道之堂奧也。諸生登是閣而思其義，可以興矣。東西有齋舍各五楹，諸生藏修者居之。後閣逾年而始建，因附記焉。是舉也，贊議以始者，蔣君坪、馮君韶、陳君秉賦；協力以終者，范君廷良、金君國珍、周君琰；而王君大經、葉君惟大、李君度則後至而樂觀厥成者也，咸得書。十年四月撰。　邑人龔一清《新儒學記》：故義烏學直縣治南，宋慶曆、崇寧、紹興中嘗三徙地矣。今臨繡湖，據山川勝，與縣東西峙，則明正德戊寅徙也。恢于基，延袤可五百步，寬廣崇深，棟宇惟稱，環浙而泮首壯麗云。歲久就圮。若敬一亭、若尊經閣、若青雲樓及諸黌舍，已化爲榛莽，其廟廡堂齋多壞爛傾塌，露潦天星，足慨也。間司土者，非不時葺，顧時葺時圮，無乃大之顛也匪易支邪？而期會簿書，往往以文法繩郡縣，稍所繕完輒入墨。與其葺故墨也，毋寧圮而宫牆之弗飭也。雖一二君子盡心師表，而憚於文法，亦斤斤塗塈耳矣。蓋頹夷至於今，土不任石，木不任瓦，風雨之所摧也，鼠豕之所矢也，將無從借前箸矣，其不鞠而蔬圃者幾何。縣令長范公起家名進士，以萬曆丁丑綰墨綬兹土，首謁先聖廟，四顧憮然曰：「是尚可泄泄邪？」不日上其狀，當道可之。爲捜帑緡，緡無餘，爲日累嘉石之羨鍰幾三百金。進有衆，任其能者朱濟、金香、李無疆、楊仍、醫官金元瓚輩，諗之曰：「若爲乃翁辦乃事，即經紀若家。毋效貳偷，乃翁其有重勞。」朱濟輩殫心力所事，而公或日躬督之。經始戊寅六月，是年十月工告成。自廟而北爲齋庫所，爲明倫堂，爲敬一亭；南爲左右廡，爲廟門，爲欞星門；又左爲博士師舍。無石不易堅，無材不易良，高其築以繚，繪其斲以文。鏝瓴鱗次，丹堊暈飛。而敬一亭則更建者。僉謂：「自始創來所未有也。非千金貲、淹經年役胡卒辦是！」公既勞朱濟輩，從冠帶列博士師蔣子坪、馮子韶、陳子秉賦，率諸弟子員，圖所示永永者托諸石，而屬不佞記其事，且曰：「初學之徒，以歲戊寅茲適周紀而新，天昌斯文，固有會也。」不佞唯唯。大都天者而人起之，人者而天應之，以數十年之頹葺不敢圮，天如有待固也。公任未幾，毅然勿上下顧以興大役，無靡費，無淹時，遽潰於成，青衿改觀，匪實由人起歟！不佞竊取《春秋》之義，系石曰《新儒學記》，新志非恒葺也，即所以作新士者，弘哉！爾博士弟子見輓近世所頹習乎？軼科目而獵剽綴，毋云實學。文其衰矣，則俗漸然也，是亦頹學宫也。其務振起之！入門顧儒，登堂顧倫，敦孝崇弟，審言敏行，而於《六經》《語》《孟》，鑽研正脉，將經世之文，出名世之業隨矣，何剽綴爲？夫頹宫難爲力甚又繩束之者，一旦新自公，况學在我無難，而可徇故頹耶？自新以昌天會，斯無負公作新意，其在博士師弟子乎！故曰：人者而天應之。乃爲蒐《循吏傳》，得蜀文翁即興學、冠治行耳。公下車亟此之務，尤月程諸弟子藝，寒暑弗輟。創尊經閣費最鉅，不煩公帑，以義倡，亦既裁而立矣，雖蜀文翁何加焉！公廉明誠恕，日益孚於上下，負者願輸，訟者願息，四郊恬然，如獲更生。將概循良有之獨文翁哉！爲之歌《頌》曰：「思樂泮水，薄采其芹。」賡之五章曰：「濟濟多士，克廣德心。」然後知興化、致理類，非俗吏所能。賢者一出，身任國家事，固無庸首尾簿書法也。公名儁，別號鴻泉，爲瑞州高安人。今憲副公伋、司理公世美，其同大父伯仲子云。六月撰。　又

《德教存思碑》：皇帝臨御之五祼，高安范侯以才進士來令義邑，力行節儉，躬率德禮，爲之期年，民既返其專、慤之良，相與馴習而悦安，乃謀所以昌明詩書禮樂之教，而學宫就傾、廟宇敝漶，不足以居遊息、起瞻向，慨然以作新爲己任。邑固儉，迫難以驟役，而浩費經度盈縮，議不煩于衆，慮不動于民，捐廩斥羨，鳩工庀材，舉之以次第，遲之以歲月，先師之廟、明倫之堂煥然改飭。翼廟之廡、側堂之齋，環之爲牖，樹之爲門，與夫啓聖、賢宦之祠莫不畢治。堂後建尊經閣，修敬一亭，拓立學舍若干間，以待士之來處而修業者。蓋始于庚辰，訖于辛巳，凡再閲歲告成焉。但見巖巖乎殿廡門堂之崇且遠也，翼翼乎齋居庫厨之各正乎内而麗以壯也，秩秩乎皆所垣牖之明浄瀟爽而各有條理也。蓋舉浙以東之學宫，未有若是之勝者矣。非惟吾道表率之地藉是益煌煌有輝，而衿佩之泮涣于此者，蓋亦有豁然領會於心目之表者矣。《詩》曰：「豈弟君子，遐不作人。」思深哉，侯之用心也！頃臺諫員缺，大冢宰疏名以請侯膺簡命。之車有期，群弟子員相顧趨蹌曰：「某等沐德教、薰懿範，如黄琮白璧、太羹玄酒，奪目醉心，久而無斁。今去若何？」爲情集而圖諸邑。博士王君大經、葉君惟大、李君度，將勒侯之實以垂不朽，三君躍然喜曰：「固夙願也！」二三子之言，已得我心，遂相與馳書徵言於余。余惟治道莫大于人倫，而心法莫先于敬一。自先聖以及諸儒，所以廟食萬世者，弗可易也。我聖祖興學育材，堂必扁以「明倫」，揭其要矣。我世宗繼志述事箴復申以《敬一》，蓋探其本也。吾黨之士以敬一之心，明人倫之道，大可聖，次可賢，出則行此道以襄天子之治，處則明此道以贊天子之教，以共承朝廷德意，斯無負侯之望矣！不然，則棟宇輪奐，徒爲觀美，而侯之所以崇聖道、作人士之志何有哉！方今主上，富于春秋，推賢讓能，伸拔英類。海内之士，胥延首以望太平。侯也秉昭曠之志，達忠亮之節，給事諫垣，拾遺左右，當必有以開聖聰、裨國是者，奈何嬰情于一邑以爲是戀戀邪！雖然，諸博士弟子員之言，則二天之私也，姑次其言，以爲《存思記》。侯名儁，字國士，號鴻泉，丁丑進士，遂州高安人。萬曆十一年六月撰。二十一年，文廟梁柱傾頽，知縣周士英委耆民季伯良、楊一澤董役修葺如舊。後半燬於寇。按：王楨重修明倫堂，有王崇《記》，古《志》不全。

國朝順治七年，署事推官徐振儒建廟門七間。九年，知縣宋雲梯重建明倫堂。十六年，知縣郝麟生、教諭徐弘彰重建先師廟。康熙七年，知縣孫家棟、教諭譚觀成重建西廡。十年，廟門朽蛀將傾，知縣于漣、教諭譚觀成捐建，並建更衣所、宰牲房。十一年，知縣于漣復建啓聖祠、名宦、鄉賢二祠。十九年，先師廟圮，神座弗飭，知縣辛國隆同教諭閔圻申、訓導王業澄增修。邑知州金以琳《重修先師廟記》：吾夫子之發凡舉要，無過於「明德親民」一章；稱夫子之盛德大業，無過於「祖述憲章」一章，蓋自唐貞觀以來，郡邑通祀，至今弗以居之未近、世之甚遠而不深仰止景行焉茲者。朝廷首崇正學，非四書、五經、《孝經》不以立訓，而恭己率物，由誠意正心以極於川流敦化，上自宰執，至於令長。而宜民之道盡田里樹畜，始於一夫；學校禮義，起於一士，其必由學乎！我烏自秦顏孝子感動烏吻而以名縣，嗣後若唐之駱臨海、宋之宗忠簡、元之黄文獻、明之王忠文，性行才猷，輝炳今古。然使生逢夫子，豈在曾、閔、由、賜、商、偃下？於是三韓辛侯來令兹邑，思以導民，問於以琳。以琳曰：「導民有的，亦有機。導烏之民，必使之爲顏、爲駱、爲宗、爲黄、爲王。而欲導之爲顏、爲駱、爲宗、爲黄、爲王，則莫若導之爲曾、閔，爲由、賜，爲商、偃，而欲導之爲曾、閔、由、賜、商、偃，則莫若導之誦法夫子。而欲導之誦法夫子，則莫若使之入廟而知敬。欲導之入廟而知敬，則莫若崇隆其廟貌，使人望而知至聖之可尊。而吾意之所在，亦可不言而得之。」侯乃躬自仔肩，而因以集邑里諸士，俾勸相焉。於是繕堂皇而圍以欄楯，葺廊廡而厚其墉垣，飾户牖而新其楞檻，肅壼奥而端其位置。明倫堂則重建也，啓聖宫則新成也，名宦、鄉賢則祠於學宫之内也。浹歲而工成，而公之心猶未已也。每於月之朔，進父老而告以孝友婣睦之義，俾詩書禮樂之風油然而生，中和仁讓、易直子諒之致藹如也。又於月之望，進邑儒朱淳闡「明德親民」「祖述憲章」之義，而後之所爲異同與内外之分，不置喙焉。由此而溯顏、駱、宗、黄、王諸賢，其間亦邇。上以副聖主之甄陶，下以作閭井之模範，侯之教澤豈淺鮮哉！是爲記。**二十二年，知縣辛國隆、教諭吴觀垣、訓導董奕相捐葺先師廟及崇聖公祠、明倫堂。吴觀垣、董奕相捐製先師神龕。**邑中書舍人金以詔《重建學宫記》：自京國至郡邑，政治之大，必首教化。

學宫者，先聖賢之所式憑，而彝倫之所由明，人材之所由盛者也，豈可使其宫牆頹壞、上雨旁風乎？天下之事雖有盛有衰，而因其衰以復於盛，則存乎其人。顧土木之費，措置維艱，爲之于公資有餘之時則易，爲之于公資告匱之時則難。義烏學宫在城西北門之外百數十步，峰翠千層，湖光十里，滙靈聳秀，四面迴環，誠聖人之居而人文之所萃也。第明倫堂、啓聖宫諸所，歷年既久，徒存基址，向來司教者非不欲修葺重新之，乃一計及所費輒因循中止。西陵六平吴君，以名孝廉來掌義烏教，甫至，顧瞻學宫，梁柱則黗昧而摧殘，牆垣則圮敗而毁裂，喟然嘆曰：「我司教事倘復因仍坐視，教從何施乎！」于是，與其副董君梁禹，及諸生陳祥發、李培美、黄大吕、毛岳、黄之琮、金永炌等商曰：「我有志于重建學宫，然大事也，當請于縣大夫。」于是走謁辛侯，侯欣然曰：「我懷此志久矣，但此時公帑無儲，又難以索諸民間，維我與二師及闔邑庠士輸助，可乎？」時侯即出俸錢百金爲倡，二師即以新生束脯所入爲助，合邑子衿則照糧輸助而各姓巨族每宗祠助銀若干，合邑耆老人助若干，遂擇日市材甓，僦匠傭，人人感辛侯、二師之意，踴躍趨事。先師廟雖搆于數年前，形似釋宇，乃拆去四圍，改同宫殿規制。至如明倫堂五間、啓聖宫三間、西廡並廡内舍十間、鄉賢名宦二祠各三間，悉撤而新之。几筵重設，籩豆咸備。自甲子年初秋庀事，仲冬月杪訖功。雖湖山之勝不殊于昔，而棟宇偉麗、丹雘輝煌視昔有加。夫天下事，誠而已矣！樂助之心，誠也。一誠，而難者可易、衰者復盛矣。然則辛侯與二師之率先輸助，陳、李諸生之程督勸相，皆不可以不書也。自今以後，入學宫而陳詩設禮、講學明倫，而教化行焉、而人材盛焉，其亦知所自也哉！辛侯諱國隆，號敬齋，三韓人。吴君諱觀垣，字六平，杭州人。董君諱奕相，字粱禹，湖州人。陳、李等六人皆有文有行之士，爲庠中領袖云。時康熙乙丑仲春撰。

訓導董奕相捐建訓導衙，自爲記。見前「訓導衙」下。**三十年，知縣王廷曾與教諭丘克承捐葺廟學。**王廷曾《修飭廟學記》：烏邑廟學之建，創於元魏。蓋自宋慶曆九年，由縣南一徙縣東；崇寧初，再徙縣西；紹興八年，三徙縣北百步。而大成殿之建，則於紹熙四年；明倫堂之建，則于開慶元年；門廡之建，則於景定二年；殿廊之建，則於四年拓其基，而更新則於元天曆二年；建齋舍於明倫堂之左右，則於明洪武三十三年；重修戟門、學門、齋厨，則于正統七年。而四遷治西一百九十步、繡湖之上，爲綢川故址，則於正德之十三年。前之記之者，若陳公炳、柳公貫、黄公溍、王公英、吴公華、李公鶴鳴、范侯儁、龔公一清、熊侯人霖，載在前乘詳矣，而李公紀識爲甚悉。其在王公之言曰：「廟以祀先師，學以育賢才。」龔公之言曰：「入門顧儒，登堂顧倫。」蓋向之爲宗、爲徐、爲黄、爲王、爲龔，皆出於學，顔産焚書之日而導學之源，楊與駱顯未有科目之先而張學之鵠，則所謂祀先師、育賢才、顧儒顧倫。即前此無論，而自正德戊寅徙此一百八十四年，邑之人於此爲堂室焉。蓋廟學之址迹不核則重輕未稔，圮壞不完則規模不肅，位次不清則景仰不誠，陳設不虔則禋祀不恪，乃與教諭丘君克承輩搨某碑陰，得基至之數，又籍廟廡、門垣、祠宇及學門、學署、堂亭、齋庫見存之區，與昔有而今無者若干所。其亟宜從事者：如廟門之外達櫺星門，垣壞不修，成場墠矣，行人習爲逵徑，牛羊望而踐履，禁之不止。環三面計之，爲丈五十有八，不可不築也，則廷曾捐築之；櫺星三座，僅存石榦，門凡六，毁之久，不可不製也，則廷曾捐製之；其門西石幹，復爲昨歲六月十二日之烈風所傾，不可不治也，則廷曾捐豎之；儒學門三間，在廟垣外之東南，廢已久，不可不復也，則廷曾捐復之；土神祠三間，初在廟門東、今名宦祠址，繼建儒學門東，與門逼，不可不遷也，則廷曾於東禮門外直義路處更建之。凡此皆稍稍補綴，非曰重有裨於廟學者，乃丘君仔之甚力，且協捐董厥成焉。至修業齋將頽，不可不植也，則丘君與訓導朱君鳴謙捐修之；祭器向從朱子範以銅，嘉定中教授楊焯考製爲之，舊無存，近並簠簋籩豆悉燬于兵，前訓導捐置木豆矣，而不敷於用，則丘君、朱君復捐置之；先師之龕置于前諭訓矣，而四配、十哲尚無龕，供案、爐檠都未備也，則丘君新製之；其配哲賢儒與啓聖祠位次，他廡每多互異，舊《志》雖備列東西與進黜歲年名氏，然前此或東不次西、西不次東，或以進祀之先後爲次，或以各廡之傳流爲次，以致淆雜，則與丘君蒐討《闕里志》之圖而稟之；祭儀陳設，舊《志》止載品物，他廟臨祭之時沿故套耳，亦依《闕里志》陳設圖行之，祭物取辦，額銀不足，則廷曾於二丁日各捐奉四金益之。而廟泣繡湖久涸矣，相傳湖水清則巍峨見，當宋季每有可徵，逮元至正四年而不驗，且爲夸誕之辭以諛令，王忠文嘗辨之，然此亦烏傷之明聖也。蘇學士嘗濬明聖矣，以資游眺，實以滋利濟，至在粤、在潁而皆以明聖名焉。學士之殷殷於湖如是，矧是湖非徒一邑之勝、而廟學之所憑也。廷曾未敢曰能盡復之，亦稍疏其壅以爲權輿焉。而黽勉從事，非特遠愧文翁，實近慚汪、范諸君子云。

學田。明隆慶元年，署事同知張書紳市練樹橋田四畝，歲計租銀一兩六錢。二年，知縣潘允哲市學後寺塘邊田四畝，歲計租銀六錢。邑侍郎虞守愚捐都憲坊前店房二間，歲計賃銀三兩六錢。萬曆四年，三都民趙惟新舉族人趙凡百四私買福田寺一十二畝，灌塘四口，山三十六畝〔一〕，知縣梅淳並申學道，批允入學登報循環，爲月考生員等用。邑人朱湘《學田記》：夫釋子之與孔氏，何可同日而語也！今釋子之弟子遍天下，自名山大都至窮崖絶谷，琳宫梵宇所在而是，莫不有寺田以爲養，多者數千畝，少者亦不下數十畝。寺雖廢，田不得私相市鬻，苟其徒有能興舉廢墜者輒還之。是以寺田長爲釋子之恒業，而其黨愈盛。乃學孔氏之道者則不然，拔其儁，處之黌宫，復其身廩，其高等已耳，其餘雖講肄不輟、課試時舉，不能不待家而食，甚則有饔飧不能繼、而婚葬不能備者。噫，可慨矣！夫釋子之徒守不經之説以簧鼓天下，其人直蚊蠅等耳，而顧得藉膏腴以自贍，又並其廢寺之田爲之禁以待其復業。孔氏者將社稷蒼生是賴，獨不得比養於釋子之徒，將何以作士志而興起斯文哉！萬曆甲戌，梅侯自縉雲移治義烏，至則正己率人，首先教化，勤民之暇，拳拳以成就人才爲務，每思所以助之，而莫知所出。適民有侵占福田寺産者，清得之，乃亟請於上，以歸儒學爲永業。計田一十二畝、灌塘四口、山三十六畝，俾掌學者籍記之，歲收

〔一〕「山」字，底本原脱，兹據《崇禎義烏縣志》及下文《學田記》補。

其入以充弟子費。先是，署縣同知張公書紳以罰金三十兩市練樹橋北田四畝，前邑侯潘公允哲以俸金十二兩市寺塘邊田四畝，各有灌注。鄉大夫虞公守愚捐己置都憲坊前舖房二間，計其直六十金，歲有額賃咸輸於學，並經申允其租賃合今寺產悉登循環，以備稽查。凡月考會膳、師生公舉，皆取辦於是，仍積其羡以惠貧士之不給於朝夕與不能於婚葬者。惟時儒學教諭黄君可久實任其事，其所經費賑施絶無分毫冒濫。丙子，湘奉命録囚西粤，過家訪黄君。以其事告，且屬爲之記，曰：「是舉也，諸大夫之盛美，邑弟子之公餼也。不有所述，吾懼承事者用之無得於當，而或乾没其間，則是弟子冒虚名而諸大夫爲虚舉矣！子必文之，以垂永久，毋讓！」顧鄙陋何足以記大事？雖然，學校，吾所自出，諸大夫且布大惠於不朽，吾獨不能爲一言之助邪？夫司牧者之於弟子猶父兄也，司教者則其所託以傳弟子者也，爲人父兄視其子弟之饑寒疾痛而不之急，奚以爲弟子慰？爲人師傅受其父兄之託，或不任其事，又並其弟子之衣食而取之，奚以爲父兄慰？昔崇陽令趙彦繩取僧田二百畝入于學宫，曰：「使無父無君者，不得獨飽；學爲忠孝者，得無所營而益修其業。」朱晦翁稱其務一得兩。今學校之不能自謀者何限，寺田之侵於民者亦何限，誠使司牧者皆能心梅侯之心，取釋子無歸之業以業吾儒，人有所益，歲有所增，於士必求有濟，而又責之德藝，使青衿之士皆以道德文章爲務，訢訢然若有所藉而興起焉。如此則所謂賢父兄矣！今之主學田者非師乎，其或不恤輿議，任意出入以爲故常，則籍雖存而實已亡矣。使司教者皆能心黄君之心，所用必公而非私，所施必貧而非昵，好學者資之燈火，孝親者助之粱肉，以爲弟子勸，匪學匪行，雖貧不爲徇情而妄與，養之之中即寓教之之意，如此，則所謂賢師傅矣！抑余有大懼焉，父兄則賢，師傅則賢，如爲人弟子者訑訑然長傲習慵，旅視其父兄、路視其師傅，朔望月考之不赴，而責膳饈之未嘗，先生弟子之不相覿而訝施與之不及，不以聖賢遠大之業自期待，日與市儈鄉黠相從事於博弈飲酒之間，争勝嗜利而不以爲非，則於梅侯今日之意大悖矣！如之何則可？余故因黄君之請，忘其僭而並著之，以爲吾鄉之士告。若夫侯之清德善政行，當有紀，兹不具述也。侯諱淳，姑熟當塗人，隆慶辛未進士云。萬曆四年八月，立明倫堂左。十八年，店房被燬。十九年，知縣金繼震查三都趙姓各占放生官塘成田，俱應入官，申道以熟田二十畝，歲計租銀五兩，並報循環，入學公用，歲計租銀七兩三錢。

學倉。

社學。明洪武八年，詔有司立社學，延師儒教民間子弟。每五十家設社學一所，請秀士教訓，仍將學所師生姓名申報本縣。時設學舍三十所。正統元年，令各處縣官嚴督社學，不許廢弛，俊秀者許補生員。天順六年，敕諭：一古者鄉閭里巷莫不有學，即今社學是也。凡提督去處即令有司每鄉、每里俱設社學，擇立師範，明設教條，以教人之子弟。年一考較，擇取勤效，仍免爲師之人差徭。弘治十五年，令立社學，訪明師，民間童幼年十五以下者送入讀書，講習冠、婚、喪、祭之禮。**崇禎十一年，知縣熊人霖立九社課士：曰「繡湖」，曰「春巖」，曰「石**

樓」，曰「廣巖」，曰「稠巖」，曰「五雲」，曰「鈎巖」，曰「雲黄」，曰「仙屏」，總曰「龍門大社」。

書院

五雲書院。縣西二十五里五雲山下。元大德間樓如浚建。宋濂遊學其間。址存。

繡湖書院。樓堂廂房共十二間。毁。

紫陽書院。十九都清溪創設。書院後立寢廟三間，供文公像，前築門樓三間，東西兩廡十間，共房一十六間。前有供祭祀塘，曲水環繞，後亦有塘，映帶迴護。康熙五十一年，朱氏裔孫等建。

舊儒學。縣治北百步。正德十三年，遷於稠川故址。廢。

忠孝堂。舊學戟門東三步。先是，在文廟西廡。宋隆興二年，知縣晏節創建，以祠孝子顔君、忠簡宗公。後人奉吕成公、徐文清公而祠焉。復徙戟門右，尋廢。永樂九年，教諭胡春同議以祠不可廢，邑人胡彦清捐資徙創，以吕、徐二公别祠于尊賢堂。復廢。正統四年，縣丞劉傑奏准，九年，知縣劉同重建。後以遷學廢。　宋黄中輔記：隆興天子龍飛，傳國璽，履寳祚，德音一霈，宇宙焕新。詔諸郡縣訪孝子忠臣，務加旌表，以厚人倫、嚴祀典。猗歟休哉〔一〕，兹可謂急治要矣！令尹承流宣化，而環境之内有孝於親、忠於君、足以法天下軌來世者，固當尊榮顯禩，仰稱聖意焉。義烏，漢烏傷縣也。唐武德七年，廢綢入婺，始改今名。山川鬱蒼，人物風流，孝行卓異如顔氏子、忠義激切如宗忠簡，非惟朝野一時欽重，雖禽魚蠻貊亦識姓氏。顔方髫稚，事親孝，親喪，負土成隴。感烏銜土，口吻皆傷。視晋許孜悲號墓側而鳥獸翔舞，過之矣；宗當靖康初，塞塵擾華，首奮孤忠，捍禦河朔，敵人畏遁，視唐張巡死守睢陽、障蔽江淮，過之矣。二公世之相後千餘歲，琅琅相映若宫商然。自爾，居家孝，衛上忠，代不乏人，蓋有倡於前也。紹興壬午，臨川晏君來攝是邦，勤儉廉敏，革去前弊，不淹月，報政。郡太守、部使者列薦於朝。越明年，辟正。又明年春，視縣庠榛蕪，類詩人「子衿」之刺，慨然嘆曰：「吾領師帥，不此務，失職矣。」即日出令，鳩工度材，一月而栽，再月而畢。易圮以堅，增庳以崇，赭堊輝映。因戒諸生：「昔司業陽城嘗謂，凡學者，所以學爲忠與孝也。今之學，庸可不知古人意？要當磨礲淬礪，盡爲臣子之道。此邦國英俊淵藪、屹然爲中流砥柱者，顔、宗而已。勉旃，無負所學！」因謀立祠於西廡之偏，揭以「忠孝」，使昕夕瞻敬。睹顔之恭愛思慕，若事畚鍤於親塋之側；視宗之嚴毅

〔一〕「哉」字，底本原脱，文氣不暢，後文黄中輔《重修縣學記》有「猗歟休哉」句，兹據補。

奮發，若嬰敵鋒於孤墉之中。平日晚進服膺鄉老先生訓告，固已想聞風采，茲又睹其儀矩，相與依鄉，油然之心生矣！或謂中輔：「今將刻公之事于金石，俾子孫無忘，非子誰宜爲？」中輔再拜，謝曰：「勞苦，幸辱教誨，不敢以不文辭。」人之性，忠孝均有也，孩提知愛親，畎畝知不忘其君。往往妻子具，孝衰於親；爵禄盈，忠衰於君，非忠孝之過也。譬諸金木：金性包水，木性藏火，鍊金則水出，鑽木則火生，均稟是性，在乎擴而充之耳。今取忠孝最顯者列教化宫，公之待諸生勤且至矣，當勉承勸奬意也。十室猶有忠信，况百里乎！他時忠孝之風接顔踵宗，則公之遺德滋多，詎可忘所自云。隆興二年十一月一日記。　古志載《藝文》。

尊賢堂。舊學戟門西三步，即舊忠孝堂址。舊以吕成公、徐文清公附祠于忠孝堂。永樂九年，教諭胡春同議别立尊賢堂，以祠吕成公、徐文清公、黄文獻公、待制王公，縣人王仲宗捐創。正統四年縣丞劉傑奏准，九年知縣劉同等重建。後以遷學廢。

訓導衙。尊經閣左。以奉裁廢。

仕學室。尊經閣後。三楹一亭。教諭諶廷錦建。

飛躍亭。尊經閣後池邊。又濯纓處，室三間。萬曆間，知縣范儁建。二十年，教諭王時春培學後山脉，牒知縣金繼震命耆民陳思堯、龔來時取土繡湖，塞其池亭室。俱廢。

文昌祠。儒學西南移東。後徙建西江橋。

青雲樓。儒學東，二十二間。萬曆間，知縣范儁重建於鄭公墩，後復改三忠祠。

觀瀾亭。儒學左。

附：圖説

義烏縣儒學基地圖。舊《志》不載。

圖縱三尺六寸五分，横一尺八寸五分。圖下有志，縱二尺，横如圖。兹縮而就格爲一總圖；其圖中注字甚密，復析而稍寬之，次總圖後；尚有析而不能全入者，摘附格旁合觀之。蓋是圖所載，南北東西四至與丈尺、都保、田地、池塘、字號、畝分、官基、義捐、廢址、原業、價費、抵數，及今處所交牙鈎畫，鱗注其中。廟學遷自明正德十三年，圖勒於嘉靖五年。其經營之苦、位置之詳，猶可想見。識詞次後。　知縣王廷曾記。

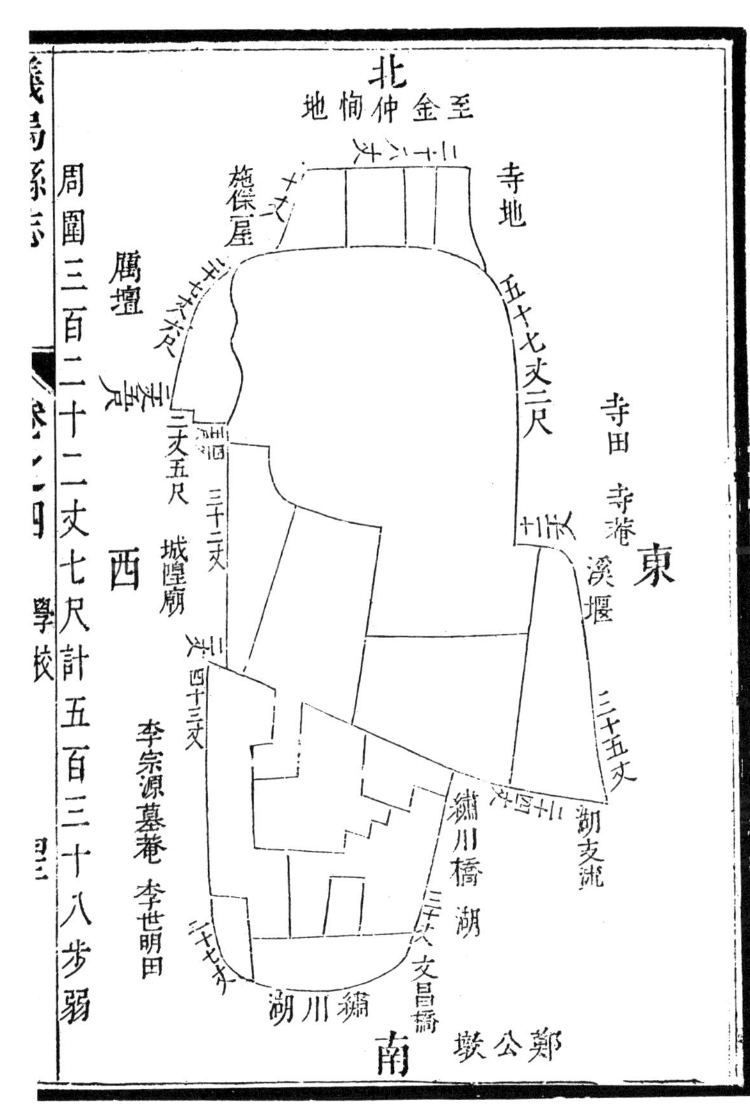
北
至金仲恂地
施傑屋
寺地
厲壇
五十七丈二尺
周圍三百二十二丈七尺計五百三十八步弱
寺田
寺菴
東
溪堰
三丈五尺
三十二丈
西
城隍廟
三十五丈
李宗源墓菴
李世明田
繡川橋
湖
湖支流
文昌橋
繡川湖
南
鄭公墩

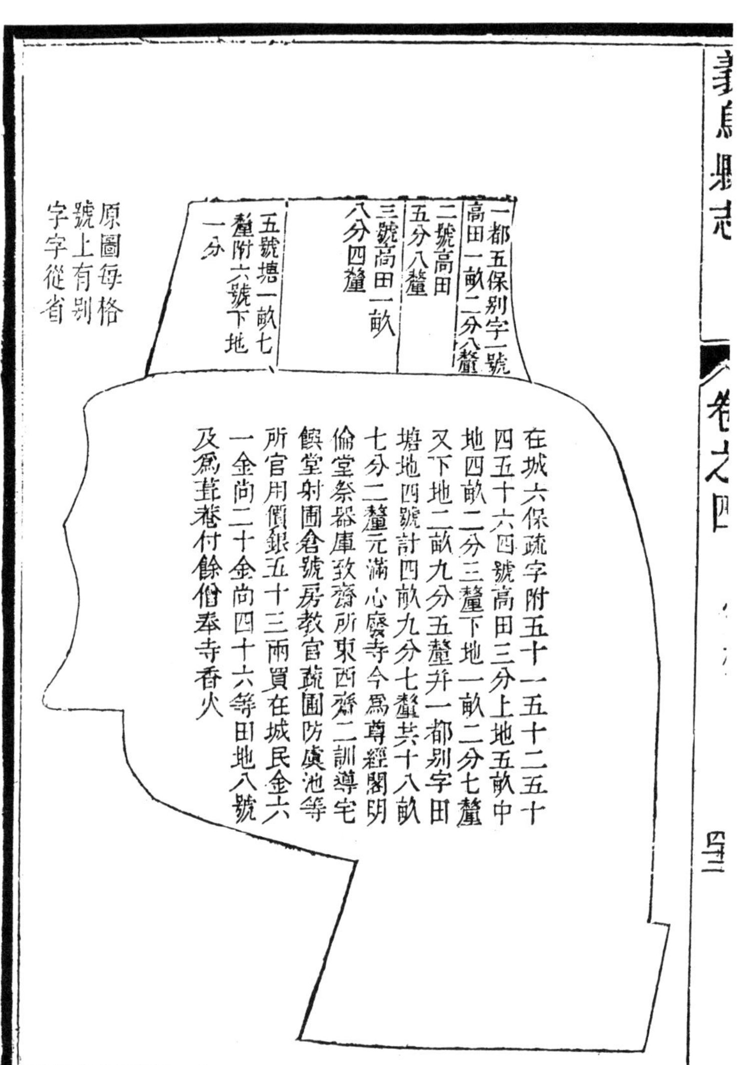
義烏縣志
卷之四
一都五保别字一號
高田一畝二分八釐
二號高田
五分八釐
三號高田一畝
八分四釐
五號塘一畝七
釐附六號下地
一分
原圖每格
號上有别
字字從省
在城六保疏字附五十一五十二五十
四五十六四號高田三分上地五畝中
地四畝二分三釐下地一畝二分七釐
又下地二畝九分五釐并一都别字田
塘地四號計四畝九分七釐共十八畝
七分二釐元滿心廢寺今爲尊經閣明
倫堂祭器庫致齋所東西齋二訓導宅
饌堂射圃倉號房教官蔬圃防虞池等
所官用價銀五十三兩買在城民金六
一金尚二十金尚四十六等田地八號
及爲葺菴付餘僧奉寺香火

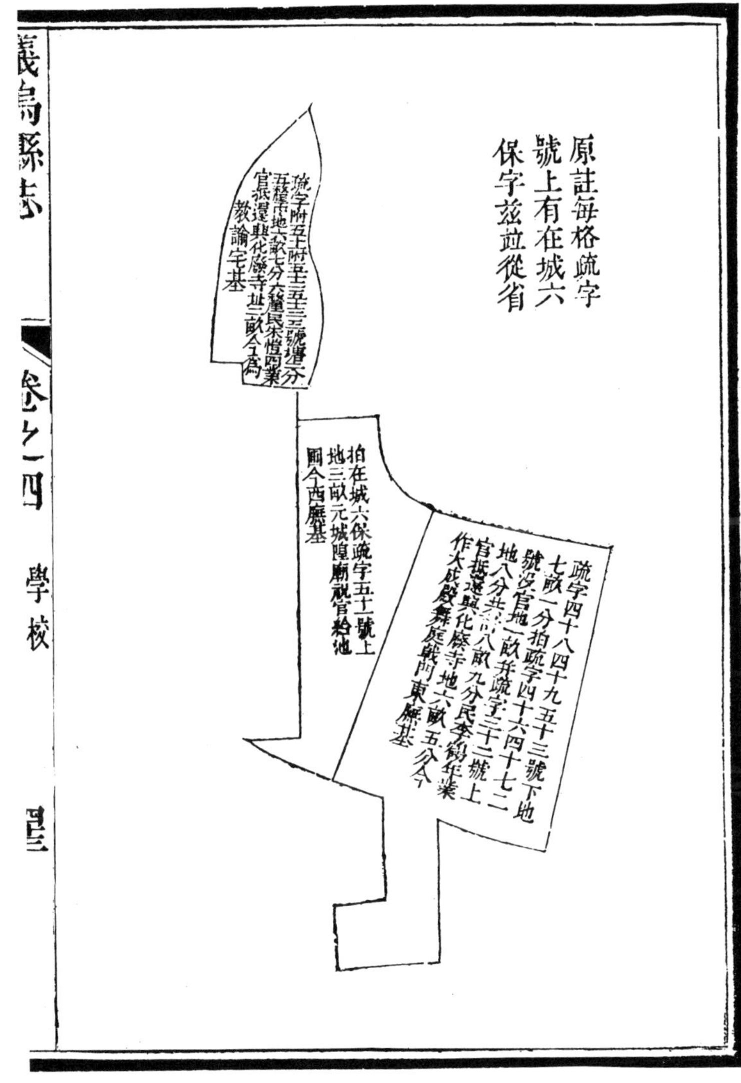
義烏縣志　卷之四　學校　四三
原註每格疏字
號上有在城六
保字茲並從省
疏字附五十附五十一五十二號增一分
五十號民地六畝七分六釐民朱愷四業
官撥還興化廢寺址二畝今為
教諭宅基
拍在城六保疏字五十一號上
地三畝元城隍廟祝官給池
圍今西廡基
疏字四十八四十九五十三號下地
七畝一分拍疏字四十六四十七二
號沒官地一畝并疏字三十二號上
地八分共十八畝九分民李錫年業
官撥還興化廢寺地六畝五分今
作大成殿舞庭戟門東廡基

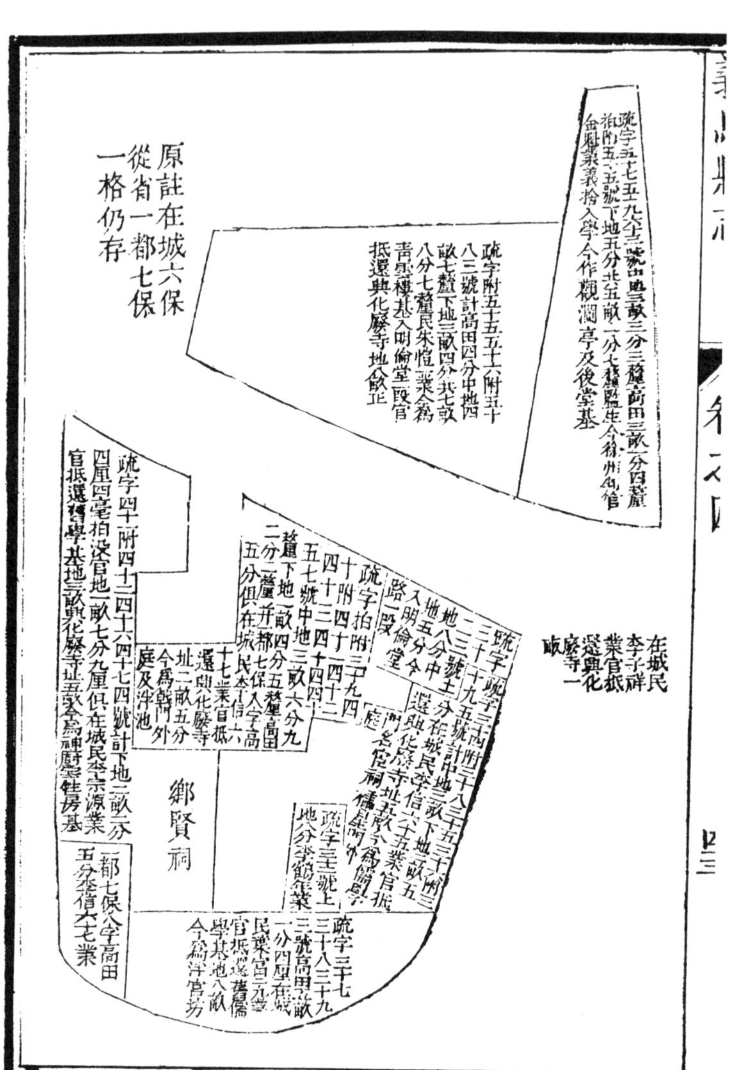
原註在城六保
從省一都七保
一格仍存
疏字附五十五五十六附五十八三號計高田四分中地四畝七釐下地三畝四分共七畝八分七釐民朱愷業今爲青雲樓甚入明倫堂一段官抵還興化廢寺地八畝止
在城民李子祥業官抵還興化廢寺一畝
疏字四十一附四十二四十六四十七四號計下地二畝二分四釐四毫拍没官地一畝七分九釐俱在城民李宗源業官抵還舊學基地三畝興化廢寺址五畝今爲神廚宰牲房基
鄉賢祠
一都七保八字高田五分李信六十七業
疏字三十七號上地八分李鶴年業
疏字三十七三十八三十九三號高田三畝一分四釐在城民葉宮三九等官抵還舊儒學基地八畝今爲泮宮坊

蓋學地，三之二爲居人園田，一爲滿心廢寺址。時侍御吴公華將學于此，謂必宏敞深遠而後稱湖山之勝，以宫素王、以舍青衿，將無不宜。遂命基圍餘五百步游息之所，蔬藝之圃諸具焉。然自肇工七月而斷手，棟宇雖就，垣墉未周。初，寺尚餘病僧，依數椽，吴公即不忍斥去，仍庵於學東射圃外，買田贍之三年。僧且死，有無俚稱行童來嗣，輒以田歸於人，乃訟學官占其故所剩地，齗齗不已〔一〕。掌學事曾君漢與其寮李君浦、徐君灌，諸生我族父賓、龔象、黄瑚、陳繼志以詢于鶴鳴，鶴鳴曰：「地緣郭，咫尺爲利，是其漫無遮限，有以召之，非獨嚚童之爲。或者實憑之，況取人所甚愛惜地，雖售焉或不以直。不有以彰之，莫以勸樂從也。苟署其凡地主、鳞比，以圖于石，是且有徵矣。彼貪冒者又何以云？」諸君以爲然，即以命予且爲之志，以告縣大夫林君文焯，礱石刻之，樹之明倫堂之東序。嘉靖五年十月廿四日，李鶴鳴書篆。

〔一〕「齗齗」，底本原作「听听」，句義不通，兹據《嘉慶義烏縣志》改。

雍正義烏縣志卷之五

祠祀志

秩祀　延祀　合祀　專祀　思祀　丘墓

秩祀

此所謂封内山川社稷、城隍神祇，有功烈於民、能捍大災、禦大患，歲食報於一方者；而神宇之相延而祀、向載《寺觀》者附之。其國故之卓垂不朽，或合祀、或專祀者次之。前令之去思者又次之。並及丘墓焉。各爲標目，而巫祝桃茢之設弗書。特《府志》婺星諸祠廟次永慕諸廟祠後，《丘墓》次《坊表》。舊《志》次《寺觀》，差不同耳。

社稷壇

壇在縣西迎恩門外一百步。祀縣社、縣稷之神。社以祭土，稷以祭穀，即古者春祈秋報、方社先農之祭也。唐制無考。宋壇在縣西一里三百四十步。大觀三年，知縣徐秉哲徙縣北一百八十步。元大德十年，縣丞鄭應徙於金華門外一百步。明洪武十一年，知縣孔克源遵制即元舊址建壇。金華門今名迎恩門。其制東西南北各二丈五尺，高三尺。四出陛，各三級。壇下前九丈五尺，東西南各五丈。立石主，長二尺五寸，方一尺，埋壇南正東，去壇二尺五寸，止露圓尖，餘埋土中。祭，以木爲神牌二：「縣社之神」、「縣稷之神」，歲以春秋仲月上戊日致祭，用羊二、豕二、帛二、爵三、登一、鉶二，籩、豆各四，簠、簋各二，樂用鼓吹。惟長官一員，祭服，行三獻禮，餘官止陪祭。

祝文：　昭告于某神曰：品物資生，烝民乃粒。養育之功，司土是賴。惟兹仲春（秋），禮宜告（報）祀，謹以牲帛醴齊、粢盛庶品，式陳明薦。尚享！

祭畢，焚祝帛坎中，以土實坎，藏主於房。本縣每祭實用銀七兩三錢八分五釐。

風雲雷雨山川壇

壇在縣南四里。祀風雲、雷雨、山川之神，并城隍之神合祭。唐制無考。宋與社稷爲一。後另立風師壇、雷雨師壇。元址在金華門外一百步。明洪武初，始以山川與社稷分祀。後以風雲雷雨並城隍合祭，壇一而設二位，中爲風雲雷雨之神，左爲境内山川之神，右爲城隍之神。七年，知縣張永誠徙壇址於縣南四里。十一年，知縣孔克源改建壇。歲以春秋仲月上巳日致祭，用羊三、豕三、帛七、爵三、登一、鉶二，籩、豆各四，簠、簋各二，樂用鼓吹，儀注與社稷同。

祝詞改云：惟神妙用神機，生育萬物。奠我民居，足我民食。某等欽承上命，忝職兹土。今當仲春（秋），謹具牲醴庶品，用申常祭。尚享！

本縣每祭用銀一十一兩一錢一分五釐。

邑厲壇

壇在縣西北一百八十步。祀無祀鬼神。唐宋無考。明洪武三年，始定於宋社稷壇故址，去縣北一百八十步，今城隍廟後。歲以春清明日、秋七月十五日、冬十月朔日先期牒告城隍，屆期，迎城隍神位於壇，以爲主，旁列無祀鬼神，分男女東西，致祭用羊三、豕三、果四、羹飯餘品，冥衣數百具。

祭文：某年某月日，某縣官某，遵奉禮部劄付，爲祭祀本縣闔境無祀鬼神等衆事，該欽奉皇帝聖旨：普天之下，后土之上，無不有人，無不有鬼。神人鬼之道，幽明雖殊，其理則一，故天下之廣、兆民之衆，必立君以主之。君總其大，又設官分職，於府州縣以各長之，各府州縣又於每一百户内設一里長以綱領之。上下之職，綱紀不紊。此治人之法如此。天子祭天地神祇及天下山川，王國、各府州縣祭境内山川及祀典神祇，庶民祭其祖先及里社土穀之神。上下之禮，各有等第，此祀神之道如此。尚念冥冥之中無祀鬼神，昔爲生民，未知何故而殁其間，有遭兵刃而横傷者，有死於水火盗賊者，有被人取財而逼死者，有被人强奪而妻妾死者，有遭刑禍而負屈死者，有天災流行而疫死者，有爲猛獸毒蟲所害者，有爲饑餓凍死者，有因戰鬬而殞身者，有因危急而自縊者，有因牆屋傾隤而壓死者，有死後無子孫者，此等鬼魂，或終於前代，或没於近世，或兵戈擾攘流移於他鄉，或人烟斷絶、久缺其祭祀，姓名泯没於一時，祀典無聞而不載。此等孤魂，死無所依，精魄未散，結爲陰靈，或倚草附木，或作爲妖怪，悲號於星月之下，呻吟於風雨之時。凡遇人間節令，心思陽世，魂杳杳以無歸，身墮沈淪，意懸懸而望祭。興言及此，憐其慘悽，故勅天下有司依時享祭，在京都有泰厲之祭，在王國有國厲之祭，在各府州有郡厲之祭，在各縣有邑厲之祭，在一里又各有鄉厲之祭，期於神依人而血食，人敬神而知禮，仍命本處城隍以主此祭。欽奉如此，今某等不敢有違，謹設壇於城北，三月清明日、七月十五日、十月一日。置備牲醴羹飯，專祭本縣合境無祀鬼神衆等靈，其不昧永享此祭！凡我一縣境内人民，儻有忤逆不孝、不敬六親者，有奸盜詐僞、不畏公法者，有拗曲作直、欺壓良善者，有躲避差徭、虧損貧户者，似此頑惡奸邪不良之徒，神必報於城隍，發露其事，使遭官府。輕則笞決杖斷、不得號爲良民，重則徒流絞斬、不得生還鄉里。若事未發露，必遭陰譴，使舉家並染瘟疫、六畜田蠶不利。如有孝順父母、和睦親族、畏懼官府、遵守禮法、不作非爲、良善正直之人，神必達之城隍，陰加護佑，使其家道安和、農事順序、父母妻子保守鄉里。我等闔府官吏等，如有上欺朝廷、下枉良善、貪財作弊、蠹政害民者，靈必無私，一體昭報。如此，則鬼神有鑒察之明，官府非諂諛之祭。尚享！

本縣每祭用銀十兩。

右凡諸祀典齋戒，先爲榜文書：「某省等處某官爲祭祀事，照得某年月日某干之期，例該致祭某神。前期三日，獻官、陪祭官並執事人等，沐浴更衣，散齋二日，各宿别室。臨期致齋一日，同宿祭所。散齋，仍理事務，惟不飲酒、不食葱韭薤蒜、不弔喪、不問疾、不聽樂、不行刑、不判署刑殺文字、不預穢惡事。致齋惟理祀事。」

里社壇

壇在各里。祀五土[一]、五穀之神。洪武八年，令縣每里一百户内立壇一所。遇春、秋二社，里中父老備物祈報。祭畢，會飲。先令一人讀誓詞曰：凡我同里之人，各遵守禮法，毋恃力凌弱，違者先共制之，然後經官。或貧無可贍，周給其家三年，不立，不使與會。其婚姻喪葬有乏，隨力相助。如不從衆，及犯奸盜詐僞一切非爲之人，並

〔一〕「祀」字，底本原作「祝」，兹據《崇禎義烏縣志》改。

不許入會。讀畢，長幼以次就坐，盡歡而退。務在恭敬神明、和睦鄉里，以厚風俗。

鄉厲壇

壇在各里。祀無祀鬼神。洪武八年建，每里設壇一所。四圍土牆，中築土臺一座，門立牌額，書「無祀鬼神壇」。遇春秋各邑厲壇祭日，里中父老隨鄉俗置辦牲酒、祭告城隍，與本縣告文頗同。届期行禮。

祭文：某縣某鄉某里某社某人，承本縣官裁旨，該欽奉皇帝聖旨，以下文與祭邑厲同。今某等不敢有違，謹設壇於本里，以三月清明日、七月十五日、十月一日率領某等百家聯名於此置備羹飯餚物，祭於本里無祀鬼神等衆靈，其不昧依期來享！凡我一里之中、百家之內，儻有忤逆不孝，以下並同邑厲祭文，但無「我等闔府官吏」至「一體昭報」一款。如此，則鬼神有鑒察之明，我民無諂諛之祭，靈其無私，永垂昭格。尚享！

其祭畢會飲、讀誓等儀，俱與祭里社同。

城隍廟

廟在縣西北儒學右。祀本縣城隍之神。城隍之神舊無考，惟唐李陽冰有當塗城隍廟，則神始於唐矣。明洪武二年，敕封鑒察司民顯佑伯。十七年，定禮制，去封號，直稱曰「義烏縣城隍之神」。歲無特祀，春、秋二仲上巳日，合祭於山川壇。三厲祭則迎神主之。凡有司初入境，必先齋宿於此，陳牲告神，而後到任。禱祈水旱災眚，必先牒告而後立壇，蓋以理幽一邑之主也。舊址在縣南六十步，後徙于繡川門外三十步。洪武三年，知縣張永誠建於今所。正廟三間，後堂三間，東西廊各五間，内門三間，外門三間，鐘、鼓樓東西各一間，石坊一座。邑人王宗聖《鐘鼓樓記》：聖天子御極之四十年辛酉夏四月，島夷肆虐，震盪海隅。維時參將南塘戚公，奉敕保釐台郡，協同監軍延陵趙公督我烏兵，指授方略，殲厥醜類，靡有孑遺。爰是諸營總領陳大成、丁邦彦，率吴惟忠、王如龍、陳子鑾、陳京等，僉曰：「是役也，我烏城隍之神恍若雲端叫號，反風縱火，默成之功懋焉。請捐廩百金，以崇神宇，以答神休。」戚公曰：「然。蠢兹倭寇，犯我中原，十年于兹，神人共憤久矣。况用兵以來全捷甚稀，惟我烏兵一月之内凡水陸十戰十捷，我兵損折僅七人，至如花街、白水、長洋之役，以寡臨衆，全捷尤奇。衣冠被鹵者二千餘，一旦盡返故廬，此固督府當道夙持成算、兵士用命所致，而神明之默佑者，信不可誣。昔安平假稱神師，遂復齊七十餘城。今爾多士，其行也載神爲依，其飲食也祝神爲享，其臨敵也咸奮然藉神爲威。况中復有恍惚見其叫號，則神之助我也實有明徵。視齊反走之卒，大逕庭矣。今兹捐金以報鴻休、以祈永佑也固宜。」乃遣中軍省祭官龔雲程，賫金以董其役。雲程奉命維謹，鳩工聚財，培土築基，建鐘樓於廟門之左，建鼓樓于廟門之右，復建西廡凡五楹，横廊凡二楹。梁棟榱桷，煥然以新；戺級垣墉，翼然以整；繪畫塗塈，爛然以章。經始於八月戊辰，越一月十有六日甲申，工用告成。邑之人士聚觀者皆謂神之威靈丕振，而祠宇鼎新不可以無記，徵文于余。余惟「國之大事，在祀與戎」，而事神治民，理一無二。故崇德報功所以勸忠，是誠激勸人心一大機也。昔國初敗僞漢於鄱陽，神嘗助捷，誠意伯劉基請建祠以祀神。今戚公復有是舉，其殆曠世而相感者歟？抑劉公功勒太常，慶垂後裔，至今以公爲元祀，然則戚公之勳庸爵位，不亦繼美於劉公也耶！戚公諱繼光，中牟人，歷任南北，屢立奇功，真有古名將風。趙公諱大河，江陰人，丙辰進士，先任吾邑，廉明仁恕，民知向方，今以大理寺評事遷按察司僉事云。**萬曆二十四年三月二十八日，風雹震盪，垣宇傾頽，兩廊俱圮。知縣周士英以齊禱輒應，重加修葺。坊民**陳文永、童子恭、王大英、陳思湯、龔惟相、朱懋寬等**争出緡錢爲助，撤其儀門三間，更創之。石砌磚甃，塗塈丹艧，廟貌翼然改觀。國朝康熙二十二年，知縣辛國隆重建鐘、鼓樓於廟前。**

婺女星君祠

郡志以地爲婺女之墟，故祠。在縣東五十步朝陽門。屬縣咸祀之。宋嘉定間，知縣張耆卿跨街爲閣，奉星君像於其上，即今朝陽門。洪武中，知縣孔克源重創。後災燬，知縣張拱北建。宋濂《記》略：婺以星名州，星之澤州民者甚大。宋宣和三年方臘反，睦將陷，郡統領劉光世討之，兵次蘭谿，未敢進，夢霞冠羽衣神趣之行，且以病指告。劉至，盜黨就擒，及謁星祠，其像如夢中，一指將墮。開禧三年大水，先期告守土吏爲備，民不漂溺。景定四年，武義山寇爲亂，來犯城〔一〕，屯於溪南，遇媪鬻屨，長數尺。盜怪，問之。媪曰：「城中人屨皆如是耳。」盜驚散去。元至元十三年，郡既降復守，元將高興怒，欲屠城，夢神喻以勿殺。明旦以火矢射譙，矢返墮，軍中見巨人坐城上、濯足城南水中，大駭，遂下令諷民降，不敢戮一人。至正十六年，沿海翼兵自蘭谿夜叛還，謀襲郡城。神化婦人導叛兵食瓜田間，食已，皆昏迷失道，至城而天已曙，官兵有備，遂伏誅。此皆彰灼可徵之大者，而疾癘旱暘之禱爲尤驗，固未易悉數也。○全記載《府志》。

〔一〕「城」字，底本原作「南」，兹據《宋濂全集》之《重建寶婺觀碑》改。

延祀

東嶽行宫。縣西一百五十步，繡湖心之花島。祠東嶽帝君。佐神曰六聖，曰永定郡劉王，皆有祠在廡下。六聖之一曰張太保，宋乾道七年，累封「忠靖威顯靈祐英濟王」。明正統七年，知縣劉同、縣丞劉傑命道會司重建。萬曆十八年，知縣金繼震命道會司王紹彰重建。二十四年，知縣周士英仍命重修。今爲祝聖習儀之所。

靈順行廟。縣西一百步市心。一在朝陽門，一在東江橋。

赫靈行廟。縣境内稠山及所在有之，祀宋侍郎胡公則，嘗助王師殄巨寇，廟食於鄉。《府志》云：奏免衢、婺丁身錢，有功。祀之。　黄溍記：胡公仕宋，爲時名卿，婺之永康，實公鄉邑。公嘗讀書方巖山中，殁而爲神，發祥其處。宣和間封祐順侯。紹興末乃賜廟額者，初封誥命中語也。祐順之號，既累加以「嘉應福澤靈顯極于」八字，淳祐間，遂進爵爲公，更號「顯應」。尋加「正惠」，寶祐初再加「忠佑」。杭之南山龍井源公墓次，有顯應廟，敕命在焉。廟不書賜額而以「顯應」名者，因初進封之號也。公本以助王師殄巨寇，廟食于一鄉，而其光靈無遠弗被，能出雲爲風雨，農人皆以望歲者望於公。凡村墟里社，必爲祈報之所，故公之别廟布滿於郡境，不啻數十百區。其在吾烏傷之稠巖者，里人方氏倡衆爲之也。宋初，婺之第進士者自公之始也，至其季年，方氏有大冶丞應龍，以進士起家，而族日益大。其子孫相率致力於祠事，彌久弗懈者，蓋亦視公爲鄉先達而知所敬慕，不徒效俚俗、徼福於公而已。廟之創造以至元二十六年，重興以至正九年。新廟告成，以記來謁於湆，曰：「公之陰佑乎斯民，而變化不測，有以驚動其耳目者，庸夫孺子皆能言之。至於公奮由一第歷事三朝，十握州符，六持使節，選曹計省，歷踐要塗，晚以從官全身而退，其有德於人、有功於國，與夫出處之大致，非薦紳先生莫能言也，願備著之。」湆竊惟公之官伐、治行，有傳在魏國韓公所修宋《實録》，而文正范公所撰公墓誌論次尤悉，謹書而俾之使刻諸石，且爲之記其作廟之顛末，附見于石背。若郡志言公嘗奏免衢、婺身丁錢，民被其賜，而爲之立廟，則傳與墓誌皆無所登載，姑俟博洽之君子而考質焉。

晏公行廟。

縣西五里松門山。邑人王仲言建。鄉民水旱疾疫禱之輒應。　王紳記：陰陽二氣屈伸聚散於穹壤者，莫非至理之所寓，而至化亦未始不行乎其間也。日月之所以明，雨露之所以潤，雷霆之所以威，霜露之所以肅，以至山川流峙、鳥獸孳育、草木榮悴，無一不囿於其中，況夫人身血氣之盛衰、精神之完耗，不由之者乎？此鬼神之道所以爲二氣良能而理之固有者也。夫何世之好奇而喜怪者，見其眇昧，非可以膚淺探賾，往往附以妄誕之説，鼓惑於人，孰知其道固非言語所可盡者邪。至於因其迹而起敬慕之心，感其誠而致孚格之妙，此又理之自然也。若平浪侯晏公之神，崇名重號顯於時，異績冥勛在于人，而廟貌之設遍布宇内者，亦豈過情哉！義烏縣西五里曰「松門」，原隰平衍，風氣固密，而聚落亦殷盛。嘗有挾堪輿之術者，謂其地雅宜神居。適里人王仲言氏默有契感，遂相基掄材創廟宇三楹間，肖神像其中，規度未完而卒。仲言之季仲舉、仲宗，能承其志，復直前搆重門，周以崇垣，樹以名木，而鄉人又風承雲集，各效其力。凡廟制之所宜有者，無一不具。起於洪武二十四年十二月庚申，落成於二十八年二月戊寅。既成，第見士民歲時相與扶耋携幼、登拜歌呼其門，絡繹不絶。而晨香夕燈，上以祝皇圖之萬年，下以祈斯民之康泰者，賢愚一志，億兆同心。於是此廟之設，儼爲其里之壯觀，而神之報貺於遠近者，亦昭昭不誣矣。予惟鬼神之道既爲造化之功用，其所以孚於人者，非可以智求，非可以力得，唯一念之誠足以感之耳。今觀王氏兄弟之寅恭祗奉，閭閈士民之嚴威趍事，其精慮潛通，雖衡山之雲可以開回禄之勢，可以轉況神之靈，妙在冥漠者，如水泉之行不擇地而有乎第患人心靡終耳。今因其請文爲記，故極論之，庶使來者知所以焉。若夫神之姓名里系，顯靈在人心者類能言之，兹不復述。洪武二十八年三月朔日記。

晏公廟。縣西平橋側。宋南渡時，李氏自河南遷，奉爲香火主。洪武中，始立廟於此，世葺記之。

順應廟。縣東北四十里清潭山下。神姓樓，稱之曰「樓馱府君」。神兄弟三人，有智勇，爲鄉里雄。唐末，黄巢賊衆經其地，府君率弟及鄉人禦之，戰不勝，耻爲賊得，遂自刃。二弟相繼戰没。衆德之，各于没之地廟祀。銅坑與普濟院前乃二弟廟。宋熙寧間，賜廟額。《府志》：淳熙十一年賜額。

福濟廟。縣西四十里之根溪。神姓錢，名寄，由浦江來居。溪旁有山，山上有廟，在墓前。淳祐二年，因息杭州火靈驗，賜廟額，封「火應侯」。

轉龍廟。縣東二十五里泛村。神姓宋氏，本富陽人，行化經義烏，民爲立廟，歲災疫禱應。

三山廟。縣南六十里三山之上。祀本山之神。鄉民疾疫禱之應驗。

蜀山廟。縣南四十里野墅朱村。村民共指爲上祖，或曰晋東陽太守朱垣、臨海太守朱泛、金威將軍朱禮皆葬于蜀山里，疑即此。

金蔡祖廟。縣西三十五里。宋余襄公《廟記》存焉。

覆釜巖廟。縣西六十里。神姓蕭氏，號蕭王，相傳五代時嘯聚，戰敗逃此。環廟左右屋基鱗次，俗謂其南曰「寨門」，乃古寨。有古鐵索、香爐、箭鏃數種。

國朝雍正五年，奉旨敕封關帝三代祖、父公爵，令府州縣擇關帝廟廠大者之後殿，置造牌位供奉。每歲春秋并五月十三日，前後殿各虔誠致祭。知縣韓慧基於縣治南門内之關帝廟，捐俸倡建後殿三間。供奉敕封三代公位。每祭須銀貳拾兩，三祭共銀陸拾兩，均於地丁項下動支置辦，造入該年地丁題銷策内，報部查核。謹將前殿祭品、後殿牌位、封贈謚號、祭品各列圖於後。

前殿

關帝塑像左右侍坐位

關將軍侍位

敕封三界伏魔大帝位

周將軍侍位

後殿

勅封關氏三代公爵牌位圖

勅封裕昌公關氏位

勅封光昭公關氏位

勅封成忠公關氏位

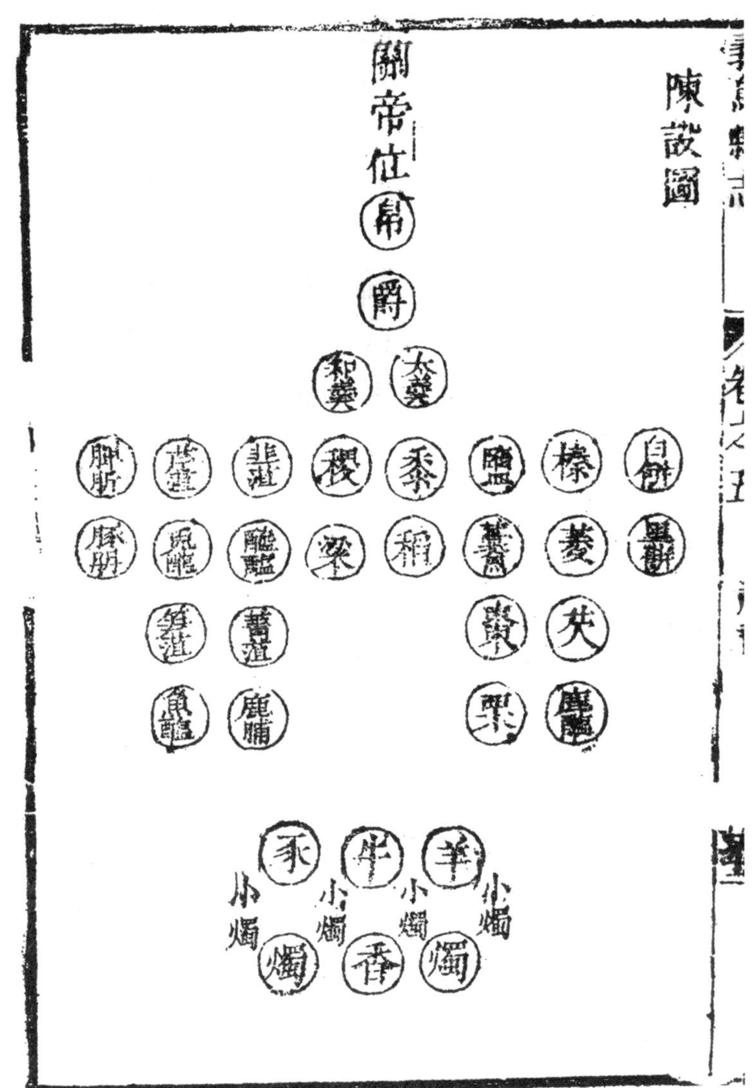
陳設圖
關帝位
帛
爵
和羹
太羹
白餅
榛
鹽
黍
稷
韭菹
菁菹
脾析
黑餅
菱
稻
粱
醓醢
豚胉
芡
鹿脯
羊
牛
豕
小燭
燭
香

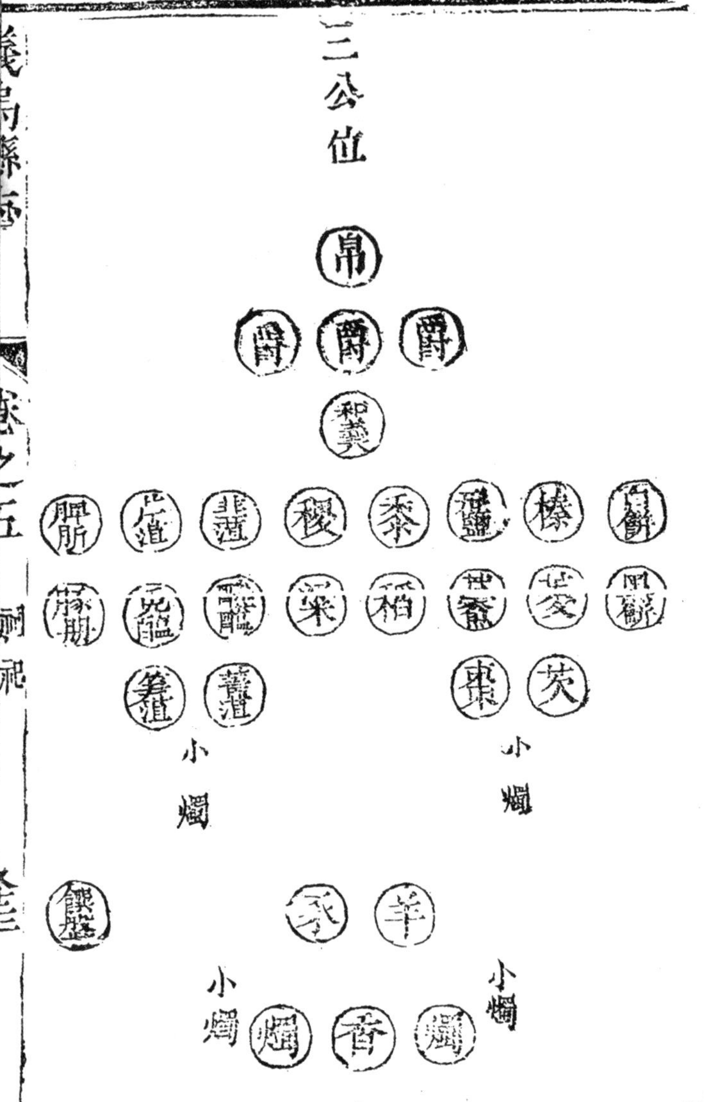
義烏縣志　卷之五　祠祀　十三
三公位
帛
爵
爵
爵
和羹
小燭
小燭
饌盤
羊
豕
小燭
小燭
燭
香
燭

前殿祝文：維 帝大義昭垂，丹心炟燦，氣塞兩間，浩然磅礴，節届〇〇用光祀禴。稽首神威，齋心祓濯，率我僚屬，對臨丹臒，保我黎民，彰善癉惡，潔治粢盛，侑以音樂，肅薦馨香，神其來用，尚饗。

後殿祝文：維 公積慶流長，後先一德，嶽降生申，亢宗赫奕，星海河源，用昭祀澤，天語琳琅，光之史册。尊祖顯親，彰兹作述，自春徂秋，蒸嘗無斁，俎豆維馨，拜颺踧踖，悦懌尚饗。

銅巖廟。縣西南三十里銅巖之陽。鄉民歲設白佛齋於巖下，以祈秋成。相傳昔年大旱，有一木像自蘭谿遡流而上，服白衣，狀若仙人。時異之，舁至佛刹，禱之即雨。今郡境寺觀皆禮之。以白衣故名「白佛」。

仙山廟。縣西南四十五里。葛仙翁修真之所。水旱禱之有應。

神相祠。在山蟠谷嶺。知縣鄭錫文爲朱煜建。

真武大帝殿。永平寺殿前右。康熙十六年知縣辛國隆建。

關帝殿。永平寺殿前右。康熙十六年知縣辛國隆建。

附：廢祠

金鵝祠。金鵝塘側。

忠義祠。祀童子明。西門外胡公廟東。萬曆戊申，知縣朱顯文建，孫應寧出基。子明童宅碑存。

國朝雍正五年，知縣韓慧基奉旨建忠孝、節烈二祠於儒學土地祠東。

忠孝義祠

正廳三間，週環圍墻，題「忠孝義祠」。

忠

宋：宗澤。見《名臣》、《坊表》。**樓圖南**。見《政事》。**徐僑**。見《理學》。**童必大**。見《志節》。**劉仕龍**。見《志節》。

明：王禕。見《名臣》、《坊表》。**龔泰**。見《名臣》。**樓璉**。見《名臣》。**虞守愚**。見《政事》。**龔子敬**。見《武功》。**葉大正**。見《武功》。**童子明**。見《武功》。**丁文明**。見

《武功》。附詳葉朝柱。龔永吉。見《政事》。

國朝：金漢蕙。見《名臣》。楊三虎。見《武功》。

孝

秦：顏烏。見《孝友》、《坊表》。

宋：樓蘊。見《孝友》、《坊表》。樓斗南。見《隱逸》、《坊表》。石子定。見《孝友》。

明：王紳。見《孝友》、《坊表》。龔曇。見《孝友》、《坊表》。楊芾。見《孝友》。金文亮。見《孝友》。陳文言。見《孝友》。王汶。見《儒林》、《坊表》。樓楷。見《實行》、《坊表》。朱叔誠。見《坊表》。王應麟。見《孝友》。

國朝：陳世耀。見《孝友》。朱孔雲。見《孝友》。傅文權。見《孝友》。龔起翬。見《實行》。

義

唐：駱賓王。見《志節》、《坊表》。

宋：陳昭。見《志節》。黃中輔。見《志節》。喻侃見《理學》。喻南强。見《理學》。

馮友仁。見《實行》。

元：朱震亨。見《理學》。

明：樓鎮。見《政事》。吴畿。見《實行》、《坊表》。

國朝：金光。見《志節》。

錢元佑《華川懷古詩》：「烏傷往哲洵堪傳，行誼文章事並全。孝子秦時能感物，忠臣宋室志回天。纘承絶學儒功懋，致命巖疆使節堅。大義更垂臨海檄，風徽懷想倍情綿。」

節烈祠

正廳三間，週環圍墻，門建石牌坊，在忠孝祠左。

倪氏。吴之藝妻。丁氏。沈敦妻。葉氏。張孫瑶妻。

舊《志》節烈：厲氏。樓士恭妻。舒氏。鄭經妻。虞氏。黄極妻。趙氏。黄宗武妻。李氏。黄承洙妻。俞氏。黄嗣華妻。京氏。金世儀妻。駱氏。陳之鏞妻。王氏。蔣達妻。沈氏。毛一蘭妻。王氏。毛一松妻。宋氏。賈明善妻。金氏。何仁五妻。王烈女。方氏。丁復興妻。虞氏。駱柱妻。陳氏。徐越妻。黄氏。吴嘉謨妻。馮氏。龔復興妻。樓氏。吴湘妻。方氏。龔滔妻。王氏。龔廷亨妻。陶氏。王兆慶妻。鳳娘。虞守忠女。洪氏。李誠妻。

傅氏。吴伯忠妻。謝氏。陳暎妻。金娘。楊明八女。瓘娘。王宗武女。戴氏。沈時學妻。葉氏。劉潤妻。王氏。劉守廉妻。張氏。沈賓國妻。陳氏。朱霈妻。王氏。虞良相妻。季氏。金貢妻。謝氏。龔一清妻。樓氏。駱元達妻。王氏。丁文彩妻。陳氏。胡德盛妻。樓氏。駱彪妻。陳氏。駱行演妻。金氏。駱邦仕妻。何氏。駱舍妻。駱烈女。明綱女。駱小姑。何瑞上妻。金氏。許欽京妻。朱氏。樓國遴妻。童氏。賈之儀妻。朱氏。劉之龍妻。王氏。蔣臣川妻。王氏。童應憲妻。朱氏。方崇吉妻。王氏。季啓元妻。樓氏。朱輩英妻。何氏。駱宁楨妻。劉氏。馮士身妻。金氏。吴堡妻。金氏。樓洵培妻。葉氏。曹鯤妻。陳氏。吴茂妻。郭氏。王之紳妻。邊氏。駱文燮妻。吴氏。金之善妻。施氏。吴王一妻。金氏。陳安年妻。丁氏。朱應蘭妻。金氏。蔣廷峙妻。李氏。金以棣妻。吴氏。陳作霖妻。陳氏。王吕之妻。新志節烈：何氏。樓慶達妻。吕氏。虞思漢妻。宗氏。虞思沂妻。何氏。虞思洸妻。黄氏。吴洪溥妻。徐氏。王應松妻。賈氏。商德茂妻。童氏。虞枝逋妻。樓氏。黄世封妻。吴氏。王士厚妻，媳何氏。王氏。丁有澄妻。何氏。陳昇妻。傅氏。五官。虞氏。傅無詡妻。吴氏。陳忠敏妻。丁氏。王應旂妻。季氏。童世選妻。成氏。王明霞妻。楊氏。龔蘊美妻。陳氏。王明長妻。馮氏。丁弘縉妻。蔣氏。胡叶仕妻。王氏。方以昌妻。許氏。童世組妻。金氏。陳逢彰妻。樓氏。陳我旗妻。吴氏。王吉元妻。陶氏。金來儀妻。戴氏。馮焕宷妻。馮氏。葉邦摶妻。盧氏。金輅妻。孫氏。朱鴻飛妻。陳氏。朱起能妻。鮑氏。王國璉妻。許氏。金永顓妻。駱氏。樓承引妻。駱氏。樓祖蔭妻。王氏。龔起環妻。丁氏。朱時瑛妻。駱氏。喜娘。

專祀

永慕廟

祀秦孝子顔烏。在縣東四里孝子墓左。宋端平二年，右丞相喬行簡奏賜今額。淳祐元年，兵部郎官康植肇立神位。景定三年，縣令李補始作廟。每歲清明日，縣令率僚屬祭享，顔其額於廟門。李補記：邑東之三里有丘焉，曰烏傷墓。秦顔孝子氏事親孝，葬親躬畚臿，群烏銜土助之，喙爲傷。後旌其邑曰「烏傷」、曰「烏孝」、曰「義烏」，皆以孝子故。垂二千載，景定庚申，補來試邑，拜墓下，徘徊楸陰。父老前曰：「初，一阡坐荆棘，辱樵牧，墳而不廟。端平間，邑士請於朝，得旨賜今額。續兵部康侯植，封其兆，墉其周，屋於旁數楹，僅署香火。」補聞而盡然，相舊制，梁桷赤白，陊剥不治，果不足以揭虔妥靈，乃屬簿曹陳君寧祖董是役，與里之善士樓君思問、黄君縝、周君寓、黄君璧卜改作。證圖牒，復民所侵地，於墓之東、面野背山得址焉。庀工度材，並手偕興，殿堂門廡，咸以度經。始於辛酉之正月，而以明年二月成。嗟夫！役晨昏，犯寒暑，剕穢剞朽，前指後畫，以續於成者，諸君力也。人知黝堊丹漆之壯麗，而不知財之所輸，見徒之合散，而未見奔走之及己，顧不偉與！會補赴浙右帥幕，行有日，揭嘉號於廟門，里人來觀，動心駭目，咸謂今天子孝治天下之心，賁及草木，燁乎有光矣！乃諗于予曰：「秦以法律愚天下，隻鉏寸帚，盼盼焉德色誶語，視孝爲何物？顔氏獨不愚於秦如此，夫且驪山下錮三泉，水銀鵝鶩，機封隨圮，而烏喙泥粒迄今巍然，烏邪，天邪？孝子不求助於烏，而烏自動其感，非烏也，天也。天借烏以愧不顔者耳。吁！人心之天，萬古一日，雖不以廟而存亡，然不廟則非所以宣上德、永人心之慕也。」言訖，觀者請記之，補遂述始末，囑黄縝子應龢書以立石。　宋太史濂贊：古有醇孝，厥姓惟顔。父喪未葬，行泣道間。我畚我鍤，是藴是瘞。彼群烏何知，銜土予助。我冢既封，烏吻血流。感爾異類，愧我同儔。秦風日漓，借耰鋤而德色。誰意霧雲之四蒙，見此皦日。千載之下，禮憲淪胥。豈獨愧君，烏亦不如。有廟巖巖，春秋是祀。用興薄夫，作我孝子。**明洪武間，屢修屢廢。永樂十五年知縣李玉、正統五年縣丞劉傑俱重建。復毁。萬曆元年，知縣梅淳即故址重建堂三間、寢室三間、門一間，四周爲垣。堂以享公，以宋孝子樓公藴、明孝子龔公曇配享。春秋二祭，又設顔公父神位於**

寢室，祭之日並奠。梅淳記：余自縉雲移令義烏，即聞縣之得名以顔公感烏。公秦人，父喪，負土葬之，烏銜泥吻傷，故秦名縣「烏傷」，繼改今名。嗚呼異哉，顔之爲孝也！感於烏，靈且怪矣。烏獨靈於顔哉！即下車，訪父老，詣烏傷墳。見土封高聳，越千載如一日。去公墳僅五步，宋景定二年縣令李公補建公永慕廟。去公墳南十五步，草棘荒蔓，已成丘墟，視之令人悲且惕焉。予時令封其土，即欲搆其祠，而始政紛劇，上下經理未遑。迄今期歲矣，即不敢謂政通民和，然是務邑所自始也，風民者所有事也，顧名思義，予烏可已哉！於是基地方正，鳩工集材，爰舉厥事，邑人争助力搆之，爲寢室四楹、享堂四楹，門房半之，繚以周垣。成，祭之，妥神在堂，設豆在几，一時褒崇之典焕然新矣！然享公而公之父不及享，公之心安乎哉？推公之心，禮以義起，特設公父神位於寢室，祭之日並祭奠焉。嗚呼！若是可以風民乎哉！溯邑先哲感顔之風而興起者，若宋孝子樓公藴，負土築冢，行者墮淚；我朝孝子龔公曇，廬墓悲號，三年一日，皆心顔之心者也，謂不能感顔之烏不可也。近則民心愈離，樂兵戈而去之他鄉者紛如，生無以爲養，死無以爲葬祭，視之反哺之烏，亦有愧矣，矧能感顔之烏哉！顔亦人子也，烏亦孝烏也，能以顔之子事顔之父，則顔之烏見於今之世，子不如顔，烏亦不如顔矣。烏獨靈於顔哉！余莅兹土，愧無以爲民之風也。築公之祠，崇其墓，及其父並祔食。其繼公者，豈直慕公之風已哉？思以公之風風邑人。

初，正統中，知縣劉同、縣丞劉傑置祭田二十畝，命接待寺僧歲種以供祭祀。年久莫稽。萬曆二十四年，知縣周士英清出，仍命寺僧管理，裁定祭品每祭用豕一、羊一、牲醢果食各五，計該銀二兩。查縣每次原有祭銀一兩二錢五分，議派作猪價、香燭及調和等項。其羊隻並五牲、五果、五食，取足寺租銀七錢五分四釐。祭期擇仲丁日專祭，儀注具如後「忠賢祠」。

祝文：孝爲百行之原，而先生能盡之；烏爲一物之微，而先生能格之。生百世之上、百世之下，聞者莫不興起，非先生之純孝，烏能感物如是邪？以宋孝子樓公、明孝子龔公配。尚饗！

其田、地、山號詳列於後：一、孝子墓基五畝五分。一、荒地二畝。一、中地二畝三分。一、碑塘頭高田一畝九分六釐。一、碑塘頭高田二畝三分。一、廟前高田三畝五分。一、廟邊平田一畝五分一釐，又高田一畝二分。一、碑塘頭寺田三畝九分六釐。一、墓邊平田一畝五分九釐，又田一畝九分九釐。一、山邊高田一畝二分五釐。一、墓邊田一畝八分七釐。一、碑塘邊青山七畝三分六釐，又地九畝八分。

劉同《題孝子祠》詩二首：親殞貧無力，號天欲斷腸。築墳憐汝苦，銜土嘆烏傷。老樹風霜古，穹碑歲月長。邑名因孝行，千載共流芳。滄桑幾更變，孤冢獨巍然。邑號慈烏義，人推孝子賢。鶯聲雲外樹，草色雨餘烟。此日瞻遺像，青蘋薦碧泉。按：駱侍御賓王亦有祠。明萬曆中，學使蘇濬移文祠於鄉，作《忠孝辨》一卷。

宗忠簡公祠

祀宋門下侍郎、御營副使宗公澤。初在滿心寺内，元時建。明正統八年，知縣劉同重建。邑人黄溍記：《義烏滿心寺鐘記》，宋名臣忠簡宗公之文也，石毁弗存已久。寺僧曰直、曰謐，實公七世諸孫。直先示寂，謐今以甲乙之傳嗣爲住持，爰輟其衣盂之資，購田若干畝，祠公于西廡，探家集得舊記，重刻諸石，而俾某志於下方。謹按：公諱澤，字汝霖，世爲義烏人。元祐六年中進士第，調館陶尉，歷龍游、膠水、趙城令。政和三年，改官知萊州掖縣，差通判登州，忤道士，得罪用事者〔一〕，既丐祠而歸，猶坐削奪，羈置鎮江，因卜居焉。經郊恩叙，復監鎮江酒務。靖康元年，以臺臣薦，召對，假宗正少卿，充和議使。公奏名不正，更其名計議使，訖不行。會選易河北帥守，乃擢公直秘閣、知磁州、河北義兵都總管，就遷秘閣修撰。高宗以親王奉使過磁，公力止之，朝廷即授以兵馬大元帥，公爲副元帥。暨高宗正位宸極，命公以龍圖閣學士知襄陽府，俄徙知青州，又徙知開封府，遂以延康殿學士爲京城留守兼開封府尹，陞資政殿學士。方身任中原之事，時宰忌公者從中阻之，公以憂憤成疾而薨，建炎二年也。有旨拜公門下侍

〔一〕「罪」字，底本原作「幸」，兹據黄溍《文獻集》之《忠簡宗公祠記》改。

郎、御營副使，而遽以遺表聞，詔贈觀文殿學士，尋賜謚「忠簡公」，階正郎。恤典初行，止用侍從恩數進四官，後乃以通議大夫告其第，累加至開府儀同三司云。公墓在鎮江之京峴山，而立廟於鄉郡、從祀於邑庠，並著於有司之彝典。謚之生，上距公没二百餘歲，且去家爲浮屠而不忘乎賢其賢、親其親，祠事之興又禮之以義起者也。某是用序次其作始之自，並以公官代之概系焉。公平生大節及功施於社稷者，有傳在國史，有遺事行於世，兹不書。吴芾詩：嗚呼哀哉元帥公，百世一人不易逢。堂堂天下想風采，心如鐵石氣如虹。正色立朝不顧死，半生長在謫籍中。真金百煉愈不變，流水萬折歸必東。落落奇才世莫識，欲知勁草須疾風。維時中原丁禍亂，邊塵漲天濛濛。衆人畏縮公獨奮，毅然來建中興功。雄圖一定百廢舉，獨見南陽起卧龍。嗚呼哀哉元帥公，翩然遺世何匆匆。無乃上天亦乏材，故促我公還帝宫。公還帝宫應有用，何忍坐視四海窮。嗚呼四海正困窮，興仆植僵賴有公。公昔居東都，天下日望公登庸。公今既云亡，天下不知何時康。正如濟巨川，中流失舟航。當今士夫豈無人，請問誰有公器業，誰如公忠良？公雖不爲相，德望振要荒。公雖非世將，威棱讋豺狼。偉哉奇節冠今古，我試一二聊鋪張。靖康明年秋，外敵正披猖。廟堂驚失色，愁睹赤白囊。公首慨然乞奉使，欲以口伐定攙攘。朝廷是時未知公，公之素志不獲償。憂國耿耿思自效，再得守土河之旁。命下得磁州，翼日徑束裝。下車未三日，敵騎已及疆。敵人聞公亟退舍，疋馬不敢臨城隍。頃之得兵數十萬，康邸賴公王業昌。及公領留守，北顧寬吾皇。恩威兩得所，春雨兮秋霜。餘刃曾不勞，微弱成安强。奸雄盡膽落，誰敢亂紀綱。

嗚呼哀哉公死矣，民今有粟安得嘗。蘿蔦乘我虛，近復陷洛陽。洛陽去東都，雉堞遥相望。不聞敢侵犯，豈是軍無糧。祇畏我公霹靂手，氣懾不復思南翔。嗚呼哀哉公已矣，秋高馬肥誰與防。天子久東狩，去冬幸維揚。都人心戀主，謂言何相忘。朝夕望回輦，斷腸還斷腸。公獨以死請，百請意愈剛。嗚呼哀哉公死矣，萬乘何時歸大梁。咄咄肉食人，尚踵蔡與王。奸諛蔽人主，痛毒流萬邦。人怨天且怒，意氣猶洋洋。所冀我公當軸日，盡使此曹膏劍鋩。嗚呼哀哉公死矣，始知國疾在膏肓。我公我公經濟才，設施曾未究所長。但留英聲與茂實，永與日月争輝光。此死於公亦何恨，顧我但爲天地傷。我聞天下哭公者，哀痛何啻父母喪。父母生我而已耳，安能保我身無殃。都人此時失所依，波迸東下紛蒼黄。我公我公不及見，秋風在處生悲凉。百身倘可贖，我願先以微軀當。靈丹如可活，我願萬金求其方。旁皇竟無起公計，安得長喙號穹蒼。嗚呼哀哉元帥公，太平時節君不容。及至亂離君始用，民之無禄天不從。嗚呼哀哉元帥公，古來有生皆有終。維公存亡係休戚，千年萬口長怨恫。嗟我草萊一賤士，念此抑鬱氣拂胸。銜哀忍涕何有極，願以此詩銘鼎鐘。**正德十三年，徙寺爲學宫，祠廢。隆慶五年，御史謝廷傑檄有司各舉先哲之祠，知縣歐陽柏奉府議，即二都舊祠加麗以祀公。**邑人朱湘記：宋宗忠簡公澤故有祠在滿心寺内，我明正統八年重建。正德間，徙寺爲學宫，祠亦隨廢，廟貌丘墟，迨今五十餘年矣。隆慶辛未，閩惠安鄭公來守我邦，政通民和，百廢次舉，亟圖所以表忠賢而崇教化。會江西新建謝公以名御史來按兩浙，振揚揚歷，敦尚節義，檄有司各舉先哲之祠悉新之。太守下其檄於所屬邑。惟時楚潛江歐陽君柏宰吾邑，奉檄往視公祠，無復遺礫，顧謂父老曰：「祠凡幾建，而今爲墟矣。即新之，其誰與守？且公已並祀四賢祠内，是祠或可以已否也。」有復於歐君者曰：「公之裔有居二都宗堂者，去郭不五里許，家有專祠，適臨孔道，盍就其祠增其所未備，俾其子孫世守之，不亦可乎？」歐君是其議，上之太守以呈謝公，胥允焉，而以縣丞蕭萬夫董其事。繼而歐君以内召去，郡節推宿松劉君守恒視邑篆，督察惟嚴，百工畢力，不逾時役以告竣，而又爲碑其故址，使無或侵軼。祠爲正寢三楹，廳三楹，門五楹，仍宗氏舊也。益以東西廊房十一楹，繚以周垣，飾以俎豆，像而祝之，煥然稱厥祀矣。太守謂余邑人，屬之記。余惟宋運既衰，敵馬南下，所在風靡，文武冠蓋之士惟同聲和議，以求苟安旦夕已爾。公獨力抗强敵，矢心恢復。瀝誠以誓將士，單騎以招劇寇。於時，王善、楊進之徒皆以數十萬衆聽公指揮，兩河忠義之士、京東西諸路民兵四面雲集，咸願聽公節制。兵勢既振，所向克捷，然後力請回鑾以繫屬人望。疏凡二十四上，悉爲汪、黄輩所阻。公不勝憤，竟以疽發背死，臨卒猶呼「過河」者三。嗚呼！公之心，不以成敗利鈍異，不以生死二。其君不能用而公不恤，舉朝大臣以爲狂而公不顧。若公所謂社稷之臣，非邪？昔諸葛孔明，當漢室既頽、群雄僭竊，與其主東馳西鶩，以建三分之業，後世稱難焉，然亦幸有昭烈爲之君也。宋雖中替，人心未改，使公遇孔明之君、操孔明之權，其事半而功必倍之矣，奈之何高宗之闇甚也！然則公之不能成功，天也，非人也；乃宋之不幸，非公之不幸也。嗟夫！公不能存宋之宗廟社稷於中原，至死猶有遺淚，身後之祠其廢其興，公亦何心哉。

顧竭忠殉國者，人臣之道也；旌賢勵俗者，觀風之事、守土之責也。公之忠誠偉績，可以法天下、傳後世，矧於其鄉乎！祀公於鄉，使其鄉之人知公之烈，百世不磨，後有作者期無愧於公可矣，此謝公與太守修祠意也。國初吾邑若王忠文公禕，靖難之時若樓公璉、龔公泰，皆抱忠不屈、視死如歸，英風特節嚮應後先。此雖山川間值，謂非聞公之風而興起不可也。然則是舉也，其有關於綱常世教豈淺哉！公生於石坂塘，遷居廿三里，登元祐進士，所遺有《言行録》《文集》各若干卷，玆又史氏所略，余故爲並著之，以詔來者。謝公名廷傑，鄭公名一信，而同知河源李君壽、通判豐城袁君均咸皆先後贊議，法得並書，是爲記。金谿吴伯宗《像贊》：公之力，足以旋乾而轉坤；公之功，足以攘裔而安夏。始以一言能返北旆而南還，後以二十四疏不能回南轅而北駕。且留鑰之任方切，而巧言遽入於帝聽；渡河之志未酬，而大星已殞于中夜，何人之於公則知媢嫉，而天之於公則不知假借！此有志之士、百世之下，所以想英風而激昂、拜遺像而悲咤也。

徐文清公祠

祀宋待制徐公僑。在縣南四十五里清德里。久毁。宣德初，嗣孫徐季德率族人創祠静安里橋西以祀。

黄細高居士祠

祀宋黄公中輔。在縣東金山頂。事詳傳。

龔右史祠

祀宋龔氏應之。在松門。龔氏出自晋大夫堅，至陳大建中，諱孟舒者拜河南觀察使。二十一世孫寔，始遷烏，生六子：世宏、世隆、世廣、世恩、世昌、世英。伯仲友善，俱從事東萊學，爲世名儒。鄉先達喻工部良能目爲「六瑞」，楊忱中作《六瑞堂記》。孫明之、應之愷皆仕顯。自明之至永吉凡七世。舊《志》載《遺事》，今附此。

朱左司祠

祀宋朱氏元龍。在東朱。事詳傳。

劉武節侯祠

祀宋劉公仕龍。在青巖銀樹園。有漢太孫亭。事見《選舉表》及《遺事》劉豪墓下，今補傳。

葉通齋先生祠

祀宋葉氏由庚。在縣西北槐花門。事詳傳。有真儒坊。

黄文獻公祠

祀元學士黄公溍。在縣西六十步。至正二十二年，知縣胡惟信建。明正統六年，知縣劉同重建。門人王禕《祠堂記》：古者君子出而任公卿之位，及其退處於鄉也，人稱之曰鄉先生，殁則相與立祠於社，尸而祝之，崇德美、敦化原也。嗚呼！若吾先師文獻黄公，所謂古之鄉先生者歟！公諱溍，字晋卿，世爲義烏人，登延祐乙卯進士第，歷官州縣，所至以廉能稱。入爲應奉翰林文字，遷國子博士，居六年，所教弟子悉爲名人。除江浙等處儒學提舉，年未七十，即納禄歸養。遂以中順大夫、秘書少監致仕。家食久之，於是儒林宗工日就凋謝。國家思用老成，落致仕〔一〕，

〔一〕「落」字，底本原無，於義不通，兹據《王忠文公文集》之《黄文獻公祠堂碑銘並序》補。

以翰林直學士起公於家，尋陞侍講學士兼知經筵，復總裁國史。其居經筵，每進講必陳仁義道德之説。在史館，筆削無所阿。凡朝廷大詔令、大制作，皆以屬於公，而公獨任斯文之重，爲海内所宗師矣。未幾，控辭而歸里。居又數年，至正丁酉年八十一而薨。制贈中奉大夫、江西等處行中書省參知政事、護軍、江夏郡公，謚「文獻」。儒臣之榮，斯爲盛焉。今行中書省臣建議，謂公以精純之學羽翼聖學，以典雅之文黼黻人文，誠一代之儒宗、百世之師表。義烏乃其鄉邑，建祠致祭，於禮爲宜。下其事有司。先是，縣令胡侯既裒公文集，鋟梓以傳，復因門人里生之請，方掄材度址，圖作祠事，而省牘適下，即慨然以爲己任。擇吉壤繡湖之東，爲祠宇三楹間，而肖像其内。肅賓之軒、守祠之舍，列於左右。其外繚以崇墉，樹以名木。祠事之所宜有者，靡或不具。歲癸卯正月甲辰，落成之年月日也。雖宰臣分藩鎮撫東土，德威並著，列城奠安，然敬故尊賢尤爲先務。是祠之建，允合古誼，而縣大夫保有民社，政績昭彰，又能知爲治之要，汲汲焉祠事之是成，其於教道，誠爲有補。是宜勒辭麗牲之石，以紀其端原。若公之學術志行揆諸聖賢而無愧者，其詳所在有行狀、有家乘，墓隧有碑銘，太常有謚議，國史有列傳，兹不復書。銘曰：山英川靈，孕氣淑清，鍾爲名賢。維公有作，顯顯文學，聞譽昭宣。其學之長，内聖外王，喬嶽澄淵。其文之精，玉振金聲，入神出天。用以名世，邦家之瑞，絶後光前。國有老成，是曰典刑，當宁載延。文儒所職，金匱石室，廣厦細氈。控辭歸休，優游林丘，德義彌尊。卹典孔崇，于飾其終，光賁重泉。乃作祠宇，碩碩其礎，繡湖之壖。公像在堂，歲時烝嘗，率禮弗愆。道爲世師，人懷教思，有弗謁虔。勒辭焯德，垂示無斁，牲石是鐫。門人宋濂記：星辰之昭乎上者，天之文；河嶽之列於下者，地之文；經緯乎兩間而丕昭至道者，人之文。人之文，雖若有不同，或得之者亦足以配二儀而嘗存，後萬物而不凋。蓋以長庚之精，峨嵋之神，皆降而爲命世之儒，所以能軋摩日月，扶植鴻化，以震盪乎一世。故雖其魂已喪，其神不亡，乘一氣於太虛間，鼓舞變化，隨雨露風霆而著形焉。尸而祝之，實有不得不然者矣！有若烏傷黄文獻公，其殆庶幾乎？公之方妊，母夫人夢大星煜煜然墜于懷。及其生也，繡川之水爲之一清，是蓋星靈川祥所融凝而成者。故公遂以文章鳴一時，侍講經筵，闡明聖學，掌宣皇制，黼黻太平。昭回雲漢之章，衣被乎草木，人文化成之效，於斯爲盛。是則公雖薨，而其耿耿不没者，固已游神太清，在帝左右，而祠之不設，非甚闕典歟？濠梁胡侯來爲縣，剛明正直，不可干以私。行之既久，政通人和，屢謁公之墓下，凉飔動木，悵然而有遐思。即下令禁其樵采，復輯公之遺文，刻梓傳世。侯猶謂未足以交神明，乃請於上官築祠於繡川之濱，堂庭穆如，門廡清謐，像設有嚴，丹雘焜燿。落成之日，侯具牲酒，盛服致祭。公之孫子，邦之群彦，咸從侯後。精神格乎，契乎冲漠。焄蒿悽愴，如將見之。祭畢而燕，籩豆静嘉，殽核維旅。鴻休誕昭，秩秩雍雍。四方之士，來游來瞻，僉以爲侯之爲政，知所風厲。而公之靈爽，永有攸棲矣。或者則曰：「人死，則其氣澌盡。古者祭鄉先生於社，不過崇德報功，爲人勸爾。子曰其神不亡，無乃涉於誕邪？」嗚呼，是未知鬼神之情狀者也。世之彊夫志士，用物精多，尚能著靈響，廟食百世。况鍾天地靈長之氣，而發爲文章之英者乎！其不隨世而磨滅者决矣。至若庸夫凡氓，其德不顯，其鬼不靈，則當如此言爾。初，祠之成，同門友王君禕既爲紀其歲月。公之子梓、從子檽、從弟英暨甥劉某、陳某，謂侯是舉有關於名教之重，而非私於一家，又請濂詳文其事於石，以昭侯之善，與此祠相爲終始。按《春秋》書事之法，辭有重複而不殺者，因竊取義而爲之記，復繫之以詩，曰：大星煜煜流光晶，川原斂滓若鏡澄。發爲五色文章英，上騎日月薄太清。呼吸雨露鞭風霆，在帝左右持文衡。交龍降升藻火明，生色燦爛丹鳳翎。萬物承被流華榮，一氣闔闢不可名。玄功斂迹歸杳冥，其魄雖離神則形。炯炯直與造化並，有祠翼然妥幽靈。陽烏高騫聳孤稜，庭宇沕穆森巨楹。歲時奠酒輸精誠，牲牷肥腯酒潔馨。倏陽忽陰誰使令，有神來下風泠泠。若乘玄麟紫霞軿，降爾百福響然憑。鄒魯禮樂當洊興，春秋報事垂千齡。

王忠文公祠

祀明待制王公禕。在縣南十里齊山下。翰林修撰吴寬記：唐昌黎韓氏以文章妙天下，歷千百年鮮有及之者，豈其下筆刻落陳言，卓然成家，足以聳動乎人哉！其氣充，其理直，其言遠而暢也固宜。方鎮州之亂，王庭凑圍牛元翼於深州，穆宗詔愈宣慰其軍，且戒愈度事可否無必入。愈奮曰：「安有受君命而滯留自顧者？」遂疾驅入之。時庭凑操刃逆愈，甲士林立。愈以寡弱之質，直嬰其鋒，顧乃厲聲開説。將士聞之，震掉失措，氣阻而語塞。卒之不勞一旅，不失一鏃，服庭凑而出元翼，愈之功也。故嘗竊論韓氏之文之妙，由其所養者充，所守者直，而其名至於今稱之者，非徒以其文而已也。皇明初興，以文章用於時者多嫠産，若學士宋公景濂、待制王公子充，尤稱傑然者。二公之在館閣，日惟以文章爲事，人以文士目之久矣。一旦王公奉使西南裔而仗節以死，然後知公之學有用也。蓋高皇帝以神武取天下，號爲無敵，獨雲南恃其險遠未下，乃洪武五年以王公使其地諭之。僉謂：公文士，不宜蹈不測之裔類。公受詔不顧，既至，見其主梁王、其臣達理麻，諭之再三。初皆有降意，已而猶豫，留公不遣。公亦持節必俟降之乃返。會元之遺孽有使至雲南，閧納我使，讓梁王。王出公，俾自當之。公引天命國勢爲辭，其言甚壯，且曰：「我遠使來，誓爲國死，終不能爲若屈。」元使怒，梁王恐，遂死。後八年，大兵竟平其地而郡縣之。又後爲正統六年，朝廷始贈公學士，謚「忠文」，以報其死節。嗚呼！公之爲文，學乎韓者也；其爲使，亦同乎韓者也。而其事之成否，身之存亡，則有幸、不幸之分焉，然公不可謂不幸者。故姑即並時宋公較之，二公以文章見用，其名實相伯仲。宋公之位差顯，然身見其子若孫皆死於法，既老不能免川蜀之行，而其故居在金華者，莽焉荆棘，過者憐之。若公則没於王事，其氣節偉然，且官有贈、行有謚，而其子孫皆賢而有文，能守其田廬，又有爲廟於家、以禮祀公如曾孫曰進士汶者，此其所以爲公幸也。王氏初居義烏邑中，後南遷十里曰青巖山，則自公始。公之子國子博士紳，嘗與其兄綬謀作家廟，不果，僅即堂之夾室以展祀事。國博之子處士稌仍其舊。室既卑隘，歲久將壓。汶始克爲之，乃擇正寢之東爲屋三間，中奉公爲百世不遷之祖，子孫列祔，右男左女秩如也。垣門階庭，高固整廣，不隘不侈，于禮爲宜。工始于成化十一年八月己丑，明年十一月戊辰訖工。復割田倡其族人以供粢盛。乃以書告其友吴寬曰：「家廟之制未稱吾尊祖之意，若庖湢齋戒燕飲之所皆所宜爲而未爲者，吾一人之力不足也。雖然，吾志有在，終當爲之。幸子爲文，刻之廟中，以識吾志。」寬感汶之好禮，不復辭，輒爲書之。是廟也，凡以奉王氏先世，而獨詳於忠文公者，蓋公王氏百世不遷之祖也。爲百世不遷之祖，則享百世不遷之祀。夫世至於百，遠矣，後人能如汶之賢則可，不然有能知其故而思所以尊祖者乎？固宜詳書以告之耳，亦汶之意也。

金青村先生祠即劉青村先生。

祀明金公涓。在縣西崇儒坊巷内。傅縣舊簿廳。事詳傳。

龔忠愍公祠

祀明都給事中龔公泰。在城南河濱。成化十二年，子侍郎永吉建寢室六楹、兩廡、中門。淳安商輅記：皇明有忠臣曰龔君，浙之金華義烏人，投城死節。其子永吉，歷官禮、兵二部侍郎，尋轉南京大理寺卿，追惟厥考，與孝孺方公同節，悵然遐思。成化丙辰春，爰命家子潼掄材度址，建祠於南壕之濱。搆寢六楹，夾以兩廡，樹以中門，儲以祭庫，繚以崇墉，割田四十畝以供祀事。落成之日，永吉屬予勒辭廟石，以昭來裔。輅忝同朝，雖不文，奚容辭？君姓龔氏，諱泰，字叔安，先漢渤海太守遂之後，簪笏傳芳，爲烏望族。至宋，有宣教郎諱明之者，君六世祖也。君九歲而孤，母節婦傅氏太孺人遣從宋濂門人宗思睿游。洪武丙子，舉鄉進士，歷任户科都給事中。壬午六月，靖難師渡江，有旨令公巡城。公與其配傅訣曰：「顧國事至此，不可爲矣，吾分必死。爾第齎敕携幼以歸，急則俱溺於井，毋自辱也。」須臾，火起内庭，公馳赴之，道遇兵校。執送金川門，驗非奸籍中人，釋之。公遂自投城下而死，是月十三日也。厥後賜謚「忠愍」，因扁其祠曰「忠愍公祠」。俾今此縉紳目擊心維，子姓賢裔顧名思奮，庶有俾風化、有係綱常，視庸流廟宇丹楹刻桷、僅飭偉觀而無關世教者，不啻霄壤。公之死也，人咸悲之而紀其忠：爲《墓碣》有若大學士金幼孜，爲《墓表》有若靖遠伯王驥，爲《像贊》有若尚書胡濙，他若太常之謚、國史之載、列傳之記，揚厲尤悉，而輅廟石之鐫，特梗概耳。銘曰：光岳氣鍾，誕生名公。投城死節，並駕龍逢。光射日月，節凛霜風。猗歟臣鵠，卓哉孤忠。流芳竹帛，勒謚鼎鐘。君殆無憾，賢胤繼踵。爰崇祠宇，歲時祀公。廟食梓里，邺典斯隆。琢銘貞石，垂耀無窮。　按：舊《志》作丙辰，誤。　子永吉，主兵部事。時宣宗寫秋水圖，賜詞：萬頃烟波渺渺，數行旅雁飛飛。沙嘴黄蘆歸棹，渡頭紅葉斜暉。楊士奇跋。舊《遺事》。

崇德報功祠

祀明兵部侍郎龔公永吉。在縣南置馬塘山之原，成化八年敕建。王僎記：成化辛卯七月廿有五日，致政龔公永吉卒。郡守李嗣謂功臣之亡不可泯滅，命公之冢子潼具奏以聞。越明年春三月，朝廷遣行人田勝營其墓於本邑置馬塘山之陽，建其祠於本山之原。李承命復綱維其事。祠墓之制寬若干丈〔一〕，甃以石，繚以墉，壯觀以石獸，中有堂，左右有廂，碑有亭，神道有門，華表有柱，如命也。將以是年秋九月告成而歸窆焉。潼以余與公有同朝之雅，不遠千里具述其故而謁予記之。余惟國之待臣始終一致，德在所崇、功在所報者，生則寵錫之，死則葬祭之，非以示聖恩之浩蕩，且爲天下後世臣子勸也。公金華烏傷人，在宋、元若何文定、王文憲、金文安、許文懿數君子出而宗主天下道學、享我朝之廟祀者，皆邦人。公生數君子之鄉，起數君子之後，慨然有志於數君子之學，發軔巍科，官歷武選。公以韜略雄才，聖明倚重，五征外落，兩伐蠻苗，邊功兵績，不啻龜卜燭照。拜侍郎，累官至大理卿。立朝四十餘載，義膽忠肝，照耀日月。後公以引年乞歸。公生既膺寵錫，而兩都久居大位，於死而祭，祭而葬：公非過也，崇德報功之盛典

〔一〕「干」字，底本原作「千」，茲據《崇禎義烏縣志》改。

也；朝非私也，爲天下後世臣子勸也。吾知是墓之成，庸夫愚婦亦將曰公之德何如其大，公之功何如其多，朝廷之崇報何如其盛。隆名偉望與宋元數君子並駕而同稱，與天地悠久而弗磨矣。郡守李嗣請勒諸千秋之石。

合祀

忠賢宋宗忠簡公澤、徐文清公僑；元黃文獻公溍；明王忠文公禕、龔忠愍公泰。在縣治後。舊祀宗、徐、黃、王四公，名「四賢祠」。嘉靖二十二年，知縣梅凌雲建。萬曆元年，命采革除死難諸臣，建「褒忠祠」，以祀兩浙凡十二人，龔忠愍公泰與焉。知縣梅淳擬建公專祠，不果。乃申請合祀四賢祠内，易其扁曰「忠賢」。梅淳記：自古忠賢之同一道也，以忠足以扶天常、植臣紀，而賢足以敦正學、淑人心，故國家褒之、閭里榮之，祀典恒奕奕乎有祠焉。國初靖難死節之臣近百餘人，雖或雜記於野史哀談，而無以聞之朝廷，名氏寥寥不見表章二百餘年矣。迨今聖上嗣登寶位，崇重化原，始命下各有司，采實革除間死難臣以聞。時巡浙御史蕭公詢訪浙中，得青田劉公璟、寧海方公孝孺、義烏龔公泰等凡十二人上請。旨允建褒忠祠於武林，春秋合祀，以風勵人心。聖天子之意，蓋以既食其禄則當死其事，此其諸臣烏可泯滅其忠，而國家不奬忠魂於既往，則何以勸臣節於將來，亶乎其慮遠而義大也。予忝令義烏，於忠愍公宜建專祠以祀，而必合祀於四賢者何？邇邑之先，若宗忠簡之憂憤，徐文清之剛毅，黄文獻之學術，王忠文之貞烈，彰彰較著，人皆仰之。今考忠愍：自少苦志力學，屏絶紛華，從宋潛溪先生門人宗思睿游，源流正矣；仕洪武間，奉旨往青州閲齊王府兵伍，又嘗監視安東護衛軍儲，廉慎勤敏，人用畏服，功業偉矣；事建文爲都給事中，敷陳治道，議論剴切。靖難師渡江，知國事不可爲，遂與其妻訣，自投城下以死，節義著矣。嗚呼！四賢往矣，微龔公孰與繼美哉！夫大德侔者不拘時異，本心合者不論事殊，五公雖生有先後，事有嘗變，身有死生，首領或全或不全，然賢者必忠，忠者必賢，同歸於道而已。以之合祀，誰曰不可？故余建議請於蕭公，蕭公是之。甲戌仲秋，率僚屬師生奉公神主入祠，具禮以祭，易書其扁爲「忠賢」，合而言之道也。署學事鄉進士黄公謂余曰：「是舉也，死君父者祀於鄉，禮之特典也；仍舊祠，民得不費，政之善物也；表忠賢，後先輝映，邑之雅觀也。有三善矣，公其得無識乎？」余曰：「此聖天子之命也，侍御公之意也，邑士人之光也。予特奉而行之，何功之有？」四賢事已勒諸貞珉，故余獨詳於忠愍，紀其事於石，庶來世知所考焉。若夫忠賢之道，具於人心，後必有感發而興起者，是在諸士子之自勵耳。庸書以竢。二十四年，知縣周士英以祭銀嚮未設有成額，往往移借猪羊應用，於禮爲褻，乃牒學會議，將歲派祭銀内另裁出銀六兩以供二祭。每祭用帛六、豕一、羊一、牲醢果食各五。祭期擇仲丁日專祭。先期，省牲送物料，令禮生陳設，俱用瓦器，如式製造。次蚤，各官吉服行禮，祭畢頒胙。

祝文：巍乎諸公，萬代尊崇。稠山毓秀，洙水承踪。文章華國，道德開蒙。精忠報主，偉烈驅戎〔一〕。江河行地，日月麗空。某等，職司化導，心切師宗。肇稱義典，令祀一空。蘋蘩殷薦，式樹民風。尚饗！

追祀

吴泰伯行祠

在大玄。封都察院都御史嗣孫吴瓊率族建。

吴季子行祠

在江灣之原。宋進士吴大年奏立，子郡馬璞之子鉥建。按：璞娶咸寧郡王女長興郡

〔一〕「戎」字，底本原作「蒙」，兹據《崇禎義烏縣志》改。

主，故曰郡馬。

沈記室祠

祀梁沈公約，名「沈約祠」，後改「沈氏一本祠」。在雙溪。明給事中朱肇記。

樓侍郎祠

祀梁樓公偃。在夏堰。

孝馮祠

祀唐孝子馮子華。在縣南三十五里赤岸，江山丞馮度建。郡人章拯記。

王公祠

祀宋邠國公王彥超。在曲江濱。

王丞相祠

祀宋丞相王公旦。縣南三十五里環溪田心。裔孫進士鈇有建。

王進士祠

祀宋王固。在蒲潭上。明洪武間王茂傑建。古《志》載《文學》。固，字天貺，受業安定胡先生之門。東都盛時，縣人第進士自固始。固初名回，臚唱之日仁宗賜以今名，卒官恩陽令。右正言、知制誥李清臣銘其墓。從孫永年，繼登進士第，累遷中大夫、知福州，封文安縣開國男，食邑三百户，贈正議大夫。永年子鑄，通判嘉興府，累贈金紫光禄大夫。孫寧，提舉廣東常平茶鹽；寅，歷知宜、連、藤、柳、峽、饒、江七州。曾孫謙，知隆州。舊《志》删注選舉數語。黄溍《跋王江州誥》：右王江州誥詞，中書舍人樓鑰行。宋三百年，吾烏傷第進士者實始於王氏。皇祐癸巳則恩陽令固，紹聖甲戌則知福州、贈正議大夫永年。福州之孫寅，乃弗取世科而用蔭入官，歷守七郡，其以朝請大夫知江州，則慶元元年正月也。凡州郡守臣，差則出敕，除則給誥，而誥必有褒祠，故尤以爲榮。江州之七世從孫禕，從予游京師，予因閲官書於史局，得此誥詞，録而歸之，以備其家乘之闕文。

樓宣獻公祠

祀宋樓公瑶。在縣後東門。裔孫樓斗南重建。

王進士祠

祀宋王槐。在縣南三十里蜀墅塘。舊《志》不載，從裔孫補入。

朱太守祠

祀宋吉州太守朱公宗儒。在泮塘。刑部員外郎朱湘父鴻率族衆重建。郡人太常卿唐汝楫記。

丁博士祠

祀太常博士丁公霖。在盤石稽亭岐路。元裔孫丁存建。王汶記。

陳駕部追遠祠

祀宋駕部郎中陳氏黼，東陽人呂祖謙弟子，葉邽門人。在倍磊。明嘉靖間，總制胡宗憲以其族剿礦寇有功，給銀修建。

陳太守祠

祀宋合浦太守陳修。在霧溪。宋京諭玭建，紹祖重修。

陳進士祠

祀宋陳林。在繡湖濱。朱湘記。

毛進士祠

祀宋毛炳。在南門外。

王進士祠

祀宋王邁。在縣南三十里後塘。

王狀元祠

祀宋王龍澤。在青口。

朱學正祠

祀宋朱徵。在候珠街濱。裔孫都督朱文達重建。

金進士祠

祀宋金昌年。舊在縣東金山頂，遷七都龍華。

陶進士祠

祀宋陶瓊。在縣北二十里西陶。選舉無考。

朱氏時思祠

祀元隱士朱權。《譜》稱：「朱子仲子埜生鉅，鉅生淵，淵生權，權由東浦徙縣山盤。」在山盤上城塘。明洪武中，權曾孫孝子叔誠建。成化四年，三宅改祠洲岸。

方編修祠

祀明方叔衡。在縣西北二十里川塘。

李大理宗祠

祀明大理寺寺丞李鶴鳴。在湖清門側。醴陵知縣李敬孫率族人建。

樓學士祠

祀明翰林院侍講學士樓璉。在八都齊山。裔孫廣東惠潮道儼率族人重建。

吴教諭祠

祀吴主一。在江灣。

胡氏追遠祠

祀宋處士胡垣、明布政胡讓、太守胡禧。在縣東北三十里酥溪。

二朱祠

祀晋臨海太守朱泛、金威將軍朱禮。在縣南清德里。

楊氏追遠祠

祀先世登仕籍者。在縣南四十里赤岸。楊氏子孫建。後唐回圖使諱虎，唐辛相綰五世孫也。奉身簡寡，傳家清白，世居縣南之赤岸。子孫登科第者十有八人，故楊焯録詩清白堂，有「身透龍門十八人」之句。今縣庠《題名記》止有十三人，曰定、智及、晏、昴、潜、誠之、忱中、貫、焯、夢高、樵、點、炳，至於澄登至和榜，沔登宣和榜，端登賈黯榜，與及登蔡嶷榜，永言登劉章榜，皆略而不録。蓋宋《題名記》迹自元祐，而下缺略八十一年故也。十八人之外，有特奏進士仲堪、旦、一夔、茂先，免解進士起巖、文及、信及、寅，漕貢進士應霆、杰、琛、待聘、天佑等，咸克紹先烈，《傳》曰：「德厚者流光。」回圖使有焉。續録之，俾後之傳家者知所勵云。舊《志》載《遺事》，改附此。

梅隴祠

在隴頭。給事中朱肇建。尚書胡潋記：朱良祐，字元德，積善好修。孫杞，生九子：長大任，漕貢進士；次夢魁，咸淳戊辰進士；次應魁，太學內舍正奏名；次榮翁，浙漕進士；次淳，咸淳庚午進士；次叔麒，亦戊辰進士；次天與，廣德判官，其二子嘉猷、壽孫並業儒。因有「九子七登科」之頌。杞贈婺州路判官。　世居赤岸，以衣朱映水、赤光照岸名。舊《志》載《遺事》，改附此。

虞氏追遠祠

花溪。久建。嘉靖間，嗣孫刑部侍郎虞守愚倡三宅義新之。

胡訓導祠

祀訓導胡之翰。在七都酥溪街，門人進士沈辰垣題扁「德聚堂」。

思祀

潘公遺愛祠

祀邑侯潘公允哲，上海人。在儒學左、名宦祠前。縣民黄大才、陳夏、朱濟、金香等建。侍郎虞公守愚助一都三保日字四百五十九號田二畝，計租三十秤。員外郎朱湘記：邑侯蘅渚潘公多惠政，民甚德之，踰年以行取去。百姓思公，將立廟以祀，乃相率請於分守虚江張公，得繡湖之北隙地一區，依黌宫而址焉。一切木植工役經費，皆百姓争獻助，不毫髮藉於官而斂於衆。越月，祠既成，鄉耆黄大才等屬予言以記其事，且曰：「使吾黨子孫世世無忘公德，而記焉葺焉永無斁也。」嗟乎！善政之得民固如此哉！昔史臣之贊曰：「政畏張急，理善亨鮮。」又曰：「一夫得情，千室鳴弦。」夫弦急則絶，亨和斯甘，故政務和，平民乃用懷，理固然也。自古言良吏之盛者，無如兩漢。考諸史册，西漢所載維文翁、朱邑等六七人，東漢所載維任延、錫光等十餘人至稱，其所以治，不過曰「謹身帥先，居以廉平，不至於嚴，而民化」，曰「所居民富，所去民思」而已。當其時，在朝廷則有賜金進爵之賞，在百姓則有立廟樹碑之報，故桐鄉之祠、桂陽之祠、安陽亭西之祠，後先相望，至今照耀。後世獵進之心勝，操切之政行，狥旦夕之譽，希不貲之賞，其視百姓休戚，蓋無所輕重於心，而又奚望其去後之思也？公治烏不爲誇炫目前計，惟求民所不便者而去之，捐脱聲勢，刻落苛深，剪除垢穢，罔即巧壬。群幽畢達，諸奸不行。若蠢若狂，皆得其情。所以庭無留滯，獄無枉濫，民入公府如歸其家，往役往賦各畢其事，而無敢後者。乃若常禄不盈，饋遺不入，則公之廉也；退食不肉，儀具不飾，則公之儉也；喜怒不見，有犯無較，則公之量也；聽斷無心，不泥成案，則公之虚也。簡徭汰冗，約己裕民，休風惠蔭，莫可殫述。使今世有遷、固者出而傳循良，則公豈在文衛諸賢後哉！夫祭法，法施於民則祀之。公善政不愧於古哲，儀刑可信於將來，施莫大焉，以是而廟食兹土，夫誰曰不宜？嗟夫！世有良吏，斯有良民。狙可使懷，鱷可使馴，固不特桐鄉、桂陽之民能慕德而好義也。孔子曰：「斯民也，三代之所以直道而行也。」吾於今日重有感焉。公名允哲，别號蘅渚，松江上海人，前左都御史笠江翁之適長也。笠翁歷官中外，所在著績，爲一代名臣。今蘅渚前爲新蔡則新蔡治，後爲義烏則義烏治，具有遺愛，豈非其家範然哉！祠地廣八丈五尺，深九丈，繚以周垣。爲堂五間，以供尸祝。爲門房七間，虚中出入。兩廊店屋搆其一，歲共收賃二兩八錢，以備修葺。推鄉耆三人輪掌之，率以爲常，罔或侵墜，斯父老永懷之意也。是舉也，鄉耆一十五人皆以德行推任厥事，勞費居多，並得序其名於碑左焉。

歐陽公德澤祠

祀邑侯歐陽公柏，潛江人。在潘祠右、鄉賢祠前。堂三間，門房五間。中爲門出入，餘收賃，於公誕辰祭祀。縣民陳伯鶴、金香、朱潮、金一元等率衆同建。朱湘記：義烏於婺爲劇邑，宦若土者自昔稱難。比因南北徵兵，壯夫棄其耰鋤之業，爭事行伍，於是逋賦日積，訟益繁，而盜益熾，公私匱乏，莫可支吾。蓋自是愈稱難治矣。隆慶己巳，潛江歐陽侯茂野受命來爲宰，既至，勵精視事。召邑中父老引問疾苦，察民所不便，悉更之。杜奸竇塞私門，常禄之外不入埃塵，公家之費不饞涓滴。察遠而行恕，意詳而法定。懲奸庇良，伸冤理枉。居數月，邑用以治，乃下令禁民應募，非奉旨調發不得遣。常賦之家，悉簿録其姓名，第其税之多寡，摘其頑猾者一二懲之，而逋賦立舉。訟者至公庭，詰其隱無遁情，情輸即弗竟其罪，人咸感侯，又知侯難欺，訟由是日減。盜之熾也，窩在土人，侯廉得其狀，令保正副以時覺察，籍其名於官，有犯則按籍擒治之，由是窩不敢匿，盜背其境。或事發他郡，多株連邑人，勾攝之使相望於道，侯察其冤不遺，悉爲申雪，所全活甚衆。逾年，邑以大治。侯於是慨然以興廢墜爲己責。文廟就圮，經費無所出，侯乃捐俸積羨，鳩工飭材，不再月，鼎新如故。遂次第搆復兩廡，復敬一亭，復啓聖祠，徙復鄉賢、名宦二祠，新四賢之宇，屋東江之橋，不廢公家一錢，民間一力，而故墟通津煥然易視矣。於是若士若民胥慶侯之庇吾邑，而侯亦不知吾邑之爲難也。壬申夏，侯以再績内召，將行，父老涕泣，思挽侯不可得，乃相與立祠祀焉，而徵言於余。余惟修政以和民令之善德也；崇祀以志，思民之厚道也。昔崔子玉爲汲令，有惠政，官吏男女相與壘石爲壇而祀之。晋荀勖治安陽，遺愛在人，人爲之生祠焉。夫崔、荀豈有期於汲與安陽哉？令修其政，民志其思，其施報然也。惟侯宅心民瘼，巨細不遺，視邑事如其家事，惠政遺愛，軼崔、荀遠甚。然則血食是土也，顧不宜歟！顧不宜歟！余，烏人也，不能爲侯宣揚卓異，而幸父老之有是舉也，於是欣記其事，以詔來者。祠址徑八丈，衡七丈，爲堂者五，爲門者六。前瞰繡湖，背倚名宦，清風芳躅，輝映後先。歲時伏獵，酌水於湖，采芹於泮，可以獻侯矣。如有嗣侯者，其知所感也夫！侯名柏，登戊辰進士，江西泰和人，宋歐陽文忠公之適裔也，潛江其附籍云。

范公生祠

祀邑侯范公儁，高安人。在儒學門左。堂三間，繚以周垣。縣民吴承乾、金爚、朱紱等建。

金公遺愛祠

祀邑侯金公繼震，休寧人。在縣首之東。廳三間，前樓三間，門樓三間。虛中出入，餘收賃以祭。縣民黄承泗、金一道、孟思課、許廷鵬等建。邑侯周廷侍記。

周公遺愛祠

祀邑侯周公士英，武進人。朝陽門西。堂三間，門屋五間。虛中出入，餘收賃以祭。縣民同上建。參政虞德燁記。

張公遺愛祠

祀邑侯張公維樞，晋江人。在渡春橋西。堂三間，門屋六間。虛中出入，餘並鄉耆捐貲買塔山一十八畝應祭。縣民同上建。兵部朱懋芳記。

朱公遺愛祠

祀邑侯朱公顯文，莆田人。在東嶽宫左。堂三間，門屋三間。虛中出入，餘並鄉耆捐貲買惠民藥局店一間應祭。縣民同上，並金德堅、朱一清、龔純臣、鄧實大等建。朱懋芳記。

周公遺愛祠

祀邑侯周公廷侍，金壇人。一在繡湖北、嶽帝廟左，廳三間，門屋三間，虚中出入，餘收賃以祭縣民，虞某等建；一在縣治南、關帝廟側，正廳一座，圍以周垣。東陽太常寺少卿許弘綱記。

吴公遺愛祠

祀邑侯吴公尚默，涇縣人。在大司前路左。廳三間，堂三間，繚以周垣。虚中出入。縣民金希孟、樓士紹，紳金希聖，庠生金世僑等建。邑侯張允恭、邑人文選司郎中金世俊記。

貢侯遺愛祠

祀署事東陽知縣貢侯修齡，江陰人。在渡春橋東。堂三間，門屋三間。虚中出入，餘收賃以祭。縣紳金漢芳、民某等建。邑吏部四司郎中金世俊記。

許公去思祠

祀邑侯許公直，如皋人。在大司前街右。堂三間，繚以周垣。縣民某，庠生金以楨、世僑、漢翀建。教諭古越史起夔《許侯德教碑記》：夫世所貴以經濟與實能有功於國家者，天下惟士而已矣。故古之名鄉大夫，必以興學教士爲先，其最著者，若蜀郡之文翁、江寧之晏殊，載在史册。今發奸摘伏代不乏人，而文教寡著。良以簿書期會、旦夕責程易見殿最，而陶鑄人材效乃在十年或數十年之後，不無迂緩相視。或者志修舉矣，苦於歲月之不給。教未裕而廣進之，居上者以爲第私其邑也；進不廣而强督之，居下者以爲第厲夫已也。孚於上下而造福多士，莫如我侯許公爲最。公當爲士之日即以表率爲己任，故未出而人樂得以爲友，一出而人争得以爲師。筮仕得義烏，公曰：「是昔顔孝子、駱中丞、宗忠簡之鄉也。忠義之風一傳而爲王忠文，再傳而爲龔忠愍。詎文章一脉遂少傳而彪炳者，風厲在我耳！」下車，即進多士而教詔之，自庠士以至下里，能摻觚者罔不口授手指，諄諄如父兄之於子弟。月有課，歲有程，較閲評騭之屬靡弗精；抑囂競，奬恬退，道德性命之訓靡弗殫；飭祭器以妥先師，建閣濬湖以助形勝，裨益勸相之事靡弗舉。諸士亦蒸蒸日新月盛，依公如父母。公曰：「是可教也已，吾不可無以鼓之。」居無何，值學臺按郡，公力請廣額，上之大府，大府嘉嘆，亟申學臺。然是時上方振飭紀綱，裁抑僥倖，嚴核取數，學臺一切遵法從事，婺屬八邑，半有所裁，而烏獨得視舊爲贏，從大縣之例，實由公教迪有素，久著上臺，而多士漸濡公教，材足廣收，故上臺咸樂從也。事既竣，諸士相顧而言曰：「孰使今烏之文不猶昔烏之文者，非我公乎？孰使今烏之額不猶昔烏之額者，非我公乎？」采厥貞珉，不謀同辭，問記於余小子。余曰：「諸生以此足重公邪！余事公兩載，見公均繇役、禁豪猾、恤煢獨、寡誅求，病則給藥，貧則蠲贖。公未嘗幾微見顏面，欲人知之，而以世俗之言諛公，豈公意哉？」諸士曰：「不然。有其實而不居其名，我公之所以畜德也；食其惠而不忘其自，吾黨之所以志感也。且吾黨不襲名公大人之虛辭，而乞言於先生，貴其言之信而可徵也。」余小子既不敢辭，因以其言載之石，而更祈夫二三子服公之教，無徒效法於文字之間，而取公之立心制行，少見一斑，亦足以應國家之用，處爲名士，出爲名臣，他日遡厥源流，不惟公之志大伸，雖以余小子之不肖且得藉是以不朽也已，是爲記。公名直，字若魯，號柱玉，維揚之如皋人。弱冠聯魁鄉、會，成甲戌進士。方以卓異竚膺内召云。崇禎九年五月撰。　邑工部侍郎金世俊記：廣陵許侯以高等進士來領余邑，始至民畏之，繼而民安之，久乃信之且愛戴焉。甫報最，俟艱去，士民罷市奔哭。既臨發，哀號追送，有至數百里者，皇皇如失慈母。公去逾年，而思之彌切，相與鏤金祠祀之。既成，士民相率請記于余。余惟民思召公，愛其棠樹，故不必祠也。若等思許公，惟士服其教，民狎其政，以無忘許公之德，則許公去而猶在，以是爲生祠，許公不亦可乎？余，畸人也。江州雖賢，未聞淵明作頌文，麗牲之石，恐非柴桑耕叟事也。士民潸然曰：「思德故不在祠也。然桐鄉亦藉此以寄朱公之思，千秋以爲美談。惟先生之悉許公深也，言乃信而有徵，非先生記之，而誰也？」余嘆曰：「公德之入人深也。思其德，低徊其政；思其政，彷彿其人而愾焉。惝恍焉於羹牆俎豆間相寤寐也。非余記之而誰也！蓋公深識遠慮，神静氣恬，本人情爲調劑，而骨崚嶒不可撼。主上加意吏治，勤恤民隱，公恪遵功令，務竭心焦思，爲烏人利安計。先是，賦有那透，課不中程，吏鮮及格。公至則清釐惟正，絶其耗蠹，民相勸若子來，不待期集，而課更以最。邑故有劇盜，萑苻時警，公廉其魁渠而置之法，仍拔其根株窟穴，夜户遂可不閉。丙子亢旱，赤地數郡，市價翔涌，斗米數百錢。公停徵止訟，遍雩群望，多方拯恤，出官帑千餘金，移粟于南，泛舟相繼，減價以紓民，收其價以償官，轉移敏便，民困以甦，而官帑無缺額，可謂救荒良策。而又賑貧者，粥饑者，藥弭病者，所全活不可勝計。聽斷明決，以片言折兩造各吐肺腑，庭往往空若洗。公既多清燕，則朔望行學朝諸生考校經術，擇其敏者而日課之，齒借翼飛，不遺餘力，所賞拔多雋發，洵大有造於烏矣。蓋公秉心以寬，而先之以嚴，及令行事集，則盡剷芒角爲簡易，以故士懷之，民戴之，即吏卒諸人凛凛奉法，亦更相謂曰：事許侯無他苦，苦貧，然至今不遭核按也。語有之，政如農功，思其始而成其終。行而越思，如農之有畔，其過鮮矣。子産之治鄭也，褚衣冠而伍田疇，初政人咸落落，及三年而輿人歌之。夫亦先有畔也。公可謂真知政矣，古之遺愛也。公善政未易更，僕兹所臚者，若夏畦之偏澤，而巨獄之嵎勝耳，夫焉足以爲公盡也？朱邑有言曰：『子孫奉祠我，不如桐鄉之民。』此非可以聲貌襲也。公之祠祀且軼朱、桐鄉而上，異日者入贊聖明，澤寰海垂，景耀我烏得爲公桐鄉，不托豔千秋乎！」父老曰：「善！請書而碑之祠，以志永永。」公諱直，字若魯，甲戌進士，廣陵如皋人。

講仁祠

祀知縣張公永誠、劉公同，縣丞劉公傑，知縣羅公柏、歐陽公柏、范公儁、熊公鳴夏。明崇禎十三年知縣熊人霖建。熊人霖記：夫祀者，人治之大節也，政之所由成，故仁者講功，法施於民則祀之。其在成周《甘棠》作咏，漢世則有桐鄉之祠，蓋亦《甘棠》之遺云，後世尸祝循吏者彷之。人霖承乏義烏，祗謁名宦祠，則穆廟以前祀五人，而吾鄉先哲居其二：曰張公永誠，曰劉公同。神廟時祔九人，則吾鄉居其二：曰歐陽公柏，曰劉公傑。已考前令之生而尸祝者，祠凡六，而吾鄉居其二：曰歐陽公之祠，曰范公之祠。裒之也，吾鄉理學節義源濬流長，彬彬多君子也。已考邑乘，宦迹吾鄉之先哲，在元則有縣尹周公自强，國朝則有知縣羅公柏、熊公鳴夏，縣丞王公煇，主簿張公景、金公國珍，典史鍾公鳴，教諭辛公榮，訓導葉公維大。之數公者，其清儉剛正載在簡册。讀書論世，君子哉若人！魯無君子者，斯焉取斯？會范公祠圮，歐陽公祠亦垂敝，邑三老陳陽春、陽夏者，本吾鄉弋陽人，而僑居此地，長子孫有「青青其衿」者矣。追慕先哲，慨懷典模，問在昔三老之祠歐陽公、范公者，其後有人乎？則今三老金希皋、李汭是也。鐻金而謀，所以爲二祠新者，爰改正范公祠門南向，取諸近聖人之居而不背也；又請合歐陽公主入祠，而以歐陽公故祠地改爲僦房，取僦直供春秋享祀費。已，又以劉公同、熊公鳴夏爲請曰：「故老言二公爲政甚宜民，舊有碑亭，今歲月久就圮，請並以祀。」人霖肅容而答曰：「唯唯。善夫金希皋、李汭之能守乃祖訓也。匹夫慕義，肯堂報功，貽厥孫謀，誠俾勿敗，可不謂克率乃初哉！善陳陽春、陽夏之考獻也。處新土而詠膏澤，不忘上也；思故土而敬衣冠，不忘本也。皇祖之訓有曰：『孝順父母，尊敬長上。』是其庶幾焉。」雖然，君子必有敬也，必有敬所敬也。張公永誠、劉公傑載在國典矣，是先哲之所敬也，合而祀之，神其妥哉！周公自强之不敢祀也，以在元世也；丞陳公紀、王公煇，簿張公景、金公國珍、典史鍾公鳴之不敢祀也，以佐貳之效于民者不能如令之專，故存其迹而不敢祔焉，不祀猶祀也；教諭辛公桊、訓導葉公維大之不敢祀也，士懷之法之施於民或未遍也。夫祠，固民之所以講功也，於是三老暨孝廉文學咸講于邑之元老左司空金先生，而定厥主焉：曰知縣張公永誠，曰知縣劉公同，曰縣丞劉公傑，曰知縣羅公柏，曰知縣歐陽公柏，曰知縣范公儁，曰知縣熊公鳴夏。祀者凡七人，皆爲木主。以庚辰之嘉平望日，合邑之薦紳先生、孝廉文學與其耆老，旅拜於祠下，以妥焉。著之版曰：「歲春秋二仲之望，以少牢祀，三老董事者，子子孫孫世世引之。」歸脤於縣與儒學，表風聲也；餕餘於同祀者，昭有恪也。舊碑獨歐陽公碑存，遷於新廟，兹別爲碑記，合祀七賢，而節録舊乘之迹、庸章懿好，亦附録前所紀佐貳學官有迹者，使後之人有所法焉。夫爲義烏祀也者，甘棠之思，豈獨我鄉先哲？然爲范公、歐陽公祠也者，維桑與梓敬其所敬，合堂同席而祀，豈非禮之可以義起者哉！爰爲銘。銘曰：匡盧峨峨，彭蠡洋洋。徐孺表漢，彦伯著唐。歐曾藻敷，文謝節揚。餘干倡學，從祀宫牆。格人輩興，指計莫殫。經術吏治，德義衎衎。起家華川，光昭汗簡。南昌張公，載其清凈。信而後勞，子來斯競。廬陵劉公，邑乘是珥。平反恤災，不吐不茹。時佐縣者，樂平之劉。弭盜寛租，章獻表幽。吉水羅公，鋤暴植弱。彊項公廉，去邑垂橐。文宗哲裔，學紹廬陵。政先風教，治尚嚴明。高安范公，克勤克勵。履畝均賦，世載厥利。維我宗袞，來自豐城。華川長山，咸頌廉平。小子不敏，起家承乏。欽慕緒風，率循良法。皤皤故老，翼翼時英。表揚遺愛，右迪後生。新廟有奕，合祀有秩。敬哉敬哉，以思無斁。

按：丙申原《志》邑侯潘、歐陽、范三公祠，後來《補志》金、周、張、朱、周、吴、貢、許八公祠，並次顔、宗諸祠前，尊長吏也。然顔、宗諸公皆百世士，不得以縣人域之，他亦依類相附，而長吏之見思不妨居後。至碑記如潘、歐陽、許、原，《補志》俱别載《職官表》後，今入祠下。而講仁七傳取附宦傳，無祠有碑者亦依世附於宦傳，碑前分别小述梗概云。

丘墓

武王封比干之墓，漢帝下仲舒之陵。稽諸先賢名臣墳墓，樵牧有禁，明律嚴之，非僅曰君子登壟而生哀也。即如義邑，秦樹啼鵑不聞，而烏泥口血猶在；滇雲化碧不返，而鐵膽忠魂已招。他若楓塘指穴，靈隱之迹自傳；京峴成丘，滿心之響弗絕。誰謂徐南州、劉屯田之不當植封表而立門牆邪？

秦

顔孝子墓。縣東北四里，在崇德鄉崇德里。方廣四十步，高一丈五。其西三步，孝子父墓也。宋大觀四年，知縣徐秉哲建亭其側，後燬於寇，歲久莫知墓所向。紹興十五年，知縣黄衮因禱雨感格，命陰陽家正定，立石表之。乾道二年，知縣林元仲返民所侵地，修其塋域。未幾，仍爲墓鄰跨占。淳祐元年，邑人兵部郎官康植言於有司，地乃復歸。既表以刻辭，端明殿學士、大中大夫、簽書樞密院事魏了翁又爲篆題表之曰「秦顔氏烏傷墓」，直徽猷閣、權發遣兩浙路計度轉運使魏陵立石。　邑人何恪《碑記》：永嘉林侯元仲宰義烏，下車未遑他事，首訪顔孝子之墓，曰：「邑由孝子名，長吏宜致敬焉。」即東帶趨駕，出邑之東四里，展拜墓下，禮容甚肅。見二冢纍然蔽叢棘中，狐兔交迹，樵牧不禁。侯愀然易色曰：「何以底民孝哉！」越明年，政成將去。又部刺史列其治狀上於朝，侯於是證圖牒，盡反民所侵塋地，繚以崇墉。具石壯其址〔一〕，甓覆其上，嚴扃鑰以限薪櫵畜蹂，蒔松檟數十百株，表「顏孝子墓」四大字于道周，使過者必式之。庀工於乾道丙戌秋七月旦，閱月而就。乃二千里走書禾川，諗予曰：「子枌榆也，爲我碑冢上，庶俾後人明吾心，無替封植，則顏氏墟墓永有托，且以善百里俗。」予觀漢承秦風俗大壞之後，未易遽還於古。自嬴政狃祖昭，以子遷廢其母家，習於見聞不爲異，卒身受其報，死巡幸，胡亥兄弟起相屠。至於鮑魚雜腐，胔載輼涼，遺臭億齡。劉季固英主，忍出分羹語。吕后失母道，不哀其子。逮太宗時，號爲黎民醇厚，訊賈生言，則德色借鉏，誶語取帚，其遺風故在也。孝子以匹夫有至性，獨不移于習俗，親葬自負其土，感烏銜泥來助，吻爲之傷，因名縣曰「烏傷」。其後改曰「烏孝」，或曰「義烏」，皆必本於孝子。故邑視他縣，曾無一奸民譸亂萑蒲，繄孝子立其閒也。且自古至富貴人，丘壟雖固南山、徹九泉，亡不破者，而孝子阡由漢迄今，數千百年巋然獨存。惟令君又從而旌護之，則聞其風者，孰不知勸哉。侯忠孝人也，御太夫人官吾邑，其政嚴而不殘者，時出於槃平反之一笑也。既帥以身，又厲之以孝子，類非俗吏之所能爲也。予既爲記其實，又繫之以辭曰：「由漢迄今餘千春，錮銅蔪漆知幾墳。陵谷變遷不可尋，顏氏有阡巋然存。孝肉順骨世所尊，馬鬣蓬顆幾何分。烏兮無知猶能馴，肯有襟裾忘其親。因以名縣淑吾

〔一〕「具」字，底本原作「其」，兹據《嘉慶義烏縣志》及文義改。

民，爲之長者宜益敦。一木抔土或見侵，曾禽不如何足人。」乾道三年記。宋蔡抗《烏傷行》：之子顔氏古遺民，孝哉一念何其仁。葬親悲號躬負土，烏亦感動來填塋。群飛銜泥嘴流血，到今言者爲酸辛。至忱真切禽可格，况乃孝弟人性均。天下未有無父國，烏傷昭揭千古名。愛親欲養親不待，承顔愛日宜兢兢。我來摩挲墓前石，悲風颯颯生松陰。康侯有句表行路，見者淚落天理明。天理流行曷嘗息，聞風相率孝以興。顧永感兮摧肝心，土不及負空雲程。郡人魯齋王柏《次韻》：維天降衷于下民，暴秦莫殄心之仁。孝哉顔氏一有感，畢逋銜土成丘塋。彼亦莫知其所以，自甘血嘴含餘辛。志壹動氣氣動志，鳳儀麟獲理亦均。環百里地盡疆井，千有餘載蒙嘉名。繡衣使者过六轡，下馬肅拜心凌兢。大書瑰辭鎮松柏，便有山鬼呵崖陰。明刑弼教期無刑，何如先使教化明。流傳墨本到比屋，有人心者俱作興。但願人人嘗此心，安得作亂干章程。元黄溍《過墓詩》：丹青像設始何年，翁仲遺墟自古傳。時有北人來下馬，不知秦樹幾啼鵑。牧童解指看碑路，野衲分耕祭墓田。回首長安西日外，茂陵松柏正蒼烟。古《志》作墓。明弘治間樹碑，方廣四十丈餘。見「祠」。崇禎間，知縣許直請立奉祀生。

漢

太師樓吃墓。縣西十四都香山。萬曆己未提督軍門劉立碑。

晉

東海太守朱垣、臨海太守朱泛二墓。並在雙林鄉蜀山里之下。宋昇明元年，用望氣者言，遣兵鑿山破墓，其子孫招魂改葬蜀山西原。

金威將軍朱禮墓。雙林鄉蜀山里之赤岸。見古《志》。

梁

侍郎樓堰墓。縣西香山。萬曆間撫院立碑。

唐

駱賓王墓。縣東三十里上楓塘邊。崇禎十三年，守道萊陽宋公率知縣熊人霖重修立碑。

蕭王冢。縣西六十里覆釜巖。見古《志》。

太尉鮑禄墓。縣西三十里，敕葬蓬塘之原。見古《志》。

宋

宗忠簡公澤墓。在鎮江之京峴山。歲久湮蕪，郡人劉伯静守鎮江，修治其墓。盧陵楊士奇《書復立宗忠簡公墓碑卷後》：爲政，在使民知爲善而已，而非有以勸之，民或不知爲之也。故尊德禮賢，表孝友，褒忠節，皆勸民之務也。宋宗忠簡公，其孤忠大節，所謂皦然可與日月争光者，而竟以譖憂憤死，蓋天下後世所共仰慕而悼惜之者也。然葬於潤無三百年，已莽然荒烟塞草之墟，樵牧往來，行道不弔，此豈潤之人其心獨有異哉。公嘗仕於此，居於此，至感慕德義，吾意潤之人必有深於天下後世之人者，何爲獨漠然若是也。非由爲政者不達勸民之道，雖有公之賢，不知敬禮，而致民之然歟？今六七年前，金華劉侯伯静以監察御史出守是邦，一新政教，修舉百廢。乃復葺公之祠，及治其墳塋，又經紀其祠田，命佛氏之徒董祀事，而躬率博士弟子，展禮墓下。又刻石墓道，使過者皆知爲宋忠臣宗公之墓，於是潤之人始知有忠簡公。又知爲善者之久而不泯，而在己不可不勉於善也。劉侯爲政，可謂知所務矣。去年與劉侯同在史館，爲余道其事。今侯去潤，而佐江右大藩。自昔江右孤忠大節如忠簡公尤多，而江右之人固不爲潤之人之漠然也，將侯所以加勸之者，尚能拳拳如治潤之時乎。光禄大夫、柱國、少師、兵部尚書楊士奇書。

邠國公王彦超墓。明義鄉玉門岡皂角樹下。

平昌刺史劉豪墓。縣南數十步東平山之原。祔祖劉萬章公墓旁。明隆慶戊辰，長至裔孫尚恭行重修墓碑，掘數尺見墳臺，臺上有磚，方尺許，刻晦庵《卜墓數》云：「天聖戊辰葬此丘，蔭十八紀出公侯。子子孫孫垂不替，繩繩武武永無休。五百四十一年損，十六七世裔孫修。戊辰戊辰新一石，重修重修千百秋。秘書郎朱熹書。」刻後呂祖儉爲之記云：「右數八句爲卜劉公之墓。天聖六年十月三日，卜葬東平山先塋之原。公諱豪，字有開，裔出漢光武封太孫於烏傷。國除，因家縣治南，遂爲烏傷人。逮晋寧公萬章，始爲王官。歷唐曰珊者，翰林學士。南門劉氏非他族比。公以文學遷平昌刺史致仕。曾孫輝、熺，同登乾道進士第，並游東萊、晦庵二先生門，故晦庵卜其祖墓之廕，有裔衍家昌千載之久。予因識大略而納墳臺上，以俟後日之驗云。」按：天聖六年戊辰至隆慶四年戊辰，年數良是，而長至又恰戊辰，仍孫劉公仕龍，在宋贈武節侯，修墓孫果十六七世矣。吁！數亦奇哉。

學士宣獻公樓瑶墓。在縣南二十五都，賜葬蜀山青龍崗。

徐文清公僑墓。縣西智者鄉五雲山智度寺後。

開國男樓圖南墓。縣東五都東溪。**孝子樓斗南墓**。縣東五都西溪。

大儒黄中輔墓。縣東五里金交椅，周廣四十四畝七分。

吉州太守朱宗儒墓。雞鳴山之陽。

尚書吏部虞復墓。縣北四十里，十都冰勘溪西之原。

中書侍郎龔應之墓。縣北四十里，十都馬拗嶺下。

名儒葉由庚墓。縣西北二十里，十二都湖門半月山。

宣教郎賜服銀緋龔明之墓。湖西。

太嘗丞喻良能墓。永寧鄉。

録事參軍何恪墓。和溪。

太平主簿陳炳墓。十一都全陂。

左司朱元龍墓。浦江縣東二十五里，雙溪之原。

吉州通判樓大年墓。饒州知府。樓文昌墓。俱在十五都五雲寺左鳳凰山。

侍郎朱質墓。雙林鄉巖菴。

監察御史龔愷墓。縣西五里。

尚書户部黄夢炎墓。縣東二里，上者塘之原。

知府童必大墓。縣南五里，銅山之原。

進士吴大年墓。龍祈鄉，溪西之原。子郡馬璞祔葬。

南稜王炎澤墓。縣西五里，湖陽山。

戚仲咸墓。雙林鄉下。黄溍銘，見《府志》。

元

黄文獻公溍墓。縣東北三里，崇德鄉東埜山之原。

丹溪朱震亨墓。縣南四十五里東朱山塝頭庵。

明

王忠文公禕墓。縣南十里青巖象鼻岡。禕死節雲南，子紳與孫穮、稌奉神主招魂以葬。子綬、紳皆祔左右。　建安督學李默記：先生與吴忠節先後使滇，皆見戕孽類，朝廷度不可以文告撫定，乃移師討平之。有以吴事聞者，詔馳驛護喪還葬，並録其子。而先生子紳，以洪武末年求遺殖於所謂地藏之墟，則黯然夷矣。當是時，高皇尚在御，紳仕親藩，雅以事情見哀，賢王守臣征南公又上心膂臣也，曾不能爲天子言待制仗節事。革除初，紳始自言之，贈奉議大夫、翰林院學士，謚「文節」。國統既易，事遂不顯，垂四十餘年，有司猶不敢舉舊謚，以爲時諱。稍因正統詔書言狀，得再謚「忠文」，贈官如故。二公身後，其所遭又有幸不幸如此。嗚呼！先生不愛一死，以終令名。而當時執事之臣，膠吻齚舌，反不能發明忠憤，俾易名之典。久而後伸，是何平居紛紛，多愛身士邪！嘗讀顔魯公傳，未嘗不廢書而嘆也。公歷躋膴仕，以危言正色，動遭擯斥。晚爲盧杞所中，遣使希烈李玄卿輩皆知其弗利。卒隕賊庭，爲天下慟。國史稱先生爲人剛直，不肯苟附以取謗毁；爲起居注，遇事敢言無諱，尤爲胡惟庸所忌，故黜之遠裔以窮死。然後知忠鯁違物，直道禍身，古今一也，豈不痛哉！夫瑰偉跌宕，抱奇節之士，苟足以明志，誠不顧死。先生年德位望，未知孰與魯公，覽其蒙禍操志，蓋有同焉。去今百六十餘年，先生死事之迹，視吴尤著，何則？吴公倉卒爲同行所虐，其事微；先生慷慨陳天命，義不苟辱，其禍烈。矧陵谷變遷，而地藏寺巋然固存，殆天所以表遺靈也。先朝嘗爲先生特置祠思先生，又即寺旁樹碣當孔道間，以識不忘。所謂物毁而道光，身滅而名愈揚非邪？嘉靖十又八年春，副使朱君良矩，思爲先生治冢，舍其處，乃及參政車君炳文，以狀白于節鎮大中丞汪公。公曰：「吾規此久矣！幸卒成之。」會默視學且至，遂下有司如二君令，築祠一區，祠北封土爲墓，加樹焉。改題其碣曰「皇明詔使王忠文先生墓」，並置守冢卒一人，而畀耕者他旁地，以給祠費。於是，先生之迹之名，賴公益振。雖微全要領，以從九原，然已崔嵬如堂如防，與延陵徐孺子墟墓争賢矣。過者有不歔欷下泣者乎。昔王仁裕著録稱，魯公遭難，後十餘年，家僕見其衣白衫，張蓋歸城隅。李衛國亦謂公改葬時，猶瞋目如生，嘗被羽衣行山澤間，蓋道家所謂尸解類也。先生精英颯爽，放薄上下，有如化爲列仙，降爲明神，奚不可者，而豈賴於枯骨邪。故先生可墓，可以無墓。墓而記之，所以哀死而勸生也，教道存焉爾。

青村金涓墓。縣西南一里許金庵山。

贈都給事中龔印可墓。繡湖西，見古《志》。

侍講學士樓璉墓。智者鄉張塘之原。

都給事中龔泰墓。縣南五里，崇德鄉置馬塘山。

監察御史趙勝墓。縣南十五里橫塘角。

敕葬南京大理寺卿龔永吉墓。置馬塘山。

進士吴福墓。縣西十五里白鶴山。

孝莊王稌墓。二都黄荆墳。

中書舍人王汶墓。縣南十里青巖象鼻岡。

叙州府推官謝愷墓。縣東駱王尚山。

贈副都御史虞尚禮墓。縣東三十五里，東山西。見古《志》。

監察御史虞守隨墓。縣東四十里鮑壽山。

大理寺丞李鶴鳴墓。繡湖西北金村山右。

封刑部郎中王敏墓。湖陽山。見古《志》。

贈解州知州虞鈊墓。水浸。原侍郎墓文德誌，見古《志》。

按察司僉事王宗聖墓。縣東北三里上山之原。

知府虞文詡墓。

孝子龔曇墓。繡湖西山。

同知金江墓。二十五都蜀山旁。

封都御史吴瓊墓。見古《志》。

刑部侍郎虞守愚墓。五都荷花心。

朱封君鴻墓。十一都黄塢山原。見古《志》。

刑部尚書吴襄毅公百朋墓。二都青龍山。欽差工部主事王再聘造墳。遣分守金衢、右參政張希召諭祭葬。禮部尚書兼學士汪鏜狀。太子太保、禮部尚書、文淵閣大學士馬自强誌銘。

刑部員外郎朱湘墓。十一都洪堂山。郡人陸鳳儀撰狀，邑人虞懷忠撰誌，龔一清撰表。

副使龔一清墓。二十四都子龍山。

主事黄承讚墓。二十八都照山之原。

知府虞懷忠墓。

南光禄寺署丞金世傑墓。練樹橋。

副使樓鎮墓。六都金山之麓。

贈大理寺卿金文亮墓。縣北六十里普濟寺前山。

雲南左參政虞德燁墓。低林。

刑部尚書金世俊墓。龍旗山。

丹陽主簿朱應相墓。三丫塘。

鹽運司運判陳思任墓。二十三都。

國朝

封光禄寺卿涇州通判金世儼墓。二十八都棲霞山。

總督河道兵部尚書朱之錫墓。金華孝順街。

光禄寺卿金漢蕙墓。城北孝子門右。

贈刑科左給事中金德義墓。十一都葉宅。

鴻臚寺卿金光墓。蜀水塘。

遼陽知縣陳達德墓。十一都石蕩。

翰林院檢討虞國鎮墓。五都殿口。

溧水知縣龔士驤墓。八嶺。

訓導虞光灤墓。六都羊店。

廣州府推官季奕聲墓。宗宅。

贈大理寺卿金守憲墓。湖西樓村。

教諭吴主一墓。二十三都江南青街下。

訓導胡之翰墓。十都裏周胡門人御史丁棠發誌。

雍正義烏縣志卷之六

典禮志

令，外吏也，所宰不逾百里，而朝廷之大章程、大命令，及有司歲時慶祝宴饗諸儀，與民間喪祭嫁娶、輿服宫室之節必須焉，且並載《會典》，以示遵守。稟上則儀不忒，近民則户可曉。由是而講諭申約，所謂水行表深，使人無陷，治民表亂，使人無失也。抑《記》有曰：「朝聘之禮廢，則侵凌之漸起；鄉飲之禮廢，則争鬭之獄煩；婚姻之禮廢，則淫辟之罪多；喪祭之禮廢，則骨肉之恩薄。」然則時趨世變，宜從宜改，損益參之。故取歲時風俗，舊次於《山川》《橋渡》之後者，摘附於此。

儀注[一]

慶賀穿朝服日期儀

舊《志》：聖節、正旦、冬至、慶祝禮儀。洪武間定，凡遇正旦、冬至、聖誕之辰，各處司府州縣官公廳齋沐，具公服行禮。後改用朝服。**國朝康熙二十三年六月，内禮部等衙門具題奉旨通行。**

元旦令節七日，上元節三日，俱穿朝服，不理刑名。

太皇太后、皇太后聖誕令節一日，不理刑名。

皇上萬壽聖節七日，穿朝服，不理刑名。

前期一日，縣官率僚屬、生員、吏典、耆老人等，具龍亭、儀仗、鼓樂，往按察司習儀。畢，遂設龍亭、香案於公堂，列儀仗于左右。是日，清晨，衆官各以序列于堂下，班定，行三叩

〔一〕「儀注」二字，底本原無，爲體例完整，兹據《康熙義烏縣志》原目録補。

頭禮。班首官進詣香案前致詞，祝曰：「某衙門某官臣某等，荷國厚恩，叨享禄位，皆賴天生我君，保民致治，今兹正旦（冬至、聖旦），聖壽益增。臣等下情無任忻躍感戴之至。」祝畢，復位。又行三叩頭禮。然後搢笏舞蹈山呼，遂三叩頭而退。三叩頭舊作四拜。

千秋節。儀與前同，但致詞後不舞蹈山呼。

祭享齋戒日期儀

各壇廟祭享、齋戒日期，不理刑名。

穿素服日期儀

忌辰一日，穿素服，不理刑名。

封印日期。

每月初一、初二日期，俱不理刑名。

四月初八日，不宰牲，不理刑名。

國朝雍正五年奏請設立：

先農壇。知縣韓慧基購買民田四畝九分，立壇東郊井頭趙地方，正廳三間、廂房兩間。每歲仲春粵亥日祭。先農炎帝神農氏，昭配先農厲山氏，穆配先農后稷氏。

照中祀之禮預期齋戒二日。

禮儀

仲春亥日，本縣率屬員、耆老、農官、田畯人等致祭先農。行禮畢，知縣主耕〔一〕，典史進鞭，農官進耒。田畯四人，兩人扶犁，兩人牽牛。知縣右手執鞭，左手秉耒，照耕籍之例，行九推之禮，盡壟而止。後典史、農官次第如式耕推，亦盡壟而止。送神，灌鬯，徹祭，飲福，田畯、耆老人等亦俱頒賜。藉畢而返。

勸農

春作方興，本縣親臨四郊，賞勤儆惰，並頒食犒勞。

〔一〕「知縣」底本原作「本縣」，據《嘉慶義烏縣志》改。

開讀詔赦儀

凡朝廷遣使及詔赦至本縣，官員具龍亭、綵輿、儀仗、鼓樂出郭迎接。朝使下馬，取詔書置龍亭中，南向。朝使立於龍亭之東。各官具朝服，北面，行三叩頭禮。衆官及鼓樂前導引朝使上馬，在龍亭後，行至衙門外。衆官先入，分東西序立，候龍亭至公庭中。朝使立於龍亭之東，西向。如有出使官員，贊者先唱曰：「出使官行禮。」禮生引出使官，於公庭露臺上，行三叩頭禮，畢，於露臺之上東向立。如有武官，分文東、武西，班定，樂作，行三叩頭禮。朝使捧詔授展讀官，展讀官跪受，詣開讀案宣讀。出使官於露臺北向跪，衆官皆跪。宣讀訖，開讀官捧詔授朝使。朝使捧詔置龍亭中。衆官俯伏，行三叩頭禮，舞蹈山呼，又行三叩頭禮。畢，本處官班首詣龍亭前跪問：「聖躬萬福。」朝使鞠躬答曰：「聖躬萬福。」衆官乃退，易服而見朝使，行兩拜禮。朝使答禮。禮畢，復具鼓樂，送詔于官亭。「三叩頭」，舊初作「五拜三叩頭」，次作「五拜」，三、四、五作「四拜」。

迎春儀

每歲，先期該户如式造春牛及句芒神於東江上。至立春前一日，見里結綵亭，具儀導，各官服紅袍，舁迎於東江橋。由迎恩門入，至縣門外。土牛南向，芒神在東，西向。至日，清晨，陳設香燭果，各官具朝服四拜，班首詣前奠酒者三，興而復位，又四拜。各官執彩仗，列土牛兩旁。長官擊鼓，各官環擊土牛者三，遂碎之而退。

日蝕救護儀

前期，結綵儀門及正堂，設香案於露臺上。向日，即於香案前布各官拜位。向日，立集金鼓手於儀門内。至期，陰陽官報日初虧。各官具朝服行三叩頭禮，皆跪。執事者捧鼓詣班首前擊鼓三聲，衆鼓皆鳴。候報復圓，乃三叩頭而畢禮，退。「三叩頭」，舊作「四拜」。

月蝕救護儀

與「日蝕救護」同。

新官到任儀

凡新官到任，未到城一舍而止。官屬及父老出城迎謁，令灑埽在城應祀神祇祠宇，備牲醴祭儀。至城，館於後司。齋沐，詣城隍廟宿壇。次早，禮吏陳設牲酒等物。新官與同僚各以班立，行三叩頭禮。新官詣神位前酌酒，行初獻禮。執事者讀祝：「維某年月日，某衙門某官某，奉命來官，務專人事，主典神祭。今者謁神，特與神誓，神率幽明，陰陽表裏。予有政事未備，希神默相，使我政興務舉，以安黎庶。予倘怠政奸貪、陷害僚屬、凌虐下民，神其降殃。謹以牲醴致祭，神其鑒知。尚享！」讀訖，俯伏，興。亞獻、終獻，皆如初儀。遂四拜而退。導引至本衙門前，具公服，從中道入。於露臺上望闕設香案，行三叩頭禮，乃升堂，排衙，報時，押公座。畢，易公服，便服而坐。合屬人等自卑而尊以次參見，然後與首領官、佐貳官行相見禮，乃諭僚屬曰：「朝廷設官置吏，欲其敬神恤民、親賢遠奸、興利除害，某不敏，忝兹重任，尚賴一二僚屬及邑中長者匡其不逮，庶免後艱。其四境之内，利有當興、弊有當革者，某等當共勉力爲之，以安黎庶。」諭訖，署押公文，處置公事。畢，將所祭牲醴與官屬父老，享飲而退。以後，凡遇外境出入，即於本衙門外設壇總祭。其九年考滿，仍具牲酒，率父老人等致祭，就以祭物出郊餞别而去。三叩頭，舊前作「四拜」，後作「五拜三叩頭」。

鄉飲酒儀

明洪武初，詔中書省詳定鄉飲酒禮條式，使民歲時宴會習禮講讀，期於申明朝廷之法，敦叙長幼之節，遂爲定制。十六年，頒行圖式。每歲正月十五日、十月初一日，各府州縣於儒學行鄉飲酒禮，士庶行於各鄉。酒肴於官錢約量支辦，務要豐儉得宜。本縣以知縣爲主，位於東南，如無正官，以佐貳代。以致仕官年爵高者爲僎，位於東北。以鄉人年高有德者爲賓，位於西北。其次爲介，又次爲衆賓，位於西南。又選有德者一人爲司正，今以教諭爲之。以二人通文字者講讀律誥，今以生員爲之。各鄉則以里長或糧長爲之主焉。　前一日，執事者於儒學之講堂依圖陳設坐次，司正率執事習禮。至日，黎明，執事者宰牲具饌。主席及僚屬、司正先詣學，命禮生速賓、僎以下。比至，報賓者先入，曰：「賓至。」主席率僚屬出迎于庠門之外以入，主居東，賓居西，主揖賓而入，至中門，又揖而入。三揖至階，三讓而後升堂，東西相向再拜。主賓以下各就席。贊唱、司正揚觶，主賓以下皆立。司正詣堂中北向立，舉酒揖衆賓而言曰：「恭惟朝廷，率由舊章，舉行鄉飲，非爲飲食。凡我長幼，各相勸勉，爲臣盡忠，爲子盡孝。長幼有序，兄友弟恭。内睦宗族，外和鄉里。無或廢墜，以忝所生。」讀畢，司正飲酒授觶，相揖而退。主賓以下皆坐，唱讀律誥。執事者設律誥案於堂之中，主賓以下皆拱立行揖禮，如揚觶儀。然後禮生展讀律誥，有過之人俱赴正席立聽。讀畢復揖而退。主賓以下皆坐。執事者具饌。酒三行，湯。畢，主酌酒獻賓，再拜而退。賓酌酒酬主，亦再拜而退。執事者分由介、三賓、衆賓以下，以次斟酒于席。或三行，或五行，供湯三品。畢，徹饌。主賓以下皆起，東西相向，再拜送賓。以次下堂，分東西行，仍三揖出庠門而退。里中鄉飲仿此。　一作「大賓、僎賓、介賓、三賓」：大賓以致仕官爲之，位於西北；僎賓擇鄉里中年高有德之人，位於東北；介賓以次長，位於西南；三賓以賓之次者爲之，位於賓主僎介之後。又於讀律誥後歌《鹿鳴》以娱賓。**國朝舉行如舊。**按：鄉飲酒禮，合三達德其中，於以興賢厲俗，所關匪細，而奉行未善。義邑每遇飲期，青衿門斗串同禮胥，擇食鄉愚横科儀賄，既沿門而溷指，復護惡而詭揚，致使平民視同陷阱，莊士恥若赭衣。康熙二十八年，知縣王廷曾察知其弊，示以：「鄉飲，原期尊德尚齒，無煩片紙半文。果是其人，國中有口；若非其類，公狀仍誣。自是詐風旋息，潛修亦顯，通詳各憲，勒石永禁。」

鄉射儀

明洪武三年，令各府州縣儒學：訓誨生徒，每日講讀文書罷，於學後設一射圃，教學生習射，朔望要試過。期有司官閑暇時，與學官一體習射。若是不肯用心，俱要罪過。本縣射圃在學宫之東，其儀文舊無頒降。嘉靖間，督學阮嘗一舉行。萬曆間，督學陳亦嘗飭所屬舉行，須有儀則。

講諭儀

聖諭十六條。

第一條：敦孝弟以重人倫；
第二條：篤宗族以昭雍睦；
第三條：和鄉黨以息争訟；
第四條：重農桑以足衣食；
第五條：尚節儉以惜財用；
第六條：隆學校以端士習；
第七條：黜異端以崇正學；
第八條：講法律以儆愚頑；
第九條：明禮讓以厚風俗；
第十條：務本業以定民志；
第十一條：訓子弟以禁非爲；
第十二條：息誣告以全良善；
第十三條：誡窩逃以免株連；
第十四條：完錢糧以省催科；

第十五條：聯保甲以弭盜賊；

第十六條：解仇忿以重身命。

國朝雍正二年，頒發《御製萬言廣訓》，飭州縣學，朔望宣講，士子誦讀。

按聖諭十六條，頒行已久。康熙二十四年，總憲陳疏請飭直省通行鄉約，將十六條月吉申講，如古讀法之禮，察其舉行之怠勤，以爲考課之殿最。自是，縣於每月朔日，傳集文武官僚、紳士軍民齊集鄉約所聽講，擇鄉士之學行兼優者，令其實心講解，務使人人通曉、稟守恪遵。

舊志鄉約，明洪武初，命郡、縣、里各製木鐸，推耆老行振之，狥道路以警衆，其詞曰：「孝順父母〔一〕，尊敬長上。和睦鄉里，教訓子孫。各安生理，毋作非爲。」本縣遵遺制，每月朔，引坊里長人等集公廨兩廊，老人捧聖諭牌至露臺前宣讀勸戒之。萬曆十五年，知縣俞士章申明約訓，令八鄉即民祠之寬厰者立爲約所，選擇約長、約副主其事，倣古屬民讀法之令爲約書，先聖諭，次條律，次六歌，俾月朔集衆會講。

温軍門《六歌》：我勸吾民孝父母，父母之恩爾知否？生我育我苦萬千，朝夕顧復不離手。豈但三年乳哺艱，甘脆何曾入其口。每逢疾病更關情，廢寢忘飱無不有。虎狼猶知父子恩，人不

〔一〕「孝順」底本原作「毋順」，據《康熙義烏縣志》改。

如獸亦可醜。試讀《蓼莪》詩一章，欲報罔極空回首。人誰不受劬勞恩，我勸吾民孝父母；我勸吾民敬長上，少小無如崇退讓。分定尊卑不可踰，輩分前後寧相亢。鬩黨欲速非求益，原壤不遜曾受杖。道路崎嶇争負戴，几杖追隨其偃仰。堯舜亦從仁讓來，疾徐之間休輕夜。凌節無損亦薄德，我勸吾民敬長上；我勸吾民睦鄉里，自古人情重桑梓。仁人四海爲一家，何乃比鄰分彼此。有酒開壺共斟酌，有田併力同耘耔。東家有粟宜相賙，西家有勢勿輕使。諺有言，鄰里和，外侮止，百姓親睦自此始。親睦比屋皆可封，我勸吾民睦鄉里；我勸吾民訓子孫，子孫好醜關家門。周公撻禽爲聖父，孔庭訓鯉見魯《論》。何乃禽犢愛，忍令子孫昏。黄金滿籯何足貴，一經教子言猶存。蜾蠃尚能化異類，燕翼豈難裕後昆。縱使不才也難棄，長養還須父祖恩。子孝孫順樂何如，我勸吾民訓子孫；我勸吾民安生理，處世無如守分美。守分不求自有餘，過分多求還喪己。農者但向耕鑿間，工者但向錐刀裏。商者行路要深藏，賈者居市休貪鄙。饒他異物不能遷，自然家道日興起。華胥蓬萊在人間，民生安業無如是；我勸吾民勿爲非，非爲由來是禍基。一念稍錯萬事裂，一朝不忍終身危。淫賭竊劫常相因，健訟争奪與詐欺。不勝猶或生止心，一勝那能有已時，力窮事敗網羅隨。

俞知縣《鄉約》：書亭邃古，言政必言教，至輓近世專言政不言教。間有扼腕談今古者問：「何以不教？」執事者輒曰：「民誰率之？」斯言信然也。余亦見執事者著一二功令，斌斌皆贊揚風美語，而民弗率也。雖然，無徒訾民乎？子輿氏曰：「至誠而不動者，未之有也。不誠，未有能動者也。」然則民之弗率，無乃執事者未之誠歟！誠有二，皆可以動民躬行仁義：先自饒於敦本，而後創法以修教具，誠之上也；即已非其人，而匡直告戒，極其殷篤，必至徧爲爾德始快，誠之次也。譬之裔人恥其子之裔語也，而欲習華，藉令已自華矣，朝夕漸浸不教，而其子可變。倘已猶然裔也，而敦華之師、引華之友與其子俱，而已之期責於其間，又靡匪實念如是而亦何不可化哉！此余鄉約之所由舉也。余鄉約書，先之以聖諭六條，大哉王言，徹上徹下，治道備矣。次之以時政六條：一嚴保甲，所以弭剽竊之患也；一禁溺女，所以拯殘忍之俗也；一禁匿婢，所以通怨曠之情也；一禁格殺，所以懲一朝之忿也；一禁争婚，所以訂百年之盟也；一輓頹風，所以復淳美之古也。六者皆瑰政，而於余治爲尤急，所用以覈民善惡，嚮此背此而已。余於此非不夙夜爲勗，而媿不能兼盡，所謂欲華其子而自裔者也。提空文以塗民耳目，民誰與余？第余所擇鄉約長、約副，皆一鄉有道仁人，余裔面師友華矣。而余之慇懃屬望，黽勉從事，又特起不敢康，余蓋不誠於彼而誠於此者，庶幾民之興乎。且余治代有哲人，顔烏明孝於秦，楊機平立功於漢，宗忠簡竭忠於宋，而樓季發、駱孝遠輩更僕不可盡數，即我明王忠文、朱悦道、龔天民皆命世豪俊。是爲此民者，佩周服孔乃其故物，古今人不相遠，則余民何讓焉？苟有不待教而興進取於鄉約書之上，是又余之厚幸也，余竊冀之。是役也，縣丞馬思永、主簿陸府康、典史曾大賓、儒學教諭王汝源、訓導李度、王澮共贊成也。

熊知縣《親民繹序》：粤若稽我太祖統一時夏，穀群黎，咸若厥生，康哉。乃我太祖，其咨維民，既穀罔迪，亦若驅納諸坎，弗克若厥生，既敷大誥，若雷霆庸董于不惠。嗚呼！維民其惠，我迄維求惠庸董曷庸迪哉！太祖爰作教民榜文，皇言維六，如金如玉，既和則篤，如菽如粟，俾民率育中命。臣鄰鐸於民，歲時肆讀，以動以沃，若風若雨。時夏惠胥，維臣鄰維民惠哉！厥克若厥生永罔圮。匪攸克惠厥，亦罔克若厥生。肇諭迄兹，薄海咸龢，自東自西，自南自北，咸聽有鐸。薄海既和，庸不犯干。有司世世協于中，祖功懋哉！庶績叙哉！維叙維歌，宜揚于有衆。臣人霖未有知，受命來牧，夙夜罔敢懈，繹思皇言，時而颺之，弗飾弗阻。俾有衆咸喻，既比以律、綴之庸歌，歲時躬行，鄉里率兹民成人小子，拜稽首，敬聽肅若。昊天之威，臨之在上。嗚鐸擊鼓，考鐘間，師讀法，童子升歌，一唱三歎，咸動既敬敷繹思，有則有格，進善退慝，各正性命，維民庸迪。臣人霖未有知，永言釐成，日求厥章，敷繹思親民哉！

熊知縣《六歌》。《孝順父母歌》：天高地厚海波長，這樣恩同父與娘。不信親恩難報答，問君怎樣痛兒郎、痛兒郎。勞心勞力萬萬千，總因兒女計周全。養心養志須兼盡，草木如何報答天、報答天。《尊敬長上歌》：世沐朝廷養育恩，設官保護汝生存。法嚴分定無争害，今日方知長上尊、長上尊。族長鄉尊總要恭，隨行後長聖賢從。聰明莫倚凌前輩，他日須爲白首翁、白首翁。《和睦鄉里歌》：難把黄金買好鄰，相規相勸是相親。休將閒氣輕争訟，黽勉同心做好人、做好人。富漢周貧是福田，貧人怨富禍相連。施財濟物陰功大，巧取從來不聚錢、不聚錢。《教訓子孫歌》：嬌兒不教大來癡，及早教他莫要遲。記得桑條從小鬱，兒賢方得守家貲、守家貲。或讀詩書或種田，總教勤儉做家緣。兒孫不教親之過，忠信存心作聖賢、作聖賢。《莫作非爲歌》：一念非爲必不祥，天刑王法總昭彰。心勞日拙因機械，作善心閑福更長、福更長。天道無親與善人，姦欺詐害禍非輕。萬般善惡終須報，遠在兒孫近在身、近在身。《各安生理歌》：勸君安分好生涯，本分求財好養家。士農工賈皆隨分，栽得根深定放花、定放花。衣禄生來莫强求，豐年能儉定無憂。男耕女織家興旺，方便公門更好修、更好修。〇以上六歌，每歌中前二人齊唱，第四句六人重歎一句。

舊《志》次「學校・社學」後，竝以「鄉飲酒」、「鄉射」俱載「禮儀改」，附此。按：鄉約始吕氏，而朱子小學、山陰劉子鄉書、廣鄉書皆足發之，要未若《十六諭》之簡而盡也。嗣當摘萃，月朔講詞，引證古人事類成書，以示邑人。

士庶人禮

民間子孫、弟侄、甥婿見尊長，生徒見師範，久別行四拜禮，尋常近別行揖禮。奴婢見家長，同。其餘親戚長幼，照依等第，久別行兩拜禮，尋常近別行揖禮。平交同。遵明洪武癸酉所定。 先是，洪武五年令：凡鄉黨序齒、民間士農工商人等，平居相見及歲時宴會揖拜之禮，幼者先施。坐次之列，長者居上。如佃户見田主，不論序齒，並行以少事長之禮。居親屬不拘主佃止行親屬禮。 十二年，令内外官致仕居鄉惟於宗族序尊卑，如家人禮，於其外祖及妻家亦序尊卑。若筵宴，則設別席，不許坐于無官者之下。如與同致仕官會，則序爵，爵同序齒。其與異姓無官者相見，不須答禮。庶民則以官禮謁見。敢有凌侮者，論如律。

冠禮

男子十五歲至二十歲冠。洪武三年所定。其儀節損益《朱子家禮》爲之。品官、士庶略同。士大夫多有行者。至齊民突而加弁，有未冠先娶者。

婚禮

行納采、納幣等禮。洪武元年令：凡民間婚娶，並依朱文公《家禮》行。又令：男女婚姻各有其時，或有指腹割衫襟爲親者，並行禁止。　洪武五年詔：古之婚禮，結二姓之好，以重人倫。近代以來，專論聘財，習染奢侈。宜令中書省集議，定制頒行遵守，務在崇尚節儉，以厚風俗。違者論罪如律。　嘉靖八年題准：士庶婚禮如「問名」「納吉」不行已久，止仿《家禮》「納采」「納幣」「親迎」等禮行之。其儀物，兩家俱毋過求。義烏俗重門第，尚糊奩及綵轎等儀。窶家效尤富室，蓽門攀附華宗。婚男破家，嫁女鬻産，故十夫而九曠室、十室而九溺女，甚至有争聘儀訟官府者，遂成鬻女之風，而溺女愈不能禁。後經奉文行縣令：育三女者蠲其差，且歲給穀三石助之。然莫若遵《會典》，令民崇節儉、禁聘娶俱毋過求，而俗自變矣。近有髮配少亡，另連繼室，火故魄以媚新昏者，示禁乃變。

喪禮

士大夫家及鉅室，遵《家禮》儀節行之。《家禮》作自朱子，《儀禮》訂於丘氏濬及楊氏慎。明初，令天下喪禮服制並依《家禮》。惟父在爲母齊衰三年，嫂叔服小功，與古稍別。烏士大夫家及鉅室多遵守《家禮》儀節。至齊民富兒，或通賓客、飲饌酣呼；信僧道、靡費錢帛；惑風水、停柩不葬者。

祭禮

鉅族多立宗祠、置祭産，追祀其先祖。春秋二仲月合族以祭。生忌、節序，各祭於其寢。又有專祠。祠多附在《志》内。**其齊民，歲時、春秋亦各有奠。**明初《集禮》原本宋儒，品官祠堂奉高、曾、祖、禰四世之主，以四仲月祭。又有臘日、忌日之祭與歲時各節之薦享。庶人奉祖父母、父母之祀，而時享於寢，與品官略同。至《會典》品官家廟規制較詳，有遵建者，有仿浦江鄭氏祠者。邑人龔一清曰：「烏俗近古，而祠最重。無問官民之族，咸極棟宇之隆。春雨秋霜，報本正序，比比然矣。而家各有譜，屬專繕者集字成之，亦見不忘原始云。」

歲時

元日。前夕，汛掃室堂及庭。五鼓興，設香燭，男女禮服拜上下神祇。陳果餌酒饌，祀其先，序拜尊長。男子出拜宗族親戚鄰里，謂之「賀歲」。家各具酒食相延款。

立春。前期一日，邑宰率僚屬迎春東郊，舁土牛芒神置縣治。清晨，禮太歲，行鞭春禮，碎土牛以送寒氣，使民知耕。續因土牛滋費，不施鞭碎。遞歲相仍，加以塗飾。

元宵。自十三日夜，四街設竹棚彩障，懸燈其上，祠廟盛張燈，遊觀達曙。或以火藥爲錦樹之戲。至十八日止。

二月十五日。家長率子孫齊詣祠堂，祭始祖及四代。祭畢，散胙，宴飲。

社日。春秋二社，各村保備牲醴，祀土、穀神，以祈以報。祭畢，飲福，歸。

清明。家爲青糍、螄螺、牲醴祭墓，封土埽竹，挂紙錢於顛。門壁皆插柳，或簪於首。

三月上巳。先十餘日，沿溪民泛龍舟，至是日止。俗呼「競渡」。

四月八日。民間有爲黑黍餽其親友者。寺僧於是日浴佛，爲黑黍之會。

端午。取菖蒲及艾插門户，或繫以彩勝，佩於身；爲衣香，置之篋笥。雜菖蒲、雄黄和酒飲之，以避邪禳毒。爲角黍、駱駝蹄糕祀其先，親戚各相饋遺。

七夕。婦女陳瓜果，祀牛、女于庭，謂之「乞巧」。

中元。家以牲醴羹飯祀其先。緇黄之流誦經供佛，謂之蘭盆會。

中秋。士人家置酒酣燕玩月，每至夜分。以月餅相饋。

重陽。士人登高燕賞，以茱萸泛酒飲之。家製牡丹糕、方粽，親戚轉相饋遺。

冬至。前夕，民家各具酒餚宴飲。是日，具牲醴祭祖宗，亦有行序拜禮者。

歲除。歲前十日内，民家擇吉日祀土神，謂之「謝年」。又具牲禮祭祖宗。爲飲燕以會其親屬鄉黨，謂之「分歲」。又各以食物相餽。至日，燒火盆，響爆竹，换桃符，寫春帖，骨肉團欒，飲坐以守歲。

風俗

俗勤耕織。《方輿勝覽》　古《縣志》曰：「庶民益力於耕桑。」　萬曆丙申《志》曰：「前此，男子服耕稼、女子勤紡織，商賈鬻魚鹽，工習器械以利民用，無淫巧奇衺之物。」又曰：「苦筋力，務織嗇。」又曰：「晚近，事本業者不鄙末作以要利。」　《府志》稱朱肇《志》曰：「邇來，好遠遊而忘本業。」

好劍輕死。漢《志》。　丙申《志》曰：「激烈慷慨有足多者。」又曰：「晚近，樂巖居者不憚千里以從兵。」　朱肇《志》曰：「邇來，大都好勝尚氣，輕鬭健訟，争功利而喜兵革。」

信鬼神，重淫祀。漢《志》。

君子尚禮，庸庶敦龐。風俗澄清，道教隆洽。隋《志》。　丙申《志》曰：「前此，富家子布衣革履入城市，不馳驅爲富貴容。親戚鄰里以飲食相聚會，或四五簋、或六七簋，真情款洽。重然諾，不欺語。曰：『東親戚，不若烏相識。』奉公供賦，語官府輒愓心喪氣、至老死不識縣門。興大役，動大衆，一呼而集，競捐私藏，不費公帑，無俟發徵期會。」又曰：「晚近，里兒羞布素而尚紈綺。窶家效富室而列華筵，侈靡日甚，物力日絀，巧僞萌生，智作漸毒，乃逃國税、捍文網、持官司短長，而訐告之風熾。」　康熙癸丑《補志》曰：「縣故有『小鄒魯』之稱。明季，日趨刁悍，抗糧健訟，甚至揑造匿名文揭，虳害官長。甲户恣凌里長，輿丐肆毆平民。知縣于漣每於約所曲爲勸誡。」

俗輕躁，少信行。《郡國志》。

人性柔慧，尚浮屠。急於進取，善於圖利。宋《地理志》。

風聲氣習，一變醇厚。《東陽郡志》。古《縣志》曰：「士習益歸於醇厚。」

民多返樸，俗尚向方，禮義之風遂振。《續東陽郡志》：「貧民不作富貴人僕。」按：丙申《志》云：「唐敦勤儉，而《蟋蟀》猶有遺風。魯崇信義，而兩生愈堅晚節。」蓋言習尚不與時世爲變遷也。又云：「烏風俗可紀者，如顔氏子之血誠格烏，宗忠簡之力請回鑾，近若王氏祖孫、龔氏父子，並以節義輝映後先。」烏人濡染深矣！孔子曰「移風易俗」，豈家至之哉！朱肇《志》謂「軌道以定其趨，崇德以昭其化」，非長民者今日之先務乎？誠有所不得辭耳。

義烏叢書編纂委員會
浙江大學浙江文獻集成編纂中心 編

雍正義烏縣志

中

〔清〕韓慧基 修
〔清〕沈裕 等纂
池雪豐 點校

中華書局

雍正義烏縣志卷之七

賦役志

户口

昔宣尼嘆美衛民之庶，説者咸歸功于康叔，固知民生蕃盛雖生息常理，蓋亦休養之功居多焉。我烏邑非險要，金革罕罹，溯秦漢以來，却馬於糞車之轅，而玄髫巷聚，黄髮壤歌，千億之族，所在蒸蒸。然歷稽宣正而下，生聚日久，而報徵額者日益損，儻亦司牧者寬恤之仁，不欲以增户蒙賞邪？第輓近應募成風，恐生消耗之漸；户拘成額，未免不均之嗟。誠加意勞來，杜其奔竄，撫其流移，而均節其勞逸，庶幾哉使民安土重遷，敦龎純固，而阜成日可冀也。

訂入《編户論》二則，補後事。

徐幹曰：「夫治平在庶功興，庶功興在事役均，事役均在民數周。故民數者，爲國之本，而庶事之所自出也。《周禮》司民掌登萬民之數，自生齒以上皆書於版，歲登下其死生。三年大比，以萬民之數詔司寇。司寇獻其數於王，王拜受之，登於天府，如此其重也。聞之上古之世，民各安其居、樂其業，車馬不疲罷於道路，萬民不失命於寇戎，豪傑不著名於圖書，不立功於盤盂。七十以上，上所養也；十五以下，上所長也；十六以上，上所强也。則民數之蕃庶滋殖，豈非其累世所休養致然哉。逮至漢唐叔季，災害生而兵凶作，丈夫從軍旅，老弱轉糧饟，户版之紀綱罔輯，土斷之條約不明。富人多丁者爲宦，學釋老以免責，而下户殘瘁率逃爲浮人。而土著益寡，則其弊不在官而在民。長吏以增户闢税爲課績，而各招浮蕩、析實户、張虚數以邀譽。諸死徙闕税者抑配于土著，而土著益困，則其弊不在民而在官。自昔嘆之矣。而今之弊則不在民、不在官，而在邊。儌令邊與邑争民，民走集如市，亦極敝已。」

「漢初，海内殷庶，丁男三年而一事民算，四十無賦算口錢。自武帝征伐四夷，重賦於民，民産子三歲即出口錢，故民重困。其後年二十乃算，晋因之而制户調，唐又因之而制身庸、立手實法。民始生爲黄，四歲爲小，十六爲中，二十爲丁，六十爲老。歲終，州縣督里坊正各具民生死、地闊狹、課役之數，爲計帳以報度支。及大曆兵火之後，版籍燬散，無復常準。而楊炎乃更兩稅以一其制，户無主客，以見居爲籍；人無丁中，以貧富爲差。蓋不土著而地斷，民始不勝煩弊也。宋興，以主客分户，至纖悉矣。然轉徙無常，反恣影射。元雜華裔，以南北分户，號稱極盛，然上溢下漏，法爲最弛。明令民以户口自實。洪武十四年，始頒册式於郡縣，軍民人匠等户，各以本業占籍。男子始生，登其名於籍，曰不成丁。十六曰成丁。丁成而役，六十而免。婦女若不成丁，不役。十年乃大計生齒老幼存亡，而更籍之。册成，一以解京，餘司府縣各存其一。凡百差科，悉由此出，無復前代紛更之擾，然洪武間，民甫脱湯火而就袵席。」

按：烏籍人户二萬八千九百七十二，丁口十四萬三千九百三十三。歷成、弘以來，户口宜月積歲滋，乃版籍所載户不及二萬，口不滿八萬，則登耗之故可知已。自嘉靖兵興，徵書旁午，民之揭家而往者，由兩畿以及邊徼，蔑地不有哀而聚焉，不下萬指。户殘於奔竄，口斃於殺傷，又何怪其逾損於昔也。迨萬曆二十年，輪值大造，各里報丁填圖，而縣報陞遷，未及清核，至里有賠累不堪者，訟諸藩司，下其牒於縣。二十三年，知縣周士英覆加詳審，除虚加無米丁三百五十四丁，增有米丁四十八丁，通共實在人丁一萬四千六百五十二丁，蓋據丁産爲宗，所豁除者多羸弱下户、逃亡物故之流，而量於有糧人户酌增數丁以補其闕也。然縣之弊大都患在不均，寬狹磽腴不同鄉而同役，貧富有無不同貲而同征，奔亡僑徙不同土而同隸，强弱衆寡不同殖而同派。丁多家給者以衆輸加輕，丁少家窶者以力單加重。又版籍漫漶，里胥夤緣爲奸，多巧避失實。豪右售賕，轉相蔽匿；貧弱抑勒，輒報科差。而里之豪有力者，藉口差徭名目，即又更賦諸十甲。下户易虐使，往往陽浮科斂之，所出有倍於所徵者。相推於逃亡死徙，而民益蹙矣。而成額率不能減，莫若推丘文莊以田一頃配人一丁之法。田爲母，人爲子，攢造之年，子隨母而推移。豪有力與下户，無有偏注，而立意不求浮羨，斯不致浚民以生耳。舊《志》另列「編户」，次卷之八，今改合此。

户口格

	户		口	
宋 大中祥符中	主客户	一萬三千六百九十四。	主客丁	二萬五千一百四十七。
紹興中		一萬四千八百二十九。		二萬八千七百一十三。
元 至正二十七年	南北户	一萬一千八百四十三。	南北名口	五萬五千七百五十五。
明 洪武二十四年	人户	二萬八千九百七十二。	人口	一十四萬三千九百三十二。
永樂元年		三萬一千六百三十六。		一十二萬六千四百八十六。
十年		三萬二千五百一十二。		一十萬三千八百四十三。
二十年		二萬九千四百九十三。		九萬一千一百八十六。
宣德七年		二萬二千三百七十一。		六萬四千八百一十八。
正統七年		二萬二千二百七十五。		同上。

户口	人户	丁口
景泰三年	二萬一千九百八十四。	六萬四千六百九十四。
天順六年	二萬一千四百六十一。	六萬四千一百八十六。
成化八年	二萬一千三十四。十八年歷弘治以迄正德七年佚，下同。	丁四萬四千六百九十二；口一萬八千八百七。
嘉靖元年	一萬五千七十。	七萬四百六十一。
十一年	同上。	同上。
二十一年	一萬五千二百九十。	七萬八百二十一。
三十一年	一萬五千五百一十。	七萬一千二百七十一。
四十一年	同上。	七萬一千二百九十。
隆慶六年	同上。	丁五萬一千一百五十三；口二萬一百四十四。

口户		
	人户	丁口
萬曆九年行賦役冊	一萬五千六百一十。	七萬一千四百九十四。
十九年	同上。民户一萬四千四百九十七，軍户三百二十六，校尉力士户三，匠户五百六十八，機户七十六，捕户三十五，紙户四，窑竈户七，醫户八，厨户二，馬站户八十，土工户四。	同上。
二十九年	同前。	同前。
三十九年	同前。	同前。
天啓七年	同前。	七萬一千四百九十七。
崇禎四年	同前。	同上。《府志》：明末户丁口八萬四千五百三十四。

國朝戶口	順治十四年頒《賦役全書》	康熙四年頒《賦役簡明全書》	六年丈量
人戶	同前。	自萬曆十九年至此並同，歷載黃冊。	
丁口	一萬六千二百八十八。		一萬六千八百二。內清出五百一十四。按：丁口額大損於前者，前此之多寡以民數之盈耗，後此之贏縮以丁糧之饒減也。

田土

《禹貢》：「咸則三壤，成賦中邦。」卷卷白壤黑墳之辨。班《志》云：「理民之道，地著爲本。必建步立畮，以正其經界。」乃知辨土宜、序等則、塞並兼，用以底慎財賦而阜人民。縣境在秦漢該有六邑，遞經割隸，爲今義烏，僻在郡北，廣輪方百四十里畸，紆岡、疊阜、山澤、園陵、藪牧十居三，陸地磽埆十居三，其畝畝耕稼地不能什之三，而野多坡阪、土雜沙石，去沃衍若楹與莛。田無塘則苦暵，近江又苦坍，旁莳松榆，果蔬復不給。宋初以前，無可稽。紹興中，行經界。嘉定十七年，行體量簡踏法。元至正間，履畝籍之。明洪武十九年，遣國子生臨縣，將各鄉田土經量編畫魚鱗圖以記，一清飛灑、詭寄、昏賴、推那之弊。歲久册失，田經屢易，糧亦遞推。叢奸搆訟，至嘉靖間而極。萬曆初，行丈量，知縣范儁履畝清丈以等則，數多里胥得上下其手，乃就縣田之八鄉以一法量之，民田重者畝不及四升，輕者三升有奇，步算明而虚糧賠累之弊汰。獨高田與水田變舊則，而同科如同、明等鄉，高田尚少；永、祈二鄉，水田十一而高田八九，終歲之勤不供糧役，民多遠竄。蓋舊則分水、平、高三則，尚未詳盡彙而一之，是與隆慶二年、慶元之丈一例定税同病也。至崇禎九年，有仿萬曆魚鱗册式清號之令，未經履畝，旋且中輟，黠吞重畝，孱浮虚號。國朝順治十一年，續報陞科。十四年，頒行《賦役全書》，合續陞爲額。康熙三年，遵行丈量，知縣孫家棟遍行清丈，官民僧額間有增出。四年，《簡明全書》合丈出爲額。

六年，實額因之。三十年，歲當編審，知縣王廷曾一遵連四單以爲收除。單内填入字號畝分，一給受者，一給出者，一給圖書，一存公署。縣版籍六隅八鄉，鄉之都二十八，都之圖一百四十六，豫將各户田土糧額臚列曉諭，聽細户自行配搭。示日，當堂唱名挨審。丁照丘文莊舊法以畝爲計，田之有收無除者，責令即除，不累空户；有除無收者，責令即收，不容隱占。一户而分兩户以逃差者，使合數户而并；一户以坐役者，使分飛灑浮零積，承陷糧之害者，豁其受陷之數，以窮架陷之原。前此，清丈止丈出田一頃二十畝有奇，地八十四畝有奇，山一頃四畝有奇，塘一頃一十七畝有奇，而公正每都四人，私將溢丈共四百餘頃歸入己户，民增溢出之糧，而公正席無賦之産，悉令面相質對，一一清出。又將見徵柳條上届底册并收除數目，逐一詳問，拙言辭者使其傾吐，利口者勿俾飾辨。里凡十户，糧多者爲「頭户」，職催徵應比，强者不得争認，馴者不得諉辭；次多者次之，手自點定。舊有「挨户税」之弊，聽圖書開報「某某買田」，實未買也，保正因而行催某及填契而税，是爲擇肉。前署事同知常光裕諭同詳革。又每圖向有「硃價銀」十兩陋例，通詳禁革，圖書里蠹諸弊一清。舊《志》作「則壤」，載入「科則」。兹將「科則」歸「貢税」，並摘《田賦論》，以「田土」名之。

田土格

官民田土雜產	宋嘉定十七年	三千九百八十六頃二十畝一角三十三步；一萬五百九十一頃九十八畝三角一十四步。
	元至正間	浙東廉訪使董守慤、僉事余闕，以田多失實，議根括田稅，使民隨田受役，乃命婺州路總管督諸縣練習田事之人，履畝而核之，其定著爲籍，有流水，有類姓，有鼠尾。今皆莫之考，邑人王禕著《均役記》。
	十四年	四千二百五十六頃五十七畝三角五十三步四釐七毫。
官民田土	明洪武十九年	先是，申報田土稅糧，省、府、縣不相通，多失實。及空印事起，受罪者衆，至是分遣監生躬臨各縣，履畝經量，編畫魚鱗圖冊記之，歲久無存。
	二十四年	八千七百三十九頃六分八釐。《府志》總額與田地塘小異。 田四千五百九十一頃八十畝六分五釐。 地一千七百六十六頃九十一畝五分七釐。 山一千七百四十五頃四十一畝五分一釐。 塘六百三十四頃八十六畝九分五釐。 官房屋一千一百六十間四分一釐。
	永樂元年十年造黃冊	同 一千五百九十二間四分六釐。

	官民田土
宣德七年黄册	同
成化八年黄册	八千七百四十一頃三十畝五分。《府志》總額與地塘小異。 田四千五百九十二頃四十六畝三分五釐。 地一千七百六十八頃四十四畝二分三釐。 山。同洪武二十四年。 塘六百三十四頃九十八畝四分八釐。 官房屋一千五百九十二間四分六釐。
弘治十年	同。丈量：知縣鄭錫文僉選監保字長及書算、弓手人役，履畝丈量，備造流水册籍，京師府縣各存一本，都圖糧里亦各收一本。錢糧易於清理，爭訟易於稽查。
十五年	同。是年至嘉靖三十一年八造黄册，並同。

	官民田土
嘉靖四十一年黄册	八千七百四十一頃三十三畝六分。 官田二百六頃三十六畝八分六釐。 惠峰寺田，原没官田，歇役田，續科田，官買田，官員職田，新没官田，民義莊田，官義莊田，縣職田，學院水田，學院平田，學院高田，白雲宗田，没官田，漲沙田，支使廳田，養濟院田。 舊《志》見「舊則」。 地八十一頃三十三畝一分五釐。 學院地，没官地，秋租地。 山四十三頃四十八畝四分七釐。 學院山，没官山。
隆慶六年黄册	同。 前二年同。

塘三十三頃七十一畝七分七釐。

學院塘，没官塘，秋租塘

民田四千三百八十六頃一十四畝四分。

崇德鄉田四百六頃一畝四分九釐。

縉雲鄉田五百八十九頃三十一畝二分五釐。

龍祈鄉田四百五十五頃六十三畝三分一釐。

永寧鄉田六百六十八頃一十九畝八分一釐。

智者鄉田七百一十二頃二十四畝七分五毫。

同義鄉田七百四十六頃四十三畝九分八釐。

雙林鄉田四百八十二頃四十二畝七分四釐。

明義鄉田二百五十二頃二十六畝二分五釐五毫。

地一千六百八十七頃八畝七釐。

山一千七百一頃九十三畝四釐。

塘六百一頃二十四畝八分八釐。

官瓦草屋一千五百九十二間。《府志》小異。

民瓦草屋一十萬六千一百九十間。

丈實　官民　僧田　地山　塘

萬曆九年丈量

九千一百三十八頃四十六畝六釐五毫。

實額官田、地、山、塘。並同前。

實額民田八鄉共四千三百四十八頃八畝三分八毫。

崇德鄉田今量四百一十一頃二十八畝三分四釐七毫。

縉雲鄉田今量五百九十一頃二畝四分一釐。

龍祈鄉田今量四百七十一頃二十二畝六分四釐三毫。

永寧鄉田今量六百七十一頃七十五畝九分三釐三毫。

智者鄉田今量七百一十五頃四十四畝六分四釐八毫。

同義鄉田今量七百三十六頃二十五畝四分五釐一毫。

雙林鄉田今量四百九十七頃二十三畝九分六釐。

明義鄉田今量二百五十三頃八十四畝九分一釐六毫。

僧田共七十二頃一十畝三分二釐五毫。

前此無僧田，豈將惠峰寺、白雲宗改作僧田邪？

民地共一千七百一十八頃七十三畝六分。

民山共二千一十九頃九十三畝五分六釐三毫。

民塘共六百一十四頃六十七畝一釐九毫。

崇禎九年

同。

國朝	續報陞科	陞科
順治十一年	田原額四千六百二十六頃五十五畝四分九釐三毫。 田地成田七頃一十一畝二分八釐三毫六絲八忽。	地原額一千八百頃九畝七分五釐。 地山成地一十三頃九十畝三分一釐二毫。
十四年頒行《賦役全書》	合續陞四千六百三十三頃六十六畝七分七釐六毫六絲八忽。 官田。同明嘉靖四十一年。 民田：崇德鄉、縉雲鄉、龍祈鄉、永寧鄉、智者鄉、同義鄉、雙林鄉、明義鄉。並同萬曆九年今量。 僧田。同萬曆九年。 陞科田。地成田六頃六十六畝三分六絲八忽，山成田一十一畝二分，塘成田一分，沙成田三十三畝六分八釐三毫。	合續陞一千八百一十四頃六釐二毫。 官地。同嘉靖四十一年。 民地。同萬曆九年。 陞科地。山成地九頃六十一畝九分五釐三毫，沙成地四頃二十七畝八分三釐九毫，塘成地五分二釐。

陞科				丈出
山原額二千六十三頃四十二畝三釐三毫。 山一頃二十四畝五分五釐。	塘原額六百四十八頃三十八畝七分八釐九毫。	**康熙三年丈量**	原額。見順治十四年。	田一頃二十畝三釐九毫一絲九忽。 官田原額同嘉靖四十一年。丈出一畝四分八毫六絲。
合續陞二千六十四頃六十六畝五分八釐三毫。 官山。同嘉靖四十一年。 民山。同萬曆九年。 陞科山。沙成山。	同。 官塘。同嘉靖四十一年。 民塘。同萬曆九年。	**四年頒行《簡明全書》**	原額、陞科並丈出官民僧田地山塘，共九千一百六十四頃九十九畝二分三釐六毫六絲七忽。	同。

民田原額同萬曆九年。

崇德鄉丈出二十七畝五分四釐三絲。

縉雲鄉丈出九分九釐九毫五絲。

龍祈鄉丈出一十六畝二釐四毫。

永寧鄉丈出一十畝一分五釐九毫六絲。

智者鄉丈出三畝四分四釐八毫八絲七忽。

同義鄉丈出一十一畝九分一釐五毫三絲。

雙林鄉丈出八畝六分四釐二毫。

明義鄉丈出一十一畝二分六毫。

僧田原額同萬曆九年。丈出九分二釐八毫五絲。

陞科田原額同順治十一年。丈出二十八畝四分六釐六毫五絲二忽。

六年丈量

實田合丈出

丈出一頃二十畝七分三釐九毫一絲九忽。實該田四千六百三十四頃八十七畝五分一釐五毫八絲七忽。

官田，丈出一畝四分八毫六絲。實該田二百六頃三十八畝二分六釐八毫六絲。

僧田，丈出九分二釐八毫五絲。實該田七十二頃一十一畝二分五釐三毫五絲。

民田：崇德鄉，丈出二十七畝五分四釐三絲。實該田四百一十一頃五十五畝八分八釐七毫三絲；縉雲鄉，丈出九分九釐九毫五絲。實該田五百九十一頃三畝四分九毫五絲；龍祈鄉，丈出一十六畝二釐四毫。實該田四百七十一頃三十八畝六分六釐七毫；永寧鄉，丈出一十畝一分五釐九毫六絲。實該田六百七十一頃八十六畝九釐二毫六絲；智者鄉，丈出二畝四分四釐八毫八絲七忽。

	實該田七百一十五頃四十八畝九釐六毫八絲七忽；同義鄉，丈出一十一畝九分一釐五毫三絲。實該田七百三十六頃三十七畝三分六釐六毫三絲；雙林鄉，丈出八畝六分四釐二毫。實該田四百九十七頃三十二畝六分二毫；明義鄉，丈出一十一畝二分六毫。實該田二百五十三頃九十六畝一分二釐二毫。 陞科地成田，丈出二十八畝四分六釐六毫五絲二忽。實該田七頃三十九畝七分五釐二絲。
實地合丈出	丈出八十四畝二分六釐一毫九絲。實該地一千八百一十四頃八十四畝三分二釐三毫九絲。 官地，丈出二畝七分八釐三毫三絲。實該地八十一頃三十八畝九分三釐三毫三絲。 民地，丈出七十六畝四釐九毫七絲。實該地一千七百一十九頃四十九畝六分四釐九毫七絲。 陞科山成地，丈出五畝四分二釐八毫九絲。實該地一十三頃九十五畝七分四釐九絲。
實山合丈出	丈出一頃四畝八分九釐四絲。實該山二千六十五頃七十一畝四分七釐三毫四絲。 官山，丈出一畝八分九釐八毫。實該山四十三頃五十畝三分六釐八毫。 民山，丈出一頃五分九釐二毫四絲。實該山二千二十頃九十四畝一分五釐五毫四絲。 陞科山，丈出二畝四分。實該山一頃二十六畝九分五釐。
實塘合丈出	丈出一頃一十七畝一分三釐九絲。實該塘六百四十九頃五十五畝九分一釐九毫九絲。 官塘，丈出二畝七分九釐二絲。實該塘三十三頃七十四畝五分六釐二絲。 民塘，丈出一頃一十四畝三分四釐七絲。實該塘六百一十五頃八十一畝三分五釐九毫七絲。

實額，合原額、陞科、丈出。官民僧田地山塘共九千一百六十四頃九十九畝二分三釐三毫六絲七忽。

貢税

古者任土作貢，有田有租。蓋以下供上，所謂「治人食人」，歷代未之或改。然「禹制九等而康歌興[一]，周人什一而頌聲作」，曷嘗不賦諸民而好生厚下，使天下常有餘，而上不憂不足。周衰，諸侯增重賦斂，税畝加二。《春秋》宣十五年「税畝」，成元年「作丘甲」，哀十二年「用田賦」，孔子譏之。秦時，田租、口賦、鹽鐵之利二十倍於古，壞法極矣。漢景時，田租三十税一。及建元，有筭商告緡之令，海内遂耗。唐制租庸調最爲近古，其後壞於楊炎之「兩税」，甚至轉運、和糴、括苗、獻助，閭巷蕭然。宋熙寧之「青苗助役」，經、總置制二錢，爲一切侵牟之術，司馬文正諸公争言不便。明制，土貢外有夏税、有秋糧，有鹽米，有額辦、有坐辦，有銀、力差，自軍國重需及職員供餽，悉有定額。若前代羡餘、珍異、進獻之類，一切罷去。是時干戈甫定，列屯聚食者奚翅千萬，且百務叢委，而免租之詔無歲無之。民有餘

[一]「歌」字，底本原作「功」，兹據《隋書·食貨志》改。

饒，國未嘗虞不足也。既緣兵興，當事者動輒加之田畝以充餉，至再至三，浮於額賦。又有地畝之加，徵發旁午，民不能堪。最後三餉疊催，重以撮借，有「暫累吾民一年」之論，復多桑穰門神之派，而内帑嘗錮，無救顛危。國朝順治中，頒行《賦役全書》，一準萬曆無名非藝概從芟剔。嗣此，屢詔蠲除積粟，常平直舒畫井補助之意。守此法也，爲民父母何有？訂合《田賦論》，補後事。

《田賦論》又云：舉積弊言之，有田之家苦賦重，賄奸書將米糧歲灑合勺於百户之内，積合勺成升，積升成斗，積斗成石，漸以消豁，而被灑者莫知所從來，歲爲賠償，名曰「飛灑」。又患田并户則米多，差役益重，則分析其田，或詭之親鄰，或詭之佃僕，又或爲之寄莊，彼此規避，倖脱重役，名曰「花詭」。又家自爲户，糧差業該承領，而故以其米留挂娘户、常祠，藉口衆共，不落户眼，終歲昏賴，名曰「虚懸」。又有地無立錐、户留虚米者；有田連阡陌、籍無擔石者；有留賣户不過割及過割一二，代爲包納者；有過割不歸本户，有推無收，有總無撒，影射脱漏者。以致派糧編差無所歸著，豪猾欺隱，貧弱賠賍。在綜核清察而振刷之。又王制十年一大造，令開載事産厚薄，按籍科征，而輓近直循故事以虚文應，即所號爲實徵，大率襲祖名，甚聯二姓以朋充。而民間田糧又歲歲收除，迄無定轍，册籍紛更，里胥因之恣奸增減，信意出入。昔丘文莊著論，欲令縣册詳於司府，如諸司職掌所載，凡各田土，開具各户若干及條段四至，俾官民有所稽考質證，不至混而無別。莫若仿而行之。督令里書察算都圖事産，各歸子户，備造的名登之徵册：先將田地山塘每畝該米、該麥、該銀、該徭科則先列于首，以縣額而至鄉額、都額、圖額、甲額，俱明注丁、田、銀、米、優免、實徵數目，序列於次。至於花户，逐名之下則詳開田若干、地若干、山若干、該徵米若干、銀若干，附列于後。圖斂而總於都，都總而會於鄉，鄉會而完於縣，務期總撒相符，不得合勺舛謬。每册造二，副印鈐，一存縣，一發該圖各甲收執，照數徵輸。後又有易知由單及户曉單。然里胥必且以爲花户滋多、收除不一而有託煩擾爲口舌者，余謂當册成之日，仍宜酌定五年一次推收，著定爲例。其每歲田有買賣，或價已杜絶，令賣契之外，另書推米付約一紙，赴官税印收照，錢糧即令得業人稟白代納，至輸年方許推收。自後，每年照額科徵，以省臨期查算。如是，則以一番之會造，而貽累年之便利。畝數辨而人有定輸，花户詳而糧無昏賴，推收定而籍無竄奸。餘詳《田土》。

貢税格格前

	唐	宋
土貢	無考。	歲貢含春羅三十匹，花羅一百匹，綿一百兩。
官鹽	劉晏法：令亭户糶鹽，縱商人取之，此商鹽所由始。郡縣又有常平倉鹽，每商人不至則減價以糶，官取厚利而人不知貴。此官鹽所由始。	宋始用常平倉鹽，官自運賣。其後，令舖户衙前趨場取鹽，運付縣倉交納，脚價官與之。計丁給鹽而納錢，以充國用。
	淳化中	**紹興中**
土貢		
官鹽		比歲鹽一百五十萬三十觔，爲錢八萬一百六十貫文。
雜賦	和預買婺羅四千匹，花羅五百匹，平羅二千七十五匹，絹六百七十八匹，絲三千五百兩，綿七百兩。折帛錢一萬一千七百二十九貫五百六十二文，茶租錢一百五十五貫二百一文，免役錢一萬五貫一十四文。	

	土貢	夏税	秋糧	課利
淳熙中				酒務祖額。九千四百貫文，收四千八百六十七貫五百六十四文。 村坊。二十一處一界爲錢二萬五千一百四十六貫九百九十八文，課利錢每月一百六十九貫十八文。 陳亮《縣減酒額記》：義烏尉趙君師日以書來曰：「邑之課額，惟酒爲
嘉定中		絹四千四百九十五匹二丈五尺八寸八分。 紬二千七百六十五匹三丈一尺一寸三分。 綿四萬五千四百六兩五分。 平羅六百匹。	苗米一萬七千九百四十二石八升三合四勺。	

重，歲之二月至于八月，煮酒以四百石爲率，爲緡錢八千六百有奇，餘爲清酒，猶四千八百緡。乾道初，有宰驅八鄉牙櫃列之市肆，商賈争來，醯酤倍入，既貢其餘于郡，又增歲額一百石。及市易者交病，而官聽其便，獨酒額如故。逋負歲積，以至于不可計，官不得脱，而吏就黥者相望。淳熙十有二載，今資政殿大學士李公之鎮是邦也，究心民隱，諸邑之利病莫不畢達。師日實具其始末以告。公惻然曰：『民何以堪乎！吾嘗備數政地，日接玉音，未嘗一日不在民也，使一縣至此而若不聞，吾爲負其上矣。』立命減煮酒額一百石，每石爲減舊額一緡，清酒月減二百緡，又蠲其舊逋幾萬緡。一邑自是獲蘇，官逃其責而民安焉。酒額歲不虧一錢，而郡縣交便之。公之盛德在民爲甚深，邑民將立公生祠于星祠之東而朝暮奉事。師日在邑僚之底而獲于大惠，不勒其事于石，烏保異時之額不增！非所以相我公之惠于無窮也。願屬筆于吾子，以諗來者。」亮竊嘆醯酤之興，本以佐軍旅之用，而其實則使民不得自便于酒，猶未戾于古者禁民飲之義也。其後設計巧取，而始專于利矣。今郡縣之利括之殆盡，能者無所用其力，惟酒爲可措手，而一縣之計實在焉，又從而括之，則縣不可爲矣。剥床及膚，其憂豈不在民乎。今天子之于民，獨公爲深知之，而吾州最爲受其賜。蠲諸邑之逋，吝公帑之出，而一以與民，凡民苗米之不及斗、帛不及尺、綿不及兩者，悉代輸之，仁聲載路。是固所以宣天子之德意，而入民之骨髓也，寧洒而已乎！上方圖任舊德，與之共政，即日旋歸，吾州不得久私其惠矣！雖使世之名能文者，不能執筆以盡公之美也。顧以屬諸陸沈無所比數之人，顛倒脱落，無以滿邑民之願，不將歸其咎于君乎！師日曰：「不然。吾二人皆將牽連託公以自見者也。」亮又奚辭！

稅務租額。二千四百貫文，收一千六百五十貫一十八文。

牙契稅錢。紹興二十一年收八千一百三十三貫三百六十五文。

茶。比歲發一千四百斤，爲錢三百八貫文。比歲任賣一千四百斤，爲錢三百八貫文。

鹽。比歲一百五十萬三千斤，爲錢八萬一百六十貫文。

香。無額。

礬。比歲九百一十斤，爲錢一百二十一貫三百三十三文。

	土貢	夏税	秋糧	言鹽	雜賦
元	歲貢貉皮一百六十八張。				和買對時物支直。 按：舊《志》云「前志不載」，未有考宋學士濂《浦陽圖經》云：「元時和買無定價，但欲買時對物支直，民便之。」
世祖十九年				設鹽運司賣引之法，以四百斤爲一引，歲買鹽引四千六百五十引二十八斤。	
至正中		歲收中統鈔七百一十錠三十二兩四錢八分二釐。	歲收米一萬四千二百六十二石二斗六升八合二勺。		

課利

酒課。中統鈔五百三錠四十八兩八錢九分六釐。

醋課。中統鈔一十五錠三十八兩四錢。

茶課。中統鈔二十三兩五錢四分。

額買鹽引。歲買食鹽四千六百五十引二十八斤。

秋租地利錢。歲收中統鈔二百錠四十三兩九錢九分六釐。

房地賃錢。歲收中統鈔一錠一十九兩三錢四分八釐。

授時曆。歲降大小曆六千一百八十二本，例解定價中統鈔九十五錠一十七兩二錢。

商税務。歲辦税課中統鈔三百九錠三十一兩三錢九分三釐。

	土貢		夏稅	秋糧
明	歲貢茶芽二斤。野味七隻，活玉面貍一，活雉六。共折鈔四錠。後裁革。	**洪武中** 按，《府志》：「十四年始大造黃冊，因天下田土定稅糧。」	麥二千一百八石三斗八升三合。	米二萬二千三百七十六石六斗七升四合二勺。
		永樂十年	二千一百一十七石一斗九升三合七勺。	二萬二千五百七十五石五斗七合四勺。
		宣德七年	同。	官田項下十分之二、十分之三，共減科米一千三百七十七石，實米二萬一千一百九十七石八斗八升六合七勺。
		成化八年黃冊	二千二百八十二石八斗八升九合七勺。	二萬一千三百二十四石六斗四升七合九勺。

官房屋	農桑	牛租	鹽鈔
賃錢五百四貫三兩二錢。上半年折麥一百一十九石九斗一升六合一勺。下半年折米八十九石九斗三升七合一勺。			官吏每口食鹽一十二斤，市民每口食鹽六斤。每鹽一斤納鈔一貫。鄉民每口食鹽二斤二兩五錢，每口納米四升三合一勺二抄五撮。先是，令有司開具户口名數，赴運司關支，到縣計口給散。後有司以搬運關支不便，奏勿給而納米納鈔如舊。其口數據籍
六百九十五貫四兩九錢。上半年折麥一百六十五石三斗七升二合一勺。下半年折米一百二十四石二升九合一勺。	八千七百六十六株。科絲一十九斤四兩九錢六分。	米五十八石。	
同。	同。《府志》宣德以前不載。		
同。			

隨時增損。

本縣鹽鈔與稅糧同徵，起運者解布政司收貯，委官解京，供軍國用。存留者解本府收貯，支給官吏俸鈔。

起運本色鈔二百六十一錠一貫五百文，共銀一兩四錢九分三釐三毫三絲九忽五微。

折色銅錢二千六百一十三文，共銀三兩七錢三分二釐八毫五絲七忽一微四塵二渺八漠。

存留本色鈔錠銀數、折色銅錢銀數並與起運同。

二項，鈔銀有閏加一錢二分，銅錢銀有閏加三錢一分一釐。每兩加路費銀一分二釐，無閏同。

	額辦即雜徵，下同。
正德十五年	段匹荒絲折納光素紵絲，二百六十一匹。 生平羅，六十八匹，今共徵銀九百六十五兩五錢二分四釐七毫。遇閏加銀七十一兩一錢三分零。 桑穰，一萬二千斤。後罷。 弓張，共額銀一百九十兩四錢二分。比舊額多銀九兩二錢六分八釐，折色年分多徵銀三兩三錢二分，辦料年分多徵銀四十六兩八錢九分。 弓三百張，見造二百六張，減除九十四張。箭三千枝，見造二千五十九枝，減除九百四十一枝。 弦一千五百條，見造一千五十九條，減除四百四十一條。翎毛二萬七千根，雜色皮張。七百一十張，今共折鈔一千三百五十貫。 顏料，共四百八十五斤，額銀一十四兩三錢六分三釐。 槐花，一百一十五斤。烏梅，三百斤。梔子。七十斤。 藥材，共八百二十四斤五兩，共銀一十四兩五錢四分一釐四毫。比舊額多銀二兩八錢六分九釐。 半夏，四十九斤。山梔子，三十七斤。穿山甲，八兩。薏苡仁，六斤八兩。半夏麯，三斤。 前胡，四十九斤。天門冬，四斤。枳實，八十四斤。青皮，五十九斤。枳殼，一百七十八斤。
嘉靖十一年以前同	

牛膽南星，一斤三兩。蔓荆子，一斤十四兩〔一〕。猪牙皂角。一十兩。

曆日紙，共徵銀五兩九分八釐三毫八絲零。內扣解兵餉曆日銀一兩五錢。舊額九兩一錢七分一釐七毫五絲，萬曆十五年奉文裁減。

南京。黄紙一千四百六十張，白紙二萬五千五百八十張。

布政司。黄紙二千七百九十六張，白紙二萬六千八百七十五張。

派辦

筀竹，額銀七兩三錢三分。舊額三兩六錢六分六釐，並路費銀三兩六錢六分七釐。

白硝麂皮，額銀七錢二分八釐。本色年分止徵五錢六分八釐。

胖襖，額銀一百九兩六錢九分一釐。五年一派，遇折色年分多徵銀一十六兩八錢七分。

四司工料，額銀四百六十四兩一錢三分六釐七毫五絲。

淺船，額銀三百三十八兩六錢三分一釐七毫。

蠟茶，額銀二百二十四兩一錢九分八釐二毫五絲二忽零。舊額銀一錢五分六釐，今增。

漆木，額銀五兩二錢六分八釐三毫。

菉笋，額銀三兩九錢四分五釐七毫六絲七忽。舊額銀三分，今增。

牲口，額銀一錢三分。

果品，額銀六分。

茶芽黄絹袋袱簍扛路費，額銀二兩五錢。舊額二兩，今增。

〔一〕「一斤十四兩」，底本原作「一斤兩十四一」，兹據《崇禎義烏縣志》改。

雜辦

本府拜進萬壽、冬至、正旦表箋，綾函、紙劄、寫表工食及委官路費銀，二兩七錢六分三釐零。舊額銀二兩二錢一釐零，今增。

本縣拜賀萬壽、冬至、正旦習儀香燭銀，四錢八分。

迎春，芒神、土牛、春花、三牲、酒禮銀，四兩。

上司並本縣門神桃符銀，一兩五錢。

文廟二祭，共銀五十一兩五錢。

啓聖公祠二祭銀，一十二兩。

社稷山川壇二祭銀，四十兩。

名宦、鄉賢祠二祭銀，七兩。

顔孝子二祭銀，二兩五錢。

邑厲壇三祭銀，三十兩。

鄉飲酒禮銀，二十兩。

提學道考試搭蓋篷廠銀，四兩。舊額無。

歲考生員試卷、果餅、花紅、紙筆墨，共銀二十三兩二錢六分。府學：銀三兩五錢一分，縣學：銀一十九兩七錢五分。

季考生員試卷、果餅、紙筆墨銀，共三十六兩。府，銀六兩，舊額無；縣：三十兩。

歲貢生員正陪路費、花紅、酒席銀，七兩五錢。舊額四兩五錢，今增。

起送科舉生員卷資、路費、花紅、酒席銀，二十八兩五分零。舊一十六兩五錢六釐零，今增。

迎宴新舉人，合用旗扁、銀花、彩段、酒禮銀，共四兩二錢二分。府：銀一兩三錢，舊二兩七錢五釐；縣：銀二兩九錢二分零，舊四兩三錢二分。今俱減。

起送會試舉人，路費、卷資、酒席銀，共二十二兩六錢六分。府：銀一十兩九錢八分零，舊七兩五錢；縣：銀一十一兩六錢八分零，舊一十一兩二錢。今俱增。

會試舉人水手銀，四十八兩。舊遺。

賀新進士旗扁、花紅、酒禮銀，共五兩四錢一分七釐。府：銀二兩八分三釐三毫；縣：銀三兩三錢三分三釐三毫。

三院司道按臨並本縣朔望行香、講書、紙筆墨、香燭銀，五兩。

科舉禮幣，進士、舉人牌坊銀，八十六兩一錢四分七釐。武舉，銀七錢二分八釐。

三院查盤委官紙劄、油燭、柴炭及吏書廩米，共銀四兩五錢。舊額二兩五錢六分，今增。

孤老衣布米柴銀，一十八兩。

分守道駐劄、士夫交際、下程酒食銀，二兩。舊無。

分巡道駐劄巡歷合用油燭、柴炭、心紅、紙劄銀，四兩九錢五分。

上司經臨及公幹過往官員合用心紅、油燭、柴炭、門厨、皂隸、米菜銀，二兩。舊額二兩六錢，今減。

上司並府縣及查盤取用卷箱、扛架、鎖索、棕罩、雨衣、白牌等，銀五兩。

布政司公用紙劄銀，四兩二錢六分。

省城上司各衙門新官到任家伙、祭祀猪羊等銀，八兩三錢八分三釐。

按察司分守道書手三名共工食銀，二十一兩六錢。遇閏加銀一兩八錢。

過往使客下程、油燭、柴炭銀，四十兩。舊額三十兩，今增。
府縣新官到任祭祀猪羊、香燭、酒果銀，二兩一錢六分零。
府縣應朝官員起程、復任酒席，祭門三牲、酒果、香燭，共銀一兩六錢二分。府：銀三錢二分；縣：銀一兩三錢。
府縣陞遷給由官員酒席、祭江猪羊等項，共銀三兩五錢。府：銀七錢；縣：銀二兩八錢。
上司並公幹員役經臨中火宿食、廩糧、飯食銀，三十三兩。舊額六兩，今增。
本府公用心紅、紙劄、油燭銀，二十八兩。本縣正佐典史心紅、筆劄銀，一百八兩。
修理府縣廳堂、公廨、監房、土地祠宇等處，並新官衙宇，共銀二十七兩六錢六分零。府：銀五兩三錢三分零；縣：銀二十二兩三錢三分零。
修理府縣公所衙門銀，一十三兩。
修理府縣公宴器皿及公署家伙、什物等項銀，二兩。
修理儒學教官衙宇，共銀九兩六錢六分零。府學：銀一兩六錢六分零；縣學：銀八兩。
修城民七料銀，一十八兩一錢三分零。舊額二兩五錢四分九釐，今增。
雕填漆匠役銀，五兩六錢。遇閏加銀四錢六分六釐，舊額四兩三錢八分三釐零，今增。
部運南糧水手銀，一兩五錢。舊額一十六兩五錢，今減。
軍器路費工食銀，一十兩六錢四分五釐六毫八絲六忽。如軍器改折，路費停徵。
本縣雇馬銀，二百兩。本縣雇夫銀，九十兩。舊額二十兩，今增。
按察司進表水手銀，一兩五錢。見後「預備本縣銀」注。
預備雜用，共銀三百九十六兩。府：銀三十六兩；縣：銀三百六十兩。舊一百八十兩，今增。
續加監兑衙門心紅、紙燭、柴炭、吏書、下程銀，一十兩。按料價皆以田派。

課程並商税課鈔　府志作歲辦諸色課程。

共三千六百四十三錠一貫六十文。

正額：三千三百八十九錠二貫九百三十文。閏月：二百五十三錠三貫一百三十文。

酒醋課鈔。正額二百三十八錠二貫五百二十文，閏月一十九錠二貫三百七十文。

茶課鈔。正額二十六錠二貫四百三十文。

窑竈課鈔。正額二十七錠四貫五十文，閏月二錠一貫五百九十文。

碓磨油榨課鈔。正額四十二錠二貫六百六十文，閏月三錠二貫七百二十文。

茶引由工墨鈔。正額三十七錠。

果價鈔。正額二錠四貫二百五十文。

房地賃鈔。正額一百三十九錠一貫四百六十文，閏月一十一錠三貫四百九十文。

商税課鈔。正額二千六百三十錠一貫五百六十文，閏月二百一十四錠九百六十文。

契本工墨鈔。正額二貫八百八十文。

門攤課鈔。正額二百四十四錠四貫文。

按，「課程」即古山澤之利、關市之征。宋人於茶酒礬鹽皆官自賣之。元人以授時之曆與民爲市。明初，縣課鈔，置税課局，領以大使，令商貨三十税一，有歲辦諸色課程並商税課程，以巡攔收之，季終輸鈔於官。及民間田宅券，給契尾而收其税。其後，鈔虚價賤，諸收鈔者多依原價收銀，惟課程收鈔如故。續鈔壅不行，降依時價折銀，視原價不及什之一。嘉靖間，因計該局官吏歲廩之費反踰收税之數，革去。官吏附縣帶辦。又以巡攔所至騷擾，罷之。即以役銀抵納，課局歲有剩銀，課反歲增。

	夏税
嘉靖中	同前。
三十五年	
四十一年	官田麥。惠峰寺等田畝科三合九勺七抄七撮二圭。 官地麥。學院、没官地同官田。秋租地一合三勺三抄零。 官山麥。學院、没官山同官田。 官塘麥。學院、没官塘同官田。秋租塘同官地。 民田麥。崇德等鄉水田、平田、高田並同官田。 民地麥。上地五勺三抄三撮三圭，中地四勺，下地二勺六抄六撮六圭。 民山麥。一勺三抄三撮三圭。 民塘麥。同民山。 官田米。惠峰寺田畝税六斗三升九合一勺七抄。 原没官田畝税五斗九升三合四勺。 歇役田畝税六斗四升四合。 續科田畝税四斗七升九合五勺。 官買田畝税同。 官員職田畝税三斗二升。 新没官田畝税同。 民義莊田畝税二斗。 官義莊田畝税四斗七升九合四勺。 縣職田畝税一斗九升八合四勺。 學院水田畝税三斗八升五合，平田畝税三斗一升五合，高田畝税二斗八升。
四十三年	
四十五年	

白雲宗田畝稅一斗七升二合六勺九抄。
没官田畝稅一斗六升。
漲沙田畝稅二斗七升四合。
支使廳田畝稅一斗九升七合七勺九抄。
養濟院田畝稅八斗六升九合四勺。
稅米滿斗者每石加耗三合五勺。
按：官田賦重免差。

官地米。
學院地畝稅二升。
没官地畝稅五升九合七勺。
秋租地畝稅同學院。

官山米。
學院山畝稅六合六抄。
没官山畝稅同地。

官塘米。
學院塘畝稅同地。
没官塘畝稅同地。
秋租塘畝稅同地。
稅米不滿斗者全耗。

民田米。

崇德鄉：水田畝科三升五合四勺，平田畝科三升一合九勺九抄三撮，高田畝科二升八合三勺七抄四撮。

每斗一石加耗七合，下同。地、山、塘同。

縉雲鄉：水田畝科三升二合四勺六抄一撮，平田畝科二升九合二勺五抄三撮，高田畝科二升五合九勺八抄二撮。

龍祈鄉：水田畝科三升一合五勺八抄五撮，平田畝科二升八合三勺九抄六撮，高田畝科二升五合二勺一抄。

永寧鄉：水田畝科三升九勺二抄九撮，平田畝科二升七合八勺一抄三撮，高田畝科二升四合六勺二抄五撮。

智者鄉：水田畝科三升二合三勺，平田畝科二升九合三勺二抄五撮，高田畝科二升五合四勺六抄九撮。

同義鄉：水田畝科三升九合七勺七抄八撮，平田畝科三升五合二勺二抄六撮，高田畝科三升一合。

雙林鄉：水田畝科三升三合一勺四抄，平田畝科二升九合六勺三抄，高田畝科二升六合二勺七抄。

明義鄉：水田畝科三升九合三勺七抄六撮，平田畝科三升五合七勺五抄，高田畝科二升一合六勺五抄一撮。

	官房屋兵餉	
	同前。上半年亦折米。	
		派徵田畝銀三千一百一十八兩。倭夷擾浙，總制胡宗憲奏派畝税三分之一，自後歷年加增。
民地米。上地畝科八合，中地畝科六合，下地畝科四合。 民山米。畝科二合。 民塘米。畝科同山。按：「科則」舊《志》載「則壤」，改此。		共銀八千八百九兩二錢三分一釐五毫。
		存銀七千五百一十七兩四錢七分三釐三毫。是年減去銀一千二百九十一兩七錢五分八釐二毫。
		存銀六千九百七十七兩九錢五毫。是年又減去銀五百三十九兩五錢七分二釐八毫。

	夏税	秋糧
隆慶元年		
二年　撫按司道議定税糧額數	麥，二千一百一十七石五斗四升五合九勺，共折銀八百五兩九錢六釐。 一京庫麥：一千三百七十一石一斗一升三合，每石折銀二錢五分。共銀三百四十二兩七錢七分八釐二毫五絲。 一台州臨海縣廣儲倉麥：六百四十六石四斗三升二合九勺，每石折銀五錢五分。共銀三百五十五兩五錢三分八釐九絲五忽。 一本縣儒學倉麥：一百石。納本色。	米，二萬一千二百石八斗二升一合，共銀一萬一千六百八兩五錢九分九釐零。《田賦論》：税糧共銀一萬二千四百一十四兩五錢有奇。 一京庫米：四千六十八石三斗七升，每石折銀二錢五分。共銀一千一十七兩九分二釐五毫。《田賦論》官米徵銀同。 一南京各衛倉米：八千七百二石八斗六合五勺七抄五撮，每石折銀七錢。共銀六千九十一兩九錢六分四釐六毫一忽五微。以下《田賦論》民米徵銀同。 一光禄米：三百六石一斗九升五合五勺，每石折銀七錢。共銀二百一十四兩三錢三分六釐八毫五絲。
五年		

兵餉	
存銀六千一百九十三兩一錢五分八毫一絲。是年，撫院劉公畿汰冗兵，奏減七百八十四兩七錢四分六毫九絲。	
一大倉米：五百六十三石九斗九升七合九勺二抄五撮，每石折銀六錢。共銀三百三十八兩三錢九分八釐七毫五絲五忽。一臨海縣廣儲倉米：二千二百七十九石二斗三升五勺，每石折銀五錢五分。共銀一千二百五十三兩五錢七分六釐七毫七絲五忽。一預備府米：五千二百八十石二斗二升四勺九抄，每石折銀五錢。共銀二千六百四十兩一錢一分二毫四絲五忽。按：米分數八斗下是七升四合九勺九抄，銀分數五百下是五十五兩四錢七分九釐七毫二絲七忽五微。	存銀四千九十六兩六錢九分九釐九毫三絲。是年，又奏減銀二千九十六兩四錢五分八毫八絲。
	存銀三千一兩三錢四分六釐七毫三絲。是年，又奏減銀一千九十五兩三錢五分三釐二毫。

	夏税
萬曆四年	
六年坐派	
九年丈量立賦役冊	同前。 官田：畝科同前。 官地：畝科五勺三抄五撮。 官山：畝科三勺一抄四撮。 官塘：畝科同山。 民田：畝科四合二勺四抄三撮三圭四粟，共科一千八百四十五石四升二合七勺三抄。 崇德鄉：一百七十四石五斗二升一合九勺； 縉雲鄉：二百五十石七斗九升二合； 龍祈鄉：一百九十九石九斗五升七合七勺； 永寧鄉：二百八十五石五升八勺； 智者鄉：三百三石五斗八升八合八勺； 同義鄉：三百一十二石四斗一升八合三勺三抄； 雙林鄉：二百一十石九斗九升六合二勺； 明義鄉：一百七石七斗一升七合。 民地：上中下地畝科五勺三抄五撮九十一石九斗五升二合四勺。 民山：畝科二勺一抄四撮四十三石二斗二升六合七勺。 民塘：畝科同山，一十三石一斗五升三合九勺。 僧田：畝科同民田，三十石五斗九升五合九勺。

一京庫麥：同前，另徵路費銀五兩八錢二分零，滴珠銀三兩四錢二分零。

一台州臨海縣廣儲倉麥：同前。內每以五錢放給以五分，內扣解司貢具銀一分，共銀六兩四錢六分零，餘銀四分，共銀二十五兩八錢五分零。解府作正支銷。

一本縣儒學倉麥：同前，折銀八十兩。

秋糧

同。官米：五千二百四十八石五斗四升七合三勺；民米：一萬五千三百三十五石六升九合九勺；僧米：六百一十七石二斗。《府志》作內折色米八千八百二十七石五斗五升六合三勺四抄三撮九粟。

官田：畝科二斗二升五合四勺二抄三撮。

官地：畝科四升二合八勺。

官山：畝科三升二合一勺六抄一撮八圭四粟九粒六黍。

官塘：畝科同山。

民田：八鄉共科一萬三千五百二十六石八斗八升四合三勺。

崇德鄉：水平高田畝科三升二合四抄六撮五圭，共一千三百一十八石一升九合六勺；

縉雲鄉：水平高田畝科二升九合九勺六抄，共一千七百七十石七斗八合二勺；

龍祈鄉：水平高田畝科二升九合六勺三抄九撮，共一千三百九十六石六斗六升八合；

永寧鄉：水平高田畝科二升九合一勺四撮，共一千九百五十五石八升八合四勺；

智者鄉：水平高田畝科三升二勺八抄一撮，共二千一百六十六石四斗四升三合五勺；同義鄉：水平高田畝科三升四合一勺九圭，共二千五百一十石六斗九升四合一勺；

雙林鄉：水平高田畝科三升九勺二抄三撮，共一千五百三十七石六斗一升四合；

明義鄉：水平高田畝科三升四合三勺三抄七撮二圭六粟，共八百七十一石六斗四升八合五勺。

民地：上中下地畝科六合四勺二抄，共一千一百三石四斗二升八合五勺。

民山：畝科二合六勺七抄五撮，共五百四十石三斗三升二合八勺。

民塘：畝科同山，共一百六十四石四斗二升四合三勺。

僧田：畝科八升五合，共六百一十七石三斗八勺。以上加耗在内。

一京庫米：同前，另徵路費銀一十七兩二錢九分零，滴珠銀一十兩一分七釐零。

一南京各衛倉米：八千九百四十七石五斗三升八合。內折色改派本色正米八千八百四十一石一斗一升八合。水兑正米一百六石四斗二升。二項俱每石加耗二斗五升，折銀七錢。共銀六千二百

農桑鹽糧米

六十三兩二錢七分六釐六毫。比舊額米多二百四十四石七斗三升一合四勺，銀多一百七十一兩三錢一分二釐。一臨海縣廣儲倉米：同前。內每石放給扣解，餘銀解額並與倉麥同。

一預備倉米：同前。

絲絹銀：一十八兩三錢七分六釐。內本色銀七兩三錢二分六釐，折色銀一十一兩五分零。

共銀七百三十四兩一錢七分。

一顏料鹽米：二百二十九石一斗六升六合三勺，每石折銀六錢。共銀一百三十七兩四錢九分九釐七毫八絲。

一本縣儒學倉鹽米：二百五十石，折銀二百兩。舊納本色。

一本縣際留倉鹽米：三百四十石，折銀二百八兩。舊納本色。

一臨海縣廣儲倉鹽米：三百四十三石三升六合七勺，每石折銀五錢五分。共銀一百八十八兩六錢七分一釐八絲五忽。內每石放給扣解，餘銀解額並與倉麥秋米同。

課鈔（前載課程）	兵餉
	三千四百八十七兩七錢二分八釐七毫九絲。是年，加四百八十六兩三錢八分二釐一毫九絲。
本縣額徵課鈔，二百七十五錠四貫八百五十文。折銀二兩七錢五分九釐七毫。稅課局課鈔，五千三百五十錠六百二十五文，折銀五十三兩五錢一釐三毫五絲。二項。共銀五十六兩二錢六分九毫。以巡攔六名工食銀抵解，遇閏加四兩六錢四分四釐九毫三絲。	三千二百四十四兩五錢二分一釐五毫一絲。是年，減二百四十三兩二錢七釐二毫八絲。
	三千一兩三錢三分五毫一絲。舊《志》云與隆慶五年同。是年，減二百四十三兩一錢九分一釐。

	税糧等	兵餉	九釐銀
十四年	同。	同。	
二十一年		增銀二千五百四十七兩二分一釐，并舊額。共五千五百四十八兩三錢六分七釐。二十年，倭夷倡亂海島，增兵防守，撫院常奏請加餉，每畝派銀一釐五毫。是年，又每畝派銀一釐五毫，田地山共三釐，一例不均，知縣周士英申議：田派四釐、地派二釐三毫七絲八忽五微、山派一釐三毫，得增數。	
二十四年		減存銀一千八百六十一兩三錢七分三釐，并舊額。共四千八百六十二兩七錢一分九釐九毫六絲。東事稍定，撫院劉汰冗兵，減增銀六百八十五兩六錢四分七釐六毫四絲。	
四十六年			七千六百三十五兩六錢七分九釐六毫六絲，路費銀五十三兩四錢四分九釐七毫五絲七忽六微二塵。按：九釐銀即地畝銀，每畝派銀九釐八毫六絲一忽六微五纖五沙。

貢稅格格後

類	目	國朝順治二年	三年	四年	七年	九年	十年
田地山塘		賦役未頒，惟取本年裁改者載之，餘見十二年至十四年而定。					
夏稅	起運	額徵麥。					
		京庫折銀麥。					
	存留	台州府臨海縣廣儲一倉麥折銀。		並同明隆慶二年。			
		本縣儒學倉麥折銀。		同明萬曆九年。			
秋糧		額米。					
		京庫折銀米。		並同隆慶二年。			
		江南各衛倉米共銀。同萬曆九年。	徵本色一千三百石，外七千六百四十七石五斗三		本色留本府協鎮兵月米外石折一兩五錢，比原折		

	起運
	派剩光禄太倉米。
升八合，以軍興留徵本色。	
多八錢，共五千三百五十三兩二錢七分六釐六毫，加料銀六千一百一十八兩三分四毫，共一萬一千四百七十一兩三錢七釐。八年奉文。	六百二十五石四斗六升二合。內二百七十一石五斗四升一合三勺，石折銀七錢，共一百九十兩七分八釐九毫一絲；三百五十三石九斗二升七合，石折銀六錢，共二百一十二兩三錢五分二釐四毫二絲。合四百二兩四錢三分一釐三毫三絲。

	存留		
農桑折絹。同萬曆九年原解江南。	台州府臨海縣廣儲一倉米折銀。同隆慶二年，米多一抄，銀「五忽」作「五微」。	預備府米。	鹽糧額徵米。
		預備秋米折銀。同隆慶二年。	一千一百六十二石二斗三合五抄，折銀同萬曆九年。五分是七分八毫六絲五忽。內：顏料鹽米，作二勺五抄，折銀，作八絲。本縣儒學倉鹽米，同，折銀，同。
	改徵漕運項下本色米二百七石。《續志》「抄」作「加」。		

		際留倉鹽米，同，折銀，同。臨海縣廣儲一倉鹽米，多五抄，折銀，七分下作二毫一絲二忽五微。			
九釐銀。			是年加額，見十四年。		
弓改牛角。二百六十三副，原額副銀二錢九分。			五月改折。		改折水牛角五副。副價九錢五分，舖墊六分四釐。不知始是年改折否。
箭。二千三百九十三枝，原額枝銀一分八釐。			改折，枝增八分二釐。		
弦。一千三百一十六條，原額條銀五分四釐。			改折，條增四分六釐。		

胖襖褲鞋。八十四副三分，原額副銀一兩五錢。			六月改折，副增一兩二錢。		
顏料本色。銀硃。五十六斤三兩二錢八分，觔原價四錢六分，舖墊一錢一分。					六月改折三十三斤一十一兩二錢八分，觔價二兩九錢六分，徵本色二十二斤八兩，舖墊並同。
膩硃。七斤一十三兩八錢四分，斤原價一錢五分，舖墊同。					改折一十三兩四分，斤價三錢，徵本色七觔八錢，舖墊並同。
烏梅。六十二斤六兩八錢八分，斤原價二分，舖墊一分一釐。					改折四十七斤六兩八錢八分，斤價四分，徵本色一十五斤，舖墊並同。

黑鉛。三十八斤一十四兩八錢六分，斤原價三分五釐，鋪墊同上。					改折一十七斤一十四兩八錢六分，斤價七分，徵本色二十一斤，鋪墊並同。
五棓子。一十一斤九兩一錢六分，斤原價三分五釐，鋪墊同上。					改折九斤七兩五錢七分二釐五毫，斤價七分，徵本色二斤一兩五錢八分七釐五毫，鋪墊並同。
生漆。一百九十四斤二錢八分，斤原價一錢，鋪墊同上。					改折一百八十三斤六兩七錢五分五釐，斤價二錢，徵本色一十斤九兩五錢二分五釐，鋪墊並同。
漆。一百二十斤，斤原價一錢，鋪墊一分六釐，又作嚴漆。					改派生漆一百一十三斤六兩八錢五分，斤價二錢，徵本色六斤九兩一錢五分，鋪墊並同。

	嚴漆。一百八十斤，斤原價一錢二分，舖墊同上。					改折一百七十觔二兩六錢七分五釐，觔價二錢四分，徵本色九觔一十三兩三錢二分五釐，舖墊並同。
	黃蠟。四十三觔三兩三錢二分五釐，觔原價一錢六分，舖墊同上。原折色。					改折三十三觔九錢三分二釐五毫，觔價三錢二分，徵本色一十觔二兩三錢八分七釐五毫，舖墊並同。
	黃熟銅。二十七觔八兩九錢四分，觔原價一錢一分三釐，舖墊同上。					改折五觔九錢四分，徵本色二十二觔八兩，舖墊並同。
	桐油。一百八十九觔八兩九錢四分，觔原價三分，舖墊八釐。					改折五十三觔九錢四分，觔價六分，徵本色一百三十六觔八兩，舖墊並同。

芽茶∶八十九觔七兩一錢，觔價一錢二分，共三兩八錢七分八釐八毫五絲。兩路費一分，共三分八釐七毫八絲八忽五微。	葉茶。六十一觔一十四兩一錢，觔價四分，共二兩四錢七分五釐二毫五絲。兩路費同上，共二分四釐七毫五絲二忽五微。原折色。	黃蠟。一百九十七觔一十二兩九錢四分四釐二毫三忽四微五塵六渺，觔料價一錢七分。
改折三十二觔五兩一錢八分，觔費同，徵本色五十七觔一兩九錢二分，觔料價六分，共三兩四錢二分七釐二毫。		改折一百五十一觔五兩五錢一分七釐二毫三忽四微五塵六渺，觔價三錢四分，共五十一兩四錢五分七釐二毫四絲五微七塵三渺四漠四埃。兩路費一分，共五錢一分四釐五毫七絲

二忽四微五渺七漠三埃四纖四沙。徵本色四十六觔七兩四錢二分七釐，觔料價一錢七分，共七兩八錢九分八釐九毫一絲一忽八微七塵五渺。

以上顏料蠟茶，每年二月間，督撫確估時價、題明造入易知由單，徵銀辦解。

藥材料價。正銀二兩六錢八分七釐一毫九絲五忽四微，内辦本色。

半夏。三十六觔五兩八錢八釐，觔三分五釐。

青皮。一十八觔二兩九錢四釐，觔一分二釐。

枳殼。二十九觔一兩四錢四分六釐四毫，觔二分五釐。

天虋冬。二觔六兩七錢八分七釐二毫，觔三分五釐。

山梔子。一十二觔一兩九錢三分六釐，觔一分六釐。

穿山甲。六兩七錢八分七釐七毫六絲，觔一錢二分。

豬牙皁角。九兩六錢九分六釐八毫，觔五分。

南星。三觔一十兩一錢八分八毫，觔三分。津貼路費，一兩三錢四分三釐六毫九絲七忽七微。

以上觔兩比前額增。

薦新茶芽。二觔。黄絹、袋袱、旗號、簍損、路費，同正德十五年。解府，具本解部。前入「土貢」下。

留充兵餉	款目見十二年。					
留存	款目見十二年。					
官役經費俸廩	本府知府。 皂隸一十六名，名銀七兩二錢，共一百一十五兩二錢，遇閏加九兩六錢。				四月議： 名工食六兩，共裁一十九兩二錢，遇閏裁一兩六錢。	
	庫書一名，銀一十二兩，遇閏加一兩。				工食六兩，裁六兩。遇閏裁五錢。	
	倉書，同。				工食同。裁閏裁同。	
	庫子四名，名銀七兩二錢，共二十八兩八錢，遇閏加二兩四錢。				名工食六兩，共裁四兩八錢。遇閏裁四錢。	
	斗級六名，名銀七兩二錢，共四十三兩二錢，遇閏加三兩六錢。				名工食六兩，共裁七兩二錢，遇閏裁六錢。 共裁四十三兩二錢，閏三兩六錢。	
	修倉備辦刑具銀。					

	同知。 吏書六名，名銀一十兩八錢，共六十四兩八錢，遇閏加五兩四錢。				名工食六兩，共裁二十八兩八錢，遇閏裁二兩四錢。	
	步快八名，名銀七兩二錢，共五十七兩六錢，遇閏加四兩八錢。				名工食六兩，共裁九兩六錢，遇閏裁八錢。 共裁三十八兩四錢，閏三兩二錢。	
	通判。 步快，同同知。				名工食裁、閏裁同。	
	燈夫二名，名銀七兩二錢，共一十四兩四錢，遇閏加一兩二錢。				名工食六兩，共裁二兩四錢，遇閏裁二錢。 共裁一十二兩，閏一兩。	
	推官。 俸銀二十七兩四錢九分，遇閏加三兩七錢四分九釐九毫。 薪銀三十六兩。 心紅紙張銀二十兩。 修宅家伙銀。 桌幃傘扇銀。					

永濟倉副使。俸銀一十九兩五錢二分，遇閏加一兩六錢二分六釐六毫零。薪銀一十二兩。					
書辦一名，銀七兩二錢〔一〕，遇閏加六錢。				工食六兩，裁一兩二錢，遇閏裁一錢。	
門子，同。					
皂隸二名，名銀七兩二錢，共一十四兩四錢，遇閏加一兩二錢。				名工食六兩，共裁二兩四錢，遇閏裁二錢。共裁三兩六錢，閏三錢。	
本縣知縣。俸銀、薪銀，並同推官。					

〔一〕「錢」字，底本原作「銀」，茲據文義改。

心紅紙張油燭銀。修宅家伙銀二十兩。				裁。	
迎送上司傘扇銀。					
吏書十二名，名銀一十兩八錢，共一百二十九兩六錢，遇閏加一十兩八錢。				名工食六兩，共裁五十七兩六錢，遇閏裁四兩八錢。	
門子二名，名銀七兩二錢，共一十四兩四錢，遇閏加一兩二錢。				名工食六兩，共裁二兩四錢，遇閏裁二錢。	
皁隸，同知府。				名工食裁、閏裁同。	
馬快八名，名銀一十八兩，共一百四十四兩。				名工食六兩，共裁九兩六錢，遇閏裁八錢。	
内草料銀：陸路備馬置械、水鄉打造巡船，以司緝探。遇閏加一十二兩。				名一十兩八錢。不裁。	

	民壯五十名，名銀七兩二錢，共三百六十兩，遇閏加三十兩。				名工食六兩，共裁六十兩，遇閏裁五兩。	
	燈夫四名，名銀七兩二錢，共二十八兩八錢，遇閏加二兩四錢。				名工食六兩，共裁四兩八錢，遇閏裁四錢。	
	看監禁卒八名，名銀七兩二錢，共五十七兩六錢，遇閏加四兩八錢。				名工食六兩，共裁九兩六錢，遇閏裁八錢。	
	修理監倉銀。					
	轎傘扇夫七名，名銀七兩二錢，共五十兩四錢，遇閏加四兩二錢。				名工食六兩，共裁八兩四錢，遇閏裁七錢。	
	庫書、倉書、庫子，並同知府。				名工食裁、閏裁並同。	

	斗級四名，名銀七兩二錢，共二十八兩八錢，遇閏加二兩四錢。				名工食六兩，共裁四兩八錢，遇閏裁四錢。 共裁一百九十三兩二錢，閏一十六兩一錢。	
	典史。俸銀、薪銀、書辦，並同永濟倉副使。				工食裁、閏裁同。	
	門子，同書辦。				工食裁、閏裁同。	
	皂隸四名，名銀七兩二錢，共二十八兩八錢，遇閏加二兩四錢。				名工食六兩，共裁四兩八錢，遇閏裁四錢。	
	馬夫一名，銀七兩二錢，遇閏加六錢。				工食六兩，裁一兩二錢，遇閏裁一錢。 共八兩四錢。合共裁扣銀三百一十八兩八錢、閏二十四兩九錢。	

	驛站	祭祀賓興	雜支即前雜辦	二年	三年一辦俱每年帶徵
儒學教諭、訓導。款目並見十二年。	款目見十二年。	款目見十二年。	款目見十二年。	款目見十二年。	款目見十二年。

存留本色米	舊編裁剩解部		
款目見十二年。	本縣捕盜應捕。六名，名銀七兩二錢，共四十三兩二錢。	巡鹽應捕：抵課並滴珠銀二十兩二錢，遇閏加八錢三分三釐三毫。	上司按臨並本縣朔望行香講書、紙劄、香燭等銀。四兩。
	裁。	裁，並閏。	裁。

外省馬價銀。四百五十六兩八錢四分五釐。路費四兩五錢六分八釐四毫五絲。	本府預備倉經費銀。二十七兩。	本縣預備倉經費銀。四十五兩一錢。	預備本府雜用銀。三十六兩。	預備本縣雜用銀。一百三兩。
裁。	裁。	裁。	裁。	裁。

各役工食裁剩充餉銀。六錢一分三絲八忽七微八塵五渺六漠。

收零積餘銀。六十六兩六錢四分三毫四絲二忽四微二塵八渺三埃七纖。

收零積餘米。一石六升四合三勺九抄五撮九圭九粟四黍。

額外歲徵

款目見十二年。

裁。

裁。

易銀一兩六分四釐三毫九絲五忽九微九塵四漠。

共裁八百三兩六錢五分九釐七毫七絲七忽二微四渺三埃七纖。

馬價路費四兩五錢六分八釐四毫五絲，解部。

	田地山塘人丁	官田	僧田
十二年	以上額見本年《户口》《田土》，下同。	畝原徵銀七分八釐四毫。	畝原徵八分七釐。
十三年			
十四年頒行《賦役全書》	加報陞共額徵銀：除優免九百四兩七分一釐五毫外。四萬一千九百四十三兩二分三釐四毫四絲六忽九微八渺，遇閏正銀一兩加一分三釐五毫八絲零，共五百六十九兩七錢四分三釐四毫六絲七忽九塵二漠四埃三纖二沙。米一千五百八石六升四合三勺九抄五撮九圭九粟四黍。遇閏一石加一升一合四勺零，共一十七石二斗五升。	畝實徵并九釐等銀一錢二分一釐八毫，共二千五百一十三兩五錢六分九釐五毫四絲八忽。米四合五勺三抄，共九十三石四斗八升四合九勺七抄五撮八圭。	畝實徵并九釐等銀一錢三分五釐一毫，共九百七十四兩一錢一分四釐九毫七忽五微。米五合一勺，共三十六石七斗七升二合六勺五抄七撮五圭。
十五年并十六、八年	裁。優免七百七十一兩四錢二分六釐五毫。紳衿止免本身，丁優免一百三十二兩六錢四分五釐。每於年終將各紳衿實免數造册核銷，如有餘剩，解部充餉。		

崇德鄉田	畝原徵銀四分七釐二毫。	畝實徵并九釐等銀七分三釐四毫，共三千一十八兩八錢二分六毫六絲九忽八微。米二合七勺七抄，共一百一十三石九斗二升五合五勺二抄一撮一圭九粟。
縉雲鄉田	畝原徵銀四分五釐。	畝實徵并九釐等銀七分，共四千一百三十七兩一錢六分八釐三毫。米二合六勺五抄，共一百五十六石六斗二升一合三勺八抄六撮五圭。
龍祈鄉田	畝原徵銀四分四釐四毫。	畝實徵并九釐等銀六分九釐，共三千二百五十一兩四錢六分二釐三毫六絲七忽。米二合六勺二抄，共一百二十三石四斗六升一合三勺二抄四撮六圭六粟。
永寧鄉田	畝原徵銀四分四釐。	畝實徵并九釐等銀六分八釐三毫，共四千五百八十八兩一錢一分六釐二毫二絲三忽九微。米二合五勺九抄，共一百七十三石九斗八升五合六勺六抄六撮四圭七粟。

智者鄉田	畝原徵銀四分五釐二毫。		畝實徵并九釐等銀七分三毫，共五千二十九兩五錢八分八釐七毫五絲四忽四微。米二合六勺二抄，共一百八十七石四斗四升六合九勺七抄七撮七圭六粟。	
同義鄉田	畝原徵銀五分。		畝實徵并九釐等銀七分七釐七毫，共五千七百二十兩六錢九分七釐五毫四絲二忽七微。米二合九勺四抄，共二百一十六石四斗五升八合八勺二抄五撮九圭四粟。	
雙林鄉田	畝原徵銀四分六釐。		畝實徵并九釐等銀七分一釐五毫，共三千五百五十五兩二錢六分三釐一毫四絲。米二合七勺，共一百三十四石二斗五升四合六勺九抄二撮。	
明義鄉田	畝原徵銀五分。		畝實徵并九釐等銀七分七釐七毫，共一千九百七十二兩四錢七釐九毫七絲三忽二微。米二合九勺四抄，共七十四石六斗三升一合六勺五抄三撮四粟。	

陞科田	數見《田土》。		畝實徵并九釐等銀七分八釐一毫，共五十五兩五錢五分一釐二毫五絲五忽四微八渺。米二合五勺三抄，共一石七斗九升九合五勺四抄七撮七圭一粟四黍。	
官地	畝原徵銀一分七釐五毫。		畝實徵并九釐等銀二分七釐二毫，共二百二十一兩三錢三釐二毫八絲。米一合四抄，共八石四斗六升一合五勺九抄六撮。	
民地	畝原徵銀一分一釐九毫。		畝實徵并九釐等銀一分八釐四毫，共三千一百六十二兩四錢七分四釐二毫四絲。米七勺，共一百二十石三斗一升一合五勺二抄。	
陞科地	數見《田土》。		畝實徵并九釐等銀一分八釐四毫，共二十五兩五錢八分一釐七毫四絲八微。米六勺，共八斗三升四合一勺八抄七撮二圭。	

官山	畝原徵銀一分一釐。		畝實徵銀一分七釐，共七十三兩九錢二分三釐九毫九絲。米六勺五抄，共二石八斗二升六合五勺五撮五圭。	
民山	畝原徵銀四釐二毫。		畝實徵銀六釐五毫，共一千三百一十二兩九錢五分八釐一毫五絲九忽五微。米二勺四抄，共四十八石四斗七升八合四勺五抄五撮一圭二粟。	
陞科山	數見《田土》。		畝實徵銀六釐三毫，共七錢八分四釐六毫六絲五忽。米二勺一抄，共二升六合一勺五抄五撮五圭。	
官塘	畝原徵銀一分□釐。		畝實徵銀一分五釐七毫，共五十二兩九錢三分六釐七毫八絲九忽。米五勺九抄，共一石九斗八升九合三勺四抄四撮三圭。	

民塘	畝原徵銀三釐四毫。		畝實徵銀五釐三毫，共三百二十五兩七錢七分五釐二毫七微。米二勺，共一十二石二斗九升三合四勺三撮八圭。	
市民人口	口原徵銀一錢七分五釐三毫。		口見《户口》。實徵一十兩五錢一分八釐。	
鄉民人口	口原徵銀五錢三分八釐七毫。		實徵七百三十四兩二錢四分八釐一毫。	
市鄉民成丁人口	口原徵銀二錢四分三釐五毫。		實徵一千一百三兩二錢九分八釐五毫。	
不成丁人口	口原徵銀九分七釐四毫。		實徵一千六兩五錢三分一釐六毫。	
起運	夏税京庫折銀麥。同隆慶二年。		兩滴珠路費二分七釐，共九兩二錢五分五釐一絲二忽七微五塵。	

户部項下折色			
農桑折絹。		二十六匹八尺一寸二分，全折坐派銀一十八兩四錢一分九釐九毫六絲二忽七微五塵。兩路費一分共一錢八分四釐一毫九絲九忽六微二塵七渺五漠。	
秋糧京庫折銀米。同隆慶二年。		兩滴珠路費同麥，共二十七兩四錢六分一釐四毫九絲七忽五微。	
派剩光禄太倉米。同七年。		兩路費一分二釐，共四兩八錢二分九釐一毫七絲五忽九微六塵。	
折色蠟價銀。		一百七十八兩一錢八分八釐二毫。兩路費一分，共一兩七錢八分一釐八毫八絲二忽。	
富户銀。		一十四兩。兩路費一分，共一錢四分。	
昌平州銀。		三兩九錢三分。兩路費一分，共三分九釐三毫。於備用銀内扣解。	

芽茶。	十六年，於十年改折額內改辦本色二十六觔一十一兩七錢九分，觔依原編加時價一錢四分。十八年，仍折，并本色內改折一十二觔二兩四錢五分，觔依十年本色料價加時價二錢。
葉茶。	十六年，折色內改本色四十一觔五兩。十八年，仍折，觔依原編加時價九分。
黃蠟。	十六年，於十年改折額內改辦本色三十六觔七兩三錢。十八年，仍改折色二十四觔四兩八錢六分六釐七毫，觔加十年時價，實辦本色一十二觔二兩四錢三分三釐三毫。

原解江南藥價銀。		一兩八分一釐七毫九絲七忽二微七塵。津貼路費二錢一分六釐三毫五絲九忽四微五塵四渺。	
南部柴薪皂隸銀。		一百二十三兩。路費一兩二錢三分。遇閏加一十兩、路費一錢。	
直堂隸兵銀。		五十一兩五錢。兩路費一分，共五錢一分五釐。	
顔料改折價墊損解路費。		正價銀二百二十三兩一錢二分六毫四絲三忽四微三塵七渺五漠，原額舖墊一十三兩四錢四分六釐九毫七絲四忽八微四塵三渺七漠五埃，解損九兩八分三釐四絲四忽九微三塵一渺二漠五埃。今徵折銀三項，俱兩路費一分，共二兩四錢五分六釐五毫六忽六微三塵二渺一漠二埃五纖。共二百四十五兩六錢五分六毫六絲三忽二微一塵二渺五漠。	
銀硃。			十八年，改折一十二觔，原價共五兩五錢二分，觔加時價二兩一錢四分。
臙硃。			改折一觔一十二兩八錢，原價共二錢七分，觔減時價三分。

烏梅。			改折七觔八錢，原價共一錢四分一釐，觔加時價六分。
黑鉛。五棓子。			
生漆。漆改生漆。			全折原價二共一兩七錢一分六釐七毫一絲八忽七微五塵，觔加時價一錢。
嚴漆。			原價共一兩一錢七分九釐九毫三絲七忽五微，觔加時價一錢八分。
黄熟銅。			改折一十二觔一十二兩，原價共一兩四錢四分七釐七毫五絲，觔加時價三分七釐。

桐油。			改折七十六觔八兩，原價共二兩二錢九分五釐，觔加時價四分五釐。
水牛角。			
鹽鈔額鈔。		同明洪武中起運本色鈔。	
折色銅錢。		同。兩路費一分二釐，共六分二釐七毫一絲四忽二微三塵九渺七漠一埃三纖六沙。	
有閏加鈔。		二十一錠三貫八百七十五文，該銀一錢二分四釐四毫四絲四忽一微二塵五渺。	
折色銅錢。		二百一十七文五釐，該銀三錢一分一釐七絲一忽四微二塵八渺六漠，共加路費五釐二毫二絲六忽一微八塵六渺六漠四埃三纖二沙。	
九釐銀。		兩路費七釐。以上共一萬九十六兩七錢八分九釐八毫九絲四微四塵八渺七漠四埃。滴珠路費一百二兩一錢九分九釐五毫一絲九忽一微八塵九渺七埃三纖。	

禮部項下折色	牲口銀。		同正德派辦。路費一釐三毫。	
	藥材折色銀。		一十兩七錢七分二釐四毫一絲七忽三微三塵。津貼路費五兩三錢八分六釐一毫四絲二忽八微四塵六渺，内扣解包裹紅黄紙價四錢七釐八毫五絲八忽三微二塵五渺。	
	光禄寺果品銀。		同正德派辦。兩路費一分。	
	菉笋銀。		比正德派辦多三分。路費同上，該三分九釐七毫五絲七忽六微七塵。共銀一十四兩九錢三分八釐一毫八絲四忽三微三塵，路費五兩四錢二分七釐八毫五微一塵六渺。	
工部項下折色	筀竹原價并路費銀。		比正德派辦多二釐，兩路費一分共七分三釐三毫二絲。	
	白硝麂皮。		一張二分一釐三毫三絲，張價六錢，該銀同正德十五年，留省織造支用原派辦。	
	雕填匠役銀。		同正德雜辦。路費五分六釐，遇閏加同，路費四釐六毫六絲。	
	漆木料銀。		同正德十五年派辦。	

弓改牛角。正月五日副增二兩七錢一分。		改折銀七百八十九兩，兩路費一分，共七兩八錢九分。	
箭改折銀。		共二百三十九兩三錢。	
弦改折銀。		共一百三十一兩六錢。	
胖襖褲鞋改折銀。		共二百二十七兩六錢一分。	
四司工料銀。		同正德派辦。	
歲造段匹銀		一千一百九十二兩七錢三釐八毫四絲四忽，遇閏加七十一兩一錢三分三釐九絲八忽。	
槐花、梔子、烏梅料銀。		同正德額辦。顏料額銀解司織造段匹支用。	
軍器路費銀。		同正德雜辦。以上共銀三千八十八兩二錢八分七釐五毫八絲，路費八兩一分九釐三毫二絲。	

户部項下本色

顏料本色。銀硃。膩硃。烏梅。黑鉛。五棓子。生漆。嚴漆。漆〔一〕。黃蠟。黃熟銅。桐油。並詳十年徵本色。	黃蠟。芽茶。並詳十年徵本色。
共正價銀二十三兩六錢七分四釐三忽九微六渺二漠五埃，鋪墊五兩七錢一分五釐九毫七絲八忽九微六渺二漠五埃，每正價兩給損解路費一錢二分，共二兩八錢四分八毫八絲四微六塵八渺七漠五埃。	共三十五兩一毫一絲五忽七微八塵一渺二漠五埃，鋪墊損解路費八兩五錢五分六釐八毫五絲九忽三微七塵五渺。

〔一〕「漆」字上，底本原有「嚴」字，與上文重，兹據《嘉慶義烏縣志》删。

禮部項下本色

藥材料價。

本色正銀見二年。路費三兩八錢四分三釐六毫九絲七忽七微。

薦新茶芽二觔。黃絹袋袱、旗號、簍損、路費銀。

同正德派辦。

以上起運各部寺銀一萬三千三百三十七兩七錢二釐九毫六絲五忽九微五塵九渺九漠九埃，路費、袋袱等銀一百二十八兩四分七釐一毫九絲六忽七微八塵七埃三纖。

漕運官丁本折月糧

廣儲折銀米。三千二百六十八石七斗一勺六抄，照原折石五錢五分，餘三千六十一石七斗一勺六抄。內支三百七十二石六斗三升，題不折一兩。共三百七十二兩六錢三分。給金華所運丁月糧米折銀。米額多。

月糧三分撥還軍儲銀：一百一十一兩七錢八分九釐，解充餉用，餘仍照原折五錢五分，支解貢具兵餉等項。

貢具銀。三十二兩六錢八分七釐一忽六微。

領運官丁新改月糧本色米。二百七石，遇閏加一十七石二斗五升。

月糧米折銀。原三百七十二兩六錢三分。除三分撥還軍儲外，內七分米折二百六十兩八錢四分一釐給軍，連貢具共二百九十三兩五錢三分八釐一忽六微，遇閏加除三分，撥還軍儲充餉五兩一錢七分五釐。七分給軍，一十二兩七分五釐。加米一十七石二斗五升。

留充兵餉			
田地山銀。		四千九十九兩六錢六分七釐三毫七絲七忽二微五塵，比萬曆二十四年增。	
預備秋米折銀。			
均徭充餉銀。		一百二十七兩八錢。	
民壯充餉銀。		一千三百五十七兩九錢二分，遇閏加一百三十一兩四錢。	
曆日充餉銀。			
續撥軍儲充餉銀。		一千一百五十五兩八錢九分七釐五毫一絲二忽五微。	
會裁冗役充餉銀。		一千四百二十六兩五錢九分六釐七毫五絲五忽，有閏加九十七兩六錢四分六毫一絲。	
南折充餉銀。見七年。		同七年。	
軍儲各倉餘存充餉銀。		二百九十兩四錢四釐七絲三忽九微。以上共二萬二千五百七十一兩二釐九毫六絲三忽六微五塵。	
遇閏加鹽米充餉銀。		四十八兩四錢二分五釐一毫二絲五忽。	

類別	項目	銀數	備注
存留	本府拜進表箋綾函、紙劄、寫表、生員工食、委官盤纏、香燭等銀。	二兩七錢六分。	正德雜辦零是七毫五絲。裁扣委官盤纏五錢五分，存二兩二錢一分三釐七毫五絲。
	本縣拜賀習儀香燭銀。		同正德雜辦。共三兩二錢四分三釐七毫五絲。
官役經費俸銀款項	本府知府		九十六兩遇閏加八兩。
	皂隸　庫書　倉書		
	庫子		二十四兩，遇閏加二兩。
	斗級		三十六兩，遇閏加三兩。
	修倉備辦刑具銀		一十九兩五錢一分九釐九毫八絲二忽八微五塵七渺二漠。

同知	吏書			
	步快		四十八兩，遇閏加四兩。	
通判	步快		四十八兩，遇閏加四兩。	
	燈夫		一十二兩，遇閏加一兩。	
推官	俸銀薪銀心紅紙張油燭銀三十兩		裁扣油燭、桌幃、傘扇、薪三十兩四錢九分。	十六年裁閏俸三兩七錢四分九釐九毫。
	修宅家伙銀一十兩，修宅裁，八存二一兩，家伙全裁，桌幃、傘扇銀一十兩裁八，存二二兩，共裁一十八兩。			

永濟倉副使	本縣知縣			
	俸銀	薪銀	心紅紙張油燭銀三十兩。	迎送上司傘扇銀一十兩，裁八兩，存二兩。
裁。先裁俸二兩六錢二分六釐六毫。書皂一兩五錢，後合俸薪書皂工食共四十九兩五錢二分，入裁官經費。				
	四十五兩。		二十兩。	舊裁修宅家伙銀。
	裁閏俸三兩七錢四分九釐九毫。			

吏書			
門子		一十二兩，遇閏加一兩。	
皂隸		九十六兩，遇閏加八兩。	
馬快		一百三十四兩四錢，遇閏加四兩，馬船名加九錢，共七兩二錢。	
民壯		三百兩，遇閏加二十五兩。	
燈夫		二十四兩，遇閏加二兩。	
看監禁卒		四十八兩，遇閏加四兩。	
修理倉監銀		二十兩。	
轎傘扇夫		四十二兩，遇閏加三兩五錢。	
庫書倉書			
庫子		二十四兩，遇閏加二兩。	
斗級		二十四兩，遇閏加二兩。 共裁扣油燭、傘扇薪三十兩四錢九分。	

典史	俸銀薪銀		三十一兩五錢二分。	裁閏俸二兩六錢二分六釐六毫。
	書辦門子		六兩，遇閏加五錢。	
	皂隸		二十四兩，遇閏加二兩〔一〕。	
	馬夫		六兩，遇閏加五錢。	
儒學教諭	俸銀薪銀並同典史		三十一兩五錢二分。	裁閏俸同典史。

〔一〕「加」字，底本原脫，茲據上下文文義補。

訓導		
俸銀薪銀並同教訓。		
齋夫六名,名銀一十二兩,共七十二兩,遇閏加六兩。		三名,共三十六兩,遇閏名加一兩,共三兩。
膳夫八名,名銀一十兩,共八十兩,遇閏加六兩六錢六分六釐六毫。		廪生支領饍銀四十兩,遇閏加三兩三錢三分三釐三毫。裁四十兩。解部充餉。遇閏加三兩三錢三分三釐三毫,解部。裁三兩三錢三分三釐三毫。
門子五名。 内掌教三名,分教二名,名銀七兩二錢,共三十六兩,遇閏加三兩。		三名,名七兩二錢,共二十一兩六錢,遇閏名加六錢,共一兩八錢。
學書一名,銀七兩二錢,遇閏加六錢。		
喂馬草料銀:員一十二兩,共二十四兩。		一十二兩。
裁閏俸同教諭。共裁閏俸一十五兩三錢七分九釐三毫。		

廩生二十名，名廩糧一十二石，石折銀八錢，共一百九十二兩。		廩生支領六十四兩，裁三分之二，一百二十八兩。以上共二千二百六十二兩九錢七分九釐九毫八絲二忽八微五塵七渺二漠。
本府驛站銀。七百五十一兩二錢八分二釐八毫五絲八微四塵七渺一漠。		改協濟嘉興縣銀一百兩、蘭谿縣銀四十五兩，准驛鹽道冊開協濟江山縣銀一百五十兩。本款除。
上司並公幹員役經臨本縣中火宿食廩糧飯食銀。		裁扣經臨公幹官員下程、油燭、柴炭四十兩。
過往官員下程、油燭、柴炭銀。		
上司經臨及一應公幹過往官員合用心紅、紙劄、油燭、柴炭、門厨、皂隸、米菜銀。並同正德十五年雜辦。		

	人夫銀。		四十五兩，遇閏加三兩七錢五分，協濟蘭谿縣。比前額減半。	
	雇馬銀。		一百兩，遇閏加八兩三錢三分三釐三毫，協濟嘉興人夫。比前額減半。	
	鹽院完字號座船水手銀。		二兩二錢二分二釐二毫二絲，遇閏加一錢八分五釐二毫。以上共七百五十一兩二錢八分二釐八毫五絲八微四塵七渺一漠。	
祭祀賓興	本縣祭祀先師廟釋奠二祭共銀。			
	啓聖公祠二祭共銀。		並同正德雜辦。	
	社稷、山川壇各二祭共銀。		三十二兩，比雜辦額減八兩。	
	邑厲壇三祭共銀。		三十四兩，比雜辦額減六兩。	
	名宧、鄉賢祠二祭共銀。			

	顏烏孝子祠二祭共銀。		並同正德雜辦。	
	先師廟香燭銀。		一兩六錢。	
	迎春芒神土牛春酒銀。		同正德雜辦。	
	曆日紙料銀。		三兩五錢三分九釐七毫五絲，遇閏加紙銀二錢五分八釐六毫三絲二忽三微五塵。	
	門神桃符銀。同正德十五年。		裁扣。	
	鄉飲酒禮二次銀。一十五兩，比雜辦額減五兩。		裁半，存七兩五錢。	
	提學道歲考。生員試卷、果餅、激賞、花紅、紙劄、筆墨，並童生果餅、進學花紅，府學銀三兩五錢一分三釐，縣學銀一		裁半，存一十一兩六錢三分一釐五毫。	

十九兩七錢五分。見雜辦。			
提學道考試。搭蓋篷廠工料二兩，解金華縣。		裁半，存一兩。	
季考生員年計二次合用心紅、試卷、果餅、激賞、花紅、紙劄、筆墨**等項**。同正德十五年。		裁半，存一十八兩，府三兩，縣一十五兩。	
本府歲貢生員赴京路費銀。		同正德雜辦歲貢、生員、正陪等銀款。	
各院觀風考試生員合用試卷、果餅、激賞、花紅、紙劄、筆墨府學銀。		五兩。	

雜支			
府縣新官到任祭門豬羊、酒果、香燭等銀。		同正德雜辦零是六釐六毫七絲。	
府縣陞遷給由、官員公宴、祭江豬羊等項。		同正德雜辦。	
布政司解户。一名五分。		名銀三十兩，共四十五兩。	
看守布、按二分司府館。門子各一名。		三名，銀各三兩六錢，共一十兩八錢，遇閏名加三錢，共九錢。	
衝要六鋪司兵。		縣前鋪五名，名銀九兩。安福鋪、翁村鋪、義亭鋪、航慈鋪、雙牌鋪各四名，名銀八兩四錢。合二十五名，共二百一十三兩。遇閏，縣前名加七錢五分，安福五鋪名加七錢，共一十七兩七錢五分。	
偏僻三鋪司兵。		北十里鋪、唐公鋪、嶺頭鋪各三名，名銀六兩，合九名共五十四兩，遇閏名加五錢，共四兩五錢。	
石界橋渡夫。二名，名銀三兩，共六兩，遇閏加五錢。		裁扣三兩，遇閏名加一錢二分五釐，共裁存二錢五分。	

修城民七料銀。		同正德雜辦零是六釐二毫。
修理府縣公宴器皿及公署家伙什物等項銀。		同正德雜辦。
預備本縣雜用銀。二百四十一兩二錢四分八釐一毫，比前額減。內以七分聽上司行文取用，三分聽本縣公事支銷，俱明立文案，造送查核。有餘存貯，報司以備緩急之需。		內：抵昌平州銀，見本年。推官經費一十兩。本年裁按察司進表水手七錢五分，歸款另編，實共銀二百二十六兩五錢六分八釐一毫，聽各院司取給。舉人貢生路費卷資，獎勵激賞孝子節婦米布，起送會試舉人酒席，恤刑按臨心紅、紙劄、油燭、柴炭並吏書供給，賀新進士旗匾、花紅、酒禮，各院觀風表水手，修理院司、公館器皿家伙，祈晴禱雨香燭牲果，修築塘閘、椿木等項：其有事出不常，數難定計，於款內申請動支，年終造册彙銷。是年裁扣共二百七十二兩九錢一分一釐五毫。
戰船民六料銀。		六十二兩一錢，解台州府。
淺船料銀。		三百五十八兩六錢三分一釐七毫。正德派辦「五十」作「三十」，疑誤。

	孤貧老民布花木柴銀，口糧銀。		原五十名。名歲給布花、木柴銀六錢，共三十兩，本縣徵給；名歲支口糧銀三兩六錢，共一百八十兩。原名日五釐，共九十兩。國朝名日加五釐，共一百八十兩，另給衣布、柴薪三十兩。	
	縣獄重囚口糧銀。		三十六兩。 祭祀賓興、雜支内扣解昌平州銀歸起運，共一千四百八十七兩五分五釐四毫二絲。	
二年一辦每年帶徵	本縣歲貢生員路費、旗匾、花紅、酒禮銀。 赴京路費銀。		三兩五錢。 三十兩。	
三年一辦每年帶徵	府縣應朝官員起程、復任、公宴、祭門三牲、酒果、香燭等項。		同正德雜辦。	

科舉禮幣，進士、舉人牌坊銀。		九十五兩七錢七分四釐八毫，比前額增。	
迎宴新舉人。捷報旗匾、銀花、綵段、旗帳、酒禮、各官酒席。		同正德雜辦，分下有六釐一毫三絲四忽，本縣徵用。如無中式及有贏餘，俱解府庫，候下科支用。	
起送會試舉人。酒席、卷資。		府：銀六兩三錢一分九釐；縣：銀六兩七錢三分。俱徵解府庫，照起送名數申請動支。比舊額減九兩六錢一分一釐。	
會試舉人水手銀。		同正德雜辦。解司庫聽給。	
賀新進士。旗匾、花紅、酒席。		同正德雜辦，縣銀毫下有五絲。	
起送科舉生員酒禮、花紅、卷資、路費、各官陪席銀。		同正德雜辦零是三釐三毫。本縣徵用，照名儘銀均給。	
武舉供給筵宴、盤纏銀。		同正德雜辦。	

	紅船水手抵給武舉支用銀。		五十六兩五錢六分。	
	貢院雇稅家伙、募夫等銀。		二兩三錢。三項解司。二、三年辦共二百八十九兩二錢九分七釐八毫八絲四忽。合進表、官役、祭祀、賓興、雜支，二、三年辦，共四千四百九兩九錢八分九釐八毫八絲七忽七微四渺三漠。	
存留本色米	道鎮標兵月糧米。在額米內。		一千三百石，即南米。	
裁判解部	本縣捕盜應捕。		四十三兩二錢。裁剩。	
	巡鹽應捕抵課並滴硃銀。		二十兩二錢，遇閏加八錢三分三毫。裁解運司解部。	
	上司按臨並本縣朔望行香、講書、紙劄、香燭等銀。		四兩。裁剩。	
	外省馬價銀。		四百五十六兩八錢四分五釐，路費四兩五錢六分八釐四毫五絲。裁剩。	

本府預備倉經費銀。		二十七兩。裁剩。	
本縣預備倉經費銀。		四十五兩一錢。裁剩。	
各役工食裁剩充餉銀。		六錢一分三絲八忽七微八塵五渺六漠。裁剩。	
收零積餘銀。		六十六兩六錢三分九釐九毫四絲二忽四微二塵八渺三埃七纖。裁剩。	
收零積餘米。		即裁剩解部積餘米易銀，同九年。以上共八百二兩五錢九分四釐九毫八絲一忽二微一塵三渺六漠三埃七纖，路費同九年。	
額外歲徵			
本縣額徵課鈔。		見萬曆六年。有閏加鈔一十七錠二貫八百四十文，折銀一錢七分五釐六毫八絲。	
稅課局額徵課鈔。		見同。有閏加鈔四百四十六錠二貫四百六十五文，折銀四兩四錢六分四釐九毫三絲。以上俱均徭編辦裁充兵餉。	

	田地山塘人丁	起運	漕運月米	留充兵餉	存留
康熙元年					
二年頒行《簡明賦役全書》夏税、秋糧款目從删		各部、寺正折並路費，共銀二萬八千一十八兩一錢九釐七毫八絲三忽八微四塵四渺一漠。	同十四年。	銀一萬九百五十四兩二錢九分一釐八毫八絲九忽七微五塵。	各項雜支共銀三千七百四十三兩一錢一分二釐六毫六絲九忽三微四渺三漠。本色米同十四年。
三年奉文丈量	丈出見《田土》。銀入六年合丈出。米四斗四升四勺九抄五撮二圭一粟一粒。充餉入六年合丈出。				

吏書工食	本府同知：裁吏書三十六兩，閏三兩。 知縣：裁吏書七十二兩，閏六兩。典史：裁書辦六兩，閏五錢。	本府：裁庫書六兩、倉書六兩，裁閏共一兩。 本縣：裁庫書六兩、倉書六兩，裁閏共一兩。裁學書七兩二錢，裁閏六錢。	
提學道歲考心紅、篷廠等銀	一十二兩六錢三分一釐五毫。裁。		
廩糧		六十四兩。裁。	
倉庫學書工食		本府：庫書六兩、倉書六兩；本縣：庫書六兩、倉書六兩、學書七兩二錢，共三十一兩二錢。裁。	
教職經費			本縣訓導裁俸三十一兩五錢二分。門子一十四兩四錢，裁閏一兩二錢。喂馬草料一十二兩。

	六年	七年、八年刻册
齋夫銀		三十六兩，裁閏三兩。
官田	合丈出共銀二千五百一十三兩七錢四分一釐一毫一絲五忽四微八塵；米九十三石四斗九升一合三勺五抄六撮七圭五粟八粒。	
僧田	合丈出共銀九百七十四兩二錢四分三毫四絲七忽八微五塵；米三十六石七斗七升七合三勺九抄二撮八圭五粟。	
崇德鄉田	合丈出共銀三千二十兩八錢四分二釐一毫二絲七忽八微二塵；米一百一十四石一合八勺七撮八圭二粟一粒。	
縉雲鄉田	合丈出共銀四千一百三十七兩二錢三分八釐六毫六絲五忽；米一百五十六石六斗二升四合三抄五撮一圭七粟五粒。	
龍祈鄉田	合丈出共銀三千二百五十二兩五錢六分八釐二絲七忽；米一百二十三石五斗三合三勺七撮五圭四粟。	
永寧鄉田	合丈出共銀四千五百八十八兩八錢一分一毫二絲四忽五微八塵；米一百七十四石一升一合九勺七抄九撮八圭三粟四粒。	

智者鄉田	合丈出共銀五千二十九兩八錢三分一釐二毫九忽九微六塵一渺；米一百八十七石四斗五升六合一抄三撮七圭九粟九粒四黍。	
同義鄉田	合丈出共銀五千七百二十一兩六錢二分三釐三毫六絲一忽五微一塵；米二百一十六石四斗九升三合八勺五抄六撮九圭二粟二粒。	
雙林鄉田	合丈出共銀三千五百五十五兩八錢八分一釐四絲三忽；米一百三十四石二斗七升八合二抄五撮四圭。	
明義鄉田	合丈出共銀一千九百七十三兩二錢七分八釐六毫七絲九忽四微；米七十四石六斗六升四合五勺九抄八撮六圭八粟。	
陞科地成田	合丈出共銀五十七兩七錢七分四釐四毫九絲六微二塵；米一石八斗七升一合五勺六抄八撮六粒。	
官地	合丈出共銀二百二十一兩三錢七分八釐九毫八絲五忽七微六塵；米八石四斗六升四合四勺九抄六圭三粟二粒。	
民地	合丈出共銀三千一百六十三兩八錢七分三釐五毫五絲四忽四微八塵；米一百二十石三斗六升四合七勺五抄四撮七圭九粟。	
陞科山成地	合丈出共銀二十五兩六錢八分一釐六毫三絲二忽五微六塵；米八斗三升七合四勺四抄四撮五圭四粟。	

官山	合丈出共銀七十三兩九錢五分六釐二毫五絲六忽；米二石八斗二升七合七勺三抄九撮二圭。	
民山	合丈出共銀一千三百一十三兩六錢一分二釐一絲一微；米四十八石五斗二合五勺九抄七撮二圭九粟六粒。	
陸科山	合丈出共銀七錢九分九釐七毫八絲五忽；米二升六合六勺五抄九撮五圭。	
官塘	合丈出共銀五十二兩九錢八分五毫九絲五忽一微四塵；米一石九斗九升九勺九抄五圭一粟八粒。	
民塘	合丈出共銀三百二十六兩三錢八分一釐二毫六忽四微一塵；米一十二石三斗一升六合二勺七抄一撮九圭四粟。	
市民人丁	合清出共銀一十一兩五錢六分九釐八毫。	
鄉民人丁	合清出共銀七百五十四兩一錢八分。	
市鄉民成丁	合清出共銀一千一百三十八兩一錢一分九釐。	

食鹽鈔丁	合清出共銀一千三十八兩四錢七分八釐八毫。 以上共徵銀四萬二千九百四十六兩八錢四分八毫一絲三忽六微七塵一渺，內：一除紳衿優免銀，見順治十五年；一加收零積餘改米徵銀，見順治九年；一加蠟茶新加銀一十兩九錢七分二釐七毫二絲四塵二渺五漠；一加顏料新加銀三十三兩四錢四分九釐八毫七絲五忽，其收零積餘米以下三款不入原額科則。每年於由單内加減合算派徵，通共實徵四萬二千八百五十九兩六錢八分二釐八毫四忽七微三渺九漠，共徵米一千五百八石五斗四合八勺九抄一撮二圭一粒四黍，内一除收零積餘米，見順治九年。每年於由單内每石合算減徵，實該一千五百七石四斗四升四勺九抄五撮二圭一粟一粒。
外賦入地丁科徵	課鈔銀、税課局課鈔銀：並同萬曆六年。二款俱係均徭編徵，抵裁冗兵餉，隨糧帶徵，即在地丁編徵之内。
外賦不入地丁科徵	匠班銀：六十六兩三錢五分七釐，匠户出辦。 以上地丁并外賦實徵銀四萬二千九百二十六兩三分九釐八毫四忽七微三渺九漠。
起運	三萬九千一百二十三兩九錢八分六毫二絲七忽八微二塵七渺二埃七纖，舖墊滴珠路費一百三十二兩七錢二分四釐二毫八絲七忽五微七塵二渺五漠七埃三纖。 一本三萬九千一百四十四兩八錢六分九毫二絲四忽三微六塵六渺七漠。各部寺正折及留充兵餉合爲一條。

户部
本色
顏料

一百三十七兩一錢二分五釐四毫一絲六微四渺六漠九埃，鋪墊路費九兩二錢四分三釐六毫一絲三忽五微七塵三渺二漠三埃四纖四沙。是年額辦、派辦俱入本折項款。

銀硃，一十斤八兩，原價共四兩八錢三分。鋪墊共一兩一錢五分五釐，每兩損解路費一錢二分，共五錢七分九釐六毫。

膩硃，五斤四兩，原價共七錢八分七釐五毫。鋪墊共五錢七分七釐五毫。每兩損解路費同上，共九分四釐五毫。

烏梅，七斤一十五兩二錢，原價共一錢五分九釐。鋪墊共八分七釐四毫五絲。每兩損解路費同上，共一分九釐八絲。

黑鉛，同十年。原價共七錢三分五釐。鋪墊共二錢三分一釐。每兩損解路費同上，共八分八釐二毫。

五棓子，同十年。原價共七分三釐四毫七絲二忽六微五塵六渺二漠五埃。鋪墊共二分三釐九絲一忽四微六渺二漠五埃。每兩損解路費同上，共八釐八毫一絲六忽七微一塵八渺七漠五埃。

黃蠟，同十年。原價共一兩六錢二分三釐八毫七絲五忽。鋪墊共一錢六分二釐三毫八絲七忽五微。每兩損解路費同上，共一錢九分四釐八毫六絲五忽。

丁字庫黃熟銅，九斤一十二兩，原價共一兩一錢一釐七毫五絲。鋪墊共一錢五分六釐，每兩損解路費同上，共一錢三分二釐二毫一絲。

甲字庫桐油，六十斤，原價共一兩八錢。鋪墊共四錢八分。每兩損解路費同上，共二錢一分六釐。

以上本色八件，原額一十一兩一錢一分五毫九絲七忽六微五塵六渺二漠五埃，鋪墊二兩八錢七分二釐四毫二絲八忽九微六渺二漠五埃，損解路費一兩三錢三分三釐二毫七絲一忽七微一塵八渺七漠五埃；折色原額十三兩五錢六分三釐四毫六忽二微五塵，鋪墊二兩八錢四分三釐五毫五絲，損解路費一兩五錢七釐六毫八忽七微五塵。每年二月間確估時價，具題造入由單，徵銀解府轉解。

顏料改折一十二兩五錢六分三釐四毫六忽二微五塵，詳十八年。鋪墊二兩八錢四分三釐五毫五絲，損解路費一兩五錢七釐六毫八忽七微五塵，徵銀解府隨本解部。

顏料改折加增時價三十三兩四錢四分九釐八毫七絲五忽，不入科則，每年於由單內徵銀解府，隨本解部。

蠟茶

黃蠟，五十八斤九兩八錢六分三毫，內四十六斤七兩四錢二分七釐，斤價共銀七兩八錢九分八釐九毫一絲一忽八微七塵五渺，詳順治十年。徵本色額又折色改辦一十二斤二兩四錢三分三釐三毫，共四兩一錢三分一釐七毫七忽六微二塵五渺，斤價見順治十年本色改折額。二共一十二兩三分六毫一絲九忽五微。

芽茶，四十四斤一十五兩四錢七分，照順治十年徵本色額，於十八年仍折并本色內，改折得此數，共二兩六錢九分八釐一絲二忽五微，仍於每年二月間確估時價，具題造入由單，徵銀解府辦解。

二件本色原額一十四兩七錢三分八釐六毫三絲二忽，折色原額五十四兩三錢九分八釐八毫二絲四微四塵八渺四漠四埃，路費五錢四分三釐九毫八絲八忽二微四渺四漠八埃四纖四沙。

黃蠟折色銀，四十七兩三錢二分五釐五毫三絲二忽九微四塵八渺四漠四埃，見順治十年改折額與十六年改辦、十八年仍折下。路費五錢七釐二毫八絲五微三塵七漠三埃四纖四沙，徵銀解府，隨本解部。

黃蠟加增時價銀九錢七分二釐一毫六絲六忽七微五塵，見十八年下，路費九釐七毫二絲一忽六微六塵七渺五漠，不入科則，每年於由單內每兩科加，徵銀解府，隨本解部。

芽茶折色銀四兩六錢八釐三絲七忽五微，見十年改折額價徵本色價與十六年改辦、十八年仍折下，路費四分六釐八絲三微七塵五渺，徵銀解府，隨本解部。加增時價銀六兩一錢七分三釐七毫八絲七忽五微，見原編價與十六、十八年下。路費六分一釐七毫三絲七忽八微七塵五渺。不入科則，每年於由單內每兩科加，徵銀解府，隨本解部。

葉茶折色銀，同二年。路費二分四釐七毫五絲二忽五微，徵銀解府，隨本解部。加增時價銀三兩七錢一分八釐一毫二絲五忽，價見原編與十八年下。

以上共地丁銀一百一兩九錢四分六釐四毫二絲九忽一微三塵五渺四漠二埃四纖四沙，新加四十四兩四錢二分二釐五毫九絲五忽四塵二渺五漠。

户部 折色	禮部 本色
一萬一百三十八兩七錢二分四釐一絲六忽六微三塵八渺三漠，滴珠路費一百一兩六錢二分一釐四毫五忽七微八塵三渺三漠三埃八纖六沙。 京庫麥折銀，同前。滴珠路費同順治十四年。 京庫米折銀，同前。滴珠路費同。 農桑絹折銀。路費同。 派剩米折銀，同前。路費同順治十四年。 折色蠟價銀。路費同。 富户銀。路費同。 昌平州銀。路費同。 江南藥價銀。津貼路費同。 柴直二共銀。路費同。 顏料改折價墊損解共銀。路費同。 鹽鈔銀，同前。路費同順治十四年。 九釐銀，兩路費七釐，仍舊額。 康熙六年丈量陞科銀九十九兩七錢四分五釐四毫六絲六忽七微六塵三渺。 以上共地丁銀一萬二百四十兩三錢四分五釐四毫二絲二忽四微二塵一渺六漠三埃八纖六沙。	二兩六錢八分七釐一毫九絲五忽四微，袋袱、簍損、津貼、路費三兩八錢四分三釐六毫九絲七忽七微。 薦新茶芽、黄絹、袋袱、旗號、簍損、路費，同前。

藥材本色料			
半夏	青皮	枳殼	天虋冬
折二解一，實辦一十二斤一兩九錢三分六釐，原價共四錢二分四釐二毫三絲五忽。	實辦六斤九錢六分八釐，原價共七分二釐七毫二絲六忽。	實辦九斤一十一兩一錢四分八釐八毫，原價共二錢四分二釐四毫二絲。	實辦一十二兩九錢二分九釐六絲六忽六微六塵六渺六漠六埃六纖七沙，原價共二分八釐二毫八絲二忽三微三塵三渺三漠三埃三纖三沙。

山梔子	豬牙皂角	南星
實辦四斤六錢四分五釐三毫三絲三忽三微三塵三渺三漠三埃三纖三沙，原價共六分四釐六毫四絲五忽三微三塵三渺三漠三埃三纖三沙。	實辦三兩二錢三分二釐二毫六絲六忽六微六塵六渺六漠六埃六纖七沙，原價共一分一毫八微三塵三渺三漠三埃三纖四沙。	實辦一斤三兩三錢九分三釐六毫，原價共三分六釐三毫六絲三忽。 以上七味共料價八錢七分八釐七毫七絲二忽五微，津貼、路費四錢三分九釐三毫八絲六忽二微五塵。

一兩八錢八釐四毫二絲二忽九微。

藥材	改折
半夏	改折二十四斤三兩八錢七分二釐，原價共八錢四分八釐四毫七絲。
青皮	一十二斤一兩九錢三分六釐，原價共一錢四分五釐四毫五絲二忽。
天虋冬	一斤九兩八錢五分八釐一毫三絲三忽三微三塵三渺三漠三埃三纖三沙，原價共五分六釐五毫六絲四忽六微六塵六渺六漠六埃六纖七沙。
枳殼	二錢九分七釐六毫，原價共四錢八分四釐八毫四絲。
山梔子	八斤一兩二錢九分六毫六絲六忽六微六塵六渺六漠六埃

藥材改折

	豬牙皂角	南星	穿山甲
六纖七沙，原價共一錢二分九釐二毫九絲六微六塵六渺六漠六埃六纖七沙。	六兩四錢六分四釐五毫三絲三忽三微三塵三渺三漠三埃三纖三沙，原價共二分二毫一忽六微六塵六渺六漠六埃六纖六沙。	二斤六兩七錢八分七釐二毫，原價共七分二釐七毫二絲六忽。	六兩七錢八分七釐七毫六絲，原價共五分八毫七絲七忽九微。津貼路費共九錢四釐三毫一絲一忽四微五塵，徵銀解府，隨本解部。

		以上共地丁銀六兩五錢三分八毫九絲三忽一微。
禮部折色	共銀、路費，同順治十四年。 牲口銀，同前。路費同順治十四年。 藥材折色銀，同順治十四年，不注内扣。 光禄寺果品銀，同前。路費六毫。 緑笋銀、路費，同順治十四年。 以上共地丁銀二十兩三錢六分五釐九毫八絲四忽八微四塵六渺。	
工部折色	三千一百五十四兩六錢四分四釐五毫八絲，比順治十四年增，路費同。 筀竹銀。路費同順治十四年。 白硝麂皮銀，同，不注留省。 雕填匠役銀，同。 漆木料銀、弓改牛角銀、箭銀、弦銀、胖襖褲鞋銀、四司工料銀，並同。 歲造段匹銀，同，不注閏加。 軍器路費銀、槐花梔子烏梅料銀，並同。 匠班銀，見前。 以上共地丁銀三千九十六兩三錢六釐九毫。不入田畝外賦銀見前。	
裁改存留解部	一萬四千五百七十一兩五錢六分九釐三毫五絲一忽一微四渺三埃七纖，路費四兩五錢六分八釐四毫五絲。 軍儲充餉銀，同順治十四年。 南折充餉銀，同順治八年。	

順治九年。舊編裁剩解部並米折銀路費，詳本年。又裁扣銀，見本年官役俸廪共數本縣家伙款。
十二年，裁案衣家伙傘扇銀，見本年推官、本縣裁共數。
十三年，漕運月糧三分撥還軍儲，見本款閏加除數；又裁官經費銀，見二年及本年永濟倉副使。
十四年，裁扣銀見本年本府進表、推官、知縣油燭桌幃傘扇薪；生員廪糧；經臨公幹官員下程、油燭、柴炭；門神桃符；鄉飲酒禮；學道蓬廠；歲考卷果、季考卷果；石界橋夫；備用内扣；按察司進表水手並共裁扣數。又裁膳夫銀，見本年閏加數。
十五年，裁優免銀，詳本年。
康熙元年，裁吏書工食銀，見本年同知、知縣、吏書、典史、書辦及共數；又裁提學道歲考心紅、蓬廠等銀，見本年裁款。
二年，裁廪糧銀，又裁倉庫、學書工食銀，並見本年裁款。
三年，裁教職經費銀；又裁齋夫銀，並見本年裁款。
六年，裁推官經費銀六十五兩、俸四十五兩、心紅紙張二十兩。
八年，裁驛站銀三十五兩。公幹官員中火等、經臨公幹官員心紅等，見前「雜辦」。
以上自順治九年連康熙八年共地丁銀一萬四千五百七十五兩七分三釐四毫五忽一微一塵三渺六漠三埃七纖。積餘米易銀數，見十四年。

留充兵餉改起運	一萬一千一百四兩二錢九分一釐八毫八絲九忽七微五塵。 田地山銀，同順治十四年。 預備秋米折銀，見順治四年。 均徭充餉銀，見順治十四年。 民壯充餉銀，見順治十四年，又閏加數。 歷日充餉銀，一兩三錢。 續撥軍儲充餉銀，見順治十四年。 會裁冗役銀，見順治十四年，又閏加數。 鹽米充餉銀，見順治十四年，遇閏加鹽米款。 協濟嘉興、蘭溪二縣夫馬抵解兵餉銀，見順治十四年，人夫、雇馬二款，又閏加數。 協濟江山縣夫馬抵解兵餉銀一百五十兩。准驛傳道册開。	
鹽課	運司專轄。 鹽院完字號座船水手解部充餉銀，又加閏銀，見十四年。起運内分出。	
漕運	糧儲道專轄。 隨漕本色月糧給軍米，見順治十四年新改月糧。 隨漕折色淺船料銀、貢具銀、月糧七分給軍銀，又閏加銀，三項合共六百五十二兩一錢五分九釐七毫一忽六微，並見順治十四年，存留内分出。 以上共地丁銀六百五十二兩一錢五分九釐七毫一忽六微。	
驛站存留内分出	驛傳道專轄。 三百七十九兩六分六毫三絲八微四塵七渺一漠，原編見順治十二年，除協濟嘉興、蘭溪二縣銀、協濟江山縣抵解兵餉編入兵餉項，完字號座船水手編入運司項，過往下程油燭順治十四年裁，公幹中火宿食、經臨官員心紅康熙八年裁，編入裁扣項得此數，係地丁編徵。	

存留	二千六百三十五兩八錢九分二釐三毫三絲六忽八微五塵七渺二漠。
司存留	歷日紙料銀，見順治十四年，不注閏。 布政司解户銀，見順治十四年，年終造册彙銷。 備用銀，見順治十四年，實共内除三分存縣外一百五十八兩五錢九分七釐六毫七絲。 戰船民六料銀，見順治十四年，不注解。 科舉禮幣、進士舉人牌坊銀，見順治十四年。 會試舉人水手銀、武舉筵宴銀、紅船水手抵給武舉銀、貢院雇税家伙募夫銀，並見順治十四年。 以上共地丁銀四百七十二兩六錢二毫二絲，存留内分出。
府縣存留原雜辦改雜支	本府拜進表箋綾函，寫表生員工食、香燭銀，見順治十四年。 本縣拜賀習儀香燭銀、本縣祭祀銀一百二十九兩，同順治十四年。先師廟、啓聖公祠、社稷山川、邑厲壇、鄉賢名宦祠、顏孝子祠、先師廟香燭銀，迎春芒神、土牛、春酒銀，並同順治十四年。 本府知府經費銀一百七十五兩五錢一分九釐九毫八絲二忽八微五塵七渺二漠。皂隸、庫子、斗級、修倉、備辦刑具。 同知經費銀四十八兩。步快。 通判經費銀六十兩。步快、燈夫。 本縣知縣經費銀七百八十九兩四錢。俸、心紅、門子、皂隸、民壯、燈夫、禁卒、轎傘扇夫、庫子、斗級、馬快、修理倉監。

典史經費銀六十七兩五錢二分。俸、門子、皂隸、馬夫。
儒學經費銀一百四十一兩一錢二分。教諭俸、齋夫、廩生膳銀、門子、喂馬草料。
鄉飲酒禮二次銀，並見順治二年及十四年。
歲貢銀四十一兩。本府歲貢生員赴京路費；本縣旗匾、花紅、酒禮、赴京路費。
府縣新任祭門銀，並見前雜辦及順治十四年。
府縣陞遷給由、公宴、祭江府縣銀，府縣應朝、起程、復任、公宴、祭門府縣銀，並見前雜辦。
季考生員心紅、試卷、果餅、花紅、紙劄、筆墨府縣銀，各院觀風、考試生員試卷、果餅、花紅、紙劄、筆墨府銀，迎宴新舉人旗匾、花紅、旗帳、酒禮銀，起送會試舉人酒席、卷資等項府縣銀，賀新進士旗匾、花紅、酒席府縣銀，起送科舉生員花紅、卷資、路費、酒禮銀，看守公署門子工食銀不注閏，衝要六舖司兵工食銀，偏僻三舖司兵工食銀，修城民七料銀，修理府縣、公宴器皿及公署家伙什物銀，並見順治十四年。
存縣備用銀，除七分解司外，六十七兩九錢七分四釐三絲，注見順治十四年。
孤貧花布、木柴銀、口糧銀，詳順治十四年。
縣重囚口糧銀。
以上共地丁銀二千一百六十三兩二錢九分二釐一毫一絲六忽八微五塵七渺二漠。

存留本色米

實徵一千三百石四斗四升四勺九抄五撮二圭一粟一粒，南米一千三百石。
六年丈量陞科米，詳三年。
其收零積餘米，詳順治二年及九年除。初作一千五百七石四斗四升四勺九抄五撮二圭一粟一粒，月糧在内。

以上地丁外賦額徵銀四萬二千九百二十六兩三分九釐八毫四忽七微三渺九漠。

内户、禮二部本色料價並隨本解部銀，一百五十二兩八錢九分九釐九毫一絲七忽二微七塵七渺九漠三埃四纖四沙。

户、禮、工三部折色銀，一萬三千四百二十三兩三錢七分五釐三毫七忽二微六塵七渺六漠三埃八纖六沙。

裁改存留解部銀，一萬四千五百七十六兩一錢三分七釐八毫一忽一微四渺三埃七纖。

留充兵餉銀，見本款。

鹽課銀，見完字號座船。

隨漕銀，見漕運。

驛站銀，見本款。

存留銀，見本款共數。

地丁額徵米，見本色款。

地丁加閏銀，五百六十九兩七錢四分三釐四毫六絲七忽九塵二漠四埃三纖二沙。

地丁加閏米，一十七石二斗五升。

起運折色加閏銀，四百四十一兩九錢九分一釐三毫三絲四忽七微四塵二漠四埃三纖二沙。

户部柴直閏並路費，户部鹽鈔有閏加鈔銀，工部雕填匠役閏加並路費銀，工部歲造段匹閏加銀，並見順治十四年、順治九年、十三、十四、十六年，康熙元、二、三年，裁數見前。

地丁存留加閏，一百一十五兩四錢九分一釐九毫三絲二忽三微五塵。

類	項目（十三年）	十四年	十五年	十六年	十七年	十八年	十九年	二十一年	二十二年
歲辦諸色課程	前此田稅銀無定額。			契稅二百兩。					
	牙稅撥餉銀五兩。			增定二十一兩。					
	牛稅撥餉銀四兩。			增定八兩一錢八分。					
初名課利	鹽行牙稅銀。			五兩五錢。					
	當一鋪稅銀一十兩。								一十五兩。
	釀酒槽坊五鋪稅銀。							共五十兩。	
	烟斤稅銀。							烟斤鋪面三名，共三兩一錢二分。	
	間架房稅一次銀不入款。							二十年，一千六百七十兩一錢，不入額。	

下項留存司解編續								
科舉禮幣、進士、舉人牌坊銀。	裁四十七兩八錢八分七釐四毫。			裁一十七兩六分七釐五毫六絲五微。	裁二十三兩九錢四分三釐七毫，全裁。			
會試舉人水手銀。	裁半，二十四兩。	全裁。						
武舉筵宴銀。	裁半，三錢六分四釐。			裁一錢二分九釐七毫三絲三忽三微三塵。	裁一錢八分二釐，全裁。			
紅船水手抵給武舉銀。	裁半，二十八兩二錢八分。			裁二十兩一錢五分八釐五毫六絲四忽。	裁二十八兩二錢八分，全裁。			
貢院雇稅家伙募夫銀。	裁半，一兩一錢五分。	全裁。						
曆日銀。		裁半，一兩七錢六分九釐八毫七絲五忽。						
戰船民六料銀。								
備用銀。	全裁。							

	布政司解户役銀。	全裁。							
留存縣府	本府拜進表箋、綾函等銀。								
	本府修倉備辦刑具銀。	全裁。原載《徭役》。							
	知府皂隸十六名工食銀。			全裁。原載「均徭銀差」。	官役俸工照奉旨日扣。			俸工復。	
	庫子四名工食銀。			全裁。均徭銀差。					
	斗級六名工食銀。			全裁。均徭銀差。					
	同知步快八名工食銀。			全裁。均徭銀差。					
	通判步快八名工食銀。			全裁。均徭銀差。					
	燈夫二名工食銀。			全裁。均徭銀差。					
	府縣季考銀。		全裁。						

府縣陞遷、給由、公宴、祭江銀。			全裁。					
修城民七料銀。		全裁。						
府縣應朝官員起程、復任、公宴、祭門銀。		全裁。						
迎宴新舉人旗匾等銀。	裁半，府六錢五分，縣一兩四錢六分三釐六絲七忽。	全裁。					全復。	
起送會試舉人酒席、卷資等銀。	裁半，府三兩一錢五分九釐五毫，縣三兩三錢六分五釐。	全裁。					全復。	
賀新進士旗匾等銀。	裁半，一兩六錢六分六釐六毫七絲五忽。	全裁。					全復。	

起送科舉生員花紅等銀。	裁半，一十四兩二分六釐六毫五絲。							
孤貧五十名口糧等銀。		裁半，一百五兩。	全裁。		復七十二兩二錢四分三釐八毫七絲六忽。	全復。		
生員本身丁優免銀，同順治十五年。		全裁。						
歲貢正陪路費銀。	裁半，三兩七錢五分。	全裁。					全復。	
本縣拜賀習儀香燭銀。								
知縣俸銀。全裁。							全復。	
心紅銀，全裁。								
門子二名工食銀。			全裁。均徭銀差。					

皂隸十六名工食銀。			全裁。均徭銀差。					
馬快八名，名工食六兩銀。	裁半，銀二十四兩。均徭銀差。		全裁。					
陸路備馬置械、水鄉打造巡船，名一十兩八錢等銀		裁半，四十三兩二錢。	全裁。					
民壯五十名工食銀。〔一〕	裁半，一百五十兩。均徭銀差。		全裁。					
燈夫四名工食銀。			全裁。					
禁卒八名工食銀。			裁半，二十四兩。均徭銀差。	裁八兩五錢五分三釐八毫四絲六忽。	裁一十二兩，全裁。			

〔一〕「民壯五十名工食銀」，底本原作「民其五十名食銀」，茲據《嘉慶義烏縣志》補改。

修理倉監銀。	全裁。均徭銀差。							
轎傘扇夫七名工食銀。				裁二十九兩九錢三分八釐四毫六絲一忽。均徭銀差。	全裁，四十二兩。			
庫子四名工食銀。			全裁。均徭銀差。					
斗級四名工食銀。			全裁。均徭銀差。					
典史俸銀。			裁半，一十五兩七錢六分。				全裁。	
門子一名工食銀。				裁四兩二錢七分六釐九毫一絲八忽。均徭銀差。	全裁，六兩。			
皂隸四名工食銀。			全裁。均徭銀差。					

馬夫一名工食銀。				裁四兩二錢七分六釐九毫一絲八忽。均徭銀差。	全裁，六兩。			
教諭俸銀。								
齋夫裁外三名，名一十七兩工食銀。		裁半，一十八兩。均徭銀差。						
膳夫八名銀。		裁半，二十兩。均徭銀差。	全裁。					
門斗三名，名七兩二錢工食銀。			裁一十四兩四錢。均徭銀差。	裁五兩一錢三分二釐三毫。	全裁，七兩二錢。			
喂馬草料銀。	裁半，六兩。均徭銀差。		全裁。					
本縣祭祀先師廟、啓聖公祠、社稷山川壇、邑厲壇、名宦鄉賢祠、顔烏孝子祠銀。		裁半，六十四兩五錢。	裁三十二兩二錢五分。	裁一十一兩四錢九分四釐二毫三絲七微七塵。	全裁，一十六兩一錢二分五釐。	全復。		

文廟香燭銀。				裁五錢七分二毫五絲六忽。				
迎春芒神、土牛、春酒銀。			裁半，二兩。					
鄉飲酒禮二次銀。		裁半，三两七錢五分。	裁一两八錢七分五釐。	裁一两三錢三分六釐五毫三絲八忽四微六塵。	全裁，一两八錢七分五釐。			全復。
季考生員心紅等銀。		全裁。						
各院觀風考試生員試卷等銀。		全裁。						
府縣新官到任祭門等銀。		全裁。						
本縣陞遷給由等銀。			全裁。					
分司門子布、按二名，府館一名工食銀。				裁七两六錢九分八釐四毫六絲一忽五微。均徭銀差。	全裁。			

鋪兵衝要、偏僻工食銀。			裁九十八兩。均徭銀差。	裁衝要五十兩六錢一分二毫五絲六忽三微，偏僻九兩六錢二分三釐七絲六忽九微。	裁八十四兩五錢。			
石界橋渡夫二名工食銀。	裁半，一兩五錢。均徭銀差。			裁五錢三分四釐六毫一絲六忽。	全裁，七錢五分。			
修理府縣公署及公宴等銀。	全裁。							
備用銀。		全裁						
囚糧銀。								
歲貢赴京路費銀。	裁半，一十五兩。	全裁。					全復。	
歲貢旗匾等銀。	裁半，一兩七錢五分。	全裁。					全復。	

司存留裁充餉	實留新復
二百三两五錢九分七釐六毫七絲	二百六十九两二釐五毫五絲

徭役

夫力役之征古有之。《周官》司徒均地美惡，核衆寡，辨老少，以歲上下。凶札，則無力政。用民之力歲不過三日。漢、唐、宋來，制各不同。明，以編户定役法：有履畝而徵者，取於田，雜辦是也；有計户而科者，定於户，丁糧是也；有輪年而事者，均於里，見役是也；至斗、庫、夫、皂等役，又審之均徭，亦十年一輪，視古爲密。顧國初事簡民殷，存恤之詔屢下，有役之而不盡役者。其後諸司供億日繁，閭閻蕭索日甚。先是，夏税秋糧之入，區設糧長收解，已豪右陽浮科斂之，輾轉爲貿易。久之，有課不上而蕩費者，事覺，至貿田宅、質妻子、累親戚以償，隕身滅世。於是編里甲爲差次，分上、中、下三等，從公僉充，以均其力。又其後諸名里甲值役者，公私費鉅，給不能一二，而共者十百，中人之家爲破。嘉靖四十四年，行「十段錦法」：每年算該銀、力、差各若干，總計十甲田派爲定則，如一甲有餘，留一二甲，用不足，提二甲補之，十年輪次編僉，而徭役解費於是乎給。其究爲市猾攬收，至解户有分毫不沾惠者，而差解亦病。至隆慶四年，御史龎公尚鵬行「一條鞭法」：通計每歲夏稅、秋糧、存留、起運額若干，各里銀力徭差諸費額若干，照數編派，開載各户繇帖，立限徵收。其往年編某爲某役、某爲户頭，貼户者盡革。若起運完輸，若諸役錢，皆官自支撥，不復取贏於民。然議者以爲旦旦而號之，農氓無終歲之樂；户户而比之，縣官有敲撲之煩。甚至事有不得已，或借私以補公；勢有不容緩，或移甲以紓乙。顧自條鞭行而見年里役糾其不率，該催促其輸，遞年分其辦，細户上其供。蓋役合於賦，斯有役而無役也。相沿既久，坊長仍有供應，里長仍當見役，糧長依然僉解，差仍困於力矣。丁口糧鈔從人起科，不從田起科，貧者或納不成丁數名，富者或止納成丁一名，雜辦之外又有均徭，遇事增派，疊新加舊，差更竭於銀矣。抑匠班賦出匠户，不入地丁，然亦以藝爲役者。旗軍初由歸附，後從罪讁，要亦以伍爲役者。

乃匠已歿，而納價難蠲，軍已空，而勾逃不輟，皆所謂役外之役也。國朝，自均里清丁之後，畫坊爲六，畫里爲一百四十，如前制，而除去坊里糧長之名，供應見役一概禁絶。且令從地起丁，貧者獲免。落甲自運，催者不勞。匠不責以虚加，軍不窮其逋藪。蓋自此而不知有役矣。

唐

正役：以百家爲里，設里正一人，五百家爲鄉，設鄉正一人，掌按比户口、課植農桑、檢察非違、催驅賦役。在邑者則置坊正，以掌坊門管鑰、督察奸非。在野者則置村正，掌與坊同。皆選勳官六品以下、白丁清平驅幹者充，而免其科役，委任不輕。其後，宣宗大中間有輪差之議，民始有不願爲里正者矣。雜役：有身則有庸，民之役於官者歲限二十日，不役者日爲絹三尺。有事而加役者，免其租調。

宋

初用差役法，以衙前主官物，以里正、户長、鄉書手督課税賦，以耆長、壯丁逐捕盗賊。其他雜役多用厢軍給之。其後，乃有三等衙前，及承符、人力、手力、散從、祗候之役。皇祐間，又禁役鄉户爲衙前，令募人爲之。熙寧中，立保甲，以十家立一保長，五十家立大保長，五百家立都保正、副，選心力材勇之人，專主譏察盗賊，不他役；又立雇役法〔一〕，令民出免役、助役錢，罷衙前之役。凡主典倉庫、綱運官物及耆户長壯丁皆募人以充。其後，民應役多不給直。南渡後，錢入總制官用，而各役重難之事，悉歸於保甲之正長。寶慶中，行義役法，勸民出助田産以爲役費，或事力不給，則撥官田及給官錢買田以助之。

元

役法：縣設坊正，鄉設里正，都設主首，專以催輸税糧、追會公事。其次有貼役，有雜役，則弓手、祗候、禁子、斗子、曳剌、鋪兵、船夫、房夫、馬匹之數。王禕《婺州路均役記》：婺於浙東號上路，所隸州一：曰蘭谿；縣六：曰金華，曰義烏，曰東陽，曰

〔一〕「雇」字，底本原作「顧」，徑改。

浦江，曰永康，曰武義，合一州六縣之民，爲户若干萬。民所有田，除法所當復税糧之入官者，歲總若干萬石。凡民有田則有役，因田之多寡以爲役之高下，故爲政者必視其税之所入、稽田之多寡、知其富貧，以爲賦役之差。蓋今州縣之地，區别其疆界謂之都，而富民有田往往遍布諸都，税之入石以千百計者，類皆一户一役而止。其斗升之税不能出其都者，亦例與富民同受役。而又富民之田或不肯自名其税，假立名户，託稱兄弟所分、與女子所受，及在城異鄉人之業，飛寄詭竄以避差徭。故富者三歲一役曾不以爲多，貧者一日受役而家已立破，民之所病，莫斯爲甚。浙東肅訪司治于婺，知其非便，嘗議括民間田税之實，使民隨田之所在而受役，事未果行。至正十年，肅政廉訪使董公由浙西移鎮浙東，與副使野只捏公、僉事余闕公議，以謂民之病由役之不均，役之不均由田之失實，積弊既久，更張爲宜，而余公贊其事尤力。遂申前議，定爲約束，舉行之。擇屬州縣官有政績者分治其事，不足則選諸旁郡縣，於是，蘭谿則本州達魯花赤怯失列，浦江即達魯花赤廉八年阿哈，東陽即本縣丞蔣受益，義烏則本縣達魯花赤亦璘真，及衢州録事范公琇，金華即衢州總管府經歷王仲謙、西安主簿張拜住，永康則温州永嘉縣丞林彬祖，武義則處州青田縣尹葉伯顔，而本路總管陳公以實領其要焉。首下令，使民有田者，各以狀自陳所有之田幾何，復俾各都之役于官曰里正、曰主首者，與練習田事之人，履畝而核其得業之人爲誰，又稽故所藏籍以質其是否，三者克合，乃定著爲籍。其以田之圖相次，而疏其號名畝税糧之數與得業之人于下，曰「流水」，亦曰「魚鱗」；以人之姓相類而著其糧之數於後者，曰「類姓」；以税糧之數相比而分多寡爲後先者，曰「鼠尾」。每籍于部者三：一上於廉訪司。一上總管府，一以留其本州縣。立之禁制，作爲度程，爲籍既定，然後按籍而賦役。其法即每都之田而計各户之税，税之所在，役即隨之。而受役之田恒不出其都，第以田多之最者爲里正，次焉者爲主首，而主首有正、有副，正者在官，副者則相助徵督税糧焉。其多田者兼受他都之役而不可辭，少者稱其所助而無倖免，高下平正，較若畫一。凡所以圖民利而戢吏奸者，具有科條，不可悉數。蓋富者弗病，貧者有瘳，自是，役無不均之患矣！郡人乃相與謀勒文貞石，以穀無窮。夫民可與樂成，不可與慮始者也，故爲政者非徒因仍其簡陋而煦嫗撫摩之，必也爲之節宣疾滯而革其故習，審察便安而建其長利，故能事功可久而矩矱可循也。昔公孫成子之爲鄭作封洫、制田賦，國人謗焉，惟能不改其度，故卒有濟，而鄭以大治。諸葛忠武侯之治蜀，條教嚴明，信賞必罰，人初狃於舊俗，既而令行禁止，民以大和。是皆以逸道使民，故雖勞不怨也。今董公之於婺，正其土田，修其役法，積年之弊一旦以除，雖豪家富民或弗以爲利己，而公均知民隱，不恤浮議，訖使民咸得職，富貧以均，豈非以逸道使民者乎？公之於是邦，可謂甚盛，是固不宜無述，以慰邦人無窮之思。公名守慤，字某，真定稿城人，以元勳世家踐揚中外，風聲茂著，爲時名臣。其鎮浙東，列郡皆蒙其惠，殊政偉績，兹不備書。書其一事，以爲《婺州路均役記》。

明

正役以一百一十户編一圖，選丁糧多者十户爲坊里長，餘甲首。十年輪役一次，

專主催辦錢糧、追攝公事。又選家道殷實者爲糧長，以徵收税糧。選舉年高有德者爲老人，以教民榜諭。設總甲、小甲以巡捕盜賊。至於役過里甲，又審其丁糧多寡、編役輕重，謂之「均徭」，亦十年一次。如斗級、庫子諸役，先年有司事無鉅細、費無多寡咸取給焉，至與原定差銀數相什百，最爲害民。近行「條鞭」，革去庫子，以吏出納；而斗級仍舊，賍累破家，後革。

<table>
<tr><td>里老</td><td>在城曰坊長。坊有六，每坊十名。歲役一名，共六名。
在鄉曰里長。二十八都，里一百三十六，每里十名。歲役一名，共一百三十六名。
坊里長之小户曰甲首。在城歲役六十名，在鄉歲役一千三百六十六名。
糧長。舊縣爲十區，區設正糧長一名、副糧長二名，共二十名。各坊里之糧任其收解，縣官總其大綱。至嘉靖間裁革。
老人。每里一名。鄉約長。每鄉一名，後設，非役。總小甲。隨所居村巷，十人立小甲一名，五十人立總甲一名，餘爲火夫。後設。保正及長與甲長，非役。</td></tr>
<tr><td>丁糧</td><td>市民人口每名銀、鄉民人口每名銀，並見《貢税》。
成丁人丁，每丁折米五斗，科銀見《貢税》。原作「四釐六毫」。
不成丁人丁，每丁折米二斗，科銀見《貢税》。原作「九毫」。</td></tr>
<tr><td>均徭歲編銀差</td><td>南京額班柴薪皂隸十名，共銀見《貢税》。遇閏每名加一兩，每名十二兩，舊無火耗，今加三錢。
南京直堂把門、看倉、看監兵隸五名，共銀見《貢税》。每名一十兩，舊無火耗，今加三錢。
本縣編陪解京富户七名，共銀見《貢税》。每名二兩。</td></tr>
</table>

都察院傘夫一名，銀一十二兩。遇閏加一兩，舊額七兩二錢。

巡按、巡鹽二察院傘夫共一名，銀一十二兩。遇閏加一兩，舊額七兩二錢。

鹽院運完字號座船水手，銀見《貢税》。舊額一兩七錢七分七釐八毫。

本縣額編布政司解户三名，銀見《貢税》。作一名五分。

布政司柴薪皂隸一名，銀一十二兩。遇閏加一兩。

布政司理問所獄卒三名，共銀三十二兩四錢。遇閏每名加九錢，舊額每名九兩，今十兩八錢。

分守道皂隸三名，共銀三十二兩四錢。遇閏每名加九錢，舊無額。

分守寧紹台道聽事夫一名，銀一十兩八錢。遇閏加九錢，舊無。

按察司獄卒二名，共銀二十一兩六錢。遇閏每名加九錢，舊額每名九兩，今十兩八錢。

按察司清軍驛傳道甲首一名，銀一十兩八錢。遇閏加九錢，舊額七兩二錢。

提學道皂隸一名，銀一十兩八錢。遇閏加九錢，舊七兩二錢。甲首一名，銀一十兩八錢。遇閏加九錢，舊無。

水利道甲首一名，銀一十兩八錢。遇閏加九錢，舊七兩二錢。

兵巡金、衢道看船水手一名，銀一十兩。遇閏照加，舊無。

本府柴薪皂隸五名，共銀六十兩。每名一十二兩，遇閏每名加一兩。馬丁一十名，共銀四十兩。每名四兩。公堂門子一名，銀七兩二錢。遇閏加六錢，舊額三兩六錢。皂隸五名，共銀五十兩。遇閏每名加八錢三分三釐。舊額七名，每名六兩。今五名，每名十兩。甲首三名，銀二十一兩六錢。遇閏每名加六錢。舊無。獄卒三名，共銀三十六兩。遇閏每名加一兩。舊每名七兩二錢，今一十二兩。昌濟庫役銀四十兩。舊無額。家伙銀四兩一錢二分二毫。歲貢路費銀。見明正德「雜辨」。預備倉斗級二名，共銀四十兩。遇閏加一兩六錢六分六釐。舊每名五兩。永濟倉斗級一名，銀五兩。今本倉糧米改折，不編役銀。府學齋夫一名，銀一十二兩。遇閏加一兩。府學膳夫二名，共銀二十兩。每名一十兩，遇閏每名加八錢三分三釐。本縣柴薪皂隸九名，共銀一百八兩。每名一十二兩，遇閏每名加一兩。馬丁四十名，共銀一百六十兩。每名四兩。公堂門子二名，共銀一十四兩四錢。每名七兩二錢，遇閏加六錢。舊一名二兩六錢。耳房庫子一名，銀三十六兩。舊六兩。皂隸二十四名，每名銀九兩，共銀二百一十六兩。遇閏每名加七錢五分，舊每名六兩。獄卒五名，共銀四十五兩。每名九兩，遇閏每名加七錢五分，舊每名七兩二錢。捕盜應捕十五名，每名銀七兩二錢，共銀一百八兩。遇閏加銀六錢，舊六名，每名銀五兩四錢。巡鹽應捕抵課役銀見《貢稅》。原無。二錢三毫作三釐。每兩外加滴珠銀一分。新官家伙銀一十六兩。歲貢赴京路費銀三十兩。預備倉斗級二名，每名二十兩，共銀四十兩。遇閏每名加一兩六錢六分六釐，今易倉夫四名，銀仍原額。際留倉斗級一名。舊額三兩，今裁革。布政司、按察分司并公館門子三名，每名銀見《貢稅》。稅課局巡攔六名，抵課銀見明萬曆六年《課鈔》。舊每名八兩。縣前總舖司五名，每名銀見《貢稅》，共銀四十五兩。遇閏加七錢五分。安福舖、翁村舖、義亭舖、航慈舖、雙牌舖舖司兵各四名，共二十名，每名銀見《貢稅》，共銀一百六十八兩。遇閏加七錢，舊每名四兩。北十里舖、唐公舖、嶺頭舖司兵各三名，每名銀見《貢稅》〔一〕，共銀五十四兩。遇閏每名加五錢，舊每名銀三兩六錢。石界橋渡夫二名，共銀見《貢稅》。遇閏每名加二錢五分，舊無。王忠文公墳夫一名，銀二兩。遇閏加一錢六分。儒學齋夫六名，銀見《貢稅》。膳夫八

〔一〕「銀」字，底本原脱，茲據上下文文義補。

	名，銀見《貢税》。原作遇閏名八錢三分三釐。啓聖公門子一名，儒學門子三名、庫子二名、掃殿門夫三名，每名銀七兩二錢，共九名，共銀六十四兩八錢。遇閏每名加八錢。儒學教官家伙銀一十二兩。
民壯	正德五年，議僉點民丁之壯者以備防守送迎，未有定額。十年，土寇王浩八騷動常山等處，本府檄壯丁往禦。十二年，立爲定額，工食於里下徵派。後因倭亂漸加至三、五百名，縣無實用而賦日益繁。知縣趙大河陞本省僉事，議減二百餘名，歲除工食銀一千八百七十三兩零。繼定實役民壯二百名，共銀一千四百四十兩。每歲摘取四名充當鹽捕。抽取民壯充餉，銀一千三百五十七兩九錢二分。均徭充餉，銀見《貢税》。
國朝	先以軍興旁午，尚令坊里長值役，至康熙初，奉文革去。見年其丁糧以田爲配，又令分户自輸，前弊盡除。
頭户	見年革，而坊里長之名不立。每十户有糧多者俾爲首以率之。蓋自「條鞭」行後，民輸役錢於官，官宜代爲民行役矣。而復有舊差，又有新差，歲役其長，其困愈甚。他郡有以私乞免差者，點户聞於上，坐以罪，衆怏之，不知其原不應差也。至是而條鞭之意始闡，率之者綱紀之耳，非專坐之也。
丁糧	糧額如前制。特向者丁以人科則，無田者夫矣。兹依糧起丁，每田糧若干，科一丁，劑市鄉與不成丁而均之。雖十年遇審，小有增損，而貧者罷無户之科，視文莊法爲更善，亦詳《户口》與「貢税格」。

落甲自運	賦專責長，則小户有逢卯故避者，有催糧忽匿，而遇穫私收者。茲既立頭户，又列分户，或設單流滚，或開欠析比，户有名而田有佃，無兼累，亦無狡逋，而課自清。
均徭銀差	差目視前多異，亦緣丙申以後遞有更易，未經纂補，而今之《賦役全書》與《簡明全書》及康熙八年重定規條册，皆承賦役册而遞訂之，以既入賦役并載各年貢税，而注入差目於康熙十三年後存留項下，此不重載。
匠班附	凡工匠役於京師者，有輪班，有存留，又有機籍而執役於府之織染局者。輪班之法，各色人匠編成班次，輪班上工，以一季爲限，工滿放回，週而復始。每四年一班，以工部批單爲照。免本户差役二丁，若單丁重役者減其役，老疾無丁者免其身，其存留在京則廪于官。每月上工一旬，而以二旬爲歇役。其隸織染局者，則本府領銀織造應用。後因存留者多逃故，而輪班者又或躲避，乃命清軍御史行府州縣官清審造册繳報，後有納價准工之例。
明	原額人匠五百六十八户，後額四百十一户，内除挨無名籍二十户，重名勾取一十户，奉例分豁三户。實計人匠三百七十八户。
住坐輪班各色人匠	三百一十四户：木匠七十二户，銀匠一十一户，杯匠二户，鑄匠二户，竹匠六户，錫匠五十二户，鼓匠七户，艌匠七户，鐵匠二十六户，石匠十户，機匠一户，鋸匠四户，銅匠一户，瓦匠四户，紙匠一户，索匠三户，琉璃匠四户，五墨匠五户，穿甲匠三十户，油漆匠十户，雙線匠六户，蒸籠匠二户，針工匠二户，墨窑匠十户，土工匠十一户，鞍子匠一户，熟皮匠二户，泥水匠一户，裱褙匠一户，刊

	字匠一户，裁縫匠四十八户。內見在納價人匠一百二十四名，共班銀五十六兩三錢五分八釐。
存留本府織染局機匠	六十四户：織匠八户，染匠四十八户，絡絲匠八户。共班銀九兩九錢九分。
國朝	見在納班各色人匠。
	一百四十六户：木匠三十六户，銀匠一十一户，鑄匠一户，竹匠八户，錫匠一十二户，鐵匠一十四户，石匠六户，機匠一户，鋸匠四户，瓦匠八户，紙匠一户，索匠一户，窑匠二户，銅匠一户，艌匠一户，染匠一户，油漆匠五户，蒸籠匠一户，土工匠一户，熟皮匠二户，泥水匠四户，裱褙匠一户，裁縫匠一十六户，刊字匠一户。以上共班銀六十六兩三錢五分七釐。

附：軍丁

唐制，凡民以丁壯選爲府兵者，免其家之租庸調。年二十爲兵，六十而免。

宋制，諸州縣有廂軍供雜役，禁軍教戰守，又有弓手爲縣巡徼，土兵爲鄉控扼，俱以招募充之。

元制，各縣立千户所，以壓鎮地方。所部軍每歲遞遷，而口糧官給。各府以宣慰司元帥統之，縣有鎮守軍營。

明、國初皆軍籍歸附投充之衆，後乃配以奸宄罪譴之徒。自洪武來，義烏爲軍户者約三百二十六户。先是，軍士老幼逃亡，各衛差旗軍句取，軍户不清，民受其害。宣德以來，設清軍御史，督行清理，而旗軍之差始罷。其清理之目，有因逃故而解丁頂補者，有户無壯丁而以幼丁紀録者，有原逃而挨察者，有在營有丁而解察者，有丁盡户存者，有丁盡户絶者，有挨無名籍者，有改調衛所者，有重名句取者，有分析而充軍在後者，有充軍在前而分析在後者。縣每年拘各都里老清審，造册送府，本府覆審類造，送清軍、察院，各該上司察照，應解者僉親屬押解，里長護解，取批單附卷已。軍户貧者利於句取，坐得軍妻路費，往往應解到衛給取收管，解人方回，隨踵亦至，他日復句，復以一人應之，路費軍妻復不可免。同圖十里，頻受其害，官司費追捕之勞，尺伍無見軍之役，亦蠹弊之大者。

國朝，以故籍久虚，不復句取，圖民賴以無擾。

雍正義烏縣志卷之八

利病志 水利　土物　礦防　民兵　附丐俗

事有緣地而開者，謂之利；有循端而熾者，謂之病。舊《志》以礦防、民兵、編户、田賦、水利作時務；書物産次户口後，作物土。考兹以編户歸户口，田賦歸貢税，水利雖因乎塘而利在瀦濬，民兵不類乎軍而利在止息，礦啓於謞而非邑所出，物根於産而非賦所參，特合爲利病志焉。

水利

昔禹堙洪水、疏九河、陂九澤以開萬世之利，而《周禮·地官》之屬所載封井分畫之制甚詳，故爲之十夫溝、百夫洫、千夫澮、萬夫川，以達其流；爲之畛涂道路而封樹之，以植其坊；爲之瀦畜，坊止溝蕩，遂均列舍以導其利。疆理封築，取諸農隙，旱蓄潦洩，任諸農功，卒然有急，移用其民以救其時，事取諸力征，故土不隄而固，水不渠而灑，先是預戒，故足恃也。周衰，列國紛爭，壅坊百川各以自利，魏史起鑿漳河，秦鄭國引涇水，用能溉澤鹵之地，爲諸侯饒。至漢元鼎中，倪寬爲左內史，奏請鑿六輔渠，以益溉鄭國傍高卬之田。帝曰：「農，天下之本也。泉流灌寖，所以育五穀也。左右內史地名山川原甚衆細，民未知其利，故爲通溝瀆，蓄陂澤，所以備旱也。今內史稻田租挈重，不與他郡同，其議減。令史勉民農，盡地利，平繇行水，勿使失時。」後趙中大夫白公，復奏穿渠注渭中，袤二百里，以溉田大便利，而民歌白渠。明洪武二十七年敕諭：凡天下陂塘湖堰，可瀦蓄以備旱熯、宣洩以防霖潦者，皆因其地勢修治之。而正統二年，著水利禁令，嚴督有司秋成時修築圩岸，疏濬陂塘，以便農作，而後稍呰窳不飭。

乃烏之水利，與浙西異，勢居上江，左負山陵，土不濕而燥，勢不夷而險，産不麥而稻。當水之來也，暴雨驟盈，挾五六月之霖，潦建瓴而下，吐洩不及，奔潰淫溢，數爲菑。及其殺也，傾瀉立涸，駸駸乎不足以終日。故邑隴畝淤墳，非獨横決漂没之足虞。又田近山，不便浸灌，有易竭之患，俗有靠天之諺，非虛語也。昔管子與桓公論壤數，而曰河壖諸侯，畝鍾之國也，而不及山諸侯之豫戒，則備與不備之説也。然則烏故稱山邑，有如計蓄積而戒未然，舍水利曷圖焉？今按各鄉之甌窶污邪所賴以貫注者，爲湖爲溪，爲塘爲堰，往往而是，淺溢填淤之屬不具論，論其大者著於篇。

江

烏地層巒疊嶂，横亙錯峙，而中則襟帶江水。

九里江。源出東陽大盆山，經魏阜稍折，而南過龍潭，循山西抵爲是江。

洋灘江。又去九里江西五六里爲是江。**會於合港，**流入金華。**緣江諸田賴以灌溉。**

溪

山磧之鄉，江勢踔遠，弗獲分勺水以益畝澮，於是溪堰坡塘之利興焉。諸山之水并而爲溪，流派相屬自東而北。

八里堰。

廿三里溪。

洪巡溪。

深溪。

酥溪。通諸暨縣界，最當孔道。溪所從來者高，水湍悍，數爲敗，居民疊石成堰以捍衛之，時有崩塌嚙蝕之患。

梅溪。自酥溪透迤而南。

丹溪。

吴溪。

根溪。自吴溪轉而西稍北。

雙溪。

五雲溪。

航慈溪。諸溪之派，總會是溪〔一〕，與金華畫疆而治。地勢宏衍，沙土不堅，每遇春水

〔一〕「會」字，底本原作「曾」，茲據《嘉慶義烏縣志》改。

泛濫，則漭田禾，漂樓石，橋圮今復，民不褰裳病涉。

湖

自溪而下，吐納衆流，豬藏潢洿者，毋若湖與塘。

繡湖。郛郭間一巨浸也，宫寺民廬枕其旁。廣袤九里，計田一千五百頃，而贏東南各有斗門，釃以二渠疏爲三，以達於田。洪武初，知縣孔克源大修治之，而繼浚者則鄭錫文，封土湖中，以殺水勢，人至今呼爲鄭公墩。然歲久淤積，内豬甚淺，稍旱即竭，先儒所謂不有濬之，化爲平陸矣。國朝康熙三十年九月，知縣王廷曾倡濬之，晝方起土，因高就下，以漸施工。

塘

附郭以北，至永寧間。

蓮塘。

青塘。之屬。地勢低窪，隨峽注水，民田獲溉濟焉。塘在十三都，即清塘。

波東塘。自青塘西走二十餘里爲是塘。

王陂塘。地平衍，水輒易涸。民多盜决漁其中。宜設爲厲禁。時加濬之。

苦竹塘。十七都，亦巨浸。二面鄰山，獨直西築隄爲捍，去雙溪不百步。遇潦，每苦其偪而菑。謹視其隄，勿使决，即久暵可毋虞竭。於西循而南多屬江濱，民頗獲其饒。

長塘。亦巨浸。南北夾山，西匯蓄田阪之流，而東當孔道，歲久岸善崩。

姑塘。亦巨浸。四無山阜，雨潦輒泛，浹旬不雨，人輒以車戽争濬築塞，争此亟務也。

稽亭塘。從江以南抵蜀山，可五十餘里中。

山鴉塘。

後澤塘。亦各一方所利賴，溉田不下五六百頃。

蜀墅塘。二十五都，一名蜀水塘，邑之大巨浸。東至蜀山，西至飛來山，南至小山，北至塘下洋，週圍十里。以在蜀山側，故名其塘。小澗數條，流注其中，東南及西皆高阜，惟北面一隄障水，有飛來山卓隄邊，實要其道。春水漲溢，須大開兩旁閘洩之，水勢稍平即閉。元至正四年隄壞，朱公震亨倡修，歲六月朔，具牲，告水神，開瀛放水。

宋濂記：義烏縣南四十里，有塘曰蜀墅焉。周圍凡三千六百步，東西北岸皆山，山之水合七十二流入於塘而南出。南有蜀山，突然中起，昔人因據山作隄，障水以溉田。山之東，其修七百尺有奇，廣如修之數而殺其五之四，深如廣之數而又殺其三之二。山之西，其修如廣之數，而稍加强焉。隄之中，刳木爲三竇以洩水。水之所溉田至六千畝而贏。至正四年夏，水暴而隄壞，田遂不稔。丹溪朱君震亨憫農之告病也，白于縣。縣尹周侯自强爲下其事，命雙林巡檢張某來視役。震亨遂盡召有田之民，履其畝而使之輸其力，蕩貨有差，復出役夫之功一千以爲衆倡。衆悦趨之，一聽震亨之經畫，補其闕遺，增以崇高，築其址，加闢而漸殺其上。隄之西垂，鑿石爲斗門，視水溢乾而時蓄洩之。門之上，架徒杠以便行者。木竇易壞，則易以堅石，且定爲高下之穴，使欲水者，先後有程而弗紊。復懼歷歲之久而隄弗固也，請于掌事者，中析粥魚之利而嗣葺之。凡用錢四千緡，夫一萬功。經始於五年秋八月庚申，踰三月乃告成。里耆朱仁傑等來，謂濂曰：「震亨之興是役也，初無一弓之田以徼塘利，其夙夜盡瘁而不舍者，果何爲哉？凡欲利吾農也，我不敢忘，願吾子記之。」濂聞海陵胡公瑗之在湖學也，置經義、治事之齋，教授諸生，至於水利之屬亦無不習而通之，故其門人皆有適於大用。今震亨之學，出於金華許先生謙，先生之六世祖實嘗從海陵游，其家學相傳至先生爲尤盛，宜吾震亨見諸行事者有足觀哉。世之人方高談性命以聾世瞽俗，聽之雖若可以有爲，一遇小利害，輒顛倒衣裳，不知所措。視震亨無所爲而利民者何如也，盍亦知所警哉！震亨，字彦修，有長材，縣嘗下括田之令，唯震亨行之無擾云。

國朝康熙四年，縣學生王希武具呈稱：「始祖宋學士王槐遺下蜀墅祭塘一口，周圍三千六百步，計四頃五十三畝零，合七十二流入塘，注田一千六百餘石。裔孫積水承獲塘溪額，有三梘等潭，遞收獲注水利，輸糧祭祀。日久，木竇朽壞。至正四年間，邑侯周召獲注居民，履畝輸力。弘治十一年，横塘頭梘頹，鳴撫院，批邑侯鄭令、糧長馮惟道等，塘鄰金怡、八一等，督砌分水藏石。長二丈四尺，東石塔空宕二尺，西宕離墈一丈八尺，分水注田額，獲田禾時稔。已勢豪强放，正緊闢時塘水缺注。今值清查，四月初旬洪水壞隄，請委官吏督理，俾獲利人役公砌塘隄、横塘頭梘、平水藏石。」查照三處等梘承獲田畝，均分水利，立碑爲規，不得强放，遞免争論，通行示禁。十月二十四日，給印帖付本生。督令居民人等各照獲水田畝會衆用工，立碑永禁。

《蜀墅塘説》：先翰林公諱槐，淳熙甲辰致仕歸里，見夫四山環繞，諸水所滙，乃開阡捍水爲塘，廣修凡八十畝，灌溉將千畝。奈塘下原田甚廣，多不承注於塘。歲丙午，田虐於魃，不稔。居民苦饑，公出貯以賑，仍病不支。於是皤然曰：「是塘不特能瀦，且有建瓴勢，廣而深之，利孰溥焉。」因倡民之有力者，捐貲襄役。有老人道永康來，自稱康侯，與公作竟日游，相度地勢，築隄設竇，鑿門駕梁，説靡不當，公傾心信之。旁有一山，侯曰：「此蜀地山也，隄得此而堅。」因名山曰「飛來」，塘曰「蜀墅」。侯去，莫知所之。自是築隄如侯説，周圍凡三千六百步，四山七十二澗水咸瀦焉。溉田三萬餘畝，澤被十餘里。卒爲塘神，祭於里，配以康侯，相傳爲蜀墅云。

其他各都在在引泉流用溉隴畝陂澤甚多，計在督令，食利利人。夫各因水勢地勢

之宜，縱横曲直隨其所向，修陂塘渠堰灌溉之利。若地有水可田、爲地界閼隔不通轉輸者，若原有陂池就堙可濬者，若近大川、隄防爲所齧蝕者，若淤墳卑窪、可捐土壤爲丘井者，鄰伍互相修治，民出其力而官責其成。澇則收蓄，旱則取用，其爲民利且什百。而或者曰：「烏多沙土，即濬輒不旋踵而淤。不勝淤，亦不勝濬，民憚夫爬沙戾指則摇脣而却走，計不終朝而罷是不然。」往者，東南草創人稀，地故萊蕪不治。自東晋南渡，人民闢聚，因山溪流泉之利，火耕水耨争趨之，而陂堰寖興，夫誰非人力之所成者？

國朝康熙五十五年仲夏蜀水堤冲塌，署縣張若霈詳司議修。布政司段□□捐發銀二百兩，檄知縣王我都督修築堤完固，至今賴焉。

土物

邑無殊産，所收入貢税者，麥米外，茶芽絲竹、顔蠟藥材亦多載之，他若食用攸資，旁及猥細並附諸外，至偶見與一二貿遷者，並仍舊《志》。特舊《志》止列物名，兹參淮、紹、山、會諸乘，稽之祝氏《類聚》、瀕湖《綱目》、《餘冬》、《鴻書》、《原始》、《廣義》、《通雅》各種，核之土人，稍爲筌訂，其從前疏注傳譌者，略爲校正。抑《周官》以土宜之法，辨十有二壤名物，以教稼穡樹藝，以蕃鳥獸毓草木。而茁葭犢首，足徵盛衰，且或緣美滋求，依名責實，不無利病，存乎其間，爰次水利之後。

穀之屬

秔。即粳，種五十六。**早稻**。望犁回、金裹銀、紅蓮、黄秈，早稻六十日。**中稻**。早穛、撒棲、秤幹穛、三百粒、齊頭黄、闊邊。**晚稻**。茨菰秈、烏嘴秈。王禕詩：「禾根生晚緑，樹杪變新紅。」俗買米以衡爲斗。

糯。稻之黏者，宜釀酒。**早糯**。黄糯、白糯。**晚糯**。綿羊糯、臙脂糯、烏鬚糯。

黍。粟屬。苗似蘆，高丈餘，穗大，黑色，毛長，粒粗，圓重光滑。以大暑種，故名黍，即荻粱木。稷，南人謂之粟，山東人謂之高粱，邑人呼蘆枝。粟黏者爲秫，河北造酒用之；不黏者爲黍，赤虋、白芑、黑秬。一稃二米秠，尺成於黍，又大體似稷，名黄米。穄，南方曰蘆穄，北方曰穄。子曰蜀秫，高四五尺，稈尖幾徑寸，苗如蘆，粒大於小米，皮黑。淮粟、金罌粟。

稷。又名粢。似黍而小，即小米，粒紅，秋種夏熟。五穀之長，故陶唐名農官爲后稷。黏，亦爲秫。狗尾粟，粒細如芥子。

麥。**大麥**。即麰。有紅、白、黄三色，有黏有晚。**小麥**。即來光頭、荔枝、蜈蚣。麴，名酒母。貨小粉入此。**蕎麥**。即烏麥。三稜，色赤。七月種，九月熟，可濟旱，畏霜。葵麥，似葵，葉小。兔葵、燕麥，乃野稷。

菽。即荏。衆豆總名。葉曰藿。**白豆**。即飯豆。大豆、小豆。**烏豆**。曰蘗。又黑小豆。作豉，入藥。歲三熟。**緑豆**。可酒，可粉。又茶豆。貨真粉入此。**黄豆**。芽曰黄卷，作腐。榨油造醬。**赤豆**。名荅。小豆同。**豇豆**。即䜺䜶。莢必雙，子如腎形，有長有短，有緑有赤，俱有秋種。**蠶豆**。即佛豆。秋種，春斂，蠶月熟。俗呼羅漢豆。**豌豆**。即荏菽。又蜱豆，即胡豆，藥丸似之。**稨豆**。即蛾眉豆。紫花，曰紫眼；莢長而尖，曰羊角；又羊眼、虎爪白。入藥。**虎斑豆**。即貍豆。**刀豆**。即挾劒豆。又龍爪豆。**田豆**。野田小豆曰蹽。小豆曰豆逼。

麻。**胡麻**。即脂麻。名方莖，一名藤弘，又狗蝨八稜，名巨勝。遲早二種，白、黑、赤三色，黑曰藊。夫婦同種。

蔬之屬

亦曰蔌，又曰葵。

芹。水、旱二種。杜甫詩「香芹碧澗羹」，楊萬里有《芹虀》詩。水芹曰楚葵，又水英。

芥。菜中之介然者，皺葉更辛辣。劉彦冲有詩。

薺。即蘼草。大爲菥蓂。

葱。曰和事草。秧種曰青葱，無實；分種曰科葱，歧生；作花曰樓子葱。

匏瓠。即壺盧。有圓有長。柳玭云：「先君弟兄飡葡瓠而已，皆保重名。」

菘。即白菜。晋以來曰菘。

油菜。即蕓薹，亦名寒菜。心曰汞。貨油入此。

萵苣。來自咼國。早、晚二種。中抽蘀，薹高三四尺，曰萵笋。杜甫有《種萵苣》詩。白苣曰生菜。葉置櫃衣内治蛀。

菾。即君薘、甜菜。冬、夏二種。

波稜。本作頗棱，即波斯草。彦冲有詩。頗能國種。

莧。赤、白、人、紫、五色、馬，六種。又糠莧。

蔓菁。即菲，又諸葛菜，一云即蘆菔。朱翌有詩。

薑。朱子有《子薑》詩。

苦蕒。一名老鸛菜，吴人呼苦苣，即荼苦菜。

生菜。二種。可生茹。又青菜，軟菜。

茄。來自新蘿。煬帝名崑崙紫瓜。庭堅有《謝送銀茄》詩。

黄獨。即土芋。

芋。一名蹲鴟。水、旱二種。朱子有《芋魁》詩。又青芋。

蘆菔。即葖蘆葩。又土酥。有紅白。彦冲有詩。

藜。即萊，名臙脂菜。可爲杖。

蕈。即菌，曰雷聲菜。陳仁玉有譜。

胡荽。大宛種，石勒改香荽、芫荽，今呼鹽荽。五葷之一。

薇。野豌豆，即小巢菜，非迷蕨。

蕨。一名虌苗。根内白粉可充飢。紫者曰月爾。貨入此。

冬瓜。即地芝。又菰。

絲瓜。亦曰蠻瓜。唐宋以前無聞。

南瓜。來自南番，一曰陰瓜。北瓜小，色朱。

筲瓜。色白。即越瓜、菜瓜、鵝子瓜。

黄瓜。來自西域。亦曰王瓜。最首出，有秋瓜。

金瓜。小而白，曰銀瓜。

甘瓜。直而秀者，曰蜜筩。范成大有詩。

小青。即青瓜。

苦瓜。一曰錦荔。有晚瓜。

西瓜。一名寒瓜。五代胡嶠得回紇種，宋洪皓携於陰山。熟名白虎湯。

茭。即菰蔓。曰菰臂。秋結實曰彫胡米，可作飯，根爲葑，歲移根，濯潔種之。朱子有《茭笋》詩。薦黍，蓬野茭也，亦曰白菰。不結實，惟堪薦藉。

茈菰。即慈姑，一名河鳧茈。

同蒿。形氣同蓬蒿，一作茼蒿。

薤。名藠子。非蕎。

韭。名䪥。本草鍾乳。莖曰韭白，根名韭黄，花名韭菁。

蒜。來自大宛。大曰葫。

竹之屬

戴凱之譜六十一種。根上第一枝雙生爲雌。

筀竹。筀音貴。即桂竹，蒻竹。早、晚、黄、綿四種。絲製器，茹葉入藥。

雷竹。雷發聲先萌，節緊膚薄。

筯竹。性韌，可爲矛、爲簞、爲箕。

淡竹。甘竹類。可煮爲紙瀝、可消痰。吴之文詩：「矗矗烟稍千嶂外，娟娟粉節一溪中。疏飄細響遥疑雨，寒動清陰似帶風。」

苦竹。有黄、青、白、紫。黄庭堅有《苦笋》詩。

斑竹。駁文點染，略似尤溪，可篦。

紫竹。黯色黝然，可爲籥管。

慈竹。即子母竹。王勃賦：「如母子之鈎帶，似閨門之悌友。」又名孝順竹，即義竹。冬笋出于外，夏笋出于内。李白有《慈姥竹》詩。

水竹。依水生，甚細密。

毛竹。李大澄詩「毛竹巖深藏羽客」；李清叟詩「雲藏毛竹深深洞」；鄧潛谷有《貓竹》詩。俗作茅竹。

花木竹。疑即錦竹。又塞十竹、日月貴竹、高節貴竹，譜無。

方竹。可杖。

鳳尾竹。小竹，葉細三分。

桃枝竹。即篾。即百葉竹。葉如椶，身如竹，四寸有節，而中實可杖。或即桃絲竹。

箭竹。即篠。

石竹。即綿竹。王留，結子如珠。

笋。一名竹胎。旬內爲笋，旬有六日齊母，贊寧有譜鞭笋、苞笋、玉版笋、明笋、雷笋、毛花箭，俱可脯。朱子有詩。蔬省入。

木之屬

松。學宮古松八。大園吴氏白松〔一〕，大纘自塞外携植，膚白内緑，一苞三葉，其實亦白，可

〔一〕「園」字，底本原作「串」，兹據《嘉慶義烏縣志》改。

佐茗飲。折置膽瓶，數月不萎，斷處流膏甚香。之器詩：「可憐塞北冰霜樹，謝墅栽來比雪寒。漾影流光皆玉立，堂西長作璧人看。」聖壽寺般若松乃羅漢松，大徑五尺，千巖禪師手植。蔓爲女蘿。縣有植松爲業者。

檮。剛木，二株連理在雲黄山下，梁傅大士結庵於此，名雙林，今止餘一。中空，可張二筵。外皮尚有枝葉。

柏。名蒼官，西指。百木長。杜甫有《古柏行》。渾、側二種。又名手掌柏。

檜。亦曰栝。孔廟有夫子手植者。

梓。百木王。《書》以《梓材》名篇。

樟。豫曰釣樟，脂膏曰樟腦。張嵲有詩。又烏樟。

檀。黄、白二種。可爲車。見張平子《南都賦》。

椿。又作橁。一名虎目樹。葉香可噉。孔德紹有詩。

檡。棘可爲决。

桂。梫木。百藥長。花四出。巖桂曰木犀。有金、銀、丹諸種。季花、月花者，結實如蓮子，曰月桂。王禕《家居》詩：「家居華川上，及此三百齡。老桂蔽後堂，長槐列前庭。」附梅桂。

梧。曰梧桐。似青桐，多子。椅也。有閏十三葉，從下數小者，閏某月。脂曰梧桐淚。

桐。有青、白、黄諸種。清明不華，歲天寒。謝元暉有詩。

杉。一名檄木。

槐。即櫰。周禮外朝，面三槐，三公位焉。吴之文賦「重聽事於隨堂，駭聞音於唐月。」

楓。香樹。即欇，欇葉三角，歲久生癭。杜牧有詩。

榧。即香榧，或作㮨。未詳。

楮。即穀桑。白汁如乳〔一〕，調白芨末黏紙縫，過膠漆。皮可績可紙。

桑。白、雞、子三種。有椹有蘚。桑上寄生名寓木。

柘。《考工記》：「弓人取材，柘爲上。」葉飼蠶，作棘爾。

柳。葉垂揚者爲楊，花爲絮。吴之文詩：「分條拂面隋隄似，舞絮回風謝雪疑。」

檉。河柳。一曰雨脚，得雨則垂如絲；一曰似栢而香。

漆。浙所出，乃《唐書》中黄漆也。

楡。一曰蘊莖。莢爲錢，白爲粉。鄭渾課百姓種爲籬。

〔一〕「白」字，底本原作「自」，兹據《嘉慶義烏縣志》改。

黃楊。閏年不長，無火。

楝。實名金鈴子。鳳凰所食。可浣衣。梅聖俞有詩。

女貞。魯貞女見此作歌。別有冬青。葉微圓。

蠟樹。枝葉類冬青。小虫曰蠟子，緣枝食汁，吐涎於莖，爲白脂，結成蠟，曰白蠟。元以來，人始知之。

皂莢。即懸刀，又昇仙木。有三種。孫應時有詩。肥皁莢，澡身面。

烏臼木。即鵶臼。烏喜食其子。俗呼皁。貨油燭入此。

棕櫚。即比閭，又栟櫚。聖俞有詩。蘇軾有詩。

[illegible]樸。木易大，而葉似檀。或云即魄，名樸榼。

白皁。俗呼雞骨。葉似冬青而鋭，節相對，有子，至冬而紅，析版可梓書〔一〕。

蹇漆。堅木。可杖可箄。附：榔，土榔，朗榆。栱。木荷，五葉。

偶見**連理**。仁木也。明隆萬時，大園里有兩連理，質近梓、漆，高逾丈，一在道左，歲久而

〔一〕「梓」字，底本原作「災」，茲據《嘉慶義烏縣志》改。

枯；一在溪南，吴大纘爲置守，守者去，中樵斧。見之器《經鉏草詩序》。

外至**木蘭**。即林蘭。非元美所謂玉蘭。一名黄心，生潯陽江中，吴蜕《鎮東監軍使院記》：「大厦前木蘭，越城中稱爲一絶。」

果之屬

梅。吴人呼曹公，范成大有譜。**蕚緑華**。艮嶽以名堂實。烟熏爲烏，淹曝爲白。陳思任詩：「林際垂垂幾樹梅，雪殘猶見滿枝開。幽香暗度春風入，疏影寒將月色來。孤嶼雲深花爛熳，羅浮天遠夢徘徊。寥寥清韻誰能寫，何遜揚州句獨裁。」**玉蝶**。**紅梅**。即朱梅，緋梅。多葉者曰鴛鴦梅。陳聖圭句：「鐵幹疑從丹嶠發，瓊枝宛似赤城開。」**黄梅**。即蠟梅。宋始著。吴之文詩：「寒英雪裏淡施黄，蜂子枝枝綴曲廊。似爪微舒金作色，如囊暗蹙紫成香。欲誇石氏燃薪代，更羡鐳家點額粧。幽谷佳人真足比，豈隨紅艷鬬春陽。」

杏。金杏。楊行密改甜梅。朱陳村有花百二十里。有桃杏、梅杏。盧天驥有詩。

桃。名仙木。有夏、秋二種。實小先熟者名御愛桃。傅園。皮日休有賦。吴之器句：「樹樹霞舒緑野間，枝枝綺匝青松下。」**緋桃**。有千葉者。**碧桃**。有白者。張説有《碧桃》詩。

李。有紫青、綺青、房金、紗貂、夫人諸種。**嘉慶子**。東都嘉慶坊實美，因地而名。軾有詩。**柰**。李屬。亦名㮇。有素、紫二種。**郁李**。即棠棣。非唐棣。有白者。

棗。邑所産呼南棗。疑即安邑雞心御棗。弘景未見，特苦采買，今始詳革。

梨。實名快果。十三都演頭嶺陳氏有一二樹，歲止收十餘枚，大徑四五寸。吴之文詩：「光搖野水溶溶月，香度園林漠漠風。」

梯。有朱緑、野貓、丁香、鹿心、油諸名。烏椑即小梯，古曰君遷，今名牛奶。以石灰湯燖而熟，曰𤓰。汁呼梯漆。貨梯汁入此。

橙。即棖。一名鵠殼。見梅聖俞詩。

橘。韓彦直有譜。又曰枳。金橘，名金豆，名榛，亦曰么橘，即盧橘。《文選》誤注枇杷。有枸橘。

柑。軾有《黄柑陸吉傳》。

柚。一名壺柑。列子：吴越間有木名櫾。

香櫞。即枸櫞。江南皆有之。

榧。即柀杉，玉山果。治寸白虫，木可几。軾有詩。

栗。有版錐、社莘、栭栵諸名。小者曰㯕，即糠栗，木最堅。蘇轍有詩。

蓮。花未發爲菡萏，發爲芙蕖。子曰菂，菂中薏，藕曰蔤。之文《荷花賦》：「曉而望之，若霓裳而赴玉京之朝；夕而察之，若霞冠而建赤城之標。」**白蓮**。劉元震賦：「乍苞菂而緑蒂，旋放蕚而粉顛，藏白鷗兮莫辨，隱粉蝶兮無歧。」

芡。一名鴻頭。《管子》曰卯菱。莖亦可葅。小白皮最佳。

凫茈。即黑三稜，或作符訾。

菱。即水栗。角兩爲菱，三四爲芰，花晝合宵炕，隨月轉移。王褘句：「長塘散寒菱，老屋蔭喬木。」又刺菱。

林檎。即來禽。又名文林果，俗呼花紅。見王帖。

櫻桃。即含桃。杜甫、王維詩及之。

枇杷。秋蕊，冬花，春實，夏熟。一名盧橘。之文詩：「園林在暑漫徘徊，五月枇杷燦水隈。婀婀青衫渾淚濕，却疑盧氏莫愁來。」

楊梅。即杌子。有紅、紫、白三種。白曰聖僧。

蒲桃。蔓蔭若帷，實即草珠子。《神農本草》已有。青者名水晶蒲桃。又有紫者。

胡桃。即羌桃。《山海經》曰葦。西域種，大玄有數樹。

銀杏。即鴨脚子。一名平仲。宋初入貢改名。

石榴。來自安石國。潘岳有賦。千葉。自新羅，名海榴，即寶珠榴。有紅、黄、白、藍諸種。花紅，子紅；花白，子白。

櫧子。有麫、血、鐵三種。堅於檜柏。弗蠹弗腐。子大苦珠，小圓珠。

山楂。曰棠朹子。大曰羊朹子。又朹繫梅。

椒。越生名欓。即秦椒。大于蜀椒。

茗。有茶、檟、蔎、荈諸名。二十八都新塢坑大坪甚佳，亞浦江龍門石蕩原。税始唐德宗。貨茶入此。

卉之屬

牡丹。貞元中始見。千葉，號洛花。白曰玉樓子，有瑞雲紅。歐陽修有《花品叙》。之器詩：「片片明霞照綺茵，尊前爛熳簇餘春。畫欄倚處全無力，錦障圍來果有神。月曉紅樓添粉色，日斜紫陌颺芳塵。六朝宫體虚裁句，瓊樹金蓮那足陳。」

芍藥。名可離。千葉，呼小牡丹花。劉攽、孔仲武譜三十餘種。

蘭。即幽蘭。素心，瓣厚，斂内者第一。廷堅名蘭華，有《植蘭説》。蕙，薰也，九節。又秋蘭，多似蕙。屈平有歌。建蘭首魚魫。又賽蘭、風蘭。蘭草乃省頭香。之器詩：「翠碧羅簷際，行行是國香。何須滋九畹，已足擅孤香。砌迴常含月，庭深不畏霜。朝來盈手摘，悦欲問瀟湘。」**玉蘭**。似木筆而白，名望春，一名銀甌，又芳樹。之文詩：「細映疏簾疑積雪，亂飄幽砌恍堆雲。」附木蘭。

藕。名菡萏、節華。種百二。首金銀，甲荷花。之文賦：「屈平申忠臣之志，陶潛作隱逸之才，胡廣愈生平之疾，長房消九日之災，文賓以之益氣，康子以之通神，元結以之成記，羅含以之見真。」附石菊，荷葉菊。

海棠。花中神仙。**垂絲**。之文詩：「春晴山館踏蒼苔，爛熳嬌紅逼檻開。可是當年金谷裏，錦絲步障石家裁。」**西府**。之文句：「染就新哀飛燕唾，輕飄點額壽陽粧。」附祝家棠，金絲，鐵梗。**秋海棠**。名八月春。附江陵海棠。附金沙，繼海棠開。王安石有詩。

山茶。見《格古論》。**玉茗**。與梅同時開。劉仕亨有詩。附宮粉。**寶珠**。名都勝。有紅、白諸種。

海桐。即刺桐。

辛夸。即辛雉。亦名木筆。又迎春。見《甘泉賦》。

紫薇。即百日紅。亦名文綬花。

紫荆。即茇蚍蚚。

木槿。即朝開暮落花。一名日及。見陸機賦。

末利。名柰花。宋元祐間始盛。江奎有詩。

木芙蓉。即地芙蓉。又文官花。一日三换色。王褘詩：「涉江采芙蓉，莫采芙蓉蕊。蕊開猶耐久，留以映秋水。」

月季花。即寶相。又長春。俗呼月月紅。

粉團。即玉蕊。王建、劉禹錫有詩。

玫瑰。或云薔薇露。此花所蒸可作醬。

薔薇。花大者名佛見笑，小名木香。**黄薔薇**。之文句：「真見宋宫新作額，虚疑蘇氏織成綃。」**粉薔薇**。之文句：「何郎似是驚朝汗，虢國從知妒夕霏。」又有紅紫者。

杜鵑。名紅躑躅，又山石榴，又王支。即映山紅。花先於葉，杜鵑鳴時開。**石巖**。千葉，色丹如血，葉先於花。僧擇璘、仲殊有詩。

酴醾。酒名，花紅、白、黄，色似之。庭堅有詩。

瑞香。一名攣枝楊。張祠部作睡。

梔子。花白，六出。名薝蔔，亦名鮮枝。可染黄，有千葉者。朱子有詩。王梔，又寸徑梔。

山礬。初名鄭。花小白，高數尺。葉染黄，借礬成色。庭堅有詩。

虎刺。即伏牛。亦曰鵲不踏。

長春。即金盞草。

八仙花。八蝶簇一心，又有小蝶簇聚。如碧玉，曰玉蝴蝶。前人以比瓊花。

玉簪。即白鶴仙。庭堅有詩。紫曰紫鶴。

洛陽。即洛陽錦。有五色。

水仙。一金盞銀臺，一千葉。庭堅有詩。又山仙。

滴滴金。花似饅豆菊，春開。

草丁香。外白雌爲雞舌香，治口氣。《餘冬録》序密香樹出交趾，心節與水面平者爲雞舌香。

美人焦。之文詩：「遠山横黛穿簾緑，遶閣新糚拂鏡紅。」

虞美人。垓下之圍虞姬自刎，血流入地爲此花。之文賦：「紅若丹砂，白若銀燭，冶若茜染，淡若粉匀，其疊如臺，其苞如帙，至今葉上啼青露，猶帶當時粉黛容。」

雞冠。矮者即玉樹後庭花。又紫覆釜，紫金鐘。梅聖俞有詩。近有番種，色甚變。野雞冠，乃青葙一類，一曰白者。

剪春羅。即剪紅羅。又剪紅紗，剪秋羅。

鳳仙。即好女兒。花有五色。晏同叔有詩。子治目痛。

玉繡毬。或以爲瓊花。附銀帶。

金錢花。即旋覆花。即日中金錢。一名子午。又午時花。大同二年來中土。薛原有詩。

金燈籠。即酸棗。金燈，即山慈姑。李商隱有詩。

含笑。來自大食。旋宜生有詩。又笑靨兒。

葵花。吴葵，即一丈紅，名菺。陳標有詩。蜀葵；黄葵，即秋葵，名側金盞；錦葵，小者錢葵。古以葵名菜。

山丹。即川强瞿。色紅，葉如百合。有四季山丹。楊萬里有詩。

萱草。名鹿葱。聶夸中有詩。又金療愁。别有水葱，名宜男草。

罌子粟。即亞芙蓉，賽牡丹，米囊。色甚變。游默齋有譜。别種麗春。

外至**素馨**。舊《志》載之，然産於粤東。

偶見**異花**。吳氏一本幹長丈餘，皮色蒼古，鋪枝屈曲成蓋，花自臘月迄暮春開不絶，色或白或紅，經霜雪愈鮮，結實如茄，味似梨。之文詩：「臘盡春歸照座明，閒憑軒檻不勝情。何來奇品驚人目，閱遍晴葩莫辨名。」

草之屬

棉。即棉花。見梁武帝「皁帳」，史炤《釋文》。原作木棉。貨棉花入此。

藍。菘藍可爲澱。蓼藍可染碧。紅藍即款冬花，可染紅。貨靛青入此。

苧麻。家苧。有紫、白二種。貨苧麻入此。又野苧。

黄麻。疑即苘麻。可緝布索。貨黄麻入此。

藺。即虎鬚草。又燈心草。即莞。

艾。一名冰壺。可餂貓脚。藥入此。

藻。有馬藻、魚鰓二種。水藻，葉長二三寸，兩兩對生。聚藻，葉細如絲，及魚鰓狀，節節連生。

蘋。作薲。四葉相合，中折十字。即田字草。程子詩：「白蘋吹盡楚江秋」。莕菜，即荇菜，根銀絲菜。

蒿。青蒿、白蘩。香者曰苹。可蔬。藥入此。

茅。可覆屋。菅，大於茅，飯牛。

蘆。葦未秀者。亦即葭笋，名蘿。

葒蘬。即遊龍，又龍水紅草。莨菪，名天仙子。

蓼。辛草，有香、青、紫三種。見鄭谷詩。

蓖麻。子如豆，殼有斑點。可油資圖章。

鼓子花。千葉者爲纏枝牡丹。

虎耳草。即石荷葉。

鴨跖草。即竹葉菜花。汁如黛，宜繪。

馬藍。一名紫菊。子曰蠡實。附馬鬃。

旱蓮。即墨菜。

龍鬚。即石龍芻。亦名龍常。乃葱蒲，與莞别。

鳳尾。即濼貫衆。又金星草。

虎薊。即野紅花。

狗尾草。即莠。一名光明草。

芭蕉。即天苴。路德延有詩。

芸。即七里香。有花，類豌豆。

煙草。

偶見芝。有月精、雲母諸名。

藥之屬

黄精。太陽之草，陶弘景曰仙人餘糧。

白术。一名楊枹。

麥門冬。越名羊韭。又不死草。

茯苓。名不死麪。《龜莢傳》作伏靈。

薏苡仁。即薏珠子。

益母草。花白爲蓷，紫爲蘈。亦名夏枯。

木瓜。名楙。枝一尺，百二十節，花類海棠，實大如梨，小如桃。

菒耳。即卷耳。亦名葹，又羊負來。

車前子。即芣苢。一曰蝦蟇衣，又馬舄。

菖蒲。即水劍草。五種。即茚。曰堯韭，曰荃，曰蓀。　花食之長年。軾有詩。

白斂。即兔核。

何首烏。即九真藤，又夜合藤。

白薇。一名春草。葉似柳而味苦。

牛膝。一名夈。土者不堪服食。

雞蝨。疑鶴蝨，地菘之實。

黄藥。即大苦。非甘草。

薯蕷。山藥。與藷總名。唐代宗時避預名薯藥。一曰甘儲。　有佛掌薯。

白及。一作白芨。

白藥。有陳家、甘家、會州之名。

半夏。名守田。

百合。名蒜腦藷，即䪥，又倒垂蓮。

茵陳。蔞蒿。因舊苗生，亦曰因塵。

括樓。即果蠃。根天花粉。名瑞雪。

射干。與烏翣二種，即地萹竹。

大戟。即下馬仙。

乾葛。

苦參。一名苦蘵。

常山。即亙草。有土常山，名密香草。

商陸。即樟柳，蓫薚。逐蕩水氣。

連翹。即連軺。

豨薟。即豬膏母。一名白花菜。

鬼臼。即璚田草。又名玉芝。花色正紅，生葉下。又名羞天花。軾有詩。

荆芥。一名假蘇。

芫花。一名兒草。

葛。即黄斤。葛根。

紫葳。即淩霄。梅聖俞有賦。

草决明。有馬蹄、茳芒二種。軾有詩。

地榆。一名玉豉。

五加皮。即文章草。譙周有贊。

金銀藤。即老翁鬚。又鷺鷥藤，又忍冬草。

五構子。名栚，即楪。見《山海經》。

天虋冬。揎胡根似之。

兔絲子。即火燄草。受氣茯苓而生。

牛蒡子。名鼠粘。三歲一花，根中元可脯。

白頭翁。即女萎。

劉寄奴。一名烏藤菜。療金瘡。

羊躑躅。即黄杜鵑。俗呼牛黄花。　附羊蹄根。

地膚子。即王篲。俗呼鐵埽帚。

香附子。即莎根。山莎曰臺。夫須葉可爲蓑。晏元獻有《庭莎記》。

馬兜鈴。即三百兩銀藥。治蠱。根乃青木香。

牽牛子。即草金鈴。萬里有詩。

骨碎補。即胡孫薑。

金櫻子。即刺梨子。名刺𤬪，舊《志》金樱子。

夏枯草。名乃東，又夕句。

威靈仙。周君巢有傳。

前胡。一作湔胡。

天南星。大爲虎掌，小爲由跋。

烏藥。一名矮樟。

紫蘇。一名桂荏，亦呼萏。

木蓮。即薜荔。大于絡石。

地骨皮。名地節、枸杞。根與葉子氣味殊。

絡石。即石龍藤。舊《志》作石絡。

茈胡。一名地薰。

外至**地黄**。舊《志》載入。

羽之屬

烏。卑居，鸒斯，楚烏，鵶烏，於《雅》皆別名。白項，燕烏。又火鴉。北地謂之寒鴉。秦時群烏銜土助顔氏，吻爲之傷，名縣烏傷。

鷺。唐玄宗呼金衣公子。韋應物有詩。

鶺鶉。即鷃。小鳥。李時珍作鶺鶉。鶺，駕也，性淳，有常匹，不越横草。聖人鶉居内則曰鶉鷃。鶺讀鴨。

雉。野鷄，有鸐鷮、鵕鷄、錦雞諸種。外文内介，飛不越界，一雉爲長。《書》華虫，《左傳》丹鳥，《曲禮》疏趾。吕后名雉，改山雞。又夏翟，尾至夏光鮮。士執雉。元稹有《雉媒》詩。

竹雞。即泥滑滑。萬里有詩。

燕。紫胸輕小者越燕，斑胸聲大者海燕。一名烏衣郎。避戊、己日。　之文詩：「對對翩翩入畫梁，輕烟細雨帶芹香。高飛碧落應難並，何事窺人去住忙。」

雀。古作爵，即瓦雀。

雁。名羽書使者。燕以春分來，雁以春分去。白者，北人呼霜信。駱賓王有《秋雁》二詩。坐聽之器詩：「高鴻送遠音，人意忽蕭森。乍向燈前過，還從天外尋。哀憐漁篴短，寒挾塞雲深。兼風急，眠聞並雨沈。羈人驚旅夢，思婦和村砧。漢驛霜皆落，秋城樹不禁。寉宵應罷警，猿曉欲羞吟。惟有山鐘徹，寥寥共出林。」

鷹。即鶆鳩。少皥氏以名官。孫楚有賦。

鴉鶻。甫有《呀鶻行》詩。

鷂。小於鷹，即鸇，又即隼。搏物百發百中，遇懷胎鳥釋之。

魚鷹。

鵲。名神女。弘景謂之飛駁。巢向太乙，背太歲。翼左覆右雄，右覆左雌，雀反是。蕭紀有詩。**山鵲**。嘴足赤。朝叫晴，暮叫雨。**練鵲**。尾長，白如練帶。一作練雀。

鶺鴒。雝渠，又錢母，俗呼雪姑，九顛仙。

百舌。即鶷鸛。劉禹錫有吟。

鴛鴦。即匹鳥。雄鳴鴛，雌鳴鴦。陳子昂有《鴛鴦》篇。

白頭翁。魏野有詩。

鷺鷥。即碧繼翁。又風標公子。目成受胎。劉禹錫有詩。

畫眉。修有詩。附桑尾蒼海龍大長尾媳。

翠鳥。名翠雀，又魚虎。各據溪曲，猶雉之分界。劉王孟有詩：「翡翠在海上」。

鸜鵒。一名寒皋。《考工記》云：「鸜鵒不踰濟」。昭公二年，鸜鵒來巢，記異也。

杜鵑。即謝豹。怨鳥。鳴皆北向，後倒懸于樹，形大于鵲，而烏羽，鳴曰不如歸去。又蜀帝。寄巢生子，鳥爲之哺，尚如君臣之禮。應物有詩。又謝豹，虫名。

信天翁。俟魚鷹所得魚，墜地拾而食之。

鸕鷀。呼摸魚公。一名水老鴉。非烏鬼。骨治哽咽，喉熱如湯。杜荀鶴有詩。

啄木。即鴷。舌長于咮，晝印開穴，出蠹，口如錐，長數寸，斑雄褐雌。

鳩。一名斑隹，又鵓鳩。無繡項。應物有詩。趣耕。布穀，即鳲鳩，即戴勝，俗名脱布褲。

鴿。一名飛奴。張九齡以之傳書。逐月有子。頭上花毛成方勝，一作竊脂。

鸛。即負釜。以喙鳴，仰鳴晴，俯鳴陰。伏卵時，取礜石周繞卵，助燥氣。聚水巢上。

黄頭。鷦鷯。類似黄雀而小，巢于蘆苕甚密。

洶河。即鵜鶘，一名洿澤。

鷗。即鷖，雝渠。陸佃作漚。有青、白數種。甫有詩。

鳧。一名沈鳬。野鴨。李嶠有詩。

雞。一名燭夜。丑前先鳴，陽氣動，午中亦鳴，陰氣動。家雞屬陽，先鼓翼後鳴；野雞屬陰，先鳴後鼓翼。又曰雞涎愈蜈蚣螫。伏卵二十日，鏤雞子。駱賓王有詩。之文詩：「驚起壯心同士雅，夢回餘藥自劉安。時時旅舍添鄉思，往往書窗警露寒。」

鵝。舒雁。伏隨日，朝東暮西，性頑而傲。甫有詩。

鴨。一名舒鳬，即未匹。伏卵三十日。司馬光有詩。附黄鴨、水鴨。

外至**鶴**。曰陰羽露。有聲則鳴。一曰即鵠。之文詩：「數聲嘹唳九皋聞，清影翩翩欲絶群。不遇秋風翔玉羽，却來溪上伴寒雲。」

孔雀。鳳友。五年成尾，雄者金翠，遇雨高棲。

鸚鵡。白名雪衣娘，碧名緑衣使者。人舌，行先以口啄地，朱嘴鈎吻，金眼赤足，兩指向前，兩指向後。禰衡有賦。

偶見**鵬**。即鳳。李白有《大鵬賦》。

獸之屬

牛。豎瞳，以鼻聽，齒無上，羊同。有犢、水二種。水牛，名州留，即吳牛。牛耕自周。韓愈有《革華傳》。貨皮入此。

羊。名長髯公。有白、黑、褐三色。禮曰「柔毛，少牢」，董子曰：「羊，祥也。吉禮用之。」出入圈中，一羊爲首，飲母乳必跪。貨羊毛入此。

犬。有環爪。一名重工。獒，《書·旅獒》。附鴨狗、竹狗。

豬。牝豭牡豝。名參軍、黑面郎，豚曰䴡。袁淑有《大蘭王九錫文》。禮曰「剛鬣」，子曰「彖」。腿醃，膏白苦。采買詳革。**野豬**即貛豘。耳聾，能孔地曲穴，身黃，腹小，脚長。色褐赤曰貒。

貓。即家貍。名蒙貴，一曰白老。鼻惟夏至日煖。睛，子午一綫，卯酉圓，辰戌丑未棗核尖，寅申巳亥銀杏樣。

馬。有驚兒、駱課、草騙諸名。左昭二十五年，左師展將以公乘馬而歸，騎馬之漸；六國有單騎，《曲禮》「前有車騎者」；漢時書耳。李伯樂有《相馬經》。

驢。長耳也，一名衛。子夜鳴，應更。王粲好之。

騾。即鸁。驢牝馬牡生，類有五。明皇乘之入蜀。

鹿。名斑龍。牡麚牝麀。群居，環角，圍之如陣。吕温有賦。庭堅賦曰「華山道士」。食葛葉及花，鹿葱，鹿藥，白蒿，水芹，甘草，薺頭蒿耳，薺泥九草。

麞。即麕。性驚憧，無魄無膽，喜文彩。

虎。即烏䖘。南詔謂爲波羅。不行曲路。白甝黑虪。唐崔智韜遊義烏，宿雙柏驛，有婦枕虎皮寢，智韜竊其皮投井中，婦乃從，適他郡生三子。智韜登第赴官，再來幾十年偶語及之，婦夜半取虎皮，蒙之成虎，噉三子而去，智韜仗劍追之，雞鳴不見，遂名其地爲雞鳴山。見古《志》，本古郡志，舊《志》删，今附此。

豹。即犳形。聲似狗，長尾體瘦。有白、黑、赤諸種。捷于虎，齒骨極堅，火不能燒，詐爲佛牙、佛骨，羚羊角擊之則碎。

豺。知祭獸，見狗輒跪。

狼。名滄浪君。似犬，鋭頭白頬，駢脇腸直，鳴則諸孔皆涕，老則胡如袋。牡曰貛。

麃。即麔。有虎必鳴。大曰麢。

狐。名阿紫。似黄狗，鼻尖尾大，多疑審聽。

兔。即明視。古樂府「雄兔脚樸𣝽，雌兔眼迷離。」大者前足寸餘，後足數尺，曰蛩蛩。

猴。即馬留。無脾。又山兒。好拭面，故曰沐猴，畏鼠。王延壽有《王孫賦》。大者猿，性仁于猴。唐昭宗時，有弄猴者，隨斑起居。

獺。即水狗。似狐而小，色黑，正月、十月祭魚。

貍。即野貓。玉面貍即牛尾貍。見《貢税》，食柿葉曰柿貍。

鼠。即家兔。又社君。《史記》曰「首鼠」。盧元明有《劇鼠賦》。**黄鼠**。即禮鼠。又云即鼦。**栗鼠**。即松鼠，又木鼠。竹狗疑即竹鼦。

鱗之屬

鯉。即赤鯶公。金鯉亦名玄駒，鱗三十六，諸魚長。有黄、白、赤諸種。

鰱。即鱮。好群行，相與。

鱖。一名石桂。有肚。見張志和詩。

鯽。即鮒。甫有「庖霜膾鮮鯽」句。庭堅有《謝貺鮮鯽》詩。

鱅。即鱃。亦作鰫，呼鰟頭，又鯿。

鯇。即鯶。陸機謂鱧，誤。

鰷。即白魚。亦名鮰，即鱠。

青魚。即鯖。俗呼螺螄青。

烏鰦。即黑鰦。鰷類。疑即鯔。頭微小而扁。

鱧。首有七星，有舌，夜北向。

銀魚。白，小，即王餘，似麵條而小。甫有詩。

黄鴨。疑黄頰。又黄鯉曰黄雉。附彭皮，石斑，步朕。

鮎。即鮧。口方，無鱗顒。北方呼鰋，目鬚赤，有毒。

鰻鱺魚。一曰蛇魚，即鱅，形似鱓。

鰌。即鰼，俗呼泥鰍。

鱓。即黄䱇。鱣同。邑人不食。

介之屬

龜。一名玄衣督郵。有山、澤、水、火諸種。腸屬首。司馬遷有《龜筴傳》。

鼈。一名跛足從事。潛尼有賦。甲骨爇之辟蚊。陸龜蒙有志。

蚌。長曰蚌，圓曰蛤，又𧈅岸雞冠。蛤蜊，白殼紫唇，汁點痘目。萬里有詩。車螯大蛤，舊作車魚。修有詩。

蟹。名橫行，介士。雄曰蜋螘，雌曰博帶。稻熟挾一穗朝其魁，洪潯溪有之。蟛蜞，呼長卿，大於蝟澤，少産。

鰕。即蝦。名曲身小子，一名虛頭公。無血。張鰝鰝，大蝦，出海中，謝豹啼時曰謝豹蝦，小曰糠蝦。

蜆。即扁螺。又長蜆。

螺螄。即蝸螺。

穿山甲。即石鯪魚。尾刺如三角菱，有白者。

田蠃。王充云：「月毀于天，蠃消于淵。」

虫之屬

蠶。名神虫。食而不飲，春四眠，餘三眠，二十七日而老。黄帝元妃養之。有柘蠶，夏蠶曰原蠶。貨絲綿入此。

蜂。名蠭，以尾穎如鋒得名。蜜蜂，兩衙應潮，古遁世士，有畜蜂豕者。巖蜜，色白如膏。

轍有《收蜜蜂》詩。蜜蠟，煎煉極净，色白者曰白蠟，非虫造者。顧況有《采蠟》詩。貨蜜黄蠟入此。附黄沙蜂，九里毒。

蟬。即馬蜩。飲而不食。王充云：「螬蠐化腹蛸，腹蛸拆背，出而爲蟬。」駱賓王有詠，見《藝文》。蟪蛄，蟬屬，又小鴷。

螢。一名扶火，又宵燭，又照夜清。駱賓王有賦、詩，見《藝文》。熠燿如蠶，尾後帶火，行而有光。

蛺蝶。即蝻蝶。又撻末，美於鬚故曰胡，有花、白緑、黄紫、黄黑相間者，又蜜蝴。晋義熙中，葛輝夫去婦家，三更分有兩人秉燭至階前，推之，化蝴蝶飛去。古《志》本，前《志》、舊《志》删，今附此。

蜻蜓。尾如丁。亦曰青衣使者。身緑者雄，腰間一遭碧色者雌。小而黄者曰胡黎。韓渥有詩。

蟋蟀。即蟋蝍。一曰秋吟蛬。竈馬似之。萬里有《放蟋蟀賦》。

蚯蚓。即蟺螾。亦曰歌女，又地龍，又鳴砌，大者名曰巨擘。糞，名六乙泥。陳方虬有賦。

螳蜋。一名蟷蜋，又蚚父，一名天馬，子名螵蛸，逢木便産一枚。

蛩。之器詩：「四壁寒聲起，還驚静者心。蕭條疏似雨，嗚咽細疑琴。凄入閑窗織，清催隔院砧。露零哀欲激，燈暗響初沈。花掖籠金貯，荒郊度石尋。矜鳴知勝氣，狎鬬助歡襟。盡占商秋意，長交子夜音。床頭醒遠夢，月底伴幽吟。謾憶邠風句，田家惣不禁。」

絡緯。一名紡緯，絡緯秋啼横井闌。

鼃。名坐魚。以脰鳴。之文詩：「歷歷雨餘增旅恨，茫茫月下攪人魂。暖依青草池塘度，寒逐黄昏鼓吹喧。」

蝁蟇。即螫蟇。大曰田父。置遠郊，一夕返其所。洪駒父有詩。五日，伏水草不鳴。

蜘蛛。鼅鼄。布網，其絲右繞。社公，亦曰秋虫。羅隱有賦。長踦者，名蠨蛸。絲繫疣。

壁錢。即壁蟗。形扁，斑色，八足，呼蟢子。李德裕有《喜徵論》。

蝙蝠。即服翼，仙鼠。亦名鼺，又飛生鼠。其棲以足居上，屎曰夜明砂。

蝌蚪。名懸針。聞雷脱尾，月大盡，先生前兩足，小盡，先生後兩足。

蜥蜴。總曰蛧，亦作剌易。生山石間，名石龍；生屋壁間，曰蝘蜓。即守宫。以胸鳴，呼蛤蚧，惜其尾，五色備者雄，不備者雌。軾有詩。

蚱蜢。即蝗螽。

螟蛉。桑上小青虫，蜾蠃生，子如粟粒，捕桑螋及小蜘蛛置穴中，生子其上，以泥隔之，旬日，子能飛而蟲盡，借氣也。與詩注異。

蜉蝣。名渠略。不飲不食，生三日。

蝸牛。即蚹蠃。背負殼，四角。無殼曰蛞蝓，二角。

伊威。即鼠負。一名地雞。

蚊。名暑蝨，孑孓所化。唐王周有《蚋子賦》。黍民，蚋，蜀中小蚊，見《長慶集》。蚋，一名醯雞，嗜酸，聚於醋甕。

蠅。有赤頭、景迹諸名。張詠有罵文。

螻蟈。一名仙姑，即土狗。

地鼈。名甘露子。中州、郴州俱有。見《范石湖集》。

皮翼。蛀羊。

蝨。行必向北。東坡、少游爭之。見阮籍《大人先生傳》。蚆，無考，當作蟣。

蛣蜣。黑甲虫，大者名胡蜣蜋，爲撲火虫；小者取屎爲丸却推之，名乂屎虫。無鼻。軾有詩。

蠹魚。即鱓魚，三食神仙字爲脉望。李遠有詩。

蠍。開元有主簿筒盛過江，呼主簿虫，小蛜蝌。

蛇。蛇字，古文象其宛轉有盤曲之形，向壬，以腹當足。

蜈蚣。即吴公。又蝀螏，蝍蛆。畏托胎虫。

偶見**蛟**。夏秋大雨彌旬，山中有蛟出，擁濁水猶咮咮作雉聲，至長流帖帖而去，亂草隨而覆之，衆鳥雜集其上送焉。

貨之屬

已載各屬者，見本條。

絲布。苧麻兼絲緝成者。

棉布。

麻布。

絹。土絹。

紬。土紬。

臬。

帨。澡浴用。

紙。

酒。

柴。

炭。毛炭，白炭。

苕帚。

蔗糖。黑者近始習熬。

礦防

甚矣，人之罔利而好譌也！烏自秦設縣以來，不聞以礦名。起自外邑之鹽徒妄指搆禍，卒至動大衆以就埽平，遂乃設防以守。余嘗閱他省通志及他府縣志，於從前開礦處所，無有不書奉詔封閉者。斯知報礦之多虛，而開礦之無利有害可知矣。舊《志》載《時務書》云：有虞氏藏金巉巖之山，用塞貪鄙之俗，爲世慮深矣。《周官》：金玉錫石之地，設礦人之官爲厲禁以守，猶懼民之有争心也。物其地圖而授之，巡其禁令，防其源也。元時，江西豐城民告官采金，經久地産竭，卒以貽患。永樂中，浙、温、處、閩、福、建開場置官，令内臣主之，督以憲臣，已不償所費而罷。山澤之利有限，或暴洩隨竭，或采取歲久而盡，而不軌逐利之徒適用啓亂，此不可不深戒者也。

八保山，在縣南五十里，以坐落第八保，故名。俗傳以爲「寶」者，舛也。山廣袤可五里許，林麓錯綉，中蓋有龍潭馬迹之遺。其壤與永康接界，而逼近處州。嘉靖三十七年，永康鹽商施文六載鹽過閭里，耳八寶之名，謂是山之麓一帶小山土色産礦，乃搆黨方希六等九十餘人，由楓坑到山挖掘。近坑居民犇報平望、倍磊之豪有力者，於是陳大成、宋廿六等聚族而謀，共率子弟詣坑，手搏方希六、吕廿四等十四人解縣。而趙公故長者，念係鄰屬，善諭遣之。而是年六月十九日，文六復訌衆千餘人據坑，頭領金周謝諸人，驍勇能飛刀刺人，大張赤幟於山林，示爲國增課，招引亡命。大成等仍督衆子弟奮前捽擒十一人解府收繫。郡侯李公因出示：坑場殺死者不論。烏人得是檄，已得趙公趨兵剿賊之令。大成遂統陳楡、陳禄、陳文澄等親兵數百，追逐上山。是時薄暮，日光反射，天忽微雨，文六等望之，色盡赤，目炫氣奪。我兵周麾以登，疾戰，遂戳死文六、金周謝等三十人，餘衆披靡遁去。既其黨收合餘燼，計復偹父兄之怨，而處州人善煉礦，以强悍聞，乃潛以銀沙和入土礦，往給景寧、龍泉等縣人民煽聚慣賊楊松等三千餘人，至七月二十一日，蜂擁到山，斬山木而材之，豎立栅寨，鹵掠村墅，居民大震。趙公遍檄各都選兵防禦，且懸賞購於市。而童蒙亨者，習陰陽家，謂將以三寸舌退賊師，受賞賚，介馬馳之。賊擁之隊中，不得還。於是遂進師，先合不利，却，陳春五十三、宋桂三十六等死之。已，各都馮、陳、楊、王以衆至，與本都陳、宋并力進發。而大成等椎牛饗士，宋氏亦各出私財犒之，遂領衆三千人，踴躍逆擊衷賊，師隨而殪之，俘馘三百餘人。而蒙亨被賊矢穿耳而亡。於是十月，處賊以敗回，恚甚，誓必復之。乃大集其黨至萬餘人，爲檄告都民，趣具食供芻粟以從，毋俱遭屠戮爲也。我師聞之，傳報各都，厚集陳以待。賊於初九日，分兵侵軼，一支從天龍山來，一支從時溪嶺來，一支從挂紙嶺來，一支從楓坑嶺來，口吹竹筒，響聲震地。與陳禄等遇於全莊，截殺，斬其七人。時賊全隊屯札山上，自萬園尖至官畬嶺，旌旗蔽空，營棧壘壘相屬。時衆議賊，新集洶洶，我承其潡，亟剿之，不爾將盤據固，而勢難動摇。乃期會各都兵，初十日屯平望，十一日次坑，已進至上陳塘塍。賊下山接戰，陳禄、陳炎二十二、陳希四等率衆奮擊，陷其前鋒。赤岸、葛仙、峴疇、青口、田心，諸兵從旁擊其左右，賊衆大潰，所擊殺數千人。會次日，天大雪，奔喙餘孽，重之以凍餒，死相枕籍。已有逃至武義白溪口，視餘黨潰逸，謂我兵追躡，争渡溪水，相繼蹂踐，溺死不可勝數。先是，將戰之夕，王浦潭有守園者，遥見官兵簇擁、人馬騰驤之狀。是夜，賊營驚呼，恍見赭衣人往來驅殺，自相格鬬，戳傷數十人。詰朝，相顧喪魄，卒就剿滅。長老至今誦城隍之陰佑云。是役也，官不費斗糧，不遺寸鏃，而摧礦寇若拉朽。人自爲讎，家自爲戰，故克捷若斯之亟也。於是，四府陳公臨坑慰勞，居民覩尸積成丘，用石封瘞，民始駸駸安業，不敢復言礦事矣。自後，邑侯相繼涖禁，巡捕官每歲冬到坑封驗一次。三十八年，有坑總之設。四十五年，有官兵之戍，隄防甚密。至萬曆二十一年，邊陲多故，復欲開礦以佐軍國，下其議於府縣。知縣周士英爲之具陳礦所以不可開狀，礦使遣所親至山開視，無毫忽之得，事遂寢，封閉如故。逮國朝康熙二十五年，有朱仁卿復倡謊詞，居民控縣，詳憲勒禁。三十年，陳綸、陳縉等又捏宋坑爲名，誑呈藩憲，行府檄縣查勘，知縣王廷曾具詳以覆，云：「查得宋坑即八保山，與金、東、永三縣接壤。自秦時設縣以來，未聞有礦。禍於明嘉靖三十五年，有外邑永康鹽徒以山名八保，謊稱八寶，經過此地，妄稱有礦，搆黨聚衆，始而采掘，繼而鬬殺。起於六月，平於十月，若非亟剿，必至大亂。自是永行禁閉。宰是邑者，到任必親臨封錮，歲冬必令捕官查驗。至三十八年而設坑總。四十五年，戍以官兵，其嚴以防之如此。及萬曆二十一年，以軍需告急，續下其議。前任知縣周士英具陳前事，礦使私遣所親探之，無毫釐之得，垂禁至今，備載《縣志》。乃前此康熙二十五年，有朱仁卿等倡言鼓煽，居民控縣，詳憲《勒禁》。今陳綸、陳縉等復肆狂蟲，諱八保山而爲宋坑，冒五里内爲己産誑聳藩憲，蒙送憲臺行縣查勘。查縣之謞礦而召亂者，起明嘉靖三十五年，而後之議開而無礦者，見明萬曆二十一年。又據鄉都保甲居民環庭叢籲，且稱是山不第無礦，兼廬墓田土所關，合詞懇請。卑職查定例：凡有鉛銅處所，地方官准其采取，至於有墳墓處所，又云不許采取。今宋坑即八保山，從前之妄采而致亂，繼此之議開而復閉，其無礦既已顯然，而墳墓又加切近。卑職於官守所在，如果有之，何敢强以爲無。特小民以丘壠爲憂，倘復開焉，必至因而生變。且綸等既云已山有礦，理應到案與都民對質應否采取，乃竟避伏不出，是其造誣作孽，不勘自明。緣奉查勘事，理擬合據實詳覆。伏乞憲臺轉詳藩憲，再行勒石嚴禁，民生幸甚，地方幸甚。」奉批「仰候據轉繳。」又特詳藩憲，奉批「如詳示禁、毋任光棍生事檄。」隨即礱石勒禁。

民兵

古者，兵出井田，司徒致民，司馬致節。無事則以時屬民，而較登其夫家之衆寡；急則比什伍、簡兵器，以鼓鐸旗物帥而至：人盡兵也。自漢武帝盛兵以威四夷，增置羽林校尉之屬，又不愛通侯爵賞以風海内，募兵始此。循至末季，大盗群起，召募增兵，創立名號爲陷陳、義從、積射等類，國力枵然，迄不振以亡。唐初制府兵，平日安居田畝，國大師下符契於州刺史，乃發。事竣，將解兵歸朝，士卒賜勳加賞，遂罷歸。已變而爲彍騎，又變而爲藩鎮，其極也，將卒獷悍跋扈，弗爲用。宋制禁廂兵，曰保捷，曰振武。慶曆西師之後，大募兵充禁旅防守，凡百十萬。所募之兵，皆坊市無賴安豢，養成惰驕，及驅之赴敵，多嗸訾不肯應，賞賚稍不稱，輒圜視而呼，名雖爲兵，實呰窳不可使之人也。

明初，仿府兵制，分軍、民籍，發罷如之。民力農養軍，軍守戍衛民，天下久平，衛所軍日耗而變劇。正統末，令府州縣招募民壯，所在官率領操練，有警調發。正德中，計丁糧編機兵銀，人歲工食七兩有奇，大縣至累千金。天下多故，財耗兵脆，衛軍僅名額，而機快徒虚名，有急輒復議募，徵兵之令紛紛下郡縣矣。嘉靖二十八年，題准土著居民有能率衆報效、招至百名以上者，給冠帶；三百名以上者，授散官；則名色頭目之媒也。四十二年，令副、參、遊、守等官自募家丁，報名在官，一體給糧，則將官私募之囮也。萬曆三年，議准募浙兵三千人，各給鳥銃赴鎮，以備衝鋒攻擊，則南兵調北之漸也。自是之後，北擾邊則募，南擾倭則募，中擾寇賊則募，而募者踵接烏邑。夫以百里之生聚，而當四方之徵召，日削月耗，猶爲邑有人乎？語曰：「毋爲戎首，反受其禍。」蓋謂烏邪？

烏，古越地。春秋時隸會稽邑，於東垂，班志曰：「越君好勇，故其民至今好用劍，輕死易發，猶有句踐之遺風也。」至項籍崛起，亡命手奪會稽，守符節，調八千子弟渡江而西，猋舉雲合，卒能軋秦蹙邯，則今之吴縣是。烏兵之起以礦寇，明嘉靖三十七年，處州不逞之徒煽訌入我南鄙，井堙木刊，民大震恐。倍磊陳氏首糾義旗，衷其師擊之，盡殪，死者以澤量。民因是駸駸玩兵器於掌股之上，武夫之勃興自此始。已，倭寇蜂起，參將戚繼光購剿賊之首事者，而陳大成等率衆應召。三十九年，統兵赴台防守。四十年，破倭於白水洋，俘斬以千計。已，調往江福援剿流寇，及攻久屯賊巢，所向殄滅。以軍功顯，而子弟多食租衣稅懸金以詑閭里，人益騖於戰功矣。卒之事變多故，徵發日騷，武勇陵遲，耗蠹萌起。萬曆二十年，孽臣劉東陽以寧夏叛，築壁堅守，王師環而攻之。已，又決河灌之，弗能下。議者發烏兵三千人趨之，兵出之日，人人憂其弗反，至則蹈瑕乘間而入，上功幕府，所獲輜重不可勝數。君子謂：「是役也，水攻不如吾甲攻之剽而疾也。」是歲也，關白倡亂海島，席捲朝鮮，而墟其國。爰有遼左之役，遇倭於碧蹄，王師敗績，死事者百餘人。報至，而哭泣之聲閭巷相聞。倭勢日益猖獗，界鴨緑江而國，揚聲入犯。而深計者且謂：「戎心叵測，指淮口則咽喉絕，扼天津則腹臂斷，躪吴越則手足痺，躡留都則根本摇」。而士氣久靡，營衛列屯之軍，徒負尺籍名，至不能受甲。乃紛紛議募徵師於烏。自杭省至，自吴淞至，自留都至，自淮楊至，自遼津至，街巷之間，靡然發動。而一二緣事將官假借總哨，餌詒紈袴子弟，垂橐至千金，而不佐國家之急。是後，干戈日滋，行者齎，居者送，中外騷擾，而相奉財賂，衰耗而不贍，賦稅既竭，猶不足以繕糧饟。大司農言於是，稍稍議罷，而所遣天津兵三千人中道發回，士卒以月糧不給輒脱巾鼓譟，賴當事者曲爲慰勞乃止。自兵散田里，農種失業，衣食亡賴，輒多穿窬拊捷、抽箕踰備之奸，户扉不寧，桁楊者背項相望。無幾何，而浙直所募之兵輒復竄迹而逃，弗爲用。主者治逋逃之罪，曰：「是前之三尺籍固在，而奈何縱之二也？」則烏是問。至是，兵與民交受其敝，而後知兵之流毒遠也。善乎司馬光之論民兵也，當韓魏公柄國政，欲刺陝西民爲義勇，光力争以爲不可，略曰：「凡民生長太平，不識兵革，所事惟田畝力作，雖日教閲，獨旗號鮮明、鉦鼓備具，可美觀而止。一遇寇敵，即瓦解星散，潰敗立至。自後放汰還農，則惰游已久，不復肯服稼力穡如異時矣。又田産空盡，流落無歸，强者爲盗，弱者轉死。長老至今於邑長嘆，此可爲永戒而不可復也。況今既賦斂民之粟帛以贍軍，復籍農民之身以爲軍，是一身兼軍民之任，民之財力何得不屈？」夫烏今實類是。

萬曆二十二年，知縣周士英上計於朝，已歲事竣，具疏曰：「臣聞民者，邦國之本也。兵者，衛民之具也。國籍兵以威，而尺伍單弱則兵病。欲實其兵，而數疲民以逞，則民病。古者寓兵於農，而民不廢耕作，是以無所受其病，而兼獲其用。今者驅農爲兵，而民竄入兵籍，是以未盡獲其用，而偏受其病。臣竊惟浙東義烏一縣，兵不得解甲而爲民、民不得息肩而無事於兵者三十餘年，而未有如今日之甚者也。臣叨任義烏，兢兢職守，何敢越俎而議，以干罪戾。然歷任以來，伏睹徵兵之令，無歲而不至；荷戟之夫，無家而不出。人民流竄而户口消耗，里分兼并而糧差困賠。邑有顒顒之風，民多死傷之泣。詢之父老，得之道路，無不痛心疾首，極言兵害，則臣亦安忍避一時之忌諱，而貽百姓無窮之禍哉？今有受牛羊而爲之牧者，則必馴之習之，食之飲之，令帖然就吾之圈檻，以安其生，勿使失所。若任其崩潰四出，投之磽鹵之地，而死亡枕籍者纍纍也，則焉用彼牧矣？唯今烏之爲牧者一，而奪之牧者什；烏之爲牛羊者百，而耗之使不得生者千；此則臣之所大懼也。臣頃見邸報，倭夷悔禍，譯使入朝，卑辭請命。我皇上不欲勞師遠討，敕諭議封，則好生之德、不殺之仁，固已流播於山陬海澨之外。顧臣愚，竊慮國家可釋倭以爲外懼，而不可不内自固其根本，可乘間訓武以飭邊徼，而不可不暫紓東南之民力。矧義烏當凋瘵委敝之秋，而能不一煩聖慮乎。

「夫烏邑地方百里，舊俗淳龐，民居樂業，並未知兵。自嘉靖間，處州礦賊作劇鄰壤，而兵始興。繼以倭奴侵擾，練兵浙東，而兵始著。嗣後釀成厲階，父不得恤其子，兄不得顧其弟，妻不得有其夫。歷年來，散於北邊、散於閩廣者幾數萬衆，倭平而生還者十無二三。民方救死扶傷之不暇，而復重之以檄召之紛紛，禍將安極？臣初到任不旬月，而金陵、淮揚、薊鎮、吴淞、浙省等處募兵官員踵接肩摩，一時簒糧景從之金陵者二千有奇，之淮揚者一千有奇，之吴淞者五百有奇，之薊鎮者一千有奇，之浙省者一千三百有奇。又，民不趨官募則趨私募，畸零比耦、結隊往投者難以備載。蕞爾彈丸之邑，生齒幾何，而比歲投募已五六千人，則是空邑之子弟以赴之，而閭里户丁何得不屈？臣按祖制，洪武三年以版籍核天下之丁，甲丁二等，曰成丁，曰不成丁。民始生，登其名於籍，曰不成丁；年十六，曰成丁。丁成而役，六十而免。府州縣驗丁册口多寡、事産厚薄，以均適其力，蓋至慎重也。察得烏民户口，自嘉靖四十二年以至隆慶五年，共一萬五千五百一十丁。萬曆九年，户口僅存一萬二千九百三十丁，反至虧失原額。比十九年定圖報丁登册、充足額數，而各里以人丁虚耗紛紛控告，不下數百輩。臣諭以申請詳豁，民乃安定。良由師旅頻仍，丁壯離散，年老者未行蠲除，童稚者先以編役，而逃亡遠竄者則累及里役之包賠，此民之所以囂囂苦不寧也。且今弊竇百出，奸僞多端，蠹國耗民，其害有五，臣請得而熟數之：古之凡民長大壯健者，皆在南畝，農隙則教之以戰。今一遇兵興，輒奉檄坐募，以尺度量民之長大，而試其壯健者，招之爲兵，其所留以緣南畝者，皆老弱也。夫八口之家，能耕者不過二人，投募者多則力耕者少，使良疇委而不開，桑柘棄而不采，欲令家豐人給，不可得也。害一。人情唯安於土著而重去其鄉，故人人自愛而知畏法。自兵端一開，而民倚邊爲奸藪，囊篋者家於是，逋責者家於是，黥徒者家於是，雖有作奸犯科、椎埋剽竊之輩，而身扞文網，輒逃之尺五以解免，而眇上法若土苴也。害二。兵不素定，而一時號召，大抵取盈於城市之游惰，朝甲暮乙，東鶩西投，鼠竊蠅營，詭冒影射，按籍而稽其人，多不可曉者。比及逃亡，移文勾攝，牽擾里排，莫可究詰，未免徒耗衣裝，濫叨糧餉。害三。今之把總劄付非虚名邪？然上設名色以餌民，而下假名色以鉤利，紈袴之子謀充頭目，餽遺如市，多者百金，少者不下五六十金，甚至有廢産破家、展轉祓給而訐告者。計民間金帛之費泄越於道路而肥募官之私槖者，比比是也。害四。夫既以募民爲兵，則其姓名已隸於官府之籍，行不得爲商，居不得爲農，而仰給於官，勢遂不可以罷去。設汰之使歸，彼退而顧其田廬之荒棄，計畫無聊，未有復能生還者也。此不爲溝中瘠，則爲萑苻嘯耳。是使民掉臂有事之日而弄兵潢池者，必此失業無賴之流也。害五。兼是五害，而上猶募焉無已。臣竊恐非直爲一家一邑之憂，而土崩瓦解之形，將在於此。當事者豈可泄泄然而不爲之處哉！

「臣愚以爲今之所號南兵，大率浙以東人也，浙東六郡而婺居三之二；婺屬八縣而烏又居三之二。然嘗試求之，烏之民非果有投石超距、材官蹶張之能也。一旦聞召而頓足袒裼以應者，則其家不聊生而籍以餬口耳。他郡山巖窟穴之民，負氣好剛、忠勇而願赴用者，無處不有。自今請奉明旨，申禁各省衛所衙門，勿得重以私募招誘烏民。萬不得已徵兵東浙，謂宜疏請於朝，敕部以檄下之撫院，院下之道，道下之府，分督所屬州縣，隨地召募，不拘方隅，各極簡選，精鋭可致。仍令已募之兵，年五十以上願復爲民者聽。其方募而待用者，年二十以上則收限十年而除其籍。如是，則方始募之日，上以明示其聚散之權，至役竣而汰之則無怨，且使民心知其不出十年而復爲平民，則計必顧後，不至叫呼無賴而自棄其身於邊塞。民得更代而爲兵，兵得復還而爲民，此蘇軾募兵之議可通於今日也，而要之中原之長技有不專在浙者。臣又以爲遠募之兵，各須資遣，道路遼遠，勞費倍多，始發有征行之難，事久有逃亡之患。今之遼、薊、山、陝等處，古稱用武之地，村落百姓習於戰鬬，識敵淺深，愛護鄉里，即不待驅使，猶願自備衣糧，共相保聚，若令召募，立可成軍。昔成化中，北敵毛里孩連寇延綏，先臣盧祥言營堡兵少，而延安慶陽府邊民多驍勇，與外敵狎敢戰，奏請點選民丁之壯者，編成什伍，號爲土兵。得兵五千餘人，人免租六石、户三丁，委官訓練聽調，而延兵盛强，虜遂不敢彎弓内向。此在延綏一鎮行之已有明效，若使九邊在在練習土著，撫以恩厚，民必歡欣踴躍，願出死力，又安在其不如浙兵也。夫惟土兵以漸而多，則民兵可以漸省而無用，民兵可以無用，則鳥兵可以息肩而歸農，休養生息。數十年之後，户口可充，征賦可繕，庶乎其猶有支也。臣不自揣，越分僭言，自知無所逃刑，然竊念漢龔遂之治渤海也，令民去刀劍而買牛犢，殷然收富庶之效。臣今之治義烏也，聽民輟鋤耰而佩刀劍，囂然喪樂生之心，則豈惟有負皇上今日所以課責群吏之意，而尸禄苟安於旦夕，使人實謂臣傳舍其邑而秦越其民也，則臣亦無以下謝諸父老矣。伏乞皇上憐臣犬馬微誠，俯垂采擇，敕部查議，從長計處，以拯一方之倒懸，宗社幸甚，生靈幸甚。」奉聖旨：「兵部知道。」而大司馬以時方用兵，不報。二十三年，東征兵卒以徼賞鼓譟至。移兵潛剿，不分玉石，無辜駢首就戮者數千人，其慘蓋不可勝言矣！

雍正義烏縣志卷之九

官師志前

職官〔一〕

邑鱗地與事而司之者，官也。官有正、有佐、有師儒，而富教之職具。識其名世可論，紀其任實可核。《書》曰：「明王立政，不惟其官，惟其人。」又曰：「庶政惟和。」人乃所以重官，故題名有記；和乃所以集政，故同時列表。烏自秦設縣來，歷漢無載，晉及梁、陳載一二，唐稍增，宋與元加詳，明益詳，國朝則按歲登之。其制：晉、梁、陳爲縣令；唐爲縣令、丞、簿、尉；宋爲知縣、丞、簿、尉、

〔一〕「職官」二字，底本原無，兹據《康熙義烏縣志》原目録補。

主學；元爲達魯花赤、縣尹、丞、簿、尉、典史、教諭；明爲知縣、丞、簿、典史、教諭、兩訓導。國朝初，仍明舊，後裁丞、簿、一訓導。蓋昔求備而今從汰，法以久而愈良焉。至風施之著者别有傳，并舊《志》表後所附碑碣附入傳中，而題名一記附注於此。虞守愚《知縣題名記》：古者，民之司牧，掌師甸氏。自秦置郡縣，設令長。漢興，以郎官出宰。凡民生之休戚，教化之張弛，治理之污隆，皆於令焉是寄，是職與民親而任誠重矣。居是官者，知所以當其任，必思所以稱其職。然職之稱與不稱，難必其人；而人之或賢或否，由是乎别。則夫題名之記，烏可已哉！吾烏邑令不乏人，而名獨無記，歲久政湮，澤隨時泯，循否相淆，孰昭往鑒？上海潘君允哲，以明進士分符涖邑，朞月之間，訟平賦均，政清人和，百廢俱舉，民戴之若父母，賢哉令也！所謂稱是職者，非邪？乃於政暇立石堂隅，歷書國朝以來令之名於其上，且分注其籍里、出身與涖任之歲月，將使後之人指而議之，曰：某也稱其職，某也不稱其職。稱其職，民有餘思；不稱其職，民有遺詈。愛惡昭而勸戒興矣。屬予記之，愧耄無文，而嘉潘君兹舉有關乎治理，勉書以副。原題作縣君，題名記改知縣。

縣職

秦。**令長**。縣，萬户以上爲令，減萬户爲長。

漢。同。

晉。**縣令**。

梁。

陳。並同舊《志》，佚。

唐。**縣令一員**。掌治民，顯善勸義，禁奸罰惡，平賦。**丞一員**。署文書，典知倉獄。**尉一員**。主盜賊。

各置諸曹掾吏。

宋。**知縣一員**。建隆三年，以京朝官知縣，掌總治民政，勸課農桑，凡户賦役、錢穀、賑濟、給納之事，皆掌之。有戍兵，則兼兵馬都監或監押之職。**丞一員**。掌修水土之政，行市易之法，興山澤之利。**簿一員**。掌出納官物，勾稽簿書之事。**尉一員**。掌閲習弓手，禁戢奸暴，或以武臣爲之。俸給、衣賜、職田，皆以官階之高下及人户之多寡爲準。

元。**達魯花赤一員**。凡縣事皆掌其銜，謂之監縣，復兼勸農事。以蒙古人任。**縣尹一員**。號爲司判正官，秩制達魯花赤。亦兼勸農。凡縣印，達魯花赤收之，尹封署其上。以漢人、南人任。有尹，復有花赤，不使漢人專制也。**丞一員**。**簿一員**。凡縣事皆同僉署。**首領官典史一員**。浙江行省所差，蓋群吏之長也。其職專掌公牘，必待其書然後達於上而完署之，不然則否。

明。縣編户滿二十里以上，官全設；不滿二十里者，省丞簿一員。本縣全設。**知縣一員**。主一縣之政。秩正七品，掌印。初授承事郎，陞授文林郎。銅印方二寸一分，厚五分。月俸七石五斗。**縣丞一員**。佐知縣，分理政務，秩正八品，初授迪功郎，陞授修職郎。月俸六石五斗。**主簿一員**。掌勾稽出納，以佐知縣。秩正九品，初授將仕郎，陞授登仕郎。月俸五石五斗。**首領典史一員**。主出入文書，贊理縣政，未入流。月俸三石。

六房司吏六名。典吏十二名。舖長司吏一名。架閣庫典吏一名。承發科典吏一名。

國朝。**知縣一員**。**縣丞一員**。順治四年裁。**主簿一員**。順治四年裁。**典史一員**。

縣六房典吏各二名。書六名。典史攢典一名。

學職

宋

管句學事。儒學。舊制，縣無學官，令、佐皆得兼之。故以管句學事繫銜。

主學一員。景定三年置，以特科人爲之。

學正一員。

學録一員。

直學一員。

學諭四員。

長諭八員。

小學教諭一員。以上咸淳元年轉運提學行下選請。

元

教諭二員。

訓導一員。大德四年，止設教諭，選請訓導一員。

明

教諭一員。

訓導二員。國初並用儒士，後以會試乙榜舉人及歲貢爲之。月俸俱三石。

廩膳生二十人。增廣生二十八。附學生無定額。學吏一名。

國朝

教諭一員。

訓導二員。康熙三年裁。十七年復一員。

學攢典一名。

附：雜職

醫學訓科一員。

陰陽學訓術一員。

僧會司僧會一員。

道會司道會一員。

縣職官表

烏令、丞、簿、尉氏，名載舊《志》者，晉一人，梁四人，陳一人，唐十一人，任年佚者過半。宋自慶曆初上溯建隆，二十六人。繼此及元，存者什九，佚者什一〔一〕。前此，從名賢集中搜補一二，今增訂焉。未入傳者，注出處於下。

晉			縣令	縣丞	主簿	縣尉
			王弘之見《宦迹》。			
梁						
武帝	庚子	普通元年，凡七年。	蕭子睦元年任。			
	丁未	大通元年，凡六年。	范胥元年任。蕭詡中四年任。			
	丁卯	太清元年，凡三年。	陸之才二年任。			

〔一〕「者」字，底本原作「年」，茲據《嘉慶義烏縣志》改。

陳

宣帝己丑

太建元年，凡十四年。

陳鍾耆元年任。

唐

韋應物

李嗣真字承胄，趙州栢人，舉明經，累官直弘文館，補義烏縣令，陞右御史中丞，謚昭。

李詞太宗曾孫。

孟兢汝州人。

李穎太宗第七子蔣王惲玄孫，見府志。

晁良貞神龍間任。

徐密字梁萬。

陸德輿吴人。

李昕宗室。

王仲文

已上任年俱無考。

僖宗甲午

乾符元年。

李孝先三年任。

李廣蔣王五世孫。

宋			知縣	縣丞	主簿	縣尉
太祖	庚申	建隆元年，凡三年。	張著任年無考。		汪畋 石景雲 焦霖 孫冲 以上四人任年無考。	元治 段子昂 姚世安 王敦
	癸亥	乾德元年，凡五年。				
	戊辰	開寶元年，凡八年。				
太宗	丙子	太平興國元年，凡八年。				施肅 李晉卿 林膚 丁琮 董注 范守元 朱嵎
	甲申	雍熙元年，凡四年。				
	戊子	端拱元年，凡二年。				
	庚寅	淳化元年，凡五年。				
	乙未	至道元年，凡三年。				

真宗					仁宗			
戊戌	甲辰	戊申	丁巳	壬戌	癸亥	壬申	甲戌	戊寅
咸平元年，凡六年。	景德元年，凡四年。	大中祥符元年，凡九年。	天禧元年，凡五年。	乾興元年，凡一年。	天聖元年，凡九年。	明道元年，凡二年。	景祐元年，凡四年。	寶元元年，凡二年。
					郭猷天聖間任，見資聖院石刻。			
林致君 張永世 周紳甫 胡思恭 柯梁 魏佑 趙不降 胡袞 姚逢辰以上二十人任年無考。								

宋			知縣	縣丞	主簿	縣尉
仁宗	庚辰	康定元年，凡一年。	馬永修 嚴孟堅 以上二人任年無考。 毛維瞻 八年任，常徙儒學縣東。			
	辛巳	慶曆元年，凡八年。				
	己丑	皇祐元年，凡五年。				
	甲午	至和元年，凡二年。				
	丙申	嘉祐元年，凡八年。				
英宗	甲辰	治平元年，凡四年。			吴聖造 吴門人，廕生，治平中任，熙寧六年占籍青口，舊志不載。	
神宗	戊申	熙寧元年，凡十年。	茹敦禮 五年任。 季褒 任年未詳。 鄭安平 滎陽人，二年任，作《縣志》。			
	戊午	元豐元年，凡八年。				

宗	干支	紀年				
哲宗	丙寅	元祐元年，凡八年。	馬漸 曾孝傑 吳倚以上三人任年無考。			
	甲戌	紹聖元年，凡四年。				
	戊寅	元符元年，凡二年。				
徽宗	辛巳	建中靖國元年，凡一年。	徐秉哲三年任。 沈敦師 柯庭堅二人任年無考。 求移治三年任，重建縣治。		徐璪六年任，嘗建簿衙。從石刻中得補入。	
	壬午	崇寧元年，凡五年。				
	丁亥	大觀元年，凡四年。				
	辛卯	政和元年，凡七年。				
	戊戌	重和元年，凡七年。				
	己亥	宣和元年，凡七年。				
欽宗	丙午	靖康元年，凡一年。				

宋	高宗	
	丁未	辛亥
	建炎元年，凡四年。	紹興元年，凡三十二年。
知縣		王潤孫三年任，嘗建孝子行祠。 張公袞建安人，八年任，重建縣學。 董爟番陽人，十二年任，嘗濬繡川湖，新廟學。 黃衮十四年任。 梁識任年未詳。 葉蕃二十九年任，嘗新縣治。 應揚字唐卿，臨海人，進士，任年未詳。 晏節臨川人，三十二年任，嘗新儒學。
縣丞		沈直方十六年任。 莊珸 沈正路 王甹 陳璘 劉唐舉 梁衍 陳濤
主簿		姚昌言 楊茂欽 于廷式 魏樞 馮廷輝 陳昌明 張靚 徐驤 蔡清臣 陳居安 李琰 向原 何武仲 劉礎 丘阿 陳祖舜
縣尉		汪大雅十三年任，嘗徙尉司。 朱泗孫 沈廷輝 邵軝 葉銖 趙不呰 胡式之 趙權舊志無，從石刻補入。 林勒

	孝宗		
	癸未	乙酉	甲午
	隆興元年，凡二年。	乾道元年，凡九年。	淳熙元年，凡十六年。
		林元仲二年任。 張紘福唐人，三年任，嘗修廟學。	張康嘗新縣治。 李唐卿 以上二人任年未詳。
	潘觀國 劉蒞 王大有 李宗文 章嗣	王萬年 以上十四人任年無考。	吳沃四年任，嘗作橋繡湖上以節水，號新吳橋。 王總 張拱辰
施廣行 葉衢孫 何徹 張衡	全禹夏 施季貍 吕元之 戴至 祝彬	徐普 朱良士 王懋 元伯潛	陳思效 陳唐器 吳伏 錢廙之
	林彪 韓必大 陳抑 魏注 葛齊松	石潤甫 黃華國 虞敏求 馬震	以上十七人任年無考。 趙師日 王恕 陳熙

宋	光宗	寧宗		
	庚戌	乙卯	辛酉	乙丑
	紹熙元年，凡五年。	慶元元年，凡六年。	嘉泰元年，凡四年。	開禧元年，凡三年。
知縣	虞汝翼會稽人，四年任。	薛揚祖元年任。	劉倆慶 陳昭孫 蔣文會 以上三人任年未詳。	施廣一作施寅。二年任，嘉定二年重建興濟橋。
縣丞	王百藥 吴昭遠 王枏 吴緼中	茹夢弼 徐相 韓冠卿 王洋 董鑑 以上十一人任年未詳。 胡衍二年任。 許縉 孫湛 趙衍 趙思憝 木洙		
主簿	周高 舒叔寶 木史	彭一飛 鄭儀鳳 趙汝謬 何宗璞 毛振 季可 以上四十二人任年無考。		
縣尉	黄麟 左賚 江輝 黄沐之	李榛 趙必浰 吴杜 王中行 趙汝棣 張起宗 李衛 張樵 王開 趙崇昔 逯慶遠 胡元德 李衢 黄增		

寧宗	理宗			
戊辰	乙酉	戊子	甲午	丁酉
嘉定元年，凡十七年。	寶慶元年，凡三年。	紹定元年，凡六年。	端平元年，凡三年。	嘉熙元年，凡四年。
滕珂 陳禫府志作禫。 燕桀 徐正卿嘗新縣治。 呂潚一作溥。 趙汜夫 周待舉 以上七人任年未詳。 張耆卿十六年任。	鄭克寬 趙崇瑒 葉克紹 趙崇敨 司馬擢 蔣杞嘉 應長文 史亞卿 以上八人任年無考。			
張見象 孫遒一作適。 施潛 趙必優 趙汝訥 朱椿年	商似孫 曾炎 趙崇阜 唐永用 趙汝潤 商支孫 趙時傻 周康孫 郭鼎亨 楊九疇			
胡士龍 方端 梁椅 楊奎	李鴻翼 孟端木 張思 趙留 陳鎬 趙希裔 孫思揚 鍾學禮 以上三十二人任年無考。			

宋	理宗			
	辛酉	癸丑	己未	庚申
	淳祐元年，凡十二年。	寶祐元年，凡六年。	開慶元年，凡一年。	景定元年，凡五年。
知縣	趙圓卿五年任。	袁玠 商玗孫 趙必詠 俞暵 王布寶 以上五人任年未詳。	趙必升元年任。	李補永嘉人，二年任，建永慕廟。 林桂發四年任，濬繡湖溉田。
縣丞	李逢午 呂申甫 趙崇衎 以上二十四人任年無考。			
主簿				陳寧祖二年任，重建永慕廟。 吳體仁 徐應龍
縣尉				

度宗	恭宗	端宗	帝昺
乙丑	乙亥	丙子	己卯
咸淳元年，凡十年。	德祐元年，凡一年。	景炎元年，凡三年。	祥興元年，凡一年。
趙若德 趙與仕 以上二人任年無考。	吴渭見《宦迹》。	吴密錢唐人，詩極典雅，善畫梅竹蘭石，得意輒自題。	
趙炎 趙希徵 以上四人任年未詳。			

元	世祖	成宗	
	庚辰	乙未	丁酉
	至元十七年，凡三十一年。	元貞元年，凡二年。	大德元年，凡十一年。
達魯花赤	曹忙古台汴梁人。 不花原名帖木兒，畏吾兒人。 納速剌丁回回人。	察罕不花畏吾兒人。 也都古帖木兒畏吾兒人。 伯牙達兒蒙古人。 已上六人任年無考。	
縣尹	蕭玉許州人，舊志稱十三年任，疑元師是年入臨安，即任也。 劉英益都人。 蔣瑾鎮江人。	張璵大都人。 劉廣淵大都人。 周朝彥真定人。 衛佑真定人。	
縣丞	徐璋海寧州人。 周必昌處州人。 莊必正淮安人。 劉世榮大都人。	韓庭東昌人。 高冲懷孟人。 鄭應綸黃巖州人。 金鎮徽州人。	
主簿	徐贇蘭溪人。 張酉登平江人。 劉滋濟南人。 吳元通平江人。	蒙述思不花畏兀兒人。 張演真定人。 杜榮祖東陽人。 石天英德州人。 以上八人任年無考。	
縣尉	李從禮東平人。 時用東平人。 唐璪海寧人。 王霖海寧人。	和元汴梁人。 王宗淮彰德人。 忽都海牙夾谷檜高唐州人。	

武宗	仁宗		英宗	泰定帝
戊申	壬子	甲寅	辛酉	甲子
至大元年，凡四年。	皇慶元年，凡二年。	延祐元年，凡七年。	至治元年，凡三年。	泰定元年，凡四年。
木薛飛回回人，三年任，皇慶間造東江浮梁。	黑漢回回人，元年任，重建縣治。		金剛奴蒙古人。阿合馬回回人。塔海回回人。	朵顏不歹蒙古人。麥木丁回回人。以上五人任年未詳。
	蔣汴淮安州人。鄔濟民台州人。魏祚冠州人，因元初設科舉，建興文坊。方存心徽州人。賈亨東平人。謝磐真定人。			左乃馬達兒 劇伯顏高唐州人。虞弘光邵武人。
	黃忠大都人。延璋 王仁濟寧人。臧天澤平江人。刑納剌孫保定人。天下奴蒙古人。汪鎮祖徽州人。			黃立通州人。梁帖木兒唐兀人。
	察罕不花二年任，督建縣治。成秉矩 華思義 靳恕 徐茂誠 李彥誠 侯敬汴梁人			周禮 孫敬直 羅里回回人。
	李成 趙英傑 張國祥以上三人，舊志佚，從重建縣治碑補入。瞻思丁二年任，重建尉司。劉源 乃蠻歹 劉贊 孫從古 賈維新東平人。			剌焉丹回回人。

元	明宗	文宗	寧宗
	戊辰	庚午	壬申
	致和元年即改天曆元年，凡二年。	至順元年，凡四年，十月改元統。	仍稱至順三年。
達魯花赤	鐵閭回回人，元年任。	哈散回回人。 塔出唐兀人。	帖木迭兒蒙古人。
縣尹	王仁冀寧人。 高伯顔以上十七人任年無考。		
縣丞	江伯牙兀互人。 王振祖平江人。	李若愚晋寧人。	咨盧回回人。
主簿	速來蠻回回人。 也先帖木兒 倒剌沙回回人。	靖義 亦思哈	王敬冀寧人。以上十五人任年無考。
縣尉	阿都哈剌蠻 護都普花咬 任回回人。	楊智汝寧人。已上十人任年未詳。	

順帝			
癸酉	甲戌	丙子	辛巳
元統元年。	元統二年。	至元二年。	至正元年，凡二十八年。

普花蒙古人。

斡羅思畏吾兒人。

愛顔不花畏吾兒人。

以上六人任年未詳。

亦璘真九年任，見《宦迹》。

周自强三年任，見《宦迹》。

王完者廣平人。

杜惠

周思泰許州人，見王記。

胡惟信濠梁人，二十二年任，梓《黄文獻公潛集》二十五卷，立祠以祭。見宋濂《黄文獻公集序》，王褘《黄文獻公祠堂記》。按濂序文獻薨後之五年，惟信鍥梓以傳。文獻卒至正丁酉，當是二十二年，而王褘祠記，謂建祠於癸卯，則是集列於二十二年，而祠建於二十三年，爲癸卯其年也。

李隆禮高唐人。

小云失帖木兒畏吾兒人。

已上二十三人任年無考。

王仁濟寧金鄉人，見宋濂集。

明	太祖	太祖	建文帝	成祖
	未登極前	戊申	己卯	癸未
		洪武元年，凡三十一年。	建文元年，凡四年，舊稱洪武三十二年。	永樂元年，凡二十二年。
知縣	王允誠見《宦迹》。	張永誠元年任，見《宦迹》。 孔克源字敦夫，曲阜人，七年任，濬繡湖，興水利，民有去後思。	吴祐三年任，見《宦迹》。	李玉七年任，見《宦迹》。 任綸九年任。 周仲賓十九年任。
縣丞		李德初年任。 陳均江夏人，由序班改任，有惠政，任年未詳。		陳紀江西金谿人，初年任，廉公執法。 曹仲昇湖廣蒲圻人，監生，佐政廉，平民懷之。
主簿		陳著初年任。 黃某三年任，見《宦迹》。 聶用和五年任。		
典史				鍾鳴初年任，見《宦迹》。

仁宗	乙巳	洪熙元年，凡一年。				
宣宗	丙午	宣德元年，凡十年。	李通五年任，見《宦迹》。	劉述本初年任。 成德任年未詳。		
英宗	丙辰	正統元年，凡十四年，北狩。	劉同五年任，見《宦迹》。 張鼎任年未詳。	劉傑三年任，見《宦迹》。 賈仲舉湖廣沅陵人，末年任。	楊騫四年任，見《宦迹》。 張景八年任，見《宦迹》。 張賢任年未詳。	王儀五年任，見《宦迹》。
景帝	庚午	景泰元年，凡七年。	王時雍	周冕廣西桂林人，二年任，見朱肇縣廳碑末。	聶仕傑四川銅梁人，元年任。 朱瑾河南通許人，三年任，見同。	邵節沛中人，三年任，見同。

明	英宗復辟	憲宗
	丁丑	乙酉
	天順元年，凡八年。	成化元年，凡二十三年。
知縣	高震福建漳浦人，舉人，三年任。 顧正 劉瑀 方俊福建人，舉人。 以上三人任年未詳。	吴仲珠莆田人，進士，十二年任。 趙溥武進人，進士，任年未詳。 齊溥直隸元城人，舉人，十七年任。
縣丞	劉賢任年未詳。	劉鏞陝西石泉人，監生，十五年任。 韓達直隸建平人，任年未詳。 劉副直隸六安人，十九年任。
主簿	馬全 吴孜江西崇仁人，監生。 馮斌 劉顯直隸人。 王輔 以上五人任年未詳。	焦章晉州人，十九年任。
典史	陳永 劉暹 傅鑼 李敬 郭瑛 以上五人任年未詳。	吕祥直隸泰州人，十九年任。 林亨福建人，監生。 陳端 以上二人任年未詳。

孝宗	武宗
戊申	丙寅
弘治元年，凡十八年。	正德元年，凡十六年。
丘峻漳浦人，四年任。性行質直，歲饑，賑濟有方，全活者衆。 鄭錫文八年任，見《宦迹》。 呂盛十三年任，見《宦迹》。	洪通歙縣人，舉人，二年任。剛明公敏，多惠政。 陳謨江都人，舉人，六年任。 羅栢九年任，見《宦迹》。 沈相寶應人，舉人，十五年任。
花仲芳陝西綏德人，十八年任。 王璋直隸灤州人，吏員，任年未詳。	康嘉江西泰和人，監生，八年任。 程廷璽歙縣人，監生，十六年任。
毛豸十八年任。 閻泰山西稷山人，吏員，任年未詳。	童璧十五年任。
楊泰陳留人，十八年任。 施文祥莆田人，任年未詳。	

明	世宗 壬午 嘉靖元年，凡四十五年。
知縣	徐行健鳳陽人，進士，三年任。公廉有威，發奸摘伏若神，未幾卒於官。 林文焯莆田人，舉人，四年任。慈祥寬厚，節用省刑，左遷去，民立《去思碑》。 戴邦正上海人，進士，六年任。豐才篤行，清節真心，民甚宜之，自陳改教而去。 葉相瓊山人，舉人，八年任。 馬致遠丹陽人，舉人，九年任。 胡橒長洲人，舉人，十一年任。
縣丞	王定臣宜興人，官生，二年任，有政聲。 李思誠宜興人，監生，七年任。 王永定四川仁壽人，監生，十年任。 熊玘進賢人，監生，十五年任。 劉宣安福人，吏員，十八年任。 黄玘莆田人，吏員，十九年任，民宜之。 胡瑀江西人，監生，任年未詳。
主簿	張儀山西榆次人，監生，三年任。 許基山東人，任年未詳。 王欽汀洲人，監生，十年任。 吴欽湖廣黄陂人，監生，十五年任。 徐德璋南昌人，吏員，二十一年任。 魏欽合肥人，監生，二十三年任。 馬純河南人，三十一年任。 王浩廬陵人，監生，四十年任，能捕盗。
典史	吴慶四年任。 劉廷裕豐城人，任年未詳。 蔣鈇直隸繁昌人，十六年任。 張孟達閩縣人，十九年任。 馬嵩江都人，任年未詳。 劉大有豐城人，二十五年任。 鄭邦順福州人。 王梓東莞人。 方栢六安人。 以上三人任年未詳。 卞鼎盱眙人，四十五年任。

世宗

壬午

嘉靖元年，凡四十五年。

何演廣東順德人，舉人，十四年任。
方介十五年任，見《宦迹》。
張拱北湖廣祁陽人，舉人，十七年任。
梅淩雲字時望，江西湖口人，進士，二十年任。
沈天麟二十三年任。以左遷去，見《宦迹》留烏記。
楊東字啓明，當塗人，進士，二十五年以御史謫官來任。安詳雅飭，不倨不降，懲奸撫善，有循吏風。
汪道昆二十七年任，見《宦迹》。

周友四川漢州人，監生，三十四年任。
曹大武湖廣德安人，監生，任年未詳。
吴鞏江西大庾人，監生，四十年任。
王煇四十二年任，見《宦迹》。
張起鳳貴州施秉人，監生，四十五年任。

吴右當塗人，監生。
臧用璋婺源人，監生。
孟春蓬萊人，監生。
張伯溢上海人，監生，四十五年任。

明	世宗	穆宗
	壬午	丁卯
	嘉靖元年，凡四十五年。	隆慶元年，凡六年。
知縣	曹司賢字齊卿，武陵人，進士，三十一年任，廉毅執法，民莫敢犯。初造城樓，恢拓街巷，以防火患，至今賴之，陞任有去後思。 趙大河字道源，江陰人，進士，三十七年任。清白不好煩擾，邑中無事，以講學爲己任。陞本省僉事，奏減本縣民壯工食，民甚德之。 曹芬貴池人，舉人，四十一年任。 徐子山武進人，舉人，四十三年任。	潘允哲元年任，見《宦迹》。 歐陽栢三年任，見《宦迹》。
縣丞		沈金鉉興化人，監生，二年任。 蕭萬夫湖廣武岡人，監生，六年任。
主簿		盧應圻吳縣人，監生，元年任。 鄒子述新淦人，監生，四年任。
典史		林遂侯官人，二年任。 陳公英福建人，五年任。

神宗

癸酉

萬曆元年。

梅淳見《宦迹》。
范儁五年任，見《宦迹》七仁小傳。
俞士章十一年任，見《宦迹》。
熊鳴夏十六年任，見《宦迹》七仁小傳。
金繼震十八年任，見《宦迹》。
周士英二十年任，見《宦迹》。
張維樞二十七年任，見《宦迹》。
周廷侍三十二年任，見《宦迹》。

王總天長人，監生，三年任。
范廷良浦城人，監生，八年任，陞鬱林州判。
馬思永和州人，貢士，十三年任，署縣事有聲，陞湖廣城步知縣。
陳鋭高郵人，十七年任。
王命誥贛州人，吏員，十八年任。
王式廬孝感人，貢士，二十一年任。
成一蛟海門人，監生，十四年任。
魏士課南昌人，年任佚。
梁欽廣東人，監生，二十五年任。

徐待化山東人，監生，二年任。
唐自治華亭人，監生，五年任。
劉義德七年任，卒於官。
金國珍八年任，見《宦迹》。
陸府康溧陽人，監生，十四年任。實心愛民，苞苴不入，陞任去。
汪僕婺源人，監生，十七年任。
邢繼明高淳人，監生，二十年任。
郭尚珣泰和人，監生，二十三年任。
劉廷葆江西南昌人，監生，二十三年任。
汪彥墉休寧人，監生，二十五年任。

胡賢旌德人，三年任。
周琰光化人，六年任。
蔡英漳浦人，十一年任。
曾大賓新豐人，十四年任。
易元貞萍鄉人，十八年任。
黃奎南平人，二十一年任。
陸本魯華亭人，吏員，二十三年任。
蔡邦偉晋江人，吏員，二十七年任。
黃廷宣福建海澄人，吏員，三十年任。
余有慶宣城人，吏員，三十五年任。
徐承選陸安州人，吏員，三十九年任。
王之臣常熟人，吏員，四十六年任。
汪世顯江西饒州人，吏員，四十八年任。

明	神宗	熹宗
	癸酉	辛酉
	萬曆元年。	天啓元年，凡七年。
知縣	朱顯文三十六年任，見《宦迹》。 王道成湖廣武陵人，舉人，三十八年任。 李初榮廣東新興人，舉人，三十九年任。 吳尚默四十四年任，見《宦迹》。	張允恭山東掖縣人，壬戌進士，二年任。 鄭極祥直隸涇縣人，舉人，五年任。
縣丞	吕應鐘福建大田人，貢生，二十八年任。 嚴雲鳳福建大田人，貢生，三十一年任。 唐有舜閩縣人，吏員，三十四年任。 戴天眷直隸旌德人，貢生，四十二年任。	張嵩福清人，監生，三年任。 程乾化江寧人，恩貢，六年任。
主簿	陳忠建寧人，監生，二十九年任。 朱邦輔句容人，吏員，三十二年任。 陳允培句容人，吏員，三十八年任。 王守國直隸陸安州人，吏員，四十年任。 陳敬陸安州人，吏員，四十三年任。 劉用楫海澄人，貢生，四十六年任。	林士元莆田人，吏員，元年任。 江興龍福建泰寧人，吏員，三年任。
典史		鄒文遠陸安州人，吏員，四年任。 林登偉莆田人，七年任。

熹宗	思宗
辛酉	戊辰
天啓元年，凡七年。	崇禎元年，凡十七年。
	許成楚二年任，見《宦迹》。 賀懋嘉直隸丹陽人，舉人，五年任。 許直七年任，見《宦迹》。 熊人霖十一年任，見《宦迹》。 于華玉南直金壇人，庚辰進士，十五年任。 蕭光辰南直人，舉人，十六年任。
	鄧希烈江西進賢人，吏員，元年任。 黄順圓南直人，監生，十五年任。
蔣觀我武進人，吏員，六年任。 吴應魁長洲人，吏員，七年任。	劉思忠直隸太和人，吏員，二年任。 王顯誥陝西臨潼人，吏員，四年任。 徐之昆直隸桐城人，吏員，四年任。 錢應宿直隸天長人，吏員，十年任。 鄧明信江西人，吏員，十三年任。 張所逸北直人，監生，十六年任。
王萬亨江西吉安人，吏員，七年任。	吴國柱江西東鄉人，元年任。 王良阡泰和人，吏員，四年任。 倫廷樞廣東南海人，吏員，六年任。 李天植湖廣江陵人，吏員，十年任。 萬國泰湖廣黄岡人，吏員，十二年任。 强一謙北直人，吏員，十五年任。

國朝

世祖

甲申

章皇帝順治元年，凡十八年。

知縣

李發祥。大名人，選貢，三年任。

宋雲梯。奉天遼陽人，生員，六年任。

張國棨。遼陽人，生員，九年任。

張永壽。直隸順天人，吏員，十一年任。

范鼎鉉。山西人，功貢，十三年任。

武尚儒。陝西人，貢生，十五年任。

郝麟生。陝西人，貢生，十六年任。

孫家棟。十七年任，見《宦迹》。

縣丞

王胤泰。江南歙縣人，監生，三年任。

四年裁。

主簿

鈕元標。江南興化人，吏員，三年任。

四年裁。

典史

陸一鴻。江南蘇州人，吏員，三年任。

趙文會。順天人，吏員，六年任。

石鎮。順天籍諸暨人，吏員，十二年任。

張遏。直隸涿州人，吏員，十七年任。

聖祖		
壬寅		
仁皇帝康熙元年，凡六十一年		
于璉。九年任，見《宦迹》。 辛國隆。奉天遼東人，十四年任，陞湖廣沔陽州知州。 金應隆。奉天遼陽人，二十三年任，二十六年丁憂。 王廷曾。宛平人，由壬子貢監，二十七年任。	鮑如鵬正藍旗人，例監，三十二年任。	湯陪鼎江南廬州府巢縣人，例監，三十五年任。 潘毓梧廣西桂林縣人，舉人，三十八年任。
王福濟。陝西長安人，吏員，七年任。 陳爲芳。盛京懷柔人，吏員，二十一年任。		劉光瑛陝西人，吏員。

國朝

知縣	縣丞	主簿	典史
沈曾純江南吳縣人，進士，四十年任，見《宦蹟》。 涂煜江西南昌縣人，舉人，四十二年任，陞行人司。			
孫樹河南林縣人，歲貢，四十四年任。 熊祖旋湖廣漢陽府人，舉人，四十七年任。			袁貞瑛順天大興縣人，吏員。
王我都直隸清苑人，進士，五十五年任。 連一鳴福建同安縣人，舉人，五十六年任，五十八年歲飢，勸捐給賑，集勞成疾，卒於官，見《宦蹟》。			

			周元栻江南蘇州府常熟縣人，例監，由內廷纂修議叙，六十年任。			
今上癸卯	雍正元年	韓慧基直隸保定府高陽縣人，由戊戌進士，四年任。				郭和江南寧國府旌德縣人，由內閣供事，元年任。
						趙國棟直隸順天府大興縣人，由內閣供事，六年任。

學職官表

學官，宋主學，元教諭，歷至正間，沈教諭文衡《題名記》謂無徵。乃劉應龜、葉謹翁、孔文栩、應裕，俱見黄文獻溍集，是元初至貞元、大德以後，間有可考者。其謂元命於儒司宣閫行中書省，舊《志》注表下，而所云三十九人，已佚其四，尚俟再訂。

秦後至。				
唐無考。				
宋			**管句學事**	
徽宗	辛卯	政和元年，凡七年。	米恂。主簿，管句學事，兼縣學教諭，見《靈泉碑考》府志，恂係蘭谿簿，四年任。	
			主學三年始置。	
理宗	庚申	景定元年，凡五年。	王一龍。 張得桂。 王叔潤。 王褒。四人見古《志》。	
			學正　**學録**　**直學**　**學諭**長諭、小學教諭。	
度宗	乙丑	咸淳元年，凡十年。		
元			**教諭**	

| 世祖 | 庚辰 | 十七年，凡十五年。 | 陳國用。邑人。
朱叔豹。邑人。
朱津龍。邑人，故官。
杜士賢。前右科進士。
吕邑之。前太學上舍。
朱應象。邑人，故官。
許元沐。東陽人，前進士。
姜材之。
洪天祐。邑人，前鄉貢進士。
朱應魁。邑人，故官。
張養性。以上十一人，任年無考。
劉應龜。二十八年任，見《宦迹》。
黄君澤。邑人，前國子進士。
趙良潭。
石一鼇。墓表不書，教諭事見《文苑》。
賈叔紳。邑人。
陳琳。紹興人。
曹和孫。婺州人，以上十八人並受儒學提舉司付身。
章夢吉。
方回孫。右二人並受中書省劄付。 | 王良珉。 |

成宗		武宗	仁宗		英宗
乙未	丁酉	戊申	壬子	甲寅	辛酉
元貞元年，凡二年。	大德元年，凡十一年。	至大元年，凡四年。	皇慶元年，凡二年。	延祐元年，凡七年。	至治元年，凡三年。
葉謹翁。見《宦迹》。	孔文栩。見《宦迹》。	陳穎。東陽縣人。 蔣嗣古。台州人。 楊載至。 徐裕。温州人。 葉天祺。處州人。 吴文光。温州人。 吴湑。紹興人。以上七人任年無考。	應裕。見《宦迹》。	王光。台州人。	

泰定帝	甲子	泰定元年，凡四年。	殷繼翁。台州人。	
	戊辰	致和元年。	應翁。台州人。以上二人任年無考。	
明宗	己巳			
文宗	庚午	至順元年，凡三年。		
順帝	癸亥	元統元年，凡八年。	劉演。傳伊洛之學於鄭明善。子彬，明洪武中工部員外郎，贈如其官。	
	辛巳	至正元年，凡二十七年。	沈文衡。至正六年任，見《宦迹》。 徐欽。 姜珂。以上十六人並受宣慰使司、都元帥府劄付。以上二人任年無考。	
明			**教諭**	**訓導**
太祖	戊申	洪武元年，凡三十一年。	陳中立。初年任，見《宦迹》。 張復祖。二十九年任。	傳藻。邑人，見《文學傳》。 宗濬。邑人，十四年任，見《明經》。 王初。邑人，十五年任，見《明經》。 朱棟。邑人，見《膺薦》。

建文帝	己卯	建文元年，凡四年。		
成祖	癸未	永樂元年，凡二十二年。	胡春同。二年任，見《宦迹》。 賈進。十二年任，見《宦迹》。 辛榮。十四年任，見《宦迹》。	莊觀。十年任，見《宦迹》。 鄭憲。長溪人，十四年任，有《大安寺記》。
仁宗	乙巳	洪熙元年，凡一年。		
宣宗	丙午	宣德元年，凡十年。	陳得安。見《宦迹》。	顧善。五年任，見《宦迹》。 朱明。十年任，見《宦迹》。
英宗	丙辰	正統元年，凡十四年。	黎祖慶。二年任，見《宦迹》。	許敬。三年任，見《宦迹》。 許守中。任年未詳。
景帝	庚午	景泰元年，凡十年。	梁應高。南部人，辛未任，任見朱肇《縣廳記》碑尾。	陳涓。三年任。 彭和。三年任。
英宗復辟	丁丑	天順元年，凡八年。	吴循。福建人，有《題銀樹園》詩，任年未詳。	郁珍。見《宦迹》。

憲宗	乙酉	成化元年，凡二十三年。	徐瑄。豐城人，任年未詳。	陳嘗。閩縣人。鄧綱。陳玉。陳璋。以上四人，任年未詳。
孝宗	戊申	弘治元年，凡十八年。	李汰。十八年任，見《宦迹》。	章燧。沐陽人，十六年任。李慧。明德人。徐鏞。以上二人，任年未詳。謝鐸。福建人，舉人，十八年任，有才華，善誨諭。劉鈺。任年未詳。
武宗	丙寅	正德元年，凡十六年。	朱奎。無錫人，舉人，操守嚴介，好周貧乏，士翕然尊之。陳鼒。桂林人，舉人，十年任。	吴執中。安慶人。熊衍。豐城人，十二年任。李霆。華亭人，十六年任。李浦。江浦人，十六年任。
世宗	壬午	嘉靖元年，凡四十五年。	李林松。湖廣人，舉人，二年任。曾漢。吉水人，舉人，五年任，卒於官。吴志。甌寧人，七年任。岑璲。天長人，十三年任，監生，以知縣左遷。	徐灌。侯官人，四年任，文學清雅，深明易理。羅傳巖。歙縣人，十一年任，博通經史，習古詩文。

	穆宗	神宗
	丁卯	癸酉
	隆慶元年，凡六年。	萬曆元年，凡四十八年。
陳峴。連州人，二十二年任，模範克端，士風一振。 周樾。南昌人，二十八年任。 王鼒。上元人，三十二年任。 許杲。三十七年任。 孫耀。太倉人，三十八年任。 丁模。如皋人，四十一年署縣事，有聲，陞知縣。 鄭茂林。建德人，四十五年任，博學善談論，樂易可親，陞任去。	楊元善。桂林人，舉人，二年任。 謝表。廣東增城人，四年任。	黄可久。廣東會同人，舉人，二年任，陞廣西懷遠知縣。 蔣坪。長洲人，五年任。 王大經。江山人，十年任，三年以疾卒。
黎光祺。廣東順德人，十三年任。 甘中立。大庾人，十五年任。 柳大經。承天人，十六年任。 汪端儀。黟縣人，二十三年任。 林貞操。龍溪人，二十三年任。 鄭大均。閩縣人，三十年任。 陳經濟。桂林人，教諭鼒子，三十二年任。 吴冠歇。四川清神人，三十七年任。 曾翔龍。南豐人，三十七年任。 黄詔。貴州龍里人，四十二年任。	張鳳翼。直隸玉河人，二年任。 莊鎧。浦江人，二年任。 文應爵。湖廣安鄉人，五年任。 史鵠。山陰人，六年任，純篤長者，綽有古風。	馮詔。會稽人，四年任，陞台州府仙居教諭。 陳秉賦。新寧人，四年任。 葉惟大。七年任，見《宦迹》。

王汝源。十三年任，見《宦迹》。
吴應揚。甌寧人，舉人，十七年任，以憂去。
王時春。東莞人，舉人，十九年任，陞湖廣寧遠知縣。
諶廷錦。南昌人，舉人，二十年任。
楊懷。舉人，二十四年任。
周維洪。二十七年任。
周必超。舉人，三十年任。以上三人，舊志人不注地。
陳淙。紹興人，舉人，三十五年任。
孫履恒。吴縣人，舉人，四十一年任。
陳乾陽。四十七年任，見《宦迹》。

李度。壽昌人，十年任，陞吴江教諭。
王澹。西安人，十三年任，陞婺源教諭。
俞寵。建德人，十五年任，陞山陰教諭。
鄭逢泰。天長人，十九年任。
陳良材。縉雲人，二十一年任。
吴文炤。歸安人，二十五年任。
雷兆文。二十六年任。
周世禎。二十七年任。
史煉。三十四年任。
邵應祺。三十七年任。
潘一對。三十八年任。
周鳳翔。三十九年任。
王良翰。四十年任。
項復卿。四十一年任。
何其達。四十一年任。
林鳳翔。四十五年任。
以上十人，舊《志》人不注地。
王碩輔。處州人，四十六年任。

熹宗	辛酉	天啓元年，凡七年。	沈士麟。華亭人，舉人，二年任。 余棟隆。仙居人，舉人，六年任。	劉汝舟。貴州人，元年任。 胡崇化。昌化人，二年任。 王萬乘。太平人，五年任。 王大道。鄞縣人，七年任。
思宗	戊辰	崇禎元年，凡十七年。	鄭體元。山陰人，舉人，五年任。 錢重義。吴縣人，六年任。 史起夔。餘姚人，舉人，七年任。 章日煇。德清人，舉人，十年任，名家子，恂謹折節，教士端嚴而肅協，修學門，庚辰遷應山知縣，去後見思。 孫承英。武康人，十三年任。 陸履周。宣城人，舉人，十七年任。	王尹鯉。鄞縣人，三年任。 王道全。江西人，三年任。 鄭一鋌。宣平人，六年任。 揚州鶴。定番人，七年任。 何等高。分水人，十年任。 俞正君。海寧人，十一年任。 詹仰佐。松陽人，貢生，十六年任。 周耀祖。縉雲人，貢生，十六年任。
國朝			**教諭**	**訓導**
世祖	甲申	章皇帝，順治元年，凡十八年。	魯良植。會稽人，貢生，三年任，陞湖廣會同縣知縣。 馬御月。安吉州人，拔貢，八年任。 朱豫。長興人，貢生，八年任，陞處州府學教授。	黄懷玉。錢塘人，拔貢，五年任，陞山西平遥縣知縣。 鄭應酇。永嘉人，貢生，八年任，陞山西襄陵縣知縣。 施鋐。平湖人，拔貢，十七年任。

	聖祖	今上
	壬寅	癸卯
	仁皇帝，康熙元年，凡六十一年。	雍正元年
王文明。山陰人，貢生，十二年任，見《宦迹》。 徐弘彰。秀水人，舉人，十五年任。	譚觀成。石門人，丁酉舉人，六年任。 閔圻申。烏程人，丙戌舉人，十八年任，陞河南新鄭知縣。 吴觀垣。仁和人，癸卯舉人，二十二年任。 丘克承。鄞縣人，己酉舉人，二十六年任，陞山東鉅野知縣。 徐甫源湖州府安吉州人，舉人，三十一年任。 鐘之枚嘉興府嘉善縣人，舉人，三十七年任，盡職守，勤考課，培植者生，士氣頓振，捐俸修葺文廟，置書架珍藏宗王二公文集版，士論翕然歸之。 胡昇輔紹興府山陰縣人，舉人，四十六年任。 費金星湖州府歸安縣人，歲貢，五十八年任。	蕭陳弘嘉興府海鹽縣人，舉人，三年任。 陳宗泗嚴州府建德縣人，舉人，五年任。
	王業澄。十七年任，見《宦迹》。 董奕相。烏程人，貢生，二十二年任。 朱鳴謙。海鹽人，貢生，二十七年任。 江浤嘉興府嘉善縣人，歲貢，三十七年任，見《宦蹟》。 陳芮台州府黄巖縣人，歲貢，三十八年任。 李清杭州府海寧縣人，歲貢，四十年任。 陳世傳杭州府海寧縣人，歲貢，五十八年任，見《宦蹟》。	陳其超紹興府新昌縣人，歲貢，三年任。

雍正義烏縣志卷之十

官師志後

宦迹縣迹〔一〕

烏之爲縣，即起於罷侯置守之日，則循吏之傳，宜先於漢。而番陽之稱，項昌之碑，議郎之遷，成都之市同時不獲與之並垂。自晋迄今，乃得四十餘人。從舊《志》補續所載，合之祠碣，爲加訂焉，以繼孫著作、梁令之頌，陳正字、獨孤君之序、朱紫陽經史閣之記云。

〔一〕「縣迹」二字，底本原無，兹據《康熙義烏縣志》原目録補。

晋

縣令

王弘之，字方平，獻之從子，瑯邪臨沂人，居會稽。初爲司徒主簿，家貧，性好山水，求爲烏傷令。桓玄輔晋，桓謙以爲衛軍參軍。時殷仲文還姑熟，祖送傾朝，謙要弘之同行，答曰：「凡祖離送別，必在有情。下官與仲文風馬不接，無緣扈從。」謙貴其言。及宋改朔，辟召一無所就。元嘉初，王敬弘爲吏部，陳其高行，再以詔徵，亦不就。嘗垂釣上虞江三石頭，經過者不識。弘之日夕載魚入郭，經親故門，各以一兩頭置門内，去。與謝靈運相欽重。靈運與廬陵王義真牋有云：「弘之拂衣歸耕，踰歷三紀。既遠同義、唐，亦激貪厲競。」其高行如此。

唐

縣令

韋應物。詩傳作京兆人，《通志》作河南人。邑人吴之器《婺書》附記《獨孤及送義烏韋明府》詩：「妙年能致身，陳力復安親。不憚關山遠，寧辭簿領勤。過江雲滿路，到縣海爲鄰。每嘆違心賞，吴門正蚤春。」劉長卿《餘干夜宴餞前蘇州韋使君》：「復拜東陽郡，遥馳北闕心。行春五馬急，向夜一猿深。山過康郎近，星看婺女臨。幸容棲隱分，猶戀舊棠陰。」疑即應物。

宋

知縣

吴渭，字清翁，浦江人，令義烏。退居。至元丙戌，開月泉社。

元

達魯花赤

亦璘真，字毅齋。公明敏不察，仁恕有容，抑豪强，恤群下，務以恩信及民。時田政久廢，徭役不均，十年秋，稾城董公長越，憲議均役，金華、武義、永康以他路縣清强吏委之，而令公自治其邑。乃依魚鱗册以核田，烏册以主業，鼠尾册以定役。值歲不登，田使者將徵租，公力言之，得免十之八九。民深德之。又崇禮教，興孝

悌，修學校，勸農桑；治官舍，頹廢者新之；修橋梁以濟不通，濬繡湖以興水利。在縣六年，以任滿去。民思之不置，爲立去思碑。王褘《達魯花赤亦璘真去思碑》：義烏，隸婺，爲上縣。論風土者，謂其民尚氣，可以義服不可以力屈。故凡來爲縣者，苟有循良之政，以善撫之，則民無不樂從，而政未有不易成者也。國朝之制，郡縣各置達魯花赤爲長官。義烏自版圖入職方七十有三年，爲長官者已二十人。而今亦璘真儒林公繼之，求其有循良之政、善於撫民者，公蓋其庶幾矣。公敏而練，明而不察，勞而無倦，仁恕而有容。其爲政，務在抑豪縱恤窮下，使富貧大小各得其職，要以恩惠及人爲本，而於風化所關尤盡心焉。先是，民之役於官者，苦於夫傭之出。上府卒史道出縣者，輒覓夫乃行，或徒索傭錢而去。縣設闒胥，司其出納，它有徵斂，更倚是名求之，縻錢日至數百緡。公至，俾所出減前十九不啻，而濫覓者皆勿有所與，民大稱便。田政久廢，民或無田而被役，而多田者其役顧與下户同。公奉憲府令，盡括其實，定著于籍。由是民田苗米，莫得飛寄詭匿。多田者則隨田之所在、驗米之數以受役，而下户細家差徭俱免，民皆服其均平。屬時艱虞，鄰境騷動，民心摇惑，不遑寧居。公蚤夜慰諭，令民以十家爲甲，各相團結，且募民丁，教以擊刺之法，從行村落以察奸宄。四境阨塞之處，復集民丁守之，人咸恃以爲安。適夏亢旱，原田告病，公齋戒遍禱諸神祠。不應，則露跣稽首以籲天，七晝夜不輟，雨乃時降。火起市中，勢熾甚，衆莫知所措。公直火所向，銜哀以禱，解衣投火中，火乃撲滅，人以爲皆公精神所感，以及有是。會歲大祲，官民租皆無入庸，田使者按視，將復徵其半。

公力沮之，言極剴切，遂得免十之八，民用深德之。俚俗惑陰陽家説，有親喪十餘年怵於拘忌不葬者。公下令以百日爲限，仍停喪於家者以不孝論。民翕然從化，不再閱月，就葬者數百喪。暇日則坐庠序，與學官弟子員考德問業，而閭巷之塾亦以時見其師生而獎勸之。仲春勸農必躬歷境内，語其父老，盡丁寧告戒之意，歲以爲常。所謂公之爲政，務以恩惠及民，而於風化所關，尤盡心焉者多此類。它若縣治頽敝，既因舊而大新之；三皇、孔子廟，及繡川、龍祈二驛，又皆一新其觀；縣據孔道，觀瞻所係，乃即西郭夾崇墉而建門，瞰重門而創閣，以嚴啓閉，以謹候望；東江石橋久壞於水，重作其二頓，橋以復完；繡湖隄廢，則重築其東隄，而植蓮其中，並湖之民賴其利焉。凡是興作，皆使民有道，民咸勸趨之。公居官六年，以滿代去〔一〕。縣民乃相與謀曰：「公之爲吾縣也，不爲人所能爲，而爲人所不及焉。有德於吾民甚厚，盍采其足以繫夫人思者，刻之於石，以示無忘。」予爲之言，曰：「今之仕於郡縣而能有以及民者，鮮矣。此親民所以難也。而縣爲最甚，何哉？蓋民心至難悦也。而去民尤近者，民怨尤易歸。舉而合宜，彼其心悦也者幾希，不幸而少拂其欲焉，則衆怨已隨之矣。故爲縣而能有以及民，不爲所怨而爲其所悦，既去而見思，若公之於義烏者，當今之世求十一於千百而已。」嗚呼！若公者，豈所謂循良之吏者邪？是

〔一〕「去」字，底本原作「云」，兹據《王忠文公文集》卷十六《義烏縣去思碑》改。

用道其善政，備書爲文，而興作之功，皆牽聯書之。公諱，兀兒人，字仲弘，用廕入官，由涇縣達魯花赤調同知新喻府事，乃以儒林郎來爲義烏，其來以至正九年六月，而去以十四年二月。去銘曰：「維縣義烏，百里之封。俗本尚氣，禮義則同。相時編民，孰牖其衷。孰善撫之，粤維我公。恂恂我公，循良之吏。不猛不寬，政以無敝。慈愛所推，黎庶蒙被。瞻言百里，率囿于治。財維民心，公實優之。役維民病，公實瘳之。民危吾危，民饑吾饑。凡民之菑，公實庥之。問農何如，我耕我有。問吏何如，我法我守。小大富民，既安既阜。民亦有言，公我父母。愛公父母，敬公明神。公今去矣，孰保我人。我觀百年，如一秋春。遺愛之存，曷其能泯。繡湖之波，其清湜湜。民之公思，有永無斁。采諸衢謡，勒此道側。匪我誇公，示後爲則。」文見集中，舊《志》作胡助，誤。

縣尹

周自强，字剛善，臨江人。至正三年，以承直郎來尹。循廉有爲，治民一以慈惠卑安爲心。建局核田糧，令民自實，民不敢欺。部使者、郡長吏數以疑獄不决者委之，折以片言，莫不服其明允。又用民餘力治土木，飭儒黌，創嘗平倉，公私皆足。及書滿，解印綬去，民不忍舍，爲立生祠。黄溍《送周明府詩序》：古之作史者，必爲循吏立傳。漢西京二百年間，傳所書僅六人。蓋才難自古而然，尤難得者，循吏也。皇元統一函夏，吾烏傷領於職方逾七十年。某生乎其時，而獲事其大夫之賢者固多，求可儗于古循吏者，清江周侯，其庶幾乎！先是爲政者，務以平易近民，或奉贄納謁以自通，皆弗之拒，習爲故常，人不訝也。侯至，一切峻却之。是可謂之廉矣，而世未嘗乏廉吏也。異時屢建局以核田糧，而隱匿飛并之弊，有未盡革。侯始令民得自實，且躬任其鈎考之勞，一無所憚，朞月而簿書井井有條。愚民無知喜争，豪猾之徒誘使相告訐，而陰持其予奪之柄以爲利，事未竟，家已破，而猶弗悟。侯遇其有所赴愬，悉委曲譬曉，調護而遣之去。負其不直者，悉皆慙伏悔罪，詘者以信。部使者、郡長吏數委以鄰境之疑獄及累歲不决之訟，侯折以片言，人莫不服其明允。官府既以無事，用其餘力，大治土木，營尉廨，葺儒黌，創常平義倉，而分貯公私之穀以實其中。完舊益新，百廢具舉，是可謂之能矣。而世未嘗乏能吏也，惟夫所居民富，所去見思，至于生爲立祠，樹碑廩廩，庶幾循吏之遺風乃絶無僅有者也。而况漢之循吏，皆郡國二千石。今也以百里之邑，而得一循吏焉，不愈難哉！侯書滿，解印綬行，有日，吾黨之士各賦詩以道其戀慕之私，俾某序于篇首。侯初由湖北海南憲掾入湖南廣西帥幕，以招兩江叛蠻有功，超擢宣閫都司，歷江東劇郡元僚，績用甚著。其來烏傷，治行爲諸邑最。憲府方交章列薦于中朝，行嚮用矣。輒因序詩，而附見侯行事之大略，俟它日傳循吏者采擇焉。　王褘《送金華尹徐君允益序》曰：「周君治民，一以惠慈，務阜其財而綏安之。民之愛之不啻如父母，生爲立祠，既去且久，猶思之不忘。」又曰：「今難其材。朝廷知周君長于治民，雖已陞五品階，而猶選之令金溪。」

明

知縣

王允誠，國初以親軍總管來任知縣。時承兵火之後，廬井蕩然，允誠修舉拊循，不踰時而民安堵。縣控孔道，民苦軍士侵擾，允誠以法懲之，頓息。凡營造及軍需供億事，規措有方。尤崇重學校，善决斷。民苦不雨，禱諸神，雨輒降，歲有秋。甫期擢南安守，去。民涕泣攀留，馬不得行。民到于今思之。祀名宦。

張永誠，南昌人，洪武初以都督府斷事司知事來任。爲政簡易，吏民悦服。創建公宇，士民争相趨赴。治行爲越東諸縣最，民思之勿替。祠名宦。熊人霖作《七賢小傳》，首永誠傳，語本此。

吴祐，舊《志》作佑。字吉之，山東滕縣人。洪武間由監生任。公恕廉潔，士民愛戴。時有仇均善故謀一家三命，屍以乾垈間薪熸之，無驗。祐察知，乃微行細訪得實，首惡議凌遲處死，餘從絞斬，有神明號。在任田野闢，逃亡歸，利興弊革。以疾卒，民莫不哀慕焉。祠名宦。

李玉，字汝成，直隸吴縣人，以進士授大理寺評事改任。性氣果敢，廉介有守。時朝廷營造，部使者絡繹來縣催督夫匠，一或不集，索要賄賂。玉嘆曰：「豈可剥民以媚人乎？」惟夙夜勉完厥事，賴以無擾。民感之。未幾，以舊官代，解任回京。民遮留弗忍舍，後陞監察御史。祠名宦。

李通，字道亨，直隸密雲人。自幼聰慧，識見過人，以孝聞。由太學上舍特授，奉法循謹，急先務，甚諳練，不爲深刻。在任十年，民庶樂業，野無曠土，一時風俗歸美。後引年致仕。

劉同，字伯詢，江西廬陵人。正統己未進士，五年授任。性廉勤，課農興學，愛民如子。涖任初，有大辟囚通謀吏卒，詐死出獄。同是夕恍惚見人披髮跪床下愬冤，驚以爲怪。明日，詐死事聞，悟夜告者乃其仇殺人也。呼其父族，省諭其人歸獄就死。民有以誣死繫憲司獄十二年者六人，繫縣獄三年者五人，會審刑官至，同爲達其枉，皆得免。有與盗賊同姓名被誤執繫新城獄者，同設法獲真盜，解，其人得釋。嘗檢驗東陽玉山屍傷，釋誣指者四十餘人。壬戌歲大旱，躬露跣拜禱三日，大雨，於堂後作喜雨亭。縣嘗發預備倉穀給貸，以歲饑，爲請上司豐年還官。又特奏減税糧，民乃得蘇。時有靈椿生戒石亭，猛虎自投斃，皆以爲仁政所致。郡有貳守某，行縣要求非禮，即上章劾奏本官貪酷，非惟民受其害，抑且官難守治。甲子秋，有頑民梗化，數逋賦避役，爲手書諭之，其人覺悟赴役。又有重犯未獲，其妻收繫禁，卒誘奸。怒曰：「敗倫傷化，禽獸之行。」立罪其卒。嘗重修縣治、學校、祠宇、橋梁。著縣令箴以自警，僚屬相親。與縣丞劉傑同緝縣志。祠名宦。《七賢小傳》次同傳，語本此。

鄭錫文，福建長樂人。進士，弘治八年任。性度恢弘謙抑，涖下嚴明。丈量田土，清理糧税，禁緝盜賊，甚得體查。復繡湖舊迹，濬之，仍建閘以時啓閉，民賴灌溉。因於湖上造亭立石以叙其績，號鄭公塹。陞監察御史。

呂盛，字文郁，直隸建平人，進士，弘治十三年任。爲政務大體，不事煩苛，開誠布公，作興學校，親課農桑。見東江橋北圮壞，措置修營，民不病涉。重建明倫堂、儒學門，創號房四十餘間，拓泮池，甃石爲橋，甚有功於黌校。在任六年，民殷訟息，夜户不閉。有牧民條約，鑿鑿可行。陞任去，民生祀之。潘希曾《邑侯呂公去思碑》：人有久而不能忘，事有無所爲而不能自已，此德澤之孚而人心之公也。義烏令尹呂侯盛，去邑且八載，邑之耆民陳良積圖刻石以繫其思，乃介予友陳節之丐予文而言曰：「侯，建平人也。起家進士，涖吾邑凡六載。始至，聲色無所動，久之民安。士習胥若徒，咸畏以服。去之日，衆不忍舍，既去益思，到于今，思之不已。其政則農桑、學校是急，抑强植弱，平傜息訟。取力於隙而百廢興，殖財於儉而上供具，約俗於正而異端詘，條教有式，追呼不擾，用是家給人足，風俗淳美。當時臺臣具薦於朝，而侯不以喜，暨被命顧眷眷若弗欲棄去者，蓋侯之績莫可殫述，而侯之心誠不忍吾民矣。吾徒野人，思之而不置，則圖所以繫其思，以傳於後。而微吾子之文則無所繫，而又不能信於後之人。予嘗識侯者，因而嘆曰：『民不難感，又不易感也。』撫我則德，虐我則怨。世蓋有疾視其上者，蓋有攘臂以亡其上者，况乎去而思，思而不忘若是邪！詩曰：『樂只君子，民之父母。』謂能子其民，而民父母之矣。又曰：『永言孝思，孝思維則。』謂人子於父母思慕之不忘矣。然則侯之見思，固可以觀德，而若等所謂惓惓於兹舉，亦可以驗人心之公。假使上出於干譽，下涉於獻諛，則去未必思，思未必久，而兹舉也未必待今日矣。夫又奚取哉。昔者子産遺愛，孔子稱之；何武去思，史以爲美談。愚敢竊附其義以爲若等書，匪惟繫一邑之思，抑以示勸於將來。」時正德庚午夏五月既望記。

羅柏，江西吉水人。舉人，正德九年任。廉潔無私，禁伏豪强，扶植寡弱，尊禮賢士，鋤鏟盜賊。以正直忤上司，調興化。去之日，行李蕭然，民攀號而別。《七賢小傳》又次柏傳，語本此。

方介，字子和，直隸合肥人，由進士嘉靖十五年任。弘才偉略，古貌真心。斷獄剛方而案無滯牘，躬行儉素而庫有餘財。大書包孝肅詩於座右，日誦自警。朔望謁城隍廟，高聲盟心於神。以其一塵不染，烏人呼爲「方青天」。以其剖决如流，呼曰「方一刻」。犯人不入，歇家炊爨臺下，又呼爲「方一升」。自奉清苦，至激賞生儒則豐腆倍常。延有學行明師於尊經閣，群博士弟子時時披閱，誨誘譽髦，蒸蒸然向風。性亢直不阿，朝無先容，門無私謁。或勸：「盍少貶以諧俗？」曰：「吾遭風波，妻子皆魚腹矣。幸不死，已踰涯分，亦復何求？」故於死生禍福、毀譽是非毫不介意。卒忤當道，調黄巖。公按部不受民饋食，一竹簞自隨。至是道出東界，士民置酒堯嶺坡，乃樂飲終日，怡然若忘己之遷謫。烏赤子失怙恃，攀轅泣留，公慰諭再三，曰：「吾以不職調，諸君何戀戀也？」治黄巖如烏，力抗權豪。貳守高州府，後知處州。衣舊敝袍，以雜色緣其袖，清正不容。調長蘆運同，遂拂衣歸。祠名宦。虞守愚《方侯去思碑記》：明天子宵旰元元，歲擢公車所登進之彦有賢行者爲各道劇邑長，以長吏尤爲親民，所望以一統類弘治化，以追甘棠之風，蓋其重也。迺合肥方侯，起家進士，來爲義烏。命始下，辭於執政曰：「法吏乎？循吏乎？將皦皦爲名高乎？抑悶悶以歲計乎？」執政曰：「循哉，寧悶毋噭哉！」暨下車之日，屬父老告之曰：「夫我與若，辟之一家也。子頑，故家有嚴父；民頑，故邑有猛吏。下懷詐以遇上，上峻法以繩下。上下相蒙以苟安歲月，國家亦奚所賴之？乃公固亡奇也，願得與父老飲醇而理，可乎？」諸父老咸唯唯，相謂曰：「吾今獲慈父矣。敢爲頑子以傷雅化？」於是始下令，務先孝弟，服田業，勸盜息争，興學置社，飭厲師儒，以爲移風易俗之漸。然後躬行玄默，清案牘，去冗胥，蠲多取之額，定市易之價，停不急之工，諸稱煩苛、稍不便於民者，一切報罷。凡傳爰書令，先去疣辭，次釋忿心而後進。鞫獄成，民無争心。間有迫饑寒而盜者，則給之緡錢，用勸爲善。所自奉饗飧之外，食不致味，衣不重帛。若挹酌於繡川，而灑然駛於埃溘之外，視世之棼華聲利泊如也。甫朞月，臺司知廉能狀，徵入院校，士斌斌得人。歲循制上計於朝，尋還。無幾何，調爲黄巖令。將捧檄而去，民號泣留之，前擁後挽，呼聲成雷，揮涕如雨，咸曰：「留我侯一年活百姓！」侯亦垂涕，謂曰：「我之情猶爾也，謂簡書何？」於是父老往泣當道，借留不可，曰：「朝廷豈以一人私爾百姓！」而侯竟以民故再居彌月，不避失限之罪。嗚呼！侯真史傳所稱循吏者邪！其政悶悶，而民淳淳者邪。家事視邑，身事視民，涖官不二載，而民於其去之日，若嬰兒之失乳母，頊頊然不自得，非其忠心誠信於吾民，烏能若是之弗諼乎！彼世之毛察鷙舉、習窺瞷、工鞫臆、聲騰薦剡、蕲旦暮躋身華要之津者，皆君之細也。由是觀之，史氏之所傳，信在此，不在彼。父老陳安邦、龔淳等謀留舃立石於儀門，以識厥思，敢丐一言以垂不朽。予不文，故録其事於右，以俟傳循良者考焉。

沈天麟。王宗聖《邑侯沈公留烏記》：嘉靖丙午春，部檄今邑侯沈公於義烏。時公之爲義烏，朞有六月矣。政調惠孚，民苦其去，議上狀監司爲必留之計，力不能勝，情益以迫，如失其怙恃，而奪其所甚欲也。啓行之日，遮道泣留，不可，則留其舄懸其門屏〔一〕，以識不忘。耆畯龔淳、陳伯虬，徵余文用紀諸石。余嘗聞侯之言曰：「凡爲有司者，譬諸牧然，必睎其所趨，時其飲食，節調其勞逸，而後生養蕃息，以益暢其生。況有司，牧人者也，而奸其職以戕之，不可。」故其爲政，省冗費，崇儉約，杜請托，却餽遺，簡獄訟，而壹以休息爲務。歲乙巳，大旱無麥〔二〕，衆艱食。公馳檄具民卒殫狀，請諸當道，盡發公廩賑之。又屬富民而激以義，民咸樂助困者。少甦，夏復大旱，公籲天請禱，匍匐稽顙於野田草露之間。已而雨，禾免於稿者什七八。洊饑之餘，疫痢大作，親製藥餌濟之，請者如肆，全活頗多。公治邑猶家，視民猶子。囚有啼饑者，粥之；民有死不克葬者，棺之；逋負無償鬻賣妻子者，捐俸以代之。里甲泛差，悉爲節省；旅使需求，撙以舊式，民用不擾。公之仁吾民厚矣，然性資簡直，不好媚說，人有以私求者，輒不滿焉，故民雖安於治，而改遷之命下矣。公車在郊，聞者無少老智愚，富貧邇遠，奔走號呼至，擁不能行。

〔一〕「留」字，底本原作「宫」，兹據《嘉慶義烏縣志》改。

〔二〕「旱」字，底本原無，兹據下文「夏復大旱」補。

烏雖留，殆未足以伸民私也。入國朝來邑侯更遷者凡幾，而留烏者前此得林公、方公二人而已。民心固難强哉！兹行也，公則無怨尤焉。而吾民之情，曷以慰之？惟曰：「公道不可泯焉，知公之不終惠我民也乎！」衆曰：「然。」公諱天麟，字禎伯，號養吾，常之江陰人。以《詩》領嘉靖壬午鄉薦。而尤究心於《易》云。嘉靖丙午冬十月吉立。

汪道昆，字伯玉，直隸歙縣人，由嘉靖丁未進士，二十七年任烏。舊習因循，奸蠹紛糾。公甫弱冠，英特警敏，風力過人。緒尋本始，梳櫛宿弊，振洗頹風。杜絶侵漁，征賦立辦，辨枉破滑，剪刁鋤强，痛懲起滅，以熄訟源。操持公廉，信賞必罰，盗賊屏息，豪右惕心。事無巨細，刻期日中決之，群情胥服，易聽改觀。性好學，博覽多識，不以案牘輟披吟。尤崇重學校，造就青衿。所奬拔儁異，爲時名流，以行取入爲南京工部主事。民遮道泣留，不忍别。公積官至兵部左侍郎。以文章名世，有《太函集》。其在婺屬草蓋寡，然生平未嘗忘婺也。祠名宦。李鶴鳴《汪侯德政碑》：縣大夫歙南明汪侯，爰自涖政，甫及三載，威惠並隆，民用大和。行當報成，天曹俄拜新命，選屬司徒。簡書孔嚴，遄行靡留。闔境士民，遽失怙恃，無長少智愚，莫不皇皇奔走，罔知攸措。感激齎咨，萬口一辭。頌曰：「侯之未來，染疾因循，蠹弊糾紛，病我多門。侯之既來，緒尋本始，疏櫛振洗，我病良已。經紀賦税，杜絶侵漁。辨白抑枉，刁滑破除。竄斥起滅，鏟訟根株。發摘劇盜，賊竊屏息。豪右警縮，柔順封植。懲艾媮惰，痛斷博塞。尊崇學堂，修飭塗塈。造就青衿，獎拔雋異。敬禮黄髮，童稚風勵。約己律下，堅確不移。鉅細昭昧，鮮有漏遺。綱挈目張，條理整齊。群心一慮，易聽改觀。優游坦夷，忘我阻艱。人樂其生，酒肉過從。天日開明，景象冲融。回視疇昔，恣縱奸慝。禍福雜揉，下上蒙冪。恍若隔世，惟民之德。侯今我去，嗣後者誰？願侯之同，天其我違。杜母召父，奚古則然。澤衍無疆，侯作之先。侯不可留，德則在人。曷載侯績，劖於貞石。垂示來今，寧我私侯？繄德之思，後不有諼。其徵我辭。」

潘允哲，字伯銘，直隸上海人。左都御史潘公恩子。由進士初知新蔡，以才調烏。恪承家範，所服惟故衣帶，退食不肉。或曰：「公自奉甘菲矣，如官家何？」曰：「吾僕從故選，劬苦者與俱來耳。」愷悌平易，未常有疾言遽色，不事敲扑，儀導亦不加飭，惟夙夜求民瘼去之。有冤抑必爲之洗，諛者譖者無所入。民至公府如其家，赴事供公無後期。捐俸二十四兩，市寺塘邊田四畝，各有灌注，入學充月考給養費。而法必行於奸宄。踰年，以行取去。民至今思之，爲建生祠。後祀名宦。朱湘《祠記》，見《祠祀》。

歐陽柏，字惟承，湖廣潛江人，由進士隆慶三年任。公承潘君寬大後，甫下車，省利病，嘆曰：「治貴識時，吾雖不爲角翼而虎，至潺潺若水，子産所痛也，而聽其犯乎？」胥役肆虐，痛懲之。鋤强緝盜，不遺餘力。庶務畢張，撫、按二臺騰薦書上考。尤垂意學校，門堂廡垣特加飭。鄉賢、名宦二祠弛已久，公嘆曰：「諸君子生於斯，仕於斯，固先賢也，法施於民者也。人方仰高風、懷遺澤，而獻奠無所，咎將安歸？」詢址在儒星外咫尺曠野，易壞，乃度儀門東偏隙地一畝，《七賢小傳》作儒學之枋之東之隙。並建二祠，人謂知先務。在任以風力剛決聞，考治平異等，召拜刑科給事中。民爲立生祠。《七賢小傳》又次柏，云：「廬陵人，文忠公之後，寄籍潛江。」餘本此。

朱湘《祠記》，見《祠祀》。

梅淳，號凝初，直隸當塗人，由進士初知縉雲，以調繁來縣。政教大行。丁丑，召入爲監察御史。士民留之，不得，立祠以祀。邑人虞德燁《邑侯梅公去思碑記》：皇帝嘉惠元元，精核吏治，簡天下賢且能者，立爲親民之官，而責之久任，其治行卓絶，則召御史臺旌之示勸也。嗚呼，聖人仁覆天下之意至矣哉！凝初梅侯筮仕縉邑，尋以繁來爲義烏。不苛察，不競絿，誠以接物，廉以禔身。審酌機宜，動中矩矱。翊頹剔蠹，植善樹柔。未幾，而困者甦、廢者舉，政以大行。是歲丁丑，朝廷有風憲之選，應内召去。去之日，薦紳先生盛爲詩歌，張祖于東江之滸，其子弟攀轅卧轍、請脱舄易袍者，環千數輩，庭不能容。公怫然面斥之，曰：「吾生平所深薄者，此類也。」諸子弟迺伏泣。久之，公益厲，弗少霽。忽有睹篋端袍舄者，遂强留之，懸于麗譙之樓，公罔聞也。已而慮袍舄不可以久，迺乞言。紹東虞子謀勒諸貞石，且垂風于來政，虞子誥之，曰：「若輩思侯，侯曷以思。」僉頌之曰：「於穆我侯，實令之伯。玉潔冰清，三載一日。琴横於堂，簾垂於室。坦夷温慎，事寡僭忒。衣不文繡，食不膏粱。夙夜勤止，視民如傷。器利盤錯，智燭幽微。老吏滑胥，莫售其欺。迺新庠序，迺廣積倉。以敦風化，以備歉荒。斥彼淫祠，俗期返古。表厥顔孝，人用興起。甲長均税，平反明刑。征求無擾，囹圄肅清。侯有王命，豸冠烏府。不惠我私，借留無所。侯之德矣，何日忘之！侯今去矣，云胡弗思？」予聞之，悵然若有失，因謂曰：「令，父母也。蒼生，赤子也。赤子之於父母，居則愛慕，離則悲思，依依然不忍釋其情係也。若輩不忘侯，侯忍忘情於烏乎？古君子父母天下爲己責，思一夫不獲若己内之溝中。侯今歷諫垣，陟台軸，上不負天子，下不負蒼生，當必有先海内而造福者。其貽休我烏，寧自今日已哉，而又奚皇皇爲哉！」故此一舉也，有三美焉。選賢示勸，智也；民牧稱良，仁也；去後戴德，義也。三者集而風斯倡，倡斯感，感斯化矣。」諸乞言者邐拜謝曰：「信如公言，可以興長思矣！」遂鎸之石。大書曰《梅侯去思碑》。

范儁，高安人，進士，萬曆五年任知縣。公爲政清廉仁恕，丈量田畝，躬親踏驗，奸猾無所上下其手，賦役以平。召入爲監察御史，士民爲立生祠。《七賢小傳》之六。

俞士章，號養弘，直隸宜興人，由萬曆癸未進士來任。爲治務持大體，嚴假命誣告之條，民無被法外之禍者。時里甲惟貼解、米石費溢額，公爲申定一錢六分有奇，五石以下蠲之。又憫民俗近偷，注聖諭六章頒示，親講鄉約，月課衡文，務究大義，斥剽竊。杜繡湖之侵，令居民沿湖甃石植柳，至今稱爲「俞公堤」。令烏五年，課最，召入爲禮部主事。邑人合祀潘侯祠，立石鐫德。陳守亮《邑侯俞公去思碑記》：邃古未有言吏治者，至漢始傳循吏。自循吏傳而邃古之治益遠矣。古之治，專以爲民。若漢稱循吏，所謂勞來循行、寬和爲理者，猶或幾之。近世吏，惟急於爲身務，朘民以自豐，民日靡靡焉就斃，弗恤也。吏以父母乎民，迺營營爲身家計；斃民以逞焉，民將疾視仇怨，惟恐去之不速，奚有於祠而思也。惟我養弘俞公，令烏五年，以内召行。時歲大饑，邑民皇皇相與，聚而謀曰：「吾等所仰庇以活旦夕者，恃侯在也。侯今去，吾將誰依？」衆既遮道留之，弗得。無何，去未逾月，民迫於枵腹，鄰壤競肆劫奪，我衆繹騷，侮法滋甚，上農稍積，遊惰狼集，破墉恣取，莫敢誰何。善良袖手咨嗟，皆曰：「侯在，吾奚罹及？」無知抵法，株連逮捕，黑白暗持，號呼痛苦，皆曰：「侯在，吾奚毒此。」民之思也，真有一日不能釋侯去者？於是父老黄承泗等欲爲崔子玉故事。既祀侯於潘侯之祠，與梅侯並。又共謀立石鐫德以垂不朽，而屬言於亮，亮雖嚚諳，而沾被薰鎔于侯之政教者最久且深也，惡容默。迺不辭而言曰：「侯舉萬曆癸未進士，出宰於烏，其治務持大體，闢官邪，剔蠹政，信命令，尤以興利除害爲己任。故民翕然望至治焉。首重民命，嚴反坐之律。察其一二誣者，按治如法。由是肅然知侯之不可欺，殨軀駕害者絶迹。先里甲惟貼解爲冗役，米石費率溢額外加倍，民甚苦之。侯爲申定一錢六分有奇，自五石以下悉蠲之，歲省無名之斂千餘金，民藉是得以蘇息。遇災歉，痛瘝孔，殷時詢父老、民間利病，若平價放賑，報糴給民印票，多方補助，野鮮餓殍，民命胥賴以全活焉。振文學以校士，務究竟大義奥旨，崇意見而黜剽竊，以故都人士文藝日中於彀已。憫民俗之漸偷，則注聖諭頒示閭閻，每月朔親臨鄉約所，講諭諄切，俾書善惡以示勸懲，其弗踵故習，民咸融融思見德化之成也。杜繡湖之侵，著各居民沿湖堤以石，而植以柳，即南國《甘棠》之遺愛也。又令司閘者時蓄水以備不虞，民利賴之，今稱爲「俞公堤」。云：「若禁痼溺以洗頹風，而不盡繩以法，何其仁也！鞫獄是非，燭照案斷。山屹猬胥，抑首惴法。惟謹抑，何嚴而明也！自嘗禄外私毫無染，凜乎操若冰玉，又何廉也！」侯自涖任來，諸所措施肫肫皆惠民實政，不與世俗伍，即古稱循良奚讓焉？故蠲苛禁暴則思，憫窮賑乏則思，敷教作人則思，仁以廣愛、明以息奸、廉以固本則思，然則烏民之追思于侯，寧有已哉？語曰：「夫人美於中，必播於外。而越于民，民實戴之。」侯之謂也。《詩》曰：「中心藏之，何日忘之。」烏民之謂也。侯去烏凡閲歲而始祠，勒於碑，蓋於是而益知吾民之好義也。亮拙，未能誦侯政。爰繫烏民之思，遂識其概，以風來者。侯名士章，别號養弘，毗陵之宜興人。

熊鳴夏，豐城人。萬曆十六年，以丙戌進士任知縣。公爲政渾厚潔清，不事更張，而一意拊循，士民宜之。雖居邑無赫赫名，而去後見思。已調金華，擢吏科給事

中。《七賢小傳》之七。

金繼震，字長卿，直隸休寧人。由萬曆丙戌進士，庚寅年任。公初履治，回禄爲災，堂廡獄庫皆燼。公不事興作，而施政誠藹。士紳右族捐貲助建，堂廡翼翼。而畫地修獄，坐法者來歸請囚。政治畢張，爰額其堂曰「振新」。旋陞南京禮部主事。士民祠之，而後令周侯廷侍撰碑。

周士英，字惺莪，直隸武進人。由萬曆壬辰進士來任。甫下車，問民疾苦，親課農桑，作《叶歌》勸民孝友。歲丁酉，邑東北鄉風霾大作，發屋拔木，村落相繼失火。公虔禱於城隍，災旋息。戊戌，旱魃爲虐，蠲諸逋負，并搜帑羡、糴米備賑，民賴以甦。邑之八保山，嘉靖中外邑人經其下，以礦爲訛，鈎集處州礦徒，竊據閧害，當就剪除。此趙侯大河事，舊《志》作公一舉剪滅之，誤。會二十一年，中貴人銜開采命至府。公陰畫便宜，力懇上官，且爲文禱於神，已而采者訖無所得，俛首去邑。困於募，因入覲具疏痛陳之，詳《利病志》。邑乘疏略，與士大夫討論，分類别目，五閱月而成書，今之丙申《志》是也。陞吏部主事。邑民祠於朝陽門左，有甘棠碑記。祀名宦。

張維樞，字子環，號玄中，福建晋江人。由萬曆戊戌進士，二十七年任。令烏六載，清浄寧一，不爲赫赫可喜之功。於釣魚巖建一浮圖五級鎮水口，始庚子，成於壬寅。後崇禎庚辰，熊侯人霖以「龍光」名之，以魚之爲龍，券士也。又東江橋經公修築，榜曰「平政」。重刊黄文獻公溍、王忠文公禕集。以治行高等，召入爲刑部主事。士民祠之。周侯廷侍爲之碑。

周廷侍，號廣裕，直隸金壇人。由萬曆甲辰進士，三十二年任。天才超軼，聽訟不煩而是否立斷，有「周半升」之號，言訟者持米半升入城可決也。贖不取盈，囚不滯犴，不株連他邑人。山澤之利，使貧民溥沾之，抑豪右專據者。修釣巖之塔，加高二級，地增其勝。令烏二載，調繁德清。戊申春夙駕，父老士紳遮留不得，明年相率祠之。東陽參政許弘綱爲之碑。

朱顯文，字道載，别號鄠田，福建莆田人。由萬曆丁未進士，三十六年任。公體弱不勝衣，卧理如長孺之在淮陽。惟拊循，痌瘝蘇之，而奸蠹亦嚴爲禁剔。會病劇，吏民請以身代者萬餘人，竟不起。邑人如失怙恃，乃祠於繡湖之旁。朱懋芳碑之。

吴尚默，字以時，號玄垣，直隸涇縣人。由萬曆丙辰進士，四十四年任。時遼事孔棘，徵兵檄屢下，公諭令强壯願隸籍伍者應之，而緣南畝者勿爲勾攝。烏積年逋負，廉得其有田無賦者，追其逋負，宿弊立洗。爲郡伯周斗垣祠於邑界，因以爲候館。公善臨池，暇則揮灑自怡，庭無雜賓，訟無請寄，議者以爲和中之介焉。天啓間，考選山東道御史，中立不倚，敭歷中外，咸著能聲。至崇禎己卯，以湖廣藩侯歸里。邑人思之，建生祠，有邑侯張允恭碑記。

許成楚，號荆區，福建惠安人。崇禎戊辰進士，二年任。下車，值歲饑，公步禱祈請，獲免。里中惡少白晝攫人，搜其穴，殲其魁，而盗以弭。大修學宫，捐倡募助成之。時縣逋賦至三萬餘金，公一意補苴而不足，適邊儲告匱，公遂以調簡去。民懷而碑之，邑人金世俊爲記。

許直，字若魯，别號柱玉，直隸如臯人。崇禎甲戌進士，是年任。公才練識深，操甚峻。縣有積逋，釐之以法，而去其耗羨，輸恐後。御下明肅，不假嚬笑。境多盗，嚴保甲以稽奸宄。而宿渠之爲剽掠，主使者廉而縛之，掃其穴，肘腋間無伏莽矣。至獲之山藪，勿株連隔郡，行提多從保釋。丙子五月至七月不雨，步禱以籲，雨降，粟直仍倍。措糴本千金，運於江淮者再，平其直以給民，又爲糜以飼。立藥惠局以療，民不以疫死。乃下檄責税糧者如雨，力請緩徵。及秋成，民不俟催而供，竟如額。立社課士，建文昌橋，濬繡湖，植單門，恤寒士。學大夫劉鱗長以縣上中下定弟子額，公與教諭史起夔援秦漢唐宋及明，如顔、楊、駱、宋、徐、王輩彪炳史册者以上，遂得額上縣，縣人至今戴之。其孤貧浮於籍及囚無糈者，出俸半給之。三年報政，以内艱歸，民送之者餘萬人，沿塗爲公母設祭哀之。後遷吏部文選員外郎，城陷，聞上殉國，冠帶拜闕，復南嚮拜，作書報父，賦詩六章，投繯死，謚「忠節」。邑紳士祠於分司右，金世俊爲之記。祀名宦。

熊人霖，字伯甘，别字鶴臺，江西進賢人，兵部尚書熊明遇子。崇禎丁丑進士，十一年涖任。烏故無城，下車即奉築城檄。邑人相告有大役，其室於野者慮加賦且殫，室於城者慮析其廬，聲洶洶。公曰：「毋動。」迺爲七樓而垣其闕。城成矣，民弗知役。有《七門城記》暨詩。保伍法行，多烏集烏散，公曰：「是一旦有變，奈何？」迺立賦井法，以軍令月再肄之。始作「金城」「講武」兩營，而除「戎器」「正伍」兩寓焉。有《兩營志》《簡賦程序》。自丙午來，邑多祲，賢書相望如晨星。僉曰：「咎在南橋。」公曰：「害於令，即咎什、毋徙也。害於邑，即利什，徙也。」

竟徙之，風氣遂完。有《西江橋記》暨詩。邑士樸多閉户而呻呫嗶。公曰：「獨學而無友，即何以昌其志？」有《學門記序》《鎪課序》。胥史多弗恪，往往坐累繫奚官。公曰：「吾今必躬，若輩毋得預，則事省亦以全。」若有《吏箴》。邑土田隘苦瘠，民易去其鄉，又多氣决，一語不售立鍖胸矣。公曰：「是當教之。教之自親遂始。親之無轉徙，遂之無相怨一方矣。」迺單騎循行，申六諭，繼以雅歌，一唱三嘆。聞者皆感慨悱惻，動容易志。有《親民繹序》。邑道綰轂四通，行者無所得息。公曰：「是宜亭。」有《十二亭記》暨詩。秦漢來邑多賢有文者，公曰：「是皆文武之道，忠孝之言也。」有駱丞祠坊暨《集》若《序》、宗忠簡坊暨《集》若《序》、《華川徵》、《重修邑志序》。公之治，爰書盈庭，咄嗟散去，見者以爲神。然天性克勤，戴星視事，夜分而息，不敢賈卧治名。有《旦飈》《星言》諸草。其治兩税若諸司餉，率先期爲條教，未嘗追呼。民樂之，往往先期輸其輸。纖省者課，常爲一郡先。歲大饑，他邑晝而掠，境内業業，惟烏人晏然，罔敢不共。公又出俸餘爲倡賑，積於社，糜於里，或十里一廠，二十里一廠。凡生於烏、出於烏之塗者，無一人莩。他治行甚衆，見之薦剡者無虚月。顧公默然無一言，曰：「曩者吾不得已有所論著，皆邑利害也。若奉宣詔書，以救一時，職耳。何言！」邑人曰：「是長者之言也。」壬午，遷工部主事。祀名宦。本《婺書》。

國朝

知縣

孫家棟，字隆吉，山東安丘人。順治戊戌進士。以精明强固之才，秉愷悌慈祥之性，操嚴冰檗。暑不蓋，冬不圍，風味不改虀鹽。而舞文者必黜，遇豪健則厲創之。邑有官儒民户，逋或作完，完或作逋，按里清之。值清丈，水衝沙塞，盡爲豁免，亦無隱占、無重號。讞牘滿案，决如霹靂，而役無下鄉，即上官胥徒亦無輕假。季必試士，所拔尤者禮接之，然數見則加苛責。先師廟及廡圮，屬教諭徐弘彰董新之。又嚴飲、射以崇有德，釐保甲以剔主窩。初不無謗讟裘者，繼乃歌誰嗣焉。任歷十載，督、撫二臺薦爲治行第一。已，遷江南邳州知州。邑人建去思碑亭於治東街。閱十年，公殁，士民思之，請祀名宦。詳《崇祀名宦録》。

于漣，字桐江，山東文登人。由順治乙未進士，康熙九年任。時奉罷除見年名色、落甲自運之令，遵行無失。十三年，閩寇突入，群盗四起。明年正月，單騎往撫，諸渠就招，解散其衆數萬人。縣志自明萬曆丙申後，諸令或增或改，皆就原本補訂之，至有失其初迹者，公復續之，未成梓，以行取陞吏部文選司。

沈曾純，字天維。江南吴縣進士，康熙四十年任。果毅明決，廉介自矢，聽訟不假桁楊，以理喻之，無不帖然悦服。勤政之暇，則與博士弟子員論文講藝。歲大比，自三月至六月設七篇會，每月定期召集諸生命題較課，以盡鼓勵造就之意。創興義學，捐俸延師，俾編户單寒，咸就學焉。一時文風振興，公之力也。

連一鳴，字根園，福建同安舉人。康熙五十六年任。豈弟嚴明，剛柔並濟，事無大小，必用意周浹。聽訟偶有未决，早夜思維，幾至寢食俱廢，得其情理而後釋然。優容士類，使人人知所自愛。編立保甲，盗賊斂跡。值五十八年、六十年連歲亢暘，比户皇皇，公詳請蠲賑，情詞痛切。又親歷八鄉，竭誠勸輸。開粥廠三十餘所，分男婦就食，藉活數萬口。而公以此致疾。竟卒於官。歸櫬之日，士民白衣冠泣送者絡繹於道焉。

明

縣丞

劉傑，字仁傑，江西樂平人。舉宣德乙卯文學力行，歷政察院，正統三年丞縣。涖任初，藩使黄津按部，督軍需，舊丞被罪斥。傑以積逋鉅萬、民難卒辦，乃畫限分貧富，定遲速，不兩月而集。歲大旱，盜賊嘯聚剽掠。傑散遣兵夫，手書招諭脇從。已，出不意入賊境，獲其渠魁，民賴安堵。有告虎窟山凡五爲害，一家傷三人。即移牒城隍，遣捕户驅入白巖山洞，五虎俱獲。庚申夏不雨，邑人憂之。傑齋沐禱清潭，忽見青虬蜿蜒，黑雲四起，大雨如注。嘗編并圖甲以便徵輸，疏請蠲租、活饑饉。又上封事十條，大者言待制王公禕死節滇南，得謚「忠文」；及天下有司官爲公誤干累者，察其治行廉能，當免提對追罰，諸若除奸革弊、利國便民諸條，悉蒙采用。辛酉缺令，民群疏請令之，而新令已除。及令至，見丞政優得民，亦奏以丞自代，不報，而傑名益彰。邑有一二豪猾，伺傑考績還任，欲投媚蠱利，傑嚴拒之。乃搆蜚語入内臺。已，得雪，還，誣者服辜。民無老稚，遮道歡迎。兵部勾取邑軍數十名，例當解，傑察知各軍有丁在衛，曰：「解軍近則數千里，遠則萬餘里，不無往復之艱，宜更中察爲便。」上司允之。諸修儒學、忠孝祠、尊賢堂及各廨、橋梁，無不備舉。所緝有《黄文獻公集》，校刻《王忠文公集》，所著有《利便奏稿》《繡川集》《義烏縣志》等書。《七賢小傳》之三。

王煇，江西玉山人。監生，嘉靖四十二年任。性警敏，優於佐理，遇事立决，雖老吏積保不能爲奸。署縣事，追徵有法，尤節省夫役，得邑人心。有客帥以召募來邑，煇以長揖見，帥責以跽，不從，叱武士廷辱之。煇恚甚，欲棄職歸邑，士民聞之，群集圍帥邸舍，投石擊門，絶其薪水三日。帥夜半令部騎竊負遁。後因忤上官，落職歸，民甚惜之。

明

主簿

黄某，字國賓，江西南豐人。洪武初，以辟舉涖縣。王公褘於之官賦贈曰：黄君古君子，制行粹且夷。恂恂美儀架，藹藹贍文辭。峨冠映長鬣，大布以爲衣。去歲應辟舉，來自盱江湄。久爲金陵客，旅食困鹽虀。層樓斷春夢，新亭傷夕暉。蘚苫展良晤，游從獲委蛇。苦乏尊中物，清茶瀹新磁。朝家方需賢，用以備羽儀。如君真典刑，朝著合先躋。今兹得一官，其職在勾稽。道明雖怏簿，毋乃秩猶庳。吾聞君子心，愛民仁所推。苟不務澤物，卿相亦奚爲。烏傷古漢縣，土壤非膏腴。我實此邑民，習俗固昔知。君今涖其邑，爲爾略陳之：昔當暴秦世，孝子曰顏宜。親喪負土葬，哀感群烏飛。銜土來致助，吻傷血流滋。邑由是得名，遺冢故纍纍。淒涼千載下，林風撼餘悲。建炎宋南渡，中原戎馬馳。時惟宗忠簡，獨建勤王師。汴京既恢復，渡河將有期。回鑾二十疏，瀝血以陳詞。神州未全璧，計表耆緘哀。遂隳中天業，南北成分離。至今讀遺事，令人雙淚揮。忠孝實大節，至行出天彝。吾邑乃兼有，簡册耿光輝。餘習之所被，其民良易治。可施禮義化，難用威詐驅。奈何邇年來，其力不勝疲。誅求苦無藝，大小含創痍。須憑長民者，煦嫗勤撫綏。苟復事敲扑，愈使其心乖。至公民不病，至誠民不欺。以故昔循吏，務先恩惠施。所居其民富，所去民見思。願君勉自奮，前哲諒堪追。華川十里澤，近在縣郭西。曩當歲大比，吉讖驗清漪。暑雨芙蕖渚，春風楊柳堤。仙宮聯梵宇，烟樹蒼參差。吾師文獻公，其旁有新祠。妥靈設虚室，麗牲植豐碑。頗聞闕主守，荒草滿堦墀。煩君下車後，爲我薦一巵。蘋藻幸可擷，豈必牲肴肥。先廬在縣北，棟宇就傾頽。老桂當北堂，高槐蔭前扉。頃者處州軍，肆暴如狼羆。毁我西南軒，以作軍營圍。吾母颯垂白，獨在其中居。不知風雨夕，何以庇其軀。煩君下車日，語我弟與兒。雖然力綿薄，家事要維持。稍須加繕葺，先業不可隳。憶我里居日，親友常提携。覓句輒裴回，尋杯每淋漓。只今亂離後，在者知有誰？仲實忠簡裔，篤學號醇儒。開門授章句，後生所歸依。仲玉類許丞，庠序賴綱維。優游里閈間，年已向艾耆。德元負才氣，少也不可羈。援經復據史，歷歷談是非。酒酣即狂歌，襟度無畛畦。左足久蹩躠，想更容顔衰。惜哉承平世，遺此磊落姿。近聞處村僻，轉與世情違。高氏好兄弟，和氣溢塤篪。仲顯最卓犖，處物善隨時。往者築新城，趨事不敢遲。比予遘家難，慰書遠相貽。殷勤見高誼，使我重相懷。仲祥乃難弟，倜儻絶猜疑。時時暢鬱抱，即物賦新題。亦遭官軍惡，狼藉桃李蹊。定應稼軒下，仍可肆娱嬉。漢英成均彦，語話甘如飴。一自去京華，力畊理東菑。平生經濟具，蕭條嗟已而。國器意跌宕，篆法效秦斯。酒禁近嚴甚，無從啜其醨。山田秋芋紫，自足供午炊。國章我所畏，爲文時出奇。詞鋒動横厲，穎脱囊中錐。也從青岩隱，依山結茅茨。凡此數君子，吾邑稱白眉。可以咨政務，可以談玄微。煩君相見頃，爲我道區區。自我去鄉里，三載於今兹。學殖反荒落，宦業亦何裨。惟羸髭與鬢，星星總成絲。未續《歸田賦》，空誦《陟岵》詩。今晨送君别，令我慘不怡。奈此臂不羽，不得從君歸。山川豈遼邈，夢魂無相隨。新寒入絺綌，别袂風披披。抗手秦淮上，我歌多嘆噫。情真覺辭費，後會以爲資。

楊騫，字伯高，湖廣監利人。永樂中，以賢材舉，歷事刑部，正統四年，以四川宜賓簿改義烏。自至官，勤政恤民，凡督輸國賦之類，上下無虧。甲子冬，郡守蔣公知其可任，委率各里往納臨清、淮安杉木。有在舟乏食者，分俸米給之，病即覓醫調之。會劉侯同入覲，見騫所行，嘆曰：「真賢簿也。」歲乙丑，攝縣政，以撫字爲心，躬理庶務，兼核軍伍，未嘗少懈。一日，布、按二司臨審永樂初徙家京師富民，騫以其果堪應役者，仍定解補，其匱乏不堪，即令僉替，處之以公，人無議其非者。凡軍需賦役，必察其貧富、丁力多寡，然後量使。士民群然悦服焉。

張景，江西鄱陽人。正統八年以庫大使遷縣主簿。性剛直寡合，而佐理縣治則涖政以勤、子民以慈，各得其方。一日，藩省檄下，委官造舟備邊用，人咸謂其事難集。景欣然躬督，雖隆寒盛雪未嘗少怠，由是一邑夫匠樂於赴工，不兩月告成。後以舊官還，代任而去。

金國珍，江西新建人。監生。清慎有守，俸入之外秋毫無所取。訟者至，慰諭而遣之，未嘗取供。廨舍閑寂，齋厨蕭索，妻子稍稍怨望。公笑曰：「吾官卑而奉公則一，寧能爲汝曹地乎？」其追捕有方，每奉委捉，必期日而得。盜相戒不入境。以廉能上聞，委署武義。催科不擾，聽斷得情。閲三月，新令將至，其民涕泣不忍舍，相與詣司府借留之。烏佐自國初來，清風特操，綽有幹才者，珍首稱焉。陞鎮江府經歷。

宋

縣尉

趙師日，淳熙中尉縣。縣課額惟酒爲重。歲二月至八月，煮酒以四百石爲率，爲緡錢八千六百有奇；餘爲清酒，猶四千八百緡。乾道初，有宰驅八鄉牙櫃列之市肆，商賈爭來，榷酤倍入，既貢其餘於郡，又增歲額一百石。及市易者交病，而官聽其便，獨酒額如故。逋負歲積，至不可計。官不得脱，而吏就黥者相望。十有二年，資政殿大學士李某鎮是邦，公實具其始末以告。令減煮酒額一百石，每石爲減舊額一緡，清酒月減二百緡，又蠲其舊逋幾萬緡。酒額歲不虧一錢，而郡縣交便之。因爲某立生祠，致書陳亮請記，曰：「不勒其事於石，烏保異時之額不增也？」餘詳亮記，見《賦役志》。

明

典史

鍾鳴，江西贛縣人。監生，永樂初除縣典史。贊理恭勤，持身廉潔。嘗獨署縣事，有滯獄逾年未決者，立爲之剖。賦役以均，田野以闢，邑以治化稱。吏民懷之。

王儀，字仲威，吟溪人。正統五年任。勤政愛民，克盡厥職。嘗清理軍政、部運王租暨督造邊船，民蒙其惠。凡大政務必咨於長佐而行，未嘗立異自專。考滿，以最稱。

宦迹學迹〔一〕

元

教諭

劉應龜，邑人。初賣藥自晦，至元二十八年諭烏。門人黄溍《山南先生述》：先生姓劉氏，諱應龜，字元益，世爲婺之義烏人。自曾大父祖向、大父夢龍、父景辰，無仕者。先生少恢疏，常落落多大志。宋咸淳間，游太學，馬丞相高其材，將女焉。先生不可，乃已。由是名稱籍甚，非直用文墨出小異也。於是同舍生掇其緒論，或取高第，而先生故爲博士弟子員。亡何，當以優升解褐。值德祐失國，乃返耕，築室南山之南，賣藥以自晦。人勸以仕，輒不答，然亦不爲激詭嶄絶事眩俗矜衆也。居久之，會使者行部，知先生賢，强起以主教鄉邑。先生始幡然出山即席，於是至元二十有八年矣。終更，調長月泉。有司以累考合格，上名尚書。親友白當詣謁，先生笑弗顧。銓曹謬以年未及出其名，復俾正杭學，先生竟不自言。明年，遂以疾卒於家，壽六

〔一〕「學迹」二字，底本原無，爲體例完整，兹據目録補。

十四，大德十一年八月二十日也。先生偉貌美髯，談辨絶人，然任氣好臧否，閭里少年以爲厲已，而與謀中傷之，相卒亦無以害也。先生學本經濟，而以簡易爲宗。讀書務識其義趣，未嘗牽引破碎以給浮説。至其爲文，雄肆俊拔，飈駛水飛，一出於己，無少貶以追世好，世亦未有能好之者。凡所著爲《夢稿》六卷，《癡稿》六卷，《聽雨留稿》八卷，藏於家。先生蓋有禄食於世矣，而未顯也，故識與不識，皆稱之曰「山南先生」，如隱者焉。按：應龜，列月泉吟社第五人。子鼎，即溍弟浩。

葉謹翁，字審言，金華人。大冶簿邽曾孫，蘭溪州教授震子。元貞間舉教官，由浦江諭改義烏。以教養爲務，興壞起廢之功爲多。黄溍《葉審言墓誌銘》：至元、元貞間，部使者振舉學校，悉廷至前代遺老以主教事。一時英俊之士，咸立下風。惟審言夙負材望，以弱冠之年與之並登于師席，衆皆羡慕焉。審言顧獨恬于進取，筮仕垂四十年，猶俛首常調，隨牒遠方，後來居上者不知其幾。及審言以六品官致其事，而竟不得從容享一日之安，嗚呼悲夫！審言，姓葉氏，諱謹翁，審言，字也。世爲婺之金華人。曾大父大冶縣主簿邽，受業呂成公之門，以所得於成公者授徐文清公僑。文清後爲朱文公門人高第，而於大冶君執弟子禮没身不衰。大父榮發，深自韜晦，罕與物接。父霖，始復以家學私淑其里人。故端明殿學士王公埜、知南康軍葉公閶，咸敬禮焉。仕皇朝，卒官將仕佐郎，婺州路蘭溪州儒學教授致仕。母曹氏，有賢行。審言性明達而蚤有知，於書無不讀，由家傳之端緒，泝儒先之原委，卓然自立，諸老無不樂與之游。舉教官，歷浦江、義烏兩縣教諭，升衢之明正書院山長。丁外艱，服除，上名銓部，借授處之縉雲鄉官政鄉巡檢。丁内艱，服除，遷吉安之吉水州學教授。秩滿，調泉之晋江縣主簿，階將仕郎。同僚有與之不合者，力搆陷之。部使者雖莫能察，而心竊疑焉，不及竟其事而去。後使者得審言受誣狀，而不欲自爲異同，乃貰其罪而解其職。頃之，仍舊階，改調婺州路司獄。在官五年，以老請謝事，授承務郎、温州路同知瑞安州事致仕。命下，審言已以疾不起。審言事親孝，父子自爲師友。念母老不可一日去左右，所至必侍奉以行。仲弟無依，贍之終身。平居寡欲，治家有法，吉凶慶弔，一遵成公《家範》。曰：「吾有所受之也。」貲産素薄，而室廬再厄於灾，至無一椽以庇風雨，僑寓説齋精舍。久之，乃得老屋數楹，僻在東郭外。教子之暇，日以種蒔爲事。暮年徙居城西北隅，間得微禄，不足自給，處之晏如。時從朋舊飲酒賦詩，陶然自適。易簀之日，有書數卷，田數畝而已。審言所居齋室，扁曰「四勿」，自號「贅翁」，歸自泉南，又自號「曲全道人」。所爲詩文和易平實，無纖麗之態。有《四勿齋稿》若干卷，《曲全集》若干卷，藏於家。審言生於宋咸淳八年四月十六日，卒於今至正六年十月十日，年七十有五。審言所交皆四方名士，里居之日最所友善者，許文懿公謙、翰林待制柳公貫、太常博士胡君助、禮部郎中吴君師道、翰林修撰張君樞，而溍亦幸獲陪諸公之末。至是，諸公多已凋謝，惟胡君與某獨存故。泰之求胡君爲之狀，而屬某以銘。嗚呼悲夫！載念某之少也，從先生長者，詠歌先王之道於寬閒寂寞之鄉，將以是終其身。審言力挽之，出而游宦不遂，晚通朝籍，以親老請外，遂納禄而歸。審言適已挂冠，往見之雙溪上，握手道舊故，殊款洽。别去甫一月，而審言逝矣。又一月，而某蒙恩錫召，欲伸繐帷之一慟而不可得。銘固不敢以諉於他人也。嗚呼悲夫！審言分教兩縣，所至以教養爲務，興壞起廢之功尤多。其在明正書院，復道流冒占之田二百餘畝。吉水號多士，教官良不易爲，審言處之有道，由是士論厭服。審言爲巡官，則能使盗息而民安；爲獄官，則能使囚徒不失其所，誠可謂得其職。而審言之所以不朽者，不專在是也，兹不詳述焉。銘曰：「有作而興，載揚其英。胡不奮飛，徐徐吾行。黽勉從事，靡愛其力。執虚若盈，戰兢夕惕。不疑於人，蹈夫危機。困而能亨，罔間險夷。皇仁在上，天日臨照。朱紱之來，于光有耀。鼓缶而歌，式全吾歸。孰昭其昧，曰有刻辭。」泰之，審言次子。

孔文栩，字周卿，温州人，先師五十四世孫。諭烏三年，以秩滿遷。烏士惜之。黄溍《送孔周卿序》：昔者七十子之徒，蓋以有若爲似夫子而師事之矣。他日雖以不能對諸子之問，叱避而退，其記言之書，終不敢字稱之，而猶必曰「有子」焉。彼其去孔子未久也[一]，于質貌之偶同者且尊慕之如此，則凡後孔子千百歲而生而見夫隆顙者、升脣者、圩頂者、河目者、面如蒙倛者，將皆趨而拜之不暇，况其子若孫之克肖者乎？厥今孔氏之族，日大以蕃，其能服《詩》

[一]「去」字，底本原作「失」，兹據《嘉慶義烏縣志》改。

《禮》如伯魚、原性命如子思者，予雖莫得而悉識，距夫子五十四世，有名某字周卿者，予所識也。周卿主教吾烏傷三年矣，當以秩滿升。吾烏傷之士莫不華其行而悋其去。予竊以爲，孔子之道，如天之無專覆、地之無獨載，日月之不擇物而照，顧豈私其家者耶？誠令流風餘澤之所存，必孔子謂宜列之公台、建之方岳，俾諸大夫國人咸有所寓其尊慕焉可也，又豈一州一邑所得而私耶？《詩》曰：「雖無老成人，尚有典刑。」予固未敢遽以吾周卿爲賢於有子，不猶愈乎隆顙升唇、圩頂河目、面如蒙倛之偶同者耶？周卿行矣，予之屬望於周卿也厚矣。凡離曠之思、愛助之意、既形於群公之篇什，故予獨論其所貴乎孔氏者如此云。

應裕，黄巖人。諭烏，人士親且樂，久而不厭。秩滿受代，相率賦詩以惜其去。

黄溍《送應教諭詩序》：古之爲師友者，非徒有所嚴憚切磋，其相與之際，至親且樂也。蓋夫人之少也，既游於黨庠術序，而其以賢能興於鄉也，必還使長而治之。逮夫老而不仕，則又朝夕坐於閭塾而爲之師，以教其子弟。歲時飲射讀法之事，莫不相與從容揖讓，升降酬酢，奔走出入乎其間。士生斯時，自少而至壯且老，固未有久去乎學者。雖以公侯之貴，任君師之重，爲士者不敢以其尊而弗親之也。故其《詩》曰：「無小無大，從公于邁。」又曰：「載色載笑，匪怒伊教。」由是言之，則其師友之親且樂何如哉？是以及其衰也，詩人猶歌之曰：「縱我不往，子寧不來？」蓋師廢民散，而流風遺俗有未泯也。古者學校之盛，非後世所及者，豈獨其道之隆、法之密乎？蓋亦相接以粲然之文、相愛以驩然之恩，薰陶鼓舞，優柔而厭飫之，有以興起其良心而成就其德性焉。爾今之士，既不必群居於學，主教事者又皆以資格序遷而不能久於其職，不幸有如荀卿所謂「子游氏之賤儒」，且將盻盻焉疾視其長上，尚安望其親且樂耶？黄巖應君，署吾邑教官，以秩滿當受代。邑之人士咸惜其去，相率賦詩以道其離合之思。大篇短章，亹亹而不已。非其親且樂、至於久而不厭，何以得此歟！予故諸生也，忝被官使，不得從先生長者之後，日與應君相周旋，以寓其親且樂之情。竊喜應君之得於其人者爲不易，又以見夫土風士俗，視它邑爲猶近於古也。乃爲本諸詩人之旨，以序作者之意，且志予愧云。

沈文衡，衢州人，至元元年部使者試得教諭。至正六年冬，舊《志》作十一年，誤。**領義學。以慎行立言，考德問業，風厲作興爲事。采國初以來學教諭凡三十九人，作《學官題名記》。捐俸勒石，以爲龜鑑。**《學官題名記》：縣學設諭以主之教，古鄉校之遺意也。本朝路州府縣皆建學立師，而教諭之職初命於儒司，繼命於宣閫，亦命於行中書省。躋其仕者，或以前代故官充，或由諸生用察憲薦。延祐甲寅，例以學院直學爲之。天曆以來，又用御史議，舉茂才之經明行修可爲師表之任，察憲體試官亦用之。既而言司又謂直學乃會計之職，茂才非教諭之科，其以直學爲吏，而止茂才之例。由是朝議於各省鄉貢進士名額之別置左右副榜，以羅致天下。浙省三歲一舉，正榜之士四十，俾與計吏偕試春官，副榜之士二十有五，則以浙右、江左教諭學録處之。若浙左則仍聽宣慰使司銓授，從郡縣之所隸也。衡以至元庚辰獲部使者試爲今職，需次七載，乃至丙戌之冬，叨領兹學，甚懼弗稱。况烏傷壯縣，自古迄今爲士夫淵藪，登宋科之士八十有一，功載旂帛，名著信史，肩相摩而踵相接也。迨我朝科舉之興，今翰林學士黄公首擢高科。合古今先達而論之，皆由三物之能賓興於鄉，以登顯仕。鄉校之官，雖曰至微，有能慎行立言、考德問業，以施風厲作興之功，致諸賢達，在鄉爲孝子，在國爲忠臣，則區區鄉校所係，亦云重矣。而其既往之名，可不記哉！近古官無大小，皆題名於石，蓋欲後之來者見善則從，見不善則改，是非所以侈一時之記名，乃所以爲後人之龜鑑也。宋鄉校有主學之職，當題誌，諒亦有之歷年滋深，無所徵據，不敢妄書。乃采國初至今教諭之由兹學者，得其名三十有九，謹捐俸勒石，傳諸方來。若文衡謬謭，才非敢故與於題書，蓋將著其往過來續之義於無窮也。至正十一年十月，教諭沈文衡記。

明

教諭

陳中立，字仲玉，舊《志》作仲立，誤。號爛柯山人，文毅公亮裔孫，邑人。生元季，晦迹隱居，以詩酒自娱。太祖下婺，禮訪賢士，條上「安民」「知人」等十策。上嘉納，欲留侍左右，以疾辭。洪武初，授本縣教諭，後以年老致仕。子允源，官雲南監察御史。《安民策》：人君者，天之子也；民者，又君之子也。天蒼蒼然而在上，民林林然而在下。在上者默然無爲，在下者蠢然有欲。《書》曰：「惟天生民有欲。」何以御之，故生聰明睿智、足以有臨者爲之君，而代天子民。民與君，論其勢而言，則霄壤不侔，尊卑闊絶；論其理而言，則父子之親，不容相間。《書》曰：「民非后，罔克胥匡以生；后非民，罔以辟四方。」又曰：「后非民，罔使；民非后，罔事。」「惟天惠民，惟辟奉天。」其理顧如是乎！雖然，民常有也，而聖明之君不能常有。希世間出，天運循環，五百年然後興。臣竊以南方之風氣柔弱，自古逮今，間出大有爲之君，樹立世教，雖有之亦不能混一區宇。今陛下一戎衣而有天下，不數十年，功成治定，神速如爾。普天之下，率土之濱，車同軌，書同文，使南方之風氣柔弱者變爲剛大。陛下可與爲堯舜，可與爲湯武，可與富民而措刑，可與强兵而伏寇。有君如此，非南方之大幸歟！然東南之人其忍負之？惟當披露腹心，捐棄身命，盡力致之，以安民心。民心安，則天命不離。天命不離，得不丕若有商周之歷年歟！故歷年多而施澤於民久，夫民之子孫雲仍得皆爲太平之倖民也。然臣此言若有諛諂于上，陛下又當思皋陶陳謨於帝舜之言，曰：「天聰明，自我民聰明。天明畏，自我民明畏。達於上下，敬哉有土。」伊尹告太甲曰：「惟天無親，克敬惟親，民罔常懷，懷於有仁。」陛下當以皋陶、尹之謨誥是究是圖，又當以「得民則得國」之言爲信，不然，則凛乎朽索之馭六馬，可不慎哉！臣幼讀書史，時命大謬，無以樹立。今則棄舊圖新，慕許行之學有年矣。孰知稼穡之艱難，然稼穡者，民所恃以生也。乃者陛下出詔天下郡縣，從丘履畝，挨蹈田土，令民自實欺隱之弊，人皆畏陛下之刑法，敢不敬應。但陳積出之餘，不敢陳陷減之少，何以謂之自實乎？竊謂海波桑田，東灘西漲，歷朝累代，東灘者元額不除，西漲者新收有科，民苦虛納之患，役户有倍償之嘆。今陛下因襲而又益之，臣恐天下之赤子，自此無寧歲矣。陛下好生之德，洽於民心，豈忍爲之乎！然聖人立法，必慮後世以台爲口實。萬一不幸，後有多欲之君，輔之以聚斂之臣，虛額不除，實徵於民，使天下怨謗，推所從來，則必有任其咎者矣。倘臣書中所言苟小有可觀者，擇而行之，召問優游，以養其敢言之氣，待有其大者而後言之乎！肝膽塗地，罪在不赦。

《知人策》：古之君子，幼而學，壯而行之，隱非君子所欲也。人莫己知而道不得行，隱居以求其志，泯其迹，閟其心，而退藏於密。避地避言，其慮患也深，其周行也密。囂囂然尊德而樂義，有鳶飛魚躍之味，有舞雩浴沂之樂。自視欿然，而過人遠矣。《詩》曰：「潜雖伏矣，亦孔之昭。」信乎。蓋賢者得時則行，失時則蟠，不可以利誘，不可以威屈，實有關於世之盛衰也。古人有言：「不信仁賢，則國空虛。」故爲君者，舉逸民，揚側陋，圖與共治。然用之之道，體統立而下有所寄。人君位天人之間，而俯仰無怍者，以是也。故當盡禮以致之，虛心以訪之，「克知有三宅心，灼見有三俊心」，以是「敬事上帝」，則天職修而上有所承；以是「立民長伯」，克己以從之。君能如是，則賢者莫不興起、盡心以圖治平。故舜舉皋陶，而不仁者遠；湯舉伊尹，學焉而後臣之；高宗舉傅説，置諸左右，朝夕納誨，以輔台德；成王任周公、畢公、召公，旁作穆穆，迓衡三后，同心協於克一，此三代所以治隆於上、俗美於下，豈非明良相逢，宜乎致雍熙太和之盛世也。降此，則管夷吾舉於士，孫叔敖舉於海，百里奚舉於市，甯戚舉於飯牛，皆能務引其君於當道，建久安之策，成長治之功。然賢者未必無補於國家，所以在上之人，急親賢之爲務也。《詩》曰：「允矣君子，展也大成。」亶其然乎！臣也，生乎今之世，思乎古之道，晝出耕，夜歸讀古人書，至於存心養性之學、修己治人之方，謹慎乎所未見，悚懼乎所未聞，熟究而思之：利不苟取，仕不苟進，其言也典，其致也博。內不失真，外不殊俗，困而不憂，窮而不懾，居易俟命而已矣。吾黨之直躬者有言曰：「夫如是，蓋人能弘道焉，知來者之不如昔也。」又曰：「窮經將以致用也。有經濟之才而位不逢，亦耻也。」孟子又言：「故將大有爲之君，必有所不召之臣。」予然其言。後闕，餘佚。

胡春同，字宜年，福建龍溪人。永樂二年，由舉人諭邑。温厚端方，誨訓生徒，隨才造就。廟學頹弊，捐俸修之。事有關風化者，悉爲舉行。秩滿，陞柳州府學授。諸生及邑人愛慕，惜其去焉。

賈進，字勤道，淮安安東縣人。博通經史百家之書。永樂十二年，以明經舉鄉貢進士，授義烏縣學教諭。持身敬謹，教規嚴厲，造就隨材。從遊之士賴以有成者甚衆。丁外艱去，後陞監察御史，繼陞湖廣按察司僉事。士子至今思之。

辛榮，江西鄱陽人。永樂十四年，由鄉貢進士任義烏諭。問學優深，動循矩度，尤善古文。士子登其門，如坐春風中，沾時雨之化，踴躍勵進，擢高第者，科不乏人。考滿，陞國子學正，後陞山東提調學校僉事。

陳得安，字師善，福建福清縣人。父，一原，任安溪教諭。自幼刻苦力學，凡經史子籍靡不博通旁究，尤長於古文、詩歌。永樂六年，以《詩經》舉鄉貢進士，授淮安府學訓導。教迪有功，科貢得人。歷陞沅陵、義烏二學教諭。恭謹自持，動止以禮，誨諸生必傾竭底藴。正統三年，以年老致仕。門人不忍其去，遂家義烏。平居寡言笑，及與人談論古今人物文章，亹亹不倦，以斯道自任，學者尊師之。子二人，長曰舉，以《詩經》中正統甲子浙江鄉試，任江西袁州府學訓導。

黎祖慶，字繼芳，廣東番禺人。由鄉貢進士，授湖廣黔陽訓導。正統二年，陞義烏學教諭。律身以禮，誨人不倦。雖隆寒盛暑，亦必正衣冠，端坐於堂，與講論經傳子史閫奥。不數年，從之遊者造就有成，多擢第入仕。古人云以身教者，從祖慶之謂乎？所著有詩文稿若干卷。

李汰，字清之，蘄水人。舉人，弘治十八年諭烏。尚正大，循禮法，通經史，尤精於《易》。威儀整飭，以身率人。秩滿，謝病歸。所著有《立齋集》。閲一百三年，

邑人碑之，祠名宦。邑侯朱顯文《孝烏博士長立庵先生遺思碑》：凡惠愛教益於兹土者，當時則稱，去則思，此大較也。而有深於此，稱不必赫於當年，而思乃彌，永於没世。是其比於俗吏，奚止四累之上耶。國家成弘間，人各修其職，惠民者與令教民與長，故令若長觭重於天下。洎後教衰道茀舉，惠教之責全歸之令。於是稱而思者，令不啻百，而長無一焉。又况高標雅韻，入人於微渺，而仰止在百世者哉。余竊承烏乏，緬懷前哲，而有概於李君清之之爲人也。清之由永新訓來諭烏，迄今百餘年。余不習知其人，第按舊《志》，大概循軌貞教、博物君子云。復讀《立庵集》，齊得喪，輕去就，一介不苟，灑然寄興詩文之内，令人悵惘自失。舉以詢邑中孝秀，猶稔傳其姓字，爲言高曾大父嘗親炙嗜學之，至今受遺澤不替也。夫君子之澤，波及五世就雲耳。而稽高、曾以上，尚猶不識其名號，何有於高、曾所習之人。且其時修職之士非乏，而惠愛教益又未必若能其令者之著明也。思而不忘，則何説焉。余以是知人心之不泯，而善政之得民也。蓋視表曲直者，不於表於影。視璽方圓者，不於璽於塗。究教窪隆澤深淺者，不於當時而於興起之士。詢遠祖之名號於塗人，誠有所不相識，而如有人焉，崇懿景鑠，足以範今而傳後，非必親世系也，有不競慕效爲鼻祖者乎。人心之良斷，可識已。先生持己誘俗，先操履而後枝葉，重道誼而輕榮膴，惠之介、夷之量，參調而時出之，故當時沐其教者，如受噫氣於大造，藹爲和煦，肅爲清冷，總相愜而相忘焉。至於今想見其遺範，片語尺蹏，皆足振末俗之高標、唱繼起之雅韻。頑廉薄敦，久而靡斁。邑人士方數請俎豆於學宫，此寧待要約哉！蓋教浸入於人心，若影從表、塗受璽雲耳，之追崇其鼻祖，勃乎不能自已也。今人非谿刻以耀俗，則媕阿而愚衆，即惠愛教益赫然溢里耳矣，不免銷沈于身後，視先生之教澤，窪隆深淺，顧可同日論耶。矧當其時，遂無足稱者也。銘鼎之法曰：「無美而稱之，是誣也。有善而弗知，不明也。知而不傳，不仁也。」余既因烏以知先生矣，烏可以不傳？於是追而記之，以著先生得民之深，因以志人心不泯，而示後之有職於兹土者，其亦使人稱而思、思而不忘焉可也。或有執位不酬志，爲先生歉者，然聞先生之後，好德能文，稱亢宗未艾，余知其必不舍高曾而鼻祖他人也。由此言之，崇懿景鑠致必傳於後者，豈必身有其位哉。先生諱汰，號立庵，楚之蘄水人。清之，其字也。是爲記。舊作萬曆辛丑八月立顯文，知烏在戊申，誤。

王汝源，字以仁，湖州烏程人。受業陽明先生高第一庵唐先生之門。端慤沈毅，孳孳聖學，博通經傳要旨。講習磨厲，充養温粹，吴興學者宗師之。以選貢授嵊縣訓導。著太極圖、通書二《述》，直指藴奥，以迪多士。陞義烏教諭。見宫舍頹，廡位亂，祭器殘，典籍缺，慨然嘆曰：「事有急於此者乎？」謀之縣大夫，叮嚀申請，并出其俸金。區畫不逾時，頹者飭，亂者整，殘者新而備，缺者搆而補。丁祭舊多草率成禮，獨先期齋戒，籩豆陳列、餚核多寡，悉爲圖式，以授諸生，必使纖毫不紊。日召諸生相與講明義理之學，作《諭士》一編，始「立志」，終「畏法」，首尾諄切，歸於篤彝倫、務實學，躬行有得。或以疑難請，必爲支分條解，叩之不窮。又勤課文藝，以俸置凳桌，設飲饌，不少懈。士不能自給，歲時賙之。鄉黨有貧乏，亦每分俸寄贈。與人有犯不校，而暴慢獻恭，狡僞輸誠，儼然濂洛先生氣象。學者被其容接，渣滓頓化。至於贊佐令尹舉行鄉約，訪求節孝，力請表揚，而一塵不染，尤近世所罕覯。晚年告老歸休，邑弟子不忍言别，相與刻石紀其事而志思焉。龔一清《邑學論憶素王先生存教碑》：我義烏博士師憶素王先生既挂冠之明年，爲萬曆己丑，弟子員金子可久、黄子惟揚輩，皆不佞昔同諸生也，以司訓王君、俞君及諸同肄所爲不忘王先生者，踵門請曰：「吾師出規入矩，左圖右書，言必及義，學必先行。如正廡位、備祭器、賙貧士、購遺書，皆初涖學首事也。於旌揚節義、俎豆忠烈，尤亟亟焉，至再至三。必得請而後已。而譚文體必遵弘、正之芳規，講性學務闡濂、洛之宗旨。每日雅言，每言不倦，諸生咸傾聽請益，退而人人自以爲得師也。其冲和誠懇，溢於辭色。侍坐間，自勤學之外無他語。如是者及二年所。已，擢郡博士長。吾師前期拂衣去矣，惟是諸生弗能忘，敢乞言勒石以志去後思。」不佞清唯唯。竊謂司牧者，周澤渥於民，而民不忘，故有去後思，思而勒石，夫亦曰「其澤莫之繼」也。吾儒之教，萬世如一日，願學之士尊所聞、行所知，師常在焉，胡乃效齊民僅繫思於石爾耶？即若云，是王先生所學之見於行事也；即若思，是王先生所學之信於同志也。可以語教矣，然而未盡。先是二十年，不佞比於鄉，與王先生同邸舍時，先生從唐一庵公游，講陽明先生之學。不佞固陋，頗以意氣洽。居久，先生由郡國薦謁選，設皋比於嵊。教既行，陟而主席華川之上。不佞間臬役，取道梓里，得朝夕乎謦欬。先生出示《學訓》一編，凡十餘條，幸卒業焉，爰屬言首簡。不佞即以平居自警者冠之曰：「毋欺心，是學問第一親切功夫也；有實用，是聖賢從來真正氣脉也。」先生以爲然。然《學訓》數千百言，總之尚實學而已。念念以實，則良知可致，欺心去，實用昭，豈不綽乎餘師、稱善學哉！大抵學莫先於義利之辨，今之學非不辨也，辨而終奪於利勝也。先生學有本原，蓋喻於義者，故尚實，不爲虚談。雖既去，而足起士子之思若此。然則思何爲哉？即《學訓》之條，明辨篤信，而毋視爲空文，必驗之獨居屋漏之中，以勉於日用常行之際，期有得於心潜力體之真，將處爲名士、出爲名臣，裒然乎儒林之表。端不越此，是先生之教固無時而不存，正學其日崇乎！不然，如徒思何？亦齊民之恒情爾。其以是永之於石，爲之題曰《王先生存教之碑》。先生名汝源，字以仁，吴興烏程人。萬曆丁丑選貢云。

周維洪，萬曆二十七年諭烏。邑侯張維樞《孝烏文學周君範遷邵陽授遺思碑》：在昔成周，以道術風勵天下，其教詩書禮樂，其制塾黨庠序。其所選必鄉國中有德行道藝者，隆體豐餼而爲之師帥。是故師得以軌物課其子弟，而子弟亦不敢傲焉，陽而諾、陰而嘲乎其師。漢興，去古未遠，五經博士斌斌多文學，石渠、白虎之會，天子至親制臨决，夫體貌隆則督策易行，廩餼豐則儀表易修。我國家設學初亦斟酌周漢間，乃今稍陵夷也。在通籍成均者，無論至郡邑，諸掌故畫地而制局，循資而待轉。爲師者，抑首促步，銷鋭挫穎，漏漏然於崦嵫之日，而簌簌然於課書升散之程。爲子弟者，登堂而揖曰「吾師乎，吾師乎」，退而不爲慢侮嘲笑也者寧幾？是故周漢之行於教也，常易；今之行於教也，常難。有能當今之難，高自標樹，不爲體卑廪薄所局促者，誰乎。不佞庶幾得之周君範。當君範司訓秦川也，居私念曰：「吾不可以起家澤宫而弛功令，且身自輕之，何以振鐸？」所鼓篋課讀甚鋭，多士靡然嚮風。時州守錢季梁自喜握文章柄，鮮許可，獨心賞君範。及君範來孝烏也，人問所謂教孝烏狀，君範曰：「吾視振鐸孝烏猶之秦川耳。夫士，吾故也。使士之子恒爲士，吾職也。苜蓿齋雖冷，其爲詩書禮樂、德行道藝之訓，今果與古逕庭乎？且彼一時也貳，此一時也專，豈其彼一時也鋭，而此一時也弛。」於是，益鼓篋課讀自如。日懸約言而撕之曰：「毋以貞女背吾奇醜之姆訓也。」有挾篋問字者，傾吐必盡，曰：「吾即不能腹便便，俾若實歸，然不敢虚此剥啄也。」一二譚短長者，必戒之庭，曰：「慎修衿襟，毋攘臂干縣大夫權，貽羞黌序也。」不佞有建塔修學、濬繡川、新俎豆意，君範必贊決，或以身任，曰：「篳路藍縷，猶將拮据，何敢傳舍宫牆，使文明之區鞠爲茂草也！」數年來，師得以長善規過於子弟，子弟不至陽諾陰嘲於師，限於今之制而幾幾行古之道者，非君範誰望！於時君範屢膺旌書，裒然優等矣，而竟用格額故，晋邵陽授。夫邵陽，於建州壤相接也，其詩禮書樂、德行道藝，夙稱鄒魯之遺聲，教固相被也。君範第操所謂課孝烏者據席而明詔之，士之聞風生氣，與樵川、雲巖相映發也寧後？孝烏諸生聞是言也，聚族而謀籍諸同官者，議勒之貞珉。不佞復前，謂諸生曰：「世俗所云尸祝以拜，鼓歌以儛者，大都出於顯有力，今先生無勢以見羶，無厚禄以望人腹，諸生何思之永也？」其必有相與於無相與，相爲於無相爲，不蘄服而服不蘄，思而思者乎。且夫先生獲之二三子饗之，癸甲之歲，春秋逢年，是豈獨一日月之計。昔施讎深於易，賴張禹、魯伯輩推明，始列學宫。鍾興之受爵也，從容拜讓，曰：「臣師丁恭，而恭卒以侯。」此爲不朽于二先生之大者，諸生能無意邪。不佞故徵往勸來，爲異日券。周君，名維洪。君範，其字。題者爲誰，温陵張維樞也。萬曆三十二年七月立。

孫履恒，字仲立，吴縣人，由舉人、萬曆四十一年諭烏。邑侯吴尚默《邑博士袁谷孫先生去思碑記》：蓋聞凌霜之鍔鋒，以久砥而新；穿札之弧羽，以持滿而達。是以玉壺忼慨，爰興伏驥之歌；絳帳風流，聿肇銜魚之瑞。此壯士之所以不羞遲暮耳。烏博士仲立孫君，故三吴傑士也。六載談經，一朝讀《禮》，繄此士類，實多眷思之懷，遂共徵言志，垂不朽之業。余惟君以少壯與計偕，獨擅青緗之譽、早蜚白社之聲，濟濟士林，待品題以自重、藉顧盼以增價者，有日矣。公車數奇，俯就兹職。烏之子弟，得炙風采，就鑪錘，喜可知也。端席以來，凡以丕振人文、矩範士習者，不敢少留餘力。進諸士，月課而歲程之。鬱霞囊草，不惜手傳；飛錦墨花，罔辭句射。數載人文於是遂稍稍有起色，而暇日自娱，惟有窮覽古今，究心藻艷。精思所至，凡欲嗣響應、劉，比肩賈、馬，芳聲籍甚，以故騷人藝士，無不望雲亭而色飛，聆塵論而心折。蓋上自盎篆深文，下至彈奕小技，無能傲之以所不精也。而且客滿尊深，雄欺北海；六經百氏，勝襲南皮，斯亦極從來未有之盛矣。乃若當道四方徵文之檄，無時不星馳蝟集，委几積案，而君安閑若不經意。忽而憑几握管，則淋漓滿紙者已逸態横生，新情蔚起，正如其人之所欲言矣。時謂四方之待君屬筆，即都護之須孔璋、君房之應紫薇，不是過也。而風雅竹素外，復自探黄石之精，窮洪疇之秘，故説劍則志掃陰山，拂龜則兆符淮水。蓋又有補隋、陸之武略，折何、鄧以常談者矣。昔陳思之對邯鄲生，始傅粉以揚音，旋理琴而校奕。商確騷雅，則屈宋登其堂；升降古今，則王伯在其手；縱横文武，則姬姜擅其宗。方之於君，殆其庶幾。而至于苜蓿職事，則又毫不敢相假，如新廟貌、飭簠簋、獎寒微、嫉僉媚，却補餼之舊例，散公帑之餘金。雖委蛇一氊，居然儒宿之斤斤，而蟬蜕塵俗之中，自致寰區之外。異夫掀二毛以窮一經，謀五斗以役終歲者乎！宜其以去，係多士之思也。方今君蠖屈未伸，龍驤有待，既披霜秀，寧羨朝榮。此則甘奇終賈不得以暫時，而蔑一切明矣。蓋懷抱須運會之遭，志士悲歲華之逝，而後先交錯，號笑糾紛，造物操其密，砥礪聽其來，故卞璞經肘而登洪寶，鄧林更世以任明堂，此嚴徐之所由以晚見動傑主也。君才雄而識朗，神澄秋水，藻掞春華，不脛而走者，量也，無翼而飛者，聲也。留滯耀東南之美，交游盡湖海之彦。夫尺土不試，試則斷蛟剸犀，烏號不發，發則墜雕分石。何也，砥久者鍔凌霜，持滿者發穿札，而况漱芳潤於百家，振羽儀於千仞，利過連星就超暈月者哉。願與多士券之共拭目曲江之濤也。是爲記。天啓元年立。

陳乾陽，字潛夫，别號具茨，武康人。舉人，四十七年諭烏。天啓壬戌，成進士。理盱郡，行取授御史，積官至副都御史。郡人許弘綱《陳師尊德教存思碑》：古師道之重，莫過於漢士。君子經明行修，其學可師法者，天子擢爲光禄大夫，或賜爵關内侯，甚則賜黄金百斤、養牛、上尊、大官致餐、置從史五人、見禮丞相，余嘗嘆古師道之重如此。後世崇儒之典，不能如漢。然如宋之胡安定、孫明復，我朝之魏文莊，皆以經師、人師倡明道學，風軌卓然。士多建立師道甚尊，而使國家受教士之實用，是又以人重也。明興，高皇定鼎，旁求俊乂光輔太平。而一時攀鱗附翼、任腹心而參帷幄者，以金華爲首。至今補天浴日之功，彪炳竹帛。而其人文淵藪，美箭南金，耀星芒而占婺彩者近且益盛。蓋邃谷名丘，式鍾靈氣，義烏其望邑也。而涖鱣堂秉教鐸者，亦多儁瑋特達之賢。若具茨陳公其最著云，公家世湖之武康，以弱冠登癸卯賢書。其文宏鉅爾雅，海内士購而録之，如録譜牒。己未，奉命視義烏學政。公去其鄉近便，習其水土、士風。士甫睹公眉宇者，如高山凝霰，不肅而寒，又如黍谷温風，不嘘而燠。聽公議論者，如洪流赴海，萬里奔輸。讀公制作文章者，如鈞天廣樂，駭目洞心，以爲得未曾有也。公既已聚群士而課之，日月有程，程有殿最、甲乙，而又爲批導大軱、剖晰疑義。人人爲意得去，士率斌斌嫺於文而澤於藻。則公廩廩其繩尺，戒無譁無諍，無旅見郡邑大吏，無鮮衣異冠遊市上，無暴有司短長。士皆帖首束踁奉約束，蓋士風爲一變矣。公既教成，而壬戌成進士去，爲天子分猷宣力之臣。而邑人士思公教澤，徵言於余，勒之貞珉，以志不朽。余惟公鴻才積養躋清朝，而身在日月之際，異時膚功駿勳有畫旂常而銘鍾鼎者然。嘗考載籍，國初名世大臣，以起家學官爲美談，公自此馴至大僚。卿棘公槐，如魏文莊故事。而孝烏固爲起家地也，諸士實與有榮施矣。遂序次其大都，令伐石而書之。天啓甲子十二月立。

國朝

教諭

王文明，字闇生，山陰人。順治十二年，由歲薦諭烏。携其子與諸生課文講學。時邑當盛時，朱司馬之錫、金黄門漢鼎望隆中外。文明遇其子弟，惟以德業相勉，司馬、黄門甚重之。在任三年，陞寧波府學教授。

附《儒學丘公去思碑記》：昔洙泗名賢，文學、政事專一家，蓋難乎其兼也。顧禮樂兵農奏諸最措諸安阜，厥效彰彰。才臣能吏以政事著史乘者，何代蔑有？若言子載道而南，卜子敷教以西，謂之文學，良非獨善己也。嗣後惟文翁居蜀教化，洽乎風俗，文定涖湖治事，先以經義，斯云備矣。迄今頌述不衰，舍事甚寡聞焉。我烏固所稱小鄒魯也，尼山一鐸，振自紫陽，而黄文獻實私淑之，薪火沿習，文行代有傳人。即興朝肇造，科第亦甲鄰封，乃地扼孔道，兵燹頻臻，士徒四壁，類以交謫，廢吚唔言，念前徽茫然墜緒。學者執其咎，教者未必不與其責。倘得名師而樂育之，起衰八代，功不在昌黎下矣。天嘉惠此邦，以艾翁丘先生涖膠庠皋比。余展謁，退語子弟曰：「若輩得師哉！其操觚貴洛陽之紙，懸國門之字，早已知之以耳；晉接間，穆乎其容，冲乎其度，岳峙淵渟，浩浩乎不可攀涉，今則知之以目；德盛者才長，將來濯磨雅俗、坊表醇風，且復知之以心矣。」既受事，刻日有會，按月有課，雌黄甲乙，咸出心裁。凡晤集，即出全牘相指示：某也，文若何，佳置首；某也，某數行，佳列前矛；某也，以某故殿之。面命耳提，辨論啓迪，竟日無倦容。此理學之宗也。珠圓玉潤，藹然可親，令人如坐春風；而動罔非禮、亦莫敢以非禮對，言未涉私，亦莫敢以涉私干，又令人如立雪。朋儕有隕越者，巽辭諭之，正色叱之，俾自艾而知遷；有屈抑者，毅然力爲申直，俾持平而輒止。鶴鳴子和，交孚以誠，不可以貌爲也。署不增華，食多茹素。居則浣衣是御，出則緩步爲車。庭蒔花數樹，園栽菘一疇。樂燕嘉賓，亦止家携水錯一二簋。非惟公室無妄干，即束脩行否不之計。澹泊明志，上埒南陽，不可以矯致也。若夫遵講聖諭，巡行鄉約，卯出酉歸，必恭敬止。士皆佩教，群黎胥遍德矣。重葺黌宫，庀材鳩工必躬閲。名宦、鄉賢列祠，得地仞牆棘户，焕采壯觀。此經綸小試，已非尋恒所易幾矣。上孚當道，下協輿情，以循卓名登御屏，即擢練民社爲梧柏儲材地。吾庠皇皇如奪寇，例不能留，僉詣余，謀所以樹甘棠者。余初謝不敏，既而思郡邑多載碑，出之庠，曠舉也，况周知灼見，其何容辭？間嘗觀諸水矣，繡湖、瀫江皆滙海，而甬江爲南海冠，洋洋東海，則宣聖所彙靈也。今以甬江爲始達，以繡湖爲支衍，以洙泗爲尋源，回瀾障川，將周注於海溟。四訖之間，其所潤寧止百里千里哉！請勒石爲之券。先生諱克承，字紹衣，號艾軒，寧郡鄞邑人。登己酉賢書。丁卯年四月，選署義烏教諭事。壬申，公舉卓異，賜袍服。二月陞山東兗州府鉅野縣知縣。時康熙歲次壬申孟夏中浣吉旦，欽授内閣中書舍人。邑人金以詔撰。

雍正義烏縣志卷之十一

人物志 選舉、賢行

選舉前

舉選原本鄉里，而築漁牧圉參之。至漢而有孝廉，唐有進士，歷宋、元、明相因不變，此爲制科矣。國朝損益前代，進士、鄉貢、選貢、制貢之外，有辟薦，有武功，以至納粟掾曹，以其貲進，略同明制。烏自建邑以來，起於制科者，其忠節、理學、功業、文章，卓有可紀；而以他途進者，亦多顯著。因並列其年代姓氏於表，而貤封任子亦附見云。

制科表·漢舉士

按：漢射策難問疑義署爲甲乙之科；對策顯問以政事經義，觀文詞定高下。初有賢良之擢，後有孝廉之舉，大約以行藝爲準。其賢良邑無可稽，而孝廉則冠於郡志，取次表首。

孝廉
年無考
楊喬。見《名臣》，舊《志》傳不載出身，今從《府志》補入。 楊璇。見《政事》。 駱駿。見《政事》。二人舊《志》載《雜科》，注「孝廉」，改入此。

制科表·唐科目

按：進士始隋大業二年，唐貢士之科有明經，有進士，有明法，有書，有算，不在館學而得者曰鄉貢，又令試日自糊其名，策問貢舉人於洛陽城殿前，其進士等第專以詩賦。唐世縉紳不試進士者，不以爲美。今特取進士、舉人散見舊《志》者列之。

		進士	舉人
僖宗	乾符三年丙申	樓穎。舊《志》佚。	
年無考			李彖。舊《志》佚。

制科表・宋科目

按：《宋史》宋科目惟進士及九經、五經、開元禮、三史、三禮、三傳、學究、明經、明法諸科，歲舉爲常。然諸科賜第者後復應進士舉，則進士尤重也。考建隆初，禮部設進士及諸科，皆秋解冬進，禮部春考試合格及第者列名放榜於尚書省，不第者仍候秋解。凡進士，試詩、賦、論各一首，策五道，《論語》十帖，對《春秋》或《禮記》墨義十條。凡九經，帖書一百二十帖，對墨義六十條。凡五經，帖書八十帖，對墨義五十條。凡三禮，對墨義九十條。凡三傳，一百一十條。凡開元禮、凡三史，各對三百條。凡學究，《毛詩》對墨義五十條，《論語》十條，《爾雅》《孝經》共十條，《周易》《尚書》各二十五條。凡明法，律令四十條。五經並同《毛詩》之制，各兼經引試〔一〕，通六爲合格。諸州以判官試進士，録事參軍試諸科。至神宗始罷諸科，并於進士。義烏自太祖、太宗、真宗初年，俱未有登第。至皇祐五年，始有登名者，今載以是年爲始。

宋縣尉永嘉吴杜《先達題名碑記》：昔人以登科記於《千佛名經》，命所在郡邑，學必有先達題名，非但記歲月、第高下，亦欲聲望表表、在人耳目，重爲勸也。烏傷，婺之壯縣，儒流輩出，登名淡墨，益盛疇昔。杜筮仕于兹，每與文人才士接，而慨想前輩風烈，間嘗咨訪，則姓名、科甲漫不可考。鄉校庶士浸備，此獨闕典，何以竦觀瞻而起景慕？因加蒐録，得其可知者，自皇祐迨今已三十九人，鑱諸堅珉，以貽將來，蟬聯黿列，將不勝紀。雖然，士自一命以上，皆可行志達道，致主庇民，芳名偉業，當使百世之下聞者興起，必以是爲存亡晦顯哉！此亦又杜所望於邑人云。

〔一〕「兼經」，底本原作「五經」，兹據《宋史》改。

楊焯《題名碑記》：黨庠遂序，俊秀由出，故升進士者必於學記名焉，所以崇古誼、勸方來也。斯意可不續歟！雖然，續名非難，盍相與論其實？吾邑號古稠州，顧瞻前脩，梯雲奔月，風流相望。其間奮忠義，勵清節，以標表士類者居多。不特一科級之榮而止也。蓋士莫重於道義而利禄爲輕，莫大於氣節而文章爲細，於是而知所嚮，然後可無愧於續。不然，續其名而實不稱，非續貂乎？焯不肖，偶偕諸弟連歲齒名，固不敢不以自勉，而邑大夫俱躡巍科，又立石於學以風多士，美意滂洽，將使此石陸續於無窮，尚敢以石論乎？《詩》云：「匪且有且，匪今斯今，振古如兹。」又曰：「維其有之，是以似之。」斯又續名之意也。願與邑士共勉焉。

黄夢炎《跋題名碑記》：題名立於嘉定癸酉，續於端平乙未。厥後，鄉校日益圮，二石委棄瓦礫中，過者睨弗顧。開慶己未，始改創明倫堂，既而齋、序、門、廡悉備，規制焕然一新矣。縣大夫東嘉李侯補，友朋樓君曇、朱君應象力也，余仲氏焱幸與焉。是歲壬戌，朱君由舍選奉集英對，而吾邑上春官者凡數十人，斯文其昌乎！樓君更伐鉅石，屬其季新定通守晏筆之，命工重刊，置諸堂皇，以俟來者。繼自今科第策勳，世科趾美，疊見層出，將大書屢書不一書，而宦業顯融，氏名表表愈偉。使邑人詡曰「是某年進士」，實有考於斯。仲春朔跋。

元黄溍《重立宋先達題名碑記》：義烏邑庠禮殿之西南，故有文昌祠，宋先達題名在焉。祠廢而石毁已久。至正七年春，主教事者暨先達諸公之後人始復修其祠事，而買石重刻置其中。昔我世祖皇帝，既定天下於一，萬邦黎獻，共惟帝臣，特旨以宋咸淳甲戌進士第一王公龍澤爲行御史臺監察御史。公，邑人也。鄉大夫先生，莫不動色胥慶，以爲科目之設，兹其權輿。逮仁宗皇帝臨御伊始，承平寖久，文運肇開，適惟其時，誕布詔條，光揚祖訓，著貢舉令，以興賢能。法行於延祐之初，而兆見於至元之末。公之用舍乃科舉廢興之幾。名不稱，則無以風勵四方。蒐其缺軼而表顯之，不獨爲一邑之榮觀而已。矧今聖天子在上，稽古右文，分命儒臣撰定前史，因其善惡以寓勸懲。列傳所載，盡瘁事國如忠簡宗公，正色立朝如文清徐公，皆邑之先達也。睹其名而知感慕激發，則兩公不得專美於前，而後賢之踵武相接，又豈止爲科舉之士哉！是宜有以彰千載之盛際，非徒可存一代之故實云爾。《詩》云：「自古在昔，先民有作。」遺風餘烈，固未泯也。又曰：「高山仰止，景行行止。」吾儕小子，敢不勉諸！題名舊刻，溍之曾大父在曹公實志之。兹俾溍嗣書其重新之歲月，溍不得辭也。

	進士		**鄉舉**
真宗十八科。			
仁宗六科。			
至和	□□榜。	楊澄。	

皇祐五年癸巳	鄭獬榜。	王固。詳《祠祀志》王進士祠。	
英宗二科。			
神宗六科。			
元豐二年	时彦榜。	吴堯。字聖師，歷官禮部尚書，兼端明殿大學士，謚曰「穆」。舊志云英宗二科，神宗六科，縣無登第，兹從《湖塘瀛頭譜》增入，一作紹興丁丑何昌言榜，俟訂。	
哲宗			
元祐六年辛未	馬涓榜。四年，立詩賦、經義二科。詩賦人兼一經，專經人不兼詩賦。每試四場，初本經義二義，《論》《孟》義各一道；次賦及律詩各一首；次論一首；次子史、時務策二道。後闕八十一年。	宗澤。見《名臣》。	
紹聖元年甲戌	畢漸榜。是歲策主紹述。	王永年。固從孫，知福州，封文安縣開國男，食邑二百户，贈正議大夫，葬沙溪。	

徽宗八科。			
崇寧五年丙戌	蔡薿榜三人。	楊與及。 楊茂先。遂安主簿。 楊智及。二人舊本府志特奏進士。	
大觀三年己丑	賈安宅榜二人。	陳錫。附見《志節》，侄昭傳。 楊信及。國子監助教。 吴禄。堯長子，積官資政殿學士，謚「章獻」，舊《志》作宣和甲辰，歷官至右丞相，今從譜。	
政和二年壬辰	莫儔榜右科。	陳暘。錫侄。	
宣和三年辛丑	□□榜。	吴种。堯次子，仕給事中，遷武義。舊《志》不載，今從譜。	
六年甲辰	沈晦榜。是年禮部試進士萬五千人，詔特增百人額，正奏賜第者八百人。	楊晏。智及弟。 楊沔。見《祠祀》。	
欽宗貢舉不行。			

靖康丙午			
高宗十一科。			
紹興二年壬子	張九成榜。	樓圖南。南渡後，縣人第進士自圖南始，見《政事》。附樓世南，見《府志》紹興中。	
十五年乙丑	劉章榜二人。是科復經義，通詩賦，論策，爲三場。	楊定。晏弟。 楊永年。舊本府志與《遺事》並作永言。	
十八年戊辰	王佐榜二人。經義、詩賦復分二科。	楊昴。晏弟，終通直郎，知分水縣。 楊旦。舊本《府志》特奏進士，安吉主簿。	
二十一年辛未	趙逵榜二人。	陳昭。錫侄，見《志節》。 王槐。舊《志》不載，從《蜀墅塘記》增入。	
二十七年丁丑	王十朋榜三人。	周懋。第五名，《府志》作永康人，邵武教授。諸生不嚴而勸，王十朋稱其溫厚長者。	

		喻良倚。附見《良能傳》。 喻良能。見《文苑》。	
三十年庚辰	梁克家榜。	何恪。見《文苑》。	
孝宗十一科。			
隆興元年癸未	木待問榜二人。是年免殿試。	朱如璋。 楊起巖。真州教授，舊本《府志》免解進士。	
乾道二年丙戌	蕭國梁榜二人。	宗武。澤從孫，陳亮有誌銘。 陳炳。見《文苑》。	
八年壬辰	黄定榜。	楊潛。昴弟。	黄耕入太學。
淳熙二年乙未	詹騤榜二人。	葉維休。翰林侍讀。 楊大法。舊本《府志》。	
五年戊戌	姚穎榜二人。	傅芷。見《文苑》。 鮑公琰。字茂勳，號阡益，紹熙時由兵部主事歷晋兵部尚書。條陳十策，寧宗嘉納之。與韓侂胄不合，遂乞骸骨。以吏部尚書、太子太師致仕。寧宗贊其小像曰：「功臣之功，德訓進隆。賜之誥命，千古遺	

		風。」家於十八都義亭，建龍華書院於溪之東西二處，優游自適，泉壑終老。卒謚文襄。著作有《龍華文集》十卷，《家訓》二卷。宋末，元兵入婺，并尚書宅悉燬於火。 葉維芑。維休兄，翰林侍講。	
八年辛丑	黄田榜。田，《府志》作由。	吴大周。堯五世孫，撫州知府。	
十一年甲辰	衛涇榜。	楊誠之。	
十四年丁未	王容榜四人。	康仲穎。原注入《理學·子植傳》。 葉蓁。原注入《儒林·子由庚傳》。 徐僑。見《理學》。 吴大成。大周從弟。	
紹熙元年庚戌	余復榜。	喻不伐。附見《文學·良弼傳》。	
四年癸丑	陳亮榜二人。	朱質。庭試第二名，見《理學》。 黄畊。第五名，官郡丞。	
寧宗十科。			

慶元二年丙辰	鄒應龍榜。	何器。附見《文苑·恪傳》。	
五年己未	曾從龍榜。	喻侶。見《理學》。	
嘉泰二年壬戌	傅行簡榜四人。	劉裕。 吳大年。堯曾孫，積官兵部侍郎。 喻演。附見《良弼傳》。 傅熙。右科。	
開禧元年乙丑	毛自知榜二人。	朱倧。家溪西，任參議。 吳岐。堯五世孫，歷官秘書丞。	
嘉定元年戊辰	鄭自誠榜。	楊忱中。見《文苑》。	
七年甲戌	袁甫榜二人。	楊焯。見《忱中傳》。 康植。見《理學》。	
十年丁丑	吳潛榜四人。	喻國衡。附見《良弼傳》。 童必大。見《志節》。 許復道。生東陽，遷本邑。 許堪。復道子，仕終防禦使。	

十三年庚辰	劉渭榜。是科四百七十五人。	陳林。都昌令，政成務舉，有祠。	
十六年癸未	蔣重珍榜五人。	虞復。見《政事》。 朱元龍。見《理學》。 龔應之。見《理學》，《府志》作壬午。 樓大年。見《理學》。 方應龍。大冶縣丞。	
理宗十三科。			
寶慶二年丙戌	王會龍榜二人。	毛炳。安康推官，歷寶謨閣學士。 周勇。	
紹定二年己丑	黄朴榜二人。	楊點。 楊貫。二人附見《忱中傳》。	
五年壬辰	徐元杰榜。	楊燋。附見《忱中傳》，舊《志》作樵。	
端平二年乙未	吴叔吉榜三人。	王世傑。見《理學》。 楊夢高。改名煥。 葉蓍。直閣學士。	

嘉熙二年戊戌	周坦榜二人。《府志》作周恒。	樓晏。新定通守。 樓子固。桐廬縣尉。 王囦金。昭慶軍掌書記，見《府志》。	
淳祐元年辛丑	徐儼夫榜二人。	朱傑。元龍從子，積官將作少監、金部郎官，舊《志》作杰。 劉仕龍。見《志節》。	
四年甲辰	留夢炎榜。	王邁。見《文苑》。	
七年丁未	張淵微榜六人。	金昌年。字壽翁，慈谿令，嘗浚慈湖，溉田千頃，民尸祝之。歷官參知政事。 高夢虤。 楊炳。忱中孫，舊《志》作柄。 吴應之。大年侄。 王若訥。邁侄，仕至院轄。 商夢鶴。舊本前志。	
十年庚戌	方逢辰榜三人。	王自。世傑子。 朱金。家溪西，太平令。 黄夢炎。見《政事》。	

寶祐元年癸丑	姚勉榜二人。	朱謙亨。丁頤。	
景定二年辛酉			王炎澤。見《理學》。王濟。
三年壬戌	方山京榜二人。	施郁。見《文苑》。朱應象。上舍。	
五年甲子			石一鰲。見《文苑》。
度宗五科。			
咸淳元年乙丑	阮登柄榜二人。	朱津龍。朱夢周。右科。	
四年戊辰	陳文龍榜五人。	施南一。第六名，附見《郁傳》。朱夢魁。内舍甲科。朱叔麒。乙科，定海縣尹，積官朝列大夫，《府志》作國子監書庫官。朱宗周。右科。陶瓊。官至右僕射，舊《志》不載，從譜。	

六年庚午　釋褐二人。

朱復淳。太平縣令。

朱文魁。涇縣令。

七年辛未　張鎮孫榜。

龔愷。仕監察御史，直顯謨閣，墓在一都，子孫世居焉，《府志》作東陽。

十年甲戌　王龍澤榜二人。

王龍澤。字潛淵，若訥孫，簽書昭慶軍節度判官，元徵拜行臺監察御史。

朱炎。醴陵縣丞。

附科分無考。

楊仲堪。特奏進士，承務郎，安化縣尉。

吳璟。璞弟，仕至兵部尚書，舊《志》不載，從譜。

樓斗南。特科，見《隱逸》。

朱宗儒。字師孟，忠簡公甥，乾道中任吉州太守，後改潯州，居縣學，後葬泮塘楊家山。

傅光龍。侯官主簿。

楊澄。或云登至和榜。

楊一夔。脩職郎，特奏進士。

傅時中。

傅奎。

吳彭年。大年兄，吉州主學，慶曆中，捐建東江石橋，舊《志》不載，從譜。

朱環。見《孝友》。

傅大原。

周大亨。見《隱逸》。

吳珵。廣東南路市舶提舉，知贛州軍事，舊《志》不載，從譜。

制科表·元科目

元自太宗始得中原，用耶律楚材言以科舉選士；至世祖定天下，王鶚獻計，許衡立法，事未果行；及仁宗朝，始斟酌舊制行之。令取士以德行爲本，試藝以經術爲先。士裒然舉首應上所求者，皆彬彬輩出矣。然當時仕進多岐，崇色目，賤漢人。自一統暨末造，凡得國九十年，仕率以吏進。其設進士科，惟仁宗皇慶四年，延祐二年、五年，順帝至正二年、十四年、十六年，六科而已。其制，每科分左右榜，右榜二場，第蒙古、色目人，左榜三場，第漢人、南人。每一舉不及百人，故士之登名者少。終元之世，邑止進士一人，舉人一人。

元東陽張樞《題名碑記》：延祐元年甲寅歲，婺州義烏繡湖清。初縣西有繡湖，父老相傳云：「湖水清，出狀元」。在宋時，湖屢清，言輒驗。宋三百年，由文武擢第者八十餘人，亦可謂多士矣。國家以武功戡亂，日不暇給，世祖在御，嘗命議行貢舉，而未及行，仁宗遂著取士之令，以成宮廟之志。今翰林直學士黄君溍以首科擢第，應繡湖清之兆焉。夫以一邑之徵，其休祥徵兆，非關於天下之故，然而必書。何也？蓋徵一邑之微，而其人材盛衰，關於天下之故，往往見於事業，叶於休祥，若卿雲、甘露、醴泉、朱草皆衆庶之所改，觀策册之所登載，故雖一邑之微，不可不書也。黃君以文學名世，踐敭膴仕，既歸老於家，復召入翰林爲學士，茲邦之人歆艷而慕樂之，謂：「名之弗著，則美之弗彰。」進士之有題名，古也。於今無志，將何以尊。本朝之盛節，勵多士之志義哉。邑士金稽古，乃伐石勒名，立於鄉先達題名之次，表茲邦之第進士，自黃君始也。《詩》云：「誰謂華高，跂而齊而」，使人人競勸，而用志於學，矩矱自度，而夙夜無怠，將見家有可封之俗，人抱逸群之材，復睹湖清之祥，以紹前人之美，屢書不一，書以侈大之也。且自昔以來，第進士僭美爵者，踵相接也。其能以義烈扶世，卓行立朝，名在信史之策，而爲清議所歸者，惟忠簡宗公澤、文清徐公僑而已。然則富貴利祿不足以長世，惟樹德之無期，而風聲之不隕，是所望於學者也。《詩》曰：「無競維人，四方其訓之」，謂莫强於盡人道，將天下所取法，况于一邦乎。前記固已言之矣，諸君子其懋勉之。

		進士	舉人
仁宗			
延祐二年乙卯	張起巖榜	黃溍。見《儒林》。 黃應龢。漕貢進士，見舊《志》序。	王良玉。常山教諭。
順帝			
至正十一年辛卯			

制科表·明科目

明自太祖吴元年丁未已，定文武科取士之法。應文舉者，察言行以觀德，考經術以觀策，試書算騎射以觀能，策以經史時務以觀其政事，令有司預爲勸諭，及時勉學，必三年有成，然後開科充貢。洪武三年，詔設科取士，命邑人王禕草詔：使中外文武皆由科舉，非科舉毋得與官。鄉試于是年庚戌始，次年辛亥會試，殿試。又詔各省連試三年，庶賢才衆多，官足任使。六年，以所舉士多不可用，罷科舉，舉賢良。十五年，復詔設科。十七年，命禮部頒行科舉成式，以後三年一舉，鄉試以子、午、卯、酉年八月，會試以辰、戌、丑、未年二月，畢則殿試，永爲定式。初場經義，士各專一經，皆兼《四書》，《四書》義三道，經義四道。二場論一道，詔誥表内科一道，判五道。三場策五道。雖取數多寡代或不同，而制科定額永不變矣。其貢士一途，洪武三年，始于國子學，定太學資格，惟以品官子弟、民間俊秀、武臣子弟充之。十六年，乃令儒學生員歲貢。二十一年，更定例，府學歲貢一人，州學三歲二人，縣學間歲一人，俱送禮部廷試，考中發國子監肄業，其制分正義、崇志、廣業、修道、誠心、率性六堂，以次第升至率性堂，方許積分，積至八分爲及格，與出身，一如科舉之制，送吏部擢用。科目之外，惟此爲重，往往直登公孤，得人亦多。其後或以家貧親老，願授教職，年迫自廢，抑就末流，積分之法不講，太學之選遂輕。至世宗朝，復有選貢，有恩貢，選雖稍重，終以資格限之，無復升朝之望，大非祖宗養士之盛心也。

		進士	舉人		歲貢
太祖凡三十一年，七科。					
洪武元年戊申					
三年庚戌始鄉試	何文信榜。四十人。合京畿天下十三省開鄉試，共五百人。《通志》一省榜額七十六人。			三年	李鳳。府貢，歷工部事，奉差卒。
				年	楊昭。新淦主簿。
四年辛亥殿試	鄭真榜。吳伯宗榜。一百二十人，秋再鄉試，連三年，至甲寅罷會試不開科，是年會殿試在二月，《通志》會試不載。				

五年壬子	王驥榜。十六人，見《登科考》。				
六年癸丑	顧觀榜。一百四十人，見《登科考》。《蕭山志》六月，上諭科舉暫停罷，别令有司察舉賢才。		馮忠。五名。黃袒。本《府志》，見《文苑》。		
十七年甲子鄉試	花綸榜。七十六人，縣一人。三月，詔禮部頒科舉成式。八月九日第一場，《四書》義三道，經義四道；十二日第二場，論一道，判五條，詔誥章表内科一道；十五日第三場，經史策五道。國子學生、生員、儒士官之未入流者，皆由有司申舉。敦聘考試官二人，同考試官鄉四人，會試八人，後同。		許性善。	十七年	許性善。

十八年乙丑會試	丁顯榜四百七十二人，縣一人。初選進士爲庶吉士。	許性善。字孟道，堪孫，家洋灘，直隸宿松主簿，以朝參誤除籍。		十八年	王璵。府作王興。 馮翊。
				十九年	傅潤。字德脩，任户部主事，歷吏部郎中。
二十年丁卯	蔡平榜。六十五人，是時出題不拘《學》《論》《庸》《孟》。統泰間猶然，見《登科考》。			二十年	蔣霖。
二十一年戊辰	任亨泰榜。九十九人，初刻程文，第一名授脩撰，二三名授編脩著爲令。				
二十三年庚午	王羽榜。六十五人，《登科考》始以名次爲序，後仿此，有全録。				

二十四年辛未	許觀榜。三十一人。			二十四年	方叔衡。曲周訓導，仕翰林院編修。樓源。府貢，從朱悅道游，建蜀山書舍，歷宜都南康武平教諭，所在敷教有方。
二十六年癸酉	施誼榜。六十二人。				
二十七年甲戌	張信榜。一百人。			二十七年	張思均。
				二十八年	杜輻。崇仁知縣。
二十九年丙子	姚震榜。八十五人，縣一人。原作李騏榜。	龔泰。家在城，見《名臣》。		二十九年	陳德弘。
三十年丁丑	春榜。陳郊等五十一人，北人俱不與，訴不公，再試。夏榜。韓克忠等六十一人。			三十年	傅德觀。古田訓導。

				三十一年	陳彌。辰州推官，陞都督府都事。
建文帝凡四年，舊《志》作洪武三十二等年，鄉、會各一舉。					
建文元年己卯	何海榜。六十四人，縣一人，通榜俱廩生，一富户充禮部架閣庫史。		朱肇。家壠頭，見《政事》。	元年	王潛。濟陽典史。
二年庚辰	胡靖榜。				
成祖凡二十二年，八科。					
永樂元年癸未	王道榜。一百三十六人，期當會試，以登極未暇，再命鄉試，以明年會試增廣生中式，自是科始一典史中式。				

二年甲申	曾棨榜四百七十二人。先是限書義二百字以上，經義三百字以上，至是乃變爲長篇。			二年	趙文慶。桃源教諭，造士有聲，府作訓導。
三年乙酉	楊復榜。一百四十一人。儒士中式甫見是年。			三年	洪忠。府作施忠。
四年丙戌	林環榜。二百一十九人。			四年	施勝。
				五年	陳同慶。刑部主事，廉能公謹，家十都大陳。
六年戊子	陳璲榜。九十七人。			六年	吴彝。建寧同知，家大玄。
				七年	屠志道。泗州判官，介直剛方。
				八年	陳文焕。宜春知縣。

九年辛卯殿試	
蕭時中榜。八十四人，先是己丑會試畢，值上巡北京，庚寅冬始歸，至是乃廷試。	鄉試木訥榜。一百二十二人，縣四人。
	陶永成。性資剛直，問學宏深，任江西贛縣訓導，歷官國子監監丞，出爲雷州府經歷。 劉安。家廟巷，廣東鹽課司提舉。 吴大用。家江灣，新建知縣，調華亭。持守清白，涖政嚴明，卒於官。《登科考》、《通志》作王文用，誤。 馮大綱。家赤岸，穎悟博覽，善詩歌。
九年	
徐文。桃源主簿，勤苦力學，以孝稱。	

十年壬辰	馬鐸榜。一百六人。			十年	陳文政。歷懷安、西平知縣，捐俸賑飢，蝗不入境，朝廷命藩臣以幣帛羊酒勞之。景泰二年，已致仕。見朱肇《縣廳碑記》尾。
				十一年	傅道宗。廬陵縣丞。
十二年甲午	鄭惟桓榜。一百六十九人，縣一人。是科有典史吏及監生中式。		俞道英。家錦溪，幼聰敏，博究經傳百家之書，授絳州學正，陞楚府教授，著《錦溪困思》二集。	十二年	童興。歷德安知縣，有政聲，家西門。
十三年乙未	陳循榜。三百五十人，始會試于北京。			十三年選貢	陶原宗。初除歙縣主簿，改授大官署監事，終寧都知縣，家在城。
				十四年	陳修。習之孫，萬載典史。

十五年丁酉	十六年戊戌	
胡文善榜。一百八十五人，縣二人。	李騏榜。二百五十人，騏初名馬，御改今名，《通志》作麒，誤。	
樓文昌。字叔盛，工部主事，歷饒州知府，《府志》作刑部郎中。 葉思銘。襟懷灑落，督府經歷，陞兩淮運司同知，家檠山，《通志》止樓銘。 朱日華。字文華，廉孫，無錫訓導，家赤岸。		
十五年	十六年	十七年
陳嵩。江陰縣丞。	樓巽。南安主簿，見景泰二年朱肇《縣廳碑記》尾。	王穗。靈丘縣丞，以善政稱。

十八年庚子	陳聳榜。二百五人，縣二人，《通志》列名止二百三人。習禮者中式二十有八，是科衛所以軍生應試中式。		龔永吉。見《政事》。金福。字原禧，磁州學正，嚴立教規，陞南陽教授。勸有司修飭學校，賢材輩出，民風一變。家檗山，《府志》次龔永志後。	十八年	沈員。南康照磨。
十九年辛丑	曾鶴齡榜。二百人。				
二十一年癸卯	楊述榜。一百八十九人。				
二十二年甲辰	邢寬榜。一百四十八人。			二十二年	張祐。
仁宗凡一年一科。					
洪熙元年乙巳	分南北卷，南十之六，北十之四。				

宣宗凡十年，四科。					
宣德元年丙午	何惟機榜。四十五人。				
二年丁未	馬愉榜。一百一人，會試分南北中卷始此。			二年	傅文貴。
				三年	吴宗。河南布政司都事，通經史，周藩契重之。
四年己酉	范理榜。四十五人。				
五年庚戌	林震榜。一百人。			五年	朱鐸。四川布政司照磨。
七年壬子	趙象榜。四十五人。			七年	王稚。休寧縣丞。
八年癸丑	趙鼐榜。九十九人。			八年	趙璲。
				九年	吴彰。南京衛經歷，陞弋陽知縣，民立遺愛亭及生祠。

十年乙卯	商輅榜。四十五人，是科有武生中式。			十年府貢三人	黃源。直隸含山訓導。王維嶽。建安教諭。賈賜福。清流訓導。
英宗凡十四年，五科。					
正統元年丙辰	周旋榜。一百人。				
三年戊午	姚夔榜。四十五人。			三年	陳原。石泉知縣。成龍。貴州教諭。
四年己未	施槃榜。九十九人。			五年	季仕進。吴江縣丞，清操有守，建太湖橋，民思之。
六年辛酉	吕原榜。六十人，縣一人。定額浙江六十人，增會試爲百五十人。		虞滝。家花溪，《通志》作俞滝，誤。		
七年壬戌	劉儼榜。一百四十九人。			七年	楊弘。宜春知縣，見《政事》。

九年甲子	沈瑋榜。六十人，縣一人。是科無御史監臨，主考用翰林院修撰劉鱗應。		陳舉。得安子，袁州府學教授。	九年	陳熙。中立孫，允源子，石埭縣丞。
十年乙丑	商輅榜。一百五十人。			十年	黃潤。何韶。馮昌。任沂州吏目，二人古《志》無。
				十一年	李英。政子。
十二年丁卯	韓琪榜。六十人。				
十三年戊辰	彭時榜。一百五十人。			十三年	吳嵩。

景帝凡七年，三科。

景泰元年庚午	楊守陳榜。一百五十二人，復照永樂年間例，不分南北，是科各衛官舍軍餘曾送入學者，許一體入試。			元年	龔淳。易州知州。
二年辛未	柯潛榜。二百一人。			二年	方潭。
				三年	王復。
四年癸酉	胡謐榜。一百一十人。			四年	劉永。潁上知縣，端雅謹慎，寬嚴得體，禱雨有應，卒于官。
五年甲戌	孫賢榜。二百四十九人。是科同考用十人，前此用八人，以翰林院、春坊作同考，京官由科第有學行者，兼取以充，勿再用教官。			五年	金琛。

七年丙子	陳綱榜。九十人，是科以後定額浙江九十人。			七年	樓榮。縣丞。
英宗復辟凡八年，三科。					
天順元年丁丑	黎淳榜。二百九十四人。				
				二年	樓洪。寶慶推官，陞湖廣理問，清操如一。
三年己卯	沈繼先榜。九十人。				
四年庚辰	王一夔榜。一百五十六人。是科同考始用十二人。			四年	盧鏞。舊《志》作鏮。
六年壬午	盧楷榜。九十人，縣二人。		趙勝。第五名，家江灣。 虞瑤。縉雲籍，《通志》作盧瑤，誤。	六年	馮澄。萊州衛經歷。

七年癸未	八年甲申
是年，會試貢院災，改試八月，以明年三月殿試。	**彭教榜**。二百七十四人，縣二人。
	趙勝。性明惠，慷慨有大志，初授監察御史。大中丞署其考曰「趙勝文章政事爲行輩最，至誠篤實爲浙人最。」尋差巡按，以疾卒河西務。 **虞瑶**。仕終兵部侍郎。
七年	八年
王鉉。性愿直，有孝行。仕豹韜衛經歷，引疾歸，行裝惟詩文數卷。和風勁節，無忝古人。舊《志》作鉉。 **朱紹**。縣丞。 **吴昌**。字伯盛，建寧縣丞。 **金寧**。太平照磨，明敏廉謹。 **樓俊**。虞城知縣。 **楊崇**。照磨。 以上並稱七年，無考。	**吴全**。字十成，歸化教諭。

憲宗凡二十三年，八科。

成化元年乙酉	楊守阯榜。九十人，縣一人。		王汶。		
二年丙戌	羅倫榜。三百五十三人，明科第得人，是榜爲盛。是科二場刻詔，會元章懋。			二年	陳紀。留守前衛知事。
四年戊子	楊文卿榜。九十人。			四年	王懋。衛經歷。
五年己丑	張昇榜。三百四十七人。			六年	葉秉中。
七年辛卯	黄珣榜。九十人。			七年	朱琦。南安推官。
八年壬辰	吴寬榜。二百五十人。				
十年甲午	謝遷榜。九十人，縣一人。		吴福。大用孫。	十年	錢淮。州判。

十一年乙未	謝遷榜。三百人，縣一人。	吳福。字吉甫，少與謝遷善，鄉、會皆同舉，授長樂知縣，以農桑、學校爲務，徵夙逋而民不怨，決疑獄而民稱明。甫八月，以疾卒於官。士民立祠塑像，有禱必應。			
				十二年	許榮。字克仁，江西德興縣丞，有謝遷序，見《藝文》。
十三年丁酉	孫昇榜。九十人。				
十四年戊戌	曾彥榜。三百五十人，縣一人。	王汶。見《儒林》。		十四年	朱成。永福知縣。
十六年庚子	李旻榜。九十人。			十六年	謝愷。見《政事》。

十七年辛丑	王華榜。二百九十八人。是科房考始用十四人。	李時。楫父，四川中式，仕終參政，鄉科未詳，《通志》不載。		十七年	龔鎬。州判，氣度宏深，以才稱。 虞麒。
十九年癸卯	周澤榜。九十人。				
二十年甲辰	李旻榜。三百人。			二十年	陳仁。鄮縣知縣，創建儒學，選民間俊秀，教之敬老，勸農清理田糧，招撫流移，邑人立祠，置田祀之。
二十二年丙午	孫鑰榜。九十人			二十二年	龔本。閩縣知縣，調湖口縣。
二十三年丁未	費宏榜。三百五十一人。是科會試仍分南北卷，取數每百名，南取五十三，北取三十三，中取十四。				

孝宗凡十八年，六科。

弘治二年己酉	陸淞榜。九十人。			二年	趙貴。李文。銓選第一，授劍州知州。博學，長詞賦，居官清慎公平，爲諸州最。以破苗功陞兵備僉事。
三年庚戌	錢福榜。二百九十八人。			三年	李信。易州判官。
五年壬子	秦文榜。九十人。			五年	傅文達。
六年癸丑	毛澄榜。二百九十八人。			七年	馮傑。母疾，終養不仕，子權，哭親喪明。
八年乙卯	陶諧榜。九十人，縣一人。《通志》九十六人。		駱汪英山知縣，性坦夷沈静，持身廉謹，政務寬平。	九年	葉茂。南寧推官。
九年丙辰	朱希周榜。三百九十八人。			十年	虞瑜。清流縣丞，遇事明決，民心悦服。

十一年戊午	胡鐸榜。九十人，《通志》九十八人。			十一年	虞鈊。歷沛縣上猶教諭，真實不欺，精于易學，善造就諸生，相與如家人。父子致仕，歸入上猶名宦，以子文詡貴封奉直大夫，山西解州知州。
十二年己未	倫文叙榜。三百人。			十二年	虞大韶。延慶通判，精通經術，律身廉潔，涖政公平。以子文訓貴贈承德郎，陝西布政司理問。
				十三年	金珍。許州同知，幼喪父，廬墓。在任清白，有僉事誤入，誣殺人罪，珍反其獄，州人多之。
十四年辛酉	田惟祐榜。九十人。				

十五年壬戌	康海榜。一百九十七人。			十五年	王龍。閩縣教諭。
十七年甲子	蕭鳴鳳榜。九十人，《通志》八十七人。是科禮臣言各省主考宜用京朝官，不拘見任致仕，少卿楊廉以服闋主浙江，主事王守仁以病痊主山東。未幾廢，嘉靖戊子行之，兩試而止，至萬曆乙酉復行之，至今不變，而皆出於朝命矣。是科附生始中式。			十七年	傅斌。上杭主簿。
十八年乙丑	顧鼎臣榜。三百三人。				

武宗凡十六年，六科。

正德二年丁卯	張直榜。九十人，縣一人。四川榜。		虞守隨。李楫。四川中式，見《浙士通考》。《通志》作順天，誤。	元年	王清。吴源。中城兵馬指揮。
三年戊辰	吕柟榜。三百四十五人。			三年	徐興。延平訓導，受業王汶，性孝友，善詩文。
五年庚午	戴顒榜。九十人，縣一人。		虞文詡。十四名，見《政事》。	五年	虞崑。寧州訓導。
六年辛未	楊慎榜。	李楫。刑部員外郎，陞本司郎中，歷雲南守，弟楷登鄉科。《通志》不載。			
				七年	毛傑。宣化知縣，清慎自守，明斷有爲。

八年癸酉	陳器榜。九十人，縣二人。《通志》八十五人。		李鶴鳴。虞守愚。		
九年甲戌	唐皋榜。二百九十六人，縣一人。	虞守隨。見《文苑》。		九年	龔溍。言温行恪，睦族有恩。
十一年丙子	張懷榜。九十人，《通志》八十九人。應天崔桐榜。一百三十五人，後同。	樓觀。以江都籍應試，初從葉姓，《登科考》、《通志》並作葉觀。		十一年	黃端。溍五世孫，倜儻善籌略，初知藤縣，持守有聲。忤上官，調知平和，行李蕭然。
十二年丁丑	舒芬榜。三百四十九人，縣二人。	李鶴鳴。家在城，住乾溪，見《文苑》。樓觀。歷湖廣副使，《通志》不載。		十三年	虞仲恭。
十四年己卯	豐坊榜。九十人。應天潘潢榜。縣一人，抄志作楊惟聰榜，誤。		虞仲恭。興國知縣，改安慶教授，飭躬勵行，孝友無間。《通志》入順天，誤。		

年	進士	年	舉人
十五年庚辰	上南巡，停會試。	十五年	黃驥。見《篤行》。
十六年辛巳	楊維聰榜。三百三十人。三月上晏駕，世宗登極，五月廷試，舊《志》作四月。		
世宗凡四十五年，十五科。			
嘉靖元年壬午	鄭曉榜。九十人。	元年 府學	王敏。授六合訓導，捐俸活飢人，入《名宦》。陞新淦教諭，以性命道德敷教士子，著《古今玄覽》及《家乘》三百餘卷。以子宗聖貴封承德郎，南京刑部，河南司郎中。《宗聖傳》作柳州府教授。 王俯

二年癸未	姚淶榜。四百十人，縣一人。癸未有進士，自是科始。	虞守愚。見《政事》，《登科考》不注。		二年	丁旻。府經歷。
四年乙酉	錢梗榜。九十人。				虞大亨見《篤行》。
五年丙戌	龔用卿榜。三百一人。				
				六年	黄瑚。
七年戊子	姜良翰榜。九十人。應天許仁卿榜。縣一人。戊子辛卯，各省皆用京官主試。		黄瑚。見古志《政事》，《登科考》不載。	七年府貢	劉琪。廣西縣丞，陞新安衛經歷。
八年己丑	羅洪先榜。				
				九年	李賓。祥符教諭。
十年辛卯	張濂榜。九十人。				

十一年壬辰	十二年甲午
林大欽榜。三百一十六人。	張志淑榜。九十人，縣一人，《通志》八十一人，是科以後，雲貴始各開鄉試，前此合試也。
	王宗聖。
十一年選貢	十三年並選
吴瓊。賦性爽朗，襟宇軒豁，自幼聰慧博洽，聲名籍甚，授永城訓導。横經講席，從遊者甚衆。陞鹽城教諭，學政脩明，大有聞望。致仕歸，益敦孝友，課子侄。以仲子百朋貴封中憲大夫，都察院右僉都御史，加封兵部右侍郎，贈資政大夫，刑部尚書。	吴中孚。 虞大受。中城兵馬指揮，廉公執法，不避權貴。

十四年乙未	韓應龍榜。三百一十五人。			十五年	黃宗舜。全椒知縣，有政聲，致仕家居，非公事不至城府。爲人端恪楷，孝友無間，晚年邑大夫聘爲鄉約長。
				府貢	虞良相。才性英敏，負時望，惜早卒。
十六年丁酉	陳穆榜。九十人，縣一人。		毛一松。至行清脩，文詞俊雅，未究而卒。《登科考》作金華。		
十七年戊戌	茅瓚榜。三百二十人。			十七年	龔象。見《篤行》。
				十八年	陳繼志。寧化訓導。
十九年庚子	王交榜。九十人。			十九年選	虞必中。旌德教諭，師模謹飭，造就有聲，陞王府教授，以孝友稱。

二十年辛丑	沈坤榜。二百九十八人。			二十年	龔鋮。精數學，明曆理。
				二十一年	虞守蒙。泉州府學訓導。性廉潔，邑侯延爲子師，三年無私謁。有門生吴爲代巡，造其廬，有餽百金求爲釋罪者，正色拒之，吴聞之，扁「清修吉士」。
二十二年癸卯	沈束榜。九十人，縣二人。		吴百朋。樓鎮。		
二十三年甲辰	秦鳴雷榜。	王宗聖。見《文苑》。		二十三年	龔鯨。吉安訓導，爲人倜儻剛方。
二十五年丙午	高鶴榜。九十人，《通志》八十八人。			二十五年	張格。雩都訓導。

二十六年丁未	李春芳榜。三百一人，縣二人。	吴百朋。見《政事》。樓鎮。古志見《政事》。		二十七年	樓宗寧。潯州衛經歷，俊邁英爽，篤于友誼，居官勤慎，以勞瘁卒。
二十八年己酉	周詩榜。九十人，縣二人。		金守諒。武城知縣，家塘下洋，《登科考》作金華，《通志》作佘守諒，誤。虞思恭。新昌知縣。		
二十九年庚戌	唐汝楫榜。三百二十人。			二十九年	虞必平。房縣縣丞。
				三十一年	駱焕。寶應教諭。
三十二年壬子	諸大圭榜。九十人，縣一人。應天孫溥榜。一百三十五人。		朱湘。樓楙中。		
三十三年癸丑	陳謹榜四百三人。			三十三年	虞守元崇安知縣。

三十四年乙卯	鄭卿榜。九十人，縣一人。		黄承讚。		
三十五年丙辰	諸大綬榜。二百九十六人。			三十五年	駱彦羔。醇雅清拔，博通六籍，負時望，工古文。嘉靖初，受知督學徐階，目爲浙東第一學者。餘干訓導，誠心迪士，咸傾慕之。
三十七年戊午	張巽榜。九十人，縣三人。		駱彦元。字子乾，貴池知縣，家楊塘。 陳守亮。字惟寅，黄縣知縣，家演頭。 虞懷忠。	三十七年	沈鳳儀。程鄉訓導，明易學。
三十八年己未	丁士美榜。三百三人，縣一人。	朱湘。見《政事》。		三十九年	何球。舊本《府志》。 季廷宣。閩清教諭。

四十年辛酉	盧漸榜。九十人。				
四十一年壬戌	申時行榜。二百九十九人。			四十一年	毛一鳳。舊本《府志》。 李敬孫。醴陵知縣，性孝友，練達政務，善詩文。
四十三年甲子	王家棟榜。九十人，縣一人。兩京主考不用本省人，如資序挨及，南人用北，北人用南，兩京同考，用京官。進士出身者，《易》《詩》《書》各二員，《春秋》《禮記》各一員。		虞德燁守愚孫。	四十三年府貢	龔鳴鸞。青陽知縣。 沈一道。

四十四年乙丑	范應期榜。三百九十四人。是科文以五百字以上，六百字以下爲限，申嚴功令，代者罰，挾册者罰，群聚而通者罰，浮夸者、險僻者、曼衍而無當者黜。			四十五年府貢	金守邦。大城訓導。陳璉。六安訓導。
穆宗凡六年二科。					
隆慶元年丁卯	黃洪憲榜。九十人。				
二年戊辰	羅萬化榜。四百三人，縣一人。	樓中楙。覲子，刑部主事，葉復姓樓，《通志》不載。		二年	黃宗轍嘉魚訓導，陞南豐教諭。
				三年恩	張欽濮州判官。
四年庚午	凌登瀛榜。九十人，縣一人。《通志》八十九人。		龔一清。	四年	金守介。安化縣丞。

五年辛未

張元忭榜。三百九十六人，縣二人。

虞德燁。初授行人，歷兵科給事中，揚州知府，湖廣副使，雲南參政。

虞懷忠。性孝友，直率爽愷。初授真定推官，擢監察御史。時劉臺以直言被杖，偕同官救之，幾獲罪。差按蜀，江陵怒，蜀府及憲副徐柏，欲假手擠焉，懷忠不辭而往，反疏保之，大忤江陵，出知袁州府，仍謫潛山縣。

六年

陳文樂。金益謙。

神宗凡四十八年，十六科。

萬曆元年癸酉

莫睿榜。九十人。

元年

金讓。

二年甲戌	孫繼皋榜。三百人，縣一人。	龔一清。見《名臣》。		三年選府貢	黃惟城。一作誠。金守身。衢州府學訓導。
四年丙子	朱用光榜。九十人。順天魏允中榜。縣一人。		黃惟城。順天中式，家在城。		
五年丁丑	沈懋學榜。二百一人，縣一人。	黃承讚。初任武進知縣，操勵冰檗，政務循良。築渠寬徵，爲忌者所中，論勘。父老數百交口訟冤于當道，事得白。謫兩淮幕職。群商爲豎碑，誦其績。轉令彭水，建學課士，風俗翕然惟新，又惠撫諸夷，邊境戢治。及擢南刑曹士，民繪像學宮，請入《名宦》。		五年	金汝礪。内鄉縣丞。

七年己卯	陳懿典榜。九十人，縣一人。		王希禨。臨邑教諭，家下王。	七年	龔希聖。
八年庚辰	張懋脩榜。二百二人。			九年	黄宗綸。台州黄巖訓導。
十年壬午	姜鏡榜。九十人。				
十一年癸未	朱國祚榜。三百四十一人。			十一年	鄭惟明。
十三年乙酉	馮烶榜。九十人，縣一人。遣京官二員主考。順天張紹魁榜。縣一人。是科各省主試復用京朝官二員，後行之不變，布按二司不許充總裁，以後考試官不得撰文，將中式卷稍加删潤刊刻。		季際熙。七名，麗水教諭，家樟村。吴大纘。以《戴記》中式。	十三年府貢	馮九思。遥授國子監博士。陳文業。内丘訓導。

十四年丙戌	唐文獻榜。三百人。是科同考試官廣額一員，十八房自此始。				
				十五年	朱時雍。處州訓導。
十六年戊子	蔡應龍榜。九十人，縣一人。		金宗焕。崇義教諭，陞臨高知縣，家花溪。		
十七年己丑	焦竑榜。三百人。			十七年	金守典。嚴州壽昌訓導。
十九年辛卯	毛起鳳榜。九十人，縣一人。		朱懋芳。	十九年	金可久。象山訓導。
二十年壬辰	翁正春榜。三百人。			二十年選	王一真。
二十二年甲午	譚昌言榜。九十人，縣一人。		金世俊。	二十二年府貢	虞鳴冬。

二十三年乙未	朱之蕃榜。三百人。			二十三年	虞思慶。
二十五年丁酉	張應完榜。九十人。《通志》作元，誤。			二十五年	樓應奎。
二十六年戊戌	趙秉忠榜。三百人，縣一人。	朱懋芳。肇裔，刑部主事，家壠頭。		二十七年府貢	吴從周。李洵岱。
二十八年庚子	葛寅亮榜。九十人。				
二十九年辛丑	張以誠榜。三百人。			二十九年恩	吴承鎬。處州宣平教諭。吴朝薦。
三十一年癸卯	陳萬言榜。九十人，縣一人。應天王訥諫榜。縣一人。《江南通志》作納善。		金德義。陳于京。	三十一年	駱元思。

三十二年甲辰	楊守勤榜。三百人，縣一人。	陳于京。龍溪知縣。	
三十四年丙午	姚星吴榜。九十人，縣一人。		陳王佐。
三十五年丁未	黄士俊榜。三百人，縣一人。	金世俊。見《名臣》。	

三十三年恩	李洵岳。廉州教授。金希聖。字汝睿，涓九世孫，嗜古能文。萬曆間，邑侯周公徵修縣志，多所討論。後以恩貢選桂林通判，任事精敏。時群盗勾引猺獞，爲粤害，希聖廉其實，力請當事置諸重典。居家清約簡素，著有《灘江詩》《戴經手鏡》。
三十五年府貢	虞邦和。方可大。秉性孝友，容宇沖和，任菜州府教授。

三十七年己酉	錢逢春榜。			三十七	李洵璀。字含仲，別號抱一，選樂陵訓導。歲飢，捐苜蓿盤助賑。遷青城知縣，革俵馬之役，下墾荒之令，百姓稱便。調泗水，防寇保城，又置官莊導陪尾，民賴其利，至今思之。題請以同知銜知滕縣事，救荒捕盜，造橋建壩。陞建寧同知，卒于官。蓋洵璀敏辨，而治泗最久最著稱云。
三十八年庚戌	韓敬榜。				
				三十九年	樓應介。
四十年壬子	朱國華榜。九十人，縣一人。		李洵瓚。安陸知縣，爲人真率不飾，治安陸防禦盡勞。		

四十一年 癸丑	周延儒榜。			四十一年 府貢	王大儒。 蔣明昌。會稽訓導，陞寧興令，多惠政。
四十三年 乙卯	馮銓榜。九十人，《通志》九十七人。 順天秦羽明榜。一百五十人，縣一人。		陶錦。字中環，性和煦周詳，居家教子，與人無迕。知盱眙，治民以不擾爲宗。	四十三年	黃尚詩。初任衢州訓導，陞贛榆教諭，嚴州府教授。
四十四年 丙辰	錢士升榜。是科房考，始用二十人。			四十五年	馮端仕。初任崇德訓導，陞隨州學正，衢州教授，著有《貞庵集》，祀隨州名宦。
四十六年 戊午	陳山毓榜。九十七人，縣一人。		李葵。任都昌知縣，性緩任質，清苦蕭然，士民念之。		
四十七年 己未	莊際昌榜。三百五十人。縣一人。	金德義。見《政事》。		四十七年	何其暉。

熹宗凡七年，三科。

天啓元年辛酉	姚元凱榜。一百人，縣二人。		吴賓明。龔士驤。	元年選	吴宗周。傅巖。
二年壬戌	文震孟榜。			恩	丁元忠。州判，陞兵馬司。
				三年	朱應宸。嵊縣訓導。
四年甲子	翁鴻業榜。九十七人。應天周鑣榜。一百四十八人，縣一人。		傅巖。		吴存恭。
五年乙丑	余煌榜。是科房考，止用十五人。				
七年丁卯	曹惟才榜。九十七人，縣三人。		虞國階。虞國鎮。王士元。	七年府貢	李洵瑞。能楷書，《治禮》記甚習熟。虞國鉉。泉州通判。
				納貢	吴存和。候選通判。
思宗凡十七年，六科。					

崇禎元年戊辰	劉若宰榜。三百人，縣二人。是科房考，又用二十人。	龔士驤。見《文苑》。虞國鎮。見《政事》。	
三年庚午	曹振龍榜。九十七人，縣二人，《通志》作九十八人。		龔廣生。三名。王作賓。
四年辛未	陳于泰榜。是科與甲戌同考，皆十八人。		
六年癸酉	俞穎陽榜。九十七人，縣一人。		吴主一。見《文苑》。
七年甲戌	劉理順榜。三百人，縣一人。	傅巖。見《文苑》。	

元年府貢	李洵璟。見《儒林》。朱紘。字公章，宗衮大典，每遜謝不敏，吴百朋延訓其大纘，年四十，貢入京署，銜七品。
二年頂貢	吴名振。本年卒。陳達德。見《政事》。
四年府貢	王一偉。毛有信。黄巖訓導。
六年功	王一友。馮維位。以參謀朱大典幕、恢登叙貢。
七年恩	朱一范。國朝淮安府同知。

九年丙子	倪長玗榜。九十七人。		
十年丁丑	劉同升榜。		
十二年己卯	宋賓王榜。九十七人，縣三人。		陳聖圻。四名，字君一，慈谿教諭。 金漢蕙。 李爾闇。字又損，安吉教諭，庚申聘福建分校主考，稱爲知文。
十三年庚辰	魏藻德榜。		
十四年辛巳	御試賜貢生進士。縣一人。	季應龍。任雲南蒙自知縣。	

八年	駱道遠。
九年恩	蔣士騰。 吳明臣。
十一年	葉應珪。舊《志》缺。
十二年府貢例	季應龍。 朱瑛。字元白，與弟珪有《檗峰合稿》。 虞國隆。字伯豐，考授通判。
府貢	吳之文。見《文苑》。

十五年壬午	黃濤榜。九十七人。應天盧象觀榜。一百四十八人，縣一人。	吳之器。見《文苑》。			駱光賓。諸暨訓導。
十六年癸未	楊廷鑑榜。			十六年選府貢	金漢蕚。朱淳。紘子，見《文苑》。胡叶願。虞奕芝。
				十七年	吳溶。

制科表·國朝科目

自順治二年乙酉順天開科，丙戌、丁亥疊舉會試，浙省則開科於丙戌，自後鄉試、會試、殿試，初場、二場、三場，一準明制。浙額至庚子裁爲五十四人，遇恩例廣額。而順治己亥連舉會試，康熙丁巳於監生特行鄉試，甲辰初場改用策，二場用論表判，己酉仍舊。歲貢府州縣學名數授教職並同，後免禮部廷試，而恩選之外有功、有援，略同歲貢。

	進士		舉人	歲貢	
世祖章皇帝改元順治，凡一十八年，八科。					
元年甲申					
二年乙酉	順天部炳元榜。一百七人，縣一人。		朱之錫。		
三年丙戌會試	浙江鄉試馮美玉榜。一百七人，縣二人。傅以漸榜。		金漢鼎。黄登洲。事親色養，兼至廬墓六年。	貢監	馮璧聯。虞光瀾。
四年丁亥再會試	吕宫榜。	朱之錫。見《名臣》。			丁同宦。温州瑞安訓導，陞處州雲和教諭。
五年戊子	王嗣皋榜。一百七人，縣一人。順天李培初榜。縣一人。		駱宁楨。見《儒林》。沈慧俠。《通志》不載。	選	虞光澄。陝西潼關通判。虞應昌。

六年己丑	劉子壯榜。縣二人。	金漢鼎。見《名臣》。 金漢蕙。見《名臣》。		府貢	虞汝節。衢州西安訓導。 何淳如。嘉興府學教授。
八年辛卯	余恂榜。廣額一百二十二人，縣三人。 順天郭藩鎮榜。縣二人。		丁爾發。十名，字振生，順天東安知縣。 朱廷銓。廣西馬平知縣。 龔起翬。見《實行》。《通志》名止一百二十一人，無起翬。 紀世勳。本姓丁。 劉繼祥。號瑞亭，尉氏知縣，任二載。家青溪。	恩 貢監 恩	金德俊。嘉興石門訓導。 何聖儒。考授通判。 朱基升。 楊春兆。陝西扶風知縣。
九年壬辰	鄒忠倚榜。縣一人。	紀世勳。嗜古力學，有《禮記彙選》《雲溪詩集》，《通志》不載。		府貢	童一相。處州遂昌訓導。

十一年甲午	鍾朗榜。一百十四人。			十一年	沈文錦。永嘉訓導，陞嚴州分水教諭。
十二年乙未	史大成榜。			恩	駱台衡。金漢蕚。見《文苑》。
十四年丁酉	顧鵬榜。一百七人。			府貢	沈文岡。湖州孝豐訓導。胡之翰。見《儒林》。
十五年戊戌	孫承恩榜。				
十六年己亥再會試	徐元文榜。				朱崇曾。見《文苑》。
十七年庚子	張廣益榜。五十四人，縣二人。		李祖諫。考授知縣。童楷		

十八年辛丑	馬世俊榜。縣一人。	駱宁楨。見《儒林》，《府志》詳科第。		十八年 府貢	金以楨。虞光瀠。字帶如，號湛石，刲股療親，親以壽終，官龍泉訓導，善誘多士，有《先民軌範》。金仲添。貴州經歷。

聖祖仁皇帝改元康熙。凡六十一年，二十二科。

元年壬寅					
二年癸卯	張又良榜。廣額六十四人，縣一人。		金永焜。字望之，鄞縣教諭。		
三年甲辰	嚴我斯榜。				陳聖圭。見《儒林》。是年停歲貢。
五年丙午	徐景范榜。五十四人。				

六年丁未	繆彤榜。			恩	楊振。湖廣安陸府景陵知縣。
八年己酉	邵奏平榜。廣額六十四人。				
九年庚戌	蔡啓僔榜。是年復歲貢。				虞國樞。
十一年壬子	費之逵榜。五十四人，是年以科舉優等准考貢監，府二人，縣一人，以副榜十名准貢生。			府貢 貢監	駱中騏。 沈蘭。武康教諭。 虞光瀚。昌化訓導。
十二年癸丑	韓菼榜。			府貢	朱贇。 馮軾。

十四年乙卯	陳錫嘏榜。廣東榜。		金以桐。		吳雲將。考授訓導。
十五年丙辰	彭定求榜。	童楷。見《篤行》，府志詳科第。		恩 府貢 恩拔	金以謀。龍泉教諭，陞上元知縣。 王松喬。慈谿訓導。 吳雲亭。
十六年丁巳	祝琦榜。監生，特行鄉試，五十四人。				金以詔。考授中書。
十七年戊午	葉汝銑榜。廣額六十四人，縣二人。		駱方烈。宁楨子。 胡其濴。之翰子。		楊亮采。考授訓導。
十八年己未	歸允肅榜。			十九年	何旭文。
二十年辛酉	蔡彬榜。五十四人。				
二十一年壬戌	蔡升元榜。				龔宗鍈。

二十三年甲子	陸士琰榜。			府貢	駱其遠。考授訓導。樓之鼎。見《篤行》。
二十四年乙丑	陸肯堂榜。			二十五年貢監	改提學道爲學院，考貢監如壬子例。黄士甲。考豐，教諭。
二十六年丁卯	伍涵芳榜。			府貢	陳賓。考授訓導。金之埈。考授訓導。吴之秀。
二十七年戊辰	沈廷文榜。			二十八年	陳愷。考授訓導。黄鉁。河南嵩縣教諭。
二十九年庚午	吴筠榜。			三十年	駱時邁。沈能敏。訓導。
三十年辛未	戴有祺榜。				吴雲祉。黄鋊。河南虞城教諭。

三十二年癸酉	壽致潤榜。			府貢	吴郢美。秉性孝友，博物洽聞，工詩賦，有集三卷。 陳欽旻。閉户潛修，德與年進，士林宗爲楷式，學院張以儒宗，鄉望扁其門。 楊漢。
三十三年甲戌	戴有祺榜			三十四年	吴廷澤。海寧訓導。 李爾翼。
三十五年丙子	王德炘榜。				陳越。
三十六年丁丑				拔貢 三十七年	金永燧。 蔣廷縉。
三十八年己卯	李未祺榜。				朱立綱。

三十九年庚辰					金招蘭。陳聯。
四十一年壬午	駱奇齡榜。直隸榜。縣一人。		丁又登。考授中書，任刑部山西司主事。		朱佩球。
四十二年癸未	王式丹榜。			府貢四十二年	蔣達。虞景欽。
四十四年乙酉	詹銓吉榜山東馬綸榜。縣一人。		黃士楝。	府貢	黃之琦。考授訓導。
四十五年丙戌				四十六年	駱仔宸。
四十七年戊子	陈炳榜。縣三人。		朱兆琪。考授中書。陳鎔。考授中書。樓起相。考授中書，改選知縣。		

四十六年己丑	趙熊詔榜。			恩貢	陳持中。字慎修，安貧樂善，素履端方，講學繡湖之濱，有城市山林之趣。
五十年辛卯	陈廷璋榜。			四十九年府貢	傅齡生。王旦。金永愷。
五十一年壬辰	王世琛榜。				張必起。
五十二年癸卯萬壽恩科	羅鼎謙榜。縣三人。		陳世德。駱永圻。金鑑。	府恩貢	李祖蔭。字惠吉，博物洽聞，淹貫經史。邑侯敦請爲義學師，能因材造就。游其門者彬彬稱盛焉。
五十三年甲午	張時中榜。縣二人。		胡如枚。翰之曾孫。王廷珠。	副榜歲貢	曹建章。胡其漌。之翰孫，見《實行》。
五十四年乙未	徐陶璋榜。縣一人。	朱兆琪。		五十五年	張颺言。黃文翰。河南貢，教諭，改授縣丞。

五十六年丁酉	林昌言榜。				陳其鼐。
五十七年戊戌	汪應銓榜。			五十八年	虞慶瑞。駱仁哲。
五十九年庚子				歲貢	朱士挺。字瑨公，學克承先，教堪淑後，邑中名士多出其門。
六十年辛丑	鄧鍾岳榜。				樓承焜。
今上	改元雍正				
元年癸卯鄉會恩科	陳宗楷榜。于振榜。			府恩貢 恩貢 歲貢	陳忠誥。駱方燕。馮邁。
二年甲辰鄉會正科	王金綬榜。陈惪華榜。			拔貢 歲貢	陳得先。沈之升。

四年丙午	胡彥昇榜。縣二人。		何元顯。樓克興。		駱旭。
五年丁未	彭啓豐榜				朱式常。吳師襄。朱承業。

選舉武科表古、舊《志》無

唐科目

武科之設，距大業不遠，郭子儀以武舉進，則前此已設科矣。

宋科目

紹熙間，東陽有呂渭孫第武舉，烏邑無載。

元科目

俟考。

明科目

進士、舉人與文科同，其鄉試中式不與會試者，連舉三科乃稱合格，又有會舉諸科，俞大猷、戚繼光皆由此進。而古、舊《志》不立表第，於武職下間注一二，他志亦然。今特摘而列之中間，漏闕甚多，以俟訂補。

		進士	舉人
世宗自洪武至正德無考，俟訂。			
嘉靖元年壬午			
三十七年戊午			葉應璋。廣西中式第三名，前《志》失入。
三十八年己未	楊斌榜。		
四十年辛酉			
四十一年壬戌	陳彥榜。		

四十三年甲子	榜。		黄宗統。隆慶間，參謀閩□，累功授金華守禦千户所鎮撫。萬曆元年，陞通州張家灣守備，遷薊鎮中路遊擊。
穆宗			
隆慶元年丁卯			
神宗			
萬曆元年癸酉			
二十八年庚子			
二十九年辛丑	黄鉞榜。		
三十八年庚戌	謝弘儀榜。		
四十年壬子	榜。		丁文明。三科，見《武功》。 黄唐。
四十一年癸丑			
四十六年戊午			

四十七年己未	北直榜。	龔彰。字贊夫，薊州中路總兵官。	龔彰
光宗			
熹宗			
天啓元年辛酉			
二年壬戌			
四年甲子	榜		龔守譚。温州飛雲關守備。
五年乙丑	姚萬憲榜。		
七年丁卯			金華葉春苞中式。
思宗			
崇禎元年戊辰	姚榜。		
六年癸酉			金華王九賢中式。
七年甲戌			

九年丙子			
十年丁丑	劉穆榜。		
十二年己卯			
十三年庚辰	榜。	馮願。 丁茂學。南直蕪湖采石磯參將。	
十五年壬午			
十六年癸未	榜。		

國朝科目

初場試馬箭，合式入二場；二場試步箭，合式入三場；三場試策二論一。鄉試期以十月，會試期以九月。近復加以弓、刀、石，不同等。殿試後，一甲選入一等侍衛，二三甲次之。已，罷。選一甲第一人授副將，後改參將；第二人授參將，後改遊擊；第三人授遊擊，後改都司僉書。近復選侍衛，分屬大臣禮遇之。二甲以序授營守備。三甲以序授衛守備。近則營、衛合選，而各從其秩。武舉考選，授衛千總。

		進士	舉人
世祖章皇帝改元順治，凡十八年。科。			
元年甲申			
三年丙戌	榜。		
五年戊子	榜。		
六年己丑	金抱一榜。		
八年辛卯	榜。人，縣二人。 山東榜		龔克斌。福州衛千總，父没，請奔喪。無例，不允，哀毁幾斃。陞山海劉家墩守備。請養母，不允，遂乞休。 丁有任。鳳陽守備。 龔黃。號定遠，彰子，河南歸德衛守備。
九年壬辰	王玉璽榜。		

十一年甲午	王由捷榜。人		陳曙。
十二年乙未	黃九錫榜。		
十四年丁酉	黃功成榜。縣二人。		何滂。江寧千總。黃立端。江南左衛千總。
十五年戊戌	劉炎榜。		
十七年庚子	史在魚榜。		洪憲斌。江南宣州衛千總。
十八年辛丑	林本直榜。		
聖祖仁皇帝改元康熙。凡六十一年二十二科。			
元年壬寅			
二年癸卯	徐紀榜。		
三年甲辰	吳三畏榜。		
五年丙午	徐開鐸榜。		
六年丁未	會元秦蕃信。	龔堂。字廣居，黃子，湖廣沅州水師營參將。	

八年己酉	郭召儀榜。		
九年庚戌	郎天祚榜。		
十一年壬子	郭淇榜。		龔中俊。字慧若，堂子。
十二年癸丑			
十四年乙卯			
十五年丙辰	荀國梁榜。會元朱三英。		
十七年戊午			
十八年己未	羅淇榜。		
二十年辛酉	來維墉榜。		
二十一年壬戌	會元胡芳世。		
二十三年甲子	陳奕紳榜。		黄之琮。
二十四年乙丑	徐憲武榜。		
二十六年丁卯	蔡廷榜。		虞國英。

二十七年	王應統榜。		
二十九年庚午	陳勇榜。		吴雲祺。朱瑋。
三十年辛未	會元王式垣。		
三十二年癸酉			方智猷。
三十三年甲戌			
三十五年丙子			
三十六年丁丑			
三十八年己卯			
四十一年壬午			毛偉超
四十二年癸未			
四十四年乙酉			
四十五年丙戌			

五十四年乙未			
五十六年乙未			何懋。
五十七年戊戌			
五十九年庚子			
六十年辛丑			
今上元年癸卯	改元雍正		
鄉會恩科二年			季見龍。
甲辰鄉會正科			
四年丙午	孫品榜縣三人。	賈廷偉。季人龍。吳健。	
五年丁未	夏𣡪榜縣一人。	何懋。	

雍正義烏縣志卷之十二

人物志

選舉後

諸科表

歷代徵辟從舊《志》所載，若漢楊扶，唐駱賓王，明王褘、朱廉、王紳輩，皆以聘薦，餘並著其入仕之途焉。

漢

楊扶。喬父，刺交州，謡曰「楊聖儀，政多奇」，見《喬傳》。

晋

朱泛。有祠，見《朱幼傳》。

朱垣。東陽郡太守。

賈尚南。朝議大夫，避隋亂，遷居義烏。

齊

朱幼。泛曾孫，見《政事》。

梁

樓偃。舉俊彦，仕終兵部侍郎，兼護軍。初，母吴氏夢金星燦如日光，墜懷，姙十三月而生。涉經史，通古今，天監中登用。卒，諭葬于香山，立祠夏堰，世祀之。

唐

駱履元。賓王父，任博昌令。

俞公帛。仕吴越錢氏，爲户部尚書，兼營田使。自錢唐遷縣之鳳林鄉。

賈諒。以詩賦登進士，官至御史大夫。

宋

劉豪。晋寧公萬章裔，天聖間任平昌刺史。

婁瑶。以文行，授諫議大夫，藝祖，益其姓從木，始爲樓云。

龔明之。舉文學，中宏詞科，歷政烏臺。淳熙中，授宣教郎，服銀緋。遷南昌令。受業徐僑，有《機拙稿》。

喻民獻。原名義方，太學諸生，修職郎。

馮時卿。舉授朝請大夫，知南安軍提點刑獄公事，居官有聲。

賈伸以文學登賢科，官至大理寺正卿，居官有聲。

賈祥。忠獻王郡馬。

賈鈇。忠簡王郡馬。

朱宗儒。太守。

馮淵。舉明經，任上元教諭。

馮友仁。見《實行》。

朱璣。字仲玉，宗儒子。舉，授通州司法參軍。

吴璞。大年子，乾道中，尚咸寧王長興郡主，爲郡馬。授武翊郎，直閤門祇候。

賈天翼。嘉泰中任清口知縣。

樓仲木。江西饒州知府，家羅嶺，下樓氏同。

朱璉。嘉興府推官。

樓仲廣。辟舉，授兖州府同知。

朱徵。咸淳中學正，有祠。

許垓。復道子，壽春通判。

貝士采。舉明經，仕文林郎。

許埏。復道季子，淮西安撫使。

丁仁聞。舉經術精通，除秘書省正字。

沈闓。嘉定中，補承信郎，主管武岡軍巡警彈壓。

童必達。淳祐中，以明經提舉。

宗如圭。澤玄孫，任武昌尉，嘗輯澤《言行録》十卷及文集若干卷。

徐儒。學諭。

徐嘉言。評事。

童壎。朝奉大夫。

童元賓。殿幹。

成奇。太常卿。

元

王信。太平主簿。

鮑曦。教諭。

余冲。教諭。

劉士元。涓曾祖，以召授副使，此下舊《志》有劉應龜，改入《宦迹》。

朱榮。舉懷才抱德，任廣東海陽縣尹。

陳杙。見《理學》。

朱華。舉懷才抱德，任石首縣尹。

樓有成。無爲路學録。

樓璋。玉龍千户所管民司長官。

丁廷玉。見《武功》。

明辟薦

初，太祖定金陵，徵聘名士。及爲吴王，即定取士之法。至戊申即位，五月徵天下賢才爲守令，九月詔起懷才抱德、隱於巖穴之士，此辟薦之始也。及三年，設科於所在行省。六年，復罷科舉，别令有司察舉賢才，必以德行爲本，文藝次之，于是有賢良、方正、孝廉、明經等科。八年九月，詔富民素行端潔、達時務者，爲税户人材之選，又有秀才、儒士、耆老，間亦舉用。十七年，復開科貢，令科舉、薦舉並行。故當時野無遺賢，無重文輕行之弊。建文三年，有詔放還不識字人材及年未三十者，舉頗濫也。永樂、宣德間，亦舉行。成化以後，諸科盡從罷免，而一出於科貢焉。

〔例監〕舊《志》作「例貢」。明初無例。景泰元年，以邊圉事殷，令天下生員納粟上馬者許入監，限一千人止，其上選事例與歲貢同，蓋一時濟急之計。嗣後軍國每一缺用，輒議舉行，代且數舉。至世宗朝，大工推廣，無歲不開，始令民間俊秀俱得入監，視祖宗之制濫矣。

〔掾吏〕舊《志》作「吏通」。明入仕科目，監生外別有吏員，即古庶人在官，與下士同禄是已。洪武十七年，始定資格，以能書農民充之，爲市民多狡，弗用也。二十一年，始定出身事例，外二考京一考，俱以三年爲滿，後考中即循資叙用，有卓異者許内外臣工保薦，故有躐顯秩登要樞至公卿者。成化以後，保薦之法廢，復開納銀入補，又許納級得官，遂不辨農與市及文無害者，而唯積勞之。是叙一切繩以常格，無復超擢之階，亦附表之。

辟薦明經、儒士、求賢、文學、才能、聰明正直、人材，并附雜薦，授《登科考》，薦辟除孝廉外，曰「茂才」、「秀才」。賢良方正，直言極諫，詞學兼茂、經明行修、神童孝悌、力田明經。

明經舉

十七人

樓恂。洪武三年舉明經，授太常署丞，少有異質，博通經史，持身恭謹，遣祭鳳陽皇陵，承恩賞。

何傅。見《文苑》。

朱文。見《政事》。

黃昶。洪武六年明經徵士，見《文苑》。

馮忠。見《文苑》。

傅藻。見《文苑》。

宗濬。見《文苑》。

王初。補弟，洪武十五年舉明經，任本縣訓導，歷平陽萬泉主簿，律身清約，爲政廉平，卒于官，有《時習齋稿》。

陳習。洪武十五年，以明經薦授錢塘教諭，教育有方，十八年致仕歸。孫修爲國子生。

例監

成化年例

張霳。寶應主簿，治湖有功，陞肥城、利津、清流縣丞。

金魁。見《實行》。

龔滔。

正德年例

陳珪。新城縣丞。

金珩。

吳江。永豐縣丞。

虞大約。潮陽縣丞，廉公執法，調番禺，署新寧事，甫期剿平賊寇，民賴以安。

陳壽。甌寧縣丞。

朱椿。

陳珍。

掾吏承差、知印附，歲月不可考，據舊《志》書之。

金津。京衛吏目。

馮滸。神電衛吏目。

潘助。沔陽縣丞。

馮守和。碣石所吏目。

沈學聖。清溪巡檢。

沈鳳岐。富春驛丞。

龔伯俊。貴溪縣丞。

馮洪敬。倉大使。

龔大亮。永豐主簿。

陳子升。批驗所大使。

黃元中。慈利主簿。

金璉。武寧典史。

李鸞翔。梧州巡檢。

何子愚。南昌縣丞。

金湖。南京留守司吏目。

馮翊。見《文苑》。自後薦辟與選舉並行。

王叔誠。名可宗，穎悟力學，洪武二十三年，以明經薦授南康都昌主簿，尋罷歸永樂，召署山陰事，二年致政歸。

喻紹先。良能裔，洪武二十七年，以明經試居前列，受臨洮知府，有善政，尋以事左遷汝州知州，永樂初，改除嘉定。

金存。涓子，受業宋濂，以明經授北平參議。

金永福。以明經任孟縣知縣。

樓琚。壽州同知。

金伸。富順知縣，一云選貢。

李明輔。督府經歷，一云選貢。以上五人舊《志》俱列明經，未詳年歲。

儒士舉三人

樓璉。見《名臣》。

方暉。洪武十八年，以儒士舉對策稱旨，魯府奉祀副，授迪功左郎，陞大同府判。

金源。寧州判官。

駱滿。天性孝友，質實好學，喜吟咏，樂恬淡，授嘉定判官，甫抵任，即歸，有《盡思引》、《孔懷引》等集。

金洲。

陳勤。

金游。

吴珂。福建運司經歷。

毛倫。高州府照磨。

金渟。石阡府推官。

馮佶。中城兵馬，性簡質，不趨時好，奉公執法，督造沙河城有功，陞崑陽知州。

虞大皋。東筦主簿，時征交趾，轉餉有功，委守南澳，有犯大辟舉人匿海島爲患，設計擒之。

金江。見《文苑》。

虞克岳。鎮江府經歷，陞河源知縣。

吴璉。吉安府照磨。

金沂。

朱廷節。建陽驛丞。

龔行可。建昌檢校。

黄新。武平典史。

楊鈺。霍丘縣丞。

沈鵬程。鳳凰山巡檢。

陳德彰。宜春典史。

朱彦祥。碣石衛吏目。

張概。廣東衛知事。

朱誠。字大成，以廩生降充藩吏。有以百金求釋罪者，誠知其枉，力爲救解，罪釋，盡還其金。壯遊京師，館婦欲以私挑，正色拒之。授淮安贛榆縣丞。致仕歸，囊空如洗，枵腹忍餓，未嘗降色求人。

張傑。魯山典史。

沈鳳起。界口巡檢。

王仁民。潯陽驛丞。

傅道安。鹽城典史。

王恩。宗皋裔孫。

虞仲時。廣東衛知事。

鄭旭。魯府奉祀。

應求賢詔六人

高信。見《實行》。

胡璉。字伯器，與高信同饋太祖軍餉。洪武十三年，應求賢詔，試中，授户部郎中，《家集》云：歷「户部侍郎」。

胡讓。字克讓，號烟嵐，師石一鼇，與兄璉同饋太祖軍糧。洪武十三年，同應求賢詔，試中，授户部郎中，請外補，《家集》云：「歷河南左布政」。有《晚翠堂集》。

何茂。永樂初，應詔擢建陽知縣，以廉能稱。

季德彰。舉任政和知縣，陞知州。

丁義宗。舉任仙遊知縣。

文學舉三人

龔澂。博野縣丞。

朱楝。見父《廉傳》。

馮康。翊從子，以薦授華容訓導，歷太平教諭。

才能舉六人

童徽。家西門，閉户讀書，以才能舉，授雲南甸苴巡檢，歷長汀主簿，俱有善政，著《遜志齋稿》。

嘉靖年例

朱鳳。博學善文，督學范某取八邑異等，後入太學，授延安府經歷，陞許州同知。

虞尚洪。饒州府經歷。

王望。

虞希范。漳州府經歷。

陳隆。澂江照磨，陞彭水主簿。

陳策。華亭縣丞。

龔柯。江陰主簿。

陳滋。

王璋。

貝志學。漳州府檢校。

虞良楝。江西理問，歷潮州、太平兩府通判。

虞希曾。

蔣鎔。進賢主簿。

吴汝成。高郵州判官。

虞良材。以子德燁貴，贈行人司行人。

鮑景賢。衛經歷。

吴清。當塗典史。

陳雲驤。銅陵驛丞，轉巡檢。

陳文亨。晋江巡檢，改淙滙巡檢。

陳文煜。所吏目。

陳文譽。績溪典史。

陳宗器。江西倉大使。

陳大經。賀縣巡檢

朱忠舜。海陽典史，陞漳浦主簿。

樓文洪。開平衛經歷。

宋元忠。秦州吏目。

王一器。群牧所吏目。

駱元用。瓊州吏目。

吴維德。武靖州吏目。

吴維絅。南寧府下雷州吏目。

駱元朋。夷陵州巡檢。

金文照。江夏巡檢。

吴伯鳴。四會巡檢。

王允崇。化州巡檢。

吴芬。洪武十年，任南昌主簿。

王補。禕弟，幼穎悟好學，洪武十七年，以薦授甸苴巡檢招安主簿，有惠政。

王繕。字仲修，性孝，嘗學醫。朱玉汝得其傳。洪武中，薦除蜀長史司庫大史，陞工正所工副。

虞梘。字仲規，復裔，聰敏温恭，讀書不懈，以薦授静樂縣丞，所著有《雲門小稿》。

龔冲。未授官卒。

聰明正直舉三人

樓麟。鹽運同知。

張衡。河南御史。

方琦。大同府通判，陞桂陽知州。

人材舉八人

胡禧。見《政事》。

徐烱。衛經歷。

曹垚。平陽府同知。

鄭熙。長樂知縣。

鄭允。王府伴讀。

李裕孫。湖廣澧州判官，善書。

虞文訓。陝西布政司理問。

蔣元正。萬載縣丞。

王思謙。幼習舉業，博覽群書。任興州左衛經歷，徵屯糧不避權貴，却百金之賄，開釋郝氏母子之冤。居鄉恂恂儒者，邑里敬慕，邑令俞公請爲鄉約長。

駱書。長汀主簿。

龔宋。永新縣丞。

王珊。弋陽主簿。

虞志和。大田主簿。

朱鯨。工舉業，以庠生入太學，授廣西布政司經歷，署賀邑事。賀水甚險，涉者多溺，始教民爲浮梁。嚴譏察徭，賊無敢爲變。卒於官，民德而悼之。

徐璉。

貝志忠。

金沙。贈明威將軍。

黃如儼。

王廷佩。上杭巡檢。

樓珏。金壇巡檢。

馮大綬。應天税課大使。

諸文佐。建昌税課大使。

蔣文珂。驍騎衛倉大使。

李應岳。無爲州倉大使。

沈文英。山陽典史。

丁一潤。典史。

樓元卿。巫山典史。

虞應壽。縣丞。

沈學聖。吏目。

吴榮。吏目。

朱大宗。巡檢。

馮有惠。巡檢。

陳惟德。巡檢。

馮夢龍。海鹽倉大使。

倪大倫。驛丞。

馮夢金。吏目。

王國正。温州驛丞。

鄭垠。松陽教諭。
吴夢松。洪武八年，應詔獻策，授揚州府經歷，家江灣。
陳綜。徐州知州。

虞大誥。瀧水主簿。
虞文德。青州衡府典簿。
虞良器。布政司都事。
金宗器。將樂縣丞。
虞文諭。定州判官。
王鐸。德安府照磨，委踏楚府王田，署安陸縣事，以廉幹聞。
王思誠。饒州府知事，勵志問學，嘗爲鄒公守，益所器重，居官有操持。
駱彦良。宜山縣丞。
沈鳳來。松溪縣丞。
金科。以監生從征閩海，累功授誠百户，隆慶六年，歷陞福建遊擊將軍。
龔霖。博羅縣丞。
楊鑑。衛經歷。
蔣元會。蕪湖縣丞。
虞良稹。福建按察司都事，陞安寧州同知。
朱邦本。麻城主簿，陞豐城縣丞，屢延賓飲。

王允協。南溪驛丞。
陳雲鯤。分宜典史。
傅宗鵬。永州府巡檢。

方守中。泰寧主簿。

黄如沂。

馮堂。布政司都事。

馮鑾。江西按察司知事。

李鸞鳴。高淳縣丞，居官淳謹。

金華。番禺主簿，涖任廉能，民立碑思之。

樓應期。舒城縣丞。

葉大正。贊閩浙軍機，論功蔭子臨山指揮。

馮養和。蕪湖縣丞。

沈學易。

陳文俊。壽光主簿。

金黍。高州照磨。

駱天叙。浮梁縣丞。

朱灌。無爲州同知，巡視泥汊江防，以才猷稱。

金文煜。

駱天能。

李無欺。

虞德熺。薊州同知，舉鄉賓。
虞德煜。吴江主簿。
陳文宗。靖安主簿。
虞德燿。廣西照磨。
虞邦光。崇仁主簿。
陳文純。思南府經歷。
虞希禹。
陳文奎。太湖主簿。
陳文照。甌寧主簿。
虞希唐。
王思諫。
何鏞。懷寧主簿。
蔣應春。長葛主簿。

隆慶年例

樓應同。
馮仲章。
馮惟彬。
金庚。有序，見《藝文》。

傅宋。袁州府巡檢。
馮圭。魯府典膳。
朱時中。襄府典儀。
丁沂。建安府典膳。
馮孟銓。益州典膳。
馮宗軻。大安驛丞。

楷書舉三人

劉昭。應龜玄孫，家廟巷，善楷書，充庠生。永樂四年，有司薦修《永樂大典》。十五年，除壽州同知，爲治有體，改順天府推官。宣德五年，轉廣東布政使司理問，決獄公平。從任安，見《選舉》。

李政。家在城，幼孤，穎悟好學，孝于母，博學善楷書。永樂初，徵入文淵閣，書《勸善大典》。授山東莘縣知縣，以治化聞。子英，見《歲貢》。

陳善。廣東靈山縣丞。

醫學薦授三人

商節。永樂中，充太醫院冠帶醫士，召令診脉，稱旨，特賜黑騾加銀牌絡首，得乘出入，陞太醫院判，進承德郎掌院事。

丁文軒。庠生，博書史，精于醫，以薦試禮部第一〔一〕，授太醫院官，謝病歸。按：弘正間，選舉獨重，停薦辟。

吴海。萬曆丙申間，授太醫院御醫。

丁一衢。授兵馬指揮。

陳思正。

金思孝。

金一龍。

丁有光。

蔣應成。

萬曆年例

丁懋軻。

季元瓚。

虞邦翰。

虞邦孚。

朱夢喬。

丁一槐。

金文亮。見《孝友》。

朱應梧。郴州同知。

胡夢龍。鬱林巡檢。

王思誥。北勝州吏目。

馬仲賢。所吏目。

陳思誥。新會巡檢，陞益府典簿。

金守書。密雲衛經歷，陞霸州判官。

王國彥。義勇衛經歷，陞徐州判官。

于宗道。江陰縣丞。

劉兆祥。曲靖衛知事。

龔燧。福州府知事。

金有明。辰州吏目。

龔學正。都昌主簿。

劉應麟。新豐主簿。

〔一〕「一」字，底本原脱，兹據《嘉慶義烏縣志》補。

耆老薦授五人

馮塤。見《文苑》。

樓士竇。召試翰林，授德清主簿。

王宗皋。隱雲黃山北鮎川，徵授河南理問。

金守憲。見《實行》。

丁必奇。授榮府典儀。

藩賓三人

金守朝。江西建昌王府儀賓。

丁必望。江西建安王府儀賓，授朝列大夫，沂之子。

金文鑾。性樸茂，施貧息争，閭里稱善，部授散官。

監生薦舉一人

毛懋徵。辟薦錫縣縣丞，署西平、光山兩縣篆，有政聲。

金文德。性孝友，好古博學，精於書，善琴。修萬曆間縣志，任西城兵馬捕緝，嚴肅有能聲。

馮端本。由庠生任蒲州同知，母耋致仕。

馮端揆。由庠生任河南衛輝經歷。

樓一林。

金應。

陳思化。

虞應埈。

虞國彦。

陳龍光。

金有光。

虞應陛。以子國鎮貴，贈文林郎香山知縣。

陳思時。兵馬。

虞應垣。遊李材門，篤志理學，著有《語録》。

陳思諒。

虞德璋。

蔣一潮。荆府典儀正。

毛汝明。羅定州吏目。

吴惟新。海郎所吏目。

樓日高。沔陽州巡檢。

孟思九。驛丞。

蔣一澄。餘干縣巡檢。

陳文會。經歷。

黄元焕。海門所吏目。

葉時芳。長寧巡檢。

金學禮。淮安府巡檢。

黄承桂。德化縣巡檢。

王宗祖。吉水縣巡檢。

朱繼文。寧國縣巡檢。

李無恙。金壇縣巡檢。

黄元恩。歷任淮府典儀。

黄惟誠。寧波倉大使。

葉世春。台州倉大使。

金文滿。縣丞。

金文明。蘇州府司獄。

黄惟循。
虞應坤。
陳喜政。
王應鸞。
馮汝濬。
吴子繇。萬曆丙申間，瓊州照磨。
王思道。
駱元諭。
虞應奎。
馮希敬。
駱天霖。
沈純。州判。
李無瑕。
金和。州判。
楊一潮。
龔士驄。
王應鸞。
楊仲誼。雷州府經歷。
駱夢麒。

陳文揚。宿遷縣典史。
陳守仁。吏目。
龔大慶。桂平縣典史。
金學詩。江浦縣典史。
楊時茂。通山縣典史。
李無方。蒲台縣典史。
季汝金。龍巖縣典史。
胡汝器。樂安縣典史。
金德忠。山陽縣典史。
蔣一浙。驛丞。
金用和。青田驛丞。
何思明。黄岡河泊所。
朱鼎。南興武衛經歷。
陳思淳。衛經歷。
龔紹卿。典史。
朱拱元。巡檢。
蔣一源。長蘆批驗所。
劉惟華。批驗所。
丁一敏。宣府吏目。

賈如愚。
王子魯。
金鳴盛。
黄宗清。
金文泰。見《孝友》。
金鳴煉。
陳繼學。
虞國奇。鴻臚序班。
金應。
朱夢喬。
陳思任。見《文苑》。
朱應相。孝友和厚，精岐黄術，施方藥，户履嘗滿，任丹陽主簿，有惠政，年九十。
丁文彰。光禄寺署丞。
虞國棟。
龔士驥。
陳時泰。
金有芳。
蔣應可。

季應岳。萬曆丙申間，六安州倉大使。
蔣一洲。典史，以武功改授南灣指揮。
黄尚楷。儒士，歷任中都留守司經歷，有能聲。
樓惟堂。彰州經歷。
金文科。綦江主簿，以武功改陞遊擊。
陳泰。儒士，歷任九溪衛經歷，舉鄉賓。
王子洪。欽州吏目。
王子恩。道州吏目。
徐學易。揚州巡檢。
金希宅。儒士授署丞。
吴良璧。青州衛經歷，陞州同。
虞應光。江津主簿。
樓士輅。襄陽典史。
蔣惟禎。經歷。
黄尚景。經歷。
黄尚模。崇信典史。
黄尚柱。膠州吏目。

龔邦聖。

吴志義。江陰縣主簿。

虞應圻。蔣應能。

吴明臣。

朱應和。四川按察司經歷。

駱元善。見《實行》。

徐宗正。

沈惟誠。

金有文。

丁其祥。

樓一稷。都事。

張翼軫。

王文德。直隸南城兵馬。

金世傑。性孝友，幼學有雋聲。任光禄寺署丞，陞南光禄寺署正。居官廉辦，敦行誼。解糧至北塾，費羨三百餘金，一歸公帑。周海門先生甚韙之。

蔣德莊。行都司經歷。

方世銓。

蔣德盛。陝西苑馬寺監正。

黄思欽。桃源典史。

樓文法。典史。

金世儀。見《政事》。
馮華宰。
王憲中。見《政事》。
蔣明夔。由附生任經歷。
金世佐。由學生任洛川丞。
王應佐。
金世儼。見《政事》。
陳容德。湖廣顯陵衛經歷。
龔陽秋。應天都事。
金世岱。大嵩衛經歷，有惠政。
龔陽夏。棄觚從戎，歷任金山把總，銅山守備。天啓間，督兵援遼。
陳堯言。鉅野縣丞。
蔣德尹。州判。
王錫章。

天啓年例

方時默。
金德智。
王文科。由庠生。

樓一星。主簿，陞經歷。
丁允光。考中膠州州判，舉鄉賓。
樓至仁。辰州經歷。
王家印。新州衛經歷。

金漢芳。見《實行》。
王聞明。見《文苑》。
馮運泰。中書。
金九臯。
蔣士報。
金德瑞。
方岱。華亭縣丞。
金漢莖。
金世佀。
金漢藜。見《實行》。
金成之。
沈立齊。序班。
馮志用。
金仲源。上林署丞。
王聞廣。
金仲深。
蔣士騏。
金仲浚。武英殿中書。
王夢熊。仕上林苑署丞。
王之綱。曹州吏目。
王之紀。

金仲文。主簿陞經歷。
王嘉賜。全椒典史。
季子寧。淮安經歷。
王家相。揚州衛經歷。
金大成。耀州吏目。
黄尚政。德府長史。
金可久。寶應縣丞。
陳國欽。承天經歷。
朱濂。順慶主簿，陞長進衛經歷。崇禎八年，禦流寇，金鎗遍體。妻樓氏，子之捷，詈賊死。撫按兩院會獎，給勘合歸櫬。
沈立諸。縣丞。
黄尚忠。江西極高司巡檢，功陞主簿，縣詳改署練總。
李壽孫。縣丞。
朱國賓。
王文魁。儀真衛經歷。
金世芳。新城典史。
李洵仁。留守衛經歷，一作主簿。
劉一恕。保安州吏目。
劉世臣。濟寧衛經歷。

方時庶。
王文堂。
王文綱。
金漢祚。
方守定。
王應鸞。建寧府經歷。
丁同守。
丁有唐。
黄思熼。
丁同宁。
劉元霈。思明州吏目。
虞國隆。見《實行》。
沈立身。思恩府同知。
金廷珍。考選縣丞，陞平海經歷。
金廷瑜。
童秉初。

崇禎年例

金仲渾。鴻臚寺序班。
沈元仁。經歷。

王大輔。海康典史。
李洵俊。京衛經歷。
朱有京。涿州衛經歷。
樓國楝。州門巡檢。
沈雲翯。經歷，致仕養親。
沈應麒。經歷。

陳一夔。行都司經歷。
沈時雷。
吴伯初。
沈汝志。經歷。
沈其仁。光禄寺丞。
金譚。
蔣士驥。
沈元佐。
沈有宷。光禄寺丞。
沈時元。兵馬。
蔣士驊。
沈文軏。府經歷。
金漢維。
沈得顯。
王維義。
傅嶔。
楊宗昌。
沈應美。經歷。
吴大受。

馮志義。驛丞。
沈時光。典史。
沈應超。經歷。
李洵元。巡檢。
沈文榜。經歷。
沈文偉。主簿。
沈時充。典史。
沈汝愚。吏目。
楊汝紀。經歷。
沈時霓。州判。
沈汝懋。經歷。
趙一夔。即墨主簿。
沈三省。經歷。
沈雲鯨。經歷。
葉尚方。禹城典史。

沈明徽。號景岐，崇正間以文學薦授户部江西司主事。

童一賢見《政事》。

沈王卿。
王文聘。
沈志宏。
黄國璧。
金淑儀。
沈文鑑。
金廷謣。
沈得普。
王文淵。
王文通。號一齋，以文受知祭酒文，還公安之簿渠縣，協岳令震寰禦寇，遷金吾左衛經歷。
蔣明龍。仕河南歸德府經歷。
樓祖望。東明縣丞。
方世銓。
虞國奇。鴻臚序班。
朱綬。好學，工詩。文達孫。
方文淵。仕廣東清遠教諭。
葉時舜。仕至陝西理問。
施元緒。宿松縣縣丞。

黄尚榜。徐州衛左司經歷。
方稠。父病，刲股以療，卒，廬墓旁侍母，就養無方，捐葺宗祠，置祀田。旱疫，賑乏施藥。仕建安王府典膳。
陳吾志。高要巡檢。
謝成美。考授縣丞。
駱日。四川灌縣主簿。

國朝

〔辟薦〕不襲明成化以前諸科，科貢之外，有隨征、教習、招民、撫寇、河工、墾荒諸格。近則開博學鴻儒之科，得人視昔爲盛。外此，有負才見阨者，聽其援職請級，立爲額限，中之保題，亦以佐旌旌所不逮云。

〔例監〕啓自明景泰初，終崇禎之季，不一其名。今則惟繕軍恤民舉而行之，而仍參以科試之法，仍不背於科貢，歲五月試職焉。

〔掾吏〕明初以黜生爲吏。又以農民充之，是用士人與良民也。至成化以後，廢保薦而專納銀，且納級遂成歧塗矣。今制亦仍納銀。而考滿以五年視，外二考，京一考，考以三年者爲簡。歲八月考職，以榜牒定等差。近則仍募無過之人，試其尤者掣缺補之，此法之最善者也。

辟薦

童達行。見《政事》。
季奕聲。見《政事》。
陳瞻遠。見《政事》。
方鎮。字君選，由監生薦授福建長泰知縣，招集流亡三百餘家，請蠲草穀、夫匠等役，陞户部主事。
金時際。由監生薦授廣西容縣知縣。
童一濬。雲南順寧教授。
金以際。招撫山寇有功，題叙九品官。

例監

順治年例

傅商鼎。亳州吏目。
黄成美。常熟主簿。
沈迪吉。由附生仕太平府同知。
于學政。鹽城知縣。
楊士雄。日照縣知縣，瀕海地震，民皆荒散流離，雄飲冰茹蘗，招撫多方復業者捐俸賑之，且飭保甲，申鄉約。如邑署、學宫暨節使行臺，皆取次鼎新，民不知役。歷任十載，奏最，加級。
周世璉。清和知縣。
葉自燦。清苑籍，選山西五臺知縣，後補高淳知縣，舉鄉賓。
李允智。臨高知縣。
金漢縉。由附生。
金詵。由附生。
陳時化。鹽城縣丞。
沈天職。石埭知縣

掾史

劉元靂。臨淄典史。
劉元霆。平遠典史。
駱祖慶。星子典史。
陳萬年。童齡父病，刲股和藥以進，結廬墓側，懸像以祭。大姚典史。
丁紹卿。澤州吏目。
丁同郎。福清縣丞。
金志勇。定南典史。
黄之銓。安陸府經歷。
丁成鰲。紹安典史。
駱日新。考授縣丞。
楊士能。合水典史。
駱日盛。見《實行》。
駱圻。永明典史。
葉邦觀。昌樂典史。
葉時逢。廣德吏目。

沈迪吉。字惠儒，崇正八年恩貢，授行人司副。入國朝，以辟薦中書舍人，歷江南太平府同知。乙卯招撫兵備參議，功授京秩四品，加十二級紀録三次。

方崇玠。康熙十三年，由府附生，招寇五百名，如例入監。

王用諏。十六年，隨征功題授修仁知縣。

康熙年例

朱應芳。

虞枝連。

陳自舜。由附生考授州同。

虞枝起。由學生。

沈皓。考授州同。

楊時燦。考授縣丞，並七年。

駱振基。考授縣丞，八年。

陳景瑄。由附生考授州同。

朱衮。

金之學。由附生考授縣丞，並十年。

吴晋。由附生考授州同。

王希武。由學生考授州同，並十五年。

陳欽錫。由附生考授縣丞。

方運隆。考授州同。

胡修袨。由附生。

陳彦賡。

黄學盛。直隸行堂縣兩嶺頭巡檢。

丁有愚。主簿。

黄世鑣。山東日照縣典史。

龔樑淮安鹽大使。

葉尚珪。湖廣宜章縣巡檢。

葉鑛。山東禹城縣典史。

吴文煌。湖廣叙浦縣典史。

楊良弼。江南青口驛驛丞。

楊惟屏。

張廷焕。

吴忠純。

楊應珮。

金以冠。並考授正八品。

吴資調。

葉尚恒。

樓鴻緒。

樓希昊字聖之，號雲霄，由監生歷任山西兵備道，轉江西按察司，陞河南布政司。

金以霖。並十六年。
楊公余。考授州同。
吴雲霄。考授縣丞。
王廷瑋。
方崇桓。
李祖益。由附生，並十七年。
趙允吉。由附生考授縣丞。
金以烈。考授縣丞。
虞蒙。由附生。
陳逢吉。並十八年。
王景臯。由附生。
朱廷鑑。由附生，並十九年。
丁聯馨。考授縣丞。
吴茂葵。由府附生。
張家聲。由附生。
陳士廉。並二十年。
陳三英。由附生，二十一年。
葉伯适。考授州同，二十二年。
虞子聯。由附生考授縣丞。

童鼎鉉。
樓士鬻。
黄之聖。
蔣廷攀。
陳以謙。
王命宣。
蔣應儒。
馮奇雄。並考授從九品。
朱東昇。
龔秉萃。
傅廷宏。
陳仕鵠。
童世澤。
樓承雯。並考授未入流。
吴明聰。候選典史。
黄世灝。直隸河間縣丞。
黄世紘。廣東河源典史。
黄之鐈。湖廣安江巡檢。
黄世鋒。直隸寶坻典史。

金德孚。字子信。明理學。涓後，隨父文標寄寓山東之德州。康熙癸酉，由貢生考授京衛武學教授。三十八年，持授温州府永嘉縣知縣。

沈希張。號葭洲。國朝以翰林院伺詔從征，平定兩粵，以軍功題授廣寧知縣。

樓志喜。由附生。

陳成新。由附生。

樓錦瑞。並二十四年。

吴洪舜。由附生考授州同。

吴洪禹。考授州同。

王樞。考授縣丞，並二十五年。

陳昇。由附生，二十七年。

方翰。由附生。

丁弘繹。並二十八年。

徐亮彩。

龔尚閎。

龔繼績。

駱弘基。

沈茂康。

蔣廷禎。

陈治夫。恩授七品散官。

楊舜嚞。

丁鴻侃。

丁成賢。

黄文燦。廣東陽春巡檢。

黄思毅。西溪税課大使。

黄士位。大鏞嶺巡檢。

丁元琳。福建按察司經歷。

黄正色。陝西青橋驛丞。

陳成吉。考授經歷。

傅明時。惠州興寧巡檢。

胡澄。考授經歷。

樓祖光。考授從九品。

孟元溍。考授從九品。

朱延玉。鸞城縣典史。

朱德沛。

王允鯉。

樓雲旻。考授經歷。

樓文燦。考授經歷。

毛有晃。考授經歷。

毛有炅。考授經歷。

楊士芳。清遠縣典史。

王尚道。姑蘇驛驛丞。

沈鳴霞。號勉齋，以文學荐授江西贛縣教諭。

樓儼。字敬思，號西浦，餘姚籍義烏人，國朝康熙四十六年，由監生獻《織貝圖詩詞》，荐入武英殿修書。議叙授廣西桂林府靈川知縣，以平獞功陞廣州府理瑶同知。雍正元年，陞廣州知府。今任廣東惠潮道。

馮敬玉。字其相，由監生初任蔚州知州，陞大原府同知，河工辦事，欽點陝西甘山道。

黄嘉猷。

方禎。並二十九年。

吴茂剛。

吴允禄。

陳炳。

王紀。並三十年。

馮沆。考授州同。

樓高合。考授縣丞。

黄世城。考授州同。

黄世振。

黄士章。

黄銓。考授縣丞。

黄鎗。考授縣丞。

黄世法。

沈中吉。曲阜學生授衍聖府管勾。

黄廷對。考授州同。

黄以德。山西陽曲監生，考授縣丞，改授江南山溪巡檢。

陳笛。任江西按察司經歷。

朱肇芳。考授州同。

黄天儒。衛員。

丁之綱。考授經歷。

胡仕。考授正八品。

孟永治。考授經歷。

貝紹顯。考授未入流。

金聚陞。

樓朝龍。

王汝仁。以上衛員。

楊國璉。山西萬泉典史。

沈士仁。桂陽縣典史。

劉朝賓。納溪縣典史。

陳松年由監生任江西瑞州府新昌縣知縣。

吴昌言。考授州同。
金思誠。考授州同。
楊必貴。考授州同。
虞鳳苞。考授州同。
龔純良。考授州同。
王蘷。
陳積。考授州同。
陳升紹。考授州同。
樓承晃。
樓明偉。
樓士麟。
余俊。考授州同。
丁之儀。考授州同。
丁又發。考授縣丞。
吴永烈。何惟鋐。
葉益章。
徐梅。
徐璣。
何光綏。

楊世正字帝岳，號省齋。由監生充内閣纂修，授山西翼城令。循引見奉，時改玉山縣。爲政寬和，民甚德之。又力爲勸學，文廟久圮，捐資重建。是年登賢書者二人，皆振興之力也。

葉良仕。
金象震。
金永華。
方洪儒。
朱式璉。
吴師虞。
楊嘉逢。
楊嘉璉。
金永麟。
金學範。
駱仁英。
楊開魏。
楊任楠。
吴成。
毛爾唐。
毛詔大。
駱錦禧。
葉元英。
楊兆。
楊堯文。
朱明琮。

鳴贊

沈夢華以子其仁貴，贈徵仕郎，鴻臚寺序班。〔一〕

沈夢煜以子有采貴，贈徵仕郎，鴻臚寺序班。

丁文彩以子允光貴，贈徵仕郎，蘇州衛經歷。

丁大方以孫文明貴，贈懷遠將軍。

丁一治以子文明貴，贈懷遠將軍。

國朝

順治中

朱三鳳以子之錫貴，贈兵部尚書。金德義，見《政事》。

駱應燧字瑞鹿，以子日盛貴，贈登侍郎，兵部會同館大使。

陳瞻遠見《政事》。

金以琳以父漢蕙殉難，由庠生蔭授直隸昌平知州，左遷詔安知縣，升鬱林州知州。

朱之璋以兄之錫蔭授縣丞。

朱餘徽以父之錫蔭四品官生。

〔一〕「鴻臚寺」底本原作「鴻爐寺」，據《嘉慶義烏縣志》改。下同。

農官

自古帝王莫不以重農爲先務，《詩》三百篇中，豳風，豳雅，豳頌，於農事最詳。而甫田一詩云「烝我髦士」，則知先王鼓舞作興之意寓乎此也。後世惟漢孝弟力田之科爲近古。今皇上踐祚，祈穀耕籍無不竭誠昭格，尤以農民服勤作苦，不可無所奬勵。於雍正二年，令州縣有司各擇老農之勤勞儉樸、身無過舉者，歲舉一人，給以八品頂帶榮身，特典也。兹將姓名開列於後，庶使人知所效慕焉。

二年陳忠讜

三年毛成榮

四年王吉禮

五年黄士珣

武職表

烏自明初勛臣王威率鄉兵附順帶礪及苗裔後，武職内設五都督府及錦衣旗手等衛，外設行都司及列屯衛，所以世職并武科任之，邑無聞焉。至正統十四年，處州賊陳鑑胡劫義烏等縣，五月，縣民胡彦陞等生擒賊首僞大王蘇記養，尋授副巡檢。嘉靖中，礦寇大發，邑之健士率旅平之，已，應募赴閩海，繼出邊陲，雄勁爲諸路最，奉璽書肘金印至數十人，冠蓋塞閭里。

國朝亦間有建績與死事者焉。

漢		
光武	楊茂。見《志節·喬傳》。 駱統。見《武功》。	
晉		
	朱禮。字元昇，爲金威將軍。舊《志》有祠，在縣南清德里。	
五代		
	王彦超。見《武功》。	
宋		

	何棨。見子《恪傳》。 趙權。見《武功》。	
明	**總督參遊**	**都司守備**
洪武初，二人。	王威。見《武功》。	吳文秀。見《武功》。
永樂、宣德、正統、景泰、天順、成化、弘治，俱無聞。		
嘉靖二十七年，礦賊發難，武職自此始。	朱珏。由義士應募，驍勇絶倫，善用奇，劫寨取勝，以閩海功授級，歷北路守備，陞福建都司。戚繼光視爲左右手，其南北奏捷，珏功爲多。陞廣西參將，征羅旁有功，卒於軍。 王如龍。以義士從繼光征閩海，立功甚多，授杭州前衛百户。隆慶間，歷陞福建南路參將，真嚴將軍。 丁茂。武生，深沉嚴毅，抱將略。四十一年，以復城首功授興化守備，歷任福建廣東都司，陞北邊石匣參將，加銜副總兵，卒於任。	陳大成。見《武功》。 李無咎。王府典膳，有智謀，由温州金鄉衛授級指揮。嘉靖間，報效南贛軍門，冒險出奇，立功三巢，歷任贛州都司。 童子明。見《武功》。
隆慶間，十人。	金科。以監生仗義從征閩海，累功授試百户。六年，歷陞福建遊擊將軍。	丁邦彥。以文學中嘉靖壬子武舉，授松門衛指揮，累立奇功。隆慶六年，陞河南都司。

萬曆二十年，孽臣西訌島夷，東發武力，因而進用諸舊帥奮起者，得二十一人。

徐尚明。以武生應募納級，歷功陞徽饒金衢嚴總捕都司。隆慶間，任福建都指揮使司，掌軍政。

胡天定。以庠生就武，立功授職，任薊鎮西路遊擊將軍。

胡大受。由省祭，以西征功授級紹興衛指揮，任福建坐營都司，轉薊鎮左營遊擊，陞山東青州練兵參所。二十三年，奉旨統練朝鮮八道民兵。

金福。由武生，六年應募福建把總，功授金華所指揮同知。萬曆五年，陞薊鎮羅文提調，轉陞三屯營遊擊將軍。

陳蚕。以義士，隆慶間累立戰功，授級金華千户所指揮僉事，任牆子嶺提調。萬曆八年，任石匣南兵遊擊將軍。舊《志》前有黄宗統，改入制科。

陳文澄。嘉靖三十年，以應募累功授級金華千户所指揮僉事。萬曆間，歷任浙江右營遊擊將軍。

陳良玭。以武生應募，功授金華千户所指揮同知，歷大同守備、福建僉書、四川都司，陞

陳禄。武生，以閩浙戰功歷授金華所世襲指揮同知。萬曆七年，任寬佃峪提調。

傅惟城。以義士從征閩浙有功，授金華所千户，任薊鎮守備，轉指揮僉事。

陳子鑾。以戰功授金華千户。萬曆三年，陞三屯營守備。

陳京。以應募授金華千户所指揮。萬曆三年，陞榆林守備。

毛如豹。武生，以海寇功授金華千户所世襲千户，歷任河南都司。

毛大斌。以武生從征閩海，授金華千户所世襲指揮同知，歷任山東王徐寨守備。

陳九霄。以武生應募，授金華所千户，以練兵把總陞河南都司衢州守備。

楊亮。以軍功世襲金華所指揮僉事。十六年，任山東濟南守備。

湖廣黎平參府。

龔子敬。見《武功》。

朱文達。見《武功》。

樓大有。以武生平坑賊、復興化功授職，歷北京前營、薊鎮中路千總。屢擒賊首，授金華千户所百户。萬曆間，任江西羊角水堡及儀真等處守備，擒獲賊首李沛、福生昆，陞河南領兵、僉書揮使。督兵朝鮮，逐倭收復平壤。論功，二十三年陞浙江都指揮使。仍欽賞與金華千户，世襲。

吴惟忠。以武生應募，累功授松門衛指揮。五年，陞薊鎮大毛山提調，轉三屯營遊擊將軍，陞山海參將。十九年，奉旨取用，授石匣遊擊，轉海防參將。總督南兵出遼，援朝鮮，論功，陞海防加銜副總兵。

朱文用。金吾衛納級指揮僉事。萬曆間，歷西路守備。天啓元年，以敵警題授都司，募練浙兵守山海，陞雄武遊擊。三年，陞參將。

楊文通。以功授金華所千户，陞福建坐營都司。十年，轉薊鎮松棚參將。歷任京城九門。

葉邦榮。義士，以功授級金華千户所指揮僉事，歷任薊鎮三屯車後營遊擊將軍。

丁維藩。武生，授大名道中軍。

葉思義。廣東都司。

葉思忠。見《武功》，父《大正傳》，陞東路參將。

王必迪。以軍功授金華所千户，歷任薊鎮崔黄口守備，陞北京神機營遊擊，尋轉中路遊擊將軍。

吴大績。由庠生從武籍，遼東廣寧衛鎮撫。八年，授直隸大河口欽衣把總。十三年十月，以功陞兩廣遊擊將軍。

丁應科。由武生授鎮撫，以功累陞永平副總兵。

龔元佐。臨山衛把總，二十年，調征哱承恩督造火器，破敵有功，授陝西石空寺都司。後閩倭變，復奉咨團練福、興、漳、泉、寧等處浙兵。善草書，能詩文，有《荷戈集》。

天啓間，三人。

龔廷美。任淮安總兵。

傅夢祥。號西齋，客閩，會倭夷告警，陳備倭策，授守備，駐防泉州之新營。

傅宗弼。由武生任紹興火藥局都司。

崇禎間，二人。

王國斌。號振陽，從祖如龍，襲浙江衛指揮。九年，以舍人考中將材科，選八達嶺守備，功陞中都留守。所隸多勳戚，國斌以禮法相繩，軍政莫敢撓者。入覲，奏對稱旨，授副總兵，鎮守開州，擒渠李侯等。會推擢總兵，駐蘇團練，尋謝病歸。

貝禮文。由武生仕蘇松婁河參將，加一級。

國朝	總督參遊	都司守備
順治間，七人。	金芝。世俊季子，初從祖帥爲太平路將，終江南廬州副總兵。 金殿龍。副將。 童達可。武生，明崇禎乙亥，隸援剿鎮祖戲下督陣紅旗守備，從征豫、楚、江北有功。明年，總理部院盧疏題實授。辛巳，分練鎮王關。都御史丘疏以都司管副旗鼓事。順治元年，從王師西征，追剿李自成，以功陞寧遠副總兵。	龔巍。字魯瞻，黃弟，北直烏龍溝守備。 黃之英。由監生任山東沂鎮標中軍。 龔國桂。仕江南金山營都司。 傅禹。字服水，仕江南宣州衛守備，職轄屯田兼隸軍民，悉心綜理，兵民胥感。卒於官，有《武備要略》。
康熙間	楊三虎。見《武功》。	

封蔭表 有出身者注入本人下，封蔭不列

古者優恤臣工，必褒録所生，賞延於世，故貤封任子之令，歷代有之。顧非致身狥國、爵位通顯、績優而課最者，不概得焉。國朝封蔭從厚，尤加意開疆盡節之人，邑中有特邀異數者而急公之例，亦因以教孝云。

按：封贈，宋制未詳。其補蔭法，唐以前無考。宋南郊聖節皆得推恩，臺省六

品，諸司五品，凡歷兩任後俱得請。慶曆、熙豐間，率多裁損。南渡後，有一人任子十餘者。末年復定數，宰相十人，執政八人，侍從六人，中散大夫至中大夫四人，帶職朝奉郎至朝請大夫三人，通減三分之一。明例京外官俱以三載考，績無咎，有六年、九年報最者。得封贈父母及妻。有加恩三四代者。其遇大恩典，唯京職無崇卑與焉。任子法須京官三品以上實授者，考滿無咎，得廕一子，曰「官生」；以恩例廕者，曰「恩生」。敘用幾與科目等，閒亦有列卿佐者。兹取宋以後至國朝可紀者録之。

宋	
封贈	廕襲
宗某。以子澤貴累封大中大夫。 喻師。見《偘附傳》。 喻葆光。見《義行》。 許復道。見《政事》。 樓讓。以子圖南貴，封中奉大夫。 黄伯信。以子夢炎貴，累贈朝散郎。 劉某。公亮父，公亮以中奉大夫致仕，贈父爲太中大夫。公亮昆孫剛有家藏誥命，見《方孝孺跋》。剛距大中未越二百年。	宗穎。見父《澤傳》。 宗稷。澤兄，沃子，以澤故得官至修職郎。子武，字成老，以世科授德興尉。陳亮誌其墓。 王鑄。以父永年廕通判嘉興府，累贈金紫光禄大夫。 宗嗣益。任福建通判。 宗嗣尹。任濠州通判。 宗嗣旦。任浙東鹽司判官。 宗嗣良。任建昌令。 宗嗣安。任汀州連城令。以上五人俱穎子，以祖澤廕入官。

王寗。以祖永年蔭提舉廣東常平。

王寅。以祖永年蔭歷宜、連、藤、柳、峽、饒、江七州知州。

朱昉。以父敦儒蔭，累遷中奉大夫。

楊埴。以父焯蔭，累官知肇慶府奉直大夫，金華縣開國男。

王謙。以曾祖永年蔭知隆州。

朱文祥。以祖宗儒蔭授度支院判。

徐鉥。

徐均。

徐鏄。以上三人俱僑子，以世賞入官，未詳其職。

朱幼學。以父元龍蔭，仕至臨安府觀察推官。

黄君澤。以伯父夢炎蔭，仕本邑教諭，見《教諭》。

童廷聘。以父必大蔭，授通直郎。

元

黄灣。以孫溍貴，累贈禮部尚書，追封江夏郡公。

黄鑄。以子溍貴，累贈中奉大夫，追封江夏郡公。

黄杼。國子生，以父溍蔭授顯忠校尉，紹興路餘姚州同知。

明

洪武中

陳允源。名德泉，以父中立上書稱旨辭職送入國子監。十四年，授監察御史，尋以言事，降梅嶺巡檢。

天順中	嘉靖中	隆慶中
龔印可。以子黎貴，贈都給事中，復以孫永吉貴贈通議大夫，南大理寺卿，舊《志》下泰以子永吉貴，贈同，見《名臣》。 王稌。以子汶貴，贈中書舍人，見《志節》。 樓子惠。以子文昌貴，封工部主事。 樓永壽。以子洪貴，贈淮安府推官。 王仲誠。以子鉉貴，贈豹韜府經略。	李曇。以子鶴鳴貴，贈奉政大夫，大理寺右丞，兼兵科給事中。舊《志》下虞鈊入本人下。 馮唯敬。以子佶貴，贈文林郎，中城兵馬指揮。 虞之彝。以孫守愚貴，贈通議大夫，都察院右副都御史。 虞尚禮。以子守愚貴，贈通議大夫，都察院右副都御史。 樓全。以子鎮貴，封承德郎工部營繕司主事。舊《志》下王敏，見《文苑》。 虞大詔。以子文訓貴，贈承德郎，陝西布政司理問。	吴瀾。以孫百朋貴，贈都察院右僉都御史，加贈兵部右侍郎，累贈資政大夫，刑部尚書。舊《志》下吴瓊，見《歲貢》。 朱鴻。見《實行》。舊《志》下虞良材，見《諸科表》。
龔全名。以父永吉蔭授廣東布政司都事，陞知縣。		吴大紳。以季父百朋移蔭國子生，授南太常寺典簿，陞督府都事宗人，經歷廣西太平府知府。舊《志》下吴大纘，見《文苑》，移蔭，子存忠。

萬曆中	天啓中	崇禎中
虞茂元。以子懷忠貴，贈文林郎，江西道監察御史。 龔果。以子一清貴，封行人司行人，加贈河南道監察御史。 吴百元。儒官，以子大紳貴，贈文林郎，南太常寺典簿。 黄儲。以繼子承讚貴，贈文林郎、彭水知縣。 黄佑。以子承讚貴，移贈文林郎、彭水知縣。 黄思誠。以子國彦貴，贈徵仕郎，義勇有衛，經歷司經歷。 朱時雍。以子懋芳貴，贈文林郎，祀鄉賢。 蔣元和。以子應成貴，贈徵仕郎、光禄寺署丞。	金宗憲。以子啓倧貴贈承德郎、永平府通判。 李無思。字元睿，敦篤教子，以子洵瓘貴贈奉政大夫。	金守憲。見《實行》。 金文亮。見《孝友》。舊《志》下虞應陛，見《諸科表》。 傅賢。以子巖貴，贈文林郎、歙縣知縣。 蔣應祥。以子德莊貴，贈徵仕郎、京衛經歷。 季一鵬。以子子寧貴，贈徵仕郎、京衛經歷。 金用之。以子仲渾貴，贈鴻臚寺序班。 沈天經。以子立齊貴，贈徵仕郎、鴻臚寺鳴贊。 沈夢華。以子其仁貴，贈徵仕郎、鴻臚寺序班。 沈夢煜。以子有宷貴，贈徵仕郎、鴻臚寺序班。
吴存忠。以父大纘移蔭入國子監。 吴存中。見《文苑》。舊《志》下之器，見《文苑》。		金漢蕃。太學生，以父世俊蔭改官，生未仕，卒。

	丁文彩。以子允光貴，贈徵仕郎、蘇州衛經歷。 丁大方。以孫文明貴，贈懷遠將軍。 丁一治。以子文明貴，贈懷遠將軍。	
國朝		
順治中	朱三鳳。以子之錫貴贈兵部尚書。金德義，見《政事》。 駱應燧。字瑞鹿，以子日盛貴移贈登仕郎、兵部會同館大使。	陳瞻遠。見《政事》。 金以琳。以父漢蕙殉難，由庠生蔭授直隸昌平知州，左遷詔安知縣，陞鬱林州知州。 朱之璋。以兄之錫蔭授縣丞。 朱餘徽。以父之錫蔭四品官生。
康熙中	樓宗聖字達生，以子儼貴，雍正元年，恭遇覃恩誥，贈奉政大夫。 陳孫芝以子甯仕，贈文林郎，江西按察司經歷。 陳孫葵甯本生父，弛封如前。	樓尚琤以父希昊蔭授雞澤知縣。
永樂中	陳道隆以子同慶貴，贈刑部主事。前《志》失入。	

雍正義烏縣志卷之十三

人物志前修上〔一〕

名臣

他志，人物首列傳，不立目。烏古《志》即以名臣冠，後因之。蓋以一邑之人爲天下所繫，以一時之人爲千秋所繫，如宗忠簡、王忠文、龔忠愍輩。爲名世、爲社稷臣，所謂伯仲之間見伊吕者，其文清徐氏與朝奉康氏。左司朱氏别標理學以植儒規，非有差等。若楊尚書、駱臨海風概不減忠簡。然古《志》、丙申《志》並首宗公、忠文，先達傳亦首宗公，此即至正初志底稿也。而東里謂江右如忠簡尤多，其論夸矣。

〔一〕「前修上」三字，底本原無，爲體例完整，兹據目録補。

至後此步武前蹤者，略從續抄，亦參輿議云。

宋

宗澤，字汝霖。母夢雷電紅光下燭，寤而生澤，自幼有大志。元祐六年，登進士第，調館陶尉，歷龍游、膠水、趙城令，皆有能名。改知掖縣，差通判登州。時境内官田積荒陪輸，澤奏免之。忤道士之得幸用事者，予祠而歸。復坐削奪羈置鎮江，尋監鎮江酒稅。靖康元年，朝廷議遣使與金人講和。澤聞之，語所知曰：「天下自此多事矣。」用薦者假宗正少卿，充和議使，澤奏名不正，改計議使。衆謂澤方剛難合，必不能屈，且徒死無補，不若付以河朔一要郡。除直祕閣，知磁州，從羸卒十餘人倍道之官。至則治城池，修器械，廣儲蓄，募敢勇，爲必守計，且條畫邊防要策與勤王之議上之。言邢、洺、磁、趙、相五州，各蓄精兵二萬，敵攻一郡，則四郡皆應，是一郡之兵嘗有十萬人。上嘉之。除祕閣修撰、河北義兵都總管。金人破真定，直扣磁州。澤登城，令壯士射走之，開門縱擊，斬首數百級。高宗以康王使金，過磁，澤力止之。王遂回相州。○南宋百餘年社稷定於此。朝廷因命爲兵馬大元帥，澤副元帥，加集英殿修撰。從王入援。高宗承制，復加徽猷閣待制。凡與金兵十數戰，皆有功。方進兵臨濮，而京城不守矣。金人逼徽宗、欽宗北行，澤即引兵趨滑，抵大名，將徑渡河，據其歸路，邀還之，而勤王之兵無一至者。又聞張邦昌僭立，即欲先行誅討，乃還軍衛南，且上書高宗勸進。建炎元年五月，高宗即位南京，趨詣行在所，入對，涕淚沾臆，陳興復大計踰千言，且曰：「願陛下一怒，以安天下之民。臣雖駑怯，當冒矢石爲諸將先。得捐軀報國家，志願誠足矣。」高宗壯其言。欲留之，時宰從中沮斥。擢龍圖閣學士，知襄陽府，改知青州，俄用尚書右僕射李綱薦。改知開封府，尋遷延康殿學士、京城留守，真除開封府，其訓辭曰：「雖蕭何之守關中，寇恂之狗河内，以卿比迹，於古有光。」澤素蓄忠義，至是益自感奮，招集四方義士得百餘萬，復有河北山寨效順者數十萬，來聽節制。京城内外所屯兵實百八十萬。轉資政殿學士。澤識岳飛於刑市，而能制劉衍、劉達等，各爲死戰破敵，威聲大震。北人來者言金人對中國人言，但稱「宗爺爺」。燕趙豪傑皆樂爲用。方尅日大舉渡河，與諸將議以六月起師。而遽屬疾，疽發於背。諸將入問狀，矍然起曰：「吾固無恙，政以二聖蒙塵至此，汝等能殲滅醜類，吾死何恨！」衆皆灑泣，同聲應曰：「敢不盡力！」澤長嘆曰：「出師未捷身先死，長使英雄淚滿襟。」翼日遂薨，臨終唯呼

「渡河」者三，遺表猶贊上回鑾。二年七月也。時高宗南渡已久，至是有旨，除澤門下侍郎、御營副使，命未下而訃聞。詔贈觀文殿學士、通議大夫，賜謚「忠簡」。始澤身任中原之事，既修復京城，力請回鑾，疏凡二十四上，而黄潛善、汪伯彦從中沮之，以故憂憤成疾。澤既薨，數日間民人散去者十五六。議者謂其子穎嘗居戎幕，得將士心，宜用，以卒父功。於是朝廷已用杜充爲留守，乃除穎祕閣、留守判官。充盡反澤所爲，屢争不得。穎尋服喪而歸，所集義士悉散去，而中原不守矣。穎後爲兵部郎中。孫男五人，皆用蔭補官。葬潤州，今鎮江龜灣。楊士奇書《復立宗忠簡公墓碑》。卷後有集六卷，并遺事、附録二卷，廷曾序刻。

贊曰：「高宗之南渡也，中原之事一委於忠簡。及中原克復，而高宗乃無有北還意。忠簡以中原無所倚，因請以信王榛爲兵馬大元帥。信王榛者，高宗親弟也。潛善、伯彦輩輒譖其有異圖，遂有門下之命。雖曰尊任之，然實奪之權。家傳、國史皆不書其事，蓋諱之也。嗚呼！高宗之無意於中原，固不足論。使忠簡而緩死，則神州全璧、社稷長靈，實嘉賴之矣。然則盛衰之際，庸非天乎！本王褘《先達傳》，注從舊《志》。○前輩云：宋無公，宋不得南；公不死，宋不終南。又云：無忝於傅、召、鄧、耿、李、郭諸臣。

附舊《志·雜述考》遺事二則：澤與同舍生林迪相友善。迪先澤登第，音問不相及者累年，官於萊之別邑，挈家來謁，經旬而去。繼以病告，澤往視之。疾已革，尚能語曰：「迪身如何？」澤曰：「某任後事。」曰：「室人子女如何？」澤曰：「嫂當養，子當教之使立，女當選佳士歸之。」悉如迪意。後以迪女妻修職郎康森。且慮居處南北，再以親女妻森之弟，劻申愛好焉。迪子懋，後從澤討賊，得官爲文登令，卒於官。其家素貧，不能歸，澤親弔之，厚以俸，資其行。澤之節義如此者甚衆。出《言行録》。〇澤守京都，敵自鄭直抵白沙鎮，距京二三百里。諸將請間議守禦之策，澤方延賓圍棋，笑語如無事。時衆莫敢言，退而分部伍、撤弔橋，披甲登城，都人愈恐。澤知之，戒諸將曰：「何事張皇！」命諸軍士悉解甲歸寨，曰：「劉衍等在外，必能爲我禦敵。」選精鋭數千以益之。戒曰：「宜繞出賊後，設伏要路。毋輕出戰，俟其至，則縱兵夾擊之。」且諭寮屬曰：「上元密邇，盍舉舊法行之？」命榜諸市，張燈五日，暫弛夜禁。士民悦之，往來車馬不異平日。敵遊騎至城下，疑不敢入，人亦不之懼。衍與敵遇，大戰敗之，悉得其輜重。及收燈之夕，捷書鼎至，衆始知元夕乃王師接戰於版橋之時也。

明

王禕，字子充，號華川，義烏人。宋皇祐進士，固十二世孫。少習古學，師事黄文獻溍。與宋濂齊名。至正戊子，元政亂，禕時弱冠，遊燕京，爲書七八千言上，時宰嫌其切直，格不聞。危素、張起巖並薦，不報。南歸，隱青巖山，著書。戊戌，太祖取婺，應太祖徵，至行在。署中書省掾。商略機務，上每稱「子充」。辛丑，進《平江西頌》，上覽之喜，曰：「吾固知浙東有二儒，卿與宋濂耳。學問之博，卿不如濂；才思之雄，濂不如卿。」癸卯，授江西儒學提舉司校理。外艱。乙巳，除侍禮郎，定議禮制，兼改進使，除起居注。陞南康府同知，至則披荆莽，建府署，撫定瘡殘，收麇賢士，一郡安輯。丁未，召議即位禮，忤旨。洪武元年，出爲漳州府通判。二年，召修《元史》，與宋濂俱。爲總裁官，力任筆削。書成，拜翰林待制、丞直郎。三年，同知制誥兼國史院編修官。預教大本堂，授皇太子經。尋使土蕃還。五年，命往雲南諭梁王，時惟雲南弗臣。禕至雲南，見梁王把都。諭之，曰：「皇上聖武，天與人歸，作君萬邦。惟爾有衆，僻在西南，久阻聲教，故遣使者諭意。今能祇若明命，亟奉版圖歸職方，則尺地一、民按堵如故，高爵厚禄，身名俱全。奈何欲以一隅抗中國哉！」不聽，館褘别室。數日，復諭之曰：「予將命遠來，非爲身謀，朝廷以雲南百萬生靈，不欲遽加鋒刃耳。昔元綱解紐，陳友諒據荆湘，張士誠據吴會，陳友定據閩，明玉珍據蜀，天兵四征，不四年率膏鈇鉞。爾元君北走以死，擴廓之屬，或降或竄，曾無用武之地，不煩一刃而天下大定。是故先服者賞，後至者僇。爾今自料勇悍强獷，孰與陳、張？土地甲兵，孰與中國？天之所廢，誰能興之！不然上命將將龍驤百萬，會戰於昆明池，爾如魚遊釜中，不亡何待！」梁王君臣相顧駭服。已有降意。獨留褘不遣。會明年癸丑，元之遺孽有自立於沙漠者，遣使脱脱徵糧，欲連兵以拒我，因以危言迫梁王殺我使，以固其意。梁王不忍，匿之民間。脱脱責誚，梁王出褘見之。褘見脱脱欲屈以威，奮駡曰：「天迄汝元，命我朝代之。汝如爝火餘燼，尚欲與日月争光邪？我爲天子使，將命遠來，有死而已，豈爲汝屈！」顧謂梁王曰：「汝朝殺我，大兵夕至矣！」六年十二月四日，竟遇害，年五十二。褘博極群書，爲文宏麗沈贍，自成一家，學者尊之曰「華川先生」。所著有《華川前後集》《玉堂雜著》共二十四卷，續吕東萊《大事記》七十九卷。正統庚午，縣丞劉傑請于朝，贈翰林學士、奉議大夫，謚「忠文」，梓其集。國朝康熙辛未，知縣王廷曾重刻之，增附録，序訂以行。子紳，博士，嘗登宋潛溪之門，與正學方先生爲同志友。紳子稌，因得以門弟子受知正學，至許以女。見《謝公鐸集》。稌子汶。建文初，奏父死節狀，贈翰林學士，謚「文節」。正統間，改謚「忠文」。洪武初，上《祈天永命疏》，見《藝文》。□後建安李默視學於滇，於地藏表其葬處，曰「皇明詔使王先生之墓」。劉子曰：「何、王、金、許，遞承考亭氏之傳，多婺産。宋、王二先生生於其後，其私淑諸人者，與宋先生亦應運而起，綴輯二帝三王自治之禮義，以黼黻皇猷，昭一代文明之色，厥功偉矣！王先生《祈天永命》一疏，雖伊、傅所以啓告其君不是過。南中之死節義，又爲本朝儒臣冠。自褘以死節首鳴，而靖難諸臣爭光龍干。皆所謂文章莫大焉者乎！王之祖，南稜先生，亦以學行著，黄文獻師之。南稜先生實得晦翁再傳之學，於葉通齋由庚以授黄文獻公溍，至公又得文獻之學而益顯。見《謝公鐸集》。〇本山陰劉子宗周《道統録》，注從舊《志》。

龔泰，字叔安，九歲而孤，母傅氏勵節撫教，居闤闠間能屏去紛華，苦志讀書，遣就外傅，日記數千百言。長，從宋濂門人宗思睿游，練達世故，每長老有所咨問，必爲之條析，動中肯綮。洪武丙子，領鄉薦。明年，入太學。奉旨往青州閱齊王府護衛兵伍獄，綜理周密，人不敢以私撓。又嘗監視安東護衛軍儲，廉公不欺，人用畏服。未幾，吏部以六科缺人，欲得勤敏廉慎者充其任，泰策試居第一，除户科試給事中。高廟升遐，建文帝即位。成祖時爲燕王，來奔喪，不朝，言「叔不拜侄」。帝召百官議，泰奏曰：「象簡朝天，殿上行君臣之禮；龍衣拂地，宮中叙叔侄之情。」時論韙之，然竟不朝。語見《信録》《七修類稿》。舊《志》載《遺事傳》。建文中，陞都給事中，數陳治道，名振朝端。壬午六月，靖難師渡江，有旨令泰巡城。泰與其妻傅氏訣曰：「國事至此，不可爲矣！吾分必死，爾第齎敕携幼稚歸，否則俱溺於井，毋自辱也。」須臾火起内庭，泰馳赴之，道遇兵校，執送金川門，驗非奸籍中人，釋之。遂自投城下，立死。時同死者三人，一廖鏞，一不知姓名。是月十三日也，年三十有六。城門郎趙某爲草斂三日。妻泣尋其尸，城門郎示以斂處，負遺骸歸葬本鄉。泰居家恪守禮度，惋愉承順，待弟叔寧極其友愛。與人交，厚於自責。居官敬其事，兢兢焉以禮法自持。殁之日，人咸悲之。正統舊《志》作嘉靖中，科臣題請，賜謚「忠愍」。子永吉，見《政事傳》。

樓璉，字士連。祖有成，元無爲路學録。父光亨，教授於鄉，號梅溪，有《梅溪近稿》。璉承庭訓，復從宋太史濂游，經學淵邃，文章峻潔。洪武四年，由明經召，歷宣寧、仁壽、大冶主簿，陞藍田知縣，轉廣東道監察御史。十九年，以事謫戍雲南洱海衛。建文帝即位，膺薦入翰林侍講經筵，官至侍讀，《婺書》作侍講，《類考》作侍讀學士。靖難師入京，方孝孺不草詔，被極刑。改命璉爲之，璉佯受命，歸而憤嘆不食，妻舊《志》作妻子問之曰：「得無傷方先生邪？」璉默然。一夜自經死。所著有《居夷集》五卷。

吴百朋，字惟錫，别號堯山。其先爲姑蘇人，宋紹定中，祖造自青田尉移烏傷，遂世爲義烏人。居大園。百故爲伯，按楚時世宗御筆去人從百。父瓊，以明經任鹽城教諭，爲人倜儻，好大節。家故貧，幼失恃，數從外舍讀，饋不繼，同舍生往往傳食之。常往郡，挈一履敝篋中，曳從僕革履以行，抵郡郭乃出篋中履納之。布袍襤褸，意豁如也。成嘉靖丁未進士，令永豐，壹意悃愊。郡刺史蜚語上。直指詫曰：「孰如永豐令，卧治者最上考。」庚戌，徵試山西道御史，巡長蘆鹽，復按江北。時島夷大訌，無爲州未城，奏築之。行部泗，倭萬餘猝薄瓜步，乃調輕騎，自將援維揚。望江上湛浮肢解，皆淮卒。有參將以單舸遁，衆股栗不欲前，百朋亟之督撫所，而闔門者三日。以符印納百朋所，百朋遂集衆，料兵食，賊晨而傳，而百朋已授兵登陴。已，門者奉督撫諭弗納民，百朋亟傳啓關，令魚貫入，盈而閉。已，復啓，所全活甚衆。薄暮出奇兵三千人壓其營，殲其前隊，斬首渠八，遂遁。先是城中聞變，三監司及諸長、郡邑守令無人色，齒相擊，非百朋從泗上來，城不守。於是奏築東關外城，延袤十里。商民立吴公祠祀焉。事聞，督撫以下繫逮如法，百朋得褒，詔賜金幣。時上方以湯沐在楚，歲簡才御史按之。會明堂興，楚有大役，復遣百朋，至則鳩楚者無遺筴，竣事大城、樊口，障襄陽。陟大理寺丞，轉少卿。癸亥，改右僉都御史，撫鄖。方就道，會江廣數上書，言山海寇煽虐，願張天討。上忽從他推疏中改撫虔。虔處江、閩、桂、粤交地，獷悍所在，逋逃藪潮海，倭寇浸淫十年，諸玀數爲鄉導躪内地。已，挾倭自重，築關置壘，各聚亡命數萬，連數千百里，稱王署長，布中詗，伺察公府動静。當事諱之，輒撫，再受撫，輒起。倭内掎山寇，勢益張。百朋策不盡去山寇、海患未息，急集兵，令諸將廣設購賞，能以賊出没期會告者，官之。適奉詔合討倭之患潮者，而香寮寇楊益乘間出，流劫漳平，令魏文瑞扼之，覆没。百朋急勒部兵，疾趨火菁薄擣之。不浹旬，破巢四十有奇，擒益，遂趨潮。倭新舊合營二萬餘，據洑水都神山溝。百朋厲諸將擊之潮陽，大破之。又擊之饒平秋溪，破走之。又擊之海豐，大破之，鹵首千餘，倭連舟遁。于是，進剿平樂、始興、程鄉、黄沙，皆破擒之。又會師漳、潮，擒吴平。又會師翁源、河源，擒曾東田、馬元湘、李春文，其餘龍門、英德、和平、雲溪鎮、李村、鴻雁洲、乍阡、歐公坑、血流浦、南浦諸巢，俱盡。所在郡邑争上卮酒爲壽，請乘勢臨三巢。三巢者，下歷、岑岡、高砂也，方七百里，本儂智高故疆，諸峒寇禍本也。前後議者，欲會諸省夾剿，步三十萬，儲峙百萬。百朋上疏請獨任，止用虔兵，留嚴氏籍産，變餉二十萬。報可。於是移鎮，壓其疆下歷，倍道潛師襲擊。凡三十餘戰，皆大破之，鹵斬渠首，糧仗無算。覔支徑入鐵坑、銅鼓嶂諸巢，火之，斬其魁。凡七旬，地定。諸將請攻高、岑。百朋曰：「下歷稱王以臨二巢，勢必奴使之。吾出不意攻下歷，下歷舉，餘峒膽落，持是報國家足矣。」遂班師。而高、岑果請死，願就吏。於是量其要領，置邑曰「定南」以撫之。一時江廣間咸相與作頌，以紀成功。居虔凡六年，去之後，合祀王新建祠。最山、海二役，後先以捷奏者十之八。治倭寇山賊六年，計斬獲二萬二千九百六十五名顆，奪回男婦一萬八千一百四十六名口，凡破巢一百二十餘處，倶見奏疏中。尚方賜金幣者十之二，晉奏者三，進二品俸者一，廕子者一。明年，降慶改元，晉大理寺卿，尋改兵部右侍郎，撫虔如故。以言官言虔事幸鳩非百朋不能終鎮定之也。戊辰，入爲南京刑一作兵部右侍郎。已，晉北京兵部左侍郎。會俺答初款，輔臣高拱上封事，修疆政，以芻粟、險隘、兵、械、鹽、屯、馬政及散逆黨爲八事，功令與斬獲同。萬曆改元，敕百朋如拱言，賜飛魚章服一襲，閱視宣、大、山西三鎮，并所見便宜以對。然三鎮自嘉靖來，獨當敵衝，疲于奔命，而大帥馬芳將兵十年，所孱老不任戰。百朋按其諸不法事切責之，卒使對簿，奏褫之。出塞凡七月，奏築宣鎮内墻爲雉二萬二千五百有奇，敵臺七十座；築大同内外墻；上十利，又敷陳屯政、河防、邊防；上便宜十五事；進邊圖，險隘、部落、士馬、亭障如指掌，皆報可。而是時政府方嚴重，凡有所論劾，先具副封白之，可，而後條上。而芳又江陵私人，以是大忤，予告歸。萬曆乙亥，起家，爲南京右都御史兼署刑部事。丁丑，晋北京刑部尚書。時部務久虚，簿書填委，悉躬簡覆論報，過勞得疾。戊寅，卒于官。遣主事王再聘護喪歸，諭祭葬如例。自南臺召入，江陵柄政，九卿以事過之，中途下輿，騎而詣門。百朋輿而往自若，江陵每見，輒立而目瞠如，百朋愈自若。又嘗觴百朋曰：「公善治兵，盍譚兵？」百朋曰：「事固無急此者乎！今大獄數起，如某某咸以微罪而用一切法文致，當平反。」江陵曰：「此中大人意耳。」謂大璫馮保也。百朋驟應曰：「中人有何善狀？」江陵愕然。筮仕數十年，所居第僅足蔽風雨，閤中衣，被無直百緡者。嘗嚴冬巡鵰鶚堡，家人致一襦稍華，立却之。軍吏聞之，皆自毁其繡袴裝、加韋焉。虔事竟，官評其鹵獲之直，籍奏之，因致其踰額者十七萬金。百朋曰：「此獨非士大夫勞邪？」亟封輸藩司帑，單車就道按楚。楚邸數有遺，及去，悉返之，封識宛然，曰：「向者不敢蹈不恭爾。」諸詳三朝《實録》《天下人物考》《嘉隆聞見紀》。癸丑，巡按御史李邦華奉詔訪大臣應謚者，以百朋報，下部，入册。至崇禎末年，禮部始爲核請。後謚「襄毅」。

龔一清，字仲和，別號曰池。先世居汴梁，宋南渡，名賓者，遷義烏松門里。孫頤之。曾孫愷舉進士，爲顯官。五傳處士玘，生銅。銅生庠生漉，漉生贈御史果，果生一清。少力學，暇則治農事。萬曆庚午，以《春秋》舉於鄉。甲戌，成進士，授行人司行人，擢河南道監察御史。曾議從祀孔廟，詔集九卿科道儒臣於廷，禮部設簿，令各親書去取次第，總不出王守仁、陳獻章、胡居仁三人。時宗伯沈某與北地諸公，意多不在守仁。一清出揭争之，云：「從祀之典，重學術也。有用始可言學，有真切直截用功處，始可言實學。守仁曰致曰知，本《大學》也；曰良，本《孟子》也。致吾之知，時時有實功，日日有實用，無爲不爲，無欲不欲，如此而已矣。自宋以來，有用之學，真切直截之功獨此爲！庶幾謂宸濠一節心事難暴白乎？則陽虎作亂，孔子不拒其饋。佛肸公山已叛，孔子欲往其召，卒致三都之墮者，此不拒此欲往者也。守仁亦除宸濠之逆，顧不足自暴邪？謂行事多權謀乎？則夾谷之會，具左右司馬以從。少正卯，魯之聞人，而以後至誅，孔子亦權謀邪？謂入於禪乎？則功業文章，昭昭掀揭，禪宗其若是邪？謂其有議不可以從祀，則孔子不足於黨人，致毁於叔孫，誚於東門，愠於子路，沮於晏嬰、子西，何害其爲孔子？雖以朱子大儒，且自相厄，何朱陸之並祀邪？若曰居一廬，操一牘，置其身於無用，懸空言以待人，必如是無議，而後從祀，天下萬世亦何賴斯學哉！」於是甲申並進從祀。旋巡按福建、應天，久之，出爲江西參議。二年，遷廣東按察司副使、備兵南韶，所至以身率屬，執法不撓。未幾，被劾去。南韶父老挽留不得，爲立石紀德。又二年，起爲廣西參議、分守右江。右江，蠻獠所盤據，禍蔓無已，懷遠邑治，至令避不敢居，僑寓郡城。一清至，視賊素所出没之地，立堡數十以控扼之，又大料兵天河等邑，修復懷遠故城，彝獠弭耳革面，帖帖不敢動。會遷雲南副使，兩臺使者上其狀，且曰：「右江多事，一日不可無龔一清。」詔以副使兼舊職，仍守右江，再加三品服俸，以示旌異。而一清迄用勞瘁得疾，卒於任，是爲壬辰。一清軀幹不逾中人，洞白無城府，而山立鶥視，語必伸其所見，掀髯奮袂，絶無洪泓矯飾。當官遇事立辨，無所委曲。識者以此重一清，而其所不盡得于世人者，亦以此。居家均財推産，建大宗祠，立書院，所著有《經世名言》《宦中散帙》《漫吟録》《和聲編》。葬于龍山。蘭谿南禮侍郎陸可教爲之銘，李誌表其封曰：「正直君子龔公之墓」。全揭見《藝文》。

金世俊，字孟章，號稠原，家凌塘。萬曆甲午，以《春秋》舉於鄉，閱陽明王子、近溪羅氏語録，於宋學外覺有會。李見羅材，聞而寄以書要一部。至會稽，與董撰仲懋策、陶祭酒望齡契。丁未，舉會試，以進呈備卷，作守部進士、吏部觀政。己酉，分考順天。明年，授中書舍人。癸丑，奉使崇藩，謝却程席，瀕行，魄贐及花幣二百餘金，封貯汝陽庫，屬俟行後還之。差回，時方議浙銓曹，冢宰鳴峴鄭某以問少宰旭山李某，枚舉及世俊。鄭曰：「差回，何無一帖？」李曰：「亦恬静人也。」鄭曰：「吾衙門正宜用之登啓事。」在吏部歷四司主事員外郎、署掌選事，陞驗封郎中。天啓癸亥，外艱。服闋，補稽勳，轉考功。先是，萬曆中，部推啓事多中格，歷署久虛。至是一變，更番添注，卿寺無坐處，而未任者輒推陞以那缺。世俊疏言：「卿寺中，久不赴任而宜引年者，請令致仕，以遂其高。」自此上任如期，遷轉有序，添注亦稀。轉文選，時官方冗甚，在内有「講嚷搶」之謡，在外有「保討跑」之誚。值趙公南星爲太宰，世俊疏：「自京堂、巡撫、部郎、藩臬，以及郡邑，一切銓除，查照定規，臚爲定格。」一時稱快。時魏忠賢、張甚謝病請告，南星使四司官挽之，不能留。歸，過姑蘇，周公順昌步訪於舟次，曰：「公申明銓法一疏，吾抄而讀，如有用我，執此以往矣。」乙丑，起太常少卿，魏黨河南道倪文焕劾太宰李宗延，因及所推朱世守、米萬鍾及世俊，云：「世俊、左光斗，魏大中之私人也。」宗延罷，世俊與世守、萬鍾俱削奪，行本省撫按勘覆。崇禎戊辰二月，魏璫伏誅，有旨：「金世俊素著清節，爲倪文焕排陷，以原官起用。」己巳，起，陞大理寺少卿，復陞卿。時上方用法，刑司官問擬不當，輒予杖，大司寇亦下於理。世俊疏云：「大理寺司平駁，凡刑曹所讞諸獄，牒送過寺，協於律者允之；畸於律者駁之。漢臣路温舒云『治獄之吏，惟欲人死，自安之道，在人之死。』乞敕所司，一應刑獄一準諸律，無失出，亦無失入，則刑官不必用意於揣摩，臣寺亦得憑依於信度。」所全活人頗多。會四月上釋張鳳翔等五人罪，六月旱，有旨熱審。世俊疏：「理獄中一二罪臣有如張鳳翔等，不敢攘主上之善，坐名以請，望于大審之前，續有沛發，則不測之恩俱出自皇上。」詔又釋錢龍錫等。辛亥，陞工部右侍郎、提督陵工。詔修九陵，舊例，修陵必造棚殿，移神主，費鉅萬。世俊謂：各陵俱有明樓，設一御幄，移主甚便。報可，省費十餘萬著爲令。轉左。内臣張彝憲奉命總理户、工部務。請告，不允，以德陵告成，加尚書服俸，隨署部事。工部作官商匠各工，總估總銷，領銀必取盈，而工程延不報。世俊謂：「日省月試，餼稟稱事，勸工法也。」設爲「月截法」，作過工程多少，月必報部，以憑接應庶給發，時而工程速。上然之。上於御屏書天下三清官，首世俊。未幾，給二品誥命，廕一子。先是，彝憲受商人賄，疏請將監儒援納銀二百萬撥給壓欠木價，請工部三堂會議，世俊不赴。至是催覆甚急，云：「只出監儒空劄數百張，每名作四百兩便是。」世俊不可。彝憲令商告世俊子漢芝。彝憲疏聞，下詔獄。世俊疏謂：「臣以不能曲從彝憲、輕發錢糧，故屢疏乞身。兹彝憲題請諸商壓欠錢糧二百萬，兑支監儒，皆魏忠賢冒濫之餘也。忠賢靡金錢幾千萬萬，商匠且追贓擬罪，更可找其餘欠乎？彝憲請不必發銀，只出監儒劄付，每名作四百兩，發空劄數百張，聽諸商隨便填給。臣謂此更不可：利權悉入商手，則招摇填給，援納必少，不惟工窮，而户亦窮；一填便是監儒，則事例濫觴，雜選必多，不惟工病，而吏亦病。臣持之甚堅，而彝憲與諸商發難於臣子漢芝，惟聽法司嚴訊。臣始終不肯題覆，子何處受私！」癸酉，年六十一，歸。世俊晚年於學有得，謂紫陽從分不可無陽明之合，而學者又不可不知合中之分，作《四書宗貫録》，又有《寧我録》。曾孫永焜，領康熙癸卯鄉薦。

國朝

朱之錫，號梅麓。順治丙戌進士，由庶吉士授弘文院編修。世祖每幸館，之錫嘗在，嘉其勤，給筆札。賦詩有「禁内盤盂皆敬勝，猶懷筆諫效前賢」句，上覽之大悦，命坐，賜茶及袍。遷正詹。時上閱《綱目》，起周威烈王，前此未備，命儒臣續纂，之錫分自盤古氏迄唐堯，多折衷於金氏前編。又耑令纂修《六曹章奏》。遷學士。遇巡幸必扈從，票擬章奏悉稱旨。凡御覽諸書，多屬點乙校讎。遷吏部右侍郎，命清理庶獄，悉心平反。晉兵部尚書兼右副都御史、總督河道兼理軍務。時運河夏淺，而黄河秋決。之錫介馬馳視南北，暑不張蓋，寒不襲裘，或止宿野廟，或露坐待旦。慮民夫苦吏呼，乃自爲短歌，俾遒鐸循行諭之，無不踴躍趨事。凡數十年來不能濬之淤塞、不能堵之決口，皆相度經營，以是屢告成功，漕艘無阻。大將軍羅某自黔班師，需舟千餘由濟更替。之錫議貼來舟日米免更，題爲定例。濟淮大祲，之錫倡賑，全活甚衆。仍請留廣、積二倉正耗米一千五百餘石支給，免輸輓之苦。治河得羨五萬金，進爲陵工助。敕兼巡方任，於輪蹄間剖讞若神〔一〕，凡大獄重案，矜釋無慮千百。歷年節省河帑多至四十六萬有奇。加太子太保。卒於官。予祭葬。廕一子。瀕河多立廟，奉爲神。所著有《河防疏略》二十卷。郡邑並祀鄉賢。

金漢蕙，字公樹，號湘鄰。涓裔，涇州別駕世儼子。登順治己丑進士，時方用師嶺右，釋褐即授廣西右參議、分守右江道。踰二年辛卯，嶺右始闢，抵柳州視事，招携懷貳，進諸生，導以藝文。明年，李定國來攻。七月四日，桂林陷，柳當首衝，漢蕙率士民堅守孤城。八日力竭，城陷被執，羈桂林。十一月二十三日，遇害。奉旨贈光禄寺卿。十一年，遣布政司堂上官某諭祭曰：「烈士疇知，寧捐軀而靖節；忠臣報國，無舍義以全生。惟爾貞毅盟心，直方砥行。值粤西之變，殞命兇鋒，以全厥志，可謂見危授命、視死如生者矣。所司上聞，深用憫悼，特賜祭一壇，造墳安葬。英魂不昧，尚克欽承！」康熙元年，制曰：「鞠躬盡瘁，人臣奉職之猷；酬德褒庸，朝廷

〔一〕「間」字，底本原作「問」，兹據《嘉慶義烏縣志》及文義改。

勸忠之典。蓋靖共既昭其大，則哀榮必厚厥終。爾原任廣西分守右江道、布政司右參議金漢蕙，性行貞良，才猷練達。職司風憲，服勞無忝於在官；身任封疆，死綏不忘夫報主。當妖氛之跋扈，抗大節而捐軀，宜沛慇綸，兼優寵秩。兹贈爾爲光禄寺卿。於戲！位崇百職，弘敷紫誥之華；寵渥九原，永作黄壚之賁。幽靈不昧，鉅典式承！」二十六年，祀馬平縣名宦。二十七年，祀鄉賢。廕子以琳入太學，仕鬱林知州。

金漢鼎，字公鉉，號紫汾。父德義卒時，甫十齡，哀毀盡禮，見者異之。砥行力學，染翰伸紙必驚人。學大夫劉、許、李諸公皆拔置冠軍。順治己丑，成進士，授陝西涇陽知縣。縣山曰「嵯峨」，多嘯聚，漢鼎剿撫兼行，不旬日而定。陝有鎮兵米芻，派於里甲，爲通省累。漢鼎力請改，折凡十上不已，卒從之。峪口三白渠分注三原、高陵、涇陽三縣，其斗門湮且隔，訟有年。爲設渠長，畫定干支，分注三縣，勒碑永守，至今賴之。於是，上官有稽曠疑滯事，必委使决之。負奇冤者多藉以釋。在任五年，六膺剡薦，已舉卓異，賜蟒服。考選，王太宰永吉曰：「天下若僅取一人，亦惟涇陽令耳。」擢兵科給事中，條陳邊海機宜、典制、儲材、恤刑諸務。轉禮科右給事中，會棘闈以鬻販興大獄，漢鼎巍然獨不及。轉刑科左給事中，命稽察刑部，得請給篆專任。又條奏要領十則，迄今布爲成例，各部曹悉準之。其獄囚積至四百餘案，次第清之。晋兵科都給事中，凡所陳奏，如糾貪、庸劾、驕弁、京察、銓政、臺班、吏治等疏，尤切中機宜。世祖章皇帝嘗呼之曰「好官」。簡陞卿秩。先是，以憶母告歸，承歡八載。至是，母終，擗踊奔喪，哀毁而卒。在涇陽，分校文武鄉試，在禮闈分校文武會試，俱以得士稱。所遺有《疏草》四卷，《詩文集》十卷。祀鄉賢。

理學

道學之緒，開於宋以前，此訓詁詞章之學，至此而有所歸也。乃朱子之學，傳於閩縣黄氏。而黄氏傳何氏，何氏傳王氏，皆婺之金華人。王氏傳金氏，婺之蘭溪人。金氏傳許氏，婺之東陽人。學在婺矣。而文清徐氏與黄氏同出朱門，徐氏傳厲志朱氏、子厚康氏、唐卿王氏、通齋葉氏、處善龔氏。唐卿、通齋傳南稜王氏，唐卿後傳晋卿石氏。而丹溪朱氏、青村劉氏復得許氏之傳。是朱子之學在烏矣。而朱子同時以學著者，張、陸、吕、陳四子。南軒之學，邑人無奕之者。金谿則厲志會其同，成公則仲文綿其敎，龍川則伯經、伯强守其範，而通齋尤爲何、王二氏所深服。烏之學，何遂遜於三邑哉！故特取舊《志》之散載《名臣》與《儒林》《政事》《文學》者，理其緒而揭之，曰：「此聖宗也。」示邑人知所趨焉。

宋

徐僑，字崇甫。其先諸暨人，有祖官吴越，爲常侍，始遷義烏之静安。淳熙十四年進士，調主簿上饒，始受業考亭朱子之門。歷紹興、南康司法，皆以憂去。開禧和戎，議函大臣之首。僑上書，言非所以立國，時多其能盡言。嘉定七年，由嚴州推官考滿，差主管刑工部架閣文字，除國子録。召試館職，除秘書省正字，遷校書郎。請外，知和州，徙知安慶府。十一年，除提舉江南東路常平茶鹽事。上書極言朝廷時政，請詔大臣「以正己之道正人，憂家之慮憂國」，庶幾致安於已危，迓治於將亂。丞相史彌遠怒，令言者劾罷之。久之，理宗即位，禮部侍郎真德秀奏：「亮直敢言如徐僑者，願置之言地。」而彌遠猶在相位，不報。葛參政洪、喬丞相行簡，皆鄉人。時在侍從，代爲請祠，迄不受禄，遂引年告老。紹定六年，彌遠死。端平初。朝廷更化，收用老成，落致仕，被召。除直寶謨閣、江東提刑，尋除一作遷。秘書少監，改太常少卿，屢辭。逾年，始造朝入見，論奏舊《志》作手疏。數千言，大略謂「君心正則朝廷正，以至百官萬民莫敢不正矣」。除兼侍講，尋兼權國子祭酒。勸講之際，數開陳友愛大義，遂復皇子竑爵。且建言子思宜配享孔子，二程子宜列從祀，王安石宜廢弗祀，趙汝愚宜配享。寧宗後皆施行。以論王檝奉使狀，金使至，僑以既無國書則非正使，宜館之於外，如晉叔向辭鄭故事。與時宰論不合，力求去。帝諭留甚勤。除工部侍郎，求去益切。陞集英殿修撰、提舉佑神觀兼侍讀。僑奏：「領祠勸讀，乃體貌重臣之殊禮。」力辭不敢當，遂以寶謨閣待制提舉太平興國宮。既歸，援舊比，上疏請辭待制，乃復除集英殿修撰。與其子京官，固辭。命下，如所請。而疾以革，卒年七十有八。訃聞，仍除寶謨閣待制致仕，謚曰「文清」。初，僑之兄侃、倬皆學於東萊吕成公祖謙，而僑原《志》僑初從學於祖謙門人金華葉邽。師事朱子。朱子每語人曰：「崇甫，明白剛直士也。」因俾以「毅」名齋。朱子之學，絀於慶元，及伸於端平，僑與度正、葉味道實發之。其在人君前論學則曰在正心，論治則曰在知人，其教學者以命、性、心、中、誠、仁爲窮理之要，九思、九容爲主敬之本。平日奉身苦約，人不堪其貧。

嘗入對，衣垢履弊甚。上問曰：「卿何貧甚耶？」對曰：「臣不貧，陛下乃貧耳。陛下國本未建，疆宇日蹙，權幸用事，將帥非材，旱蝗相仍，盜賊並起，經用無藝，帑藏空虚，民困于横斂，軍怨于掊克。群臣養交而天子孤立，國勢阽危而陛下不悟。臣不貧，陛下乃貧耳。」理宗爲改容優納焉。又言女謁閹宦表裏用事，帝爲之感動改容，咨嗟太息。明日手詔：罷邊帥之尤無狀者；申儆群臣，以朋黨爲戒；命有司裁節中外浮費。而賜僑金帛甚厚，固辭不受。舊《志》在除兼侍講上。其所著有《讀易記》三卷、《讀詩紀詠》一卷、《雜説》一卷，《文集》若干卷。子鉍、鈞、鏄，皆傳其家學，以世賞入官。門人曰朱元龍、康植、王世傑、龔應之、葉由庚、朱中。本《先達傳》，注從舊《志》。家東巖，赤岸其讀書處，片石上墨迹宛存，有遺像。其諸暨，則猶朱子之新安也。

傅定，字敬子，寅猶子。受業朱子之門，寅所遺也。潛心理學，得其微言奧旨，朱子亟稱之，《晦庵文集》有《答敬子書》。

傅大原，寅仲子，試漕闈，爲本經第一，從慈湖楊簡游，簡亟稱之。

朱元龍，字景雲，稱厲志先生。嘉定十六年進士，歷温州平陽、池州青陽兩縣尉，調饒州司理參軍。德興令誣其民董氏五兄弟溺死縣卒，具獄上，力辨其非辜，其兄弟得不死，後皆爲名進士。它所平反者甚衆。嘉熙元年，以處州縉雲縣令治最，擢幹辦行在諸司糧料院，輪對論三邊形勢，理宗嘉納，語近臣曰：「朱元龍好臺諫官。」尋除宗正簿，陞宗正丞兼權左司郎官、國史院編修官、實録院檢討官。元龍之在左司也。京局官或挾權貴勢求舉牘，輒斥之曰：「舉牘可以勢取邪？」中官有陳詢益求封一作建節者，事下都司議。力持不可。宰臣傳上旨令改擬，對曰：「吾職可罷，擬筆不可改也。」宗室與民有圩田之訟，衆莫敢決，元龍毅然決之，曰：「於法，品官不許佃民田，天子屬籍之親乃争田邪？」歲旱，宰執勸上幸明慶寺禮佛。元龍曰：「稽首號泥佛，蘇軾且不爲，可以天子爲之乎！」時方括兩淮浮鹽，致書執政，以謂朝廷行商賈之事，廟堂踵諸閫之規，使史氏書曰：「括浮鹽自今始」，不可。又兩上封事，言：「自宫禁朝廷以及百官萬民皆可痛哭流涕。」先是，史嵩之在督府，劾其殺富民王倫之冤，活其子。於是，史嵩之入相，疾其直言，遂以斥去，差知衢、吉二州，皆旋予祠。改知台州，以憂不上，一作赴。既而鄭清之再入相，清之尤素惡其剛直。遂以朝奉大夫致仕，家居十年乃卒。元龍早受業於僑，既又從四明袁正獻公燮遊。燮，象山陸氏門人也。故元龍之學，得朱、陸之異而會其同。有文集若干卷，遺稿十卷及《讀騷集》。子幼學，用蔭入仕，爲臨安府觀察推官，能世其家業。從子杰，繼取進士，治郡有能聲，卒官將作少監。曾孫烈請王褘訂定其集。

王褘《朱左司集序》：自褘幼時從長老得公言行，想見其人，巖巖然不可犯，竊嚮慕之。及讀公家集，獲窺其剛大之氣，浩然無餒，益信公之正色立朝、危言峻行不可奪者，一本於誠，非世之矯訐而盗名者可同日語也。始公受學鄉先生毅齋徐公僑，既又從四明絜齋袁公燮游。徐公，考亭朱子門人；袁公，象山陸氏弟子。公之學，蓋會朱、陸之異以爲同，是以著於大節，表表如是。惜乎不克展其所藴，賫志以死。既死，史闕其傳，其言行又無以暴於後世，不亦可悲也夫！故褘序其集，特論著其大節，俾後有考焉。本《先達傳》，注從舊《志》及本傳。

康植，字子厚。上世家金華。父曰仲穎，字藴之。淳熙十四年進士，復試，中教官，始來遷義烏。仕爲尚書吏部郎中，莅官以清白稱。植用世科、登嘉定七年進士第，授奉化縣主簿，三遷爲武安軍節度掌書記。與制置使史嵩之不協，嵩之團結魚舟防江，植持不可，嵩之怒。對移江陵酒官。請奉祠，徑歸。未幾，除刑、工部架閣文字，遷國子正，改通直郎。輪對言事抗直，忤喬丞相行簡意，差通判廣德軍。救荒有法，陞知本軍，以治最聞。召知大宗正丞，遷兵部郎官，除出爲浙西提點刑獄公事。劾奏平江守臣史宅之治郡無狀。嵩之，宅之兄也，時爲丞相，并連及之。其言以謂：「宅之不思掩前人之愆，專務聚斂，以事貢獻，是以小忠而成其大不忠也。嵩之不知而使之，不智；知而使之，不仁；其上罔陛下，又不忠之大者也。群臣明知其罪而不言，皆逆探陛下之意而不敢嬰其鋒，是逢君之惡，亦不忠之徒也。」疏入，理宗震怒，欲重罪之。杜丞相範時在樞府，爲之極諫，謂：「憲臣言事既不中，又加之罪，如天下公議何？」理宗尋悟。乃徙宅之隆興，而植提刑福建，改知寧國府，兼權江南東路提舉茶鹽、義倉，奏免和糴，行經界法。除都官郎中，出知吉州，改福建路轉運判官，兼攝建寧府。賑水菑，拯鹽弊，政惠大孚。赴闕奏事，卒于建溪驛，積階朝奉郎。其在廣德時，取《大學》語名其齋曰「誠求」。仲穎與僑爲同年，植以故早，師事之。以需次之暇，執經於僑之門三年，端平更化，侍僑赴京。喬行簡欲處以職事，植亟赴書記任。舊《志》在掌書記下。師門中獨植從游最久，與同邑秘書丞王世傑皆號稱高第焉。

贊曰：「文清學行純篤，風節高峻，誠可謂道學之宗師矣。朱子之傳，閩中則有黃幹氏，而浙東爲文清。然黃幹氏一再傳爲何基氏，爲王柏氏，皆文清同郡人，而皆隱德不仕。文清之傳如元龍、植，則皆起科第，躋政路，故著於大節表表如是焉。王柏氏稱植操尚之堅、風力之勁，有文清之遺則。嗚呼！寧獨植而已哉？

王世傑，字唐卿。上世爲獄吏，有陰德。世傑受業徐氏之門，由太學登進士第，需次長洲尉。葛參政洪請主義塾，來學之士後多爲時聞人。及宰新昌，從游者益衆，唯唐震，字景賢，會稽人。以饒州守仗節死義，名最著。世傑晚登朝行，累遷秘書丞，差知安吉州。俄復予祠。以壽終。長子自世其科。舊《志》載《文學》。

葉由庚，字成父，淳熙乙未進士維休曾孫。父蓁，字實之，以世科累遷太常寺主簿，輪對言「中書政本宜清心正己，以求賢爲務」，時宰不樂，改軍器監丞。差知荆門軍，建堡栅，開溝洫，蒐練民兵，人思奮勵。會京西帥幕建議築城東蒙兩山之巔，蓁以山無水泉，且非敵路，條其不便者六。制置使趙方主先入之説，不從。蓁嘆曰：「敝民誤國，寧有避耳。」解印綬去。有旨除夔路轉運判官，俄復予祠。結廬東山，扁曰「抗雲」。祠滿，差知武崗軍，未上而卒。墓在湖門龜山，舊有龜山書院。生而口吃，嗜讀書，從周大亨習《春秋》，爲舉子業，試有司不中，遂絶意進取。時丹溪徐僑倡明考亭朱熹之學，由庚執經從之。僑授以中、誠、仁、命、性、心六字之説。由庚早夜磨礪，探窮經旨，驗之於躬行，期凝合而無間。僑謂人曰：「成父從僑最久，静愿無他，好講學，意趣殊深，吾道爲有託矣。」遂以「通」名其齋居，且戒之曰：「心體之流行，即天運之流行也，無乎不通。而塞之人，其物矣。」由庚佩之終身。金華何基、王柏皆宗熹學，次第相傳，遠有端緒，皆慕由庚造詣真切，相與貽書辨析，至無虚月。基疑周子太極圖補先天圖之未備，由庚曰：「太極圖與先天圓實相表裏，固不待預見先天圖而暗與之合。先天有圖，其辭已具於《大傳》《説卦》中，亦不待邵子别爲論議而後明。况先天乃伏羲所圖，無非法象自然之妙；太極乃周子自出心思、擬形畫象而爲之者。先天圖當作先天圖觀之，太極圖當作太極圖觀之，圖雖不同，而其理則未嘗不一也。若曰周子之爲圖，盡在于修之一言使學者可以用功，謂之『隨時立教，至是益備』則可耳，切不可謂陰有以補先天圖之未備也。先天圖自太極生兩儀，加倍而爲四、八，以至于六十四。左自一陽而六陽，右自一陰而六陰，自然生生不窮，皆是天地本然之妙。太極圖止於四象，以爲火、水、木、金，即其中以爲土，説至五行輒止。各有其義，未易優劣，正不必將先天圖比並參較也。」柏以《論語》屬詞聯事，集爲《魯經章句》，而以《大學》《中庸》《孟子》爲之傳。已整比成卷，質之由庚。由庚曰：「記録之書，非經體也，移易固未爲不可。第《論語》乃孔子之微言，與他記録者實殊，非可以緒分類合也。南軒張子以程子之意類聚孔孟言仁，朱子猶恐長學者欲速好徑之心，滋入耳出口之弊。又况孔子之言，誠有不可破壞者。以今第一卷首條『子温而厲，威而不猛，恭而安』類爲孔子出處，若入門人記孔子德容之盛，未爲不可。第二卷首條『堯曰』至『公則説』，乃弟子於終篇特記聖學之傳，以著明二十篇之大旨，與《孟子》篇終歷叙道統同一意，亦恐不但思古傷今而已也。今欲尊四書爲魯經，唯以孔子格言大訓與問答之語爲經，門人所自言及子思、孟子之書爲傳，則庶幾爾。」基、柏皆深服其言。由庚於講切義理，不立異，不苟同，虚己精索，必求真是之歸，雖十往返不厭。問道考德者，户外之屨嘗滿。其誨學者曰：「古之人知行並進，聞一善言，見一善行，未之能行，唯恐有聞。若纏蔽於文字間，待其知至而後行，是終無可行之日也。」人以爲名言。學者稱「通齋先生」。至元己卯閏五月，年七十八，卒。無子，以族子遐孫爲後。平生不務著書，惟研濂、洛諸家之説以教人，有《論語纂遺》若干卷，詩文若干卷，《瘖叟自志》一卷，藏于家。本宋濂原傳，今增入南軒一段。舊《志》載《儒林》。

龔應之，字處善。受業徐氏僑之門。嘉定十六年，以《尚書》首鄉薦。癸未，登進士，後久居下僚。理宗一日語從臣曰：「朕嘗讀龔應之書義，此人今安在？」臺諫即漏舍傳上旨，召至，於是驟加陞擢。歷踐清要，由皇太子官僚累遷右史，以中大夫直寶謨閣、禮部侍郎、金華縣開國男，食邑三百户致仕。從子康，仕太學學録；愷，仕直閣、侍御史。古《志》載《政事》，舊《志》載《文學》。

樓大年，字元齡，竹山里人。父伯寬，由太學入官，授江陰縣尉，轉知無爲軍襄安鎮以終。大年從徐僑游，登嘉定癸未進士第，調青陽縣尉，監嘉興府袁部鹽場，尋知嘉興青龍鎮，擢遂安縣令，差兩浙西路提刑司幹辦公事。兩易監行在會子庫，同列以侵欺被劾，唯大年獨免。改知南昌舊《志》作康。縣，爲治先教化，建利去病若嗜欲然。縣民夜行，爲讎家毆死事覺，賂其甥來就辟。甥自陳殺民狀甚悉，大年疑之，亟命丞往驗。丞受賕，使焚屍以滅迹。大年怒，聞于府，屬録事核實，録事復受賕如丞。大年正色抗辨，録事爲引去。上之憲臺，令觀察推官重讞，事始白。民敬之，生爲立祠。遷奉議郎、通判吉州。提點刑獄李迪以大年廉慎，命録一道滯囚大年隨輕重而疏裁之，抱成案就迪，言咸聽。未幾，攝郡事。江東大姓查氏，以父遺書據幼弟資産幾六十萬，弟長，訴之縣州，歷二十年不解。迪曰：「非清白吏如大年者，不足以究此。」以其事下大年。舉張詠决子壻争財故事爲例，命歸其弟，人以爲允。歲終，吏以公帑錢粟羡餘來白曰：「此公券内物，前官具有例。」大年斥之，以助軍餉及周宗室之艱厄者，皆舉手加額而退。轉承議郎、提領户部犒賞所主管文字，尋陞朝奏郎。寶祐甲寅三月，卒于官。大年襟度灑落，如晴空皎月，一塵不染。然在官洞察民隱，脱有理未安必反覆沉思，終夜不寐。所見一定屹如砥柱不移，雖壓以權貴人之勢，弗回也。及解印綬去，攀轅卧轍者綿亘十餘里，人咸以爲無愧古循吏云。

朱杓，從徐僑上承晦庵之緒，精究理學，著《太極演説》《經世補遺》。廉曾祖。

以上徐氏門人。

朱質，字仲文，縣之溪西人。受學吕成公祖謙弟子葉邽，而卒業於唐仲友。紹熙四年，親策陳亮魁多士，質次之。亮在太學，素以封事受知孝宗。質陳府作廷對《春秋》大義，以復讎爲説，孝宗在重華宫，聞之大喜。質累官著作郎兼侍左郎官。開禧初，金使入見倨慢，上書乞斬之。時韓侂胄用事，下詔北伐，擢質右府作左正言、左司諫，皆兼侍講，奏疏論邊事甚悉。及師出無功，侂胄乃欲講和，質猶以爲和不可恃，侂胄怒，即日移太常少卿兼權吏部侍郎。嘉定再和，遂以謫去，用累赦復官，予祠，差知道州。未及上，遂致仕，積階朝散大夫。有《易説舉要》、奏議、詩文、雜藁。此吕氏派。

喻侃，字伯經，良弼侄。蚤受經於永康陳亮，由太學諸生，登慶元己未進士第，調宣城尉。有境外盜狙入尉界内，侃登執之，歸于府。府帥臣丘崇奇之。開禧丙寅，金人犯淮，府檄令、尉二人餉軍，由歷陽達鍾離。鍾離屬敵衝要，法當以重兵護糧，護不滿千人，令畏縮不敢前。佀奮不顧身，遂行，卒致饋于濠。糧有羨，衆謂尉宜得，佀悉歸公府。復爲宜春丞。宜春地接贛吉，吏珥筆成風，民善訟。佀爲人怦怦諒直，聽必以情，民退無後言。凡訴臺部者，必曰：「得宜春丞一聽，死無憾。」居久之，由承直郎改奉議郎、僉書鎮南軍節度判官聽公事，改章服，尋陞朝奉郎。初，佀久從諸老游，幕中多新進少年，議論雅不合。佀嘆曰：「吾髮已種種，寧能與翩翩小兒較短長哉！」遂請祠而歸，築室夫人峰下，曰「蘆隱」。佀性豪，談論古今，輒目光如注，氣軒軒出鼻吻間，人莫能抗。尤長於文辭，通直郎杜游嘗稱之曰「質而不俚，華而不靡，憤而不激，怨而不懟。不以食膾炙爲美，澹乎其有味；不以刺文繡爲工，黯乎其有光」。其感時念故，推物類情，抑揚離合，必窮其源以揚其波，其不合於律者鮮矣。君子以爲知言。當乾道、淳熙間，朱熹、吕祖謙、陸九淵、張栻四君子，皆談性命而闢功利，學者各守其師說，截然不可犯。陳亮倔起其旁，獨以爲不然，且謂：「性命之微，子貢不得而聞，吾夫子之所罕言。後生小子與之談論不置，殆多乎哉。禹無功何以成六府，乾無利何以具四德，如之何其可廢也。於是推尋孔孟之志、六經之旨、諸子百家，分析聚散之故，然後知聖賢經理世故，與三才並立而不廢者，皆皇帝王霸之大略，明白簡大，坦然易行。」人多疑其説而未信，侣獨出爲諸生倡，布列綱紀，發爲詞章，扶持而左右之。使亮之門惡聲不入于耳，高明出諸老上，皆侣之功也。已而亮爲世議所扼，當路必欲擠之死地，凡再下詔獄，侣與同志生極力營解，幾陷羅織，遂脱亮於萬死一生之中。亮顧侣曰：「此生死而肉骨也。」人多義之。侣所著有《隨見類録》二百卷、《蘆隱類稿》五十卷，首論六經之功用云。

喻南强，字伯强，自少負奇氣。父直方謂與陳亮類，俾從之遊。同門者數百人，亮獨稱其議論可畏。讀書至名義可喜事，輒擊節慷慨。及亮爲當路排陷，以非辜下大理，罪不測，門人畏其威，噤不敢出聲。南强義形於色，從兄侣與同志生極力營救，幾陷羅織。走東甌，見葉適，備述亮冤狀。適曰：「子真義士也！」秉燭爲書數通。又持走越，親見諸臺官誦言之，卒直亮冤。慶元間，連貢於鄉，入太學。晚用右科奉南郎對，授邊功部臨安府富陽縣尉。禮部侍郎真德秀以言事去廟堂，風京尹迹其所至，欲并以爲罪。德秀舟過富春江，南强亟見。賦詩爲餞，人皆壯之。轉承直郎、處州縉雲丞，未上，卒。爲文善馳騁，下筆數千言，不煩繩削而自合。大篇短章，惑人取去，不甚愛惜。所著有《梅隱筆談》十四卷。以上陳氏門人。

陳杙，字希善。宋秘書監龕十世孫。自幼入學，記誦不倦。嘗游何基之門，探索隱賾，深得要領。儒學提舉司檄典浦江教，日與諸生講明性理之學、修治之方，遊其門者咸賴有成。致仕，卒。

元

王炎澤，字威仲。父濟，景定二年國子免解進士，無子爲之後者，弗克家，更選於族人，得炎澤，以田廬授之，請均給焉。治舉子業有聲。宋亡，無意仕進，肆力聖賢之學，從徐僑門人外祖葉由庚及唐卿王氏傳考亭之學。開門授徒，前後及門數十百人，最顯者爲黄學士溍。部使者强起爲東陽、常山二縣教諭，遷石峽書院山長，所至以善教稱。歲餘，棄官歸，年幾七十矣。學者尊爲「南稜先生」。炎澤氣貌充偉，言論磊落，如震雷驚霆，傾豁洞達，見諸行事，平實正大，如青天白日，無所隱蔽，人莫不畏而敬之。爲學者講説，不支離穿鑿，文簡暢而理勝，詩歌冲澹渾厚，不屑事雕繪。里居日以經史自娱，手不釋卷。年八十卒。有《南稜類稿》二十卷。子良玉，常山教諭；良珉，義烏訓導。禕，其孫也。本黄溍《王禕集》。

石一鼇，字晋卿，舊《志》作巨卿。初，徐僑倡道丹谿上，祕書丞王世傑得其緒。一鼇從世傑遊學，日以茂實大而聲遠，負笈而至執弟子禮者數百人，名賢書升學館者相望。咸淳甲戌，王龍澤舉進士第一人，晚而覃思於《易》，著《互言總論》一卷。甥黄溍亦遊其門，没而表其墓道，謂「掇棄餘以充有司之求者，雖文章猶莫得而聞。而文清之教，曰命、曰性、曰心、曰中、曰誠、曰仁，微辭奥義，或尚有託。求之者庶無以彼易此，而徐氏之傳不終寥寥也。」本《黄溍集》。

朱震亨，字彦修。鄉貢環孫，縣之赤岸人。受資爽朗，讀書即了大義，爲聲律之賦，刻燭而成。尚俠氣，不肯出人下。聞許謙承朱子四傳之學、講道東陽八華山中，摳衣往事，年已三十六矣。謙爲開明天命人心之秘、内聖外王之微，由是心扃融廓，體膚如覺增長。每宵挾册坐至四鼓，潜驗默察，必欲見諸實踐。理欲之關，誠僞之限，嚴辨確守，不以一毫苟且自恕，如是者數年。歲當賓興，再往，再不利，曰：「得失有命。苟推一家之政，以達於鄉黨州閭，寧非仕乎？」迺即五世祖良祐延徐僑亭址建祠堂，考朱子《家禮》損益之，深衣大帶以序就列，而亭即改創祠南，俾子姓肆習其中。會下包銀之令，里不下數十姓，震亨里僅上富氓二。郡守曰：「君不愛頭乎？」震亨曰：「頭固當惜，此害將毒子孫，願倍輸吾產當之。」縣鄉有蜀墅塘，周三千六百步，溉田六千頃而贏，堤壞而水竭，數以旱告。震亨倡民興築，置坊庸，鑿爲三竇，時其淺深舒洩之。後十年，堤又壞。命再從子湋嗣其成。詳《塘記》。震亨壯齡以母病脾，頗習醫，後從宋寶祐中寺人羅司徒知悌，得聞其要。謂醫必本於《素問》《難經》，而濕熱相火，爲病最多，長沙「外感」，東垣「内傷」，必兩盡之，於是治療必神中。學以躬行爲本，以一心同天地之大，以耳目爲禮樂之原，積養之久，夜寐即平晝之爲，暗室即康衢之見，汲汲孜孜，耄而彌篤。爲文以理爲宗，必有關於綱常治化。聞人之善惟恐失之，隨聞隨録，用爲世勸。有不順者，必誨其改，又導之以其方。所著有《宋論》《格致餘論》《局方發揮》《傷寒論辨》《外科精要發揮》《本草衍義補遺》《風水問答》七種。所居丹溪，學者稱「丹溪先生」。本宋濂《石表辭》，《婺書》作方技，非。

朱同，字性初。幼承祖杓家學，復從許謙講授，研究奥旨。嘗應辟爲兩淮屯府幕屬，未數月解職歸隱。以居所曰「裕軒」，遂以爲號。一作同善，叔麟子，娶卜氏，卒，不更娶。

明

王順，字性之。居同義鄉，登許文懿公之門，讀書必欲見之躬行，使物被其澤。里有大鼓湖，瀦水灌田五千畝有奇。歲久，岸且崩，天稍不雨，田作龜兆拆。順約田而輪作，自出布錢，鑿石作水門，視時溢乾畜洩之，民得大利。朝廷以營建徵木、石工，縣不問老幼廢疾上其名，索之弗得，捕比鄰以代。順白縣核實，作新籍，有徵發，按籍輪役之。儲藥以濟疴，且與朱震亨講切《内經》之説。出菽粟貸單窶者，不録息。没，給棺櫝瘞之。復謂移風易俗必本於學，建書塾，招良師，會鄉族俊秀，俾子弟與共學。貧者周以羞服。月旦、十五日延其父兄列坐左右，立諸生堂下，順整衣冠，以孝悌婣睦之道誘掖而飭導之。行鄉飲酒禮，捧《大明律》諄諄爲人講解。田賦移易不常〔二〕，順司鈎校，削積弊，科繇以定。卒洪武九年，臨葬，洒涕者千有餘人。

〔二〕「田」字，底本原作「曰」，兹據《宋學士文集》改。

宋濂誌其墓。

金涓，字德原，《王褘集》作元。本姓劉，先世避錢武肅王嫌名，改金。自幼警敏，日記數千言，比長，遂肆力於經傳。聞白雲先生許謙承考亭之緒，講道八華山中，侍師黄溍謁歲寒亭上。至順二年，溍以應奉文字召入翰林，遂登謙門。謙告之曰：「學者必以五性人倫爲本，以開明心術、變化氣質爲先，以爲己爲立心之要，以分別義禮爲處事之制。」涓朝夕惕厲，研究奥旨，體認踐履，務期脗合，稱爲入室高第。其《讀易詩》云：「至理由來無古今，後人删注轉迷沈，遺經獨抱加潛玩，始識羲文廣大心。」在溍門，與吴萊、宋濂、王褘、朱廉輩爲友。涓爲文章，雄健有奇氣，其鳶魚自得之趣，間嘗發於吟詠。溍誌謙墓，有門人吕權、蔣玄、金涓方爲先生買田築室語。亦嘗建祠祀溍。田廬三讓其兄，娶瞽可追廷式，好施輒至傾囊。身爲元民，不立其朝。明時召修《元史》，懇辭濂、褘之薦。州郡辟之，輒謝曰：「犧樽青黄，豈木所願邪？吾髮已種種，焉能馳驅簪組之間哉！」詩云：「生計喜添供鶴科，閒身幸結住山緣。客來不話功名事，且誦莊生第一篇。」濂稱其爲己功深，不自表襮，惟濂知之爲獨至。隱居青村，授徒著書，學者稱爲「青村先生」。有遺稿二卷行於世。

門人王可宗《祭青村先生文》：嗚呼！先生生於皇明盛世，家道昌隆，既富且庶。當其伯仲一掌於金穀，唯先生向學，迺專心而致志，歲寒亭上立雪已深，白雲軒外春風和氣。斯時同門者百數十人，獨先生稱爲入室高第。先生自少有志於濟貧恤孤，遠邇飢寒賴先生而活者不可數計。先生之配雙失其明，衆勸再聘，而先生酷以前定而心不少二。此皆先生大異於世人，而世人莫能窺先生之涯際。先生自爲童子時出語長老悉已驚悸，既長，學乎六經，其文章簡古而純粹。毅然不仕，隱於青村，以避名勢。借使用之於朝廷，必作爲雅頌、歌詠皇明之功義；薦之清廟，必上追商周魯頌之隆治，奈何終不出，而立後學之標幟。先生之子若孫，亦嘗爲顯官，而先生弗克享其禄而傾逝。可宗蚤歲亦執經而造講席，賴先生口授聖賢之遺意。今者宦轍四方，職乃充於卑位。先生没廿有餘載，未嘗不感時懷思，而汪然殞涕。尚饗！

後學會稽董期生《青村遺稿叙》：青村先生生元季。虞文靖集、柳文肅貫薦之不起。入明而教授青村，不應州郡之辟。王子充詩云：「惜哉承平世，遺此磊落姿。近聞處村僻，轉與世情違。」而鄭公柏傳稱爲安貞蜚遁之士。今讀稿中詩曰：「虎頭燕頷君休論，好向山陰買釣船〔一〕。」又曰：「携取琴書便歸去，奚須更待杜鵑啼。」先生固隱者也。先生學於許文懿公謙，直溯勉齋黄氏，

〔一〕「陰」字，底本重文，兹據文義删其一。

得金華朱學正傳。王君可宗謂同門者百數十人，獨先生稱爲入室高第。又學於黄文獻公溍公，以學問文章名天下，即宋公濂、王公褘之師，而先生事之爲最先，文獻常呼爲益友。危侍講《碑叙》，門人之葬文獻也，以先生居首列。子充上宋公爲文獻行狀，叙門弟子相治後事共四人，先生亦居首列，王、宋、傅之上。後裒集文獻遺文，請建祠宇，先生輒與焉。景濂曰：「先生爲己之功深，不自表襮，惟濂知之爲獨至。」今讀稿中詩，有曰：「静中自得其中理，此意無人會得知。」又曰：「誰識個中真樂趣，偶來林下看雲生。」又文云：「先師道業之傳，宗而主之者有其人，予復何憂！」先生蓋儒者也。余思古今來隱者多矣，不必皆有見道之能；儒者亦多矣，不必皆有高世之操。惟晋之元亮、宋之堯夫，庶幾近之。乃一則黄魯直以爲千載人，一則程子以爲振古豪傑，先生其兼而有之邪！顧先生嘗有《湖西》《青村》二集，共四十卷。今僅存文一首，雖散體，其意略同《歸去來詞》；詩一百五十二首，多唐人風致，殆欲遠駕《安樂窩》《自得吟》諸作。夫文之傳與不傳，與傳之多與不多，不必爲先生計獨是。先生與宋、王二公同時同里又同師，二公之集余嘗得竟讀之，即景濂嘗謂先生「文章雅健有奇氣，不但長于詩」，子充嘗稱爲「援經復據史，雖老文益昌」。乃二公之作，即如鑷髮之句，急就之章，猶誦説於不衰。而先生之遺稿，越百數十年，至嘉靖間，六世孫别駕公魁始搜之散亡之餘，付其子孔般公江爲之梓，得正、續二卷。今又百數十年，裔孫漢綵復遵其先志，當兵燹頻仍，幾失而復得，因詮次而合爲一編，刻之以垂永久。而余於今日亦始獲讀先生遺稿於二百數十年之後，豈董常之道德真不如房、魏之勳名耶？然則宋、王不見多，而青村不見少。天下久知有宋、王，宋、王無所加，天下始知有青村，青村無所減。且勳名有時而不彰，道德歷久而彌著，則又何必如静誠之參帷幄、草廬之祀廟廷而後爲賢乎？

孝友

德無有加於孝者，以事在庭闈，行根天性，故次《名臣》《理學》之後。然邑以孝開，冢留秦壤，忠孝堂顔、宗並祀，則視他邑爲軼倫矣。舊《志》謂不精不誠，不能動人，而況於烏可云善言孝行哉！而肩土成墳，誣金立雪，露垂廬柏，鶴和悲筵，且竭財救弟，情同損覽，若樓、周、朱、龔諸子比於小，學善行之。條前史《本行》之記，亦庶幾焉。

秦

顔烏，事親孝，父亡，負土成冢，群烏銜土助之，烏吻皆傷，因名縣曰「烏傷」。

按，《説苑》：「顔烏，烏傷人，親亡，負土爲大冢，群鴉數千，銜土以助焉。烏既死，群鴉又銜土葬之。」《搜神記》曰：「顔烏葬親，烏銜土來助。今境内有野鴉橋。」《府志》人物居首。

宋

樓藴，字季發，圖南從兄也。性至孝，母喪，廢櫛沐，鹽酪不入口。結廬墓左，繞冢哀號，冢下耕者爲之墮淚。負土築冢，日自課三十肩，冢高數仞。鄉人合辭請於郡邑，刺史遣從事即其廬勞之，且問狀。固辭曰：「此人子之常，不願賞。」歲時祭享，不用釋老楮幣，終其身巫祝不至。門人稱曰「樓孝子」。吕成公祖謙銘其墓。龔右史應之請於朝，從祀顔氏永慕廟。

周祖仁，大亨子。居親喪，廬於墓側，朝夕哀慟，甘露降於墓柏。人稱之曰「周孝子」。

朱環，字君玉，襁褓時無兒號聲，仲父桂奇之，養爲子。桂後生璧，因外環，環事之益孝謹，凡勞事皆服行，不知有寒暑。時境内多盗，白晝劫人財。桂有金數百兩，與璧謀瘞窖中，璧夜發去，反誣環。桂怒，褫環襦袴，立之大雪中一日夜，環恂恂謝過，無一言辨其冤。桂猶日虐環，五六年間，瀕死者數四，恒受之不怨。桂死，遇璧益厚。子慶多暴，或嫁以殺人罪。環憂，不能食，竭私財以救，獲免。環善讀書，竇祐間嘗舉鄉貢進士，年八十六終於家，孫震亨，見《理學》。盜劫環入砦，子元伏垣下，梟之。奴誣環盜，女壽白之。

石子定，字安叔，一鼇子。端敏純孝。繼母朱，性嚴毅，子定奉養不倦、無慍色者三十年。朱屬纊之前謂之曰：「汝善事母，汝子孫世世皆汝若，我之願也。」里人多稱之。舊《志》載《篤行》，從古《志》改入。

明

王紳，字仲縉，禕仲子。聰明好學，從遊宋濂，與方孝孺契。紳至孝，禕以洪武壬子持節使雲南，明年死，未得報。歷九載，與兄綬刻禕《華川集》以傳，請孝孺序之。十年，母夫人病篤，削股作糜以進。已而卒。濂爲綬作《思親堂記》，紳復爲賦，濂又作《釋思辭》，其言曰：「忽持節而來歸，終擴闢此殊方；蓋殞在異域，至此猶未聞。」時爲洪武十四年矣。紳幼鞠于綬，事如父。既以文辭著稱，蜀王聞其名，聘至藩府，待以賓禮。紳時聞變，陳其哀悃，將之雲南。王憫而資其行。至時爲二十九年，訪求遺殖不得，乃於諱所立木主，號慟奠祭，聞者泣下。有《滇南慟哭記》。既還，王禮遇之益至。未幾，以文行薦於朝，召爲國子博士，横經講解，六館翕然。俄以疾卒。所著有《繼志齋集》三十卷，今行世者一卷，附褘集。從古《志》更定。

龔曇，字汝霖。天性孝友。年十七，以父演隨伯兄淳於易州官舍卧病報聞，即匍匐迓歸，躬侍湯藥，衣不解帶。比卒，哀毁，殯葬如禮。以父早逝，事母尤謹，幾四十年。母卒，遂廬於墓，苫塊饘粥，奠獻悲號，三年如一日。墓前孤鶴長唳，人以爲孝感所致。有司以聞，旌表其門，賜八品散官，復其家。

楊芾，字仲彰，號鶴巖，焯孫。從陳樵、黄溍游。孝行夙著，王褘、宋濂等薦之，特聘試策，擢居内翰。《鄉賢詠》注：初聘爲邑學官，膺薦上京，辭歸。以母老乞歸終養，學者稱「宛巖先生」。王褘曰：「仲彰能以儒學自名者也。」有《百一稿》《無逸齋集》《元詩正聲類編》。祀鄉賢。子璥，見《金華賢達傳》。

朱傑，二十四都。子城陛及玄孫國政輩，相傳五世，情誼歡洽，食指八十餘人，同居共爨，産業不分，家事率聽長者而行，内外無間。

金文亮，字汝弘，别號寅所。總角入成均，讀書天界寺。大司成鄧公以讚，每試輒以文亮冠其儕。三入南闈，不遇。時父守憲，母方春秋高，自念奈何以獨子勞苦怙侍，即身持門户，而以經篋課子世俊。比歷資當謁選，文亮笑曰：「一日之養，三公不易，吾早棄觚矣，惡用是雞肋爲？」遂焚牒。亡何，丁栝棬之哀，幾至滅性，顧恐傷乃考心，恒夕涕于枕，而朝觴於堂也。萬曆丁未，世俊成進士，授中書舍人。守憲年已八十二，七箸日有加，居亡何，辭世。文亮哀之如喪母時。世俊郎吏部，文亮遺書云：「知人，官人第一重擔，糠粃眯目，天地四方易位矣。慎之哉。」已，廬墓數月，病肺。世俊聞之，請假歸，醫禱百方，疾良已，間歲卒。癸丑，以世俊中書考滿，封已累贈吏部郎中，至通議大夫、大理寺卿。守憲見《篤行》，二人本舊《志》增刻。

陳文言，父罪繫獄，及讞，請以身代。後父死，廬墓三年，有蛇鼠之異，詔旌其門。

金文泰，字南衡，增廣生。以數奇不售，遊太學。喪父，哀毀嘔血數升，廬墓三載。兄弟析産，取磽薄以充數。失偶，不再娶。晚食貧，孜孜好學，課子夏楚不少寬。子裕國，由太學官泗州經歷；德義，成進士；德俊，由恩選任石門學博；德光，庠生。

陳侯周，字汝道。以《春秋》補庠生。父寢疾，手自調藥，起則扶掖，便則滌濯，數月衣不解帶。及卒，哀毀骨立，負土營窀穸。風木之悲，終身不替。子聖圻，崇禎己卯舉人〔一〕。

王應麟，縣之田心人。明季兵亂，隨父出避，父爲游兵所執，拷勒金錢，紿以歸家探取。兵隨之，至家無所有，將殺之。應麟抱父哭訴曰：「家實無有，若欲殺父，願以身代。」兵即殺之，父獲免。順治六年間，衆白於宋侯，賜額「皋魚接踵」。

陳世耀，字伯燦，在城人，幼性孝。年七歲，母樓氏亡，哭無時，葬後，曉暮往拜必號泣，雨雪無間。事父晨必省，昏必定，寒則温衾，暑則侍扇，俟遣方出。事繼母朱，出必囑其妻，歸而朱言笑如常則喜；或因他事不悦，即督過其妻，問朱不言，跪且泣，必得其情乃已。申寅寇亂，躬負以逃，畧不顧其室家，惟依依於母側。時爲游賊所遇，知其孝而澤之。朱染疾，夜禱北斗請代，旋愈。朱卒，絶粒數日。夜寢冢旁樓，外家無出，送其主入祠，春秋享祀。朱亦無出，迎朱父母以養，殁治塋以葬，祭祀不絶。當路與鄉薦紳慕其行，各賦詩以贈。康熙貳拾捌年，署本府事。清軍廳常旌以永錫爾類。

〔一〕「己卯」，底本原作「乙卯」，崇禎無乙卯，兹據前「選舉制科表」改。

朱孔雲，在城人。童子時，母孟氏卧病三年，衣不解帶，嘗藥滌垢無倦色。孟卒，守墓悲號，群鵲繞里，人謂誠孝所感。已，補庠生，哀慕迄今不衰。康熙八年，縣申府達院旌獎，春秋頒胙。十年，知縣于漣復准保約族鄰庠生公報遞申學道，學道詳院有「孺童朱孔雲，孝親具色養之誠，廬墓感靈禽之異。行愈久而彌篤，追既死以如生」語。行司核議候題。二十八年，詔修《一統志》，徵孝子節婦事實，知縣王廷曾具姓名以覆。

傅文權，字爾經，十二都人。六齡喪父，孝奉孀母。家貧，菽水不繼，日則提筐拾薪，夜則粘錁易粟，以給饔飧。順治年間，遇旱荒，權甫十歲，入山采蕨奉母，有虎逼權身，樵者見之皆驚，喊問，權並不見，人以爲孝之所感。母患胃癥，乏力延醫，叩拜禱天，請以身代，頭顱幾裂，病旋愈。又患目幾盲，權舐以舌，終年復明。寒則帶衣護足，暑則扇立枕旁。及母壽終，水漿不入口，哀毁骨立，見者傷之。康熙三十年，合邑士民請詳題獎由學牒縣，知縣王廷曾申府通詳道司學院加參獎，語内有「遡烏傷之往迹，可謂同符；觀鳩集之新祥，允堪特表」等句。撫憲張以「孝行維風」匾旌其門。

陳萬年，孝本性成，行以學顯。方在童齡，父調元病篤，藥必親嘗，衣不解帶者月餘。迨藥石無濟，調元易簀，萬年焚香祝斗，願以身代。割股和藥，父忽復甦，重延數月。既喪，哀慟骨立，廬墓懸像，誠孝無間。事繼母最孝，鄉評重之。順治十六年，闔邑紳衿公舉孝行，蒙院、司、道、府旌獎在案。

方稠，字子萃，别號憶悔，鄉人以其憶親不置，故稱之。生有至性，甫踰髫，即能色養。父病，百藥不效，以刲股得痊。及喪，廬墓三年。事母龔氏，以父殁，益深愛日之誠，自絶葷酒，而甘旨必備，數十載不變。年六旬，母亦逾耋，侍奉猶必躬親。母疾，衣不解帶，匍匐禱神。逾年母卒，復廬墓如初。時有大木覆廬，本實將撥矣，或勸之徙，曰：「吾不忍離墓側也。」是夕大雪覆廬，木隨風捲墜他處，人以爲至孝感神，故如此。隆慶間，歲給衣帛，且製「孝行」字以褒其門。時翰林修撰溧陽趙志皋有《贈方孝子序》，邑人參政虞德燁爲墓誌銘，皆謂顔烏後不多得云。

吴湛，字燕斯，江灣人。有至性，姿穎異，於書無所不讀，而敦本茂實，不務虚聲。髫年失怙，廬墓三年。奉母色養無違，母病篤，誠格天心，沉痾頓起。時有土寇爲暴，里人多受其害，知湛孝行，戒令弗驚其母，近鄰並賴以安。至於捐資以贖難婦，代償以完人妻，捨地以葬無主之骸，尚義以全節女之志，其美行不可殫述，而矜伐之意，不形於色。詩文不爲新奇，務于平實。青年食餼邑庠，後貢於大廷，所著有《韋齋集》行世。

金來儀，字文起。少爲邑庠生，事親躬侍起居，怡顔承志不少怠。母患痞疾，日夜呻吟。儀撫摩扶掖，頃刻不離，藥必親嘗，衣不解帶，如是者累月。父見其形神勞瘁，多方解諭，一時雖從父命，退則憂勞如故。後母病危篤，夜夜呼天，願以身代。母殁，哀慟幾絶，家人救甦，强起支援，檢點衣衾等物。躬親入殮訖，撫棺大慟，汗流如洗，嘔血而卒。親族皆爲悲惻。後闔庠諸生公籲學院張旌其善行。妻陶氏，柏舟自矢，人頌其夫婦節孝云。

陳崇齋，字敬一。即義夫陳璽孫、建坊節婦駱氏曾孫也。弱不好弄，稍長就傅，出語已能驚人。數日必歸省，恒得親歡心，族黨咸稱之。生母洪氏久病，事之數載無倦容。及疾篤，自春徂夏不解衣，每夜祈天以身代。執親喪，孺泣不絶聲，勺飲不入口。既殯，棲柩側，哀毁骨立。其兄夢登郡庠生，勸以毁不滅性，泣對曰：「弟有兄，不慮其無後，弟事母于地下，存亡兩得其所。」越二十日竟卒，年二十。族人咸爲流涕，因以具其事白邑侯韓公。公嘉歎之以爲難，遂誌其事云。

志節

楊尚書、駱臨海皆名臣也，而古《志》不載尚書，舊《志》入《氣節》；臨海古《志》載《文學》，舊《志》以楊慎語改《氣節》。夫尚書餓死却昏，非小志也。而伯强極力伸冤，則得於所學深矣，移從《理學》。陳宣敎之比迹陳東，黄細高之詞誅佞檜，皆大節之卓殊者。其龔忠愍與樓侍講死同，古《志》並載《忠義》，舊《志》列忠愍於《名臣》，今並躋焉。而王孝莊之求骸聚竇，舊《志》自《文學》改，此猶今博士，自《文學》還古《志》《孝友》也。若劉武節之殉，見舊《志》《選舉》，而古《志》平昌墳臺記舊《志》之祠並載之事，在景定之五年，先陸端明十五年，《端明傳》亦有雷州失守語，亦宋末名臣也。故無傳，今蒐其家乘補之，而前此後此亦有死事者並附焉，改爲《志節》，從《臨海傳》，少負有志節云。

漢

楊喬，字聖達。本河東人。高祖茂，從光武爲威寇將軍，封烏傷新陽鄉侯，建武中就國。傳三世，以罪國除，因家焉。父扶，字聖儀，爲武源令，遷交阯刺史，有能名。喬爲尚書，風儀偉麗，數直言政事，嘗疏薦合浦孟嘗異政，竇武表薦張稜及喬等，文質彬彬，明達國典。桓帝愛其才貌，召，尚以公主。固辭不聽，遂閉口不食，七日卒。方孝孺贊曰：「人之器量，有小有大，或盜一錢，或讓天下，天下雖大，一錢之積，觀其用心，大者可識。吾謂楊喬，可爲三公。屈以非義，萬鍾不從。曷由知之，有大人節。帝女不娶，利豈能奪？其中所重，在義與道。視卓操輩，穿窬之盜。伊誰可方？孺子之倫。永言尚友，卓哉二人。」《府志·鄉賢》，孝孺以徐孺子爲漢季一人，及觀喬事，曰：「孺子不孤矣，求友于古人，舍孺子與喬而誰邪？」東都自喬以志節著，而宗厨顧及，踵之而起。

唐

駱賓王，父某，濟南博昌令。賓王少負有志節，七歲能賦詩，善屬文，與盧照鄰、王勃、楊炯齊名海内，稱「四傑」。《唐書》稱登進士。初爲道王府屬，王使自言所能，賓王不答。歷武功主簿。裴行儉總管洮州，表掌書記，上啓陳情終養，以元直令伯爲辭，見《藝文》。調長安，擢侍御史。武后即位，數上疏諷諫，得罪下獄，賦《螢火》《詠蟬》諸篇，見志。后釋其罪，謫臨海丞，棄官遊廣陵，作詩曰：「寶劍思存楚，金鎚許報韓。」武后光宅稱元。徐古《志》作李敬業舉義，署爲府屬，傳檄天下，斥武后罪狀。后讀之惟嬉笑，至「一抔之土未乾，六尺之孤安在？」矍然曰：「誰爲之？」左右以賓王對。后曰：「宰相之過也！人有如是才，而使淪落不偶乎？」敬業敗，賓王亡命，不知所之。久之，宋考功之問以貶黜放還，至江南遊靈隱寺，步月長吟爲詩，曰：「鷲嶺鬱岧嶤，龍宫鎖寂寥。」忽思不屬。有老僧點長明燈，坐大禪床，問曰：「少年夜久不寐而吟諷甚苦，何也？」之問答曰：「弟子偶欲題此寺，而思不續耳。」僧曰：「試吟之。」因曰：「何不云『樓觀滄海日，門對浙江潮』乎？」之問愕然。遲明更訪之，則不復見矣。寺僧有知者，曰：「此駱賓王也。」之問詰之曰。當敬業之敗，與賓王俱逃，捕之不獲，將帥慮罪不測，時死者數萬人，因求類二人者函首以獻，後不敢捕送。且以匡復爲名，人多脱之，故敬業得爲衡山僧，年九十餘卒。

賓王亦去髮爲僧，遊名山，至靈隱，同歲卒。返葬故里。今上楓塘有賓王冢，文多散失。中宗復辟，詔求其文，得數百篇。令魯國郄雲卿叙次爲十卷行世。正德九年，臨海曹某鑿靛池於海門城東黄坭口，得賓王墓，衣棺如新。少頃，滅封以土，取石歸。纂論曰：汪司馬道昆云：「駱賓王附李敬業，荷義戈，志在掃攙搶而新日月，即沈淪落魄，不失爲節俠慷忼之士，彼實奪其行無人乎。五步之内，鋭于鬬捷，一擊不中，卒以不振。若天老其才，養晦俟時而動，五王之烈，方兹蔑矣。」又胡應麟謂：「有唐三百年忠義倡，張國維請謚『文忠』，皆具有論世之識者。蓋武曌亂唐，以狄仁傑、李昭德、徐有功之賢，猶濡迹俟之。而聲討有罪，獨有賓王一檄，其輔敬業，直欲如劉章之鋤吕，劉崇之興漢，至於顯斥武氏之罪，亦非賓王不能爲。乃作史者謂其失志棄官而去、與徐敬業作亂伏誅。惟《綱目》書英公李敬業起兵，是予賓王也。抑或謂其不能用魏思温之策，直指河洛，卒以取敗，亦事後之論耳。若裴行儉評論器識數語，則榮名貌士者，豈篤論哉。」萬曆中，學使蘇濬移文，祀鄉賢，作《駱侍御忠孝辨》。

宋

陳昭，字襲明。從父錫，登進士第，爲復州教授。昭少遊太學，與同舍生陳東伏闕上書，乞斬六賊。書言不用，渡江而歸。後以進士起家，爲錢塘尉。宣和時，御史陳堯臣爲權臣所擠，下其子於大理獄，昭念其非辜，納告身贖之。旋調户部贍軍酒官，用侍從列薦，特改宣教郎，卒。所著有《易説》五卷。

黄中輔，字槐卿。尚氣節，不爲苟合。紹興中，秦檜柄國，和議既成，日使士大夫歌詠太平中興之美，聞言其奸者捕殺之。衆咸縮頸，中輔獨不顧，作樂府《題太平樓詞》曰：「瀝血爲詞，彼肝作紙，片言誰讓千秋。快磨三尺，欲斬佞臣頭。自恨草茅無路，望九重如在瀛洲。興長嘆，無言耿耿，空抱濟時憂。休休休，真可慮，才如李廣，却不封侯。奈伯郎斗酒，翻得凉州。盡道邊庭卧鼓，誰知老了貔貅。憑誰問，邊籌未建，建恁太平樓？」幾蹈不測。晚年屏居山園，號「細高居士」，名齋曰「轉拙」。檜死，轉運使上其行義於朝，將授以官，命未下而卒。與兄璣齊名，人稱爲「二難」。有《類藁》十卷。

童必大，字本厚，號梁仁，家西門。受業楊忱中門。登嘉定丁丑進士，授竹山令，勸農興學，濟荒撫携。歷安定知府，裔寇舉發，率民兵捕剿，凱回。次年，裔復大舉圍城，嘆曰：「生死有命，忠孝豈能兩全。」統兵赴敵，遇害，失其首。時開慶己未九月二十九日，年七十有七。士庶哀慕追祀，諭葬銅山。一作童山。有雙桂祠在西門内。明萬曆丁未，建祀鄉賢。

商玗孫詩：涖官已著龔黄績，臨難還成張許仁。文章飾治祇餘事，節義如公復幾人。

許復道詩：承平膴仕亦何難，遇變誰當虎豹關。血戰孤城身死義，忠魂凛凛在人間。

劉仕龍，字時甫。平昌刺史豪裔孫，見古舊《志》《刺史墳臺記》，祖尹第五子。紹定己丑，中舍選，登淳祐辛丑進士，見舊《志》《選舉表》。時史嵩之督視京湖江西軍馬，置司鄂州。仕龍筮仕戍鄂，甫朞，祖尹卒，免喪再入戎幕。秩滿，幹辦江陵府御前諸軍統制公事，改京西路副兵馬都監，駐郢州。先是，嘉熙二年，孟珙受詔收復荆襄，謂必得郢可通餽餉。淳祐二年，寇攻廬州，珙遣王令屯江陵及郢州禦之。仕龍駐郢，亦此役未竣也。嗣是太傅魏公復襄陽，以才薦仕龍。仕龍先士卒，披莽鉏荒，城襄陽。召試閤職，除閤門舍人。朝廷方倚任嵩之，仕龍請外知復州。既而李曾伯制置南疆，仕龍有守賓之命。仕龍嘗建言：「敵人狡謀，他日必用出牂牁故智。」時賈似道當國，弗聽。至是果乘障，吏相顧束手。仕龍繕關隘，飭戰具，且戰且守，敵去。未幾，易守廉，如在賓，二郡卒賴以全。數條上邊事，時宰忌之，坐是去。景定改元，嶺海新去湯火，詔知雷州。會敵犯疆，率將士出戰。州人曰：「剿敵在將，公文臣，毋往。」仕龍曰：「封疆亦文臣之封疆也，若偷一日之安，民受無窮之殃矣。」督兵臨陣，中流矢殁。時五年也。是年帝崩。咸淳六年十二月壬申，葬明義鄉來峰童仙之原。至德祐元年帝崩於碙洲，丞相陸秀夫、張世傑、文天祥等奉衛王昺即位。己卯八月，加天祥少保，封信國公；封世傑越國公。時户部侍郎季鏞奏仕龍首爲張浚所薦及居官功績與死事狀，贈侯，謚「武節」，遣禮部官諭葬祭，仍録子孫，封賞有差。時仕龍没十六年矣。

舊《志·選舉表》注，知雷州府，力疾死難，謚「武節」，有武節侯祠。舊《志》注在青村銀樹園有漢太孫亭。光武封太孫於烏傷，國除，因家縣治南，爲烏傷人也。

朝議大夫試尚書禮部侍郎，兼直學士院，兼權給事，兼同修國史實録院同修撰馮夢得《宋故武節侯萬一府君墓銘》：蓋開慶歲，遠服荒徼去天遠，且地號障海，民不習戰。先是十餘年，有言敵狡謀，他日必用出牂牁故智。時宰弗是也。至是果然。乘障史亡具，甚相顧束手。時李公、曾伯制置南事，義烏劉侯仕龍守賓。甫至，繕關隘，飭鬬器。未幾，易守廉，備廉如在賓時。數條上邊事，時宰忌之，徑坐是去，然二郡卒獲全，侯力也。景定改紀，嶺海新，去湯火，天子思其人，有詔知雷州兼理軍務。統領諸將出禦，身中流矢以殁。殁之日，軍民皆相與哭曰：「天胡奪我侯之速也。」部使以其功聞於朝，封武節侯。嗚呼！地發殺機，龍蛇起陸兮，人命將泛。使城郭封疆之臣，修扞牧圉，若寇必不得逞。河朔之亂，原郡獨增陴浚隍，以區區一簣障江湖，《春秋》所貴夫干城其民者，然則劉侯之事可不務乎？侯没後六年，其孤將奉輤窆于其邑明義鄉來峰童仙之原，介同郡王公庭來請銘。余嘗受知於誠求康公植之父，康公爲外舅，故序而銘之。侯字時甫，世家婺稠南門。生有特操，少長，從戴、吕諸老遊，有時稱。紹定己丑，以舍選優，登淳祐辛丑科進士第。從戎鄂州，以外憂解官，免喪，再入戎幕。秩滿，幹辦江陵府御前諸將軍統制公事，改京西路副兵馬都監、郢州駐札。召試閤職，除閤門舍人。請外知復州，歷賓廉，奉祠。起知雷州。侯始以才受知今太傅辨章魏公，首以才薦，居官所至有績。其在郢也，時云復襄侯實在行先士卒，披莽鋤荒，卒城襄陽。其在廉也，廉之民與蠻傜棋處，侯得其歡心，皆相戒毋生事。洎至雷，治政精審矯虔，吏不得舞手。會有嬴博之戚，侯念之深，以至稔疾。僚屬有勸以省事者，愀然曰：「官有一日之閒，民受無窮之苦，先正何人哉。」力疾視事如平時，卒不起。事親孝，筮仕成鄂，以父高年，不忍一日去。父親爲詩酌酒勉行。至甫朞，慨然一興念，亟捧檄歸省。道半聞訃，號慟幾絶。治家嚴，教諸子以禮法。閤門拔漕貢，二子二孫同時以胄子舉，人豔其榮。與人周，待族親以睦，鄉鄰以義。設藥市，貸家粟，聞善嚮赴，里人稱爲長者。閒居築圃，嘉花静竹，泰然于于，自號「東麓山人」云。所著有《青巖雜稿》二十四卷，藏于家。侯之曾祖諱高，隱君子也；祖諱綏，文林郎，計置兩浙造船場官；考諱祖尹，累贈朝議大夫；妣樓氏，贈夫人。娶傅氏，封安人，故武經大夫知高州諱熙之女。男二人，長逢務，承節郎，兩舉浙漕，先侯一年卒；

逢辰，國子免解進士。女一人，適故朝奉大夫知興軍汪元春。孫男四人：耆老、頤老，國子免解進士，森老、壽老。頤老與兄仕蛟，孫森老出後，壻氏以姓薦名國子補弟子員；壽老以侯澤，擬承信郎。女三人，適上舍朱文魁，次許承節郎周顒，餘未行。生以慶元丙辰，没以景定甲子，葬咸淳己巳年十二月壬申。銘曰：「孰儒知兵，允武也侯。尚蓄其靈，歸宅斯丘，維後人之庥。」朝散郎、新除秘書少監、兼學士院權直、國史編修、實録院檢討官文及翁書。朝散大夫、試尚書户部侍郎、兼同詳定敕令官季鏞題。并載此者，存舊迹也。

明

王稌，字叔豐。博士紳之子。自幼嗜學，博覽書史，侍父入蜀，遊學京師。父没，扶柩歸葬。終喪，復登方孝孺之門以卒，所業文翰重於士林。及孝孺被刑狼籍，人莫敢收，稌與鄭恂潛至聚寶門外，求其骸骨以歸，禍幾不測，人稱其誼。永樂中，以儒士舉，預修郡邑志及采上二朝實録事迹，以病聵不仕，號「聵樵」。所著有《青巖類稿》。

國朝

金光，原名漢綵，字公絢，涓十世孫。少遊覺華島，島裨將尚可喜識之。已而島亂，挈光歸。可喜授王爵，光不欲留，輒逸。追獲之，剕其踵，乃入幕。從征陝、山、湖南，奠兩粤，凡三十餘年，王倚爲參軍祭酒，事大小悉諮之。粤東之破，光方就館，王下令誅抗師者，光招令入館中，盈其舍，活無算。潮帥有懷異謀者，請王僞遊其地，縛以聞。王年高，世子嗣，驕，請於王易之。王下其主妻光子。滇、黔倡變，東西並起，龍江、龍山、九江諸村皆自立名號，而佛山有僞稱大將軍、總督、監軍、道總兵官者，散劄煽亂，光密令人誘致之。康熙甲寅，王上其功，謂：「光之於臣，如手足腹心，可與謀議，惟光一人。前此謨猷，屢欲陳請，而恬澹自甘，功歸臣有。今不可再爲泯没。特光年逾六旬，志在閒散，懇弘恤老之恩，賜疇功之典，優以漢銜京秩。」授鴻臚寺卿。後二年二月二十日，世子附逆，夜召光至私室，脅與共事。光張目力争。備施刑拷，囚之。絶食三日。縛光至前，逼以刃，光曰：「亂臣不可爲，况爲賊子乎！」唾而詈之，遇害。其屍旁榜云：「逆賊金光將義師趙起龍等擒獻爲功，今戮於市，以攄公憤。凡三日不聽收殮，人口家財抄歿無餘。已作逆者復歸款。」至庚申四月，逆露檻徵。五月三日，巡撫都御史金儁以光死事事上聞，下部，已。奉旨發還人口，逆旋伏誅。癸酉，光子乙卯舉人以桐請恤，未議。光於經史百家、歷代典章，旁及篆籀墨戲罔不曉，所歷江湖河海，山巔水涯，可以繩量米聚。善爲詩，有曰：「呂望獨興周日月，嚴陵終老漢山川。驛路秋雲江上雁，鄉心夜月夢中山。」又詠鏡曰：「燈移石室秋蟾滿，波静珠光曉蚌開。」詠佛手柑曰：「承露無平掌，拏雲得老拳。」涓稿久散佚，光蒐刻《青村遺稿》，序其後以行。所著有《見在本論》《砭俗通言》諸種。

丹霞，今釋即金堡。《留須子傳》：乾坤一借路耳，勢位不必自有，功名不必自居，得此道以遊於帷幄之中，爲留須子。留須子，生義烏金氏，諱光，字公絢。廓達，負不羈才，卑其鄉國，謂五山四海吾籬落間物，故好遊。喜讀書，厭章句，故未嘗屑意舉子業希仕進。偶訪故人登州，遺蒼頭沽酒市上，獨爲泛海裝，縱觀丹崖、召石、之罘諸名勝，凌飛濤，乘飄風，攬日月所出沒，樂而忘返。時平南尚王方舉兵，略定長山諸島，挾其士衆航海歸清，留須子陷焉。王一見異之，置幕府。留須子自念：「吾自卑吾鄉國，顧此非鄉國，愈益卑，奈何！」輒乘間走，走輒獲幾死屢矣。王奇其才，獨加覆護，於是弭筆從王入關，破李自成，至北京，定山東，克山西之太原、陝之延安，下荆襄郧陽，從承天順流趨九江。左寧南全部來降，留須子月旦其鎮將，悉輕之，數與金聲桓語。聲桓數請王，欲得留須子，王固不許。其後聲桓敗江右，王笑謂留須子：「我從聲桓請，汝敗矣。」留須子笑曰：「王從聲桓請，聲桓不敗也。」既而王奉詔伐嶺南，留須子由章江度大庾嶺，破廣州。二十餘年，大戰守、大政令無不預。留須子善謀而能斷，衆囁嚅不敢言者，王或持疑未決，出片語立定，王常拊其背以爲吾子房也。留須子雖恢奇跌蕩，然一本經術，切于事情以行仁義，故所至愛惜諸士大夫遺族，於民不妄誅求，喜完人室家。凡以事至軍前者，必委折求所以生全。諸將建議殺掠，必痛折，雖賈怨不恤。若初招從化，使者報拒命，已發屠城之兵，留須子不可，王再遣諭，卒完其四竟。後攻羊城，九月未下，幾得從爲内府。羊城下，議剿石門、剿佛山，留須子皆不可。他若服文村，保東官，革潮州外委私税，擒積惡徐仁等爲民害，皆與王異口同音，若桴鼓應。初，粤西全疆陷，綫國安等三將東下，撫鎮欲拒之。留須子率爾曰：「諸公悮矣。叛者且當招之使來，來者乃欲拒之使叛乎？」王色變，立以大義折撫鎮，發兵餉，召三將慰安，區畫報讎刷耻機宜。識者謂，王守粤東，復粤西，破李定國，皆於此爲根柢也。留須子聰穎過人，於天文地理、奇門陣法、律曆醫藥、外内丹術一見洞曉，然不竟其學，謂猶之乎借路。吾嘗登名山，涉大川，取其高深廣遠蒼凉之概，與吾心相發，故非其住處。自碣石平，嶺海少事，留須子謝絶一切不預，顧以王休戚同體，誼不忍遽遠引高卧。石琴堂賓從滿座，詩酒相命，談諧風湧，各暢所懷來，論功宜起家三品，王屢欲言之朝，竟不受。舵石翁曰：「留須子，古之隱君子也。小隱山林，大隱朝市。未有隱軍中者，隱愈危愈奇，則知其才識愈大。留須子故非常人，籍第令乘勢位，自居功名間，其所建立非常之策，當驚絶一世。今爲幕府，用未盡其用，屈矣。雖然，屈伸之分，留須子未始過而問焉。留須子之出，一以救人。石勒好殺，佛圖澄以神異行其慈祥。平南不好殺，留須子以慈祥行其坦率。像服不同，謀略各異。予於大乘地上爲留須子置一籌，以一步踏兩世界，遊普賢毛孔中，亦不妨留須子借路耳。康熙壬子八月撰。

義烏叢書編纂委員會
浙江大學浙江文獻集成編纂中心　編

雍正義烏縣志

下

〔清〕韓慧基　修
〔清〕沈裕　等纂
池雪豐　點校

中華書局

雍正義烏縣志卷之十四

人物志 前修中〔一〕

儒林

儒之名，肇於孔子，故宋以前諸史，惟傳儒林，即近代《名山藏》諸編，亦惟列儒林。兹以師承有緒者，次入理學，而先後以學自見者，仍目儒林。蓋自明隆、萬以來，至於國朝，亦有一二卓爾者，殆非若舊《志》所云寥寥矣。

〔一〕「前修」二字，底本原無，爲體例完整，兹據目録補。

宋

傅寅，學者因其所居稱之曰「杏溪先生」。古、舊《志》原傳並本黄溍《記》，今載原文於下。

黄溍《杏溪祠堂記》：杏溪祠堂者，鄉先生傅公之祠也。先生諱寅，字同叔。幼嗜學，經史百家悉能成誦。比長，益求異書而讀之，閒從説齋唐公質疑問難，皆有援据，可反復。説齋喜曰：「吾益友也。」及聞其「升陑分陝」之説，語門人曰：「職方輿地盡在同叔腹中矣。」先生于天文、地理、明堂、封建、井田、律曆、兵制之類，世儒置而不講者，靡不窮究根穴，訂其譌謬，資取甚博，參驗甚精，事爲一圖，累至于百，號曰《群書百考》。大愚吕公閲其《禹貢圖考》曰：「是書可謂集先儒之大成矣。」揭其圖請申言之，而坐諸生以聽，且曰：「以所能者教人，所不能者受教于人，理之所在，初無彼此。」先生亦樂爲之盡，亹亹不倦。先生于《文中子》「人不里居，地不井授，終苟道」一章，屢嘆息而言：「《周禮》，太平之書，于時九等授田，家給人足。泉府之設，特以備凶荒，未必常用也。况是書體有本末，用有先後，若大綱不舉，而獨行所謂國服爲息者，是猶取名方中百品之一而服之，及其害人，則曰是藥出于名方云爾。」常恨熙寧諸賢未有如此辨之者，故《百考》之書，于成周之授地、賦兵、封國、制軍、增地、制域、畝步、溝洫、稼穡、貢賦特詳焉，亦足見先生之學可措于實用，而非虛談矣。先生又嘗遍游江淮，縱觀六朝故迹、南北形勝，詢諸史牒，而得其成敗廢興之故，歷歷如指諸掌，是豈徒以登臨之適爲快也哉？先生之教人，每謂「下學上達，自有次第。不先其近者小者，而驟語其遠者大者，後生淺薄，學益不實」，故于小學尤所留意。來學者恒以百數，必先授以《曲禮》《內則》《小儀》《鄉黨》諸篇，使于日用之間，與義理相發明，而知道之與器未始相離也。先生論古軍制，纖悉備舉，而不欲人讀兵書，曰：「胸中無《論語》《孟子》爲權衡，遽聞譎詐之言，則先入者爲主，害心術矣。」此先生之所學與所以教之大方也。先生世居婺之義烏，父孝儼，篤行君子，母樓氏，禱于石姥山而生先生，骨秀神聳，蚤有器識，事親孝謹，處兄弟子侄均一無間。鄉間有事，輒以身任之。非公事不至官府。縣長吏之賢者，必造而問政，言無所隱。人有陰被其賜而不知者。里居之日，與馬公師文、孫公居敬爲同志。永嘉戴公少望聞先生名，奉贄願交。大愚在朝行，數稱先生之文學行義。彭公子壽、章公茂獻、葉公正則、吴公德夫、汪公季路、黄公文叔、黄公商伯，無不推敬。文叔欲與同列奏補以官，知先生不可屈，乃止。惟館于商伯最久。賓主之間，日以義利相箴切，不爲無益語。他所與游，亦皆顯人。至其爲臺諫，爲執政，則絶不與通。先生既不有仕禄，又不屑治生業，商伯持浙西庾節，遺以錢五十萬，先生悉散於宗族鄰里，一無所留。晚益貧。郡守孟公聞而嘆曰：「不可使賢者飢餓于我土地。」乃輟俸貲，倡其親友，爲買田築室于東陽之泉村，而先生遂爲東陽人。于是大愚及一時名公皆在黨籍，相繼放逐，先生亦杜門不復出矣。先生好爲詩，閒遠古淡，有陶靖節、邵康節之風焉。子七人，皆克紹其家學。大東尤敦慤，克肖其德。大原試漕闈，爲本經第一。先生既遣猶子定受業朱文公之門，得其微言奥旨，歸與諸弟共講；而大原亦從慈湖楊公游，楊公亟稱之。程子謂：「君子教人有序，非先傳以近者、小者，而後不教以遠者、大者。」先生之所以教，皆程子之遺意也。先生年六十有八，以嘉定八年卒于家。後百二十年，曾孫師蒙、師佐懼人易而世疏，乃即家建祠，歲時以享祀燕私合其族。祭主于先生者，始遷之祖也；上援其父者，明有所本也；下及其子者，示有所傳也。堂成于重紀至元之二年，師蒙已卒，因以侑食。堂，師蒙作也。祠室堂軒爲間者三，翼以齋廬，爲間者六。有田三十畝，子孫更掌之，以供祠事。師蒙兄子似翁，將圖其永久，爰以狀來謁記，且曰：「祠之作，本以寓子孫追遠之意，而邑之士友以爲，古者鄉先生殁則祠于社，其禮久闕弗講，乃相率爲文以祭，牽聯得書。屬序其興作，而首著先生學術源流之懿者，庶幾後人知所矜式也，來者能聞風而興起焉，則是祠也，有功於名教甚大，奚止可以合其族而已？」乃如其言，并書之。

《百考》僅成七十，今行於世者三十二。説齋名仲友，大愚名祖儉，定大原，見《理學》。

元

黄溍，字晋卿。其先由浦江徙義烏。母夢大星煜煜然墜懷，乃有娠，歷二十四月

始生。幼俊異，善文，嘗著《弔諸葛武侯辭》，劉應龜見而嘆曰：「吾鄉以文鳴者，喻叔奇兄弟耳。此子其將與之抗衡乎。」因留受業。延祐元年登鄉舉，二年登進士第，授將仕郎，溍明習法令，所至以治狀稱，逢恩者一，減資者五。銓曹或失於收叙，亦不言。累官翰林直學士知制誥。尋陞侍講學士，修宋、遼、金三史。溍少所許可，其裁定國史，筆削無所阿，兼修三史，凡朝廷大詔令、大制作皆屬之。知經筵事，進階中順大夫。至正九年，上章求歸，不俟報而行，帝聞之，遣使者追還京師，復前官。十年，懇上乞身之請，始得謝而還。七年卒，溍年强仕即獨止齋榻，左右給侍惟蒼頭二。贈中奉大夫、江西行中書省參知政事、護軍，追封江夏郡公，謚「文獻」。所著有《文集》五十卷，今行於世者二十三卷；《日損齋稿》五十三卷，一作《初稿》三卷，《續稿》三十卷。《筆記》一卷，《義烏志》七卷。危素稱溍論著：「譬之澄湖不波，一碧萬頃，蛟龍百怪，潛伏不動，而淵然之色不可犯。」與柳貫、虞集、揭傒斯號「四傑」。門人劉涓、王禕、宋濂、傅藻皆有名於世。濂贊云：「當六合混一之時，鍾河岳英靈之氣。肇開科即以儒學自奮，嶷然獨任斯道之重，以上承朱、吕之道統，天下學士咸知所師法。先生繼往開來之功，不其偉與！」溍善真、草書法，類薛嗣通。按溍集初刻於元縣尹胡惟信，濂有序；繼刻於知縣張維樞；今補刻於王廷曾，有序，見《藝文》。

明

朱廉，字伯清。曾祖杓，父同，見《理學》。廉少讀父書，刻苦厲志，淹貫經傳。既而從黄溍遊，遂以文章知名。郡守王宗顯辟爲郡學師，曹國李文忠移長釣臺書院。洪武三年，應召纂修《元史》《聖朝日曆》。成，授國史院編修官。八年，上巡中都，廉扈從至滁州，至中都，進詩十首。上覽之喜，曰：「佳詩朕爲汝和。」有頃，召廉，和詩六首。既而授經楚府，陞長史。久之，病瞶，致政歸。窮經論古，探索微義，嘗取晦翁《語類》摘其精粹，名曰《理學纂言》。爲文謹嚴縝密，有《文集》十七卷。子棟，初授縣訓導，薦授國子助教；孫曄，領永樂丁酉鄉試。

王汶，字允達，稌子。六世祖炎澤以理學起家，歷褘、紳、稌，五世以忠孝文章相承。少孤，思繼家學，希顏子爲人，讀書勤苦，家貧守禮。率宗人立祠堂，置祭田。成化戊戌，登進士第，因病棲隆平寺，四壁多題詠。上書援張昇例乞授郡教、奉忠文祀，不報，授中書舍人。丹陽丁玉夫年少與汶道合，汶與之講學都中。在官守正不阿，有進不以道者，恥與同列。凡三載，謝病歸。築精舍齊山，在青巖山中。爲萬書樓，取累世積書，潛心誦讀，若將終身焉。有《且隱青巖詩》十首。親事西疇，方往桔槔，姻家見之，與對傴焉。平居儼肅，不妄言笑，每旦必具衣冠謁祠，斟酌古禮，爲鄉人軌範。從遊者日衆，稱曰「齊山先生」。弘治改元，婁性、虞瑶相繼薦之，與陳獻章同被徵，力辭。謝鐸、章懋勉其行，踰年始就道。至河西務，草疏條八事，曰「先誠正，守儉約，杜讒佞，擇任使，崇儒術，厚民生，謹邊防，變風俗。」及淮，病劇，乃焚前稿，未抵京，卒。鐸率諸僚屬會斂，還葬吴縣，吴寬爲之碑。汶講道齊山，東陽許塤來學，汶愛其才，折一簡與之，令歸告翁而啓，乃擇對婚帖也。塤後領鄉薦，大司馬弘綱其孫也。所著有《齊山文稿》若干卷。

王如心，字元近，號稱平，邁十一世孫，家治西南二十里崇山。頎而黑，髩鬣特異常人。年十六七，棄舉子業，以聖賢之學自勵。讀書小樓，終日正襟危坐，不下階者三十年。四書、六經、百家、子史，事必求核，日録成帙。其《論一貫忠恕》曰：「雖聖人之能事，實天命之自然，天以至誠之性而賦畀於吾人，一以貫之也，仁爲己任，死而後已，忠恕之極致也。絜矩也，伐柯也，權度也，忠恕而已矣。」《論格物》

曰：「當致力於受知之初，在於從頭感物之時也。」《論孔顔樂處》曰：「曾之三省吾身，思之内省不疚，孟之俯仰不愧怍，可語真樂矣。」其摘引證無稽者若《易》之明筮；季子觀樂，《豳》原在《風》末，時夫子方八歲，豈正詩樂於其時；邶、鄘并於武王，三《風》非春秋事；桑間濮上，乃紂命師延所作；《魯頌》爲伯禽詩，僖公無征淮徐事；《微子之命》當在王訪箕子之前；《大誥》屬武王；《左氏》原文本夏正，後人以周正附成之，而取麥、取禾卒不能掩。及《王制》田里步之舛，爲條甚多；指漢人《左氏》之訛，補朱子之未詳；他若象緯、曆數、方輿、器數，莫不究極其精。孝於親，豐於事，先友於兄弟。四十喪偶，鰥守不娶，訓家甚嚴。廉以律己，惠以待人，一言之諾，千金不移。所著《起從集》，謂「聖人復起，必從吾言」，凡五十餘萬言。萬曆乙未，巡按御史李楠疏其學行，序其集曰：「鋭志清修，不干利禄，龍德而隱者也。」庚子，邑侯張維樞申請樹坊，建邑西觀音橋側，曰「清修高隱」。國朝康熙壬寅，邑侯孫家棟表其間曰「理學高風」。

國朝

李洵璟，字君采，號六圓。家貧篤學，器識文章爲後生領袖。授徒山寺，兵部尚書張國維、檢討虞國鎮出其門。後以選貢入對大廷，弟子據津要者擬不次官之，洵璟力辭，歸。究心先儒理學，所閲語録凡數百家，六經多有箋疏，説《書》尤洞微中肯。國維、國鎮爲之抄録成帙。

胡之翰，字屏仲。蚤孤，事母陳氏孝養無間。弱冠，以諸生飩於郡。順治乙未，膺歲薦，廷對，居前列。新例擢升太學，歷數月，除縣令。之翰以母老乞教職，謁選，得嘉善訓導。課士一稟安定兩齋之法，所講授五經四子外，不踰濂洛關建之書，每謂蘇湖教立。錢藻、孫寬、范純仁、錢公輔皆出其門。其餘政事文章不可數計。禮部考士，弟子十居四五。今之魏里亦賢藪也，豈遜不如。所賞識皆才俊，後先雋賢書。時功令厲責紳士逋罪，視民加等，之翰日夕惟勉勸，無一蒙戾者。捐資修廟學，周寒士，學使者聞之，擬登剡牘。值母艱，歸。凡在任八年，諸生眷戀不能留，勒碑堂左以誌思。比歸，痛含殮之不及視，日夕號慟成疾，數月卒。之翰生平雅慕儒宗，謂吏治不如師教，化必本於身，澤必先於家。嘗置義産，設粥厰，建義塾，資不能成婚者，施病者以藥。先世方伯讓有詩集散失久，裒刻之。讓兄璉於里中建亭曰「水竹洞天」，宋學士濂、蘇平仲伯衡輩有記詠，梓布之。不喜浮華，自號曰「實齋」。所著有《實齋遺稿》十二卷，《宜家十則》，詩詞四卷。祀「鄉賢」。子叶震，字爲龍，年十四應童子試，邑侯熊人霖奇其文，取冠軍。性孝友，所與遊皆正人長者，工詩詞，子其滐，康熙戊午舉人。

駱宁楨，字周士，號恬庵。父宗璉，餼郡庠，明萬曆乙卯副於鄉舉明經。殁。宁楨體貌魁梧，弱冠補博士弟子員。崇禎中，路進來守郡，宁楨受知最深。上海趙東曦，故名進士也，浙藩侯姚永濟屬其戚稔宁楨學行，函致其二子爾磐、子瞻，使延之。宁楨至，夢一人冠服，率子瞻前，曰：「此先生南宮同譜人也。」已而詣殿前臚唱，旁列班行，非故飾。覺而問之，進士丰神也。已而就試，輒先登。邑侯熊人霖器之，與朱之錫、金漢鼎、金漢蕙有國士之目。宁楨事母吴氏甚孝，會方國安潰兵奔婺，分路剽殺，宁楨負母趨山谷，被執，將殺之。宁楨疾呼曰：「身可殺，吾母不可害！」延頸代死。潰卒抽新刀試之，不能出，他卒亦然，曰：「此怪事。」當生舍而去。順治戊子，登賢書，以揀選得推官，擬赴選人，吴止之，屢上計偕至。辛丑，與子瞻同舉進士，宛若夢中。時吴年八十餘，釋褐歸侍養，閲四年而終。宁楨號慟若孺子，喪葬盡禮，逢節序爲文以祭，染翰涕流，水漿輒不能入口。服闋，銓曹以截選下徵，宁楨呼天泣曰：「毛義捧檄，潘岳扳輿，以母在也。宁楨已矣！没陳五鼎，何如生具一爨；禋享百年，何如菽水一日！」未幾鬱鬱成疾，卒。宁楨生平以繼志爲心、養母爲事，謂儒者討理於經，而不可不窮其要；鑄才於史，而不可不會其通。况邑有前模，顔氏之孝，忠簡之忠，文清之學，忠文之文，有不必遠宗他域者。性倜儻，深明典故，熟諳時宜，樂交當世賢士大夫，不屑屑求田問舍。而周人之急，濟人之危，勸人興學，代爲請師。於豪右必加裁抑。郡邑有以利弊咨諏者，必悉其隱。所著有《五經宗旨》《通鑑舉要補》并詩文稿行世。子方烶，學生；方烈，康熙戊午舉人；方燕，庠生。

陳聖圭，字君特，號東巖。龍川氏亮六傳縣教諭中立。更四世爲世用。從王汶講學青巖山，夜必藏火。或滅之，叩汶門，汶曰：「必世用也。事成於志，吾道之托其在子乎？」又私淑陳獻章，嘗衣冠危坐終日。已，遊大學，使江右，却餽，惟受淳化閣一帖，生滋，見《實行》，滋生文樂。膺歲薦，廷對第一。司禮監馮保欲致之，謝弗往。戚將軍繼光聞其名，請納交，勉就之，即移疾歸，學者稱「雲麓先生」，聖圭其曾孫也。家西隅，狀樸率，舉止方嚴，口吶吶如不能出。與説道理，晰渺洞微，深入閫奥，上下古今，皆有臆見。治《春秋》，工舉子業，學大夫黎元寬取冠多士，龥二十人中稱其人爲第一。許侯直甚重之，屢入嚴院不售。博通群籍，而覃思理學，自《河圖》《易·乾坤》《書·典謨》《九疇》《詩·關雎》《桃夭》至烈祖長發禮毋不敬，及六德、七教、八政至樂歌，春秋隱公元年至獲麟摭爲卷首，自孔子、曾子、子思、孟子歷漢隋唐至宋元明，迄於山陰劉子爲理學淵源，其言曰：「道原於天，肇見河圖，羲皇依以畫卦。道於是在人。堯、舜、禹、湯、文、武、伊、周傳以君相道，相繼行於天下，久而道微，道乃行於六經。孔子纘定《易》《詩》《書》《禮》《樂》《春秋》，以吾道一貫立教，顏、曾、思、孟親相授受，衍爲四書。四書本於六經，六經本於一畫。一者天地之心，天不外心，心外無道。天地鬼神之秘，君臣上下之誼，仁義道德之微，禮樂政刑之典，名物象數之備，古今興亡，人事得失，繼往於先，開來於後，莫不具於吾心。所謂性命之學也，明乎一畫，有體有用，體至顯而用無不藏，功至大而體無不合。静聖動王，性命之旨，無越於此。道學者以道爲學也。」，見《王公寛序》。又曰：「聖人千言萬語，只是提發此心，使其知此理之固有，而責之以所必然。故録先儒格言，以開示爲學之大端；次録圖書以來聖賢經傳，開發天人體備之藴；次録先儒闡明天人體藴微言妙旨。」又作《集注釋》。又以金華戚雄《婺賢文軌補輯》《文統正學編》二書宜增入。楊與立、徐僑、陳亮、葉由庚、張潤之又以王止庵諸儒録載劉基、宋濂、王禕爲特識。又作《封建井田》諸論，又作《八婺類考》。一「忠烈」：起楊喬、駱賓王、宗澤，至朱大典、張國維，二十人，中載王禕、龔泰、樓璉；一「氣節」：起黄中輔至吴三五，三十六人。附見《黑鬼論》曰：「三代以前，風聚西北，而後漸被東南。其流聲忠孝廉節者，相望簡册，而實肇自吾鄉。蓋吾鄉自顔氏始見，而楊公之烈不愧夷、齊，自是或秉忠執節，以身狥國；或慷慨赴義，百折莫回；或從容蹈道，志節愈挫彌堅，皆志厲天經者哉！是非五百年而一人猶爲比肩者也。吾鄉民維質矣，故士多亮節，是故從容坐嘯，則争衡上國者如晨星。而於盤根錯節之際，率其孤貞，不挫於生死依違者，所爲朝陽鳴鳳，往往而然，讀其傳，有不嘆息景慕以自興起者哉！一「隱逸」：中彙載月泉社人并詩，而陳舜道、馮澄、劉應龜、莫瑀，胡甫、許元發、陳希聲、方長卿俱有名第。今采入志中。一「流寓」：起阮孚至程立德，十四人。至邑者爲朱子。終以「節烈」「仙釋」「方技」。又作《鄉賢詠》，仿工部八哀體，計一十九人：秦孝子顔公烏，漢尚書楊公喬，尚書僕射楊公璇，吴將軍新陽亭侯駱公統；唐中丞駱公賓王，宋儀同三司觀文殿大學士、東京留守忠簡宗公澤，寶謨閣待制文清徐公僑，大儒通齋葉公由庚，縉雲丞喻公南彊，逸民姚公獻可；元學士文獻黄公溍、名儒丹溪朱公震亨；明贈翰林學士待制忠文王公褘，都給事忠愍龔公泰，翰林侍讀學士樓公璉，中書齊山王公汶，叙州推官謝公愷，刑部侍郎虞公守愚，刑部尚書襄毅吴公百朋，人各一篇。詳注本傳於下。而志中連類者備述之，古今事文拈用者并詮之。有《東巖録》，録中有《忠節記》，志范景文至楊廷樞死事略。與吴之器、虞光澤、蔣偉、劉元震交最深，教授生徒從遊者，歲屢進。長吏知其賢，輒思延見，然非飲射讀法，不可致膺。歲薦入京，爭留爲都講，謝之，歸家居環堵，衣食嘗不給。八十五訓導青田，不半載，大水入城，子銑負升，屋頃，水高於城丈許，得舟而濟棲山露處。數日後得破室，居之未朞，卒。《青田志》稱其躬行課率，有先正風，又有《古今史輯略》《歲萍齋詩集》，銑輯《五倫書》。知縣王廷曾表其孝行。

李爾闇，字又損，號覺庵。少嗜學，日討諸儒書，至金谿、陽明二子篤好之，每於習進士業之暇，手一編，玩不釋，曰：「此曷嘗非逢年要旨也。」崇禎己卯，年二十二，舉於鄉，出台州司。李蔣鳴玉門，赴禮闈不第。或勸以仕，爾闇曰：「吾父母春秋高，舞綵勝於捧檄也。」餘三十年，二人相繼逝。更三載，補安吉州學正。仿海忠介法課士子，而勤而不苛，州人始樂有師範。康熙庚申，聘往福建同考。時考官頒卷多期盈數，不遍閱。爾闇日夕周覽，慮或有遺。所取士一時有榜花之目，然以悴還州，匝月卒。晚復進探窮理居敬之旨，謂「左司以朱參陸，余亦何妨以陸規朱也」。所著有《朝聞録》《春秋典要》《大易蹄略》。子祖諫，順治庚子舉人，考授知縣。

朱一范，字仲文，號檗庵。乙亥拔貢，受知於王端伯先生，名噪兩浙。本朝定鼎，考授別駕，歷任江南揚州、淮安兩府丞，所著政迹頗多。以年髦告致，歸。愛武林湖山秀麗，卜居焉。詩文典麗，下筆千言。本郡大參馮如京，聞其名，延爲上賓，出雁字題，即席成三十首，字字矜貴，遠近咸服。傾囊橐以恤窮交，出氣力以援里黨，其惻怛真摯有然。子衮、輅，皆知名士。

政事

孔子之及門有政事之科，孟子於生心推政事之害，讀政論知措施之有本，考政要識綱條之必立，是即名節之所關，學行之所著也。夫零陵在婺書列於名臣，而舜卿、東崖入鄉賢。詠十九人之中，知政事不徒屬循吏也。至於抗權奸、舉誠正、争利便、保境料兵、洗冤却羨、禦亂啓疆，灼有可紀者隨職之，高下久暫而登之，總期一準孔孟之教云。

漢

楊璇，字璣舊《志》作機平，喬弟。舉孝廉，靈帝時爲零陵太守。是時蒼梧、桂陽猾賊聚攻郡縣甚張，而璇力弱，吏人憂恐。璇乃特制馬車數十乘，以排囊盛石灰于車上，繫布索于馬尾，又爲兵車，專彀弓弩，克期會戰。令馬車居兵車前，順風鼓灰，賊不得視。因以火燒布，馬驚，奔突賊陣，使後車兵車弓弩紛發，鉦鼓鳴震，群盜披駭，破散追逐，傷斬無數，梟其渠帥，郡竟以清。荆州刺史趙凱誣奏璇非身破賊，妄有其功，璇相與論奏，而凱有黨助，遂檻車徵璇，防禁嚴密，無由自訟，乃噬臂出血，書衣爲章，具陳破賊形勢及言凱所誣狀，潛令親屬詣闕通之。詔書原璇，拜議郎，凱坐誣人之罪。璇三遷爲渤海太守，所在有異政，以事免。後尚書令張温特表薦之，徵拜尚書僕射，以病乞骸骨，卒於家。皇甫規謂爲西州名士，朝之夙望。

駱俊，字孝遠，舉孝廉，補尚書郎，擢拜陳留相。值袁術僭號，群盜並起，俊厲威武，保疆境，賊不敢犯。濟養百姓，歲獲豐稔。時鄰郡荒歉，移食者衆，俊傾貲賑贍，賴以全活。有育子者，厚致米肉，所生子多以駱爲名。後術衆饑，求糧，俊拒絕。術怒，密使殺之。

南齊

朱幼，字長明，其先魯人，漢朱雲之後，避亂過江。曾祖泛，字孝祥，晋永興中任臨海太守。秩滿，徙義烏蒲墟村，寖成大族後。朱女適王，親迎之日，兩族車紅輝映溪岸，因名蒲墟曰赤岸。既又改爲丹溪。幼歷高辛、平昌、淮陽三郡太守，遷揚州刺史兼度支使。治揚有功，人歌曰：「朱幼護江東，人安盜賊空。」

宋

許復道，字從道，本東陽人。蚤遊永嘉諸老門，受《春秋》於岷隱戴氏。舉進士，試南宮數不利，年五十有六始與長子堪並登文武兩科，父子自爲同年。復道思念其父，欲回，合授官，榮其親，爲司封所格罷勉。選調歷官淮西總領，所幹官以致仕改通直郎，賜銀緋。卜居繡湖，後遇大禮，贈其父母。復道以子貴，四遷至朝請郎，累贈中大夫，有《講義文稿》。堪，字長輿，累官樞密副都承旨、知閤門事、某州防禦使、爵東陽郡開國侯。仲子垓，官至壽春通判。季子埏，官至淮西安撫使致仕。本古《志》。

樓圖南，字鵬舉。其裔本自婁幼瑜。宋初，有名瑶者，以文行起家，任諫職，益其姓從木爲樓。圖南生而警敏，稍長，旁通百家言，習功令。古《志》云：少遊京師，補太學生。舉紹興壬子進士，與上甲張九成交相重。渡江後，邑人遡登第者，推圖南爲首。時相廉知其材，欲召致一見，逡巡謝弗往。久之，始獲選得韶州主簿。韶故當閩、廣交，號萑苻淵藪。奉檄提輕兵芟薙之，脇從釋弗問，賊盡解散，一境以寧。頃之，報金、齊并力入寇，圖南疏請：「願得一當邊疆，剪滅此而朝食，然後徐擣黃龍，以洗積世之宿耻。」當事者坐以侵官，奪職。居數歲，補臨安簿屬。秦檜當國，彌搤擘感嘆，不欲出。俄而九成輩以非和議遭竄黜，復作詩壯其行。檜聞之，弗善也。圖南曰：「虎怒横岡，吾得跧伏故廬，幸矣。」丐祠歸。又數歲，所。紹興二十五年，檜殂，朝廷起之，古《志》云：累遷朝議大夫，舊《志》注選舉表。拜吉州郡守。爲政循循悶悶，務得民和。出納錢穀，未納無泛比，已納無停比，閭里稱便，撫按官用著爲式。時大司農告匱，議欲括司、府、縣藏金，圖南毅然争之，曰：「誠不憚竭澤，恐一旦卒有内難，束手無措，誰當任責者？」事竟寢。以秩滿，念父國光年老，上章乞休，至再，報可。任吉數年，吏民信愛，立祠尸祝之。乾道中，復受知壽皇，有祥符開國之敕。古《志》：封祥符縣開國男，食采邑三百户。舊《志》注選舉表。《府志》作遷大理司直。并推榮二親，古《志》云，贈中奉大夫。稱異數焉。古《志》云，族孫大年，從孫晏子固，皆進士。

虞復，字從道。師事倪千里，得永嘉《春秋》之傳。由太學生登進士第，以楊村酒官上《緝熙殿四十八規》。理宗大喜，擢管户部架閣文字，累官大宗正丞，出知信州。時史嵩之開督府，以御批盡收列郡利權，因上表進愛養根本之説，忤其意，有旨降都郎官。御史金淵承風旨奏寢新命，奉祠歸。退居東巖十五年。董丞相槐力薦於朝，累遷尚書郎官。輪對，舉《大學》正心、誠意爲綱領，分好樂、忿懥爲節目，援漢文帝欲造露臺以爲好樂之勸，上嘉納。丐外，差知寧國府。改知瑞州，命未下，疾革，請納禄。得旨轉朝議大夫致仕。所著《成已集》《告蒙》《告忠》《遠齋集》，合八十餘卷。

黄夢炎，字子暘，文獻公溍曾祖。先由浦江徙義烏。族父畊，字子野，以太學生上舍生登進士第，官止郡丞。夢炎博學工文辭，擢淳祐十年進士第。闢陞入京湖制幕，以掌故准備差遣，平反盜公庫銀冤獄，得釋者數十百人。入淮西宋集作「東」制幕，主管機宜文字，建議請蠲放屯田租四千七百餘石，邊民賴以安集。出判平江府，撙節浮費錢十七萬緡，代民輸租，白免淮西總領累歲所索無名錢，民力以甦。咸淳間，除司農丞，宋集作「行太常丞」。輪對陳時弊，請減浮費，乞戒宴私。度宗嘉納，除樞密院編修官兼權户部左曹郎官。與時宰不合，引年以朝散大夫致仕。扁所居堂曰「桂隱室」，曰「澹齋」。有《詩文雜稿》十卷，《筆記》一卷。見《宋學士集》，《題桂隱遺文後》。

元

傅光龍，字子才。初，與兄子暘皆宋太學生。景定甲子，詔求直言，偕同舍葉李等上書斥賈似道之奸。李竄瘴地，光龍兄弟遁迹，歸隱青巖之梅溪。世祖取江南，李應詔入中書，爲右丞。光龍兄弟館其門，兩典郡學，三佐民社，皆有聲政。光龍終侯官簿。本古《志》。

朱叔麒，字廷祥，登宋咸淳龍飛乙榜。兄夢魁，以内舍同年登甲科。復淳、文魁皆上舍釋褐，夢周、宗周、炎皆右科。入元仕者四人：復淳、太平、文魁、涇野。叔麒、定海，皆縣尹；炎，醴陵丞，後累仕州縣，皆有聲。叔麒以婺州路總管致仕，有文行，表率閭里，進階朝散大夫。本古《志》。

孟祥，字廷瑞，别號麟山。先世亞聖鄒國裔度，自兖徙洺。四傳至公，隨徙汴梁。又四傳載，居諸暨夫概里。又四傳欽祖，居處州新街。又五傳爲祥，距鄒國六十六世矣。少從陶公安學，年十二，隨父克肖展祠墓於夫概，經義烏，塗遇安撫泰峰李某，愛之，屬旋日過城内平橋，李所居也。逾旬，謁李，留數日。臨别以長女許祥，越五年就贅。至大間，舉孝廉，任寶慶路判官。蠲除苛細，其賦民授之匭，令自投。訟準於情自服，雖蒲不鞭也。政暇集隽彦，揚扢風雅，有先賢遺風。以父訃，解綬去。去任之日，民遮道號泣送以萬計，建遺愛祠。服闋，過烏探李公，公爲貿阜通坊故家址，搆宅居焉。亦猶文清徐氏自暨來龍陂云。傅編修藻爲之傳。

傅爍，字允明，學於黄溍。至正戊子，以明經徵至京，留書丞相府中，授兵部主事，轉户部郎中。辛卯，出知徐州。嘗曰：「與民興一利，不若除一害。」豐沛間俗悍，尚詐，廉得豪有力者數人，斃之杖下，投屍小浮橋，州人股栗。盜起洪口，率卒百餘疾趨之成擒，境内帖然。後贈奉議大夫。

明

朱文，字悦道，晋泛之後，世居丹溪。從王禕遊，學贍才博，性剛行方，少許可。洪武六年，舉明經，除監察御史，以事改知星子縣。廉介自持，勸農興學。奏「縣山高風冷，春意來遲」，上可其奏，罷茶貢，人懷其惠。後陞贛州府同知，有惠政，民立祠祀之。

高信，字克信。自少好學，喜吟詠，見義勇爲。太祖取婺州，信與邑人胡璉、胡讓運糧，以資軍用。洪武十三年，應求賢詔，三人試中，俱授户部郎中。信居官勤謹有守，陳言立事多稱旨，十四年，特陞本部侍郎，晋尚書，賞賚加厚。十七年，以年老致仕，卒於家。

胡禧，字德弘，讓侄。以茂異升事太祖，及建文帝，黜爲民。永樂元年，召知衛輝府。明年正月，以告老敕致仕還家。七年，上巡狩北京，詔天下致仕官皆掌印於各府州縣，以年高歷練也。禧年逾七十，掌常州府印，臨四邑，惟敬以持己，和以處衆。九年，去任。自太守暨闔郡僚屬與士夫、耆民，皆追餞于城東，旌蓋擁道，車馬盈塗，駢肩累迹，瞻望嗟嘆者不可以數計。無錫訓導盧立魁贈以詩，有云：「白首歸田閒更樂，丹心報國老猶堅。」

龔永吉，字天民，忠愍公泰子，泰死靖難節，時方四歲。母傅氏，矢節訓育。成童即嗜學，以《春秋》領永樂庚子鄉試。卒業太學，授兵部職方主事，護駕征樂安，調軍湖廣，措置得宜。正統改元，陞武選郎中。被誣，謫戍平涼。丁巳，北敵猖獗，以兵部尚書王驥薦，得釋，同都督趙安北征，功成復職。甲子，隨驥南討麓川、緬甸，西巡延綏、寧夏、甘肅等處。己巳，復從驥往麓川，征剿苗蠻。凡兩討麓川，五征川夷，再伐苗蠻。擢大理少卿，兵部侍郎，改南京禮部，轉大理寺卿。時有滯獄，休寧土豪孫志靖與親人俞益謀殺細民項士和，奪其妻。事覺，賄執獄者謀脱其罪，經十餘年不决。一日，都察院蕭維禎押送詳審，永吉疑之，晚過太平堤，忽隻鵲來止輿下，揮之不去。永吉謂鵲曰：「爾豈有冤欲鳴邪？可隨我至門。」及至，而鵲不見。永吉曰：「此非士和之冤邪？」蓋鵲與和音相協。次日閲卷，遂駁回。維禎是之，差御史畢亨往勘其實，果志靖主謀、益殺之。二人遂服罪。楊子江有賊劉千金，以販鹽爲名，遇者即殺之，刼其財。當道不能制。一日，獲其從者，鞫問間誣指其南市買賣有仇者百餘人，迫於刑，悉强服。永吉詳得實，疏陳其冤，俱獲釋。致仕平生清介慎密，謀慮深遠，屢裨征伐，囊無所畜。宣廟制《秋水圖》賜之。少師楊士奇志其末。居家好吟詠，食貧，澹然自適，人皆服其清節。年七十三卒，賜葬祭如例。武英殿大學士金幼孜撰墓表，驥爲誌銘。

朱肇，字本初。幼聰敏，比長，博通經史，尤善古文辭。洪武己卯，鄉試入胄監。永樂元年，選户科給事中，以奏對敏達稱旨，奉命持節江南。撫安軍民，經畫有方，黜貪去弊，民誦之如神明。立朝敢言，嘗以論事忤都御史陳瑛，中以他事，當坐死，已得白。左遷湖廣宣慰教授，用知府唐岳薦、陞長沙府同知，政化大行。宣德初，解任歸，杜門著書，有《撫安泮池稿》若干卷。

楊弘，字德弘。以楷書拔萃，授江西宜春知縣。縣故多豪右横暴，有蕭舍兄弟尤無狀，德弘按治之，境内帖服。巡撫楊某課其政，爲一省最。都御史韓雍素知弘名，未下車，微行伺其官廨，見德弘躬藝蔬圃，妻孥紡織，嘆曰：「真古廉吏也。」交薦於朝。六年，考績銓曹，見有諂謁權貴者，曰：「榮辱何爲哉。」乞休歸，家居貧甚，民思之，至今不泯。

謝愷，字舜卿，性温雅。由貢入監，任四川叙州府推官。操履清潔，訊鞫明允。弘治戊申，蜀大歉，奉敕賑恤，兼理瀘州等處，多所全活。時盜賊縱横，招來安集，民大感悦。撫按交章薦於朝，命甫下，以勞瘁致疾，卒於官。士民哭泣如失父母。旅櫬東歸，惟《救荒誓》《却金圖》《勸民詩》《籠雞説》數篋而已。所著有《石樓山稿》。與王汶詳見《兩浙名賢録》。十八年四月，按察司分巡浙東道兼提學僉事陳輔叙州人牌行，縣爲崇祀先哲，激勵後學，事當職從遊府學時，親見義烏縣謝愷除本府推官，一廉如水，其介如石。文章足以經世，政事足以及物。士蒙其教，民被其澤。一旦遽逝，百姓垂泣，至今有家祀以報恩者。職府已製主送入名宦祠矣。似此賢能，理合咨詳，蒙部批允入鄉賢，議謚「清惠」，爲此牌仰。本縣當該官吏，炤依牌内事，即便詳查。謝愷姓名製主送入鄉賢祠，仍建旌異坊於當道，非徒從尚先哲於已往，抑且激勵後學於將來。入鄉賢祠。鄉賢詠云私謚「清惠」，今廿三里街坊尚存。子良金，諸生，幼喪父，母卒廬墓，事繼母劉，以孝聞。

虞守愚，字惟明，號東崖，五都花溪人。性穎悟端方，尤篤孝友。弱冠失怙，哀毁廬墓十年。母氏憐其骨立，徹廬竈，强返焉。母性嚴，好施與，雖窶困，曲爲承順。甫弱冠，識者已遠大期之。及爲諸生，聲籍甚，試輒首列。正德癸酉，以《禮記》領鄉薦，登嘉靖癸未進士。初令嘉魚，潔己愛人，剔蠹興利。暇則與諸生談經義，品人物，毅然以講明正學爲己任。乙酉，以繁改萬安，老稚囂呼奔訴，撫按張某、王某疏留，自三月至七月，不報，竟以新命行。至萬安，邑井四，民遠汲灘水，守愚增鑿其三，有記。惠政益溥，民戴之如嘉魚，兩邑各竪碑立祠。戊子冬，徵拜江西道監察御史。初命督京通等倉，時會通河始成，凡漕運倉場夙弊，悉咨訪釐革，收支稱便。守船旗卒以隆冬阻凍，不得歸，饑寒載道，爲奏請賑給，賴全活者數千人。會王都御史定齋，以救議大禮諸臣激上怒，抗疏援之，廷杖幾死，直聲著朝紳。再差按福建，所在澄清。及監省闈，得士一時稱最。三差刷卷京畿，兼清軍御史事。二十有二月，乃得代。四差照刷在京文武衙門文卷，撥監生百名，歷事凡閲九年。陞大理左丞，因弟亡，疏乞侍母終養。閣部大臣李時、張邦奇輩交贈以文，重其行也。歸以俸餘悉與侄輩均分。歸半月，母卒，仍廬墓三年。築書舍東巖，有終焉之志。親朋强之，乃就原職，歷左少卿。壬寅冬，陞左僉都御史，督南贛等處軍務。至則擒劇寇王五、謝相、葛老虎、賴日昌、葉春等四百餘人，諸洞蕩平。又奏復長沙營，築黄鄉城，設羊角、水堡諸巡檢司，導廉泉達泮池，爲之記。舉學之質與力與成與利達、擇善、徙義、自强、逢原之説以告之。立社學，訓洞苗，築梁建廠，新萬安明倫堂，遷瑞州文信公天祥祠，特祀劉誠意伯基於高安，並有記。黄少參宏死宸濠，題其《徵忠録》，至今傳頌，建報功祠以祀。因追王公守仁淛頭績並祀焉已。乙巳春，陞副都御史，巡撫江西。歲大祲，奏請發粟賑貸，蠲復差糧，存活數萬計。時夏言柄政，議請貲創弋陽行府，諸司已頤旨，守愚執不允，銜之，量轉大理卿，仍嗾劾，聽勘。事白，起南大理卿，遷刑部侍郎，遂謝政歸。扁所居曰「留餘」。家居足不躡公門，以身表帥。宗族鄉里凡争辯，片言釋服，不煩官司。終日危坐書齋，正襟無惰容。非六經不言，非性命不發。誨子孫惓惓以忠厚方正爲言。遇士輒曰：「毋附權貴，冰山危機耳。」接人恭而有禮，雖貧寒稚幼不敢侮。有不協于義者，嚴諭之不相假借。既以貴顯，尤急於睦宗。建宗祠，封祖墓，置田以贍姻族，捐租以助學校，縮廪置常稔田於外祖墓側供祀事。振煢恤乏，邑之人識與不識僉服其德。又素愛《陶淵明集》，比在汶之閔，浴沂之曾，序以行。以蘭谿章懋學溯程朱，梓其集。隆慶改元，詔進階一級。卒己巳，年八十有七，賜祭葬如例。所輯有《虔臺志》十二卷，所著有《虔臺拙稿》《東崖文集》《四書一得録》，藏於家。祀鄉賢。孫德煒，後有傳。

虞文詡，字廷會。少以麟經中省亞元，初授吉州知州。薙剪劇盜，不遺餘力。歲饑賑恤，所全活甚衆。以治優調解州，尋陞南京刑部員外郎，改北刑部郎中。因事左遷，逾年復舊職，陞南安知府。勸農課學，鋤豪字瘵，修廢舉墜，威惠並行，郡大治。去後，民恒思之。歷官三十年，清操始終一節。後致仕。

黄瑚，字汝器。父驥，爲教諭，善於教士。上官每委任之，著廉能聲。嘉靖戊子，瑚以恩貢中南京鄉試，筮仕壽張。敬慎持己，平易近民，尤崇重學校，訊决冤疑，多所平反。有劉江犯大辟，連坐十三人，瑚察知枉濫，止罪首惡，闔郡稱明。以丁外艱去，民念其廉，投賮滿舟不具名，瑚固辭不得，移文入官帑，蕭然歸。服闋，補安東。先是螟旱頻仍，流移者什九。瑚至，奏蠲荒税，發倉粟賑之，又申免浮役，民賴全活復業，有「黄公更活」之謡。翰林臺憲諸公作《德政十詠》以頌。陞揚州府同知，命下，以疾卒。百姓若失怙恃，哭于庭以萬計，勒石志思。瑚事繼母極孝，以所得俸資均兄弟，處家嚴肅，足迹不履公門，人稱爲君子。所著有《家訓》《祭約》《柏崖類稿》。

樓鎮，字子安。甫垂髫，補諸生，嘉靖癸卯舉於鄉，登丁未進士。除工部營繕司主事，督催南直隸税糧，奏蠲積逋五十餘萬石。轉虞衡司員外郎。庚戌秋，敵闌入畿輔，大司馬簡畀鎮干掫都門與喜峰、古北等口，筦鑰功爲居多。亡何。上遣督造景王府，徵發各道金錢四十八萬。鎮夙夜勤勞，綜理周密。工成，同行者中貴人曹臻請以羨貲半入鎮橐，而中瓜分之。鎮堅拒不從，解羨餘二十一萬。會嚴嵩子世蕃陰使人索重賄，不爲應。與駕部楊公繼盛友善，已繼盛逮繫，衆重足屏迹，亡敢内橐饘者，鎮獨往問不絶。遷刑部湖廣司郎中。宦者李彬專恣，僭擬無度，下司寇獄，鎮置諸辟，公論快之。歲壬子，悍帥仇鸞詭言出師禦敵，請具官以從，諸郎官趦趄，莫肯往，鎮奮然請行，爲除道具供帳。事咸集，鸞亦嚴憚之，弗敢逞，鎮自此聲重朝紳。陞四川重夔道兵備副使，道出江右安仁，有兩廣遊兵數千猝至焚劫，城中擾亂。晝閉，鎮立召渠魁，諭以朝廷威命，指陳禍福，出篋裝百金爲勞，亂兵俛首罷散。安仁民相與語曰：「非其職而不避難，不愛資以厝吾安堵者，乃有樓使君。」及弭節巴郡，清查松潘等衛所，釐革積弊。適酉陽，宣撫覃俊、劇盜蔡二相繼作亂，鎮帥師剿除之，而探赤白丸者咸望風懾伏，地方以寧。竟以勞瘁致病，卒於官。家東青。

朱湘，字子清，母夢日照寢而生。年十四，補弟子員，試輒首諸生，舉嘉靖壬子鄉薦。己未會試，名第七，成進士，知江陵縣。爲政務抑豪保瘵，川峽水溢，數爲菑，築隄亘百餘里以障，民獲永賴。景府校從有攫佔沙市者，峻拒不少貸。時江陵已貴，家居以私謁湘。湘持三尺裁之。會歲澇，民苦沮洳，無所出，省司檄督賦。湘謂：「即罪，吾當之。不忍以國家一日養，易數百千命卒。」坐課後期論。調改補大名，罷冗役，節浮費，革弊興利，一切與民更始。時課邑弟子于所創興龍書院，多所成就，人才與大縣埒。先是，縣有啞鍾久不鳴，湘至，復鳴。及大旱，禱雨輒應，踰年麥穗兩三岐，民皆歸祥於湘。比遷，立祠生祝之。擢司大中丞幕，故事，幕職序次諸侍御差遣，不能無私出入。湘至，壹禀於章程，即總憲趙學士操其屬至厲，亦數見嚴憚。然卒以故爲權貴所目攝。居數歲，徙刑部員外郎，凡兩奉簡書恤讞山東及廣西，多所平反。江陵柄政，素銜湘，嗾言事者劾去。大司寇劉應節欲并中傷之，而湘以粤西之行盡瘁成病，驅車過里中，竟卒於家，然猶貶其秩云。湘居鄉恂恂醇謹，既貴不改儒素，以儉朴爲閭里率。性至孝，當涖臺任時，聞父微疾，輒抗疏趨歸，侍湯藥，即宦遊所遇名山，必以禱。尤篤友愛，昆弟彬彬克讓。族有窘乏至不能舉火者，率歲周恤以爲嘗。所發爲文辭，多嫺雅醇粹，縉紳先生往往誦説之。有《家禮俗通》《習韻稿》《瑞陽遺稿》《恤刑稿》各若干卷。

虞德燁，字光卿，號紹東。守愚孫，幼失怙，事母兄以孝友聞。嘉靖甲子舉於鄉，隆慶辛未成進士。初授行人，秩滿，考授兵科給事中。委理先農壇，嚴節冗費。侍經筵，轉工科右給事中，旋遷左。時執政用事，諫官或囁嚅承旨，德燁舉彈無所避。敕管節慎庫，冢宰爲所親屬支銀六千兩，拒不允。又敕查盤順天糧及清太倉倉號，悉發倉廒夙弊條奏。司農不懌，出守揚州。值災傷。德燁上勤國課，下軫民瘼，修高郵寶應河堤，濬白塔通泰、揚、儀等河，至今利之。復疏滁鹽政，却絶陋規，辨巨奸，白冤獄，河干立報功祠。有五塘，延袤十餘里，水横溢，舊築塍爲民業，上官價銀一萬三千兩有奇。豪紳造冢其側，謂濬之可濟。德燁具圖以上，乃寢。以河工加三品服俸。居五年，丁内艱。服闋，備兵辰沅。會漕卒稱亂，糾合苗酋唐喬、奉寧等六十餘寨，并廣西、貴州諸苗犯順。奉旨剿撫，得苗帥張好一、安松等於靖州囚籍中。因慨然曰：「昔王文成用王受輩平思州，皆用間以夷攻夷，吾其得志於此二人乎。」因釋其縛。安松距唐、奉二寨六十里，德燁謂：「能誘致二酋，貰汝陰縱之還寨，并諭諸苗，首惡外許更新。隨簡漢、土兵三千。會湖、貴二省兵至其地，分路設伏以待汝。」松爲間，果生得唐、奉二渠歸，餘黨悉受撫。而貴州巡撫、都御史舒某，欲盡殲諸苗，襲擊之。苗拒戰，僅以身免。德燁急引兵踵後，斬級二百餘，遣人諭以非己意。苗羅拜曰：「我固知公長者，公有命，敢不從。」事聞，欽賞銀八兩，功下兵部紀録。又苗酋楊應龍與土官張承詔等交惡，疏以聞，應龍伺於途追入沅州界，將殺之。德燁曰：「此不軌之漸也。」發兵捕之。獲應龍，擬懲以重法。當事從姑息。未幾，應龍逞，識者服其先見。已，陞雲南參政，時方有事緬甸，德燁條策以上，爲同官所忌。輪次進表，事畢，致政歸。家居周恤鄰族，課子孫，讀書自得園中，一如守愚所以訓子孫者。時郡中崇正書院告成，首捐義田以助，道府立碑志之。子應陛、應垣孝友，能讀父書。應陛以《禮》經試南北兩闈，皆登乙榜。居鄉敦禮讓，貧交待以舉火數十餘家。崇禎間，以季子國鎮貴，歷贈徵仕郎、翰林院檢討。而應陛子國鉉以明經知龍門縣。龍門依山阻海，爲寇藪。向有銅鐵礦，利甚厚。巨豪聚窮民千百，稍失利，擁衆攻奪。國鉉至，痛禁之，擒賊首張庚子、陳長等，活被鹵男婦二百六十餘口。復爲捐貲置械，力舉有別屯練之法。陞通判泉州。未數月，轉粤餉十餘萬至淮濟間，值敵警，防禦盡瘁卒。子國鑑，醇知文；應垣，別有傳。孫光澤，字用霖，號平溪野人。父覺翁，慕宗忠簡爲人，故以名之。十六補諸生，有學行，講明聖賢性命之理，自歸平溪，棄繻不試。

朱懋芳，字本厚，號肖梅。萬曆戊戌進士。筮知永豐縣，建恩江橋，遠近藉以利濟。會編審，稽核公明，富者無飛隱，貧者免賠累，民稱便焉。居任六年，案無留牘，獄無滯冤。舉卓異，陞南京禮部主事，尋轉北京兵部主事，陞禮部員外郎。卒於官。

金德義，字行之，號六平，涓之後。家赤岸。幼失恃，廬墓三年，事父樵薪以養。萬曆癸卯登鄉薦，己未舉進士，宰婺源，務崇經術，不事苛察，課士敦行。著

《寶婺約言》，又刊布朱子《綱目》《語類》《名臣言行録》。且清祀田若干，修文廟，六佾登歌，刻有《樂舞事略》，至今婺源守之。婺多虎，懸捕虎格如捕賊，不數旬，虎患遂息。尤多盜，依豪勢以庇，前令不敢問，執法逮之，遂解散。婺當地脉來處有灰坑，黠猾民利之，力爲禁止。任婺兩載，竟以逮所庇盜中蜚語，改教授歸。閲十八載，戊寅，婺人請於學御史，祀名宦。著有《挹蘭吟》《静穆齋集》《樂舞事略》。以子漢鼎貴，贈刑科左給事中，加一級，祀鄉賢。漢鼎見《名臣》。

李洵瓚，字君獻。登萬曆壬子鄉薦，由教諭陞河南西平令。時河决城圮，道殣相望，萑苻漸起。洵瓚捐俸遠糴，給饘粥賑之。尋多方勸諭，盡化刀劍爲牛犢。調安陸縣，當流寇之衝，練兵措餉，守禦獨全，士民建祠以祀。

金世儀，號華原。以貢授陝西苑馬主簿，職司七監綜理，有能聲。視州篆，城痺且圮，倡修之，三月告竣。用薦陞福建運同，懲蠹鋤豪，商無賕課。署福清事，軍需告絀，諸生故有優免，議充餉。世儀出俸代償，多士沾惠，至今祠祝不衰。

王憲中，字翊冲。由太學授遼東廣寧衛經歷。地居衝要，修葺訓練，爲經略熊廷弼所重。會艱去，補湖廣蘄州衛經歷，攝廣濟邑篆。有豪族以夙負誣里民，讞得其實，按律懲之，人爲股栗。又解糧，僉里役陋例多扣克，苦科補。憲中獨於公庭平收足給。請於上，勒碑永爲遵守。旋蕲日，濟人感激流涕，祀名宦。濟邑明名宦，及憲中纔五人，以署理而得祠者，自憲中始。

虞國鎮，字伯岳，號瀾石，德燁孫。年十四爲諸生。東陽諭會稽陶奭齡至邑，見其文，甚加嘆賞。丁卯舉於鄉，戊辰成進士。與同門張采甚契，除知香山縣。香邑懸海外，劇寇劉香擁衆横海上，瀕海諸邑苦之。國鎮視可揚帆進薄處，采巨木爲橛，密椓之，埋鐵距於下，賊不敢入。邑界有嶴門，番人踞之久，牙儈聯於令長，私築堡置械，漸恣。國鎮曰：「不可長也。」毁其垣，收其器，條五禁上之。禁攘禾，核隱畝，直指錢。以才卓廉卓舉，比秩滿，行取置主刑部事。會楊士聰等疏奏，詔再試。召對，面詢治香迹及邊海情形。國鎮對：「香邑孤懸海外，海寇竊發，臣治兵設備，寇不敢侵界，曾蒙督臣某題叙。」上憶曰：「有之。」隨策問措置兵餉等事。對：「兵不患其弱，患專閫之無其人；餉不慮其匱，慮耗糜之失其策。馭兵措餉，在乎得人。得人之權，在乎閣部。」稱旨，授翰林院檢討。踰月，敕脩纂《武經七書》。既竣，庚辰午日，賜宫扇，預平寇晏。卒於京。有《禮記易簡録》《蓉山子集》《光啓堂詩草》。子光瀚，歲貢。有弟與婦相繼殞，視孤如子。由歲貢訓昌化，卒於官。按，國鎮知香山日，得番人黑鬼，能入水捉生魚以食，歸以贈令。已，國鎮在京，以令事躓。一日令之杭，次暨陽，鬼持刀入室，將行不利，爲從人所縛，致之死，蓋爲故主云。

王作賓，字昭孺，號六多。鄉貢一真子。崇禎庚午，以明經授宿州學正。捐修學宫，課士有聲。用薦陞知鄒平縣，招集流亡，剔蠹清弊，以孝弟訓民。未及半載，當路薦之，加銜兵部主事。子明藻、明珙，俱諸生。

金世儼，字季思，自號雪原，世俊弟。自北門徙居凌塘，事世俊如父師。少善文，出與里士角，輒屈其曹。已觀壁水，先登食餼，乃入國子。謁選得涇州判官，壬申春至州。歲潦，請蠲賦。盜不時發，烽火四警，殫刀保禦。士經兵燹，業就荒舉，會課，蔚然以興。癸酉冬臘，以母老解組歸。生平好吟詠，當在涇不廢，至是，絶迹公門，奉母之餘，臨清流，倚茂樹，發爲詩歌，言情樂道。海寧范驤擬之於陶庵、邵庵間。嘗自叙其詩曰：「余少娱詩書，性耽退處，讀淵明詩，嗒焉喪我。憶徘徊庠序，徙業成均，浮沈二十年，誤學折腰。踉蹌賦歸，喜三徑未荒，北窗猶昔，永矢勿過耳。」舊有圃，結茨其中，遭兵燹無存。搆小屋，高不盈丈，以自適。嘗曰：「宇下一日無人心，則斯世旦晝無日月。」又曰：「被衫鼓琴，猶歷山號呼之虞舜；伐夏放桐，則有莘一介不取與之伊尹。撑持千萬年之宇宙，則疏水曲肱，視不義富貴如浮雲之尼父也。」又詩曰：「人從寂處生，還從生處寂。」又曰：「陰晴風雨天，偃卧是唐虞。」又曰：「淵明一枝菊，千古存其名。」又曰：「富春歲歲江流水，誰是嚴陵舊釣時。」又曰：「晚挂一簾明月，曉來紅日又西東。」嘗語朱淳曰：「上下今古有兩大便宜人，兩大便宜事，孔曰『在中』，顔曰『不改』。」淳後舉以志其集。子漢蕙，仕粤西，寄示曰：「誦讀思千古，行己係生平。險阻盤錯，天地之爐火煉人，豪傑之堅忍成性，正此際矣。得意正須防蹶，瀕危或可思安。吾昔在陝，備嘗之矣。」漢蕙死，有書寄世儼曰：「兒生不能保月泉之社，死於兵，心所安也；仕不能終疆場之役，死於事，義所安也。」又臨絶詩云：「朝衣灑淚整征鞍，釋褐方歸命守南。道入衡陽經屈墓，重來湘水賦邯鄲。柳城半載千旬劫，桂嶺三朝萬骨丹。稽首羅池瞻子厚，遊魂願托九嶷看。」皆世儼之教云。以子貴，封右江道參議。所著有《吏隱繡水》《三餘邁言》《樂天賡陶集》。漢蕙見《名臣》，漢蕁見《文苑》。按，世儼祖涓，明初不就徵。子存，應召授北平參議，後戍雲南。子漢惠，亦官參議死事云。

《署州答巡按御史范察吏治問》：安民之道，首在察吏。吏之賢否，誠不外於明問三十七條矣。但吏治在因地，在相時，在衡人。地有不在肥磽而在偏據，不在刁頑而在詭寄，不在刑罰之重輕可懲而在刑罰之無輕重可問。若涇州之地，糧二萬三千有奇，半寄於宗室，半入於青衿，是尚可以肥磽論、以刑罰懲邪？民間間有可入之糧，已不滿萬計，而窮民又居一焉。州官望爲正額之輸、免吏議者此矣。而驛所站糧需之更急，否則此逃彼竄，招尤更甚，不得不聽兑支以解燃眉，然已幾去其二矣。外此各項工食不下數千，復又去其一，是糧未入櫃，數已寥寥，安問其火耗也。故卑職初入秦，每兩定以九百八十文入櫃，師不加火耗之意。若詞訟、科罰、私派、開墾，又何可加之寇旱頻仍之後也！於是卑職治涇，賞罰必明。一切民詞，因其時，平其情，權可否而輕重置之，民已稍稍安矣。是亦招撫之一術也。至弭盗必嚴，左右必飭，工食必量情而發，行户必平價而易，尤卑職凜凜自持者。若衙官尤以道義相勖，不敢少開玩褻之端，爲地方罪。故州門啓閉以時；執掌雖分，必統於一；上下相守，無詭於法；因其人而用其才，使各各自愛。此卑職之首以吏治自問，因而答明問者，不敢私爲隱焉。

《署州申兵道求詳院請蠲文》：竊照涇州數號疲地，磽确童山，十居其七，間有川地，盡歸悍宗。男女坐食，惟望夏秋。乃崇禎元二三年，疊罹凶旱，民不聊生。查舊丁册，多半已挂鬼録。按額取成則病民，據實科糧則害吏。至五年，死寇突至，東西竄奔，秋水驟溢，罄家飄泊。自六年亢旱，赤日千里，秋夏焦枯，復秋冬無雪，春麥不生，死者過半。今幸天澤方沃，秋成可期，而霪雨浹旬，倉箱未卜。卑職遍歷荒郊，查核饑民，有止存空窑而丁無孑遺，數鎮荒凉而家無合粟。父棄子，夫棄妻，甘心生别。挖死肉，延殘喘，不顧同人。冷風颯颯，孤村白晝鬼號；紅日西沈，萬竈杳無烟色。履霜近而寒威將冽，知飽煖之猶艱；秋收入而追呼不絶，恐招徠之未易。非籲天請蠲，民情之不測有難言者。伏乞憲臺垂仁廣濟，速求轉報，則涇民之再造有天，而卑職之銜恩罔既也。

國朝

童達行，字以求。有文武幹略，由恩貢隨征，薦授監紀，屢獲軍功，題授分守江西九江道。值寇盗充斥，多方勦撫，介馬交馳，暴烈日，冒風雪，累數月不遑假寐。民饑，設法勸賑，事無鉅細，必躬親。卒於官，三郡士民巷哭如失怙恃。及櫬歸，惟遺書數簏而已。所著有《開國奏疏》《西征詩集》。

陳達德，字大孚，思任子。慷慨有意氣，以歲貢官淳安訓導。陞山西蒲州學正，遷芮城知縣。會際亂，僑曲沃，與衛公周祚、魏公象樞交，賦詩倡詶，凡數年。世祖章皇帝念遼陽係豐鎬地，下令議置縣，能招百人往者官之。達德首率百人以應，部以聞，授遼陽知縣。携新民從車一乘，馬一匹，僕一人，書數卷，出關而東。前此，襄平一帶，鞠爲茂草，長河接天，巍嶺到地。達德至，披榛莽，召流移，勸墾闢，招商賈，興文學。不逾年，政化大行。亡何，卒。其詩繼思任而起，與龔士驤、吴之器争勝。所著有《青溪草》《汾草》《燕遊草》《八詠樓稿》。衛公爲之評，魏公贈以詩，魏公裔介爲之序，並見《藝文》。

吴之器《傳》：陳達德，字大孚。甲戌，以明經選入都。丁丑，授嚴州淳安訓導。己卯，被薦徵授山西芮城知縣。癸未，遇流寇之變。甲申，客於曲沃，買田娶妾，生一子，若將終焉。辛卯後，從晋之仕者入燕。甲午，遊於遼左，遂卒。吴子曰：「以大孚平生之氣，蓋千人自廢也。晚而流落，依不知何人者以自存。復爲塞上游，竟不返。亦可謂鳳德之衰矣。其詩沈苦精深，吾黨所畏，後世必有知子雲者，不待余言也。」〇大孚平生好險索，偶得即記之，帙尾累累，皆長吉錦囊中物也，故頗有不成篇者。嘗謂余誦其得意之句，如《詠邊頭》云：「驚飈馬首摶沙去，寒月烽邊點雁來。」《題關壯繆侯廟》云：「中原陵寢全無漢，西蜀英雄獨有髯。」意色自矜，不可一世，然皆未見全篇。聊志之，此以見其超軼不凡之致。

陳瞻遠，字伯鶚，達德子。達德瘁於官，上悼之，以瞻遠襲知遼陽縣。故無世相承者，襲遼陽，異數也。瞻遠時爲諸生，衰絰受職，伐木架屋，芟菑力耔，稟達德之迹而加修之。縣成樂郊，值報政，逢内艱，告去。會内大臣有湯沐之役，復命保留。

瞻遠在任守制，恤爾懷遠，輕刑息訟，廬舍填厢，桑麻遍野，殆如中土，縣人爲立祠以示感慕。陞松江水利通判，遷常州同知，所在有聲。

劉繼庠，號瑞亭。少遊遼陽，僑杏山。順治辛卯，舉順天鄉試第四十三名。十年知河南尉氏縣，涖任二載，以仁敏稱。

季奕聲，字君駿，號浩公。少爲諸生，學使者黎公元寬拔之性。好遊歷三楚百粵間。初以明經辟知從化縣，攝三水篆，有能聲，歷五載。順治七年，王師開粵，補廣州推官，兼視南海番禺篆。有賊渠何育秀聚掠海濱，奕聲奉檄勦撫，逮其母妻，戒獄卒給以服食，育秀就撫，薦其可用，平山海餘賊。累功至總兵官。已，以藩弁陵學使者，坐以罪，忤藩，移疾歸。繼用臺省薦，改福州推官，卒於任。先是，考望巖守備閩中。奕聲生於閩，復官於閩，卒於閩云。

丁爾發，字震生，號次林。居平每曰：「士以氣爲主，功在直養。誠能持此剛大，一切世味舉無足以嬰胸。」順治辛卯舉於鄉，康熙庚戌筮仕東安，屬神京股肱地，勳戚湯沐在焉。爾發單車就道，至則瘞鹿懸魚，怙侈者汰之，驕蹇者抑之。諸要人始迂而疑，中畏而憚，終乃翕然以定。退食餘賦詩酌醴，税桑田，樂泮水，朞年俗一變。

奏最而逝。方爾發寢疾，邑人相率禱於祠，或願以身貿。及卒，環署哭失聲。至解衣焚之，篋無遺金，麄麄緼袍而已。櫬歸，執紼夾道號，數百里不絕。

童一賢，字仲大，號堯一，世居城西隅。少讀書，已而嘆曰：「徒博一諸生，何時得禄養乎。」遊都亭，援例授桃源主簿。至任不逾年，流寇猝至縣，令棄城遁。一賢曰：「官無尊卑，我知死職而已。」民從之效死。寇至，駭曰：「我兵所至，大州郡罔不靡，兹黑子城敢爾耶？」竟去。當路以聞，陞知本縣。縣民自此愛如父母，敬若神。時年未四十，知時事不可爲，挂冠歸。種蔬栽卉，課子讀書，家無羸餘，分所有周兄弟。白首怡怡，口不言貧，親舊過之，笑語移日。

文苑

駱、宗、黄、王四子，文之冠絶者也。文清、山南、彦修、青村，卓爾名家，從所重而歸之。其舊《志》取古《志》更定者，鵬舉、從道、悦道入政事，同叔、允達入儒林，性初入隱逸，叔豐入氣節，時望入篤行。删注者，天貺載選舉，思睿載辟薦，仲玉載教諭。删合者，漢卿從德夫，勉之從汝學。竟删者，景文、景傳、希善、養浩、孟緼、友仁。而自季玉至孔殷中間所增者，季直、惟貞。今取删者補次之，天覸入祠祀，青村入理學，希善亦同入，山南入宦迹，仲玉亦同入。而益以文叔、洎子、孝父、子麟、侯毅之賜如兄弟諸人，力追前作，庶不虚小鄒魯之稱。其舊《志》作文學，今列理學於前，從史作文苑云。

南齊

婁幼瑜，一名嘉，字季玉，吴侍中玄六世孫。聚徒教授，不應徵辟，爲臨川王映所嘆賞。著《禮記捃拾》三十卷，《禮記摭遺别記》一卷，《文集》六十六卷。

宋

楊忱中，字德夫。祖昴，字漢卿，登進士第，授通直郎，知分水縣。焯、點、燋、焕、炳，皆忱中孫也。忱中仕於朝，至國子監丞，累遷朝請大夫，知蘄州。著《易原》三卷，其目有四：原畫卦、分卦、序卦，皆先天八卦圖而爲之説；惟原重卦據易辭《説卦》。以爲欲觀八卦生而爲六十四卦，當玩先天圖；欲觀八卦重爲六十四卦，則《繫辭》《説卦》之所言，亦不可以無考；康節之極數知來，其妙在于加一倍法。重卦之本旨，則恐不專在是，自爲一義可也。其不苟同如此。焯，嘉定中教授。初，學毁於開禧兵火，乃索圖考制，命工鑄爲祭器數百，置書籍以資生徒。累官中奉大夫，知南雄軍，王集作「府」，贈通議大夫。點、樵、焕、炳，仕不大顯，與焯俱以文名於時。焯子埴，所學尤博，自號「芥軒」。以蔭補官，累遷奉直大夫，知肇慶府，爵金華縣開國男，食邑三百户。

按，忱中作《龔氏六瑞堂記》：時爲淳祐八年秋把菊節，稱兼管華州雲臺觀。龔氏出自晋大夫堅，至陳大建中，有孟舒者，官河南觀察使。二十一世孫朝請寔，始遷烏松門，距縣西五里。子世宏、世隆、世廣、世恩，贈侍郎。世昌、世英俱從吕氏祖謙學。喻工部良能以「六瑞」名堂，忱中記之。孫明之、應之，愷，皆仕顯。應之見《理學》。自明之至永吉凡七世，衣冠不絶。舊《志》載《遺事》，今附此。

喻良能，字叔奇。父葆光，母黄氏，見《義行》。良能與兄良倚同入太學，同年登進士第。初補廣德尉，三獲强盗，應賞格，辭不受。累遷國子監主簿。進《忠義傳》，起戰國王蠋，終五代孫晟，通一百九十人，書凡二十卷，乞頒之武學，授之將帥。孝宗嘉嘆，顧謂侍臣曰：「喻良能質實平正。」御書其名於屏間。丁内艱，服除，以國子博士召，兼工部郎官，除太常丞，兼舊職。請外，知處州。尋奉祠歸，以朝請大夫、義烏縣開國男、食邑三百户致仕。營家圃曰「磐湖」，日以觴咏自娱，終焉。鄉人慕之，立石表其地曰「郎官里」。所著有《諸經講議》《香山集》《家帚編》《忠義傳》。兄良倚，字伯壽，卒官臨海丞，有惠政。所著《唐論》四卷，《詩文》十卷，《策斷》二卷，《文選補》一卷。

喻良弼，字季直，亦太學生。晚以特科補新喻尉。洪文敏邁、陸待制萬里諸公與爲文字交。有《杉堂集》十卷，《樂府》五卷。從子不伐、侶獻師孫、演知南安軍，見府志、國衡，皆進士。

龍川陳亮《題季直文編》曰：烏傷固多士，而稱雄於其間者，余熟其四人焉，蓋非特烏傷之雄也。喻叔奇，于人煦煦有恩意，能使人别去三日，念輒不釋；其爲文精深簡雅，讀之愈久而意若新。何茂恭，目空四海，獨能降意于一世豪傑，而士亦樂親之；其文奇壯精緻，反覆開闔，而卒能自闡其意者。陳德先，舉一世不足以當其意，而人亦不願從之游；然其文清新勁麗，要不可少。喻季直，遇人無親疏貴賤，皆與之盡，而于余尤好；其文蔚茂馳騁，蓋將包羅衆體而一字不苟，讀之亹亹而無厭也。而四君子者，尤工于詩，余病未能學也。然皆喜爲余出，余亦能爲之擊節。余窮滋日甚，索居無賴，時一作念，顧茂恭之骨已冷，而三山相去踰千里；德先、季直，雖宿春可從其游，而出門輒若有縶其足者。喻行之收之，出季直舊文一編示余，聳然觀之如得所未嘗。茂恭死，其文益可貴重，而子弟亦珍惜之，欲求一字不可得。得季直之文，便如茂恭在目。昔余嘗讀茂恭之文而面嘆曰：「九原不可作，歐蘇姑置勿論，如世所謂六君子者，公將何愧！」茂恭油然而笑，蓋以爲「能知我者」。幽明異道，每念此，意爲之索然。今將求厭足于季直耳。

何恪，字茂恭。父棨，多才略。宣和初，陸寇竊發，詣軍門獻策。主帥楊惟中用其言以取勝，奏補承信郎，監恩州酒營。卒謀爲變，密白，郡守往誅其元惡，釋其詿，誤上功，轉承節郎。神武後軍統制劉光世奇其材，辟主管本府機宜文字。未踰月，徑歸。每謂人曰：「使吾二子文行有成，不陸沈於世，勝吾擁使節、疏侯封也。」恪與恢皆感勵力學，及同上春官。恪中選，恢欣然曰：「是足以報吾父矣。」遂謝場屋。恪，性好古，藏書至萬卷。博覽而工於文。初，主永新簿，再調徽州録事參軍。未赴，詣闕上萬言書，進《恢復二十策》，與朝論不合，歸治西園築亭，奉母爲歡。壬辰之春，見《龍川集》。先母卒。所著有《南湖集》二十卷。《婺賢文軌·登訥齋記》。從孫器𠥱、器慶，元丙辰進士，終於廣昌丞，善爲古詩；𠥱亦工詩，有《曲汀集》。

陳亮《祭文》：昔公有意聖賢之學，而不爲世俗之文。山立玉峙，地負海涵。少年四舉手取科目，曾不得小自試於時，而竟賚志以歿，識者無不爲公惜之。而公之既第，嘗以其兄之女歸之同年矣；其次固不應屬之寒士也。公得官于大江之西，將行，力謂其兄：「必以次女歸亮，吾保其可依也。」兄猶疑之。一行二千里，有便必寄書，書必以亮爲言：「吾懼失此士。」兄亦奮然曰：「寧使吾女不自振，無寧異日不可以見吾弟。」故次女卒歸亮。當是時，雖亮亦笑公與之非其人也。及冒薦于鄉，公喜特甚。翼折而歸，則以爲事終在耳。其後公兄弟相繼下世，亮亦坎壈窮困，至爲囚于棘寺而未已。歲時或一歸，則羞拜公之墓，自省累公知人之明也。今年之夏，竟以累舉見録于春官，使得奉大廷之對。天子躐取于衆中，許以淵源而置之選首。衆讙曰：「宜。」豈敢徒以冠裳與公之侄女拜公之墓而明公之知人哉，使其不遭，公之知人固在也，但可以開公兄弟之一笑于九原之上耳。酌酒酬公，英靈不昧。報公未也，其或有待。公明則遠，我心未艾。尚其懋哉，衆不可蓋！

又恪兄恢《墓誌》節文：公姓何氏，諱恢，字茂宏。曾大父京，始葬其父祖官塘之東西兩偏，大營其地居之。浚其塘至百餘畝，以盡有其四旁之壤。兩子，其次先，生公父渠，以志氣自豪，嘗欲奮于武事，得官河北之恩州，而公生焉。公讀書爲文，不肯過爲巧麗，取于適用。父必欲其二子由科舉自奮，公獨以其餘力助理家事，積資至巨萬。弟恪得以專于文學。嘗與公同上禮部，茂恭得之，而公不利。公忻然曰：「是足以報吾父矣！」時父已死數歲，家事不使茂恭關心。茂恭奉其母湯藥惟謹，不問錢物爲何事，而公之臨財不欺，兄弟相與爲一體。至其論文，小不合輒争辨，以致辭色俱厲。茂恭未及爲時用而死。公年且五十，方俯首筆硯，與後生輩較寸晷于春官，傴僂奉湯藥如茂恭在時。暇則從容園池，以小詩自娱，家事一切付茂恭子大受。娶同邑葉氏，子男三人，大辨、大雅、大猷；女六人，唐仲義、陳亮、宗楷、陳大同、俞衮，其壻也，幼未行。

又恢子大猷《墓誌》節文：少嘉，何氏，名大猷，少嘉其字也。父恢，茂宏；叔父恪，茂恭。茂恭登庚辰進士第，未及爲時用而死。茂宏不上第，亦死。少嘉時年二十許歲，輔伯兄大辨以當家，而家事悉稟命焉。仲兄大雅以疾不涉事，少嘉時其起居，使得倘徉以養疾，門外之事，悉自當之。少嘉處宗族以順，待朋友以信，接鄉黨以禮，協親戚以恩意。教詔童僕而隨力使之，視租户如家人，而恤其輕重有無。及其死也，無一人不爲墮淚。内事則姑姊妹之既適人者，疾病而多方救療之，緩急而奔走扶助之，公濟其乏，而私又不靳其所有，惟其無事則平處之。或怨其不均，則曰：「兄弟姊妹，豈有兩心乎？」未適人者，坐起必曰：「嫁爾而不及父在時，是爲死其父矣。爾伯兄必不然。」暇時讀書有常課，莫夜欲慰其母，則卧榻之側，几案之旁，道及閭閻碎事，姊妹笑語。夜分母倦，始各散去，而母亦忘其爲寡居也。傾心一世之賢者，見輒尊事之，曰：「吾未知前輩所謂不傳之學安在，而敢自棄乎。」嘗從予學，而其姊以爲「吾弟何所求于子，而汲汲若此。盍有以大慰其心」。予笑謂其姊：「越雞不能化鵠卵，惜吾之非魯雞也。」其姊曰：「我不解子書語，吾弟滿意而去，則吾之願也。」未幾，而當路欲以事見殺，少嘉自比于子弟而營救不愛其力。浙江風濤之險，一日往復兩涉之，幾至覆舟，不悔。紹熙改元，冬十有二月，獄事再急，月之六日，少嘉無疾而死。予爲之驚呼曰：「我其不免于詔獄乎？少嘉死，是惡證也。」二年興獄，而僅能以不死。娶俞氏麟之女。

陳炳，字德先，古《志》作光。**才氣卓犖，面目嚴冷，與人寡合，好古文，務爲奇語。登進士第，爲太平縣主簿。**陳亮嘗論之，見喻良弼下。**有《易解》五卷，《進卷》五卷，《巖堂雜稿》二十卷。**

傅芷，字升可。六經俱通，尤精於史學。從遊之士，户屨嘗滿。登進士第後，僅得一階而歸。有《講義》及《南園詩文雜稿》二十卷。從弟珩，字季佩，好學能文，有《松岡類稿》。按，芷，古、舊《志》並稱僅得一階，而《譜》載開禧二年敕云「朝散大夫、沿江制置大使兼内外事」。又，熙，舊《志》見《選舉》，别載王世傑講學龍門山，熙出其門。武節侯劉仕龍《誌》稱「娶傅氏，故武經大夫知高州諱熙之女」，世傑卒寶祐甲寅，仕龍卒景定甲子，於時世甚合。而《譜》載熙嘉定十四年敕云「光禄大夫兼文武侍郎」、端平元年敕云「尚書右僕射」，端平甲午前甲寅二十年，嘉定辛巳前甲午十三年，共去三十三年。熙不知卒於何歲，并官制詞頭再訂之。又傅氏世家東鄉，有大冢在五都西庵塔，子孫並居其旁，曰「愛頭」。相傳爲宋傅獻肅堯俞并忠肅察葬地，及考《萬氏源流》爲濮州人，《名臣録》爲東平人。堯俞卒在元祐丙寅，後察卒在宣和乙巳，芷登第在淳熙戊戌，距乙巳五十三年。熙登右科在嘉泰壬戌，距戊戌又二十四年；而乙巳距丙寅又三十九年，去堯俞踰九十年。又，《傳譜》稱：「祖熹於晉隆安二年自南陽來宰烏傷，不歸。五傳烈，仕閩，因家焉。三傳霖，守婺。子：鵬，贅在城劉氏，遷台門；贊，遷雲黄；雄，遷蘆砦。又分鍾墟、義門、愛頭三宅。四世生堯俞，其曾祖珏、祖尚德、父忠志、兄堯會，有墓在四都荷花心。裔孫經，著《辨疑》，謂翁子子陵、太白，亦别載他域如濮州、東平者，又輯先世詩文爲《世美録》以傳。附識於此。其獻肅史有本傳，忠肅有龜山楊氏《傳》，載于《譜》。

王邁，字正叔。博通諸經，尤長於《詩》。登第後需次弋陽尉，諸生爲結廬於龍門山，縣東南二十里，南山最高處。奉而學焉。淳祐四年，郡守趙汝騰以其經明行修，與何基並薦於朝。基累被召，除崇正殿説書，不受。而邁以有官不召，亦未及到官而卒。從子若訥，登進士第，仕至院轄監榷貨務都茶場。若訥子，太學生。孫龍澤，一字及翁，舉進士第一，授承仕郎簽書昭慶軍節度判官廳公事。未上，宋亡，故相留夢炎仕元爲吏部尚書，薦前進士七人，龍澤以巍峨特授行御史臺監察御史。

施郁，字景文。以太學内舍登甲科，官國子博士。從子南一，字與之，咸淳龍飛榜第六人，官太常博士。與鄉貢進士石一鼇及黄滔同時。並以文學教授，從遊者以百數，名人魁士多出其門。二施文多散落，惟《春秋傳記要》藏於家。

元

包廷藻，字文叔，孝肅裔，居修政里，自號南澗。五歲，伯父記飲中八仙及大曆十才子名，隨記隨失。廷藻曰：「兒已熟於心矣。」及長，朝出耕，暇親杵臼井竈事。入夜點燈，挾册琅琅不絶聲。誦《左氏傳》三十卷，不一字遺。閭右争聘爲弟子師，以講解章旨爲第一義。曰：「先世逮吾十世，皆以教授學徒爲業，所相傳如此而已。」宋濂十二齡師之。濂以家單，稍不事觚翰，廷藻移書濂父尚書曰：「公子終成偉器，豈可使志不專邪？」危坐賦詩而逝。墓在十七都之包村，濂集有《碣》。

傅野，字景文。

陳堯道，字景傳，並見古《志》，黄溍題其遺稿曰《繡川二妙集》，爲之序。

黄溍《繡川二妙集序》：吾里中前輩以詩名家者，推山南先生爲巨擘。傅君景文、陳君景傳其流亞也。先生曩游太學，未及釋褐而學廢士散，束書東歸。遁迹林壑間，覽物興懷，一寓於詩，悲壯激烈，有以發其邁往不群之氣。自視與石曼卿、蘇子美不知何如，近代江湖間呫呫然動其喙者姑勿論也。二君之年稍後於先生，而皆有能詩聲。景文之詩，精切整暇，如清江漫流，一碧千里，而魚龍光怪，隱見不常，莫可得而測也。景傳之詩，涵肆彬蔚，如奇葩珍木，洪纖高下，雜植於名園，終日玩之而不厭也。其以氣自豪則同，宜乎能接先生之雋軌，而與之參翱翔，非餘子可得而預也。予年復後於二君，而於先生爲中表子侄行。自丱歲侍先生杖屨，而知愛先生之詩。顧以材器劣弱，局量褊小，不敢窺其涯涘，徒有望洋而嘆。可以配先生者，二君而已。予嘗因先生自序《夢稿》《癡稿》《聽雨留稿》者，重加詮次，爲二十卷，題曰《山南先生集》。而先生之交朋皆已凋謝，後生晚出有嗜好酸鹹之殊，由是未克大行於世。二君與先生相繼死，而其遺稿亦僅藏於家，因訪而求之，得景文所作若千篇，景傳所作若干篇，合若干卷，題曰《繡川二妙集》，而序其梗概。庶二君之遺風餘韻有在而不遂泯滅也。先生韜光弗燿十五寒暑，部使者强致之，俾主教事，不得已爲之起，後卒歸隱而終。二君從俗浮沉，嘯歌自適，與先生俱能不以名自累。名且不有，詩之傳不傳蓋無足爲其重輕也。雖然，物之顯晦固自有時，天下之寶當爲天下惜。善而藏之，以待後世之楊子雲，不亦可乎！先生姓劉氏，諱應龜，字元益。景文諱野，景傳諱堯道云。

古、舊《志》元文學首劉應龜，以曾主教事，改宦迹論者，又擬稱隱逸，爲由强致也。兹序能言其概，而舊《志》删之，微獨遺二妙，應龜亦從此湮没矣。

明

何傅，字宗文，性嗜學，博極群書，長於古文詩歌。洪武四年，以明經應召，授莆田知縣，有善政。尋以事謫居陝西，復起衡州教授。永樂初，從户部尚書夏原吉治蘇松水利，經理得宜。九年，用原吉薦，命巡視撫安、真定等郡縣。屢疏上，多嘉獎。去家四十餘年，子孫貧不能存，未嘗以爲意。有《松山集》若干卷。

劉剛，字養浩，宋中奉大夫公亮六世孫。剛有美才，博學而能文辭。遊京師，學文於宋濂，嘗制《鐃歌鼓吹曲》十有二篇。金華胡翰評其「篇次體製，皆承柳子厚之舊，而才氣横發，音節鏗鏘，則得之宋潛溪」。蘇伯衡謂其「才雄氣暢，辭與事稱，有古作者之風」。嘗闢集義齋、棠溪書舍。同門友方孝孺爲之記，以聖賢相勉。舊《志》删。

方孝孺《集義齋記》：金華劉君剛，其字爲養浩。既學於太史公，復名其齋曰「集義」。以余得綴同門之後，曰「願有聞也」。嗚呼！養浩不猶古之道乎！古之君子，加之卿相而不喜，予之萬鍾而不驕，臨之患難而不怵，困之貧賤而不憂者，其志剛，其氣充也。人之有是氣也，猶地之有水。然地孰無水也，而或梗之，或湮之閼之，使其不得行，塞其源使其無所出，則不足以爲水矣。浚其源欲其深，防其畔勿使其涣，節而疏之，順其性而導之，雖届天下而達于海可也。君子之養氣，非能兼取于人也，能自充之而已。充之之道無他，能循乎理而已矣。俯仰于天地而無愧，質於鬼神而無疑，徵于聖賢之道而與之符，而况於斯世乎？世之所取，吾不取也；世之所予，吾不予也；世之所以爲輕重榮辱者，吾未必以爲輕重榮辱也。吾知有道存賢耳，吾何慊彼哉！故夫卿相之加，萬鍾之賜，得以行吾道，世之幸也，吾何喜而驕之有？患難之臨，貧賤之困，不得以行吾道，世之不幸也，吾何怵而憂之。有此集義氣充之説，而古君子之爲學也。今之人則不然，得釜庾之禄則以夸于衆，有一命之爵則喜而以爲榮，患難臨之則戚戚不能生，貧賤困之則怨天而尤人，若是者非他，氣不充而義不明也。不明乎義，是非利害蔽其方寸之心，聞叱咤之聲則汗出而顔變頳，雖不欲畏于人，得乎！比之于古之君子，其能無怍乎？然其始非有異也，自致之爾。有志乎學者，而可不自審歟！養浩之爲學有年矣，其于君子之道必有聞矣，且又博學而能文辭。占氣之充否者，文辭莫近焉。養浩日處乎斯齋，而思其名若字，又占之于文辭而日驗之，則不出户而得之矣。雖予之言，亦何足爲養浩輕重哉！

又《棠溪書舍記》：浦江之東，有地曰棠溪，吾友烏傷劉君養浩，築室講學其上。養浩學于太史公，爲文有名于四方。年四十餘，志不稍懈，而益篤焉。養浩謂予嘗從事乎學，俾余記之。嗟乎！學豈易爲而易知者哉！非誠爲學者不足以知，非誠，知之不足以言。言之而不至，知之而不明，皆未盡爲學之道者也。古之爲學者可見矣，其幽深奥渺者，雖不可以言傳，未有道不足以周萬理、才不足以用天下、而可爲聖賢者也。孔子之門若子羔者，迹其行可謂有道君子矣，而孔子鄙之爲愚；若仲由者可以治千乘之邑，而斥之爲野。蓋子羔之信道，而才不足以行之，仲由優于才，而未能以聞道，皆偏滯于一隅者也。後世學聖賢者，既不足以得其大全。高明宏達之士，務事功而過于疏略，純愨謹飭之士，攻義理而局于卑儒；疏略之流必至于詐，卑儒之流必至於木。自漢以下，未有不入于二途者也。近者大賢病其若此，于是著其説于群經，大窮乎天地，而微析乎毫髮，精之于性命，粗之于事爲，莫不揭而示人，使學者可以按書而蹈聖賢之域。宜乎其易矣，而卒未有至焉者。有志者寡，而安于小成者衆。慎言篤行，學之一事耳，古之恒民皆由之而不以爲異，今之能若是，人望之如聖賢，而彼亦以得聖賢之道自望；文辭言語，道之餘器耳。古之人未嘗以此爲學，而後之大儒君子，舍是無以名，此學之所以墜地而莫救也。吾嘗以爲，當今之世非傑然雄才出而修孔孟之道，不足以起俗學之弊，而使生民見三代之盛。以太史公之賢，豈無望於爲學之士哉！此吾與養浩之所宜勉也。夫人有美才，難矣，以美才而得師，又難也。苟不以聖賢爲準，則豈不可惜乎？故吾以大者爲養浩告。若文辭之事，固養浩之所知者，余不敢以告也。

傅藻，字伯長。壽朋子。母樓氏，年三十餘而寡，力訓藻。藻受業黄溍門，以文章知名。元至正十三年，溍修邑乘，屬王褘、朱廉訂補，藻司校焉。洪武五年，由本縣儒學應召，奏對稱旨，授翰林編修，尋改應奉翰林文字。尋以監察御史奉敕按鳳陽獄。道塗往還，輒以所見成紀行詩若干篇，多寓諷諫之意。一日召對華蓋殿，以詩進呈。上覽之大悦，作和章四首賜之。未幾，轉東宮文學，出知武昌府。後以薦擢陞河南廉使，所至皆著聲稱。旋致仕，即所居義門地號「杜門」，建杜門書院。藻兄權。

馮翊，字原輔。祖友仁，與父道傳見《義行》。少穎悟，力學。道傳師許謙，翊亦受業其門。繼從黄溍學。溍奇之，曰：「君，吾畏友也。」相與講明性理之學。又聞東陽胡蔗庵明《禮》經，復往從之，悉得其旨。洪武十七年，以明經薦，應制試詞賦，除知新淦縣。逾年，卒于官，祀名宦。所著有《桂林一枝》《崑山片玉》二稿。從子康，字與同，以薦歷華容訓導、太平教諭，有《梅花百詠》并文稿。

馮忠，字存誠。從叔原輔遊，勤勉弗倦。洪武六年，以《禮》經中行省第五名。試南宫，有旨留國子監。從宋太史濂遊，悉棄舉子業，學益進，工古文。濂曰：「馮存誠可謂篤學君子也。」上命分教國子，除殿庭儀禮司使，充秘書監直長，數被寵遇。尋卒於官。上聞，嗟嘆久之，命禮部設祭，以喪還。所著有《漱芳齋稿》《閲江樓記》。

黄昶，字叔暘。祖橒，溍從子，性至孝，敦仁厚，宋濂銘其墓碣。昶受業宋濂之門，能古文辭，以《春秋》中浙江行省第十七名，舊《志》又載辟薦作洪武六年明經、徵士，豈先徵後舉邪。肄業成均。洪武六年八月十六日，詔濂及翰林承旨詹同編修日曆，選俊彦有文者二人，通考義例而繕書之，昶居一焉。上將祀圜丘，命群臣賦七言律十二韻，冠以三百言序。昶與錢塘王驥先成。濂引見於西苑，慰問良久，且曰：「爾何人之裔耶？」濂對曰：「文獻公溍，昶從曾祖也。」上悦，遣侍臣出尚方綺裘革履以賜。十一月十五日，濂與劉基及同侍上，宴乾清便閣。同被酒還，愛昶有逸才，賦一詩贈之，聞於上。上即和同詩，命濂書之，賜昶。未幾，任王府伴讀。三年歸省，濂賦詩十四章贈之。任監察御史。舊《志》選舉表佚。

宗濬，字思睿，忠簡澤八世孫。父誠，受業許文懿謙及黄文獻溍，經明學邃，家居教授。所著有《孝友通紀》及詩文若干卷。濬得庭訓，通《書》經，尤善於詩歌。洪武十四年，以明經舉，任本縣儒學訓導。有詩文稿若干卷。宜入官師，以舊《志》删，從古《志》得之入此。

方孝孺《默齋記》節文：烏傷有士曰宗君思睿，病世人以言語取敗，題其居室爲「默」，而告余曰：「子其爲我記之。」余曰：「異哉乎！宗君己欲默，而强人以言乎？以余之言爲是，則君之默過也。以君之默爲是，則余之言非也。雖然，余非好言者也，蓋欲默而未能者也。于他人且不能不言，况敢默于宗君乎！水之聲徹于天，故雖暴而人不惡；兒童之噪出于人，故人惡之。君子之于語默出于天，而發於不得已，斯美矣。道，誠宜言也，雖終日言，孰能非之。道，誠宜默也，雖一啓齒，人猶以爲病。故君子未嘗有意乎言，亦未嘗有意乎默也，皆一于天而不敢參之以人。人僞而天誠，誠者無窮，而僞者有時敗也。宜默而言，其失爲佞；宜言而默，其失爲諉：二者皆君子之所不取。今宗君既以默自居，而余復言之而不已。昔之聖賢有不語如愚人者矣，有以好辨稱于時者矣，人豈敢訾其爲過哉！有道者之于世，不待言而化，不待令而從，若顔子是矣。宗君其慕顔子者乎？自大賢以降，言不宜則道不明，道不明則學不傳，故孟子居好辨之名而不辭。余慕孟子者也，竊有志焉。」

樓光亨，字景元，熙九世孫，琏之父，家竹山里。幼從吴氏萊爲科目學，未幾棄去，攻群經，懸燈覽書，直至雞號，間發於詩。親死，經紀喪事不以煩。兄分田，受磽瘠者。兄子黜其業，贖予之。以《書》《詩》教其鄉，日坐臯比，申飭五倫之教，亹亹不休。受其學者攝其觕疏，歸於密微，必充然有得而後止。父師之，子又繼之，孫又執經從之，先後垂六十年。環境内外，率皆其弟子。相與謀築書齋一區，爲講授地。殁而葬，號泣執紼數百人。宋濂有《墓碣》。濂云：樓本東樓公後，婁邾婁氏裔，永康、武義、東陽，皆自烏分。

馮塤，字伯和。清介好學，從鄉先生朱無忌遊。洪武二十四年，以耆民召授江西鉛山縣丞。卒于官。所著有《四松軒稿》。子鉅，字大綱。博極群書，尤善詩歌，以詞翰稱。永樂中，由鄉貢升胄監，同列皆服其學。從弟仲容，舊《志》作庸。力學工詩，文有《梅溪漁隱集》。

王綬，字孟緼，自號愚軒，禕長子。資稟温雅坦易，不立町畦。好讀書，遊宋學士濂、胡教授翰之門，有文聲。禕使雲南不還。母卒，作思親堂。撫弟紳甚友愛。禕有集曰《華川》，亦於未聞變時同紳刻之。

樓仁，字友仁。父鼇，處州路醫學録。仁與弟恕同登宋濂門，學行俱純篤，並以詩文鳴。仁有《雲山稿》，恕有《時習齋稿》。從兄麟，由人材任山東轉運司同知，亦以文稱。

虞守隨，字惟貞，别號芝叢。幼穎異好學，年十三補諸生，十四餼於邑。學使者奇其文，每行部校士，令與試，又輒居首。嘆曰：「何物小秀才而冠一郡士邪！」自此執贄受業者履滿户，即族黨中年長於守隨者不耻師焉。守隨疏宕不羈，遇事慷慨吐所欲言，不避忌諱。正德甲戌成進士釋褐，特旨授四川道御史。首疏「金華何、王、金、許，不宜止溷鄉賢，宜與從祀之列。宋濂黼黻王猷，宜賜贈謚。王禕死節不屈，當廕其子孫」。上南巡還京，有旨令百官大帽曳撒郊迎。衆皆奉命，守隨抗言：「中國之所以爲中國者〔一〕，以有禮義之風，衣冠文物之美，忽此不務，非所以尊國體。」上嘉納之。是時，上未舉嗣，儲位久虚，宸濠覬覦之謀漸啓。守隨憂之，奏言：「人君即位，必建儲貳。宜仿宋真宗故事，於宮中立學，取宗室冲年謹厚者置於内學，觀其德業進退可屬大寶者，權命之，以安中外之心。」不報。已而，上命守隨印馬燕齊、洛陽諸道，并追備用馬匹。先是，流寇横，馬政紊，百姓苦之。守隨巡歷半載，條陳六事：「一曰寬缺馬之地以甦民困，二曰減管馬之官以省民財，三曰時僉審以均馬户，四曰定册籍以編馬政，五曰恤養馬之衛，六曰均買馬之銀。」上悉如議頒行，吏無侵漁，民始不擾。及宸濠之變，馬匹取辦倉卒不至缺乏者，守隨之力居多焉。無何，遭讒搆，以河南巡按御史謫州倅，半載而罷。會世宗自藩邸登極，勤勤以興獻園陵爲念，議者盈廷。守隨條上《皇陵正議》，援引經傳，參之周公、孔孟、唐宋名儒，反覆數千餘言。上方在召用，以疾卒，年四十七。守隨爲文，出自性靈而極於理要，最長詩賦，頃刻而就。篤于孝友，貧時以所得脡脯爲兄弟完娶。及貴，俸入悉均昆弟族

〔一〕「中國」，底本皆作「□□」，據《康熙義烏縣志》補。

黨，不給者時周恤焉。爲御史時，丁父憂，廬于墓，弟子遠至者環墓而處，誨訓諄切，不異諸生日。善真、行、草書，一詩一牘，獲者若拱璧。所著《芝巖雜稿》《皇陵正議》，藏於家。

李鶴鳴，字九皋，以正德辛丑進士，授太常博士，選吏科給事中。己丑，爲會試分考官，差察内八府莊場田土，嚴核侵奪，不避權貴。事竣，稱旨，上録名御屏，陞兵科右給事中。中忌，左遷金壇丞，巡撫侯位檄署上海縣事。六閲月，庭無留訟，境内肅然。位特疏薦其「力任千鈞之重，才堪八面之敵」。尋特旨復原職，紀征安南軍功。將行，會安南降，命會推朝臣有才望者往撫諭之，鶴鳴與焉。陞大理寺右寺丞，仍兼兵科右給事中。以剛直不容於時歸。鶴鳴器識宏深，才猷練達，丰采甚英朗，性友愛。蚤孤，受學於伯兄鶴年。鶴年撫愛甚篤，訓以禮義，嚴其課業，俾子約拮据家計以需燈火。及鶴鳴禄仕，俸入無所私。婚教諸弟侄同己子。爲文章渾博純雅，而詞意高古。詩篇清妍雋麗，未嘗蹈襲。至於六書謁正，音韻雅俗，亦辨析精細，咸有據本。所著《雙杉亭草》十二卷。

王宗聖，字汝學，別號賓湖。忠文公禕之弟補，官山東招遠主簿，始居縣西五里童牌。五世孫敏，字勉之，號狷庵，與弟憲皆受業齊山汶門。敏性篤孝友，博學工文詞，平生不言聲利。以歲薦，授六合訓導，師模甚謹。歲歉，捐俸活數十人，祀名宦。陞新淦教諭，律己本忠厚誠直，敷教以性命道德。士之貧窶及不能婚葬者樂助之，勤業勵行者奬進之，士子允懷。陞柳州教授致仕。所著有《古今玄覽》三百卷，《家乘》二十卷。憲爲人坦易平直，志慕甚高，伯仲相爲箴規。宗聖屬敏子，博覽群書，文辭温潤超脱。登嘉靖甲辰進士，乞恩授興化府學教授，迎養盡孝。陞國子助教，從祭酒程文德、學士吕懷講明理學。轉南工部主事，差督蕪湖及蘆洲國税，釐革宿弊，商旅悦服，立去思碑。陞刑部郎中，隨外遷福建兵巡僉事。適倭寇猖獗，調遣剿截，民獲寧謐。歸休，築室于繡湖之濱。學大夫聘講學於本邑，知縣趙大河相與發明經權忠恕之義。所著有《賓湖稿》五十卷，《榷政記》十五卷及《鳳山》《小史》等。集載邑志者，《城隍廟鐘鼓樓記》及《龔氏家乘》《六桂堂記本》《龔一清傳》。

金江，字孔殷，涓七世孫，魁子。性温雅聰慧，承家學淵源，博通群籍，日以著述爲事。由大學生授太倉州判官，開濬丫浦以通水利。陞高唐州同知，捐俸賑荒，民賴全活者衆。江兩佐州治，職務修舉，未嘗以吏事妨學。張公治嘗貽書稱其「撰述多所發明，足徵其學」。所著有《續綱目書法》《續敬鄉録》《端本要略》《華川文脉録》《義烏人物記》《太倉高唐二州志》總八十卷。嘉靖三年刻《青村稿》，有序。

朱應秩，字仲德。弱冠遊庠，性孝友。父湘，恤刑西粤，道苦二豎，應秩徒步侍湯藥，禱於斗，祈以身代。伯兄患痼疾，撫摩達旦無倦色。爲文根極經史。晋陵周公士英來宰烏邑，延修邑乘，條八議以進。巨室有索米立傳者，持不徇。諸若山川形勝、人物傳叙，多出其手。所著有《養心歌》《講學議》《春王正月辨》《忠質文考》。子崇魯，見後。

吴大纘，字子孝，一字介石，百朋子。爲人動中繩尺，燕私無跛倚容。弱冠時，藏山出冢之編，飭躬龕世之旨，畢洞於胸。詩文出，人争傳之。萬曆戊寅，百朋卒於官。大纘上書述勞績，江陵格之。讀書有師法，竟一卷必著其説。乙酉，以《戴記》雋北畿第四人，宫諭陳某録其表文以式。冢宰楊、魏、司馬王遴並欽慕之。閲二十七年甲辰，見落。馮宗伯有經勸應中祕之選，以有母辭歸。築巖居，植松桂，擊鮮酌醴，奉版輿歡。問視之節，没齒不疏。居家婚喪可法，少長有禮。隔境同堂、終身一德者誼加摯交。不苟合，不違衆。杜門却埽，邦君守相罕識其面。至脱危雪誣，一言以解。侍御左宗郢疏薦諸朝，以爲江南賢良第一。學使者周延光舊守婺，知大纘最深。行部時，與郡邑諸公言，喟然嘆曰：「世難其人若烏傷吴孝廉，乃南州徐孺子耳。」即移署其里門曰「真孝廉」。其於四姓伏臘問遺，炊煙待煖，寒冬以衣被米肉遺族子故人，歲如是。喪不能殮，以告，爲之殮，割地瘞之。有陰攘山田界者，呼其人捐予之。當辛丑大祲，爲糜食飢者，環廬數十里賴以生，比於望煙樓。即暴客亦指之曰：「此鄭公鄉也，不可犯。」若夫覃精九皇之致，起儒四科之首，解頤折角，莫之能亢。癸丑，以母命赴銓注，得府同知。丙辰，卒於京。所著有《抱膝居稿》。東陽知縣蔡思充爲之傳，謝詔表其墓。子存中，見後。

《見志詩》十首，存五首：

伯休逃藥市，冥冥終埋藏。季鷹樂杯酒，不願身流光。二子陸沈士，虚聲尚羞揚。聖者懷瑾瑜，韞璞任暉罔。如彼蕙蘭花，窮谷含幽芳。惜哉日書空，咄咄不能忘。二。

揚揚得意子，赫赫朱紫紆。捧檄遠違親，色養遂以疏。噏指一日間，陟屺千里途。何如膝下驩，天性樂有餘。庭稱萬歲觴，奚取五鼎娱。愛日深有懷，循陔諒非迂。且忻逮雞豚，寧復戀駟車。六。

園林無俗情，獨遊累晨夕。嘉木映襟清，池水瑩心碧。逍遥松竹間，偃息圖史側。得意幽禽鳴，知樂鯈魚出。物欣吾情俱，慮澹天和得。林卧觀衆妙，冥與玄化寂。疑是上皇人，恨無二仲客。真趣非外奬，託賞聊自適。七。

美人託高樓，峨峨絶埃塵。鉛華棄不御，素質殊常倫。席荃潛微芳，雙珮蘭茝紉。纖手秉機杼，七襄爛成文。閑來理清曲，哀商妙入神。時俗好妖冶，幽貞空苦辛。百兩御何遲，摽梅違良辰。忽忽歲云暮，脉脉誰與陳。願盟松柏寒，敢怨桃李春。九。

昔余方束髮，抗志馳遐思。驥晞企先矩，邯學瞠後隨。歲月忽蹉跎，初願覺有違。弗漆負素質，廢錯終頑姿。中夕惕若厲，徘徊祇自嗤。丘陵不至山，望洋何無涯。行健乾龍奮，蹞步跛鼈馳。罣如知所息，執燭庶可追。十。

方可大，號會江，叔衡從孫。叔衡初訓導曲州，洪武中用薦爲翰林編修。可大生平篤内行，表如其裏，以《春秋》名。其家居繡湖北十三都串塘，界接浦江。弱冠就浦江童子試，縣、府、道皆第一。浦人攻之，邑宰送入庠第，不使占籍。已食餼，至會稽問學陶太史望齡，留二年，與東陽許弘綱同硯席，討經義外，講求古業。萬曆丙子，年三十八，弘綱舉省試，可大居榜副首。丁丑，授徒峴東，弟子從之者衆。以《春秋》傳斯一緒。其讀書，丙夜篝燈熒熒，手一編，至七十猶然。舉鄉薦北上，一

緒爲文送之。已，教諭桐廬，陞山東萊州教授，辭不赴，歸旬日，卒。其貢籍舊載浦江，曾孫學生茂苓請識本邑。

斯一緒《送潤四百九十賓貢北上叙》：漢平津以白衣不數載位天子三公、封侯，近古無多也。然是時，平津年七十，彼見夫輒徵輒罷，則固已視文學名如贅疣矣。藉令國人不固推，必無顏復詣太常奏對。即復詣太常奏對，而天子不覆奏，又安得以百人下第，昂昂金馬門也？則其遺歸而終老羊豕，不已幾希間危哉。夫幾希間而卒以遇，然後知物有湛之而必耀、賤之而必珍。故絳人歷甲子以須趙孟，侯生辱關門以俟信陵。夫有所質於中，雖偃蹇流離而終無攝意也。今歲，當貢士於廷，浦陽以會江方先生應。當先生之以《春秋》稱，吾峴東大師也。峴東諸孝廉以少年驟貴結社，意不可當世士，及先生授箋社中，出一語則人人自失。而是時，先生秋闈得雋矣，偶以奇字置乙榜，事在萬曆丙子，無不謂漸陸之鴻旦夕羽儀海内耳。豈意冉冉踰三十年，猶然蒺藜乎！是時也，門下士如不肖某數奇坎坷，一跳而爲酒人，再跳而爲騷客，轉徙靡常；而先生雖謝去人師，然丙夜篝燈熒熒、手一編，踰三十年如一日也。其業益精，其神益王，若痀瘻丈人之承蜩，豈不亦異哉！當公孫困於盛壯時，會竇太后好黄老，趙綰、王臧以文學坐擯斥，浮沈於俗，令平津驟顯，其能不爲臧、綰乎！及漢武表章六經，平津以《春秋》進，史故曰：「公孫弘行義雖脩，然亦遇時。」余以公孫之遇，天以羊豕耄之也。今先生年近七十，布被，飯脱粟，有公孫風。然生平篤内行，表如其裏，異于齊人多詐。又其精詣於《春秋》，豈與夫漢儒錯雜罕雅馴哉！頃自持衡者不辨五經，搆撰而空疏見收，經義蕪塞久矣。先生廷對，政值當事釐核之會，豈非白衣之一時哉！夫榮悴之轉而相生，其變固難量也，彼一不當意而轉徙靡常。譬匹夫匹婦感慨而自引決者非能憤也，其計畫無復之耳。何足道哉，何足道哉！雖然，異日者東閣延士，試問國士爲誰，愚生尚翹首與角鹽鐵之議焉。一緒，字惟武，次胡元瑞稿，《婺書》有傳。

陳思任，字毅之，號弘宇。少負雋才，怡情風雅。萬曆乙未遊太學，大司成愛其文，拔監元。丙申，隨牒授霸州同知，植柳萬株蔭行旅。會河決瀛海，發丁壯萬人修築，漂溢愈甚。思任爲文祀河伯，刑牛沈之，隄立就。其於民發慮，出政恐傷之。行部督亢，登太行，涉易水，歷三輔諸郡縣，簿書之暇，題詠最多。戊戌，舉循良，遷兩淮都轉鹽運使通州分司運判。己亥，至淮揚，弔文丞相於石港航海處。以部輸出清河入賀，見商民困於徵求，力爲疏通，商民立祠祀之。壬寅，移貴州，於辰沅道中，值播平，有「辰溪沅渚歌耕牧，播北巴東息鼓鼙」句。癸卯至，則謁王陽明先生祠，有「夫子流聲遠，居然道自尊」句。公餘以音律陶，寫詩什倍前。未幾，以母病請告歸。爲園繡湖之上，堂以數楹，曰「忻忻」，復作「四照閣」，聚書居之。平時與屠隆、郭子章善，工書。所著有《燕遊草》《淮海草》《黔中草》《忻忻園草》。吏部京兆王緘曰：「先生詩，有時冲澹類韋柳，有時悲壯類高岑。」又曰：「駱丞亦義烏人，上紹六代，下闢三唐，駱以龍蟠，陳因鳳舉。」恒山王可嘉曰：「君簡重修潔，禔肅寬穆，衣冠頎然，成德君子也。於人無所不愛，有仁人之風。於詩人之温厚，蓋得之深矣。」子達德，孫瞻遠，見《政事》。

吴存中，字致之。大纘子，生京邸。祖百朋病，謂大纘曰：「吾夢樹梨巨而朽，旁一枝可蔭。梨，離也。吾其已乎！枝，孫枝，善視褓中兒！」生而姣好，有璧人之目。早慧，通敏異於常兒。爲文章煒燁雄放，清壯有法。讀書無恒師，獨好言古人，古人好言陸機暨王維。性喜法書，日什四治法書，什五讀書，什一延客。其治法書，自張索以還，虞褚而下，視之亡如也，由是以書名於時。著《書論》一卷，《字學》十卷。庚子，充任子入南雍。時禮部侍郎葉公向高攝雍事，嚴甚。存中手經義及詩歌古文辭上謁。向高擁爐坐讀之，未竟，攝衣起，語閽者，「吴君至，當具賓主禮，毋以諸生見也」。六館諸生徒皆大驚，於是有作者聲。東南屠公隆，曹公學荃輩與游最善。邑侯張維樞、周廷侍咸相謂曰：「自洛陽誼、益州褒及子而三矣。」存中退而深惟，曰：「昔者賈生陳治安，子淵頌賢臣，黽勉憂國，顯白大義，垂於後世，以爲美譚。降是，終生設奇木之辯，孝山著上郡之章，雲龍高擬雄之作，燕然隆熙載之辭。或美而無實，或麗而不經，未有宣鴻業，昭義威，承主志，達庶心，贊車攻之復古，述常武之允塞，可著於廊廟，横於今曩者也。某愚且賤，託聖朝壽考，作人之化至深至厚，雖不能媲於德造，蚤自樹立，惟念國家重熙累洽，文德焕炳，武節猋逝，燀燿旁魄，動而有成，未有盛於今日者也。竊不自陋，謹作《萬曆紀元三大征頌》一篇。」見《嫈書》。文成，傳誦於時。李公維禎見之，嘉嘆再三，謂門下生曰：「若吴君之才，老夫所不逮也。」於是贈以詩曰：「孟堅美世勳，相如託典謚。之子僑肸流，清英嗣遐譽。皇代匪勤遠，實以綏民故。淵默啓孫謀，天心應神慮。萬國熙鼓歌，三方安足固。曠聽析商角，鍾琴協韶濩。庶幾歲暮心，輪斤合清悟。」己酉試北畿，在乙榜，邑邑不自得，俄得疾，卒。時年三十有二。先是，致中於銓格當授都事，非其好也。然里人咸稱曰「都事公」。

龔士驤，字季良，號麟侯，一清子。狀貌甚偉，腰腹十圍，譚吐雄邁，目光電發。爲人慷慨有志節，立意不欺，爲然諾。一清卒嶺右臬署，士驤四歲，母謝二十餘，不急使就學，輒自詣塾師讀。然性好弄辯口，十四補博士弟子，能爲古文辭，而好弄愈甚。以氣凌其儕偶，往往走匿。已而折節讀書，造請諸賢豪長者，不避風雨。囊中贏一錢，夜不能寐，起，貰酒召客，閉門轟飲達曙。一語當意，踸踔大呼，聲徹户外。古玩叵羅之屬，恒在子錢家，過當，割膏腴償之，所餘甌脱耳。不少衰，食客亦日進。凡星氣、握奇、博射暨形家、軒岐諸方技，一見能習試不能。洞精竺乾書如《楞嚴》幾於精矣，晚乃大厭。好治藥物，化黄金不驗，更端試之，或止之，則大怒。益市丹砂，紛紜不已。天啓辛酉，舉於鄉。崇禎戊辰，成進士。庚午，知溧水縣。辛未夏，暴卒，年四十三。其生平絶出者莫如詩歌，精苦沈細，在唐人名家中不多見。嘗自謂降格争奇，亦有玄勝，不必開厝，便足登峰。所著有《石芝園稿》行世。子廣生，崇禎庚午舉人。

《春興》十四首：

枕郭灘聲拂岸斜，環江山色抱城賒。門當流水鍾期調，徑繞煙蘿綺季家。雙燕到春宜畫棟，一鶯初曙隔深花。閉關即是棲真宅，不用尋幽躡彩霞。

女墻薜荔緑翻空，静室平開密樹中。疏檻曲通花徑月，小山幽背竹林風。仙人洞壑含松赤，少婦笠篌倚袖紅。學道徵歌俱勝事，池臺未許習家同。

春盡何當散旅懷，偶逢佳客一登臺。背城堤觸江煙斷，隔浦帆懸嶂雨來。雲上浮松如幻出，鳥邊疏磬欲飛回。子山詞賦今牢落，柳色梅英莫更催。

山擁錢塘翠作屏，浮圖高處有藏經。啼花鳥亂迷晴塢，咒食僧閒漱晚汀。寒雨乍收江月黑，春潮欲上浦風青。叩關乍解無生偈，不用臨流嘆獨醒。

湖上千峰鎖翠微，兩堤新水澹忘歸。秦箏舊譜朱樓曲，楚客新裁緑芰衣。堞擁江雲時隱見，林藏海雨半依稀。何人駐屐攀蘿月，碧樹陰中半啓扉。

長途新柳報清明，緑滿平蕪海燕輕。花攪旅愁飄宿雨，樹留霜葉下初晴。客心暗火違時熱，草際浮烟犯禁生。容鬢謾憐車馬迹，年年春色負多情。

縹緲游仙帝子家，畫樓一半倚晴霞。吴潮夜蕩隋宫月，淮水春浮楚國花。但有綺羅嬌粉堞，更無雞犬試丹砂。綵輿日日鳴簫鼓，多少春心隔絳紗。

謾誇作賦擬《長楊》，爲許風流劍有霜。花錦隊中調幼妾，風烟磧裏失名王。平沙散放千群鐵，寶帳高懸百和香。業就銷烽無一事，五湖依舊載疏狂。

黄鶴樓頭坐夕曛，白蘋堤外急波紋。岳猿夾嶂啼湘雨，江鳥銜花上楚雲。夢澤草痕烟外細，武陵春色洞中分。仙人舊事今寥落，惆悵梅花笛裏聞。

千江北雁罷宵征，一夜東風滿帝城。玉帶河邊冰始泮，黄金臺畔雪初晴。漢庭徐樂憂時疏，晉代張華博物名。無限春愁微雨夜，暫將幽思入鳴箏。

九市三條甲第雄，年年一倍領春風。銀燈半燼花先曙，藥樹全開雪未融。海燕掠鬢釵玉白，江鴛護枕帳羅紅。游絲嬌鳥閒清晝，不奈塵生陌上驄。

一尊卜夜酒初酣，撫枕懷鄉思不堪。漏逼寒威銷朔北，夢先春色度江南。紅分禁蠟燈初聚，白破宫梅蕊半含。明日故園鴻雁動，可無尺素問停驂。

侯門夜啓御溝花，鼓肅嚴城響暮笳。樂部紫衣嬌榭月，天街紅燭影春紗。侏儒有米分臣朔，上客無人識孟嘉。信馬垂鞭羅袖薄，畫樓楊柳正藏鴉。

禹貢浮江玉帛陳，披香前殿拱王春。螭頭染翰知鵷羽，麟閣圖形憶虎臣。禁漏花深回劍珮，宫槐月曉静絲綸。小臣何幸逢明盛，願喻封巒祝聖人。

王聞明，字汝新。舉明經。少好遊，已，大悔，厲志爲學問。嘗著《覺非集》，有紀善行、内行、外行録，嘉言、四書廣朱、性理抄摘等目。篇首爲小序，以明所以作之之意。其旨歸簡身養性，積德延生。經營三十年，居京師久。崇禎庚辰，以都邑擾，攜家歸。九月，值大行，陳際泰以秩滿差護蔡相國柩，遇於舟次，以集請益。際泰序之，謂「晦翁《小學》，許衡以爲聖學在是。王子之書撥之《小學》，君子固有從違之論矣」。又送以文曰：「王子出其書數種，大言小言，不一而足。要歸其用於倫理忠厚之塗。其事親孝，與弟友，敬祖肅，待友信。日有課，月有稽，無一事不可以語人告天循而之焉。於爲古君子計有餘矣。」際泰病喘，市藥親嘗之，躬爲滌祓。須乳，移子乳乳之。際泰曰：「昔人所謂非獨其弟賢，并其娣亦賢。」又時時餉之。十一月朔，際泰卒，付以絶筆。時門徒無復在側，經紀喪務惟聞明與陳某。羅萬藻序其集，以王成之保遺息。艾南英以「千載猶想見其人」稱之。際泰子孝威曰：「吾無以報王汝新。」歸告之，母曰：「吾家其何以報聞明！」又取際泰手迹爲卷幅，時時覿之筆鋒墨陣間，人多義之。

金世僑，字叔惠，諸生。通《左》《國》《史》《漢》，邑侯熊人霖稱爲史才，并嫻武事。甲申，山賊震驚，糾集鄉勇，喻以大義，授以方略，大挫賊鋒，閭里賴以寧息。

駱光賓，字宗卿，號一齋。以歲薦，訓導山陰。從劉子宗周講學。遷諸暨教諭，有學有文，陳聖圭集中稱之。

國朝

傅巖，字野倩，號辛楣。少孤而貧，僑於會城，好讀書，工古文詩賦。天啓甲子，舉南雍，崇禎甲戌，成進士，知歙縣。歙多巨族，好訟，輒破其家。魏璫時有黄山積案十年矣，亟清之。邑中四望，皆峻嶺峭壁，徑穿箐篠，伏莽集焉，行者戒塗。巖立偵盜法，部署健兒，率以捕。時有盜五十餘人，晝行河西橋，謀劫獄。巖往擒之，盜匿神廟，謂巖書生不解鬭，猶樹幟廟門，伏而瞯。巖馳馬射幟，矢中盜刃，錚然有聲。盜駭曰：「是健令也。」越户逸，追獲十三人。舉循良，既以讒去官，起南户部主事，不赴。婺踞城守，入與偕，已而出之。城南山亂兵抄民家，以巖告，季子齡熙年十四，先見殺，巖遇害，仲子齡發被矢創裂死。所著有《甲戌紀事》《歙記》《十願齋》《花巢傳詩》等集行世。長子齡文，字長質。先是奉命離山，已，聞變，與巖配吴往，得三屍於草中，斂而匣以歸。齡文少爲諸生，棄不試，作詩以敗筆書壁間嘗滿。作《魚服泣綃》《雌雄兄弟》及《復楚》諸樂府。十年卒。齡發，字長舍，齡熙，字長熙，見《通志》。

吴主一，字協于，號鶴皋。年十六，馳騁諸生間。崇禎癸酉，以《春秋》魁浙。三十母卒，瘠骨見衣表，髮蜕如童，歲時祭告必慟。已，有詔舉人得除縣令。或勸之，主一曰：「吾不及事吾母而父老，以是從政，魏桓笑我矣。其祭酒諸生以禄養乎？」癸未，教諭會稽，於諸生計月課督之。已，棄不仕，歸，而朝夕承歡不怠。父晚立滕，育一季，暱之甚。主一取父所殖業全委之。季蕩滕睥睨，主一不之校，滕爲之感。值世紛射沙者，飈起角弓之怨生肘下，既白，恬然也。父没，時主一年五十七，涕泣如孩孺。又二年而卒。所著有《左傳遵經删節》五卷。其自叙曰：「《春秋》之有《左傳》，猶判斷之有案例，無案則無斷矣。須詳情事之顛末，交搆之原委，與夫月日年時、山川地名、人物姓氏、戰勝攻取、車戎鹵獲、咏歌贈答，纖悉雜沓皆當如印印沙、如錐錐木，了了於口，了了於胸。庶胡左相資案判，協贊左氏，有先經以始事，後經以結義，依經以敷華，錯經以絢綵者。據經按傳不獲，據傳綜經無稽。今先揭經爲標本，隨綴《左傳》於經文下，如坐老吏于庭，備陳案卷，徐定讞詞。至有經無傳，有傳無經，悉具注本年經文之側。而又吉凶休咎之占、立身行己之概、奸讒反覆之變、疾夢妖怪之微，不以無經而輒置，并不以有經爲無當無關而概遺也。」虞奕芝銘之曰：「有生靨只！弘碧申恭孰從而昭只！順運舟只！般逆友旋孰從而辨只！原始反終，孰存孰亡只！魂兮歸藏，大江之南視故土只！」祀鄉賢。子湛，庠生。

會稽王亹《重修會稽縣學碑詞》：今上御極之十六年，孝烏同年生鶴皋吴夫子，受部檄，秉鐸稽邑。既至，則首捐資倡修文廟，自堂而廡，以次就葺。更計其資之餘，新禮器之敝壞者，而署居則仍舊焉。甫竣，諸文學礱石請曰：「盍誌諸？」鶴皋夫子正容謝曰：「公等欲吾以文廟取名乎哉？」諸文學語塞而退。旋以告，亹亹喟然嘆曰：「夫子過矣！諸文學爲後來者風也。世之祭酒州邑者，擁青氊，啖苜蓿，皇皇然於脯修，以供朝夕待遷次，其視文廟不啻傳舍焉。至若涖吾郡黌者，見夫巖壑競争，應接不暇，惟是一觴一詠，蹈修禊故事爲豪舉。已耳其視文廟尤不啻傳舍焉。夫文章科目，吾郡素甲天下。自陽明海門諸先生，以理學倡宏闡心傳於越，士子既知有道教事。然其末流崇尚性真，弁髦禮迹，内外兩致，猶舉一而廢一焉。今夫子秉鐸來，使望榱桷、瞻俎豆者，儼然如登洙泗之堂，而生其鑽仰。是陽明海門諸先生以道教，而夫子益以象教於越士，不更有造矣乎！雖然令宰，司養者也，秉鐸，司教者也，有令可干，閉户爲難。邑之土著，苦家食而丐養於令宰者，有矣。若司鐸，猶非家食者也，從土著後或泄泬以丐養於令宰，而廢厥職焉。是非惟視文廟，爲傳舍且爲徑竇矣。夫子居兩齋間，自朔望禮見外，未嘗一至令宰室，以爲滅明先。蓋直以行誼教，寧特象教云爾哉，抑有説焉。公等於夫子，弟子也，聞命不可以違，若亹固友生耳得以義斷，且與其弟子譽之，毋寧，非弟子也。」以亹專之而弗列諸文學之姓名，即夫子烏得而禁諸，遂命鎸石而且榻之楮，以示夫子。曰：我其以文廟爲公取名乎哉。

朱崇魯，字叔權，號樸庵。生而穎異，受業於劉忠愍公振之。凡諸子百家言，若象緯、輿圖、兵農、郊廟、禮樂、財賦、河渠諸大務，洞窾悉微。尤精於《易》，揲蓍多奇中。以明經考授訓導。歸途由濟南，侄之錫邀至河署，見治河文册盈架，遂撮

其綱要，手録成帙。之錫目爲《河防要覽》，付梓以傳。家藏有《四書了義》《此園集詩草》《瑣語至言》等若干卷。子廷銓，登順治辛卯舉人。

康熙癸丑知義烏縣事于漣《祭文》：猗與！先生學邃天人，道彙今古。制行在泰斗之間，宅心于光霽之中。漣秉簡書而涖兹土也，都人士僉曰：「西陬有真儒焉，潜心大業，繹不傳之學于遺書。鐵關玉鑰，慨然以興起斯文爲任。」予洒然異之，爰諏其詳，曰學道人也，維古聖賢自期。以孝友爲宗，以忠恕爲體，以守待爲法。尊聞行知，毅然軌于中正；而充養完粹，不事矜飭之持。綽有繩尺，其律已重周閭行；瑟猶玉瓚，閨内肅若明廷。而閲世達務，不膠古諧時，介而非矯，和而非隨，誠於大本卓有見者也。其學正誼明道，不域章句，不媒聲利，遠宗濂洛關閩，近衍婺學何文定、黄文獻、金文安、許文懿。聚簡編之文，無不博洽；研天下之理，澄心體認。該攝洞貫，各有綱而條不紊。非謂致辨于分之殊，要歸于理之一。益肆弘闡，多所自得者也。其教以知禮成性、鑄變氣質爲先，以克己爲明心之鵠，以分辨義利爲見性之衡。不言之喻而疵吝自消，凡益人神智，牖入强明，如聚砂而雨之。其諸静參，未發氣象而求厥中，追尋所樂，何事而有吟風弄月之概也耶！予洒然異之，心竊嚮往之。既訢同時而悵見晚，亦期得御而易親炙也。乃造廬之式每殷，槃軸之矢勿告，杕杜中好，金玉音遐，展也名可得而聞，人不可得而見與！間於公餘挹汪度、聆霏緒，風神凝遠，蕭然塵表。視天下萬物無一足以攖其心。問其年何壯也，憶子瞻頌潞公曰：「總理庶務，精練少年不如；貫穿古今，專門名家不逮。」先後賢而有同符也其然？其信然耶？若何殲不憖遺、搴裳乘雲矣！於乎！哲人萎乎！典型殄乎！渺渺予懷，慟絶學之莫續，喟道緒之攸孤，泫然于劍之懸隴而卮之落手也。「生芻一束，其人如玉。」兼爲之誄云。

金漢蕚，字公輝，漢蕙弟。少敏達，十歲誦千言，十五遊庠，試冠軍。甲申、甲午兩魁選貢。章有成、范驤甚契之。爲文風華弘麗，尤長於詩賦。漢蕙死，挽以七歌，有曰：「有兄有兄白雲鄉，誰來相對娱高堂。昔年從膝雞窗卧，今朝弔影空參商。白髮堂前聽鵑鳥，欲一舉觴先斷腸。嗚呼白雲兮雲何翔，計惟夢裏來雁行。」戊戌卒。

朱淳《挽詩》：被服純然是魯生，居常不衒舊家聲。都門品定荆山價，直换咸陽幾座城。上林新賦羡相如，新賦聯篇復子虚。底事長安秋色裏，一時消渴候難除。

金以誥，字宣仲。十齡課藝，灑灑千言，即驚人。《左》《史》、性理諸大家書，一一能誦悉。爲詩每有警逸句，書法學率更《九成宫》，能作方丈字。遊長安，文與字，人争購之。其承歡竭力，庭闈翕如。父漢鼎爲之傳曰：「誥兒於父母兄弟之間，周詳篤摯，表裏無間，殆其天性然也。」所著有《燕草》《西遊草》《蒿樵集》。

吴之器，字賜如，號神岳。存中子。八歲誦《史記》，學爲舉子文。年十一，侍存中，學文日進。每冬寒雪，課以小詩出。就童子試，冠其群。十二作律句，十五存中卒，侍祖大纘，學知行誼及古今人風概。十八爲諸生，二十二大纘卒，二十七饍二十人中，三十四值新恩，補曾大父百朋廕，爲官生。百朋嘗於邑東郊築抱甕園，之器鼇一區爲明月齋。家有藏書十餘楹，坐卧其間，盥櫛俱廢，聞雞始休。間入閨闥，在綺襦羅襪間，亦把卷吟誦。俄而案側枕際如女牆，可以隱人。家人奏食輒不應，嬉笑盈前不之覺，如是者垂十年。與斯一緒、龔士驤、陳達德、章有成六七人爲「八詠樓社」。持格嚴甚，自蘇李以下，錢劉以上，此外未嘗闌入一座。意得時，或歌吟市樓，大聲徹天，小亦梟雲，歸納之笥、加鑰焉。四十三成《嫯書》。先是，郡司李吴載鼇與有成及之器登玄暢樓曰：「壯哉郡也！隱侯之所流連，孝標之所唱嘆也。是中有人述而志之，非兩君事乎？」有成謝不敏，之器獨慷慨，譚史事甚悉。載鼇曰：「國家方全盛，蘭臺石室之所傳，山崖屋壁之所秘，搜而簡之，宜有完書。子又何辭焉？」於是取嫯哲，隸之以史，至是而成。四十六刻所撰《明月齋稿》，曰《兩都紀游》《西湖雜詠》《八詠樓稿》《西山集稿》《蘭雪篇文稿》。四十八爲明崇禎壬午試南闈，中式。出陳素門，以學之高深，心之精白，讀盡五車，不留一字，胸中世界不小，是爲有道之文，是著述手評之。居嘗自言曰：「生不爲宰相，則爲諫官。」會有兵垣之徵，未幾，罷。生平介然獨立。非其道，雖臾辭博辯不之許；非其義，雖駟馬拱璧未嘗留目。自父祖没後，守義方，弗偶忘，尺寸不踰。萬布袍糲食，内外肅雍，里無間言，而宇量恢廓，又湛深簡静，無它嗜欲。杜門考道，當世賢豪長者願交甚衆。雖端揆宿老，以士相見之禮賓之。諳知今古兵農利害通塞之故，挾策遊二京，慨然有匡世志，在諸公間數陳軍國大計，言往往驗。而不肯輒上書，南國交譽之曰：「此國士無雙。」壬人或尼之，之器投策嘆曰：「管幼安、鄭康成何人哉？」賦詩曰：「岧岧泰山桐，製爲漆鳴琴。徽以闐河玉，絃以朱絲繩。清夜來撫之，殊音肅泠泠。一終舞雲鶴，再變貫秋旻。鍾曠久已往，此曲誰爲聽。」知交過之，與行場圃課稼穡，吟嘆交作，臨鏡潭之澄碧，坐松樾之夕陰。南山雲氣冉冉，衣袂殆忘身世曰：「不學之謂貧，無成之謂賤，有所不爲之謂耻，有所不取之爲廉，吾何求乎？」之器自叙其詩謂自昔杜、韓、柳三家以年爲次，得失歡慨之情，身世變遷之故，展卷之餘，見其人而傷其志，故以年紀。嘗謂北地之七言，古歷下之七言律，瑯琊之五言古樂府、七言律絶，不甚疑於古人。至晚歲，則一意漢魏唐初、盛。於史事推瑯琊，然謂其知紀傳之分，不甚知其合繩。以班氏之例，合者半，離者亦半。然自壽約至德棻、延壽皆不能純述，晌公亮以下，文亡矣。其立傳多入詩文，於楊尚書即入《薦孟太守表》，而黄文獻之詩僅撮數語，各有取云。所著《婺書》外，《婺書别録》《明月齋稿》；爲《詩經春秋》《測史摧古今句》《圖雜録》《官方宫鍾》《秋窗雜抄》《物記》《禮蕞閣鑒香草》；編《露香采香雜題》《後屐譜》《石困八鈔》《藝苑指歸》四種；《古今詩系》《六十四家古詩》《廣雅樂府》《翼南唐詩》《細填辭家録》；《明月齋後刻稿》曰《秋聲離賫橘服登蘋綺雲》《大樽溪南經鉏尊拙聽雪白》《醉古今宫意閨意春問》三賦。

虞光漸，字用舟。家貧力學，蜚聲黌序。行文落落有古致，多得之秦漢諸書。尤究心濂洛關閩宗旨，後生負雋譽者争師事之。居家敦孝友，篤行善事。郡邑交推，屢以優行辟於學使者。

童楷，字端木，號緘庵。家酷貧，里人丁同坤一見奇之，傾資訓育。爲文古博縱横，有韓潮蘇海之稱。每就館，必貸米數升，錢數十文進父母以養，否則不敢離。弱冠食餼。順治庚子鄉薦，闈墨爲韓侍講菼所賞。登選本人競傳之，既而主教烏程，安定舊席也。稟其式，月三課士。首倡理學，次角文藝，士風一振。文廟圮於兵燹者數十年，捐俸倡修。湖有道場山，旁累孤櫬幾什百，貸錢并勸及門損資造石塔二，分男女瘞之。置屋數椽，延僧住之，爲永遠收殮計。康熙丙辰，魁南宮授内閣中書舍人，未任，卒。能古文，有序見縣志。

吴之文，字叔簡，號潛岳。之器弟。氣宇敦樸，寡嗜欲，行恪謹。六歲通經史。十歲，父存中考授五府都事，卒于京。與伯仲同居，不分財，事母龔氏孝。髫齒補邑弟子員，食餼，博學工詩文。明崇禎丁丑，讀書越郡，交陶先生奭齡、王山陰思任、倪太史元璐及陳洪綬。王紹蘭山陰有贈詩，與章貞共硯席，後貞舉省試，序其文，見集中。讀書西湖，一時才士樂與之游。壬午，見拔於分考宋璜，以暴亡，置不録。已，貢太學，知新昌。會大旱，自仲吕不雨至臯月，請寬征，雩山川，曝七日，雨集。賦《新昌篇》云：「錢塘之江障天霧，洶洶之潮觸山怒。熙陽不雨六十日，潮不來兮江東素。午夜火燒十二營，黄塵蔽野無盡勢。長鎗大戟道路捐，三月不識稻粱味。奔投剡東過新昌，焚掠突如亂麻沸。一城士女萬餘人，北風南鳥忙紛紛。須臾空巷餘瘦日，狐貍暨毛麋鹿群。時余解綬登陴望，兵士轟轟聚飛蝨。吁嗟馬上擁美女，腰束越羅髻碧簪。一路生靈盡塗炭，中原白氣干青霄。愁雲日暮山鬼哭，聽之慘淡長吟謡。」之文歸，邑人尚遮于途，不能止。後當路勸就選人，辭疾不赴。築「淡圃」，搜輯墳典，花朝月夕，招集戚友，痛飲聯吟，嘗至達旦已。遊齊楚、吴越、八閩凡數年。康熙甲寅，山寇起，抱書避境外。及平，旋，室如洗。之文曰：「死生富貴，有命在天，何足憂也。」之文居身以儉，處族黨以謙和，待人以厚，遇事果決，訓子侄以義方。朔望烝嘗，焚香虔謁。年九十，矍鑠如壯年。踰二歲，猶作文賦詩。所輯有《四書詩經禮記翼》《古文典則》《古賦體古詩擇勝》《唐詩清鏡》《杜詩定本》《明詩正葩》《明文雅》《明十三子翰藻》《澹園隨筆》《四六新編》《尺牘圓珠》《延陵緒録》《革除遺事》。所著有《得山堂文稿》十二卷，《詩稿》二十六卷。其序《正葩》有云：「韓昌黎曰：『詩正而葩。』正而不葩失之迂，葩而不正失之卑。正葩之式有七：一曰識，辨家數如辨東西黑白；二曰力，窮險阻如操舟入蜀；三曰是，如溯源于周，負笈于漢，問津于唐；四曰當，使事不鑿，位置自然，不著不脱；五曰定，確按體裁，以彰吾意，不使源委正變、古近長短排絶倒置；六曰雅，取裁于選，效法于唐，有氣有骨，有色有聲；七曰諧，神與境會，不使生澀，牽强襞積，遷就艱晦。總之，不以文爲詩，議論爲詩。司空圖教人學詩，須識味外味，以此。」卒年九十二。

子雲合、雲津，諸生。

丁先庚，字上辛，號節庵，居雙林里。垂髫若成人，弱冠爲諸生，刻意古學。取《通鑑綱目》增訂之，曰《書法補》；取周秦迄宋明古文數百篇評論之，曰《古文折衷》；取字書芟補之，曰《字釋發蒙》。其《書法補》有曰：「秦之有天下，益之功。其享國不長，仁暴之異。」其《折衷》《左氏》「士貞子諫殺林父」曰：「晉敗於楚，惟將前日楚敗於晉作前車。楚以子玉亡而敵國喜，晉之林父猶楚之子玉也，殺林父則楚喜矣。」其鑒甚明。其《發蒙》增損梅《彙》之半，參以《韻會補》《正韻箋》《正字通》，多直音，而删叶字，主以經史古文，下及會典律例，姓而兼名，旁及官制、年號、象緯、地輿、節候及方書、外氏書，去古字、俗字。三書之成，凡紙筆盈床者二十年。載之都門，將請於巨子刊而布之，病作，尋卒。

黄甡，字鹿偕，號東阜。弱冠遊郡庠，食餼，孝友聞於通邑。清貧好學，授生徒，居治後，不入縣門。當路知其人，徵同陳聖圭、朱淳，講學於黌宫三年。嘗自署於家曰：「天下第一流人，只是行己有耻，吾生最快意事，無過反身而誠。」工古文，尤長於詩。其《道味篇》曰：「讀書能文之士，與言道味，夢夢者未從道理中一體之也。道猶五穀也，人知無五穀而身死，不知離道之爲心死也。」其《謹微篇》云：「儒生貧賤時多，安能必待千駟萬鍾之來而後辨義利。廉希憲病，須沙餹作飲。阿合烏遺以二斤，投於地曰：『吾豈以奸人之遺愈疾乎！』真能不以飢渴爲心害者。」其《處事篇》云：「聖人看得天理、人倫甚大，勢利、富貴甚小。明乎知有法而不知天子、父之爲尊，則當據理執法之時，權勢有所不必避，禍患有所不必計。明乎知有父而不知天下之爲大，則凡當君臣之際，君爲重而身家可輕；當兄弟之際，兄弟爲重而國可讓；當朋友之際，朋友爲重而車馬輕裘可敝。」其《弘道箴》云：「惟心載道，惟心悖之，悖而復之，惟心是爲。」《賦陋巷》云：「維斗儲之屢空兮，安能卜築於清幽。恒閉户而咏歌兮，遥望古人而溯游。時隨白雲于嶺上兮，時觀魚樂於清流。」其《雜言》云：「花木中惟竹足以祛人之俗。讀書稍暇，便當坐竹下，或從竹下把卷誦之，取泉烹茶，以對景色。惟雪爲佳，千山皆白，萬里無塵，宜擁爐煨芋，或與麴生作對，探梅於古寺野橋間。長空贈我明月，不可令其虚度，或坐玩，或閒吟，神致自然濯濯。」嘗編注《唐名家七言律》，序有曰：「初盛中晚之分而究歸於合者，法也。法不必盡用於律，而律爲尤重。杜工部篇什獨多，法無不備，又一人而集初盛中晚之分合者也。」其《詠澹圃詩》曰：「名園佳氣集樓臺，此日同心理屐來。北海娱賓樽久設，南皮鬪麗雪初開。盤桓翠滿臨池竹，醉卧香浮遶閣梅。星聚早知占太史，主人少長自多才。」亦善畫。知縣王廷曾夙重之，卒時弔而賻之。

吴雲將，字默生。明崇禎癸未，學使者王應華歲試，拔冠一邑，食餼。康熙丙辰，歲薦，候選訓導。能詩。五言於《園梅》有「冷韻全籠月，初香半入風」句；於《九里澗》有「江雲依澗曲，海日挂松寒」句。於《道中》有「曉霜初日渡，落木夕陽鐘」句；於《春雪》有「寒分春酒力，光澹夜燈時。壓花紅未映，擁草碧難知」句。七言於《見梅花》有「臨風石畔清相倚，照水烟邊澹自持」句；於《紅葉》有「白菊繞村寒共映，黄蘆低岸影交斜」句；於《哀挽》有「客去翠蛾携骨返，魂歸白髮倚閭招」句；於《白燕》有「影迷度雨湘烟澹，色掩棲梁海月明」句。《婺書》中多有摘句入傳者，雲將子諸生謙受，持詩請特仿爲之。

武功

乃武與乃文，在昔並稱，而古《志》次武功於尚義後，此後爲方技、爲貞節。舊

《志》則次義行於列女後，義行後爲武功，繼以方技。豈以時苦應募，故加意抑之邪？其新陽封啓楊茂，見《後漢》史，郡賜爵首載之，然功不起烏傷也。駱統亦封新陽，與茂同，王彦超則以郃國遷鳳林耳，特功臣所宅，風氣遂開。古《志》冠以趙權，而舊《志》直追述之。乃權與丁、王、吴、吴諸君都未甚顯，至陳大成輩始於平礦，繼以破倭，而戚武莊推義士爲天下最，《新書》《實紀》止止，堂集年譜縷縷，稱道卒以行。塞邊卒懾之義人，固特雄乎，要亦由選編獎倡之有法矣。雖尚未比蹤楊駱，而勳嘗奕世，殉有榮褒，循此討源機陣，窮微卦井。所謂躬行心得之學，至誠無僞之道，聆傅既久，武公之德，武侯之表，馴致無難，以媲文苑，何多讓焉！

漢《府志》作吴

駱統，字公緒，俊子。俊爲袁術舊《志》作紹所害，母去，從華歆。時八歲，與親客歸鄉里。值歲飢，士大夫糟糠不厭，統爲之飲食衰少。其姊以私粟與統，分施之，自此顯名。孫權領會稽太守，統年二十三，舊《志》作二十。試爲烏程相，民户過萬，咸稱其惠理。權嘉之，召爲功曹，行騎都尉，妻以從兄輔女，進將軍。統志在補察，嘗勸權尊賢接士，勤求損益，誘諭使言，俾懷欲投之心。出爲建中郎將，領武射吏三千人。凌統卒，復領其兵。統以時役煩瘵作，民户損耗，疏言：「聞民間生産兒子，多不收養，屯田貧兵，亦多棄子。天則生子，而父母殺之，干逆和氣。國之有民，猶水之有舟，停則以安，傾則以危。愚而不可欺，弱而不可勝，是以聖王重焉。願殿下育殘餘之民，阜人財之用。」權感其言，始重守令之選。後隨陸遜破蜀軍於宜春，舊《志》作都。遷偏將軍。黄武初，曹仁攻濡須，使别將常雕等將襲中州。統拒破之，封新陽亭侯。後爲濡須督，數陳便宜，前後書數十上，所言皆善，尤以占募在民間長惡敗俗，生離叛之心，急宜絶置。權手書與相反覆，終行之。留贊與黄巾戰，遇創而躄，自割其筋，隨愈。統薦於權，敗魏師，遷左將軍。黄武七年卒，年三十六。

宋

王彦超，少事後唐，歷晋，至周顯德中，累功轉永興軍節度使，移鎮鳳翔。宋初，與太祖有舊，遷爲右金吾衛上將軍、判街仗事。太宗封邠國公。彦超語人曰：「人臣七十致仕，古之制也。我年六十九，當自知止。」遂乞致仕。初，彦超自節鎮來朝，與郭崇義等侍宴。太祖從容謂曰：「卿等皆國家舊臣，久臨劇鎮，非朕所以優賢之意。」彥超知帝意，即前奏曰：「臣本無勳勞，久冒榮寵，乞歸丘園，臣之愿也。」時議以此許彥超。彥超每戒諸子曰：「吾累爲統帥，殺人多矣，必無陰德以及汝曹，勉爲善事以自庇。」卒年七十三。《宋史》贊曰：「彥超起自戎昭，歷典藩服，引年高蹈，武夫之貞。至於自悔多殺，垂戒後裔，近乎仁人之用心。」彥超本臨清人，徙居義烏之鳳林鄉，子孫世家焉。孫克從，咸平元年進士及第。

趙權，以才氣自豪。宣和初，睦寇猖獗，群盗相挺而起。權詣大將楊惟忠，古志作中。請獨當所居縣北永寧鄉一面，而以官軍分布縣東西南三境，連破青口、光明、上清諸洞，生擒其洞主。權乃令鄰里協力固守北鄙，而自部鎗杖手四出殺賊。事平，安撫使劉韐上其功于朝。補迪功郎，充本縣尉。《府志》作東陽人。

元

丁廷玉，自幼倜儻，有謀略，嘗受業石一鰲之門。至正間，里中豪猾徐甲嘯聚爲亂，縱火焚縣治，剽掠村落，聲勢頗張。廷玉乃散家貲，率民捕斬之，鄉里賴之以安。事聞，授武義教諭。《府志》作醫學教諭。

明

王威，字仕龍。倜儻有勇力，喜習武藝。元末，寇犯永康，乃與其弟永和招集義兵，拒戰黄龍寨，破之。戊戌冬，明兵下江南婺州，威率衆附，授以元帥，從征有功，除昭信校尉觀海衛百户，陞武略將軍紹興衛後所副千户。致仕歸，年八十三卒。子起、孫建相繼襲職。曾孫晟調福建平海衛。古《志》云，永樂初，有樓源以奉天征討有功，授密雲後衛副千户，孫堅撥補神武左衛。義烏開國以來，襲封功臣，自威、樓源始，有司世蠲其家差役。世居縣北二十里之龍岡。

吴壽孫，字伯榮。性峭直，見義必爲。會浦江有陳五、陳物弑逆殺人。壽孫喻諸子弟曰：「鼠輩恣肆不軌，罪不容誅。」乃緝獲送官。有司旌其義，且以其事聞，一鄉稱爲新塘義士。命未下，卒。次子仁，家裕，奉己薄而周人不吝。戊戌，明兵下婺，寇猶竊發，仁集鄉人置砦保縣境。未幾，繆總兵攻會稽，以兵應之，取捷，後以疾歸，築室新塘之椒山，有施惠庵，宋濂扁之。《府志》作浦江人。

吴文秀，字啓明。生有膂力，好騎射，且閑韜略。會元季，寇賊縱横，乃壘石爲砦保閭里。己亥，明兵取紹興，文秀率義旅應之，先以計開錢青濠塹，得捷。敕免糧役，以旌其義。尋授宣使，卒。孫晟，正統初出粟賑飢，鄉人德之。

陳大成，縣二十七都人，家倍磊。嘉靖三十七年，八保山礦徒嘯聚萬人，闔境震恐，大成糾族衆剿除之。遂以武生應募，率子侄親兵五千訓練，赴台防守。舊《志》武職表作台州衛百户。四十年四月，倭寇犯台州花街、白水洋等處，參將戚繼光調遣大成，督領王如龍、陳子鑾等衝鋒，俘斬倭首一百四十餘顆，救回男婦二三千名口。既調往江西援剿流賊，戰於弋陽之上方部，斬首級一百六十顆。四十一年，倭犯太平，敗之於烏根嶺、水漲地方。先是，福建寧德被倭攻陷，據城久住，并福清之寇，分投劫掠，全閩告急。至是，大成統衆隨繼光直抵福興，克復城濠，倭寇悉平。前後告捷凡十二，欽賞銀凡三，加陞級一，歷授台州衛指揮僉事。已，轉陞浙江管理中軍都司。舊《志》武職表作累陞總捕三省都指揮僉事。時倭寇既殄，士卒多虚廩，民不勝困。大成建議領兵屯操，每年春汛四月照舊給糧出守，六月減糧回縣。逢五赴操，遇警聽調。院道是其議。於是各兵工食量行裁減，共省銀九千七百八十五兩八錢，減派山蕩額税之半。

朱文達，武生，以剿礦賊、破倭功，歷陞浙江都指揮使，仍欽賞予金華千户，世襲。尋發仙游、廣東等處守備。所在衝鋒，金鎗遍體。萬曆三年，陞廣西坐營都司，征羅旁及剿柳慶諸傜，屢擒賊首，陞遊擊將軍、廣東參將。歷調瓊崖、薊鎮、小河，出奇剿賊，處番鮮、太平等處危困，薦補格潘副總兵。一十年，以倭警，舉朝推薦，特授鎮守南直隸江南總兵，加陞左軍都督府署都督僉事。

龔子敬，一都人，家松門。諳習韜略，由武科武職表作生、以功授金華千户所千户，歷任著績。萬曆二十年，陞授陝西、甘肅鎮裔遊擊將軍，統兵長驅異域，焚燒巢穴九處，敵聞風驚遁。既又剿劉東陽、許朝、哱承恩等，星夜率衆兼程往還，步行六百餘里，追至沙湃口，與敵遇陣，斬千餘人。敵哭奔，乘勝追之。經數百餘戰，兵疲且寡，救不至，遂力戰陣亡。子敬慷慨輕生，歷危險不避。每戰立於陣所，爲士卒倡，又推赤置腹，與衆同甘苦，人人願爲效死力。詔録其忠勇，贈都督僉事，廕一子惟棟，金華所正千户，世襲，加陞二級，爲指揮同知。

葉大正，字子中。由庚裔孫。性剛毅，尚氣節。以青衿入太學，與參將戚繼光邂逅知契，從繼光如閩平倭。師抵福清林墩界，遇倭，即梟倭首四。後携子思忠對陣，力戰于牛田、興化諸境，手斬者五，思忠斬者一，率衆俘馘者十二人。既而恢復興化、平海、政和、壽寧，救回男女二千餘。時當事上其功，授延平府判。以前剿賊時中矢，瘡復裂，卒，荷旨矜恤，以思忠與有功，子世襲臨山衛指揮僉事。萬曆中，陞薊鎮吉家莊提調，陞西路南兵遊擊將軍。譜續云陞東路參將。

童子明，號南川，西隅人，必大裔。嘉靖辛酉，倭犯台，台巡道趙大河昔宰烏，知烏士勇，募可以折衝者。子明以省祭應。遇倭白水洋、花堦、東郭諸處，斬馘無算，倭遁。壬戌，海酋寇閩，沿海興化諸郡縣皆陷，檄子明從戚繼光由台抵閩，殲其渠搗其穴，并獲輜重，旋。時山賊與海寇相表裏，仙游諸堡尚爲所據。子明以繼光符返烏集義勇，前驅撲賊。至仙游，賊四伏競起，子明力戰，歿於虎嘯潭，時甲子正月二日也。當路上其事，祠南臺。子明未有子，叔盛征請録其孫文麟爲嗣，廕授金華守御所世襲百户，給恤金四十。萬曆三十六年，邑侯朱顯文，莆田人，悉其事，祠之西門外，額曰「忠義」。

金啓倧，由援例丞德平，後以閣部孫承宗薦，授永平通判、督寧遠餉。天啓六年正月，敵薄寧遠，攻圍甚急，啓倧用礮火殲之，城賴以全。因中火毒，創甚，卒。以全城功，優贈山東布政司參議。廕其子玉振錦衣衛正千户。

傅啓耀，號秀巖。熹廟時守備山海，已，轉天津鎮海援鮮都司，尋以遊擊從征廣東，改鎮虔吉，收復江西流寇。巡撫郭都賢疏云：「解萍鄉插嶺之危，而醴陵無恙；救永新橋頭之變，而吉水安然。」叙功陞參將。癸未，移京口。明年晋都督同知，後敗楚師於荻港，全家歿於閩。

丁文明，字湴甫，號少華。少習經史，慷慨有智略。嘗篝燈獨坐，撫几擲筆曰：「大丈夫當鵠舉，班定遠豈異人哉！」遂上長安，由錦衣衛試武闈，三科皆雋。崇禎六年，授直隸井徑道中軍守備。舊《志》載武職表作濟寧守備。十月，同總兵鄧玘合兵，夜襲張獻忠等，獲全勝。八年正月，領兵平山縣杏頭山，破流寇王剛餘黨，斬首二千餘級，俘獲數千人，以功陞都司僉書。十年四月，陞總河坐營遊擊，駐臨清，往來策應，保禦臨清、濟寧二州。封懷遠將軍，贈祖父母如其官。十三年，陞兖州參將。畔寇李青山有衆十餘萬，僭名號，蹲峙山東。率麾下大破之，俘斬無算。幕府上其功，陞副總兵，署都督僉事。後兖城陷，以身殉。

王猷，字廷熙，禕裔。爲人慷慨磊落，裕謀略。功習進士業，不售，棄，遊都下。崇禎十三年，以兵部將材考授廣東香山守備，旋調防韶州。十五年，流寇張獻忠掠湖南，調往援，恢復郴州、宜章等處，救出被鹵男婦百餘人，給令完聚。繼調協剿江西、撫州、建昌等郡土寇，滅之，陞南韶參將。未幾，江西報急，往援贛州。至南康，暫駐以進，被圍，城孤兵寡，隨陷。猷在戎行八年，所歷皆危疆，生平以意氣相許者惟萬元吉。至是力竭，見執殉。

國朝

楊三虎，康熙三年選授湖廣鄖陽府遊擊。八年，陞陝西靈州參將，以力守孤城功，陞秦州副將。十八年十月二日，奉旨調同王之鼎、費雅達征四川。十九年正月十日，攻成都。四月八日，得永寧鎮。九月九日，城陷，狥難。奉旨給恤銀六百兩，予祭品銀二十五兩、全葬銀五百兩，遣官諭祭，贈左都督。

陳道興，字進伯，行昊二，十都大陳人。生有異材，以忠義自矢。洪武初，應召增脩郡城，所任者不日告竣。運漕又有奇功，人莫能測。洪武封爲昊二總管，没後更昭靈異郡，人塑其遺像，其子孫亦於大陳立廟祀之。歷明季，方兵爲亂，所至焚燒宮室。至大陳縱火，見有神人，揚鈴麾幟，火不能焰。及至廟中，瞻像惟肖，乃欲以像投水中，數十人不克舉。少焉，群然腹痛，回叩首，謝罪去。遠近皆賴以安。至甲寅，寇發大陳，立義社拒賊。賊以大陳爲諸義浦三邑要害，必服大陳，則由縣而郡，有破竹之勢。乃約日合攻，是時義社方以人寡震懾。因禱神，神現陰兵。賊至，近界但見旌旗蔽空，如火如荼，且人馬絡繹不絕。賊異焉。有偵者至，社兵躡之，馬逸不能止。直至虜營，以寡擊衆，所向披靡，斬首無數，賊自相屠戮。嗣是屢戰屢勝。義社中不傷一人。賊乃四散，不敢言合攻矣。迨官兵至，因得剿平之。神之功於是爲大。時邑侯于公匾其廟曰「曜靈式穀」，明賊之不能爲害者，皆神之力也。至其子孫暨邑人歲時有事，必禱焉。其靈應更不可殫述。惟不忠不信之事，則不可。于是真所謂聰明正直而壹者也。儒學教諭徐甫源爲作傳，以爲堪與宋世胡公比烈云。補遺。

沈迴瀾，字灝孺，寄籍順天以諸生。天啓二年，隨父宰山左。萑苻竊發，震盪不寧，詣軍門獻策，用其言以平寇，除守備。屢建功，歷晉都督同知，封寧遠伯，歿於王事。子泗蔭兵部武選司主事。補遺。

雍正義烏縣志卷之十五

人物志前修下〔一〕

實行

舊《志》有《篤行》，有《義行》。《篤行》仍古《志》，《義行》因古《志》尚義而改之，蓋《篤行》近於《孝友》，《孝友》揭於前，餘則類次於倫常之中。若夫拯危當厄，亦非細節。舊《志》至次之《列女》後，綜錯不倫。且他《志》孝義同條，次於《忠節》，則篤與義宜亦可合。兹以「實行」標之，猶舊《志》合古《志》忠義於氣節，而今以志節目之也。至舊《志》云烏土巖居谷處，嚴家訓，遵禮法，謹

〔一〕「前修下」三字，底本原無，爲體例完整，兹據目録補。

然諾，扶傾振乏，或輸家助邊，如卜式授産全信，如張孝基陰脱季布之厄，如朱家曲助知友之喪，如原涉亦時有之，可以風矣。

宋

喻師，字夏卿。先世籍蜀仙井，散在江浙者，義烏爲盛。曾祖迂，祖宗，父登。師孝友慈愛，根于天性，而言無枝葉，行有準繩，著見日用之間。少年慮事，出人意表，至危疑之際，爲人剖析，無留難。中年與其侄分田，不過百三十畝，卒幾至千畝。友愛子侄，不萌計較秋毫之心；慈惜里閭，不行豪奪力取之事。晚，家事不如初，而親戚故舊之急難，族人子弟之美事，愛莫之助，每致其惓惓之意。他事不以關心，於園池間婆娑遊嬉無虚日，未嘗問釋老之書。遇太上皇后慶壽，覃恩封迪功郎。及高宗再上萬壽，加封修職郎。子義方，修職郎；大方，夭；知方；汝方，今名民獻，入太學，爲諸生。孫侶，即宏，由太學再以姓名上禮部憲；演，舉於鄉；湮、淡、克、充、寬、兢。侶及三孫，從陳亮學，亮爲之誌。

喻葆光，娶黃氏。睦盜起青溪，婦翁以白金千五百兩屬葆光窖藏之。盜平，翁死，三子俱幼，莫知金所在，葆光舉而歸之。三子請奉數百金爲謝，葆光力辭勿受。黄氏買書教其五子良能、良倚、良顯、良材、良弼。葆光以良能貴，封大中大夫，黄氏令人。黄氏，名净德，賦性温淑，涉獵書史。葆光家窘乏，氏不以父母家饒裕自矜，孝以事舅姑，敬以相夫，嚴以教子，至鬻簪珥、袿裳，以助延師費。一日師與客至，值乏肴，剪髮易魚爲饌。師聞之，語葆光曰：「誓不與君教子成功，不止也。」後五子良倚、良能同登進士第，皆以文名；良顯以特奏仕至判院；良材以恩科授迪功郎；良弼以特科授新喻尉。用子貴，恩封令人，壽九十七。嘗自爲詩云：「但教五子登雲去，不管一家如雪寒。」人號爲賢母。諸孫與之等皆登仕版。虞復贊曰：「千載之上，孟母曰賢；千載之下，喻母繼焉。丹桂五芳，瓜瓞綿綿，猗與盛哉，以永其傳。」

喻京，字伯大。弟曰高，字仲明。其父夢炎與伯兄綱皆偘孫宣子極友愛，皆習場屋業，治《周禮》有雋聲。夢炎先綱魁江東，當就試禮部，輒托故不赴，以竢閲再大比，綱獲薦乃同赴禮部。未至而道屬疾，扶歸死。綱遂絶意進取。後用廕補官，知西安縣。京、高事母石以孝聞。石守節，善持家政，家素饒於貲，遭國兵亂離，石以白金千餘兩窖藏之。久之，京他適，高不及告，取而有之。石意不懌，京歸，語其故。京曰：「母所有將以遺吾兄弟也。兄弟義同一體，弟有即吾有爾，母何嫌焉。」石重嘉嘆，即取他所窖白金二十錠以遺京，京受其二，餘復推以與高。其後石與京相繼歿，並殯其堂。會寧海寇起，抄掠旁縣，家人咸逃匿山谷中。高徬徨不能去，號哭竟日。夜乃斂金帛置兩柩間。寇至，奉以爲質，告之曰：「吾所以不懼死而惜此者，丐以全死者耳！」情詞懇切，寇相顧駭愕，弗爲取，且以善言慰撫之而去。家人返，怪其人與柩皆無恙，而金帛故在，莫知何以致然也。高後以壽終，人稱其長者云。見王忠文公《喻氏家傳》。

馮友仁，居赤岸，以明經、教諭溧陽，縉邑篆。值宋危，舉義，弗克，焚印航海歸。戒人毋改服，毋官，自此族無仕者將九十年。友仁雅善留夢炎。夢炎相元，薦友仁，屢徵。以疾辭，不赴。遺命其子道傳曰：「不百年聖人出矣，當毀家以佐軍興。」明太祖下金華，道傳輸餉以犒，賜袍服。道傳居家孝友，從許謙遊。歲凶，作饘粥濟饑人。仲子翊，見《文苑》；季天有，清修隱居，不墜宗風。萬曆二十年，學使者陳大綬祠友仁額曰「忠靖」。邑令周士英以道傳原輔天有配焉，繼祀「鄉賢」。

吴圭，字彦成。以貲雄里中，好施予。太學程生從故人貸錢三十萬，將以葬其親，同舍紿而取之，使責償於其兄。兄弗與，圭如其數代償之。州檄縣急輸米數百斛，令方均賦於民家，圭請代民悉輸之。信宿米達，州守大驚喜，以令爲材，不知出於圭也。宣和初，圭以承信郎待調京師，有導之見中貴人者。圭笑曰：「男兒通塞有命，何至折腰屈膝事中貴人乎！」會大盜起睦之清溪，急命舟而東梅。尚書執禮謂當分兵絶他盜，使不得相因而起。圭曰：「此圭所以歸也！吾鄰邑東陽，有申屠大防者，多謀工藝，圭遇之有恩，願爲圭死，歸致此人，賊不足平矣。」比渡江，聞杭州已陷，乃轉由海歸，距家僅一舍，竟死於盜。見龔永吉所撰傳。

王槐，字植三，文憲公柏從弟，家蜀塘。登紹興辛未進士，歷官大理卿兼翰林學士，致仕歸。里中山田苦旱，捐資募民開濬爲塘，周三千六百步，四山七十二澗水會焉。以下流難捍，倚飛來山築隄七十餘丈，東西鑿石開斗門，歲時蓄洩以竇，田賴以饒。慶元七月十有五日卒，里人祀之。

王如建，字汝立，左丞相旦五世孫。志懷宗社。入元，如建曰：「丈夫肯輕致身哉！」不應選。父亡，卜冢縣南之環溪，廬其側。祀鄉賢。

元

季舍孫，字國用，博洽善詩文。父喪廬墓，悲號不絶。元興，絶志進取。搆書舍，與弟侄講學詠詩以自適。設義塾，延師教鄉族子弟。值歲歉，發粟恤饑者。人有不善，委曲開諭，令其悔悟。舊本古《志》。

劉大音，字韶父。父訓，蚤世，奉母李氏，唯懼有咈其志。弟晋繼於别宗，泉若布無少靳。處嚚以默，才識夐絶。人多嗜腴田，設功穽，期必獲。大音曾不舉目，睨之曰：「吾將利吾胤耳。」未幾，多田夫苦賦斂繁，荷械走冰雪中，曰：「劉君智人也。」歲祲，盗夜入舍，攫金去。大音帥子姓蹤迹於野，見一家燈熠熠紅，方轟飲。昧爽，縛送於官。盗齰舌，相戒止。族人瀕死，子方乳，以業券泣授大音曰：「非君仁厚，不足以保此子。」藏券篋，衍候其子長，召而觴之，枚數以還。其焚券周急，拯難嫁嫠，不一而足。宋太史濂撰碣稱爲「古之吉士」云。子剛，見《文苑》。本濂《劉府君碣》。

方天瑞，字景雲，家稠巖。讀書窮旨趣。父汝霖，别買宅於三里外，命天瑞居之。天瑞昏定晨省，大暑寒不廢。與人交，重然諾。宗族内外姻有稱貸不能償，置不問。有詩集二卷。宋濂子璲，其壻也。本濂《方府君墓誌銘》。

明

龔壽，字叔寧，泰弟。幼孤，性孝友，與泰築室事母，躬侍起居，怡顔承志不少怠。家政無巨細，不以累泰，以故泰得專志於學。及泰死靖難，家族懼禍不測，星散遠避。壽曰：「兄既死忠，予安忍畏一死。」倉皇奔赴，收尸歸。時侄永吉尚在懷抱，撫之過於己子，教之成立。居鄉篤信義，開義塾，訓後學，以實踐勉人，抑華靡輕佻者。學者稱爲「華川先生」。

黄驥，字彦良。寡言笑，慎取予，尤篤孝友。與人交，開心見誠。以貢授揚州府學訓導，主維揚、文定二書院事。作興鼓舞，一時得人爲盛。委賑江都饑民，公帑外捐俸作糜益之。及查盤睢寧、沭陽，雖能吏無以過。陞崇仁教諭，三年，士習大變。致仕歸，杜門課孫，後皆成立。子瑚，見《政事》。

吴鐖，字希彩，家世饒，甲於一郡，輕財重義。正統戊午，歲饑，鐖輸粟二千石以賑，旌義民，復其役。歲己巳，師平處寇，繼同弟希俊、希厚捐貲犒師，省民力。復助金修學，協造府通濟橋。弟希仁、希玉輸粟賑荒歲。掌區賦，代民先完，民德之。希仁子文勉，敦厚好施，屢出粟賑饑，代族人輸賦。又捐貲建忠孝堂、文星樓，濬繡湖，修通濟橋。成化間，奉詔捐米二百石，以蘇民困，户部給尚義憑授九品散官。

朱文完，家永寧鄉餘慶塘。素饒於財，俶儻赴義，樂施予，惠及鄉閭。雖商旅往來困乏者，莫不賑之。正統間，處賊陶得二、葉寧八等率衆數千，流擾郡邑，所過抄掠無遺。經其境，男女已先期走避。賊語其黨曰：「此長者朱演三官之閭。」相戒秋毫勿犯，闔境賴焉。其孫思濂，有祖風，亦以雄傑著聲。成化初，有智者鄉下巖口丐民倚其族類蕃衍，聚衆千餘爲亂，遍劫村落，官兵不敢捕。金衢兵道某親臨本邑，訪能擒賊者，衆舉思濂。急召問計：「用兵幾何？須某日舉事？」思濂請以單騎竟往。某未信，親授之酒三觥，目之上馬，擇十餘人與之俱。未至四五里，其脅從者共縛魁首二十人，跪迎以俟。思濂因其縛，驅令行於馬前，即日報命。某大喜，磔賊於鼓樓之内，通邑稱快。授思濂冠帶、散官，給扁旌其門。

胡宗鵬，讓孫，捐地數十畝爲義冢。遇歲荒，散穀施饑。里有貧鬻妻者，出金贖還。

馮圻，字叔京。少爲庠生，性至孝。父病，痰痿，晝夜扶掖，湯藥必親嘗。及卒，廬墓，泣血骨立。有芝産於墓側，因名其山曰「芝山」。母没，如其父。學大夫萬某以孝行扁其門。晚年綜理祠事，充拓祭田，尤殫心力。嚴家範，子孫遵守禮法。所著有《芝山稿》。

張萬山，居龍陂。好學，能詩文，志行古道。一日出，見道旁横尸，令掩之。因念曰：「是暴露者殆無主乎？即有主而無地，欲葬，得乎？似此者必多。」吾兹捐九里谷山，聽鄉人之貧者葬焉。事聞，郡邑優獎。本古《志》，舊《志》從删。又古《志》「萬山下」接雲溪張志和捐張家山數頃餘，今見《營立志》。

虞紳，字仲賢。性醇厚，好讀書，與王汶友善。居父母喪，哀毁致疾。遇忌辰，竟日悲號。事兄如父，逾十年，兄亡，效義門鄭氏規，同居五世，人無間言。居家專以正倫，理重祭祀，訓子孫爲事。屏去佛老，浮屠弗尚。晚年尤嗜學，手不釋卷。發爲詩章，多有關於世教。平生積梳髮二十餘斤，遺命殉葬。其敬慎類如此。

黄文，字載道，庠生。幼喪父，稍長，追喪如制。養母侍湯藥，衣不解帶者三年。性儉素，訓子孫以詩禮。立家規，修祖塋。族雖蕃衍，守其約束。又好善力行，至老彌篤。巡按御史周汝員行縣，稱其「齒德俱尊」。鄉邦推重，旌爲善民。年九十七終。

季琳，字廷稱。少爲學生，治聞尚行，從王汶遊。承事父母，雖空乏，不少拂其志。廩入，與兄弟均。年五十，當貢，因親老懇乞歸養，至久不衰。

龔釗，字叔遠。性樸，言行無僞，尊尚小學書。事二親，出入必告。居喪，蔬食三年。與弟銓、鏐、鉒、鑭同心。婚喪一遵《家禮》，建祠堂，葺宗譜，立書院，著家規。王公汶以老友呼之。扁其堂曰「孝友」。郡二守嶺南黎暹稔知其賢，白郡侯，以介席推禮焉。

陳滋，字德茂。天資强記，言動不妄，尤篤於孝友。居親之喪，執禮過謹，幾成痺疾。事繼母李極承順。由太學久當選，人勸之行，嘆曰：「吾惟不忍遠親，以至今日。今吾母老矣，復何忍更離哉！」築小圃，優游其中。奉親之暇，日以孝弟訓其子孫。縉紳稱爲「古君子」。

馮宗斑，字惟端。質敏好書，勵行尚節，奉二親極愛敬。居喪六年，起居不逾一室。外母李無依，奉養終身。所著《道軒小稿》五卷。子信、儼，皆敦義好禮。孫鉞，以樂善優獎。

劉文涓，字希源。幼失怙恃，事繼母，以孝聞。蚤從王汶游，以親故，絶意仕進。日以詩賦爲業，綽有古人風度。

虞鳳，字文祥。少遊庠，侍父滮會試。滮死京師，負骸歸，葬如禮。事母孝，將應貢，辭廩終養，益勵志讀書。督學吴某勉令科舉，至杭，見榜諭搜檢，有傷士氣，求退。晚年援臥碑數陳王道例，欲上封事五條，言甚切直，有傷權宦汪直。舊友謝遷、王汶止之。所著有《孔峰集》若干卷。

陳昉，字時望。自幼穎異，比長入庠，博極群書，千言立就。與吴福、王汶齊名。同叔紹祖立祠、置祭田，行文公《家禮》，尤禁邪術。其學以求放心爲主，因以「敬」名庵。所著有《聞道集》《敬庵雜稿》若干卷。以上九人並舊本古《志》。

朱鴻，字時賓。幼孤，事母甚孝，疾必躬侍湯藥，終夜不解帶者數月。比卒，哀毁踰常，深以不知醫爲恨，遂篤志岐黄，以醫鳴。歲大疫，遍閲病者家，市藥石以療之，多所全活，不責其償。兄麟病痢，左右莫敢親，鴻扶抱之，彌月不歸。宿仇誣其弟國子生鯨，鴻冒箠楚以身代，争事卒白。性樸茂寬厚，好周急解争，爲鄉里所推服。子湘登第，諄諄誨以愛人爲務。湘後先歷任，率以循良著績，本鴻教也。嘗捐金倡新家廟，緝族譜。歲時朔望，率族屬祭薦，一如文公《家禮》。以子貴，封文林郎、都察院都事，加贈奉直大夫、刑部廣西司員外郎。祠鄉賢。

金守憲，字子章。兄弟同居，不異財者五世。少警悟。父病喘，久不愈，遂罷儒精醫。及父亡，持户勤勩，業益饒。起堂曰「荆樹堂」。以内衣指𥶡，粟指囷，無主名者。遊京師，以醫名諸公間，授太醫院吏目。已，厭棼歸隱。子文亮，生世俊，每授讀膝上。崇禎中，贈通議大夫、大理寺卿。

會稽陶望齡《隱士金南湖墓誌銘》：浙東南多舊姓義門，其著於昔者，會稽裘氏、浦江鄭氏。金氏家義烏繡湖濱，有南湖隱士者，諱守憲，字子章，以孝友聞。兄弟同居不異財者亦五世矣。隱士少警悟，占對絶倫。父病喘，久不愈，遂罷儒精醫。及父亡，持户又以勤勩，善樹藝，爲農圃師，業益以饒。弟喜馳獵，好行賈，隱士勿禁也。俟其怠，徐曰：「弟勞苦休矣。」起堂曰「荆樹堂」。以内衣指𥶡，粟指囷，無主名者。義烏令歲召富民爲賦長，隱士貲在召中，乃避去。遊京師，以故所習隸太醫院，授吏目。燕中貴人争迎致之，隱士不勝疲困，自笑曰：「人有言：避濡得焦，避役得徭，醫之役人，不亦甚乎！」遂謝而去。然以通朝籍，歸縣中，不復召長賦矣。性好遊陟，負杖獨往，終日無倦。稠山者，相傳唐駱賓王隱處也，去家里許。隱士結屋山中，種竹遶舍，日詠酌林下，燒笋食之。名其居曰「緑雪」。又制艇，命曰「天游」。嘗棹舟載酒，避客於繡湖。歌白公「放眼看青山，任頭生白髮」之句，傲然自足。雖郡縣以歲時延爲賓介，不屑赴也。隱士有一子四孫。長孫世俊，幼敏，隱士器之，授讀膝上，夜誦深。每出棗栗誘之曰：「以爲若枚數，數周而噉之。」萬曆丁未，隱士八十有二矣。是歲，世俊舉進士，其十月，隱士病卒。進士君嘗言，少時爲枚誦罷而不怠，每念之，不知涕之被頤也。明年，進士君以急歸，九月某日葬隱士於樓村祖塋之左方，配方孺人從。進士嘗執經從予走會稽，屬以銘墓。銘之曰：金家烏傷，厥始爲劉。赤符東興，皇孫迺侯。罷侯而甿，南土是酋。去卯暨刀，以避吴鏐。系遠澤綿，實多隆準。仁山青村，以儒以隱。青村六傳，乃及於滄。滄後五葉，同廬共粻。於維隱君，滄公之子。輟耒東皋，懸壺薊市。臨組靡紲，投竿反初。繡水稠山，天遊雪居。書忍齊張，醉吟傲白。郡國稱賓，林園命逸。服仁纍義，長發於孫。爰鏤貞珉，以告幽原。

陳機，樵弟。好儒尚禮，立義塾，作義舟。嘗拾遺金，驗還之。

虞守魯，字惟哲。性孝友，居父喪，哀毁踰禮。母何，素嚴，魯委曲承順，家雖貧，必具甘旨。兄守愚，讀書遊宦三十餘年，守魯綜理家事，不憚勞苦，不蓄私財，奉嫂撫侄，各得其宜，俾無内顧。子良懋，府庠生，勉學勵行，不隕家聲。

龔象，字希文。幼通《春秋》，奧旨受徒傳經。與弟龔以孝友聞。由貢授贛縣訓導。虞公守愚方爲巡撫都御史，有監局首領以失軍器罹辟，浼象爲解，持百金以酬。象曰：「我家自忠愍以來，世守清白，肯受若金汚吾祖乎？」揮之。廉聲震於一郡。已，告老。囊篋蕭然，無以資衣食，處之泊如也。足迹不入公門，惟非罪罹法者，間一白其枉，令素重象，隨釋之，亦不受謝。象生平言行無僞，尤嚴於取與，即分毫不苟。鄉人争嚴重之。

虞大亨，字正之，别號五巖。少有聲庠序，九試不第，由貢任長泰訓導，陞汀州教諭。素性友愛，所得廩俸散與諸弟，無少吝。後諸弟破其産，則復與合居。而弟復求分産，如是者三，始終不厭。處族屬藹然有恩意，人多歸附之。休官十年，日與友朋怡情山水，口不談世俗事。年七十餘卒。以上三人並舊本古《志》。

虞鳴復，字來卿。性方正好施，樂道人善。設義社，延名師，訓子孫，俾族中貧者咸就學焉。孫國階，字伯羽。孝友醇樸，潛心理學。舉天啓丁卯中式。弟國隆，字伯豐，受業國階，力學砥行，談當世務，鑿鑿可見，諸施行以廩例入成均，考授通判。好施予，鄉里有雀角者，出單詞立解之。

丁文軒，字世昂，學生。端重慎密，氣度清雅，博涉書史，能詩文。攻醫，以薦試禮部第一，授太醫院官，謝病歸。居家内行純白，以敦睦信誼式其宗黨。所與往還皆一時名輩，篇章倡醻。卒年八十七。

金魁，字儒先，涓六世孫。志趣高邁，以貢授徐州判官。涖任即歸。居鄉平釋紛争，周恤貧乏。三值歲凶，煮糜濟饑。學諭曾漢，喪無所斂，厚賻之，仍給其家人以歸。又助貲建儒學，石砌湖堤，凡千金。仲子孔賢，字希範。性愷悌好學，由庠生以例授京吏，目病歸。因聚古今醫書，窮究玄旨，尤精於針。嘗從巡撫都御史王節齋、嘉興凌漢章講論。療治有效，求者如市。不責報計，施貧者之藥，給饑者之食。三十餘年，遠近感德。孔賢子養浩，英特警敏，補弟子員，明《易》理，尤精數學。間嘗製方灼艾，以繼先志。孔賢所著有《丹山心術》《經絡發明》。

金李，德義祖。十歲失怙，家貧，耕鑿養母。蔬茹衣被，殫力以奉。身受饑寒，怡然也。母亡，勺水不沾者三日，幾殞。人以單丁，宜爲嗣親計，乃進湯水。葬二親，躬負土，肩血垂及踵。衆哀之，争出力以助。晚家頗贍。歲癸亥，境苦旱，分饘粥食餓者。樂義喜施。建縣堂署、賓館，皆有輸。碑中所載「義民宗二百十」，即李也。

陳公昌，爲人愿慤，居縣之西門。一夕自外歸，於城門左凳石拾囊金二百餘，携歸，屬其妻曰：「此故人物，謹藏之。」明日，至石邊俟之，有涕泗倉皇至者。詢之曰：「吾糧長，昨領解夏税往府。偶醉卧此，寤驚公文在家，急走歸，因遺金，不收，吾自量無活理矣。」公昌驗實，還之，封識如舊。其人願分金以謝，不受。人高其誼。六世孫德教，字憲成，號襟海。治《春秋》，補諸生，爲倪葵明先生及門。孝友慈愛，重氣誼，喜施予。平居無疾言遽色，雖鄰里童稚無不樂親。嘗於神廟中拾遺金百兩有奇，還其人。夜夢廟中神語之曰：「若數中壽，今加爾一等。」學使者蘇公濬旌其門曰「還金世德」。子吾學，事德教竭財盡歡。兄蚤逝，撫侄如子。德教卒，獨營葬事。所著有《墨莊集》《鄰野樓草》。

陳文言，西門人，仁曾孫。父遭變，願以身代。及卒，廬墓三年。母喪，哀毁骨立。縣遞詳達御史李某上其事，同王如心賜旌，祀鄉賢。

陳世恭，十都人，立心端謹，舉止安詳，敦倫化族，尚義好施。生成化九年八月，至萬曆六年，一百六歲。先是本府黃承詔賜以絹帛、肉米、冠帶、給帖，後御史蕭某以其年踰百歲，德誼可嘉，賜扁「上壽善士」。郡守王某亦以祺壽禮之。時有贈以門帖者，云：「壽域天開，眼見六朝盛事；老人星現，躬逢百歲中秋。」子迪，亦年九十八歲。

駱朝陽，九都人。稟性淳良，禔躬樸茂，甘恬静。屢却賓飲，訓子游膠序。萬曆二十三年，屆百歲，里人上其名，謂：「自生年迄今歲，逾甲子，蓋六百，逢聖治，殆五朝。童膚華髮，豈曰龍鍾，舞蹈步趨，猶稱矍鑠。」邑侯周士英扁其門曰「五朝人瑞」。

樓楷，字克端，天性至孝。父仕海歿，廬墓。母韓氏殞，復廬三年。有司申請旌表建坊其里。

陳文杲，字從初。萬曆戊子，歲大祲，出穀以賑，全活甚衆。邑侯豐城熊公嘉之，謂其子侯周曰：「吾聞仁者，其後必昌。」今孝廉聖圻，其孫也。

楊一洪，焯裔。好善樂施，歲祲，廢箸以賑饑。

虞應垣，字汝薇，太學生。德煒叔子鄧文絜以讚於南雍試，卷中識之。有《節師日訓録》。又從李見、羅材遊。邑宰張維樞延之講學。

楊一泓，事父孝。母病癰，危甚，吮膿而愈。迨卒，廬墓三年。撫幼弟友愛。萬曆四十五年，知縣吴尚默詳巡撫都御史劉公一焜旌其門。

樓岑，父病，躬親湯藥，不解衣數月。夜静焚香叩天，願以身代，割股以進，遂瘳。邑侯周某遞申達院旌門。

樓至光，髫年割股療親。

駱文相，字子燮。師事周海門汝登。事親盡禮，侍湯藥，廬墓。宗族稱之。

駱元善，字仁吾。萬曆辛卯時，爲太學生，協鐫《臨海集》，見序中。已，仕溧陽丞，兩署邑篆。辨冤獄，恤窮黎，惠愛在民。有子九人，長宗璉，字華卿，饇於庠，從元善之官歸，于句容道上拾遺金可百許，守之竟夕。失金者踉蹌至，泣不止。詢其由，以逋糧破産藉以償，即還之。其人願分金，宗璉不受，去。後連舉萬曆乙卯、天啓辛酉副榜，終貢選。子宁楨，見《儒林》。

金漢芳，字公若，世俊仲子。由廩例入太學，授上林苑監丞，尋以終養告歸。歲饑捐賑，多所全活。萑苻竊發，當事意主殄滅，力解之。孫永焜，登癸卯賢書。弟漢藜，字公然，由例貢主上元簿，歷遷户部郎。秩滿，因父春秋高告歸。年六十不啻孺慕，屢舉鄉賓。

方守上，號稠巖。秉性端方，色笑未嘗苟。年十九喪妻宗氏，生子世明甫及週，守義孑處，終身不畜媵婢。後世明成立，事守上孝養備至。刻宗氏遺像，晨昏進膳如生，人謂其一家孝義云。

國朝

童應聰，字珍之。與人無欺，而品行剛方，雖貧，不少挫。與磐石丁同坤一時有「二長者」之稱，里中有公事取平焉。居家友愛，訓子弟以詩禮，程課甚嚴。尤好尊師，竭力供脩膳，雖家飡不給，弗計也。子楷，見《文苑》。

王一源，字進卿，號澄川，邁十三世孫。嘗見獵人獲獸，尚生，買放之。天啓辛酉，仕韶州登仕郎。韶多盜，率胥役訪治之，境内帖然。三瀧水駛行者多溺，置船以救，所活甚衆。陞迪功郎，舉鄉賓。子之綬，國子生，之紳，庠生。

朱贊，原名昌祚，字胥盛，别號函白。弱冠補諸生，爲文不襲章句，炎炎數千言立就。督學使者黎元寬賞其文，贊益自攻苦炙。其誨者多登名淡墨，或私淑其徒。後領歲薦，考授訓導。歸，鬫墅娱母，色養備至如孺子。慕兄蚤世，以長子承祧。季弟析箸，取田廬器服之瘠敝者，有薛包風治喪卜葬，悉由獨仔。鄉鄰有誶搆難平者，一言而解。晚益好學，陳書數架，手不釋卷。間怡情於詩酒，勝友至，漉巾酒，啖菜根以爲樂。侄廷銓爲之傳。

龔起翬，字謙牧。父亡，偕妻朱事祖母及母以色養，褻衣溺器，浣滌必親，如是十餘載。二母遘疾，朱籲天請以身代。已而相繼逝，朱亦旋卒。終喪，起翬年三十，戚屬勸再娶，起翬曰：「室人能事兩母，曾殁後而忘之！」順治辛卯，登賢書。於康熙辛亥，出宰虹縣。蝗入治，焚香告天，即出境。虹久不第，卜地，遷學建書院，集諸生肄業其中，即舉數人。丙辰，邑人請以義夫報會他縣，無同之者，第旌以額。在虹六載，歸，築舍二人墓前居之。

黄世摶，字鵬九。事父纖微必謹，遇病，湯藥必嘗以進，夜則衣而俟，待痊乃解。居喪，哀至於毁。性坦夷，笑言有真趣，交遊必慎。人有過不輕信，有善亦不輕許。博覽工文，尚論古人，剖决天下事理無假借。爲諸生，以高等食餼。十入棘闈，康熙乙丑歲薦，屆期而卒。

方燦，字爾元，庠生。性儉朴，取予不苟。一日至香山嶺，拾有遺金，坐古廟中。日晡，失金者至，奔走號跳，驗實還之。失金人願以半謝，曰：「我若利財，不俟君矣。」力辭不受。

金漢藻，字公引，學生。家貧，并日一炊，欣欣無慍色。臨財不苟取，所見一定，屹如丘山。儻涉非義，舁金遺之不遷也。母病，衣不解帶者數月。讀書夜分不寐，幼學於陳聖圭，爲文簡古峭奥。慕劉山南先生應龜之爲人，過山南故里，竟月不返，里人敬之。一日，縣長集學中諸生，問邑中孰爲惡人。諸生曰：「惡人不之知，惟有一好人爲金某。」

蔣士焕，字章元，庠生。崇尚質素，孝友溢於内外。歲饑，賑粥活人。每以龐訓遺子孫，宛有太丘之風。

季振宗，字慧卿，號行素，舍孫曾孫。年二十三失怙，事母以孝聞。萬曆丁巳，就恩例充貢，援京秩。崇禎庚午，授南虎賁左衛經歷。在任三載，歷署六衛篆。會有奸民訟衛役於巡城御史，下上元令，與振宗會鞫。令左奸民，振宗奮然争之。已，令以計典去官，不踰年，直指某，令姻婭也，毛疵振宗，左遷縣貳。振宗不赴補，築室白下橋東，居焉踰二十餘年。旋里，棲遲嘯詠，師柳下之和，不與物忤，甘向平之退，不爲勢遷。

駱日盛，字茂軒，仕兵部會同館大使。康熙癸丑，覃恩敕授登仕郎，移贈父應燧。兄偶恚，倩解以釋。遇兄子，授以田，助其婚，給以治生資。宗姻匱乏者周之，不能殮者棺之。子振基，考授縣丞；弘基，太學生。

樓之鼎，字爾鉉，家城東。少孝友，恬静寡欲，慎語言，明取與，學以躬行爲先。邑中弟子資講授者甚衆，屢入闈不遇。晚以歲貢應廷試，授教職，仍閉户讀古人書，無所干請。邑侯王廷曾重其爲人，於其卒，備禮躬祭，痛悼久之。友人黄甡題其像云：「體清而癯，貌温而嚴，衣履質而不鮮，此則繪者可得而傳。至其天性孝友，學問沈潛，其進德老而益堅，則非繪者所得而傳，而予乃得其全也。彼夫同流合污、囂囂奔競之士，固無與焉。即揣摹時好，擅場舉業者，亦豈能匹其賢乎！我幾爲思之，惟古人爲然。」

朱廷冕，字焕元，家泮塘。幼習舉子業。順治己丑，從軍粤西，以軍功署懷遠縣事。歸隱上巖之長岡。性孝友，父病，禱以身代。疾革，毀正室營基址爲二親冢，居墓側三年。撫季叔之孤孫甫七歲，撫仲叔之孤孫甫四歲，率皆成立。幼叔病歿雲間，鬻産扶櫬而歸。幼叔母老而無嗣，以次男繼之，使九旬寡鵠不憂無後。爲人和樂恬淡，課子耕讀，號「寧鄉老人」。年九十二，猶工書畫，拜受本朝絹綿之賜。子大章，有聲黌序。

黄尚楹，字仲覺，號國柱。天資穎悟，垂髫善屬文。初應童子試，受知於如皋許若魯先生，以大器期之。弱冠補邑諸生，屢試高等。博通經史百家，千言立就，爲士林鳴鳳。七入棘闈不遇，士論惜之。以義命自安，功名之念澹如也。事親從兄，數十年如一日。重然諾，敦友誼，交道賴以振焉。卜居城南隅，曰：「喜此傍山林，雖城中自無囂塵，固不溷我潛脩絃誦耳」。延師課子，無間晨夕。長子之琮，康熙甲子武科；幼子之璟，邑庠生，克承父道，勤於訓迪。子世封，孫士翩，俱有聲黌序。

毛炳，字伯光。由鄉貢登寶慶二年進士。初遊東萊之門，後沐西山之教，專心正學，克紹薪傳。授安康推官，考滿，調瑞州判官。時金兵猖獗，瑞州幾不免。炳設奇計誘敵，伏兵險隘，遂獲全勝。擢兵部郎中，尋陞天章閣待制。公正自矢，不附權勢，屢蹶復振。理宗表義理之學，疏稱周、程、張、吕、朱爲最稱上意，官至寶謨閣學士。因時相擅政，屢上疏，屏斥不納，憂鬱成疾，致仕歸，未及家，卒于富春舟次。其子喆等扶柩歸，葬邑南龍潭山之陽。補遺。

朱東涯者，諱孔雲，字友霞。其先世宋元龍公之後裔，而元丹溪先賢之宗派也。其先人，名亦焕，字啓兹，居繡水之濱，所交皆當世名士，儒林中藉藉有聲。生二子，長即孔雲，次孔陽。兄弟友愛，時稱二難。而雲獨以孝著，爲人恂恂可愛，不與物競。博經史，善帖草，屢試前茅。孝奉二親，不以貧窘怠色養。年至强仕，猶依依孺慕。邑宰孫公、王公迭舉「孝行」，邑侯韓公送主入「忠孝祠」。

胡其漟，字原士。性純孝，事親色養無間。父病歲餘，屏棄一切，專務醫藥。至殁，哀毁異常，泣血幾斃。弟其演，郡廩生，早亡，撫孤侄如己子。族中貧不能娶者助資婚配。鄰居卧病，貧苦欲鬻妻以自存，百計周恤，全其夫婦。設義塾以教後學，煮粥賑飢民，里民不能完債者，悉焚其券。生平端方自持，博極群書，屢試冠軍。自遊庠以至書升，從無私謁。所著有《家訓》十條。長子如枚，領甲午鄉薦；次如格，蜚聲黌序，至今書香不絶。

王士巡，字狩臣，邑庠生。性篤天倫，早失恃，號泣無分晝夜，饑寒罔覺。父甚憐之，爲娶繼母，悲切之心不形於色，善事雙親，得二人歡。迨高堂相繼而殁，哀慘無異初喪。嫂氏早孀，維持數十年如一日，俾克全其令節。生平謹言行，恤孤憐，不求人知。江灣設義渡，以濟行人。歲凶，捐賑不遺餘力，全活甚衆，里人頌之。

朱之銓，字爾揆。賦性醇謹，動循矩範。家極貧，事親甘旨必潔，定省惟勤。雖溺器必親滌，不使人代。居喪盡哀盡禮。立身行己，一以古人自期。遊庠食餼以來，從無私謁。所交落落，而又不事岸異。講學明道，惟周程五子之説是遵。暇時則作古文詞，盡洗摩倣字句之陋。常以舉業爲人師，要在絶去揣摩，使人自得其是，謂詭遇以求合，學者之蟊賊也。故登其門者皆中程度，一望而知，爲先生之弟子。課子嚴而有則。次子士珽，克承家學，亦以研田自食，邑中登科者，多出門下。其教澤之流遺，久而益光如此。

黄大吕，字同一，號元音。幼穎異，博覽群書，慨然有經世之志。早歲補博士弟子員，蹭蹬棘闈，不得一吐其氣。然而此中油油自得也。事親備極色養，家庭之内，和氣盎如。父病，親侍湯藥，不假手婢僕。父殁，居喪盡禮，廬於墓側，朝夕號泣。

母後父二十餘年而卒，盡哀盡禮，亦復如是。外弟吴洪法貧，未有室，出己資代爲完娶，並贖舊售以存厥祀。女兄適吴姓夫，早亡，家貧無子，矢志自守，歸倚於母。大吕多方周恤，以全其節。值歲歉，捐資賑恤，邑中藉以舉火者數百家。生平端方自持，雖居城市，非公不至。嚴於訓子，督課惟勤。子之琦，克紹家學，食餼郡庠，成歲進士。

沈萬稷，仁孝性成，力學砥行。父文岡，丁酉歲貢，稷隨車北上，羈旅二載，貂敝金盡，拮据支吾，奉父南旋。壬子，父秉鐸孝豐，稷隨任所。父病，求以身代，及卒，躃踴悲痛。次年，自豐歸里，執紼扶櫬歸，執紼哀號，行路感惻，葬於祖隴之側。稷由庶出，嫡母愛之如己出，後嫡母病篤，稷與妻陳氏竭誠調治。至殁，喪葬盡禮，卒以孝聞。

賈潞，本邑十七都人。性純孝，事父仁榮、母何氏備極色養。母病篤，拜禱籲天，割股療救。父病，躬親湯藥百計調治，幾至自斃。兩值親喪，盡哀盡禮，廬於墓側，雖虎狼不爲所懾。孝行聞於上憲，給匾表揚。

王珄，字伯瑞，郡庠生。秉性剛方，然諾不欺。幼失所恃，事父與繼母竭誠盡孝。母病，親侍湯藥，衣不解帶。逾年而殁，晝夜號慟，聞者感泣。後父腹脹閉溺，百葯不效，命懸呼吸，跣禱天願求身代，口吮閉處三晝夜而復通。祖祠傾圮，捐貲重建。族人無後者代爲置主入祠。胞弟早亡，撫諸孤一如己子。誼及孀姑，恩周族里，至今鄉人傳頌不衰。

駱振基，字起如，一生孝友可風。初任洪洞貳尹，循分盡職，不愧清員，後攝篆岳陽，興利除弊，有古能吏風。及致仕歸，邑人立去思碑於城西，以誌弗諼之意焉。

毛成貴，性醇樸，言行無僞。事親順志承顔，與弟成榮同甘苦，疾痛疴癢，宛然一身。訓子姪以耕讀爲務。凡鄉里之貧乏者，不惜多方周恤。歲大旱，踴躍勸捐，存活甚衆。邑侯周嘉其善行，給匾旌之。

龔兆奎，母朱氏，奉侍大母，積勞成疾。奎年十三，即能親奉湯藥，日夜不懈。比殁，哀毁幾至絶粒。父多方解諭，奎恐傷父心，强爲笑語，背則悲啼如故。邑侯給匾，旌之曰「世子遺風」。弟甫離襁褓，寒暖護持，曲體父志，後弟成立遊庠，皆奎之力。

童世遇，性質樸，事親盡禮，出入必告。居喪蔬食三年，人稱其孝。兄亡，哀傷嘔血，撫遺孤如己子。弟三人皆庶出，延師課業，俱俾成立。加意遠宗，周恤鄰里，每痛貧無葬地者，置田以立義冢。善行多端，難以枚舉。

陳萬善，性質樸，慎取與，尤篤孝友。立祀田以敬祖先，設賢産以勵後進，施寒衣以恤貧，捨棺木以哀死。親族不能娶者，皆爲婚配。橋梁傾圮，道路崎嶇，時爲修砌，以利行人。各憲給匾旌奬，一曰「好義樂施」，一曰「儲惠恤鄰」。

隱逸

理學自顔閔後，康節九峰餘干皆肥遁，何、王、金、許亦不出，邑之通齋、彦修、青村亦高蹈而不樂仕。進者不必皆理學也，亦未嘗或遜理學。孔子曰「無可無不可矣」，然不嘗曰「餓於首陽之下，民到於今稱之」乎！孟子曰「姑舍是矣」，然不嘗曰「頑夫廉，懦夫有立志」乎！古《志》宋榮而下至沈賓國，舊《志》改龔壽於篤行，增入丁存、陳樵，而月泉諸子俱闕。兹從吴集賢直方及子萊、宋濂所刻詩人補收之，後有慨慕吟社者，亦續采焉。

五代周

宋榮，字體仁。廣順中，自吴興遷縣西覆釜山下。通《尚書》《春秋》，有經濟才。累徵不就，學者私謚「文通先生」。生甫，宋雍熙末又遷智者鄉之根谿口，是爲宋村。甫生訓，訓生帳，帳生祥，無子，以弟海子阜爲後。阜生佀，佀生柏，嘉定初遷金華潛溪。柏無子，以兄永敷子溥德嗣。溥德生德政，德政生文昭，文昭生濂，濂又遷浦江青蘿山。洪武十年以翰林學士承旨，歸嘗於巖下，建書院誨宗族，扁曰「釜山書院」。

宋

朱元翰，爲人卓犖不羈，博通經史，著文章必本於理。紹興中，嘗獻賦行在，言切時政，不用，隱遁終身。號「四明居士」。胡仲子翰誦其遺文，深加慨嘆。

樓斗南，字文舉，圖南弟。天資渾厚，制事有繩墨，人有爲不善者，惟恐其知之。少遊太學，晚以特科補官，非其志也。再調台州司理，辭不赴。取白樂天詩語扁所居曰「中隱」以歸老焉。事母盡孝，治家圃，奉母嬉娱。母没，築堂縣東門，號

「望雲」，旦夕瞻慕，終身不衰。裔孫廷貴重建孝行坊。

陳鼐，字孟一作伯容，自號静翁，錫子。志趣高邁，不喜自炫。靖康初，遊太學。京城陷，束書東歸，結茅雞鳴山之陽，耒蔬采薪以奉其母，而母亦歡然忘其憂。有《詩稿》五卷。

黄璣，字敦政。少剛直，負高世志，與弟中輔齊名。以早失怙，絶意仕進。建炎初，從舅氏宗澤至汴京，將授以官，謝曰：「璣之來，豈爲是耶？」即辭去。澤追贈白金數十兩，計所用取之，返其餘。後澤必欲官之，奏補迪功郎，卒不受。老于家，號「葆真子」。有《類稿》三卷。曾孫應龢有文行，嘗聘作《續縣志》。

姚獻可，字君俞，隱居郭西門。葉尚書適布衣時嘗訪之，獻可曳破履出迎，如舊識。家貧，歲饑，蒸菘茹以啖，無醯鹽。臨没，戒其弟：「棺前用布幃一幅，置瓦罏于案。知我者當自來哭，不知者雖哭吾不對也。」預以書告適曰：「我能守義不屈，子幸爲我銘。」及卒，適銘稱其「孤騫自潔，至老益加」。有《西園雜稿》。西園後爲陳思任所居。

楊宗海，字伯融，後唐回圖使虎後，宋崇寧進士智及古《志》作與及九世孫。性質淳厚，研究經史，善爲詩辭。凡宗黨子弟皆勉之以學，由是里俗日變。鄉鄰有搆怨者得其折衷，無不歡解。縣大夫知其賢，以賓禮敬焉。晚號橘軒，有《橘軒集》三卷，里人朱世濂爲之序。取弟子文愿以嗣其家業，勉遵禮教，縉紳咸器重之。六人並舊本古《志》。

周大亨，字彦禮。言貌古樸，以純雅端慤聞。用特科授醴陵簿，退食即掩關讀書。郡守嘉其廉静，俾攝鄰縣，非所樂也。調江山丞，益不樂，乞嶽祠歸。與諸老日以觴詠自適。鄉人慕之，繪圖以傳。

元

馮澄，以幽潛應月泉吟社之徵，賦《春日田園雜興》詩。謝翺、方鳳、吴思齊嘆爲妙絶。時人位羅福之次。

莫瑀，字桂叔，號天目山人。賦《春日田園雜興》詩曰：「野水渾邊看乳鵝，疏籬缺處曬耕簑。草青隨意牛羊卧，門静無人燕雀多。夫倦倚犁需婦饁，翁歡擊壤和孫歌。新來别有營生計，又喜巡檐住蜜窠。」王禕嘗美其家世，贈以文。

胡甫，字景山，號安定。書《隱》詩曰：「世數有遷革，田園無古今。鳥喧争樹暖，牛倦憩牆陰。水活土膏動，風微花氣深。淵明千載士，佇立此時心。」

陳舜道，詩曰：「春來非是愛吟詩，詩是田園樂興時。清入吟懷花月照，紅生笑臉柳風吹。村聲盪耳烏鹽角，社酒柔情玉練槌。閒悶閒愁儂不省，春來非是愛吟詩。」或疑即堯道。

許元發，號雲東老吟。詩曰：「片雲剛是出山時，曾被東風誤一吹。歸意不煩啼鳩勸，閑情只許落花知。桑麻窮巷扉長掩，烟火空林黍自炊。栗里輞川非謬計，晴窗子細詠渠詩。」

陳希聲，詩曰：「田園興在晚春頭，且説田蠶兩事休。榆莢雨酣新水滑，楝花風軟薄寒收。青楓蛾子催桑月，緑樹鶬鶊報麥秋。但願花村無犬吠，時呼薄酒背黄牛。」

方長卿，詩曰：「犁鋤遍野沸耕農，血吐鵑聲一樹紅。畦蠹秧針青冽冽，隴翻麥浪翠芃芃。雞鳴晝寂花村雨，犬吠朝空草岸風。溪外雲過横笛亂，微烟野色樹蘢葱。」

按，至元丙戌十月之望，烏邑舊令吴渭退居浦江之吴溪，開月泉吟社，以《春日田園雜興》爲題，移檄遠近，期明年上巳徵收，得二千七百三十五卷，請謝翱、方鳳、吴思齊定之，選二百八十首。渭從子直方，與直方子萊及萊門人宋濂，刻六十人。冠以羅福，澄居第二，瑀二十三，甫二十四，元發三十四，希聲五十，長卿五十一，舜道名失次，外尚有未詳者。時劉應龜名在第五，詩曰：「獨犬嘐嘐晝掩門，此間也自有桃源。梅藏竹掩無多路，鳥語鼃聲又一村。屋角枯藤粘樹活，田頭野水入溪渾。我來拾得春風句，分付沙鷗莫浪言。」渭致劄曰：「月泉里社，夙邀繡水之齊盟；春日田園，誰繼石湖之雜興。新篇吟就，舊夢喚醒。執事嘉遁山南，大觀物表。追前哲而尚友，不肯同今雨之交；呼市人如使兒，可但集春風之句。能多益善，實罕其儔。」時應龜正隱石門山也。　陳希聲，一作聞人伯仲。又仇仁近句：「野老但知分社酒，地官無復進農書。」

俞金，字作器。其先杭人，吳越錢氏時仕爲户部尚書、董營田使者曰公帛，道義烏，愛其地，遂遷邑之鳳林鄉。户部生德詮，德詮生諫，又徙金華之孝順鎮。諫生海，海生善轉、善智，有子四人。善智子昌言，宋大觀五年上舍釋褐進士，知永豐、蕭山二縣，而善轉子奉復家溪南之琴山。奉生上虞主簿允，允生性，性生壽，壽生義，義，金父也。少好學，善自程督鈎發，水涵木滋，月長歲化，壯而有名。一試不合有司，即退修于家。於經史尤潛心搜討，較辨疑昧，多所益附，受業者繼于門。年愈加，志愈篤，爲學晚而彌成。人望其致用，而宋亡。時士好短衣，語言容飾，狃狎成風。金率其家以禮，深衣危冠，坐談古道。客造門前，威儀俯首，拱而趨以迓。至門左右，立三揖；至階，揖如初，乃升；及位，又揖者三。每三揖，皆有辭相稱，慰慶贊周旋俯仰，辭氣甚恭。間發之文章以自見，久亦散軼不傳。生五子禄、衍、椿、著、某，而卒。本方孝孺《墓表》。

虞如塤，字伯和。世業儒，師事王炎澤。恬静自守，不以利禄爲意。薦授永嘉教諭，不赴。有司勉令應貢，亦以親老歸。名聞集賢院，畀以「清節處士」之號。尚義好施，游心經史，終老不倦。舊本古《志》。

丁存，字性初。性質朴，不外撓，博洽群書，善屬文，尤長於詩賦。屢徵明經，不就。嘗遊宗文何先生門，相與闡明理學，以遡金、許之傳。晚年，優游盤谷，四方學者群趨之。所著有《雲崖雜稿》若干卷。古《志》載《文學》。

胡守正，字志貞，號巨川。性恬静，不嗜仕。家酥溪，作「園趣軒」。明洪武甲寅，劉剛爲之銘曰：「烏傷之區，龍祈之鄉，胡氏世居，樹德則臧。是園謂何？惟日爾涉。涉之伊何，我趣我悦。晋有處士，亦園是娱。高風千載，爾則同符。」

明

沈賓國，字用之。資性英特，博閱經史。年十四，師姚江鄒公選，明性理之學，攻古詩文。遊越，見知於謝文正公遷，詠雛鳥圖以贈，延與子丕同學。十七棄舉子業，居雙溪之上，扁曰「誠」，自此潛心考道，隱覆釜山以終。詩冲淡和平，間發奇思。所著《五經注疏》《太極圖衍》《皇極經世書疏》若干卷。

陳洄，少喜功名，忽棄去，謂其友曰：「吾於世味孤矣，將漁於山，樵於水。」其友未達。洄曰：「樵於水，意不在薪；漁於山，意不在魚。是無所利也。無所利則樂矣。」

劉德，字彦修，號山南後人。郡學生。《題五松軒》詩，有曰：「一枕風聲龍嘯起，半窗月影鶴飛還。主人怕有明堂詔，兩扇柴門鎮日關。」

陳樵，與元東陽人同名。字時彩，號勿庵。隱居霧溪，天性孝友。少失恃，言輒悲泣。好施予，尤厚於族黨，里中健兒有食其地二十年者不問。婚葬必據古禮，取文公四禮，附著爲《家儀》。又定家規數條，率宗人行之。足迹未嘗至城邑。守正嫉邪，人以比之王烈。知縣吴仲珠知其賢，嘗式其廬。弘治初，王汶將疏其行，以風厲一方，樵力止之。所著有《群醫纂集》，藏於家。舊本古《志》及《孝宗實録》。

國朝

劉元震，字聲之，號恐庵。少負氣，睥睨一切。已，從長者遊，一言一動不敢肆。試入郡庠，思博一第答君親，亡何棄去。居郭外五里青巖山之石門，屬先世山南應龜棲遁處，署曰「環山草堂」，有記。蓋山南去元震時幾四百禩，山南故，以黄文獻弟浩爲後緒尚衍，元震其世裔，欲追而跂之。而石門多樵人，元震與爲伍，號「壁山樵子」，時出耕。已，教其族洎生徒，嘗杜門闃寂，口誦手披，遇當意，留連作數日思。於忠孝大節，有味乎言之一二素心。至與登山臨水，賦詩談道，去如故，屏迹城市二十年。博綜群籍，歸源於六經，晚究聖言之旨，頗有得。其頌王忠文公褘有云：「較子卿之勁節而多一死，擬魯公之駡賊不折一兵。節視學而無愧，才藉行以彌昭。」謁公頹像於圮祠中，云：「庭阯荒凉千樹緑，爐煙斷滅瓣香疏。」又賦公圮祠云：「雲鋪滿地之影，月透中天之光。鼯任嗥而多穴，燕欲語而無梁。溪藤高抱其柱，園筍暗抽其廊。鬖眉墮落兮徒正笏而垂裳，木主顛倒兮誰補櫝而陳漿。」念先世若武節、山南、青村及有風概者行事篇章，若存若亡，述而志之，復加搜討，彙爲一編曰《繩武集》。所作詩文曰《環山堂稿》，類多意勝，於辭中含淡惋無聊之意，而集首不書姓名，不欲人之知之。其友龔宗鑑謂「白沙有言：『須是大哭一番方樂』」。又曰：「聲之雖一時名不甚顯，他年必有慕其人，稱道弗絶者。其稿無減《聽雨》《夢癡》也。」金司空世俊曰：「宗侄聲之躬耕砥節，品韻殊高，詩卷興致清遠，洵與族祖山南先生踵芳濟美矣！」又與宗鑑牘云：「見元明所作聲之序，心喜其志節清卓，欣宗祊之有人爲老拙作歲寒同志也。」元震無子，自卜藏所於繡湖西原，卒後，同學及門葬之，立之碑，私謚「安節」。稿外有《金華文選》《地理書》《評陶詩》諸種。

《環山堂記》：劉子所居，前對數峰，後臨一澗，外有小山，如帶環匝於側。歲癸卯，擇地之偏，成室數楹。中搆一堂，聚族之兄弟子侄講學論文於其間。弟子曰：「古人結廬咸有以名之，先生將奚以名此堂邪？」余曰：「是堂也，案積圖書，園充果卉，茂林修竹叢列堦前，翠柏喬松隱映簷際，皆有可名。而出門一望，四顧皆山，則當舉其大者而名之以環山，可乎？」弟子曰：「亦有以推廣其義否？」曰：「有。山之峙也，屹然不動，可以觀守。君子當忠孝節義之界，有利害莫動而百折不撼者，當如是也。寂而無譁者，山之静也，可以觀性。君子于道德淵微之旨，有藏無眹蓄無際穆乎不測者，當如是也。山以忘機任物者，示人以廉，是以苟非吾有，則勵一介不取之操者當似之焉；山之艮止無競者，示人以讓，是以義當辭遜，則屣萬乘如脱者曷難似之。山有不擇土壤之益以成其高，人之積學廣問而小善不遺者，不當若是邪？山惟藪澤納污故成其大，人于用所不足而含垢忍眴、奮發有爲者，不當若是邪？而且蓄材木、孳禽獸以利民用，山之施溥而濟博矣，人之得時而駕其洪恩渥澤、周被四暨者，不當若是邪？抑山與天相望而不相親，在《易》以爲有遁之義焉，人不幸身丁否塞，則知雄守雌、樂天知命、化忮求而不用、秉道義以自臧、絶人世之畔援、寶吾美之無疆，則亦惟山之德之是似也。今日者，余取以名堂，亦冀與二三子顧名思義，有以效法，砥礪于無窮。若徒曰青碧横黛、嵐烟抹翠，宅心于玩景怡情而已，則窺吾户者山也，排吾闥者山也。山自環吾堂耳，于我何有哉！二三子其勉旃！」弟子唯唯曰：「敬奉教。」

虞奕芝，字谷生，號退庵，一號茹潛，華溪里人。爲文援筆立就。弱冠遊郡庠，甲戌年，二十三，學使者黎元寬，拔置第一，劉鱗長繼之，亦第一。三十二擢明經。已，隱居武巖，課其子，受生徒，一時學者宗之。居内外艱，慟不輟。家屢空，不以介意。有二弟，衣食之。姊嬪於朱，朱北上不返，并甥女迎以歸。長，擇對嫁之。其姑老，亦迎以就養。初，張司馬將殉也，先一夕勸之引決。司馬曰：「愛我哉，君也。」朱乘六帥東甌，姊叔也，延至幕，勸以約束兵伍、善遇士類。朱如其言，甌人歌思之。族人有罪至辟者，力解得釋，賫數十金券以謝，立焚之。襟期冲淡，與人交油油然無城府。然有不善輒義形於色，雖强禦弗顧。少好讀古文，得其神趣，爲文超逸多風，有所觸發於吟咏。不入城市數十年，所著詩歌古文辭，草就輒棄，或爲人持去。逾時問之，曰：「某未嘗作也。」其子愷，從兵燹餘購存十之一。年七十四卒。

《寄前學使者黎諱元寬書》：甲戌蒙恩，擢冠多士，迄今二十年，聞問未嘗一達左右，然慤懷每念不忘，懼即匪彝以隕越師教。惟夫子提衡兩浙，所沾濡者以植以榮，迄有成就。而奕芝獨十年困頓，僅與遴選，已成往事。人不過數十寒暑，趙孟之貴，後世亦不能指數，其能留人千萬世哉？陸沈之後，兼踵事變，遇貴鄉使者一詢起居，崎嶇患苦之狀略聞焉。然益聞益喜，魯仲連布衣，梅福下吏，其風致何如乎！夫「弔者有門，則賀者在閭」，若賀者在門，則弔者又將在閭，形之賀孰若心之弔也？伏祈夫子調攝保愛，俾後世知靚吴廣宋猶有遺賢，幸甚！奕芝蓬蒿賤士，學畊其素，如虧節毁素，則長棄於大賢之門，若其見短察眉、索途冥行，冀進而教之。

《寄前邑侯熊諱人霖書》：十載違顔，吴門東海，即仰昔賢之遺踪，殊可太息。惟師宿弢偉識，疾風之餘何能吹勁，乃聞一二宦業悉付塵飈，此何足深怪！陸沈禾黍，一身亦是餘物耳。顔氏在五代，不廢書種而織之，不僅逐貧，亂離中有天地，有性命，非此不廣。奕芝三十二歲與明經，次春方擬至金陵一候起居，而倉卒回舟，此後聞問爲艱。自擬荷鋤末卒世。人世旦暮耳，真性長存，得與大君子之門，期無負鈞冶爲幸。

《復友書》：瀚海茫茫，而不隨火熱水濡者，獨有一寸耳。若介鱗飛走，種種隨化，毛骨間甯復有鬚眉耶？弟誓農夫没世，但手足勞瘁，憊於貧困。陶情遂性，不能盡然，然安敢戚戚也！少艾不能自持，金夫移躬，往往有之。若數年不字，已成老婦，欲復施脂粉，俛首從人，波文醜態，益甚少時。弟之不肖，敢云爾耶！處田間不可無古人，近來伴侶，何人作長嘯侶，幸以相示。

吴偉玠，字公桓，自號完璞，家城南隅。少自負，爲進士業。嗜奇，即先輩法有所不屑。善飲，座中有辭去者，輒止之曰「勿敗人意」，醉中嘗自詡曰：「霍嫖姚，吾所慕也。」遊庠，未幾食餼，已，棄去别妻子，爲頭陀，敕斷家事勿相關。入深山，誅茅爲屋，罕所通接，拾薪以炊，往往至絶粒。時取《春秋》四傳并《綱目》等書討論之，文成數萬。繼去處州台山寺爲僧，寺緇流甚敬之。然晨昏事課誦，斷酒，偉玠苦之，謝而去。經武義山庵，庵無主，留數月，無可語者，去之。金華山寺留數年，亦去之。未幾妻死，二子爲農。同邑朱司馬别業在龍門山，有庵，請居之。然岡嶺崇峻，人迹罕到，不能時時致酒，居二年，亦去之。乃往來邑諸刹及二三朋舊家。朋舊見其來，浮以大白，便欣然醉，醉而别，别久復來，如是數年，卒。所著有《石門山記》《劉山南先生辨》《月泉詩人志》《謁王忠文公祠記》《表山南隱德辨疑》

《同劉聲之重遊石門讀山南遺詩》諸詩，《環山草堂歌》。其論王蠋曰：「自蠋名聞於齊，千載下草莽之臣不容以無職委，匹夫不可奪志，信烈丈夫也。」論諸葛瞻父子曰：「諸葛君，品望爲漢家第一流人物，固不待後人而顯。然有子有孫若瞻與尚，益徵世德，作求之美，猶之漢照烈雄才甚，爲後主減價得北地，諶王數言庶，足輝映烈祖。」人以爲名言。

龔宗鑑，字元明，自號心水，松門里人。父陽夏，字長卿，號南華，官都指揮，與叔士驤、陳達德、吴之器兄弟林間倡和，以詩名於時。宗鑑神明軒朗，不喜性理書，不喜禪，善諧。弱冠遊庠，試必高等。年四十棄制舉。博覽善記，爲劉元震作《字説》，類古姓名字同元震者成之；《記石門》類《石門説》，通稱亦然。其詩文多俊思逸句，閒涉騷譃，有令人破顔絶倒者。手録古書幾萬葉，名其樓爲「萬葉樓」。家無斗儲，嘗晏如。時往來于二三朋舊家，信宿輒去。去數日復來。生平見人輒嬉笑，善愁者遇之亦忘其愁。里中有惡少年訐縣宰，事覺，引宗鑑繫之獄，仍吟詠。上之監司臨讞，以獄中所詠詩呈，監司閲而笑曰：「好詩！」遂釋之。無子，生二女。不能自存，與其妻往依壻。妻亡，二壻亦亡，返依侄。侄貧，依雙林寺僧。居雙林仍

時時就嘉好，衣履穿決，嬉笑自如。踰年以病卒于家。所著有《濟美録》、《自娱集》、《偶談集》六十卷，《古詩唐詩集句》若干卷。

虞奕芝《濟美録序》：戊亥之交，元明曾語余曰：「余家詩文濟美數世矣，今撮其略，彙爲録，曷叙諸？」余唯唯，謝不敢。繼語余曰：「劉子聲之序之矣，嗣之何如？」余唯唯，謝不敢。歲丙午，假息四適齋，與元明居趾數武，而近携彙録以示。元明自言唐世詩人繼作，嗣美不及三世；漢、魏、晉、宋，唯班、曹、謝、蘇諸家父子稱盛，餘或僅焉。劉子述其前世諸賢，著名漢宋暨有明，而後者繼其武。余惟侍御日池先生所爲文，其微者明道德，其顯者經國家，由體以達之用，可謂卓然自樹立者。其發爲聲歌，雖極敦琢，而勁氣自見；溧水令麟侯先生諸賦，博綜淹貫，俱極體要。較諸前人，豈獨賈誼升堂、相如入室哉！諸律詩句敲字戛，穩適匀秀，斐然作者之致也；都閫南華先生諸詩，觸境風生，標格秀出，荷擎紅而拂水，柳含緑以嬌春，翩翩焉戲鐵馬於柔鄉、列宫娥於錦隊矣。然而諸先生所以藴於中而期自見者，豈獨以文哉？後之人追其緒而竟其施，固不在區區文字聲律閒也。元明年雖暮，種學績文，行事猶似少壯，慎無使濟美者勿全其美乎！

又《自娱集叙》：往十餘年，余見元明於郡邸，意氣軒軒，少許可，有霜飈之志。又數年，復遇之，困頓如故。爲元明悲，又復自悲。丈夫處此，宜其戚戚哉！戊子冬，持文見示曰：「余薄舉子業而爲古文詞，蓋有得者，其爲之裁。」余惟元明之文，豈獨余知之，邑之縉紳先生及士子有見有聞皆知之。若試諸清廟、什之雅頌，當不獨一邑之見聞知之。而元明今日之號則反是，曰：「余自娱而已。」余因是而益喟然也。古之人有言之者矣：密爾自娱於斯文，則孟堅之志也；清凈貞正以自娱，則顔𩕳之志也；喜讀書著文章以自娱，則淵明之志也。夫富貴而忘其身，終日馳騖而不知止，得則忻忻、不得則戚戚者，吾不知其中之娱焉否也。若猖狂詩酒間，輕世肆志，而崇游俠之行以自雄，予又焉知其不以爲娱者。且夫得失亂其中，憂喜移之，一不能勝則神有不全然，中無所樂而求勝，雖不戚戚，其戚戚者固有在也。彼獨處窮巷，師淵明之所云而被服乎聖門，歌《商頌》而聲出金石，則窮年足娱矣。元明其進於是哉！

蔣偉，字韋人，諸生。父客死塞外，踰漁陽，歷令支，窮醫無間，負骸歸。弟蚤亡，行事似鄧伯道。不樂仕進。督子耕田，非力不食。寇發於坑，率子姓奮袂擊之。已，入夏屋山中，作《夏聲集》數卷，陳聖圭序之，比于仙華全歸。卒後駱秋駕誌其墓。

朱淳贈詩：霜徑回車蔽曉嵐，枕中《越絶》病中參。扁舟未就逃中土，封植何曾視長男。菊采金莖仍舊侶，蘭滋玉蕊擘新含。卿才尚鑒郇豐下，趨向南陽佐盍簪。

朱淳，字同源，以生有嘉夢，號夢嘉。家泮塘。少負才思，有用於世，而神度落落，有曠情。爲文思致幽湛，出儕偶意想外，閱者反復，乃得其趣。弱冠試童子，爲學使者黎公元寬首拔士，自後試不越第三人。所撰古文詩歌，視經義尤甚。初視之或不能解，久而服其雋永。時之謀篇者，涉筆便以爲可，淳曰：「此神玟經公案狀也。」壯齡舉恩選，踰年棄去。賦《秋離詩》四百首，曰：「冉冉虛生，吾詩書中罪人也。」遂自處於散人，不修候問，壹意古學，對玩書臺，正襟危坐，忘寒暑晝夜。有所感發，娓娓言之。年六十一，寇燹及廬，筆床茶竈俱燼，田園就荒，自是居惟四壁，體無兼衣。兒女纖穉，不向人乞憐。其憊已極，乃尋幽，則乘興忘遠，遇遁世士，與定交期終始，酒酣耳熱，嘯而歌，旁若無人。與人相勉，則惟以「武公切琢，伯玉寡過」爲言，如是者四十餘年。生萬曆甲寅，年四十一遊龍門，訪天山道人鄭某，講論河洛之學，復撢朱陸之藴，揭姚江致知之説。爲宗邑大夫聞其賢，於月朔望延至明倫堂，剖學習固窮之義。卒之前一月，眸光炯然，音吐徹户外。已而卒，有詩文集。

方技

方技它志皆有之，烏不必無。輅之卜，景藏之相，景純之葬法，而前此無述者，今亦無所聞見。惟丹溪之後衍其傳，宋學士之門亦行其教，是理學文章之瀾洄也。而堪輿墨戲，近世一二文人高士亦習之，然各舉其大，此不復載云。

元

朱玉汝，得父震亨傳，與從弟嗣汜俱以醫名。子文永，授醫學訓科。孫宗善，正統初，以醫著名，嘗編所試驗方，附《格致餘論》後。

明

宋淵，濂兄，爲邑醫學教諭。

商節，字彦和。父伯永，長於方脉，醫輒取效，授義烏醫學訓科。節承父業，充太醫院冠帶醫士，每宫掖療病，無不奇驗。永樂時，上召令診脉，稱旨，特賜黑驢，加銀牌絡首，得乘出入禁内，寵賚甚厚。陞太醫院判，進階承德郎、掌院事。

虞摶，字天民。幼習舉子業，博覽群書，能詩章。因母病攻醫，遂擅其術，尤精於脉理。經其診者，數年生死無不驗，求療不責其酬。韓方伯某，聞其名聘，令驛送往見，甚加禮敬，治病餘，叩問醫道。摶以「節嗜慾，戒性氣，慎言語，謹服食」乃攝養之要，益欽服焉。義烏以醫名者，代不乏人，丹溪之後，惟摶爲最所著。有《醫學正傳》《方脉發蒙》《百字吟》《半齊稿》行於世。

徐行，字遜之，文清公僑裔孫。少爲郡庠生，博稽群籍，氣宇慷慨，好施予。長於方脉，治療多奇效。晚年濟人益廣，所著有《脉經直指》《碎金集》。子尚志傳其業，敦厚明爽，縉紳士林咸器重之。

陸潭，字本深。先會稽人，父金以醫術名烏，遂占籍焉。潭二世傳業，通脉理，熟臨證。爲人謙慎，裁方制劑主以平和，不妄投劫藥以取奇效，斟酌加減，病亦旋理，人皆愛信之。晚年聲價益重，郡邑大夫及鄰縣士民延請無虚日。子崧暨孫雖習儒，亦世其業。

國朝

虞國麟，號瑞石。究地理家言，試以故壠，應口而合。順治時遊山左，會詔卜山陵，巡撫都御史以名上禮部，選中者五人。屬探穴址，某某所指皆石，某某所指土石半，國麟指之得土五色。

謝天祺，號毓林，愷裔孫。習舉子業不售，遂攻醫，取《丹溪心法》等書讀之。以藥自隨，貧者輒施之，起死以數十百計。邑侯許公直、孫公並旌其門曰「恒心活人」，曰「仁壽」。至九十四卒。子繼周述其業。

虞智庵，善丹青松石，吴之文贈以詩。

樓一品，字朝之，號緑濱。居東江。上世宋咸淳間有仙人授以幼科術奇驗。至明永樂中，汝章復得異人傳，名動都下，於是宗人世守之。一品少研經史，不屑窮《素》《難》，已而慨然曰：「希文言不爲宰相，當爲醫。抑吾邑丹溪子，儒者也，不嘗以醫顯乎？」乃博討方書，積十餘年，出無不中。當路重之，授以邑醫學官。父守志，嘗以仙方作丸散施人，貧不取值，即造請者亦不計，享年幾百齡。一品繼之，即造請亦不計。且曰：「吾家所稟惟仙，不知古人所言，自有妙理，仙即在簡編中。」晚歲施不倦。康熙壬戌，邑麥無秋，黠者思揭竿起，取藏穀百斛以賑，諸大姓從之，民志乃定。又捐修平政橋，捨地施茶，日不輟，年亦近耋云。

附：寓醫

趙炳，字公阿，東陽人。能爲越方。時遭兵亂，疫大起，與閩人徐登遇於烏傷溪上，遂結言，約共以其術療病。相謂曰：「今既同志，且可各試己能。」登乃禁溪水，水爲不流。炳復以禁枯樹，樹即生荑。二人相視而笑，共行其道焉。貴尚清儉，禮神惟以東流水爲酌，削桑皮爲脯，但行禁架，所療皆除，人爲立祠曰「烏傷侯廟」。廟猶存永康，至今蚊蚋不能入云。

寓賢

他志有「流寓」，亦曰「游寓」。縣古、舊《志》皆無此目，今從《府志》所載，與邑乘軼事遺篇内散見者，捃而補之。

宋

朱熹，婺源人。詳《宋史》本傳及行狀、年譜。邑人徐僑、傅定出其門。淳熙八年至縣，劉輝熺兄弟從之遊，爲卜其曾祖豪墓。詳《丘墓》。

陳亮，永康人，邑人何恢壻。有恢《墓誌》《祭文》，《祭何恪文》，恢子大猷《墓誌》《祭文》，《祭妻祖母王氏文》，劉夫人何氏、喻夏卿、喻夫人王氏《誌》。後裔遷居縣。

蔡抗，字仲節，元定孫。淳祐十一年知郡，有《烏傷行》，中云：「我來摩挲墓前石」。見「顏孝子墓」。

元

王柏，金華人，本傳見《元史》。有《次韻蔡抗烏傷行》詩，見「顏孝子墓」。

明

宋濂，先世本邑人，五世祖柏遷金華之潛溪。柏以兄永敷子溥德嗣，溥德生德政，即守有。德政生文昭，文昭生濂。娶義烏賈氏，縣西根溪賈氏女名專，二十二歸濂。專母老，濂迎養於家。專與濂沽酒買魚，奉二老人歡。濂曰：「吾雖貧而老，親之歡如此，吾退而安寢矣。」姑亡，每念及輒涕泗交頤，刻木爲像事之，遇疏食菜羹必祭。濂曰：「昔丁蘭刻木，丈夫之事，女婦能行，賢矣。」見濂《先夫人木像記》，又遷浦江青蘿山。元泰定四年，濂往伏龍山，與聖壽寺禪師元長締方外交三十年。至正中，時時過元長，談説連日夜。洪武十年，濂致仕歸。明年，住持如海建學士亭於寺南，文章多刻存焉。子璲，邑人方天瑞壻。

方孝孺，寧海人。詳山陰劉子宗周《道統録》。弱冠，從宋濂講學浦江東明書院，見濂《集》及王汶《東明書院記》。王忠文公禕子綬、紳，與孝孺同師濂，刻禕《華川集》，屬孝孺定之，爲之序。禕死節雲南，門人議私謚之，紳告孝孺作《王待制私謚文節議》《祭王學士文節公文》。紳子稌，師孝孺，許以女，周旋其難。汶即稌子。

陶奭齡，文簡公望齡弟，號石梁，會稽人。詳《紹興府縣志》及《學邨園傳》。萬曆三十七年諭東陽，與邑諭陳乾陽時相聚會，嘗集吴氏抱甕園分賦，見《陳達德集》。

列女古《志》作貞節

史以著平治之模，而列傳之末必登壼則。雖爲目遞有不同，要師列女之意，以與賢臣志士争光竹帛，蓋節而成於女不易矣。然女而不節，尚得爲女乎？故天下之至正者，乃天下之至常也。而有奇尤卓越，爲丈夫子所難能者。始寧倪先生元璐曰：「孤情之所獨抗，得死而成；正氣之所不徂，造生彌永。」此褒忠也，亦可例節。邑之列女，載在古《志》，舊《志》增之，今復增之，而前有足範於後者，後未嘗有遜於前，古今人何遂不相及乎！然則《名臣》《理學》《孝友》《志節》《儒林》《政事》《文苑》《隱逸》種種見於《志》者，後之視今，猶今之視昔也，覽者慎毋以爲此女儀當然，而勿以女自處焉

明

宋氏，名婺，濂女弟，賈明善妻。歲戊戌十月，西兵擣蘭谿，婺同明善避浦江城竇山中。未幾，鄉民嘯聚，倡亂殺人。婺亡匿灌莽中，爲游隊所得。抽銀條求脱不

得，將亂之，因以計紿之，行至深潭側，躍入，死。時十一月十四日也。

傅氏，名善貞，龔印可妻。年幾三十，印可卒，堅志守節，訓育二子泰、寧。泰官户科給事中，死靖難節。泰妻傅氏生永吉，方四歲，撫教肖其姑。後永吉仕至大理卿。知縣吴祐爲作《安節堂銘》。

厲氏，名妙圓。建寧太守時中女，太常署丞樓士恭妻。士恭世家東門，妙圓自歸，相士恭有道，治家有法，奉舅姑以孝聞。洪武癸丑，士恭卒於任，遺孤安方七歲。妙圓年二十二，朝夕哀泣，堅貞自持。父姑憫其少，欲使更適，妙圓曰：「豈有士大夫妻，復爲他人婦乎？」舅卒，姑年老，事之益謹。家政無巨細，必禀而後行。每飲食必先姑。姑終，葬祭以禮。安稍長，輒令就明師學，躬蠶織以資膳脩。遇夜，妙圓親女工，安讀師所授書。寒燈雪屋，機杼絃誦之聲嘗至四鼓。歲時薦奠，慟哭如新喪。後安克自立，承其家，孫六人。年七十有七而卒，知縣劉同爲之傳。

舒氏，鄭經婦。德容兼美，尤善書數。年十六于歸，内外無間稱。景泰中，處州賊葉宗留嘯聚山林，劫掠郡邑，氏爲所鹵，悦其容，挑之百端，終不對。夜乘賊寢，潛出寨門，以羅巾自經。家人收其屍，瘞之，玉色如生。後四年，賊平，鄉人藍汝耕夜經氏葬處，見一少婦出室，迓曰：「妾舒氏之女，鄭門之婦，與君居同鄉，爲狂賊所鹵，恐罹污辱，乃自縊，兹抱恨泉壤四年矣。天府以妾貞烈，爲雷府侍書。奈塵緣未絶，衷悃未伸，伏願君附書信以致姑嫜耳。」授書訖，更以玉簪一枝貽之。汝耕越三日過鄭氏，呈是書與物，備悉其故，其姑嫜垂泣視之，誠然亡婦手札及舊簪也。舊《志》載《遺事》，本《西樵野記》。

金氏，何仁五妻。年十九，仁五死，止一女，每撫之而泣繼以血。所居廬三間，族有欲其再適而私其産者，毀其半，使無以棲。氏志益堅，立侄爲嗣。有司知其節，歲遺粟帛。郡守劉蒞上其事，詔旌之，復其家。

王烈女，許某爲室。未行，某死，請於父往弔。父與俱至，則服衰守喪帷。父命之歸，女取銀珥投於水曰：「此珥如浮，當從父命。」依姑處樓上終其身。

方氏，丁復興妻。三十，復興卒，送柩往葬。先是，堪輿家云：「山有吉壤。」族人挺矛以阻，護喪者將與之鬬，氏止之。護喪者曰：「然則毋葬乎？」曰：「葬者藏也，寧必此地之是而彼山之非乎！」護喪者曰：「餘石也，舍此不可入矣。」氏乃徘徊，睇曰：「木長於土，彼拱把者，非土不長，去木得無有土乎？」伐木，果得土，方廣八尺，遂以葬。其後科甲衣冠甲於邑里。雖節婦之貞淑，天實佑之，然是地與有力焉。

虞氏，駱柱妻。柱亡，年二十三。哀慟逾禮，毁其容，杜門深居，日夜紡績以營衣食。教二子焕、煒有成。年九十卒。事聞，詔旌其門。

虞氏，黄極妻。極卒，遺孤宗鎬三齡。葬後，與姑及婢屏處一室，紡績存活。有東陽張姓，賂其父，欲娶之。氏籲天誓死不能奪，孀居六十餘年如一日，卒年八十有五，嘉靖三十二年詔賜旌表。

趙氏，黄宗武妻。年二十二，宗武卒，誓守孤幃，力勤紡績五十餘年，内外無間言。事聞，詔旌其門。

陳氏，徐越妻。越屬纊時，年十九，抱孤恭守節。恭亦亡，繼侄廷佐爲後，晚節愈厲。巡按御史周汝員扁其門曰「冰霜雅操」。

黄氏，庠生吴嘉謨妻。歸三載，嘉謨卒，氏年二十一，哀毁幾絶。有欲奪其志者，忿叱之，卒全其節。有司具申，學使者范惟一表之曰：「貞行卓有古風，完節允爲内範」。

馮氏，龔福興妻。福興卒，哀毁骨立，時妊方七月，閲三月而子熙生。辛勤勞瘁，撫育成立，考終於室。郡守汪文淵行文褒獎。

樓氏，江灣吴湘妻。湘亡，氏年二十四，哀慟幾絶。有富室欲娶之，斷髮以誓。教子明相入邑庠。年至八十卒。僉事趙大河表其門院，賚以帛。

方氏，監生龔滔妻。滔亡，年二十，泣撫遺孤，辛勤自守。及子女嫁娶終，一日謂其子曰：「吾志畢矣，吾將見汝父於地下！」遂絶飲食，更衣而逝。

王氏，龔廷亨妻。年十九，廷亨死，矢志撫孤，年踰七旬，始終一節。郡守李一元行奬復其家。

陶氏，王兆慶妻。兆慶亡，氏年二十二，孀居自守，飲荼茹檗，白首不渝，年八十六卒。郡邑褒奬。

虞鳳娘，守中女。姊適東陽徐明輝，姊死，明輝懇於守中，欲聘爲繼室。鳳娘伏床號泣，父母慰解之。鳳娘收涕告曰：「女見兄弟未嘗同妻者，即姊妹可？知必欲吾往，有死而已！」父不聽，遂絶口不言，自經死。侍郎虞守愚制文奠之。

洪氏，李誠妻，知州文婦。誠染篤疾，氏年十九，典衣療治。及革，哀毁逾常。已，姑及娌勸其改適，氏斷髮號誓。姑老子幼，竭力事育六十餘年，内外無間言。知縣沈天麟贈以詩云：「夫在兩心結，夫亡兩子單。棲鸞謝鉛粉，鐵石矢心肝。白璧百年事，青天一寸丹。表揚應我愧，貞烈異時看。」知府葉宗春具其事以請，隆慶五年，巡按御史謝廷傑奏旌其門。

傅氏，名阿瑜，吴百忠妻。百忠道卒，氏年十九，號頓踣地，指天自矢不更適。時衣食不裕，無嗣，止遺一婢，艱苦萬狀，家人難之，欲奪其志，久而益堅。以侄大繼爲嗣，撫入邑庠，歷四十餘年如一日。鄉里具詞府縣備申，院道表揚其門。事見《堯山小傳》。

王氏，名貴。舉人毛一松妻，照磨毛倫婦。一松會試，道卒。貴聞，斷髮守制。一子如玉，甫八歲，撫之，悲號日夜不輟。夢一松示以詩曰：「悽悽復悽悽，白頭不相離。」課子入庠。娣沈氏名淑，一松弟庠生一蘭妻，年二十一，一蘭染病，盡心湯藥。瀕危，祈以身代。一蘭死，子生二月，名之遺兒。越二載，遺兒瞽，母家欲令再適。氏悲泣告曰：「夫雖不幸，而夫緒尚存。若以夫亡子瞽而改節，他日何以見夫於九泉邪！」事姑以孝稱。知縣潘允哲上其事於郡，郡守葉宗春遞申之。隆慶五年，巡按御史謝廷傑表其妯娌雙節云。

謝氏，鄉賢愷女弟，霧溪陳暎妻。年二十，暎亡，哀毁過常，撫孤四歲，室中常以燭達旦。奉姑盡孝，歷五十餘年。侍郎虞守愚具詞旌表。子臻遠篤孝，賑饑者三，餉兵剿衢盜，捐金建學，奉詔助邊，授七品散官。孫德達有卓行，郡邑獎勵。識者稱其閫範云。

楊金娘，明八女。幼許胡恩爲配。恩以貧故應募，過辭明八，立語當門石畔，金娘偶窺見之。逾年訃聞，號慟嗚咽。明八私受里人葉守和聘，將改遣焉。金娘知之，潛往恩所立石處，涕泣三日，得隙，自經死，時年方十七。事在萬曆五年八月二十七日。縣采公評立石表其墓。

王瓘娘，宗武女，垂髫聽宗武語古烈女事，心輒喜。受聘於馮希範，未歸，希範痘亡。訃聞，瓘娘哀毁，晨昏涕泣，誓與希範相從泉下。族逢喜慶，一切不與。邑士夫有欲娶之者，剺髮以明不二。父母知不可奪，别建一室居之，從以一婢。足不踰閾，目不窺户，宗姻罕見。顔面茹淡甘苦，躬紡績以自給。每遇希範忌日，悲哭踰常，四十年如一日。萬曆八年，縣以「千古貞風」扁其門。因感傷成疾，卒十六年。知縣熊鳴夏立石表其墓。二十三年，知縣周士英具申院道請旌。

戴氏，武林廷祖女，沈時學妻。年十七來嬪，十八時學死，遺腹繼淮，撫之成立。辭禄侍養，歷五十餘年。院旌其門。

葉氏，劉潤妻。年二十四潤亡，遺腹一子來，娶婦朱。未幾來卒，朱年十九，無子。父母欲令改適，朱仰天誓無貳志。事姑惟謹，辟纑以資膳養。及年六十一，先姑一歲卒，後與姑同葬本都長蘭，有異花數本出冢上，狀如白菊，朝開暮滅，人以爲雙節所感云。

王氏，劉守廉妻。年二十二，守廉亡，遺孤在襁褓。與守廉槽同一室，撫孤有立，終始不渝。

李氏，黄承洙妻。適三載，承洙病革，氏年十九，慟躃殞地。姑諭曰：「孤在襁褓，且有娠，撫之成立，上承宗祀，孝也。徒死何補？」氏乃矢志堅守。舅氏憐其青年，勸令他適，氏持刀欲刎，乃止。家勢彫落，勤紡織以贍，朝夕課子。嗣華肄業邑庠，旋卒。婦俞同姑守節，堅守無二。知縣俞士章以「一門雙節」扁之。萬曆十五年，巡按御史王世揚奏旌其門。

張氏，名妙英，隱士沈賓國妻。賓國家貧，好讀書，交遊吴越名士，不治産業，妙英織紝以供困乏。及賓國亡，妙英年二十五，時子天秩甫周齡，悲號觸石幾斃。姑再四慰之曰：「沈氏一脉，惟是藐孤。我且老，汝亡，我與若孤誰倚？」妙英乃感悟復甦。久之，父母憐其年少，勸之再適，妙英曰：「沈生欲爲古聖賢，吾獨不得爲古烈婦哉！惟有以死相從於地下耳。」不能奪。遇忌辰，慟哭竟日，歷五十六載，始終如一。縣上其事，道院數加獎異。年至八十卒。

陳氏，朱霈妻。性温恭，不妄言笑。適霈，孝養舅姑。年二十二，霈亡，遺腹一子，矢志堅守，屏膏沐，勤織紝以鞠其孤。孤長，家貧流落普濟寺，强氏徙居，氏諭以禮，不從。孤尋没，復與婦撫孫。孫復夭，婦去，朝不謀夕，志節愈勵。年逾八十五而終。家無遺資，宗族共斂之。

王氏，虞良相妻。頗諳書史。良相以選貢赴京，於嘉靖十三年病卒。時氏歸良相甫二載，年二十，慟哭幾絶。遺子德煇，劬勞撫育，閲一載，亦亡。父母憐之，勸他適。氏斷髮，晝夜悲號不能奪。孝事舅姑，立侄德炤。德炤死，又立德燿。德燿娶婦生子，父子又偕亡。立侄孫應奎承德燿祀。零丁孤苦，年七十而卒。戚里鄉閭言之至爲於邑。

季氏，金貢妻，居赤滸。年二十六，貢亡，哀慟不絶，勺水不入口者七日。日勤紡績，資以奉姑撫孤。姑年八十，事之如初嬪。時山寇竊發，輒相戒毋驚。金寡婦歷四十八載，卒年七十有四。萬曆己未，曾孫德義舉進士，疏聞禮部題覆得旨建坊表其間。

謝氏，景辰女，龔一清繼妻。年十七適一清。一清官廣西副使，留氏侍姑于氏，脩瀡蘋蘩無爽節。一清卒于廣西，氏年二十七，奉姑如一清在時。撫子士驤成進士，請旌得旨建坊。

金氏，字京娘，行太僕寺主簿世儀女。幼失母，隨侍祖姑。年十五從世儀，至任陝西，歸舟泊宜城。盜夜刦之，世儀墮水，京娘呼號力救，賊逼之，京娘赴水死，時泰昌元年冬也。

樓氏，駱元達妻。年十七歸元達，甫二載，元達亡，氏年十九，晝夜號慟。父母憐其貧，勸改適，氏齧指出血以誓。有勢家以繼室請者，持刀欲刎，曰：「吾惟哺孤存夫後耳，乃不欲吾苟活邪！」爰居獨室，紡績供姑，不與喜慶。萬曆二十八年，年六十二卒。邑人以其事達縣張侯維樞，遞詳巡按御史馬從聘扁曰「完節奇操」。

王氏，丁文彩妻。年二十八姑病，刲股以療。文彩病羸，卧不起，供湯藥五載不息。舅與文彩六日内相繼亡，時氏號慟自刃幾絶，姑救之蘇。家徒壁立，斷髮撫二孤。崇禎三年，巡按御史李某具題建坊，以子允光貴，封太孺人。

陳氏，霧溪女，酥溪胡德盛妻。歸甫期，年二十德盛疾革，祈身代；比殞，絶粒誓俱亡，仍縊，救甦者再。舅姑耄，事甚摯，課孤之翰不輟，終身縞衣蔬食。遇忌辰，哀毀如初。縣詳院道交旌之，有《節壽録》。

樓氏，駱行演妻，居櫨林。六月十六日，潰帥方國安悍卒大掠而東，淫殺過赤眉村，婦遠竄三十里外。氏貧不能去，出避山谷中。至前塘，知不可免，立其畔，家人促之不行。須臾卒及，躍入水，水淺，更躍入潭死。後得屍塘中，端坐如生。

樓氏，駱彪妻。潰卒至，氏仰天號哭，卒迫之行，遇一深塘，跳而入，卒恨，入水殺之。人稱「樓氏雙節」。

金氏，駱邦仕妻。逢潰卒，躍入塘，卒起之，復躍入。卒以刀落其裙摟之不得，被數鎗死，塘水盡赤。

何氏，駱舍妻。被殺沈於塘，得屍，遍體皆刀痕。

駱烈女，父明綱，無母。年十五未適。十九日，明綱與女避卒於張坑塘犁壁山下，爲所得。女抱父，賊欲污之，殺父。女以口咬卒臂，卒砍其頸半截，口不釋賊臂血，寸斬而去。

駱氏，名小姑，朝陽孫女，諸暨庠生何瑞上妻，年八十六，家裕。一子爲諸生，諸孫遶堦下。方國安潰卒至，與門内何映賢妻黄氏，時已嫠，同竄兒家塢。卒至，搜得黄，拔刀脇之。黄不從，欲加刃，小姑厲聲曰：「彼二十八歲守貞，可無禮邪！」卒怒，以刀脊砍小姑。小姑罵特甚，乃殺小姑。一老婢以主母被殺亦痛詈，并殺。黄適逢斷竹，入叢自刺死。

駱秋駕《四貞二烈合傳》論曰：四貞二烈，潔比秋霜，寧特光我唐祖討曌一檄之餘烈，抑且係天柱地維女媧煉石之聲光。或曰：「四貞之二樓無閒，然矣，若金、何二氏之曾再醮，何曰豫讓之晚節，而春秋韙之。」嵇紹委身父仇而蕩陰録焉，且魏文貞也，而謚著唐史。今金、何之志節堅持，無慚末路，金石一心，何獨非貞。或又曰：「弱女罊賊，死烈矣，以八十六歲之名姝而死一嫠婦，不已泰乎！」曰：「丈夫之義烈，左儒見美于周庭，臧洪執誼于漢史，况乎年老氣衰，丈夫不免。張禹末年，乃孊縫王氏；元忠晚節，亦失志三思。今我祖姑能以八十餘年之衰嫗而罵賊身殉，大義凛凛，其與顔常山之烈舌，同争光於日月者也。」

《弔雙節詩》：萬馬聲嘶玉石焚，頸交白刃咤香魂。二姚曾記沅湘迹，六月潭光萬古存。

駱元旻《弔雙節詩》：節俠偏鍾不出閨，樓門二女駱門妻。不從賊污俱甘溺，明月清風暎兩溪。

金氏，進士德義女，適東陽許欽京。丙戌，山寇猝發，淫掠村墟，氏奉姑駱氏避走泊塘山。遇寇，露刃向姑，氏大呼：「勿傷吾姑。」寇轉逼氏，氏力奪寇刀，十指盡裂，急奮臂刎喉殞地，濺血高丈許。寇驚走，姑獲免。鄉人爲立碑。

國朝

倪氏仁吉，字心惠，浦江吉安郡丞尚忠女，邑庠生吴之藝妻。七歲誦《女誡》諸書，慕曹大家之爲人。十二三能詩，兼善書畫。十四慟母柴毁。十七歸之藝。姑龔氏爲一清女，課之藝嚴。之藝因葬父病損，彌留之際，仁吉灑淚和藥，矢以身殉。之藝揣知，力阻之，且屬以立嗣奉姑。仁吉含泣順承。時爲天啓丙寅，年二十，慟絶復蘇，囊土成墳。對籤軸圖書，如見之藝，以針繡爲程課，事姑猶母，得暇爲稱説古傳，娓娓承歡。撫教爲後，三子雲將、雲亭皆食餼，雲津聲高黌序。仁吉自嫠居後，行不窺堂，衣不易素。事姑閲十三載，姑亡，刻像供室中三十餘年，朝夕奉之，間以吟咏自遣。年六十，有《凝香閣稿》。里人舉其事遞申於院，康熙十二年奉旨給銀建坊，事詳《貞節録》。

《悼亡詩》：曉悲鷄咽暮悲鐘，虚却深情我輩鍾。孤館無聲猶似夢，空帷有案爲誰供。殘編點點皆餘血，棄履塵塵尚剩踪。君是仙才宜應召，遥天何處更相從。

《夢先姑龔太孺人詩》：夢魂猶得承顔色，語笑經違三十秋。耿耿此心珍所授，尚存香鴨在床頭。

朱氏，劉之龍妻，年十四適之龍。之龍病羸，語氏曰：「若可他適，毋虚而生。」氏正色曰：「君乃以狗彘視我邪！」亡何，之龍逝於春，之龍父與母殞於秋與冬。氏年已三十，服縞茹蔬，春必自杵，汲必自引。井去家遠，取池水飲之，數十年不以爲濁。康熙癸卯十月二十八日，年九十，沐浴整衣，呼侄與侄婦，訣而卒。

駱氏，名國默，陳之鏞妻，年十七歸之鏞。十九之鏞亡，遺孤璽甫五月，屏去鉛華，足不履户外。奉舅一十四載，姑三十五載，訓育璽。並從紡織，竭力以支，歷五十年無異。性仁，聞有死於道者，命璽斂以槽。荒歲，里人洪啞子持錢買穀，錢失求死，命璽給以米。康熙十二年奉旨建坊旌表。

王氏，禕後，庠生蔣達妻，年十七歸達。康熙甲寅，鄰寇欻起，充斥城鄉。氏家臨江，王師遶道馳至，氏趨覓叢薄以庇。有數騎追及，露刃勒之上馬，氏曰：「頭可斷，馬不可上也。」一騎卒下馬，將逼之，氏躍入江潭死。此十月六日事也。

葉氏，名爾烈，庠生尚坦女。生而骨體娟秀，七歲愛習柔翰，誦列女訓不徹，描刺鸞鳳如生，人以針神目之。九齡許字乙卯孝廉張士紘第三子孫瑶。孫瑶幼失恃，面如琢玉，膚若凝脂，雙眸剪水。稍長，才敏絶倫，年十九而逝。孝廉騎報爾烈，方曉粧，聞之號哭而絶，絶而復蘇者再。泣告尚坦及母，欲親往一拜。尚坦謂未字不宜往，爾烈至誠哀懇，尚坦憐之，盛飾輕輿到門，搴幃出玉佩明璫，拜於堂下。叙禮畢，至靈前拜奠。吞聲飲泣，茶竟，起問太姑吴氏曰「有空房否」，欲少憩。入則閉雙扉，移時令小鬟捧出一奩啓之，珠瓔、翠羽、彩衣、繡襦、弓鞋、趾帶、并髻髮一攢。且傳語送還父母，從此决矣。時士紘與尚坦相携入視，見璽烈髡頭、跣足、披麻、束草，泣拜于地。尚坦持髮，哭聲震天。爾烈從容啓告謂：「兒之截髮，以安二人之心。無他念也。」尚坦因促其歸，璽烈蒙被而卧。士紘、尚坦慮生他變，遣輿迎母於室中，不留尺帛寸鐵。母至悲痛交集，坐徹更鷄，群動皆息，竟解腰帶自經，母覺之，救解。越日，欲親至墓所，阻之不止，裝素輿往，父母舅姑偕行。三奠畢，傾身觸墓下，骨損肌傷，昏絶于地。父母痛哭呼叫，一息而蘇，抱之歸。嗣是少進粥糜，所存惟瘦骨。吴氏曰：「若來時似海棠初放，今作雨打梨花矣。父母遺體何自苦乃爾，且古來節烈多有貧寒，而守終身亦得揚名旌表。今吾兩家衣豐食足，愛養深閨余已，長齋繡佛，兼通内典，相與學道參禪，逍遥歲月，豈非節孝兩全乎！」爾烈拜而泣曰：「兒非木石，感大人至言訓誨，屢違慈命，自知罪戾非淺。然兒亦有短衷。古來守志者，必因親老無依，或有兒女孤藐，誠難捨割。今兒孑然一身，孑無挂礙，況舅與父年當方壯，嗣胤森立。兒今斷髮跣足，已作廢人，總活在世何益？又年方及笄，來日頗長，在生一日，累親一日，不若死之爲便。雖割不可忍之恩情，而全綱常之大義，或不悖於孝耳。」值中秋月色明朗，以杯酌慰母，暫爾解頤。酒闌人憩，爾烈即破碗鋒自剚，血流床褥，母見之抱持而哭，衆皆驚起，急敷以藥。頸尚一絲未斷，晨光初徹，姻鄰過之無不悲慘。從此滴水不進，懨懨待盡。歿之晨，急呼母曰：「兒去矣。」含笑而逝。母臂其首，抱而哭曰：「兒竟捨我而去邪！」尚坦痛之，幾不欲生，室中慟哭哀號，聲震林谷。與孫瑶合葬西林之墅。窀穸之日，郡當路出郊祭奠，紳士紛紜哭送。生無一面之緣，死有千古之義，如此本吳氏傳。時康熙二十四年事也。知縣辛國隆看詳遞申司院，題旌給銀建坊。邑人徵建祠立碑，啓有曰：「拜舅姑於堂下，即是于歸。奠夫子於家中，便爲合巹。觸墓救甦，心已甘於玉碎，投繯未絶，念豈願於瓦全。較夷齊之慷慨，僅少鬚眉，媲文謝之從容，但多巾幗。遂使衛國共姜，千秋璧合，戴家貞媛，一郡珠聯。」

丁氏，名曇娘，年十二許沈敦。十七都人。明崇禎甲戌，敦父官雲南曲靖經歷，敦隨往，卒於署。踰四年得訃，曇娘年十五，哀號欲捐生以狥。寡母傅氏諭以母女相依，女亡亦亡。因遵母命，易服改妝，爲敦立主。歲時伏臘，招敦祭之日。勤機杼針指，膳母歷三十載。康熙十二年，傅卒，鬻衫笄殮葬。葬時積雪没脛，哀慟墓側，淚流頰裂，見者霣涕。又制敦父母主，與敦主具縗絰，捧入沈祠。先是遠近争遺冰上人求婚，曇娘斷髮自誓，終身縞素，足不踰閾。有婢冬菊，焦髮跛足，力作共荼苦不去，年六十七。知縣王廷曾遵檄給資建坊。

倪仁吉《贈丁貞女詩二首》：莫問滇南雁蚤遲，有天詎肯任重移。甘充繡佛司香使，日伴曇花楊柳枝。眉黛未經張敞筆，冰心已慕衛姬風。千秋高行誰堪擬，孤月長懸雪外峰。

童氏，名涓娘，賈之儀二十七都人妻。年二十一，之儀没，二子長三齡，次生三月。家貧，織紝事姑。姑染痼疾，籲天請代，刲股以進，日夕依恃，凡三年，姑愈。寒燈課子，營葬三世，府縣有旌。載《府志》。

朱氏，樓國遴妻。十七歸國遴。十九國遴殂，舅姑垂白，無子。侍養甚勤，貧而益堅。

王氏，許蔣舜咨子巨川。巨川及吴之器門。聘而未娶，巨川死，氏忼慨引決，舜咨迎而合毳焉。

吴之器《黄鵠歌》：黄鵠雙飛迴，顧侶且徘徊。半道忽相失，零落咸摧哀。南山松柏中樵斧，女蘿兔絲無所附。雷填填兮雨冥冥，惟見風吹女貞樹。儂家生處本朱樓，珠簾繡户珊瑚鈎。臨鏡但能窺素影，見花渾未識春愁。夭桃穠李開晴曉，游絲青鳥何繚繞。謝郎詞賦已波瀾，蕙芳詩禮猶嬌小。齊肩兩好物難全，誰爲仰首問高天。雲間比翼形還隻，花底連枝影忽偏。玉碎蘭摧揔成怨，所憐未識郎君面。華畿豈復責前盟，紫玉終須守初願。金雀藻翹明月璫，丹霞作衣雲作裳。借問池蓮抱香死，何如堤絮逐風揚。瑣窗一去白日速，淚漬春痕上堦竹。郎家迎旐裊芳魂，雙壠聯聯並空緑。杜鵑斜日少人行，恨紫愁紅氣未平。已能不枉生前意，何用傳它世上名。君不見楚國龔渤海，十日不食無所悔，何必封侯鼎食誇上宰，又不見大梁夷門生，片言許友殺其身。何必十雙白璧千黄金。儂今欲從泉下人，安待綢繆櫛與巾。嗟乎！寸心難負有如此，悠悠安可欺良史。

峨冠長劍徒爾爲，粉白黛緑有男子。

王氏，褘裔，雁門童應憲妻。崇禎戊寅，應憲病亡，氏年二十，子一訓四齡。襄事後，時過冢悲泣，形惟骨立。尊章髦，朝夕饋食過於應憲存時。而居家織作，聲徹户外。教子擇名師，醴膳盡誠，不使妄交。已，孫世選逝，婦季年二十四。一訓逝，婦王年二十八。孫世逵逝，婦龔十七。皆矢守。時有「一門清似水，四婦節如霜」之謡。一訓亦有孫童氏，五世皆氏一身所繫。康熙三十年正月，有「一統誌」之徵，知縣王廷曾列名申纂。

朱氏，司訓崇魯女，方崇吉妻。崇吉殞，立兄子式義爲後，延傅訓之。娶婦虞，數載式義亡。姑老，持行并廢，痾癢敬抑搔之，先後敬扶持之。疾篤，籲天祈代，葬姑及崇吉。捐田入祠，復立式義兄次子嗣之。

王氏，庠生季啓元妻。啓元年二十殞於痘，氏年十七，歸甫一載，遺妊三月，産子輅。屏絶鉛華，不與燕賀。家貧，無伯叔宗姻之倚，舅姑耄耋，病則博求藥餌，没則力營喪葬。節而兼孝，族人舉之。

樓氏，庠生朱蜚英妻。年十九，蜚英歿，奉姑養子，内外無間言。

何氏，諸暨明經曙賢女，駱宁楨妻。方國安潰兵四抄，氏從姑挈子避山谷間。聞兵且至，氏語宁楨曰：「事亟矣！勿以妻兒故累君，姑則不可不求安所也。」未幾兵至，逼之不從，施以刃，就仆，頸血滿地，鹵其子方烶去。已而家人往視之，咽喉未絶，有餘息，舁歸療治復蘇。後方烶亦復歸，舉方烈、方燕。

劉氏，名媏，馮士身妻。于歸三載，艱於子嗣，每勸士身納妾以延嗣續。順治二年乙酉，夏六月二十三日，方國安潰兵肆掠，氏避難母家青肅村。兵至，氏遭鹵掠，度不免，奮身投水，兵以弓弰絞髮挾之登騎。氏拔刀自刎，兵奪而鞭之。氏正色曰：「死而不污，亦復何憾！」因以頭觸石，兵抱之，口斷兵指，兵怒甚，奮刀亂砍，剖其屍而去。次日收屍，視其膚盡裂而無積血，亂髪直豎數寸，面有淚痕如生人。時年三十一也。邑士大夫咸悼惜之，各挽以詩。

進士金漢蕙長女適東陽庠生吳堡，次女適浦江進士大方伯致虚樓公長孫洵培，俱少年乏嗣守節。康熙二十年，東陽知縣俞允撰采載邑志，浦江知縣毛埜詳請旌表，人稱「雙節」云。

葉氏鳳娘，曹鯤妻。鯤自休寧至邑，爲小賈而貧。順治八年二月，鯤逝，鳳娘年二十三，舅耄，子六歲。鯤垂革，屬鳳娘再適以存老幼。鳳娘剪髮毀容，晝夜紡織，瘞鯤膳舅，擇師教子，里人慕其賢，以女女之。撫孤侄，爲納婦，苦節三十七年卒。

陳氏，吴茂妻。年二十四，茂亡，事姑，夙興夜寐，勤枲饋儉，勤聞閭里。延師訓子及孫。康熙二十二年，縣遞詳諸憲旌以扁。年八十三，龐眉皓髮，衣冠繞階下，有堂前風。

郭氏，逢詵女，庠生王之紳妻。年十九來嬪，之紳抱病，日調藥餌，疾革，子明冕方齠齡，拮据縪織，事舅姑以孝。延師訓子，弱冠爲名諸生。氏年八十，孫曾繞堦。知縣王廷曾扁其堂曰「柏節松齡」。吴瑋玠有「子擅詞場堪媲祖，母嫺閨範足貽孫」句。吴之文有「頭上青雲無改色，庭前黄鵠有傳歌」句。明冕，字周文，著《忠孝傳》，有禆名教。子景德，庠生。

邊氏，駱文燮妻。年二十歸文燮，二十三而寡。有戚屬逼令改適，氏厲聲拒之，絶其往來。孝事舅姑，訓子雄，能文，爲邑諸生。康熙三十一年，宗人舉之，知縣王廷曾批其詞曰：「據稱駱邊氏艾齡失翼，早矢柏以存。夫別鶴悲琴，輒丸熊以鞠子。歌不移於黄鵠，功遂顯於墨莊。既繼志之有人，宜闡幽而表節。」

吴氏，金之善妻。二十一，之善父没，未匝月，之善亦卒，無嗣。逾年夫弟生子，抱撫之，名意高，紡績教養。姑係繼室，事如母，三十年不改。母病，刲股以愈，意高有立。

施氏，吴主一妻，庠生施所藴女。幼嫺庭訓，及歸主一，能先志承姑舅歡。家故貧，紡績佐讀，卒舉于鄉。主一畢生懿行，内助實多。因艱嗣，息置側室名家女張氏、吕氏。後吕舉子三，顧復噢咻，逾於己出。主一没，冢男湛甫十齡，以三孀撫弱穉，艱苦備嘗，延名師課子，卒以成立。於歲入節縮之餘，設饘綴襖以賙里黨困乏。甲寅閩變，白寇蝟起沿鄉拷掠，氏預令諸男遠徙紹界，獨以耄耋老嫗寂處其間。暴客入境，亦相與高其誼，戒勿相犯。年八十四無疾奄逝，至今里人稱「吴門三節」云。

金氏，邑庠金欽之女，廩生金招蘭女弟。自幼寡言笑，慎裝飾。定省之外，止理女紅，足不踰閾，貞静之志，天性然矣。長適陳司馬鶚公長男安年，相敬如賓，勸安年力學不倦，故得噪名黌序。未幾安年蚤世，遺孤甫離襁褓，又相繼而亡。氏從近派擇一子以繼宗支。凡供蘋蘩事舅姑以及姻黨婚喪，未嘗有缺憾。其孝敬勤儉與貞潔之操，卓然有古女士風。

丁氏，年十八歸朱應蘭，遵内則，得舅姑歡，相夫有鷄鳴風。應蘭攻舉子業，不售。北上，未幾訃至，丁氏哀毁絶食，誓以死殉。姑曰：「遺孩鴻文在，奚溝瀆爲？」因勉進饘粥，却鉛粉。下鞠孤嬰，上承姑志，總内事二十年，資益饒。歲歉，出粟以粥饑者，途有殍，出金爲之瘞，貧不能殮，則施之棺。居之北溪，流漲溢，木橋廢，新以石焉，至今途無病涉。延師課子入太學，娶金氏女，秉性温惠，側室許生男惟馨，羅生男惟馥。亡何，鴻文謝世，金之欲殉也如其姑，姑之勉媳也如其昔。婦姑相抱泣曰：「吾兩人所恃者，煢煢兩孤耳。」遂相與撫誨，以嗣家聲。長孫惟馨以弱冠顯於庠。邑侯孫公、于公、辛公俱式廬旌曰「一門兩節」。

金氏，庠生蔣廷峙妻。廷峙幼讀書染癆瘵，氏年十八于歸，甫一載，以峙病，即各寢。未幾，峙卒。峙無昆弟，氏撫遺子，以婦兼子，紡績供舅姑，内外無間言。課子成立。三十年足不踰閾，言笑不苟，而敦禮重傅，簠簋匕箸必手滌，饔飧羞脯必手制。荼苦自甘，麤糲自適，治家井然。翁姑以耆壽終，奉養如一日，節孝洵稱兩全。

李氏，故儒童，金以棅妻。以棅少讀書，負英氣，工書法，與族叔都諫紫汾游京師，都諫視之如子。以疾卒於京。氏聞訃，躃踊號哭，幾不欲生，翁姑力爲勸勉乃止。家貧，翁復病瞽，藐諸遺孤，無以自給，氏躬紡績力針指。姑病，籲天祈代，病瘳，孝養勿衰，定省無間。課子永焯，篝燈讀書，夜分不寐，試輒前茅，有和丸畫荻風。

吴氏，明孝廉諱之器孫女也。幼端慤，言笑不苟，精女紅。從叔母倪仁吉學，通《女誡》諸書，善吟詠。年二十歸陳，配作霖。事姑金曲盡孝養。未及二年而夫死，居喪哀毁骨立。遺孤濬時方在抱，家貧，仰事俯育，備諸作苦，未嘗言勞。甲寅寇變，奉姑逃匿深山，瀕死數四。卒能完節。終其孝慈，後姑亡，哀毁如初。凡殯葬營費，皆出氏針指間。居常以義方訓子濬。比濬讀書能成立，氏適染微疴，蹶然起曰：「吾今可以見亡夫于地下矣！」遂不食而卒。氏守貞凡二十餘載。鄉人義之，白于縣，爲立傳云。

陳氏，生員王吕之妻，毗陵司馬伯鶚之女。吕幼染弱癥，早卒，遺一子大圭，方三齡。親黨咸謂氏子幼家貧，勢難貞守。氏誓曰：「幼遵先大夫嚴訓，惟知一天。兩姑在堂，孤兒在抱，氏有他心，老幼何倚。」于是孝姑至終，教子成立。大圭克承先志，蜚聲黌序，有子有孫矣。邑侯辛旌曰「德追孟母。」署府事司馬常曰「操矢一天。」

何氏，邑庠樓慶達妻。達遊學江右，氏紡績奉姑，克盡孝道。三年後，傳聞達客死于外，氏痛哭欲自盡，妯娌勸止。氏立志親江西往扶柩歸葬，又爲家人勸阻，不得遂其願。日夜悲泣，乘夜自投門前塘内死，時年三十二也。次早屍浮水面，顏色如生。

吕氏、宗氏、何氏，花溪虞思漢、思沂、思洸妻。一門妯娌，並失所天。惟吕氏有子，何氏、宗氏共撫之，誓同守節，毫無閒言。一日，所居隙地忽生瑞竹一本，高丈餘，止三節。後三氏皆八十餘，相繼終，而竹亦隨枯，人群稱爲節婦瑞應。學憲周公清源匾題「三節格天」以旌其節。

黄氏，名淑英，年十八適吴洪溥。四載，夫亡，無子，氏决意死節。姑力勸止。乃茹齋縞素，坐不易位，言不妄發。勤女紅易粟奉孀姑，甘旨未嘗少缺。一日爲姑買絮衣縫補，内得藏珠一串，氏欲留還售衣者，後竟不至，遂爲姑置棺衾，人以爲孝感所致。苦節四十九載，卒年七十有一。

徐氏，文清公裔孫以嚴女。年十四，歸王應松。康熙甲寅兵燹，松胞兄家于京口，爰挈眷往避焉。越三載松歿，氏年二十有四，傷慟幾不欲生。念長子延珠方六歲，次子廷璉僅一週，忍死撫孤，親營松兆域于潤州城西。長子少遘篤疾，嚙指血書哀禱，誠格，夢仙遺丹，得愈。爲兩子擇名師，先行誼而後文章。婚嫁畢，因思祖鄉先人，廬墓，命次子仍居京口守夫墓，携長子歸里，展拜祖隴，修葺田園廬舍。嗣廷珠遊義庠，甲午登賢書。集蓼茹荼垂四十年，一日病革，謂子廷珠曰：「汝父孝友承家，立身揚名，上紹先志，皆汝之責，無以一舉自足，吾今庶可見汝父於九原矣！」含笑而逝。

賈氏，商德茂妻。夫染瘋疾，欲遣婦改適。氏聞，斷指自誓。後夫亡，知有逼其再嫁者，遂赴塘死。康熙五十八年，邑侯連詳院題請建坊旌表。

童氏，年十六，歸虞枝連。甫十載，夫以謁選縣二尹身亡，氏指天自誓。越四十餘年，臨夫主哭奠如初喪，足跡不踰户外。子熙俟食餼邑庠，專心學業，蓋得之母教云。

樓氏，明學士璉裔。年二十一，歸邑庠黄世封。甫越四載，封專心舉業，嘔血成疾，氏叩天祈代，不解帶者數月。封死，遺孤士翮方二週。氏兄弟家饒，每欲迎養，氏却之，惟堅志自守，孝事舅姑，舉動以禮。子稍長，稟于翁擇名師教之。勤女紅以資膏火。嘗誡之曰：「汝勤學成人，庶令吾有以報汝父于地下也。」士翮年十八，冠邑庠，咸謂苦節之報云。

吴氏，王士厚妻。年十九，夫亡，矢志堅守，奉姑撫子，備歷艱辛。後子早亡，媳何氏亦遺一孤，名光績，列邑庠。吴氏年七十而逝，何氏八旬，節操凜然。學院彭給匾曰「一門雙節」。

王氏，丁有澄妻。二十四歲，夫亡，號慟不欲生。貞女丁曇娘，氏之小姑也，委曲勸諭乃止。家貧，勤治績紡，上事舅姑，下撫幼子，備歷艱辛，卒以嘔血而没，年七十。本縣辛公國隆匾題「節勁松筠」以旌之。

何氏，年十九適陳昇。舅亡姑老，克盡孝道，夫亡時年二十四歲，遺一子，名雲荃，訓誨鞠育，備歷艱辛。念子孱弱，廣爲植福，施藥賑饑。搆堂供舅姑之神像，苦節三十餘載。子蜚聲庠序。

傅氏五官，年十七歸陳姓夫。貧外傭，氏不以爲辱，有孟光之風。奉翁姑，克盡孝道。不數年，翁姑與夫相繼而亡，哀毁骨立，喪葬之務，心力俱盡。一子甫週，既無錐土，又無期親，資紡績以活。子年十二，復以拾薪遭虎噬，氏入山，死而復生者數次。循血跡覓其子，剩骨歸，哀慘之狀，觀者無不悲痛。或諷其改志，誓死不從，獨居紡績，以祀陳氏先人。卒年四十有七。

虞氏，傅無詡妻。夫死無嗣，母家憐其年少無倚，欲令改適。氏指天大慟，志不可奪。持家嚴肅，即伯叔子侄，非以時以禮，未嘗得見。撫侄爲子，愛誨兼至。後繼子先氏没，復訓三孫成立，長與幼俱入邑庠。臬憲曾額其門曰「節孝全貞」。

吴氏，陳忠敏妻。年二十五夫亡，苦節撫孤，艱難備至，後卧疾九載。子士浩周旋奉侍，能盡孝道。年七十一而卒。咸謂節婦有孝子之報。縣尹于、辛、王三公迭旌其門。

丁氏，王應旂妻。于歸四載，夫亡，哀痛骨立。僅育一女，女復不壽，撫侄爲子，又早夭，惟有寡媳相依，煢煢無告，艱苦之節蔑有加焉。

季氏，適夫童世選，年二十四，夫亡，殫子職，事翁姑，孝養備至。勤紡績，撫遺孤，愛誨兼施。未幾，子亡，志終不渝。乃繼一子，未幾，又亡，艱貞彌篤。年届七旬，始終一節。邑侯涂公給匾曰「節操冰霜」。

成氏，幼字王明霞。未成婚，霞染癩，兩姓父母因廢疾議寢約。氏聞，剪髮裂容，誓不他適，乃迎完聚。霞卧不起，氏脱簪珥延醫，侍奉湯藥，籲天願代，晨昏扶掖，勞苦不辭。如是者一十二載。夫歿之後，翁置妾生子，己亦繼族中一子，盡鬻奩資，勤紡績，上事下育，皆倚賴焉。苦節三十餘年。學院彭獎以「節孝垂型」。時年已逾八旬。

楊氏，年二十九，夫龔藴美病亡，一子方週歲。氏堅志苦節，孝養舅姑，鞠子成立，紡績是勤，五十年始終不渝，宗族深嘉嘆之。

陳氏，年十八適王明長。結褵四載，夫亡，哀毁號慟。遺孤僅三月，矢志守節，備嘗荼苦，奉養鞠育，不憚勤勞，二十年恒如一日。

馮氏，丁弘渭妻。年二十一，夫亡，遺一子，方在襁褓，立意堅守。子尋夭殤，哀慟幾不欲生。恐傷舅姑之心，繼姪爲子，亦不壽。氏志不移，年逾七十，孤苦之操，有倍慘焉。

蔣氏，適胡叶仕。年二十七而夫卒，矢天守志，克敦婦道，宗族無閒言，亡年八十有五。

王氏，方以昌妻，自幼知書。于歸後克盡婦道，事姑盡孝。緣家貧，夫往都貿易，得疾歸。氏焚香告天，願以身代。未幾，夫歿，遂引決曰：「生則同衾，死當同穴。」勺水不入口，七日而卒。

許氏，童世組妻。夫亡，遺腹生一子國麟。上奉孀姑，下撫幼子，艱難備至。氏矢節自甘，終始不渝。教子力學遊庠，苦節垂三十餘年。

王氏，年十七適夫龔起環。善事舅姑，生一子方週，環亡。緣家貧，舅姑欲令改適，氏誓死不從。躬紡績，針指以奉翁姑，孝養不衰，苦節五十餘年，有古柏舟風。

樓氏，陳我旗妻。年二十九，夫喪，破面毀形，足不逾户。一子方五歲，紡績鞠育，爲婚娶生孫，苦守三十二載，年六十有二。

吴氏，歸王吉元。數載無出，勸夫納妾，夫以氏年少爲辭。竟脱簪珥爲夫置妾，生子方週，吉元病故，氏念夫世單傳，愛護備至，卒能訓子遊庠。孫男林立，學院彭給「淑德清操」以嘉之，年已八旬有餘，不愧柏舟之節。

陶氏，庠生金來儀妻。年十九歸儀，謹遵婦道。姑患痞臥床，朝夕奉侍。姑歿，夫因痛母嘔血，隨亡。氏年二十七，矢志撫孤，奉老翁甘旨無缺，誨二子俱遊庠，苦守三十餘年，始終一節。

戴氏，適夫馮焕采。夫死，氏年二十七，無嗣，止一女甫週歲，伶仃孤苦，聞者慘惻。歷四十餘載，松筠晚競，苦節無出其右者。

馮氏，葉幫搏繼室。歸搏後撫前子如己出。夫求名北上，病卒京邸。柩歸，氏時年二十二，號慟昏絶，以殉夫自誓，姑勸慰諄篤，乃忍死。保抱子，得成立，娶媳，生二孫。子媳俱亡，遺孫幼，賴氏鞠育成名。四十餘年不變初志，邑宰疊旌「燕天啓後」。

盧氏，年十七適夫金輅。二載夫亡，矢志不移。奉姑嫜以孝，課子成立，守志七十餘年，始終一節。邑侯歷獎其正操。

孫氏，朱鴻飛妻。年二十九夫病亡，遺一子方週歲，氏矢志守正，撫孤成立。歷三十餘載，終始不渝其節。

陳氏，朱起能妻，性温柔，不妄言笑。年二十九夫亡，矢志堅守，勤織紝以奉姑鞠子，苦節三十五載，兩子俱各成立。

鮑氏，年三十，夫王國璉病亡。哀慟幾絶，屏膏沐，杜門深居，勤紡績以奉姑育子。姑病，籲天祈代，躬侍湯藥，衣不解帶。及歿，喪葬盡禮。苦節四十餘年如一日。

許氏，名細娘。幼字金永顥，未過門，顥夭亡，氏志不他適，年十九歸至夫家，繼族姪爲子，勤治女紅，堅貞自守，足跡未嘗至户外，年三十六而卒。

駱氏，樓承引妻。承引亡，氏年三十一，孀居自守，飲茶茹檗，白首不渝，苦志四十八載，卒年七十有九。

駱氏，樓祖蔭妻。夫亡，氏年二十九歲，遺孤在襁褓，奉姑養子，内外無閒言。

烈女駱氏喜娘，寡婦駱張氏之女，住居六都白岸頭地方。許字龔姓，年十八待吉于歸，持身謹慎，從不妄出閨門。一日因家雞爲野貓所攫，奉母命尋至園磡，遇淫惡直前，持抱圖姦，女情極呼號望救。惡以手捺其口，女抵死不從。弟妹後至，聞聲往視，惡乃脱身去。女時即覓死，弟妹强扶歸家，哭訴其母，誓不欲生。親鄰勸阻者絡繹不絶，女皆不應，勺水不入口。至次日，其母防閑稍疏，即登樓自縊死。後面色如生，聞者無不嘆服。邑侯韓公嘉其貞烈，給銀收殮焉。

金氏，陳逢彰妻，年十七歸彰。不數載，夫亡，子升紹甫髫，氏仰天號慟，矢志撫孤。人因其家饒裕，多所覬覦，以氏守節，不克如願。乃百計揶揄，氏操凜冰霜，治家一準於禮，即婢妾不許妄出門閭。又周睦鄰里，出穀借貸不取利。每歲終給近地貧人棉衣及卒歲米粮。人受實惠，後揶揄者亦自屏息。如是者一十六年。值夫忌日哭奠猶如初喪，卒以哀痛致疾而歿。今其子遵母教，睦婣任，恤鄉黨，咸歸美云。

丁氏，朱時瑛妻。甫十歲，即能割股救父，族人稱孝。及其于歸也，曲順其姑，相夫以敬。諸凡舉動無不合禮。二十一歲夫亡，剪髮誓天，家日貧，日勤女紅，上養孀姑，下撫孤子，雖妯娌罕見其面。如是者四十餘載，通族稱賢。邑侯熊公給扁褒美，以爲節範可風云。

樓氏，字烈官，監生陳升紹妻，舉人樓起相女。有淑德，善事孀姑。升紹素好施與，氏皆勸成之。及升紹病且終，遺言：「數代單傳，今無子，當廣延繼嗣，又以有志捐助學田，起造義祠二者未就爲恨。」氏領之。紹卒，氏盡哀，幾絶者數四。殮後即設板牀於柩側，侍奉如生時。後月餘，會集夫黨，述紹遺言，就親房中各繼一子，又捐田一十六石於學，爲鄉會士子筆資。及起義祠事，皆刻期舉行，以成夫志。又念先塋未固，爲具修墓費，屬之任事者。且於親房勞勩者酬之，貧苦者周之。既又分還各僮僕身券，侍女皆擇配嫁焉。家人莫測其意，但每進飲食，多陽受陰棄，心以爲異。一日忽展眉語曰：「吾事畢矣！」分遣家人，各治所事，偃牀瞑目而逝。家人逆計其絶粒者，蓋已八日矣！閭里驚歎。同詞俱呈邑主，乞表揚。邑主嘉其貞烈且從容就義，承先裕後，各盡其道，以爲全節云。

雍正義烏縣志卷之十六

見聞志災祥、古迹、遺事

《春秋》所見、所聞、所傳聞：災祥，所見之類也；古迹，所聞之類也；遺事，所傳聞之類也。歐陽修謂五代所紀，文多互異；周必大謂南渡以來，牴牾者多，至於閭巷有細碎之言，鹽水有嘼壞之篇，似不可遺。特如《西京雜記》《容齋隨筆》，多有僞繆，宜亟辨之，儻以擬於西園之録，則小史之言，詹詹而已。

災祥古《志》作祥異

舊《志》載水旱、蝗螟、風雹、雷火、日食、地震、霜雪、不時之類，旁及細微變異，而《府志》參入寇攘，今並從之。

漢

文帝二年十一月晦，日食婺一度。
建始三年十二月朔，日食婺九度。
元初六年十二月朔，日食須女十一度。
永和三年十二月朔，日食須女十一度。

晋

寧康元年正月，有星孛於婺女。

梁

雲黄山神燈見。傅大士化後，遠近人絡繹登山，於行道塔上燃燈供佛，聲唱佛名，四面燈見，布列塔下，或空中出見大如車輪，時人謂之天燈。

唐

永徽四年，大旱。

咸亨四年七月，大水暴溢。

元和元年正月，月犯太白於婺女。

開成二年二月，彗星見於婺女。

宋

紹興十七年正月，彗星見於婺女。

嘉定十六年，繡湖清。是年邑士擢第者，虞復、朱元龍、龔應之、樓大年、方應龍五人。

咸淳十年，繡湖清。是年邑士王龍澤魁春榜。相傳「湖水清，出狀元」，是年果應，王褘有辨。

景炎元年九月，繡湖清。時邑人黄鑄妻童氏，懷妊二十四月不産，一日湖水忽清，三日後或聞嬰兒聲，遂生溍。

元

延祐元年，繡湖清。明年黃溍成進士。

至正二十三年九月，謝再興據義烏。壬午，李文忠與之遇，擊敗之。

明

永樂九年，繡湖清。是年邑人雋鄉舉者，馮大綱、劉安、陶永成、吴大用四人。

永樂十八年三月十四日，智者鄉雨瑞麥。天雨蕎麥遍野，人争拾以歸，士大夫賦詩。

永樂中，陳理中先塋産連理。塋前山茶花一本丫上復成連理。孫秉中兄繪圖貽後。

正統間，花溪挺瑞竹三竿。虞氏園竹三竿一本，時有三婦，幼年孀居守節，八十餘終以類應。

正統八年，縣廳前戒石亭産瑞椿。時劉同令邑，廉謹自持，周恤窮困，表章節義，嘗立「明德」「新民」二坊於縣治東西，勵己化俗。是年春，有椿一株二枝並秀，挺出於廳前戒亭。十一日，蘭谿進士郭仲南見之，曰：「此由賢令仁愛及民，感而生此。」因名爲瑞椿。時丞劉傑同心濟美，故並秀兩枝云。

成化二年，邑中大火。

二十三年，秋旱。

弘治四年，大旱。

八年九月十六日夜，有星如月，自東南流西北，聲如雷。

十六年四月十一日，大風拔木。

十八年九月十二日子時，地震。

正德三年，大旱。

四年十一月，大霜傷竹木。

八年，上市火。

十一年，雨雪二月。

十六年正月一日，彗星見。

正德間，縉雲鄉生連理木。四都石板嶺吴文高墓有連理，子瀾贈刑部尚書；孫教諭瓊，封侍郎，贈刑部尚書；曾孫百朋，登丁未進士第，官至刑部尚書；孫女適東陽趙宋，生二子，俱登第。此爲之兆云。舊《志》云今尚存。

嘉靖五年，大旱，蝗飛蔽天。穀一擔，銀一兩，山谷之鄉有洗兒不能得水者。

九年，霜害稼。

十年九月九日夜，大火，燬民居過半。

十一年八月，彗星見西北。

十五年三月，彗星見東南方。

十七年二月，火燬官民房屋。

十八年夏，彗星連見。六月，大雨浹旬，洪水漲溢。秋八月，崇德鄉産嘉禾。

二十二年，蝗復災。

二十九年，大旱。

萬曆四年，繡湖清。舊《志》云，至今未濁。

七年，五星聚於婺。

十一年，旱。

十四年，旱。

十五年，旱。夏，大無麥禾。七月，大風，穀實半落於田。

十六年夏，旱，穀貴甚，民殣載道。
十七年，旱。
十八年夏，大無麥禾。六月二十八日，大火，燬縣治，及民居甚多。
十九年，旱。
二十三年春，雨雪四十餘日，山谷中有凍死者，牛馬俱斃。
二十四年三月二十八日，大風雹壞民田廬舍。起自十四都、十五都、十三都、十一都，以至六都、三都、四都、五都，夏麥秧種埽絶，古木盡拔。
二十六年，大旱，粒穀無收，民食草木，餓殍滿野。
二十九年，旱。
三十二年十一月九日夜，地動。
三十三年，大雨雹。
三十六年，大旱。
三十八年正月，縣治火，譙樓燬。
四十二年，彗星見縣西北角。

四十三年，附郭靈塘鰕紅，映水塘爲之赤。是年邑人金世俊入吏部。

四十六年，蚩尤旗見縣東北，彗星有赤光如火，長竟天。大雨水，颶風迴江潮入湖，頃刻水高數丈，閲日乃退。

天啓四年，白麻雀紅足集賓館，餘鳥噪集者萬計。

六年，縣治大水，舟行衢中。

崇禎元年三月，霜殺麥苗，荒蕪遍野。縣治火，燬東廊。

三年，湖清門火，延燒縣治大半。

五年，縣治火爇西廊。

八年，猪産兩身一頭，八足。

九年，大旱，民食土，名觀音粉，百姓賴以活者甚衆。

十年四月，枯禾重蘇結粒，米香異嘗。是年邑人虞國鎮召入翰林。

十三年正月，大雪大雨，連綿三閲月。六月，小旱。秋，大稔。

十六年，牛初生，兩頭一身，八足。越二歲，浙閩起而自角。十二月，許都倡亂於南巖邑，力人馮生謀伺閒殺之，不就而死。

十七年六月，中天虹見，兩頭開丫。丁汝彰破城，縣治自正廳、川堂、後署，賔賓館、儀門及典史衙署外，悉被焚燬。

國朝

順治三年，大旱，斗米千錢。夏，王師渡江。

四年春，斗米八百。

八年九月，西門外胡公廟兩瓜生並蒂。

十四年，大水，江流逼入城港，邑南禾苗淹没大半。

康熙八年，天色晦，赤雨，白毛遍地。

九年，江以南五月復大水。冬十一月，梅李樹各生花，治燬於寇。

十年八月，六都新廳地方地無故自鳴，三日裂丈許，見紅水。觀聽者數百人，尋復合。

十三年八月二十日，時縣甫定。王師往東陽。九月，寇復突入抄掠，焚署廨。十二月，復之。知縣于漣僦民居視事。

二十年秋，大旱，井泉枯，汲者苦之。

二十一年夏，霪雨，溪流暴漲，漂没廬舍，人畜多溺死。

二十二年春，積雨，小麥萎黄盡死。李生桃實，菜生黄瓜，山中楂木開榴花。三都有山産芝，無數居民采之，次晨隨出，閲數日不復見。

二十八年十一月九日，熱甚，大雷電。

五十八年旱。自夏徂秋，溪澗絶流，禾稻荳棉盡枯槁無收。

六十年旱。

雍正元年旱。

古迹

往迹之所以可垂者，以其境之勝，致之佳，傳之久而名之歸也。如綢州、東巖、華川、鳳林等城舍，猶同郡之保寧、八詠、北山、白雲，不可不識。他若址之廢者，改附營立。

綢州城。縣北一百八十步。按舊《志》：在唐屬綢州，其城址漫不可考。故老相傳，居民時於土中得斷磚，有綢州字，而不知城之盤亘止於何所。但縣治正在舊綢州南一百八十步，城郭未必非其故處。或曰：縣本無城，郡志特指四圍所周之地言之。

華川縣城。縣西南三十里，周三百步，廢久，遺址莫詳。

舊縣城。見城池周三里一十五步。舊《志》注此作二十三步；又注金麟門因金麟山名，槐花門縣入永寧鄉路。

青雲樓。儒學東。共二十一間，尋廢。萬曆間知縣范儁重建於鄭公墩後，復改爲三忠祠。

觀瀾亭。儒學左，廢。

安樂堂。元置，軍營左。

會景亭。

清曠亭。

清勝亭。

擷芳亭。並繡湖南。

繡光亭。並繡湖北。

緑雲亭。

叢玉亭。

素香亭。

悟真軒。

雙柏軒。

釣軒。並繡湖旁。

東巖書舍。縣東三十五里，二十五都清德里滴水巖，宋虞復建，遺趾尚存。又陳聖圭云：東巖，宋名儒講學處。名儒考亭高第江以東所推朱學適傳者，峭壁上墨迹隱隱可識，疑屬徐文清僑所書。

講巖。縣西北三十里，酥溪石氏一龕講學處。

蜀山書舍。縣東四十五里，久廢。明洪武中，樓宗遠重建。

華川書舍。宋濂記：華川書舍者，烏傷王君子充學文之所也。烏傷有大澤，爲華川。唐武德間嘗置華川縣，不久而縣廢，今之所謂繡湖者，即其地也。子充之居，直湖之陰，猶繫之以舊名，志乎古也。子充之志乎古，豈止此而已哉！上自群聖人之文，下逮諸子百家之文，咸萃舍中，日冥搜而精玩之，大肆其力于文，愈出而愈無窮。以濂同受經於侍講黄先生之門也，請爲記書於舍壁。濂雖稍長於子充，視子充之辭鋒橫厲，百未能及一，縱汗顔欲記之，將何所云邪。雖然，子充弱冠時，濂見其文輒曰：「子充當以文知名。」今始十年，而子充名動薦紳間，識者遂以濂爲知言。濂雖不文，寧不爲子充一言乎。嗚呼！文豈易言哉！日月照耀，風霆流行，雲霞卷舒，變化不常者，天之文也；山嶽列峙，江河流布，草木發越，神妙莫測者，地之文也。群聖人與天地參，以天地之文發爲人文。施之卦爻，而陰陽之理顯；形之典謨，而政事之道行；詠之雅頌，而性情之用著；筆之《春秋》，而賞罰之義彰；序之以禮，和之以樂，而引導防範之法具。雖其爲教有不同，凡所以正民極，經國制，樹彝倫，建大義，財成天地之化者，何莫非一文之所爲也。自先王之道衰，諸子之文人人殊：管夷吾氏則以霸略爲文；鄧析氏則以兩可辨説爲文；列禦寇氏則以黄老清净無爲爲文；墨翟氏則以貴儉、兼愛、尚賢〔一〕、明鬼、非命、上同爲文；公孫龍氏欲屈衆説，則又以堅白、名實爲文；莊周氏則又以通天地之統、序萬物之性、達死生之變爲文；慎到氏則又以刑名之學爲文；申不害氏、韓非氏宗之，又流爲深刻之文；鬼谷氏則又以捭闔爲文；蘇秦氏、張儀氏學之，又肆爲縱横之文；孫武氏、吴起氏則又以軍行兵勢、圖國料敵爲文；獨荀况氏麤知先王之學，有若非諸子之可及，惜乎學未聞道，又不足深知群聖人之文。凡若是者，殆不能悉數也。文日以多，道日以裂，世變日以下，其故何哉？蓋各以私説臆見，譁世惑衆，而不知

〔一〕「尚」字，底本原脱，兹據《墨子》補。

會通之歸，所以不能參天地而爲文。自是以來，若漢之賈誼、董仲舒、司馬遷、揚雄、劉向、班固，隋之王通，唐之韓愈、柳宗元，宋之歐陽修、曾鞏、蘇軾之流，雖以不世出之才，善馳騁於諸子之間，然亦恨其不能皆純。揆之群聖人之文，不無所愧也。上下一千餘年，唯孟子能闢邪説，正人心，而文始明。孟子之後，又惟舂陵之周子，河南之程子，新安之朱子，完經翼傳，而文益明爾。嗚呼！文豈易言哉！自有生民以來，涉世非不遠也，歷年非不久也，能言之士非不夥且衆也。以今觀之，炤耀如日月，流行如風霆，卷舒如雲霞，惟群聖人之文則然。列峙如山岳，流布如江河，發越如草木，亦惟群聖人之文則然。而諸子百家之文固無與焉。故濂謂立言不能正民極，經國制，樹彜倫，建大義者，皆不足謂之文也。士無志於古則已，有志於古，舍群聖人之文，何以法焉？斯言也，侍講先生嘗言之，子充亦嘗聞之，濂復取以爲子充告者，誠以子充將以文名於世，不可不以群聖人之文爲勉也。濂家夫容山之陽，距子充之居不二舍而近。他日謁子充於湖山之陰，仰觀俯察天地之文，退坐書舍中，又參之以群聖人之文，則濂與子充當各有所進也。子充以濂言爲然乎？雖然，濂言夸矣，子充幸爲我删之。

鳳林亭。縣南鳳林鄉。王氏即山麓作亭，今廢。王褘記：鳳林亭，吾王氏之所作也。鳳林鄉名，在義烏之南鄙，故老相傳，嘗有鳳皇至，因以名其鄉。今來山之陽，復有小山巍然起於平壤之間，即其地也。王氏之先太原人，唐末五季之際，有諱彦超爲越州節度使者，自會稽來居焉，是爲始遷之祖。厥後子孫日蕃以衍。至宋皇祐五年，固登進士第，仕爲恩陽令。義烏有進士，實自恩陽始。而禕之十世祖宣奉公悦，九世祖正議公永年，逮七世祖中散公寧，朝請公寅，復自鳳林遷居縣東之砂溪。其分適於他邑而顯者，在金華則尚書莊敏公師心、丞相文定公淮；在浦江則太常忠惠公萬，皆同出於鳳林。而鳳林王氏之盛，號稱衣冠家，著聞東南矣。若吾族之世居鳳林者，雖不表顯以自見，而能以詩禮相傳，襲守其家業而不隕。宋之季年，嘗即山之麓作亭焉。以爲宗族歲時之所會聚，即所謂鳳林亭也。

歲久而亭廢，今族子德生又因故址而重作之，遵先志也。嗚呼！王氏之居鳳林，鳳林之有王氏，四百餘年於兹矣。林姿谷態，藹然如昔，曾不與時而變遷。凡吾族人，遠近親疏，固有間也。而追念厥始，千百人之身，同出於一人之身，初曷有親疏遠近之間哉。登斯亭者，觀夫水之有源、木之有本，尊祖敬宗之念、孝弟之心，其必油然而生矣。且吾祖宗，奕世載德，厥維深厚，故其澤延於今，愈久而愈綿，所謂德之厚者其流光也。我後之人，纘承遺休，繼迓先祉，有引而弗替，必將圖無愧於前人。或以功業而名世，或以文章而華國，出爲邦家之瑞，而羽儀于天朝，豈非所當自致者。雖然，豈惟吾族人，凡鄉人之至於斯，見夫源之深而流之長也、本之茂而末之昌也，歆艷之意不能自已，其不奮起作興、思致於光顯而求儷美於吾王氏乎！《詩》曰：「鳳凰于飛，翽翽其羽。亦集爰止，藹藹王多吉士，惟君子使，媚於天子。」此禕所望於吾族人與吾鄉人者也。書諸石以爲記，用以告來者云。

修省齋。

三畏齋。二齋並縣南三十里，俱廢。

溪上亭。唐戴叔倫留詩處。

水竹洞天。酥溪。唐貞元中，戴叔倫令吴寧《過酥溪詩》：酥溪亭上草漫漫，誰倚東風十二欄。燕子不歸春事晚，一汀風雨杏花寒。元至正十七年，胡璉築亭溪濱，察伋士安題其楣。

前翰林學士承旨、知制誥兼修國史兼太子贊善大夫金華宋濂記：同郡胡君伯器，世居酥溪之上。其地山環水縈，林木鬱深。伯器擇其勝者，作亭其間，因高爲隄，匯流成池，旁植翠竹數百竿，清氣翛翛然襲人。登亭四望，杳不知塵壤之連區、仙寰之在邇也。乃扁之曰「水竹洞天」，而請國子助教鄭濤篆之。及余致政歸青蘿山，伯器始造吾廬，以記文爲屬，且曰：「吾亭有水竹之勝，薦紳家以洞天名之。洞天乃神仙之所棲息，夫豈宜哉？」余謂之曰：「子以神仙誠異於人乎，彼亦人耳。第能全其形神而葆其真熙，於是乎始與人殊耳。且覆載之内以洞天名者凡三十六，往往皆有崇山幽谷、人迹曠絶之所，自非勞神苦形，則不足以致之。今子之居斯亭，當風日澄煦，月色爽朗，良宵嘉旦，呼酒命席，朋遊畢集，披羽衣，御五絃，鼓《淇澳》之章，誦寒潭之句，更歌迭舞，揚袂撫掌，有不知夕陽之西頹、零露之在草也。當是之時，神酣意適，雖清都蓬島，何以加此，而謂之洞天，奚爲而弗宜哉。」然伯器少失所怙，克自奮厲，以充裕厥家，又能延致才士大夫，以共享水竹之樂，則其賢於人也遠矣。余方杜門習静，未及來與賓筵之末，因其請也，翹翹然興思，遂爲古辭五章，各道一時之趣，酒酣耳熱，儻擊節而歌之，安期羨門之徒庶幾翩然而來下乎。其辭曰：菉竹兮青青，晨冰泮兮水氣清。日杲杲兮在牖，翠蕤翿翿兮鳥和鳴。菉竹兮如幄，清飈興兮動新籜，挹微波兮坐嘉蔭，神周遊兮澹泊。竹被兮庭中，水流兮階下，攬明月兮吹參差，望美人兮延佇。白石兮如雪，風泠泠兮相軋。歲云暮兮何心，聊逍遥兮安節。湛清酟兮金樽，操鳴絃兮吹篪與塤。流光去兮如水，胥爲樂兮無諼。洪武十年夏六月既望。

眉山蘇伯衡辨：義烏酥溪之上，胡君伯器之家在焉。伯器臨流搆亭，旁植美竹，因名其亭曰「水竹洞天」。客或難之曰：「洞天者，真仙之館，以燕遊之所方之，可乎？夫古人之名亭，尚其人者有之，即其地者有之，以其物者有之，寓其意者有之。若三十六洞天者，於亭何有焉？」伯器以告空同子，空同子曰：「若往應之曰：以爲洞天必在幽遐峻絶之域乎？則穗石、羊角、華蓋，咸密邇闤闠，地之廣袤不過尋丈，未嘗凌風雨而薄星辰也。若以爲必真仙之所棲止而後謂洞天乎，則安期、羨門、赤松、洪崖，固嘗混迹庸衆，周流濁世，無乎不在，非必專名山以爲窟宅也。今吾酥溪，泉深而土沃，民皆安於耕鑿，俗樸淳而有古風。又際時休明，盜賊屏息，物無癘疵，而吾之亭據山谿之要，會風氣之綿密，水木之清華，禽魚之下上飛泳，敻焉如在世外。行道之人觸塵埃而冒風日，沿溪流而度阡陌。回望甍桷於蒼翠之表，將以爲何地。賢大夫士，行李東西，行過吾門，而吾延致亭上，與之寓情耳目之樂，曠思坌埃之外，講論繕性禔身之學、内王外霸之略，其人往往山澤之癯、列仙之儒，莫不充乎自足、泊乎無求、浩乎不爲物外所奪，然則吾終日相與群居，不猶真仙之與居乎？名以洞天，奚爲而不可也？」難者曰：「抑古之人有諸？」則又應之曰：「有之。宋程公師孟之知福州也，得閩山嶔崟之際，作亭於其處，以其山川之勝、登覽之觀，可比於道家所謂蓬萊、方丈、瀛洲之山，於是名之曰『道山之亭』。程公之名亭，不見非於君子，則吾亭之名，又孰得而非之？」客不能難。伯器乃屬空同子次第其語，以爲《名亭辨》。洪武十年八月二十四日。

金華范幹詩：箇酥溪溪上亭還好，水竹清幽勝倍加。萬箇修篁領風月，一泓寒玉浸煙霞。詎知洞府神仙窟，便在山林處士家。安得携朋並載酒，爛題詩句發英華。

翰林應奉山陰唐肅詩：人間洞天三十六，誰到酥溪溪上頭。湘水有人裁玉篴，武陵無地入漁舟。半泓龍起或成雨，六月夜來疑是秋。更有高樓名積翠，重重簾箔不須鈎。

劉涓詩二首：山色遥觀翠萬重，泉聲近聽與琴同。洞天水竹殊清絶，煙島雲林入望中。詩債曲情償夜月，酒籌花譜領春風。主人愛客常投轄，日日亭心有醉翁。洞天水竹緑如雲，清灑玲瓏迴出塵。時有達官來下馬，近聞故老已無人。舊遊猶記青春好，重到何堪白髮新。玉樹歌殘顛頷甚，酒邊揮淚一沾巾。**馬抑詩**：「石上修篁谷口雲，翠旌玉節下茆君。有時和得鈞天曲，不許尋常過客聞。」**王初詩**：「亭外清流自激湍，繞亭都種碧琅玕。玻瓈光浸軒窗冷，翡翠陰涵枕簟寒。稚子得魚時下釣，道人剪籜巧爲冠。敲金戛玉風來際，彷佛飛僊響珮環。」

報德亭郡憲張坦讓，號遜庵，湖廣漢陽人。由舉人於康熙五十九年來守婺州，甫下車即訪四先生遺蹟，恤其後人，捐俸重整七賢祠於道署舊基，合麗澤、崇正爲一祠。增祀范香溪、陳同甫於祠側，鳩工改建書室，共六十餘間，更名麗正。延請文學之儒爲師，俾各邑有志之士肄業其中。學師修脯，諸生膏火，食用之需，咸分給焉。八邑人士，駢集力學。親爲較閲文藝，選其尤者付之剞劂，彙訂成帙，鼓勵激勸。丙午科，我義庠何元顯入彀，諸生之食餼及補弟子員者，實繁有徒。至其冰心鐵面，政簡刑清，惠敷八婺者，又難更僕。康熙六十年、雍正元年，連歲亢暘，義邑兩禾俱稿，力懇減賦蠲賑，爲民請命。飛檄本縣及各鄉，徧設粥廠，拯救飢民，遴選能員司賑外，猶必親詣縣治。周歷各廠，饘粥親嘗，惟恐一夫不得沾恩，不啻己溺己饑之急。瘡痍頓起，老幼胥安。嗣後凡因公過義，雖窮陬僻壤，老婦幼童，皆知有活命之張太爺。一聞至縣，無不扶老携幼，争迎道左。我義民顒望之切，感戴之深，洽髓淪肌，至於如此，爰建報德亭於東江橋側，立碑頌美，以志頂祝弗諼之意云。

潄芳書院縣北四十里大陳義學，係陳雲荃創建。詳載邑侯韓公《義學記》内。　邑庠樓元斐捐田十畝，招僧主其香火焉。

遺事

舊《志》遺事，省入各條已，當編竣之餘别有覽，據仍列「遺事」。

鷄鳴山。去雲黄而東，山曰鷄鳴。縣志稱凉月高秋，嘗有金鷄鳴其上，或曰此二皇所遺丹光，形如金鳳凰。庚辛間，紹興推官陳公子龍至此。○宜附「鷄鳴山」。

古朴嶺。李文忠嘗揭榜義烏古朴嶺，平章邵榮引兵五萬出江右，右丞徐達引兵五萬出徽州，約會金華，克日抵諸暨。○宜附「嶺」。

元設各縣鎮守千户所七。一在烏東四十步。宜附「廢署」。

魏：陳頵。宜附「縣令」。

吴：褚瑶。字孔珽，爲烏傷令。罷去，單船而歸。太子庶子羊道乞其土宜，瑶以竹一竿與之，曰：「東南之美，惟竹箭最貞。幸堪歲寒。」道密令人視其舟，惟竹笠一枚，草襏數領而已。遂起用爲明信中郎。宜附《宦迹》。

漕貢進士。貢士也，授登仕郎。宜附《選舉》。

史傳。浙士見《漢書》十五人，烏傷二人。唐史七人，駱賓王最著。宋十二人，宗澤最著。元黄溍最著。○宜附《人物》。

寄韋詩。李白《見京兆韋參軍量移東陽詩》，錢起《東陽郡齋中詣南山招韋十詩》，韋莊《夏口行寄婺州諸弟詩》。

駱賓王。字觀光，鳶肩。駱云「龍蹲歸而宋樹伐」，《春秋演孔圖》云「孔子生如蹲龍」。○宜附駱傳。

宋：邵炳。淳安人，天聖五年進士，自富陽簿薦知義烏縣，不赴。

宗忠簡公。《遺事》三卷，前不著名氏，録留守開封事，亦其家子孫所爲。後村劉氏序曰：「公《遺事》行世已久，今連帥寶謨王公鎔，公之外孫，復稍采摭舊聞以傅翼之。」《遺事》末，壻曰余翺。而縣中葉氏傳自睦州來居永寧鄉，後宅黄龍山背，爲中奉大夫秘書恩、國子監學録祉後。有泉州參軍卞，爲公壻。子頔，爲公孫壻，頔弟爲廣州提舉頤，頤弟爲太常博士顥，皆公外孫。　祥符縣治西北有祠，春秋致祭，湮於河。

陳炳。後棄官，入灊皖山中學道。

徐義烏。真西山先生自箴云「居貧未若義烏之安」，謂徐文清僑也。○宜附徐傳。

宋：徐邦憲。字文子。從陳傅良學，試禮部第一，舉進士第三。歷任寶謨待制致仕。謚「文肅」。本傳述其議論之節。○宜附《理學》。

陳修。家貧爲吏。常步擔上下，恒食乾糒。每至正臘，偃仆不起。同僚飲食請，不肯往。

王忠文公。殉節後，子紳奉遺像入滇，藏之滇祠，唐文襄刻之石，附方公孝孺贊於上，題曰：「昔張敬夫贊武侯像，論者謂知武侯心事，於乎先生知公之心矣哉！」滇俗，六月二十八日，家束葦兩樹置於門，遇夜燃之，光燭天。是日，切生肉爲膾，調以醯蒜，不加烹飪，曰「喫生」。稱曰「火節」，謂弔忠臣王褘。方公《與俞大有書》曰：「待制公文章不可不傳，須與仲縉兄弟言之，勸其刻梓傳世，亦美事也。」此在未刻《華川集》前。楊慎《識漢雜事秘辛》云：「《漢雜事》一卷，得於安寧州知州董氏，前有義烏王子充印，蓋子充使雲南時篋中書也。卷中載恒帝懿獻梁皇后被選事。」〇宜附王傳。

明宣宗賜龔永吉《秋水圖》并詩。親製於指揮商喜所，今子孫寶藏焉。宜附永吉傳。

《禮記大全》纂修。有禮部員外郎吴福，縣人。

從祀定議。吴、陳、王三子會議從祀。時首揆洪陽張公位咄曰：「陽明頗有議。」衆默然。龔一清時掌河南道事，對曰：「不聞叔孫武叔毁仲尼乎？何議之足問。」張公曰：「子浙人，護浙人耳。」一清曰：「吾夫子魯人也。」張不能答，議遂定。一清由此謫，公嶺右。〇宜附一清傳。

《四川通志》。萬曆己卯，御史義烏虞公與中丞黄岡王公修《四川通志》。

嵩頭陀。自香山南行至金山，江水大溢，舟師莫肯載，師布傘水上，持鐵魚磬截流而濟來山。

妙靖鍊師。陳炳從姑，徽宗朝賜號，結廬葛仙峰下。

元：德昂。别號伏庵。有詩名，且善筆札。父母避地石門，苗兵亂，母禹淑清投河死，葬鎮側。尋，父亦死於兵。昂祝髮於義烏廣愛寺，復渡錢塘省墓，宋濂序以送之，稱其至孝，有儒行。會修《元史》，昂入京，以母死事告於史氏，爲立傳。歸治母墓，守之，榜曰「白雲先隴」。鎮人表爲貞母阡。洪武庚申夏，方孝孺書《宋學士贈趙彦殊詩》遺之。

雍正義烏縣志卷之十七

方外志二氏

歷《志》並以二氏入人物，寺觀附祠祀，外之復合之不倫矣。邑古《志》以寺觀次丘墓，即以仙釋次寺觀，載八卷。是《志》卷凡十，余所見六卷至十卷，仙釋、寺觀皆在焉，仿而編之，與舊《志》仙釋載人物、次方技，寺觀載雜述、次災祥者異。乃以仙釋先寺觀者，有人乃有境也，其舊《志》以寺觀之廢者入古迹，似不愜，改附寺觀後。若東嶽行宫、銅巖諸廟與婺女星君祠，舊《志》入寺觀，雖本古《志》，宜改附秩祀後。而舊《志》云秦皇、漢武竭曆求仙，劉英、蕭衍亡身禮釋，溯以爲戒。又云其徒爲國祝釐，亦不可廢。抑云烏古寺觀，頹廢甚多，存者多不修治，而緇黄之流編户籍税，無異齊民，爰裒往牒以備參稽，而修真、符録、齋醮、禪教律諸門錯見於下云。

仙釋

梁

善慧大士傅翕，字元風，稽亭里人。因取魚會嵩頭陀，曰：「試自照水。」見圓光寶蓋，即悟前因。乃具問道場何在，頭陀指松山下雙檮樹曰：「此可矣！」因結庵苦行七年。忽三佛來自東方，有金色自天而下，集於其身。從是身常出妙香，聞空中聲偈。武帝詔赴闕，入重雲殿，不拜，徑登寶榻與帝問答。詔還山。

嵩頭陀，名達摩。天監中來居香山巖谷叢林間，以四木作臬釘地曰：「此可置寺。」後遊峭山，遇侍郎樓偃，期來歲八月會。至期，勸偃建香山寺。造小倉，容一斛，狀甚樸拙，糴米入之，米盡隨來，號「嘗盈倉」。人多捨田以給之。普通中，建來山寺。留鐵魚磬而西，至龍丘入滅。

惠約，俗姓樓氏，縣西竹山里人。母夢吞金像而生，膚體璨然，因名靈璨，字德素。叔好射獵，獲禽獸，約獨不窺。家人問之，約曰：「麛鹿於草間求活，逐而殺之，不忍窺也。」又悲桑蠶纏縛而死，遂不衣縑纊。年十七，落髮於上虞東山寺，始更今名。後居山陰天柱寺。周顒爲剡令，去官携之，入都居草堂寺。沈約一見，以爲道安、慧遠無以尚也。約守東陽，同歸葬二親。墓成，遊金華，住赤松澗，餌藥斷穀，所進麻棗而已。約代，隨還草堂。天監十八年，武帝延約於等覺殿，舊《志》作寢殿。受菩薩戒，頂禮請見化身。約遂合掌入澡瓶中，結跏趺坐，見五色雲臺，須臾而出，謂帝曰：「無令外人知之。」帝遂北面親執弟子之禮，稱曰「智者國師」。普通七年，奏以金華故庵建智者寺。大同元年九月十六日，示寂，年八十四，詔葬獨龍山。縣有智者鄉，金華山有智者寺。宋季澡瓶猶存，元吳師道有《澡瓶歌》。

僧法會，俗姓賈，名孝，同義鄉奉國里人。仕齊梁間，官至雲麾將軍。武帝時棄官爲僧，自金陵携巨鐘長刹東還。聞傅大士神異，率八十餘人往丐食。大士給以一簞飯，衆飽而飯有餘，會嘆服，以鐘獻，乞爲弟子。大士持鐘自松山頂擲之溪潭中，謂曰：「汝緣在彼。」會即其處宴坐巨石，信向甚衆，爲立精舍於溪濱，即法惠院也。因呼其潭曰「聖鐘潭」。宋皇祐中，潭湮塞。

稠錫禪師，居稠巖山中，頂曰上巖，麓曰下巖。師一日宴坐，聞膝間有嬰兒聲，知俗緣不了，乃叱開叢木，脱衣寄之，木合如故。下山娶妻生子，以酬宿業。復叱木取衣，爲大沙門，後不知所往。

唐

左溪大師玄明，俗姓傅氏。梁陳間有大比丘自北齊惠文得龍樹三觀之法，而師承之，居浦江左溪。唐天寶間入滅。

牧護禪師重雲，姓陳氏，諸暨人。九歲出家，受具足戒，建寺於酥溪東巖。振錫而坐，晨夕不少寐，因名「睡魔巖」。乾符二年，趺坐而化，遷於别墅，迎入寺内，肉身至今不壞，鐵杖禪床猶存。

僧永清，戒行孤高，不事形骸，衣麄食糲四十餘年。廣愛院乃其卓庵之所。一旦，兩肩有二童子顯示所居，清曰：「左肩屬陽，右肩屬陰。陽本乎天，宜居内，爲一寺之主；陰本乎地，宜居外，爲一方之神。」言訖不見。清瞑目而逝，院中護伽藍神與院北百步之山王神，即二童子也。

宋

妙靖鍊師，縣陳氏女，瓊玉。年十九，與姊浣於澗中，得桃實大如拳，食之，從此不火食，惟飲酒啖生果。初不識字，忽能詩辭，爲人言禍福悉驗。一日邀其兄遊四明海中，兄乘舟而已行水上，閲數日水不濡，曰：「我知來事，恐泄天機，姑以風花雪月爲詠，而寓意其中。」術聞，政和七年召見，賜號「妙靖鍊師」。乞還山，賜肩輿敦遣。壽九十，端坐而化。

季隱子，名道華，真定人。晚遊縣之繡水，青巾褐裘，與陳炳交，而以棋自晦。曰：「夫棋勝者必若有得，負者必若有失。負而或勝必矜，勝而忽負必争。吾見終日馳騖其心於無益之較，不知竟何所得也。自有天地人以來，其以棋鬭心而較勝負者，不知其幾，今安在哉？」隱居不食，惟飲酒，撚竹紙爲枚，以齒鍊之。無紙與酒，默坐竟日。或跪危垣之巔，下視大笑。大雪卧層冰，無凍色。忽語其徒曰：「吾飲止今日耳。」果坐逝。明年，金華吕進士，《府志》作道士元素。見之於小茅山，謂曰：「爲我謝宛陵主簿。」蓋炳也。

陳氏女，著屐上大楓樹杪，了無危懼。顧曰：「我爲神，今便長去，惟左蒼右黄當暫歸耳。」家人悉出辭訣。於是飄聳輕越，極睇乃没。

僧義歡，縣人。持戒甚堅，深通教典，創建興化院。宋康定元年，壽九十，端坐而化。既葬累月，遍見夢於其徒曰：「吾身當出。」衆開龕就視，肌肉如生，遂迎入院，闍維得五色舍利，有黄雲覆其上者三日，因以「雲黄」名山。

僧靈辨，居苦竹庵，庵中惟設一几一桶，四壁蕭然。苦行二十年，日誦《法華經》，有虎豹居庵外竊聽。一日，往錢塘從大善知識學般若。比至，素知其行，請居喜鵲庵。未幾，遍辭所與者曰：「某將歸矣！」人皆相率以送，辨趺坐而化，闍維得五色舍利，大者如豆。

元

千巖禪師，名元長，字無明，號千巖，蕭山人，俗姓董。少多知慧，年十七，究九流百家之言，曰：「此非出世之法。」乃往見智覺本公，公以「狗子無佛性」之語授之，歸。將十年，一旦喟然曰：「平生志氣充塞乾坤，乃作甕裏醯鷄邪？」復趺跏危坐，脇不沾席者二年。因往望亭，聞雀聲有省，往質本公，具陳悟由，自覺有得，遂隱天龍山之東庵。後杖錫渡江，至義烏伏龍山，依大樹結茅而止焉。士民悉禮拜，咨諏心學。朝廷三遣重臣寵錫名香。至正丁酉六月，師示微疾，會衆書偈，云：「平生饒舌，今日敗闕，一何轟天，正法眼滅。」遂投筆而逝。宋太史濂爲之銘。

虚谷禪師，名陵，王禕同里人。嗣雪巖欽，被帝眷。

木巖禪師，名植，王禕同里人。嗣虚谷陵，有《三會語録》。

王禕《語録序》曰：佛法行于中土，千二百九十餘年。爲其學者離爲異門，曰禪、曰教、曰律，凡三焉。教以明理性之要，而簡册之載爲至詳；律以示開遮之義，而科條之著爲甚備。若夫不立文字，單提直指，使人明心見性以成佛，則唯禪學爲然，所謂「教外别傳」者也。蓋自菩提達摩，以摩訶迦葉所得無上正法東來，直接上根。其後支分爲二，而心印獨傳於曹溪；派别爲五，而宗風大振於臨濟；而得人之衆，莫臨濟一宗爲盛矣。七傳至於楊岐、白雲、五祖、圜悟，誠所謂「不立一法，根源直截」者乎！悟之傳有虎丘隆公、大慧杲公，皆卓然樹立教道，於故宋南渡之初，東南禪門之盛冠絶於一時。而隆之傳爲應庵華公、密庵傑公、破庵先公、無準範公及雪巖欽公，蓋五世矣！當宋之季年，宗門耆宿相繼淪謝，欽公獨毅然自任以斯道之重。得其傳者，是爲虚谷陵公。公遭逢聖時，蒙被帝眷，其道尤爲光顯，而其上首弟子則吾木巖植禪師是已。師之入其室也，非唯參決其心要，而且兼傳其文印，故其爲道，無所不同於公焉。初，師出世於寧之西峰，既主袁之仰山，而今遷居杭之慧雲。門人集其三會所説，日用動作之語，用故事次第而録之，謂師之道雖不專任乎言語之間，而因其言語之所及，亦可以知其道之所存也。然竊觀師之言，機鋒峻峭，誠足以啓學人之領解，至其敷演之切、告戒之嚴，則所謂教、律二者，其道亦不外是焉。夫何近時禪學之弊，其徒唯口耳之是務，襲取昔人之言語，迭相師用，誣己而罔人，脱略方便，顛倒真實，而莫之或省。然則於一大事果何相與乎！學者于師之言語苟能以筌蹄視之，庶幾目擊而道存矣！陵公與師皆予同里人，予生也後，不及登公之門，而於師幸有游從之雅。姑述其淵源之所自，以序其語録焉。

寺觀

古《志》次丘墓後，舊《志》次災祥後、丘墓前。今改次仙釋，合入方外志，其廢者附于後。

華陽教寺。縣東十里華陽山，唐法輪大師卓庵之地。舊名「永安」，後賜額，至洪武二十四年改今額。永樂十一年僧深遠建毗盧閣。

邑人王稌記：永樂甲午冬十有二月，華陽寺毗盧閣成。越明年春，深遠遣其徒福源詣京師雕佛像，摹《大藏經》文置其中，徵予文爲記。按，寺在義烏縣東十里，爲唐法輪大師重雲卓庵處，舊名「永安」，後賜額「安福院」。洪武二十四年，改爲叢林華陽教寺。故未有全經，寺僧智慧、福源，伏睹聖朝重刊《大藏經》，板留大報恩寺，四方僧衆咸許摹傳，愈增感激。乃歸謀諸其徒，罄衣資，募衆緣，將摹經置寺中，普爲邦人植福。而謂有經無閣，經將焉儲？於是載經載營。邑人吴彦清聞而韙之，與其弟彦善、彦修感捐貲以佐其役。於是庀工度材，以永樂癸巳秋八月建閣于妙莊嚴閣之後。以間計者三，其崇三十有九尺，廣如崇而加三之一，修如廣而不及十有三尺。左右翼以廂樓各五間，棟宇傑立，氣象森嚴。中奉諸佛，旁儲《大藏經》五千四十八卷。廂樓則列羅漢諸天像。蓋幢之飭，丹碧之采，絢爛溢目，儼然化城寶坊之在人世，觀者爲之嘆仰不已。予聞浮屠氏以成壞住空示法天下，而華筵寶藏日新月盛，獨非侈乎？道以心傳，不假外求，固非名相文字所可盡也。而《四十二章》之外，又餘數千萬言，獨非濡乎？蓋爲其徒則必尊其道，尊其道則必嚴其居，侈固不可得而已也。若夫頓徹心性之原，超然萬法之表，固爲上哲能事，而開示悟入，亦未始離乎言語文字之間。况乎人擠著之故多，則死生禍福之戒所由設；口誦心惟之徒廣，則去惡趨善之意所由萌：是道果終濡乎？此閣之所由以建，而經之所以不可無也，是用弗辭而爲之記焉。永樂十三年臘月朔日，縣人王稌撰。

隆平教寺。縣東二十里。後唐長興八年僧無垢建。舊名「保寧」，宋大中祥符元年，賜額「隆平」。尋廢。明永樂四年，里人吴彦清兄弟重修。後爲教寺。喬行簡書「敕賜隆平寺」。

寶林禪寺。稠嶺，即雲黄山下。梁普通元年，傅大士依雙檮木結庵。大同六年，即此建寺，名「雙林佛殿」。大士於寺前制兩鐵浮圖，或云野塘朱氏鑄。大士曾叱衣雙檮樹，有徐陵敕撰碑。宋治平三年，賜今額。大觀二年，賜田十頃。宣和三年，燬於寇。紹興四年，東陽賈删定廷佐首爲鑄鐘、建藏殿。住山僧標以來六傳，次第復完，凡爲屋一千二百餘間。

金華潘良貴記：有大比丘，其名行標，號曰慧炬。一日過予，從容言曰：「維雲黄山是爲蕭梁善慧大士修證道場，我以緣法總徒二年。兵火之餘，豈弟慈祥外護我法，考其姓裔有大士宗，我將懇祈丐其名銜，起勝妙因，爲邦人倡。」郡將聞已，愀然改容，顧謂標曰：「方時孔艱，民力困耗，吾護此方，如護元氣，不以毫髮呼擾井閭。況此土木不急之工，勞人費財，爲役甚鉅，縱使彌勒即今示見，我猶持此力勸止之。」標聞是語，逡巡而旋，復見予言：「事不諧矣！」予曰：「太守之職，承流宣化，奉法愛民，而外有爲，實非其責。不若自信我法，博募廣求。況師駐錫以來，道俗傾鄉，時節或至，咄嗟可成。」標還雲黄山，大開法席，遍召檀那而告之曰：「永惟大士，誕毓此方，爲瑞爲祥，人天共仰。雙檮建寺，甲於叢林，自梁迄今，餘六百載，流通祖道，代不乏人。宣和三年，盜起新定，不幸煨燼，一椽不存。今歷歲時，堂廡齋厨，粗成行列，獨兹殿址，瓦礫弗治，妙相慈容，久無所宅。爾等善友，忍坐眠邪？」客聞標語，歡喜踊躍，於是退而各盡己力，大出金錢，合而計之，餘五十萬。以紹興二年春經始，三年冬告成。其高八十餘尺，而廣倍其半。中妥像設，莊嚴妙好；外繚闌楯，雄麗靚深。如化人宫，迥出空際。里之士女與旁州之人奔走往來作禮，嘆皆曰：「耳目未嘗見聞，山林增輝，緇衲雲集，坐變榛莽爲金碧區，未有成辦大緣如是之速者也。」故嘗論之，一切世間有爲之法，皆有分齊，長短可度，輕重可權，小大可稽，淺深可測。至於佛法，則大不然，淵乎妙哉！視之不見，聽之不聞，智不能知，識不能識。古經云：「以思維心，測度如來圓覺境界，如取螢火，燒須彌山，終不能著。」觀夫世之治生殖業，銖積寸累，可云勤矣。假使骨肉就其乞貸，愛惜靳吝，未嘗輕捐，至佛會中，心生悲喜，則傾囊倒廩，略無留難。又其最者，身體髮膚，頭目髓腦，於彈指頃棄舍如遺。其故何哉？蓋浄智妙圓與吾如來本同一體，念起背覺，遂爾合塵，塵昏本明，輪轉不息。佛以慈悲哀憐覆護，於生死海，暫作津梁。猶如父母惜所愛子，子出遠遊，望望不至。彼爲子者，漂流途路，雖未即歸，寢食之間，常懷憶念，聞説父母，涕淚自垂。感召之因，疾若桴鼓。此豈可以情量揣摩，筆舌形容其萬一哉！標之爲是役也，予最詳其本末，故樂爲之記。且懼來者之隳其績也，復爲説偈曰：「良木秀山澤，中林猶百年。斵削應約繩，必資諸巧匠。陶者作瓦甓，朽人施塗泥。絲網及寶鈴，丹漆墍塑繢。罷精磨歲月，始克觀厥成。金錢與糗糧，所費如山積。雖名有漏法，實爲无量德〔一〕。庶俾凡睹聞，因緣得入道。我昔禮大士，廣厦餘千間。何人持烈烟，一燎不存芥。嗚呼有施者，又有

〔一〕「無量德」三字，底本原作「敭□□」，「敭」字下作兩字空，兹據潘良貴《默成文集·寶林禪寺記》改。

戕毁人。良由弗思維，縱我無明故。今合檀施力，作新美踰初。丁此時囏危，爲衆作依怙。咨爾方來者，毋易隳前功。增飭愛護之，當如扞頭目。使百千萬億，遊戲依雙林。於龍華會中，永瞻微妙相。紹興六年二月日，左朝奉郎、直龍圖閣、管亳州明道宫潘良貴撰。

東陽胡助記：雙林寺者，善慧傅大士開山道場，浙水東，大刹也。按大士出世修行，始結茅雲黄山，燕坐雙檮樹下説法度人，靈異神通，不可殫述。當梁武帝盛時，教法顯揚，開龍華大會，建立寶刹，是名雙林。事具陵除所製碑。由梁至今且九百有餘載，每怪乎塔廟之屢廢而屢興也。宋宣和中，睦寇孽火，寺宇煨燼，皆爲丘墟。紹興初，删定賈公廷佐始範洪鐘、建三藏殿，住山標禪師募緣修造，宏傑偉麗。紫微潘公良貴《記大士殿書》，其迹可考也。由是歷年百有五十。而入國朝又以七十餘載，世異事殊，法席虛曠，去來聚散，如更傳舍。故殿堂門廡、諸屋宇以爾摧毁傾倒，化爲蓁莽，見者寒心。其所存者，山門、藏殿、僧堂、大士殿、旃檀林、雲黄閣而已。至正二年秋八月，行宣政院公選前住西峰右，雲龍禪師住持師入院，愀然不怡，於是以説法、化緣、興修爲己任。其年冬作周垣千有五百丈，立外山門，自是歲興役。復羅漢堂，知客寮，脩旃檀林，復前資寮蒙堂，增大士殿層欄，築獻臺爲祝釐之所。創東廡，治東浄、庖湢、徙僧堂以屬；西廡徙三門，入若干步，塑護法二天神坐像，開田瀦水爲放生池，甃石治道，引水種樹，金碧翬飛，相爲映帶。前後七年，積工鉅萬，起廢爲新。實雙林之中興也。其徒具事狀，請金華胡助文諸石以告後之來者，俾勿壞。禪師，予方外之友也。師向在西峰，造雙林大橋，利濟萬民，行旅往來贊嘆。故茲坐大士道場，熾然作佛事，修建偉迹於火廢後，尤不可以不書也。蓋嘗聞之，大士彌勒尊佛下生也，立教垂世，度一切人庶幾脱離苦海，去貪嗔癡，背惡向善，等成正覺，觀其著心，在王即堯舜禹相授受之道也。會三教之統宗，本一心之妙道，殊塗同歸，昭揭日月，不可誣也。於戲，佛法流通與王化相遠邇，若使人人向慕發菩提心，爲善而不爲惡，則天下風俗可厚也，國家刑法可措也。庸詎非輔治之基邪！予既書其事于石，仍繫之以銘詩曰：善慧大士，化度閻浮，雲黄之山，燕坐雙檮。世方障蔽，小示靈異，法權一擊，千門洞啓。人天歸仰，建刹寶林，總我三教，明爾一心。青蓮紺宇，龍華大會，當來下生，天宫受記。一彈指頃，俄九百齡，經殘教弛，寂滅彫零。去來攘奪，如更傳舍，東頹西傾，屋廬盡壞。有爲有漏，或寢或興，劫數恒理，孰經孰營。三十年間，鞠爲茂草，豈無其人，緣法未到。猗歟龍公，應真化身，持戒定慧，説法濟人。檀那信向，輦乘財施，指揮匠石，興工起廢。掃除瓦礫，開闢荆蓁，翬飛金碧，内外一新。廊廡繩繩，山門岌岌，佛殿鐘樓，像設莊飭。百堵皆作，塗塈垣墉，易治門徑，水月涵空。功崇再造，山林增耀，大芘禪流，開堂敷教。祝延聖壽，超度凡民，大士道場，萬古長存。至正十年八月十一日，太常博士致仕胡助撰。

古《志》止載某某有記，文不入，後同。

按：寺在二十五都。相傳明崇禎戊辰間，里人丁同鑑五十無嗣，夢羽士過之，蘭香滿室，曁一指以示。覺而疑爲大士，默祈得子，捐千金創殿。會龍祈山寺僧瑞霞行脚至此，里人舉爲住持，邑侯許公直屬令募建。霞告同鑑，同鑑意欲損十之三，忽屋瓦墜，擊茗甌，遂全書之。甌復無恙，人皆喜捨。豎棟日，同鑑果生一子，因名宗蘭。功未竟，霞逝，其徒慧弘續完之。同鑑後年七十，忽稱慧弘來省，齋沐書偈而化。邑進士童楷爲之記。已，燬丁山寇。國朝康熙七年，寺僧舜瞿募修。

宋楊傑詩：山路崎嶇山頂平，兜羅雲向下方生。了知大士夢中夢，更去如來行處行。

開基檀越賈曇穎前誌失載。

禪明寺。縣南六十里二十六都、曇峰下。宋治平二年敕建，久廢。國朝康熙四年，僧優曇、明暉築室曇峰之麓，募址建大殿，二僧皆善吟咏，署其地爲八景，曰曇雲秀色、梅潤清音、雪嶺樵歌、雲山塔影、八華拱峙、九溪合流、雁嶂摩空、龍潭邃壑。

定力教寺。縣南六十里二十八都，舊名「棲霞」。漢乾祐，僧志依建。宋治平，賜名「定力院」，後改教寺。國朝康熙二年，僧智有募建大殿、禪堂、兩廊旁舍五十餘間。

大安教寺。縣西一百五十步，繡湖心之柳洲。舊爲尼寺，名「普安」，在縣東北百五十步。唐咸通八年建，宋治平賜額。大觀三年，徐秉哲改爲僧寺，徙置今所，有塔五級。

知縣劉同記：大安教寺，居義烏繡湖之上，自宋迄今，凡若干歲，其佛殿傾仆，主僧曇金始捐己橐并裒衆施，以復修之，焕乎一新。殿之後有重堂、扁曰「筠雪」者，曇金藏修所也。求詩人文士，以著明其義。一日，予以公務過大安，稍暇，曇金請文爲記。予因詰之曰：「出家總持法席，豈不聞無上正法，不可思議，直指心源，何有文字？今乃不此是務，而猶規規於言語文字之末，得無以敷文演義爲念乎？」曇金曰：「非筌則無以得魚，非蹄則無以得兔，非文字則無以悟真詮之理，幸勿鄙於敷文演義之説。麗澤之益，尚當於此焉是賴！」予惟生於幽林者，筠也；雨於窮冬者，雪也；筠之清塵莫能染，雪之白垢莫能滓。諸君子之詩文詳且贍矣，第皆以筠喻筠之爲筠，未免涉於有形，曷若以非筠喻筠之爲非筠，斯無形矣。以雪喻雪之爲雪，未免滯於有相，曷若以非雪喻雪之爲非雪，斯無相矣。無相無形，則筠雪兩亡，清白胥泯矣。清白胥泯，則塵垢俱净，諸識不牽聯矣。諸識不牽聯，則諸業不造作，諸趣不輪轉矣。諸趣不輪轉，則覺性不昧，而與諸佛無異矣。是之謂「如來藏中不留朕迹」者也，是之謂「直指單提，妙覺説於無上」者也。筠雪云乎哉！文字云乎哉！曇金其尚勉之。正統甲子春三月初吉，廬陵劉同撰。

訓導鄭憲塔記：義烏縣治西百步許，有湖曰繡湖，湖之上有寺曰「大安」。寶殿之後，法堂之前，有塔一座，計五層，高若干丈，廣以高計，五分而殺其四。虚其中，設梯以通上下。層各有門，外列欄檻，可凭可眺。遇歲時必然燒蠟炬，會僧看誦經懺，以爲資福之場。歷年既遠，磚石崩壞，榱桷朽腐，欄檻傾折，久乏以新之者。邑之耆民陳永誠氏，好善之士也，年餘八十，嘗有志於修理。一旦，率若子若侄若孫曾等指而謂之曰：「吾家世居湖水之南，以善行見稱，躋乎壽考者，固非一二之可計。矧斯塔近出吾居之後，爲繡湖之壯觀，邑人瞻仰，有以轉其遷善避惡之機。昔嘗有神題其上曰：『明年湖水清，必有應之者。』至期，湖果清。有龔其姓，應之其名者，中巍科，以符前題之兆。自時厥後，屢有湖清之應其妙，又有關於人材之出處，非細故哉！今不重加修整，必至傾廢，則民何所瞻仰以興其好善之心，而神題之迹亦將泯滅無聞於後矣！」於是遂傾家貲，貨木石，鬻磚瓦，鳩衆工，崩壞者修復之，朽腐者更易之，傾折者補葺之。上而瓴瓦榱桷欄檻，下而柱石版壁窗櫺，莫不一新。興工於丙申年二月甲戌日，至四月終竣工，計其費若干緡。寺之道人、道福謀於主僧會事景昱曰：「塔既成，不可不記。」來徵言於予。嗚呼！世之昧者，徒以貨財自蓄，籌算出入，日不暇計，雖錙銖亦不妄費，甚而至於强恃其强，勢倚其勢，刻取於人以肥其家，尤欲永傳於子子孫孫以世享其利；而不知旋踵之間，復爲他人所有。而與積善以遺子孫者，其相去懸絶如天高而地卑耳。若陳氏之輕財樂施，乃積善之端也。能推此心擴而充之，則一言一行皆當其可。私意一毫不留於心，俾積德於冥冥之中，雖不期其報而報自至，則身其康强，子孫逢吉者，固不在彼而在此也。陳氏之後來者，能以永誠之心爲心，矩獲自度，而用志於學；將有復致神題湖清之兆，以紹前聞之美，而張大其好善之報，豈獨爲今日之美談哉！予復推是而記之，俾來觀者知所感發焉。

香山教寺。縣西二十五里，梁天監中，西域嵩頭佗僧建。

聖壽禪寺。唐名「龍壽」，禪師鳳林開山，宋治平二年賜額，元至正二年重建，明洪武十年創閣，永樂元年僧智旻，正統八年僧普洽修。

邑人黄溍記：聖壽禪寺，在義烏縣西四十里，故號「龍壽」，宋治平中，乃畀今額。大觀間，更爲十方禪寺。歲久弗葺，椽棟毁墜，藩拔級夷。敗屋數楹，不蔽風日；荒基斷礎，四顧寥寂。盛衰固若有時，而山川之勝，初無古今之異，特以地勢僻絶，非尊官富人轍迹之所及，而其徒蓄縮不自振，日益散落，雖遭逢聖教興行之世，莫有以爲意者。泰定二年秋，千巖禪師來自錢塘，愛其岡巒秀潤，泉清水深，始度隟地結茅而駐錫焉。緇素之侣，嚮風坌集座下者，恒數千百人，至無以容其居，給其食。僧法聰、德超，慨然出山，叩諸有力而好事者。於是齊郡太夫人張氏，首捐金爲買田若干畝有奇，里中一二大家樂聞之，争治材甓以復其故宇。佛殿則樓君如浚，山門則樓君一德，法堂則翁君弘道，觀音殿則張君道興，皆獨任其費。妙相中嚴，威神外護，妥奉有儀，派華旛蓋。器物之須，設置如式，且各助以田二十五畝有奇。既而一德之子天與、天澤爲作僧堂，同郡善女徐爲搆鐘樓，吴氏、王氏爲蓋齋庖。僧清雅尋集施者，範銅以爲鐘，由丈室至左右兩廡，庫庾之屬，則合衆緣以成之。效奔走經營之勞以創塔院者，尼壽寺；造湢室圊樓者，僧德義也。禪師之來凡十有八年，而其法之所宜有者，靡不畢備，規制之廣，則視舊有加。禪師爲而不有，擇叢林中德行完潔者，俾之住持。承其付託者，亦能負荷，而無所係吝，不久輒謝事而退。自壞空成公、無用貴公、東白昇公、絶照昶公、龍門省公、無礙了公，逮今滅宗繼公，已七傳矣。繼謂予曰：「在吾教中，聚沙積土，無非佛事。法施財施，寧有差别？請爲我並誌之於石，庶幾來者不昧所自，而思有以報稱焉。」予聞禪師以單提直指，普對群機，不起於座而道價之重傾動遠邇，宜其以壞爲成無難也。有能於禪師之道，一念浄信，舍諸所有，而不自以爲德，豈易然哉！庸因繼之，請摭其所述而悉著之，使刻焉。禪師名元長，俗姓董氏，説法嗣幻住本和尚云。至正五年秋八月庚申，祕書少監黄溍撰。

郡人宋濂記：烏傷之墟，有山鬱盤，名伏龍山。山巔有寺，號爲「龍壽」。宋治平中，又更「聖壽」。寺廢已久，莽爲荆榛。元泰定末，有大導師千巖長公，飛錫而來，從者如雲，一彈指頃，幻成樓閣。導師示寂，後十二載，比丘如海，來補其處，四衆悦服，如公在時。十二時中，常作思惟，念口所宣，十二分教，受持之者，發明自性，此烏可闕？乃與勤舊良杞是圖，西往姑蘇，叩諸檀度，所施白金，數將十鎰，奉以爲贄。於福嚴寺，請致毗盧大藏尊經，滿六百匭，稛載而歸。鄉之善士，至四三千，奔走往迎，爰自山麓，以達殿堂，約三里所，夾道耦立，各合掌次第受經而傳遞之，縱横錯綜，無弗及者。琅函既登，頭面接足，禮佛而退。海之與杞，又復思惟：有經無閣，與無經同，何以自表、啓人敬心？孜孜持曆，遍走民間，欲聚銖黍，以成丘陵。杞弟德鄰，素樂真因，盡心化導，惟日不足。又有僧修，宣勞其間。歷七年久，始見功緒。乃徹舊堂，載築載營。均齊合度，無有傾陊。於是命工，伐木於林，琢石於山，造陶于原，鍜鐵于冶，總總林林，不戒而趨。而其梓人，日陳新氏，亦絶葷肉，率衆涖役。國朝洪武，龍集丁巳，陽月斯届，其日乙卯，始奠梁楹。閲六十旬，乃訖厥功。閣敞五間，其高七尋，周以明軒，觚稜騫飛，蚩尾銜霄，猶如化宫，影落天半。中像大悲，具千手眼，左右千佛，飾以黄金，種種莊嚴，華侈勝特。東西相嚮，列以長龕，攢布庋格，妥至諸部，素恒覽藏，毗奈邪藏，阿毗曇藏，其爲功德，微妙難思。刊定因果，窮究性相，垂範四儀，嚴制三業。研真顯正，核僞摧邪，無所不具，無所不感。有信禮者，如聞世雄，出大音聲，天風海潮，震盪空際，一歷耳根，萬劫不磨。重閣之下，仍設高座，演説妙法，以聳人天龍鬼之聽。遐邇之人，來遊來瞻，舉手加額，嘆未曾有。海復來謁，請述記文，用告來者。是纘是葺，永久不壞。我聞法藏，總爲五千四十八卷。以別記之，凡六百億三萬一千八百八十八字之多。於一字中，各有點畫，於點畫中，各備形聲，是名爲字；積字至於三百四百或千萬言，是名爲經；積經以至恒河沙數，無有窮極，悉會于一，是名爲心；譬之於佛，自一至十，自十至百，自百至千，千佛千身，於一身中，各具手眼，是名爲佛；一有不具，于相則乖，大慈悲父，以一佛身〔二〕，用表千身。示現神變，出千手眼，顛倒捧執，靡不如意，是名大悲大慈之道，是名法藏。或微或顯，一越一心。心外無法，法外無物。千佛各具，不見其少；大悲通具，不見其多。此何以故？清浄海中，微塵刹土〔三〕，佛身充滿，無有限域。天地日月，河山草木，飛走游泳，洪纖高下，有情無情，或出或没，在佛身中，舉無外者。雖其手眼，至那

〔二〕「以」字，底本原脱，兹據宋濂《宋學士文集》之《毗盧寶藏閣碑》補。
〔三〕「土」字，底本原作「上」，兹據宋濂《宋學士文集》之《毗盧寶藏閣碑》改。

由他，及無算數，亦不見餘，况止一千。由此而觀，手眼周遍，於虛空界，不見一隻，亦猶契經，充塞宇宙，不睹一字。無體之體，無文之文，終日呈露，遍照十方。斂藏于密，初無一髮，苟以凡情，妄加度量，如刀割水，非狂則愚。金華居士，逢此勝緣，驩喜踴躍，記閣成事，意有未盡，復説偈曰：「我聞善慧師，善巧度迷情。建立大機輪，中舍三乘教。運行纔一周，功與持誦齊。後代踵遐軌，嚴飾日益勝。黄金暨丹砂，旃檀衆香等。合成大寶藏，湧現瀛海中。大龍負之出，天魔鬼神衆。手持刀劍具，護法禦不祥。苟一撼動之，循環不復停。光色聲香類，一一相奮軋。如談苦空義，聞者得殊利。誠以寶輪轉，衆法與之俱。法轉心亦轉，頓悟在刹那。此以何因緣，乃獨尊閣之。膠執於一隅，森列衆星比。如如屹不動，曷以發群機。其於立法初，寧不稍乖違。當知一切法，本來常寂静。静爲動所基，非静動奚寄。動静二俱泯〔一〕，始不爲鏡轉。來升斯閣者，日見衆寶函。周遭逐心施，不翅風雨疾。回視他轉輪，昭昭涵萬象。清浄若止水，毫髮不動摇。方知非動静，不受有相攝。若人以相求，執燈入寶山。竭力若窮探，得一而遺十。紅日行中天，衆寶咸見前。一覽心目了，無有隱遁者。此豈有奇因，不爲相縛故。我今稽首禮，作此法藏偈。千佛爲證明，同歸大悲海。」洪武十二年歲在己未，冬十二月朔日，宋濂撰。

〔一〕「二」字，底本原作一字空格，兹據宋濂《宋學士文集》之《毗盧寶藏閣碑》補。

附：學士亭在寺南。

方孝孺記曰：洪武十年春，翰林學士承旨金華太史公年六十又八，請致其仕，天子憫公齒德兩尊，不可久勞以位，賜金幣，詔歸浦陽。明年冬，烏傷聖壽寺住持如海乃作學士之亭于寺南。越十月，亭成。初，公在至正中值世亂，隱約山林間時，聖壽有千巖大師者，閎辨善談論，喜與縉紳遊。公時時過之與語，連日夜不休，所談説皆天下名言。其後大師卒。卒後四海大定，公應聘出，自江南儒學提舉凡十四遷，至今官而歸，歷十七年，積階嘉議大夫。以寺爲公所曾遊，故作斯亭，公之文章多刻在焉，援居訥歐陽永叔故事。從公遊，請記之。嗚呼！賢者之生，夫豈徒然哉！其生也，蓋將贊天地之化，鳴陰陽之和，樹勳于國家，流德于生民，山川草木皆光被而潤飾之，以並傳于後世，然而不常出也。當其在世也，天下之人，蓋有欲一見之而不可得者也，況事之乎？事之且猶不可，況爲其同郡之人乎？苟同居于一郡，至榮矣，況其杖屨來遊乎此，又得其文章而刻之以傳，則與公同不朽矣，其幸不尤大乎！然苟無作以表之，則幸者止于一世耳，後之人何考而知之哉？此作亭之意也。雖然，亭不足爲公重輕也。公事功著册書，文章遍宇內，海外之國傳而誦之者相環也，公何有于亭哉！然烏傷，公之鄉邑也，鄉人子弟歲時至寺，觀斯亭曰：「我太史公之亭也。」已而有思曰：「我公何以獨若斯哉，我何敢不學！」寺之僧觀者曰：「此太史公之亭也。」又觀大師之名曰：「世之爲僧者亦多矣，大師何以獨著哉，我安敢不激昂而進修！」鄉人子弟皆知爲學，爲僧之徒皆知有以激昂進修，則民俗厚矣。善俗而化民，賢者之所願也，豈非公之志哉！因斯亭以淑後之人，如海之功豈不遠且深哉。既獲事公，又得記公之事以告來禩，前所謂幸之尤大者，豈不足方之古人。公姓宋，氏某，字某。大師諱元長，千巖其號也，普應國師之弟子云。〇按，學士濂尚有《千巖禪師墖銘》，載於後。寺自如海後師嚮久絶，至國朝康熙二十年，平陽天嶽禪師本晝嗣元顗住此二十九年，元泰繼之祖燈再燄寺，故有千巖禪師所遺田甚多，積經轉鬻，今所餘惟三十畝。

上清寺。縣西四十里，後唐清泰三年，僧澄皎建，宋天聖三年，賜額「資聖院」，洪武二十四年，復改今額，尋廢。僧佛銓募檀越沈孟和等重建。

景雲禪寺。縣北二十五里，在稠巖下，唐稠錫禪師棲真之所。宋景德四年，知州張庶凝請敕「景德院」。俗呼「下巖寺」。

周希古記：婺星靈粹，應東陽郡也。郡屬邑烏傷，爲最邑也。邑外勝境，稠巖院也。有唐稠錫禪師棲真之處，宴坐，一旦，忽有異聞，以三昧觀照，知俗緣未斷，乃叱巖樹爲之開脱，寄三衣，樹合如故。於是往酬多生業累已，復來叱樹取衣，披挂爲大沙門，隱於其間，終不知所之也。厥後繼襲住持，香燈不絶，迄至於聖宋，御極率土歸化，象教以之勃興，真風以之廣布。淳化中，遠近士庶緇玄迎請，山主長老重闢玄關，載光慧日，趨邁前古，規準成矣。景德四載，郡帥清河張公庶凝通理，清河張公文炳布政求治，革故惟新，詢稠巖，徵應之始嘉，今來改制，愈於前躅有斯善績，乃亟陳章奏，聞於天聽，降敕賜「景德禪院」爲名焉。大殿一座，一間兩厦，中塑釋迦文佛，侍衛共七軀，相儀具足，金彩彪炳。瞻禮者心目虔虔不能捨，昭感如是乎。法堂、方丈、僧堂、厨庫、三門、行廡皆從新締構而周備耶。虹梁輻輳，鴛瓦鱗差，蓮捧柱而聳欒櫨，翠幕扉而映欄楯。惟奇鏤巧宏麗以之冠創。院前臨廣陌，環遶層巘，松篁森森而茂密，雲烟澹澹而交映，非形勝何以彰其名，非道高何以樂其居。蓋瀟灑爽塏，無以加焉。長老法名志延，福州長溪人也，族姓陳，稚年割愛入雪峰山，禮真落髮。暨弱冠，受具足戒，善根夙植，道器早成，性中薰五分之香，言下洞三乘之理，承嗣齊禪師法眼，得心地印，頓悟真如，遊方適乎。狥請是斯，勝迹圓成，寶坊得憩錫幽棲之處也。闢救度門，坦正覺路，狻猊座上永振師子之音，菡萏臺前咸仰象王之德，謂不可思議耶。由是厨豐香積，堂滿玄侶，叢林家風，抑亦焕乎。院側檀那信首，皆秉善性，共發道心，曩昔之曾作因緣，今生獲大福德。聞言誘化，群心悦隨，成就良因，皆夙會中之契合也。門弟子善琚、善資、善欽等禀師教授，依法修證，竭運用之機，綱紀有裨於善乎。然一方基構，百劫津梁，居郡邑之下，非朝廷僚屬授佛法，付囑垂惻隱而覆護，則何以共報皇恩，同資聖壽，美善之稱不誣也。余私命通理，在公之暇，詢彼興修，驟成靈刹，良多嘉仰，寧無紀述言，愧不文，直爲銘曰：彼修之李，有唐之初。稠錫禪者，出世深居。靈變莫測，混狎無拘。隱化何往，遺迹空餘。蔚志延師，重光慧日。道逢聖宋，文皇御極。敕改稠巖，賜名「景德」。肯構成規，諸方取則。開正覺路，入善教門。克成因果，永濟塵焚。外憑十信，上報四恩。不遷不易，嘗住嘗存。月殿虹梁，雲堂朱牖。實爲宏麗，堪作奇巧。任力成功，助福崇壽。故勒貞珉，永保悠久。宋祥符五年九月十一日記。

宗澤《景德禪院新建藏殿記》：夫百億妙門，三藏爲總，大哉利生之本，不可得而思議也。如來出世，以大士因緣示悟衆生，由一道清净，用一音演法，機感不同，而所聞亦異。故五時五味，半滿權實，圓機定假之義，播列諸部，星躔霞布，没世不能誦其文，終身不能發其藴。於是彌勒大士闡大方便，聚諸經以歸三藏，使流通教典，盡載一輪，塵沙法門，同歸一揆。倘衆生信而揚之，則不須朝講暮習，於彈指頃間含受法要，心怡神悦，蕩釋諸苦，發探蒙愚，展迪聾瞽，復性命之真，救迷妄之失，可不謂無窮之利乎！烏傷之北，附縣一舍，有院曰「景德」，肇荒於唐。山主琳師始建經藏，寫經律等僅一百函。師歸寂，缺而不講。越治平二年，院之徒契湜，遍募士庶，經滿其數，置函五百，成卷五千有八，星環金晃，墨寶珍嚴，燦然焕赫。顧舊藏不足以容，時竊景慕。至元豐中，居士葉詵崇信佛法，誠謂長者，一旦發念出家，聚材僝工，作轉輪以廣其度。住持沙門契海，又化檀信，益爲經理其屋十八楹。越一年畢，乃告成，隆厦廣闊，飾以珠貝，華輪盛麗，負以虬龍，窮極雕繪，間錯文藻，内外一新。遠近信仗，四方之人，皆得轉輪。是猶振風之過衆竅，甘雨之成百穀。然後美根長固，惡蔓除滅，芬芳嘉實，皆得饒益。設有下愚至賤之人，若見若聞，或瞻或禮，隨其根莖，各有所潤。譬夫饑者入太倉，觀夫穀粟，雖未得食，固知可以飽其饑矣；病者之藥肆，觀夫劑料，雖未投藥，固知可以療其病矣。以此法味永施衆生，則饑能充而食難盡，病有止而藥無窮，究其旨歸，何須外求？周旋於方寸，運動於日用，從容中道，左右逢源，動無所牽，止無所累，行無所遮，奚俟輪哉！今觀葉氏所謂藏者，如是如是，至於布琅函，列朱軸，誠爲除衆生饑病方便法也。

智度教寺。縣西四十里五雲山。唐智忍禪師修行地。大順二年，僧彦休過此。里人建院，名「卧雲」。吴越錢元懿爲婺州刺史，建殿成，五色雲見，因名「五雲」。宋祥符間，賜額「智度院」，後改寺。正德僧如壽，有戒行。後景貴明鐘住持。

徐僑詩：黄雲不似五雲深，隱隱回還坐此林。巒阜幾重遮入路，龍岡百里護來岑。單僧憐汝喧魚版，漫叟便余玩鶴琴。茶罷策笻無個事，登高時復一長吟。

延壽教寺。縣北二十五里。舊名「仁義道場」。晋賜額「延壽院」，後改教寺。國朝順治九年，僧守齋重修置産。

法會教寺。縣北三十里。舊名「龍華」，漢乾祐元年建。宋治平二年賜額「法會院」，後改教寺。有鐘樓、方丈並放生池，廢於兵燹。國朝順治十五年，僧達如輩重葺，白縣，知縣武尚儒清出寺田九十餘畝。

永明教寺。縣北三十里稠巖上。唐稠錫禪師道場。咸通八年建，號「永安」。宋治平，賜額「永明禪庵」，俗呼「上巖寺」，久廢。明崇禎間，僧寂德重建。國朝康熙二十年，僧寂闇捐建大殿、禪堂、山門各三間，廊舍二十餘間。

興善教寺。縣北四十五里。舊名「龍祈」，唐咸通八年建。宋祥符元年賜額。

永平教寺。縣東北一百五十步。宋宣和間，寶月大師梵淵募檀越樓氏，即大安寺故址創建，因得茗平山鐘，遂名「茗平院」。紹定三年，更「永平」，後改教寺。久廢。國朝康熙十六年，知縣辛國隆捐葺，僧永明募址建大殿、大悲閣、香積厨，祠知縣于漣於殿東、位國隆於閣上。

延福教寺。縣東北一里，金鱗山側。宋嘉熙四年，僧智真建。寶祐六年，請額「金鱗延福禪寺」，後改「接代教寺」，年久而頹。明萬曆五年，護印記僧成育重建。

慶壽教寺。縣東北五十里，獨秀峰下。晋天福四年，僧崇敬創，名「慶雲院」。宋治平，賜號，改教寺。

普濟禪寺。縣東北六十里，金鱗山塢中。唐大順中，僧師哲置，名「報恩院」。後唐長興三年，僧曉悟重建。後改今額。

來山寺。縣西南二十八都，僧應見建禪堂、大殿、山門。

東江接待院。東江橋。初，知縣薛揚祖創石橋，有安福院。僧結庵於此，力相其役，橋成因名。

興教院。縣北七十里，舊名「興福」。宋建隆中建。

普渡禪林。西江橋。

東江庵。

華光庵。二庵俱縣東三里。

興隆庵。縣東三十里五都。國朝順治初，僧達如建。

獅林庵。縣東三十里五都。國朝康熙元年，僧深泉捐建。

新塘庵。縣南十里。

修智庵。縣南四十五里。

止止庵。縣南二十里，天公山。一在和溪，白雲宗僧居。

雲黄庵。縣南二十五里。雲黄山頂，舊名「七佛庵」。明初，更今名，有七佛閣，梁傅大士行道塔七級，大小三座。塔前有鐵樹，枝葉剥落，一榦傲立，膚理不腐，頑墨如鐵。廢。永樂間，僧如松、里人丁彦明重修塔宇。國朝康熙戊午八月二十七日，夜怪風，中塔仆。

王禕《庵銘》：烏傷南鄙，有雲黄山。我聞在昔，善慧大士，彌勒應身，化度群生，於此山頂，勤修善行。先後七佛，一齊行道，有雲黄色，圍繞覆護。是故此山，名曰「雲黄」，其卓錫處，故迹宛然。復九百載，厥有比丘，是名妙珍，諸上善人，同會此處，依昔故迹，創造庵舍。架巖爲宇，土木堅好，中像大士，莊嚴供養。而於其旁，宴坐食息。比丘有言：「我等於此，敢求安隱。惟昔如來，日中一食，樹下一宿。惟能如此，故能得道。今我於此，亦復如是。」邑人王褘，來此庵中。聞比丘言，歡喜贊嘆。合掌恭敬，而説偈言：「惟佛生世間，本與衆生同。云何而名佛，一切惟心故。人心如虚空，光明妙不測。四聖及六凡，此心實互具。隨心之所念，即已趍其界。心苟欲作佛，即已成佛已。所以者何故？佛我心所具。一念能堅固，云何不作佛！我既成佛已，依報及假名。衆生無情物，亦皆能作佛。所以者何故？我與衆生類，一一具佛性。苟我已作佛，孰有非佛者？心佛與衆生，夫豈有差别！昔善慧大士，願力甚廣大。衆生被化度，悉皆成佛道。今我與爾等，同預龍華會。大士之所誓，各各宜精進。精進勿外求，求此心已足。如不信我者，請誦《心王銘》。是銘大士説，就以銘此庵。

福田庵。

順寧庵。二庵俱縣南二十五里。

西庵。縣南二十五里，二十五都雙林殿西。康熙十年，行僧松月建。月能詩，日事吟咏，有《雲谷草》。

下强庵。縣南二十五里。

孝友庵。縣南五十里，荷花塘，山蟠朱邦達建。

天龍庵。縣南六十里。

會善庵。

春暉庵。二庵俱縣西十五里。

普明庵。縣西三十五里。

龍山墓庵。縣西三十五里。賈文江、文隆建。

苦竹庵。縣西四十五里，在苦竹深塢中。

永福庵。縣西四十五里。

堰西庵。縣北二十里。

長岡庵。縣北二十五里。

鎮迴庵。縣北三十里，古庵。順治十二年重建。

西麓庵。縣西南二十五里。

慈航庵。縣西南四十里，以施茶。

湧巖庵。縣東北四十里。康熙元年，僧海賢建。

化城庵。縣西北二十五里，稠巖之東。

白塔祠佛堂。縣南四十五里。

福惠堂。縣西四十里。

觀音堂。縣西四十里。觀音廟拱辰門外一里許。

玄真道院。縣南十里，青巖山中。元至正初，里人俞仕亨建。

伏魔道院。縣南二十里，雙林鄉小崑崙山下蒲潭上。元至正中，道者王子華建。

何傅記：距萬松山之西不能十里許，有山隱隱然而特起者，曰「崑崙」。延袤可五六里，山之麓而花木暢茂，泉石清奇。於是王君子華，擇尤勝之地，搆修真之所，凡若干楹。已而龍虎山張真人聞而美之，因爲揭其顏曰「伏魔道院」。掌山陰縣事致仕叔誠王先生首爲之記，諸詩人之秀者又交爲篇章以導揚之，而爛如春錦，燦若貫珠，固已足矣。其孫逢源來求予爲序。予弗固辭而勉之，言曰：「道家者流，有能修身而養性者，有能嘘雲而禱雨者，有能捕捉鬼物而伏魔者。若夫鞭霆走電、驅魃御龍，其豈非禱雨而濟斯民者乎！與夫運用元神、召役靈顯以捕捉鬼物，其豈非伏魔而安斯民者乎！其或晨興而盥漱畢，焚香一炷，朗誦五千言；饑則啖交梨火棗，以一心爲太極，以太極爲金丹，則又爲修身養性也矣。」於斯三者逢源，果兼而取之。逢源乃稽首肅容而答曰：「固將植四海棠，殫力而進進，請書以爲序。」

附：廢寺觀

惠峰禪寺。縣東二十五里。後唐天成元年建，名「三山」。宋治平間，賜今額。

法惠禪寺。縣南十五里。梁大同六年，僧法惠因傅大士擲其鐘於此，人爲立精舍，名「滴水」。宋大中祥符元年，賜額「法惠院」。後知縣徐秉哲改爲十方禪院。寺前有聖鐘潭。舊《志》别載潭，省入此。

光明教寺。縣南四十里。晉天福七年建，宋大中祥符元年，賜額「法興院」，明洪武二十四年，改今名。

金涓詩：梵王宮殿倚崔巍，積翠繽紛圖畫開。啼鳥避人穿樹去，老僧迎客下山來。裁詩石徑書青竹，散髮雲林卧緑苔。自識個中幽興熟，杖藜何惜重徘徊。

仙山教寺。葛仙山下。唐乾符二年建，邑人楊忱中記。

崇慶教寺。縣南五十里。宋紹興初，普覺圓照大師曇讚築庵於此，以醫濟人。金華潘良貴名其庵曰「大同」。咸淳元年，改今額。

禪明教寺。縣南五十五里。宋開寶僧道明建，治平二年賜額「禪明院」，後改教寺。

崇福禪寺。縣西二百步。後唐天成中建，號「報恩」。宋大中祥符間賜額。

净明教寺。縣西十五里。晋天福六年，邑人吴氏捨建。宋治平間賜額。

廣愛禪寺。縣西十五里。唐末僧永清建，後名「興慈」。宋大中祥符間賜額。

妙相教寺。縣西三十里。舊爲尼寺，宋宣和三年，僧了基請爲僧寺。

雲門教寺。縣西三十里。元至正十五年建，名「雲門庵院」。

披雲教寺。縣西四十里。唐咸通五年建。

萬壽教寺。縣西五十里。唐太和七年建，咸通間賜額「萬壽院」，後改教寺。

護法教寺。縣西五十里。周顯德二年建，宋治平間賜額「護法院」，後改寺。

滿心教寺。縣北一百八十步。唐貞觀間，泉禪師建。舊名「宣化」，咸通九年，更「聖化」。宋開寶間，賜今額。宣和中，寺僧募鑄鳴鐘，今懸學明倫堂西序。

邑人宗澤《鑄鐘記》：如來以大悲心，欲令衆生于十二時中因耳所聞，生利益見，不爲欲所沈迷，不爲邪所障蔽，斷除惡念，滋種善根，於是建置洪鐘，以時撞擊，俾有識無識虚懷聽受，隨所聞聲，夤緣入道。譬如雷霆蟄驚，凡牙甲昆蟲，悉皆感悟。所以者何？日將旦，群動咸作，奔趨争逐，擾擾競前，於是驚之，廣令衆生起戒懼心。暨至食時，餓火煎迫，噉涎貪噬，腥羶無厭，于是驚之，廣令衆生起齋潔心。日之方中，交易爲市，矜智嚇愚，籠絡利己，於是驚之，廣令衆生起方便心。昧谷斂昏，陰邪氣盛，一念差誤，爲盗爲淫，於是驚之，廣令衆生起畏懼心。至夜未央，神識俱晦，夢想顛倒，莫覺莫知，于是驚之，廣令衆生起修省心。人之云亡，氣魄隨去，倀倀冥行，莫知所趨，於是驚之，廣令衆生起歸依心。如是等心，悉由中起，念念不絕，證無上緣。因知衆生因鐘以聽其聲，因聲以考其意，因意以明其心，因心以會其道，如來所遇，思弘濟人。滿心，古精刹也，形勢盤礴，據湖山之勝。舊雖有鐘，形度瑣小，發響焦急，無春容韻〔一〕。寺僧有宗，遍募檀越，弋陽主簿葉天相捐財倡之，寺衆環喜，和者沓至。於是大體均模，采鳧氏法，規天地以爲爐，翕陰陽而鼓氣。回禄騰燄，飛廉助威，燿熠璀璨，融爍銷液，神施鬼設，一瀉而就。頂蟠蒼虬，蠖蛇均搦，徽以金索，懸置擊之，隱隱闐闐，滿虚空界，應四生六道。湍滯幽冥，聽此法音，悉皆解脱。兹勝事也，樂爲頌云：人得自身，不自愛重。貪殘暴甚，長惡弗悛。劫劫輪回，歷盡苦報。如來悲憫，以鐘代言。俾衆生聞之，驚覺省悟。隨聲懺悔，益滋善根。予適宰官，代佛宣説。願咸諦聽，無量無邊。宣和六年十一月記。

黄溍《法堂記》：浮屠氏之居，在吾烏傷者，四十有八。唯滿心爲寺，據湖山最勝處，南距縣廨百八十步而近，歲時祝釐與凡禬禳之事咸集焉。縣大夫率僚屬備服就位，稱萬壽已，必聲鐘

〔一〕「春」字，底本原作「從」，兹據《萬曆義烏縣志》《崇禎義烏縣志》及文義校改。

伐鼓，合諸名山大比丘之上首，而推其警敏辨慧無礙者，俾舉揚乎師説，以啓天人龍鬼之聽。學徒得持所聞，用相叩擊，環者動百千人。非有崇階廣霤、穹座邃筵，則説者不嚴，聽者不肅。不嚴不肅，則不足以契感通之妙，而昭報上之誠。其演法之所，豈餘列刹比哉！主是山者，以甲乙相授受。至普澤師，仆者必興，缺者必具。獨法堂未有所改作，以梁間題識驗之，歲行十周天矣。懼愈久且壞，乃與其徒藴謐撤而新之。地之亢爽不殊於昔，而棟宇之偉麗宏敞，視舊有加。堂之後又增創重閣，妥故所奉普賢大士。以至順三年春某月庀事，夏某月訖功。市材甓，僦匠傭，總費錢若干緡，出于師與謐者什九，而惟祥智慧湞里中十數大家之爲助，當十一。程督勸相，則印傳悉力焉〔一〕。蓋寺産素薄，師雅不欲飛奇鈎貨以病民，而一以身任之。謐亦能不爲黍累計，惜竭己槖，倡衆以成師之志。往來之人第見夫丹甍翠桷隱顯於水光山色、烟雲晻靄間，而莫知其爲役之殷也。按圖經，唐武德四年，嘗即縣置綢州。七年，復廢州以爲縣。寺實州署故址，建立之歲月，靡得而詳。其宣號「宣化」，咸通九年，更號「聖化」，宋開寶五年，始易今額。而猶以綢名其山者，襲州之舊也。溍既爲記堂之成，而寺之本末前無所登載，并記之。溍他日歸休故廬，望鴛鷺行邈在天上，幸獲從里父老拜舞，退而登斯堂，庶幾睹優曇鉢華之一現，而於其爲法，或與

〔一〕「印」字，底本原作「即」，茲據上海圖書館藏《金華黄先生文集》改。

有聞焉。兹不敢緣作記剿説而儳言之也。

鑄鐘記，古《志》入藝文，以寺觀下概不載文也，舊《志》亦入藝文，今改載此。

净居教寺。黄檗山下。唐咸通八年，雙林僧令涉開山創建。廣明二年，賜號「寶勝」。宋大中祥符中，賜額「净居院」。明時更爲教寺，所遺有石羅漢，縣尉段子昂有記。

黄溍《碑記》：黄檗山，在吾烏傷北，望之森然。其起如鶩，其伏如踞，其支而出也，如趨如附。亘二十里，靡迤而不絶，抵縣治乃已。由山之趾緣修蹊而上，磬折行清池古木間，至其腹，重岡沓嶺，周如四墉，則又窈然而深。有佛廬曰「净居」，唐涉公禪師行道之所也。先是，山皆榛莽，貐貍蛇虺以爲窟宅，樵蘇之迹所不通。涉公以雙林緇錫猥衆，欲去喧而就寂，咸通中始來隱于此，結茅自蔭，宴坐盤石上。人無知者，久乃得棄蔬澗水濱，遂相率訪求之。既見而高其行，爲闢地，治棟宇，如其它浮屠居。且白狀于刺史以聞，賜「寶勝」額。宋大中祥符初，易今名。景定末，大比丘珏公，以癡公嫡嗣領天下第一山，理宗甚尊禮之，故其境以人而益勝。予兒時避兵山旁民家，屢往憩焉。仰視殿堂，丹采皆黮昧。父老指石羅漢云：「相傳池水嘗夜出光怪，因得此像十六，及石磨一。或以爲廬山歸宗寺故物，莫知何以至此？」又指前鉅閣云：「此御書閣，舊藏理宗所書『荆叟』兩大字。」荆叟，珏公自號也。後予游宦四方，不能數造其處。屬者偶過之，則文拱華榱晃耀林谷中，前嚴金相，後列玉函，花香物品，備完無闕。上人法暉揖予而言曰：「暉少得業是山，今老矣，大懼無以續前人之緒遺。經營積累〔二〕，殆十星霜。佛殿則創於太定元年之十月，藏殿則落於至順三年之二月，僧堂兩廡次第畢新。蓋其材則因山之良，食則取歲之羡，不足則繼之以衣盂之私，雖未嘗持簿走民間，里中好事者捐錢爲助，亦弗拒也。竊不自揆，將馳書謁辭以紀歲月，而辱惠顧焉。敢遂以爲請。」嗟夫！今之爲佛學者，方務飾空言以相高，凡塔廟之奉，數於非道之所存，而不以屑其意。上人乃能達理，事之不二，汲汲焉扶植振起之，豈非難哉？予觀兹山，土堅石秀，水無暴湍，杉櫧松楠竹箭之産，茂美而悦澤，清淑所鍾，固宜代不乏人。高山仰止，涉公之行業、珏公之名德未墜也。綢繆牖户，上人之功曷可以弗嗣乎？書而歸之，俾刻諸石，庶來者有概於心，而益致其力焉爾。其徒相是役，及施者之名氏，具列于石背云。邑人黄溍撰。

鷲峰教寺。縣北四十五里。舊名「靈鷲」。唐咸通八年建。宋治平三年間，賜額「鷲峰院」，後改教寺。

永福教寺。鷄棲山下。梁乾化三年，遷龍祈山，安貴院建置於此。宋治平三年，賜額「安福寺」。後改爲教寺。

〔二〕「經」字，底本原脱，兹據上海圖書館藏《金華黄先生文集》補。

迎祥接待寺。鷄棲山下。本張氏庵，崇福院僧普輝改建，更今名。

資聖教寺。縣北六十里。宋建隆元年建，名「資國」。治平間，賜額「資聖院」，後改寺。

瑞峰寺。縣北七十里。唐光明三年，僧惠明建。舊名「和峰院」。宋治平間，賜今額。

福田教寺。縣東北五里。唐咸通中創建。宋天聖間重建，改爲教寺。

崇德教寺。縣東北三十里，酥溪上。唐大中二年，法輪大師重雲創建，名「東巖」。宋改「崇德」。

邑侍郎宗澤《請海長老住疏》：伏以萬法本空，一性圓寂，撚花鷲嶺，曾虧一笑之瑕；面壁少林，猶病多言之失。必也忘真俗之二諦，泯色空之兩塗。自非圓頓之流，曷致機筌之用！某人長老，洞明宗旨，深達祖風，始出世於治平，實印可於法湧。退藏密旨，棲心彌勒之道場；重振宗乘，示迹法輪之古刹。人天共集，凡聖瞻依。會須振領提綱，十方坐斷；若也超佛越祖，一綫不容。除是慣戰作家，能具正法眼藏。既登寶座，願振潮音。俯狥衆情，無煩退託。

興化教寺。縣西南一百八十步。晋天福中，僧義歡建。宋太平興國七年賜額。

舊《志》作「崇福」。

貞如教寺。縣西南一百八十步。吴越錢氏會同十年建。宋治平二年賜額「貞如院」。後改教寺。

白鶴禪寺。縣西南二十五里。本留氏宅，梁傅大士娶留氏女妙光爲妻，即其宅雙槠樹下結庵居止。嘗有雙白鶴翔集，後建道場，故號。

香積教寺。縣西南三十里。梁大通四年，智者國師在鐘山夢故居朱門白壁，因請以宅爲寺，名「本生」，又名「荷恩」。宋大中祥符間，賜今額。

靈峰院。縣北四十五里。唐咸通八年建。

開元觀。縣東四十五步，朝陽門内。本婺女星君祠。宋紹興二十九年，知縣葉蕃清、道士李大年改立爲觀。慶元二年賜額。洪武二十六年，歸并以下宫院，立爲叢林。正統九年，知縣劉同重修三清殿。

以上俱廢，舊入「古迹」，次卷十九，今改附此。

附：塔墓

梁傅大士墓。雲黄山下，吴越王錢弘佐遣胡進思來取遺骨，啓葬之日，有雙虎據牆吼。是夕，大雨雷電，震動幽谷。及行，雙虎隨至鳳林鄉蝦蟆江，阻水而迴。

智者法師甎槨。香積寺前數十步。智者窆於金陵獨龍山，詔從都下，載龍甎於故寺，爲槨引魂以葬。

附：舊迹

雙林寺。元時尚有傅大士頂相舍利及耕具、柏版、上賜藕絲袈裟。見《吴萊集》。後無。

附：銘序

《佛慧圓明廣照無邊普利大禪師塔銘》：少林寺之道，十一傳至慧照大師，而别爲一宗。設三玄門演唱宗乘，權實兼行，照用雙至。四方從者，雷動海湧。逮乎宋季，其道寖微。惠朗欽公起而任之，豎大法幢，屹然爲東南之標準。廣濟妙公，親承法印，據師千巖，建立死關，鮮有升其門者。唯智覺本公，深造閫奥，以大辨才通博無礙，慈澤普滋，遍一切處。其入室弟子以十數計，若今佛慧圓明廣照無邊普利大禪師，則其一人也。師諱元長，字無明，一號千巖。越之蕭山縣許賢鄉人。族姓董氏，世以書詩爲業，父諱九鼎，母何氏，晚而生師，欲棄之，嫂謝氏鞠以爲子。七歲即就外傅，諸書經目輒成誦，出入踏矩循矱，有若成人。其父喜曰：「是子當以文行亢吾宗乎！」師之諸父曇芳，學佛於富陽法門院，欲乞師爲嗣，謝氏不許。未幾，師遘疾甚革，謝氏禱於觀音大士曰：「佛幸我慈，俾此兒不死，令服灑掃役終身。」禱已，師汗下而愈，遂使從芳游。

時師年始十七，益求良師友摩切九流百氏之言，已而曰：「此非出世法也。」復從授經師學《法華經》，至「藥王品」就問曰：「藥王既然二臂，曷爲復現本身邪？」授經師異之。年十九，薙髮受具戒，走武林，習律於靈芝寺。律師問曰：「八法往來片無乖角，何謂也？」師曰：「何不問第九法乎？」律師曰：「問律而答以禪，真大乘法器也。」會行丞相府飯僧，師隨衆入，本公亦在座，遥見師即呼謂曰：「汝日用何如？」師曰：「唯念佛耳。」公曰：「佛今何在？」師方擬議，公厲聲叱之，師遂胡跪作禮，求示法要，公以「狗子無佛性」之語授之。繼往縛茆靈隱山中，雪庭傅公召師掌内記。師下筆成章，五采交粲，見者嘆服。俄棄歸法門，隨順世緣。殆將十載，一旦忽喟然曰：「生平氣宇充塞乾坤，乃今作甕裏醯雞邪！」復造靈隱，跏趺危坐，脇不沾席者三年。因往望亭，聞鵲聲有省，亟見本公，具陳悟因。公復斥之，師憤然來歸。夜將寂，忽鼠翻食猫之器，墮地有聲，恍然開悟覺，身躍起數丈，如蟬脱污濁之中，浮游玄間，上天下地，一時清朗。被衣待旦，復往質於公。公問曰：「趙州何故云無師？」曰：「鼠食猫飯。」公曰：「未也。」師曰：「飯器破矣。」公曰：「破後云何？」師曰：「築碎方甓。」公乃微笑，祝師曰：「汝宜善自護持，棲遁巖穴。時節若至，其理自彰。」師既受付囑，乃隱天龍之東庵，耽悦禪味，不與外緣。有一蛇日來環繞座下，師爲説三歸五戒，蛇矯首低昂作拜勢而去，師自是聲光日顯。笑隱訢公方住中竺法席，力薦起之。江浙行省丞相脱歡公，時領宣政院事，亦遣使迫師出世。師皆不聽。居亡何，諸名山争相勸請，師度不爲時所容，與弟子希聲杖錫，踰濤江而至烏傷之伏龍山，見山形如青蓮花，乃卓錫巖際，誓曰：「山若有水，吾將止焉。」俄山泉溢出作白乳色，師遂依大樹以居，實泰定丁卯冬十月也。初，伏龍山有禪寺，號「聖壽」，其廢已久。當師入山時，鄉民咸夢有異僧來，遂相率登巉巖，披蒙茸以訪焉。見師晏坐不動，各持食飲之物獻之。邑大姓樓君如浚、樓君一得，各爲伐木搆精廬以安師。尋因舊號建大伽藍，重樓傑閣，端門廣術，輝映林谷。內而齊、魯、燕、趙、秦、隴、閩、蜀，外而日本、三韓、八番、羅甸、交趾、琉球，莫不奔走膜拜。咨决心要留者恒數百人，至有求道之切、斷臂師前以見志者。師各隨其根性而爲説法，譬如一雨所施，小大根莖悉獲沾潤。王公大臣嚮師之道如仰日月，名傾朝廷，三遣重臣降名香以寵嘉之。江淮雄藩，其若宣讓王則下令加護其教，若鎮南王親書寺額、賜僧伽黎衣及「普應妙智弘辨禪師」之號。帝師亦再降旨，俾勢家無有所侵凌，仍更號曰「佛慧圓鑒大元普濟大禪師」。資政院又爲啓於東朝，命朝臣製今號，并金襴法衣以賜焉。至正丁酉夏六月十四日，師示微疾，索浴，更衣，會衆，書偈云：「平生饒舌，今日敗闕，一句轟天，正法眼滅。」遂投筆而逝。春秋七十四，夏五十六。是日午時，其弟子德亨、德馨等用陶器函蓋，奉全身瘞於青松庵，悲慟哀戀，聲撼巖壑。太師、中書右丞相脱脱公，建大壽元忠國寺，爲皇太子祝釐之地，欲奏起師爲住持。適有自江南來者，言師示寂，乃止。師疏眉秀目，豐頤美髯，才思英發，超越醜夷。頃刻千偈，包含無邊妙義，得其片言，皆珍襲寶護惟謹。《語録》若干卷、《和智覺擬寒山詩》若干首，皆刻梓行於叢林。世之論者，謂師踐履真實，談辨迅利，或無愧於智覺云。濂初往伏龍山，見師吐言如奔雷，時濂方尚氣，頗欲屈之，相與數千言，不契而退。越二年，又往見焉，師問曰：「聞君閱盡一大藏教，有諸？」濂曰：「然。」曰：「君耳閱乎？抑目觀也？」曰：「亦目觀爾。」曰：「使目之能觀者，君謂誰邪？」濂揚眉向之，於是相視一笑，自時厥後，知師之道超出有無，實非凡情之可窺測，因締爲方外之交，垂三十年，其激揚義諦、往來尺牘之在篋笥者，墨尚濕也。雖纏於世相，不能有所證入，而相知最深，銘非濂爲而孰宜爲之？銘曰：「天目巖巖，中設死關。豈無來者，望門而還。言言智覺，仗劍深入。師子長號，百獸咸蟄。伊誰嗣之，惟千巖師。彼碩者鼠，爰契我機。一錫行雲，遁藏空谷。明珠自護，不受人觸。世雖不聞，靈蛇先知。矯首聽法，爲說三歸。我將辭名，文彩或露。足踏飛濤，一夕東渡。龍峰鬱環，如青蓮花。我棲其間，指樹爲家。兆諸所形，孰曰無象。有來甡甡，且饁且餉。化彼草莽，爲梵王宮。金銀琉璃，絢爛太空。四方風動，無不稽首。師我檀度，願垂攝受。群聾正酣，晝夜沈冥。法音方振，萬耳皆驚。璨璨珠璣，噴落人世。神鬼莫窺，天龍交衛。有寵自天，錫予便蕃。金衣寶熏，耀于祇園。外護之嚴，罔敢干令。慧照之宗，於斯爲盛。乘化而逝，人天慕哀。妙相如如，初無去來。既無去來，何有增減？太史勒銘，以照玄範。金華宋濂撰。

○按，黃溍記泰定二年秋，此泰定丁卯十月，是四年冬。○師嗣爲萬峰時蔚禪師，清隱德馨禪師，絶照浄昶禪師，如海智旻禪師，相繼住持。本書係十三世孫。

寺迹

白乳泉。寺後。圍五丈，色如白乳。

般若松。元長手植一松，誓曰：「此地般若若興，吾松當茂。」後爲伽藍松，亦漸長，折爲二幹，詰曲如虬龍。至正十七年，南枝忽瘁，已而長卒，因號「般若松」。宋濂爲之贊。

無塵殿。殿不沾塵埃，不綴蛛網。

九松關。寺前。木抱十圍，龍鱗虬枝，排鎖山門。

玉笋峰。寺前。峰高數丈，石如玉笋。

洗鉢池。寺東。圍十丈，元長時千僧洗鉢處。

瀑布崖。山半崖。懸白練百丈，聲聞數里。

釣魚磯。瀑布崖下。相傳徐文清僑釣魚處。

憩雲亭。山半。留雲攬翠，落照銜霞，最爲曠觀。

《千巖禪師語録序》：往余家居時，嘗謁千巖禪師於烏傷伏龍山。當是時，遐邇學子望風奔湊。曾未幾何，化荒墟爲樓觀，易寥空爲金璧，鐘鼓之聲上徹霄漢。嗚呼，何其能也！蓋禪師之不能爲能，不用爲用，芳蘭生於深谷而馨香遠聞；蒼璧韞於玄璞而光輝外發，禪師處於遐壤而人競從之。有道之士其果有異於庸常者歟？且禪師在時，其弟子嗣詔嘗録其語，鋟梓以傳。予嘗獲觀之，其敷宣大法，如雲雷迭興，而九龍噴雨也；如大醫王制藥，隨證而愈疾也；如摩醯三眼，光明洞照，而無不至也。由是知禪師之道，不實不虛，不有不無，不中不邊，在普應之門，蓋亦鏗然有聲者也。以能以用窺禪師者，抑亦末矣。禪師既入寂，兵燹方張，所謂《語録》者，皆爲煨燼，經今十有餘年矣。一庵鄰上人自幼侍禪師，與聞其道，見於言，讀其言，自可知其道，又何以序文爲？然稽之古德，其語存於今者，多縉紳爲題辭，不若是，固不足以表正宗之所寄。第予也非人，惡足爲禪師之重輕？以禪師與余交也，因不辭而爲之書。雖然，禪師之道不落有無、中邊、虛實者，固不可以語言文字求也。禪師之道，其亦得魚兔而忘蹄筌者乎？禪師行業，予嘗撰塔上之銘，兹不書。上人方閲三藏諸經，連年不自休，今又孜孜而爲是圖，亦可謂不悖其師者也。洪武九年秋八月二十五日，翰林學士承旨嘉議大夫知制誥兼修國史兼太子讚善大夫金華宋濂謹序。

後序：右《語録》一卷，千巖禪師傳授心法也。當元至正丁卯間，其門人天章詔師嘗輯録版行，以嘉惠來者。閲十四年庚子，版厄於火。今一庵鄰師，大懼師道將就湮微，使後之人弗獲霑潤，求善本於樓君子瑞家，遂函至松江唯庵，禪師入室之上首也。録既成，復求我先生翰林承旨宋公序其端，而是録始無餘憾矣。適余歸自成都，一庵乃以繕書入梓爲屬余，惟我汝齋祖與禪師爲道交，至以孫德亨爲禪師弟子，余在童冠時，又侍我父梅溪處士，口承玄論，上下三世，垂三十餘年，是豈偶然哉！其必有夙契焉者，書何敢辭。余聞近世趙文敏公與幻住本公、游本公一偈之書，趙公輒書之，至今得之者咸目爲寶。然師之道，與本公一致，其爲書是録者，世無趙公則已脱有之，其能斬然不與乎。余也固不敢上與趙公，齒以禪師三世之交，則趙公未之有也，故爲書其重輯之原也。如此若夫録中之義，承旨公已具詳之矣，茲不贅。洪武丙辰秋九月五日，將仕郎前成都府仁壽縣主簿烏傷樓璉謹識。

題千巖和尚《語録》後：生擒猛虎，活捉獰龍，慣施妙用，游戲神通。若向此録上領會千巖萬壑，蹉過伏龍峰。至正丙戌開爐日净慈處林敬跋。

言乃載道之器，道本無言，因言顯道，雖欲忘言，其可乎？千巖和尚以身爲舌，塵説、刹説、熾然説，吾未見其有言也。此話大行，何待三十年設。至正七禩丁亥季春，前住天童佛海老人，時年八十謹題。

千巖禪師居婺之伏龍山，其道大行，四衆歸之。當元之盛時，庵居知識在天目則中峰，本公華頂則無見，睹公屹然，法幢東南角立，伏龍雖晚出，而與天目華頂並高矣。今讀師之《語録》，簡古超邁，無非開示學者，讀之盡卷，如入居藥之肆，睹其諸品異藥，皆可已人之疾，如游香積世界，聞其衆妙香氣，皆可止人之饑。是録行世，人得而誦之，則沈痾虚腹，孰有不脱？然而起充然而足者乎。因其徒德鄰之請，故書之如此。洪武七年佛涅盤日，天界住山宗泐謹題。

長生穀記：夫有恒産者而財用足，故無弗繼之虞。空門設穀歸，常住用者名爲長生，然不亦取此之意乎。本寺山深雲冷，瘠土磽确，資産薄微，而雲水歲相往來者不爲不多，至飡堂屢匱，執事者難之，往往假貸於人，間歲弗克支，至興農之月，特爲尤甚。至正丙辰，住持僧普凱唱於衆曰：「昔智者寺無涯禪師募長生穀，别貯於廩，以計常住，盈縮而充應之，歲豐斂不虧其本，我特效而行其事乎。」衆莫不歸之。於是募之檀施，凡得穀若干，稱永爲常住長生之穀矣。丁巳春，列刻施主之名，并穀數目於石，凱公丐記其實。余道眼闕戒行，遡先世清翁，嘗爲千巖禪師，檀越樂助以穀，故爲言垂勸，貽於悠久。後將歷指其名而誦之曰：某也，若干；某也，若干。非惟布施有繩，又利濟之。蓋抑亦膾炙於人人之口，天人交贊，誠大事之因緣也哉。俾累守得其人，如其法能心，前人之心不起，人我之釁廉以統之。公以勤之，如是遞相引而弗替，而代有恒足之道矣，豈不美歟。是爲記。正統三年，歲戊午孟春既望，奉議大夫工部郎中樓文昌撰，住持僧普顗立石。

《募修聖壽禪寺疏》：謂教有三，吾疑之。疑，夫道一而已。何聖人之外又有教也？心之爲數，争理與欲耳。欲則皆非，理則皆是。循理，理也；不倚乎理，亦理也。或淺之，或深之，或卑之，或高之。深者引之使淺，淺者引之使深；高者移之就卑，卑者移之就高。故靡深非淺，靡淺非深；靡高非卑，靡卑非高。故道一而教不一，人之聆斯語者，當以爲非儒。然使此非儒，彼亦非儒，何儒之隘而多碍乎？則所謂一者謂何？伏龍聖壽禪寺，前此無論已。元泰定中千巖長禪師來此，十八年而建，中間自齊郡張太夫人而下，樓樓翁張諸君，徐吴王諸氏及僧衆與尼，或搆佛殿，或搆山門，或搆法堂，或搆觀音殿，或設妙相威神，或置華旛器物，或作僧堂，或架鐘樓，或蓋齋庖，或範鐘，或成丈室左右兩廡、庫庾，或創塔院，或造湢室圊樓，又助以田。蓋禪師爲臨濟正宗，世出親傳，所談説皆天下名言。寺初成，宋學士濂年三十三時，時過之，與語連日夜不休，自此披襟。垂三十年没，而禪師塔寺後，學士爲之銘且爲序其《語録》。學士六十有八致仕，歸住持如海，作學士亭於寺南。學士門人方正學先生孝孺爲之記。夫學士，儒者之宗也，儻以爲非道，則不宜與之交。正學先生，大儒也，儻以爲非道，則不宜記以文。蓋僧不必皆可交，皆可記，而禪師則昔之賢人，嘗交之，嘗記之，然則其精籃在其塔，在其《語録》，在其白乳泉、般若松，皆在此。自有滹陀來吾邑，第一祖席也，邑之人豈無仰跂學士，正學者又豈無。樓樓翁張齊郡徐吴王與僧衆洎尼諸人，今之爲佛殿、山門、法堂、觀音殿，妙相威神，華旛器物，僧堂、鐘樓、齋庖、丈室、兩廡、庫庾、塔院、湢圊并田與亭，何如乎。兹易中泰禪師，千巖禪師之十四世孫也，非不能樹下一宿，受珍珠之滿床，然以鄉德寓賢之所流連眷慕。若禪師者，而於闡化之域，聽其上雨旁風草深一丈，亦被服聖人之教者所不忍也，是爲疏。康熙壬申四月朔日，知義烏縣事王廷曾題。

雍正義烏縣志卷之十八

藝文志

宋文憲公濂《華川文派序》曰：義烏，婺上縣。自隋至唐，名士輩出，若樓幼瑜、駱賓王則其尤者也。幼瑜之文，以卷計者，凡六十有六；賓王之文，其數亦盈十焉，然皆散逸無存，其僅見于世者，往往出於編類家之所采。宋南渡後，宗忠簡澤其文多至五十卷，細高居士黄中輔亦十卷，香山喻公良能則三十四卷。香山之弟杉堂公良弼，頗如居士之數。南湖何公恪，巖堂陳公炳，各二十卷。惟是三四君子事業不同，其以文辭有助于名教則一而已。計其當時鸞蹌鳳翥於士林行，噰噰和鳴，而龜麟爲之後先，學者歆艷之，未必不家傳而人誦。遠者僅二百年，近者始百餘載，求其家集，則子孫或不能以咸有，况他學者乎！一邑之間且若此，而况於四方乎！嗚呼！立言之士，其心勤矣，其慮精矣，又惡知一旦變滅若烟霞者乎？然則編類者之功，要不可少之也。居士之族孫鐵巖公應龢，嘗有見樓、駱之事，乃自忠簡至於巖堂各編其粹精者十餘篇，聚於一書，釐爲六卷，名曰《華川文派録》。華川，縣之繡湖別名，唐嘗因之置縣，故取以號其録云。後十五年，豫章張侯來爲縣，讀而善之，復謂群公之文幸僅見於斯，然未有謄其副者，苟或亡之，非惟重有識者之嘆，且將何以風厲於吾民。亟請邑士傅君藻精加較讎，捐俸而刻置縣庠，來徵濂爲之序。昔者鄉先達吴公師道，憫前修之日遠而遺文之就泯，乃集婺七邑名人所著爲《敬鄉前後録》二十三卷。其視鐵巖志益廣矣。惜乎官其邦者不使永其傳，兵燹之餘，手稿弗復能存。今侯則惓惓是書，夙夜不少置，以此較彼，賢不肖之相去抑何遠哉！雖然，侯之風厲於縣人士者，不止文辭而已也。當如巖堂之介、南湖之孝、香山之質實無僞、杉堂之寬厚有容、居士之氣節不群、忠簡之竭誠報國，至死而不變，庶幾無負於侯。不然，則操觚濡墨，仰而號諸人曰：「我能文！我能文！」豈不見笑於大方之家哉！侯名永誠，以儒術緣飾吏事，忠信廉明如古循吏。縣務雖至劇，雍雍處之，輕重皆不失其度。吏胥受約束，拱手案側，不敢出一語相可否。諸弊頓革，故治效彰著，爲諸邑之最。是爲序。

按，丙申《志》文憲《序》云：「鐵巖應龢編自忠簡至巖堂爲《華川文派》。」又云：「後五十年，豫章張侯允誠來爲縣，請傅君藻校刻置郡庠。」此即黄文獻公志《序》中所云應龢手稿，傅君繼忠文、伯清校正《藝文》一編之原本，而張侯復刻之。特文獻志《序》撰于元至正十三年，張侯任於明洪武元年，考至正十三年爲癸巳，洪武元年爲戊申，當是十五年前令王侯名「允誠」，張侯當是「永誠」，今改正。其古志《藝文》於文則首宗忠簡表，終駱臨海賦，中載陳巖堂炳、李侯補、黄細高中輔、楊教授焯、黄太常夢炎、劉山南應龜、柳文肅貫、黄文獻溍、王忠文禕、宋文憲濂、劉侯同、吴修撰寬、潘君希曾、盧君格、李大理鶴鳴、吴御史華、虞惟明守愚、王僉事宗聖、朱員外湘、金州同江、王君崇諸篇，於詩則加以蔡公抗、徐氏僑、王氏柏、金青村涓、丁性初存、方正學孝孺、楊東里一清、林君士淵、劉丞傑、朱黄門肇、龔侍郎永吉、劉君繼善、王君初、吴君澄、吴君餘慶、王君仲序、陳君亢宗、顧君謙、謝君璉、邵君正、丘君觀、樓君仁、楊君傑諸什。而丙申《志》取漢楊尚書書冠之，益以何南湖恪、王博士紳、喻香山良能、虞孔峰復之文與詩，後增以汪侯道昆、熊侯人霖之文與詩，而删去潘、盧、王、蔡、王、劉、王、吴、王、陳、顧、謝、丘、樓、楊諸作。今則以文詩之緣地與事者，依類歸之，未盡歸者入之。而忠簡奏請回鑾二十四，其全集廷曾已録行，而丙申《志》但載二、六兩首，又以二居六後。兹補第一請於前、第二十四請於後，以爲始末，而次二於六前正之。其前《志》所録名賢文詩，若忠簡、文獻、忠文及文憲輩集中有關地與事，並《志》中傳記所不能附而亦有繫於地與事者，收之；繼此，足以步武前人者，續之；他邑與郡有切吾邑地與事，若陳文毅、方正學輩文詩，亦收之；而語不足傳者無取焉。一以追往昔之景緒，一以沿運會之風流，庶俾覽者有感於斯文云。

撰目

南齊

樓幼瑜《禮捃拾》三十卷，又《禮記摭遺別記》一卷，《文集》六十六卷。今皆無存。

唐

駱賓王《文集》十卷。舊有刻本行世，世遠板毁，且乏全書〔一〕。邑人黄之琦訪輯重刊。

宋

宗澤《文集》《言行録》五十卷。多散逸無考。康熙辛未，知縣王廷曾取疏、表、雜文及遺事、附録八卷編刻。

黄中輔《文集》十卷。今雜載編類家所采。

傅寅《群書百考》。

陳炳《易講》五卷，《進卷》五卷，《巖堂雜稿》二十卷。

〔一〕「乏」字，底本原脱，兹據《嘉慶義烏縣志》補。

喻良倚《唐論》四卷，《詩文》十卷，《策斷》二卷，《文選補》一卷。〔一〕

喻良能《香山文集》三十四卷，《家帚編》十五卷，《忠義傳》二十卷。

喻良弼《杉堂集》十卷，《樂府》五卷。以上俱無存。

何恪《南湖集》二十卷。今雜出於傳記者數篇。

徐僑《讀易記》三卷，《讀詩記詠》一卷，《雜説》一卷，《文集》若干卷。

葉由庚《論語纂遺》及《詩文》若干卷，《瘖叟自志》一卷。

朱質《易説舉要》及《奏議》《詩》《雜稿》。今存《哭百七宣義劉公墓》《挽百七夫人樓氏》詩。

喻偘《蘆隱類稿》五十卷，《隨見類録》二百卷。

喻南强《梅隱筆談》十四卷。以上俱無存。

何疆《曲汀集》。

虞復《成已集》《告蒙》《告忠》《遠齋集》《孔峰集》合八十餘卷。今存緝熙四十

〔一〕底本原將《唐論》《詩文》《策斷》《文選補》四種繫於喻良能下，非，兹據《嘉慶義烏縣志》乙。

八規。

朱元龍《遺稿》十卷，《讀騷集》。

王炎澤《南稜類稿》二十卷。

黃夢炎《詩文雜稿》一卷，《筆記》一卷。

楊忱中《易原》五卷。

傅芷《南園詩文雜稿》二十卷。

姚獻可《西園雜稿》。

楊宗海《橘軒集》三卷。以上俱無存。

元

劉應龜《夢稿》《癡稿》《聽雨留稿》共二十卷。今存《縣壁題名記》《田園雜興》《夏日雜詠》詩。

石一鼇《五言總論》十卷。

黃溍《文集》五十卷。宋濂序云：《日損齋稿》二十五卷，王廷曾取選集十卷補訂行世。

朱震亨《宋論》一卷，《格致餘論》，《丹溪心法》行世，《丹溪手鏡》，舊《志》云版存邑庫，今佚。《局方發揮》，《傷寒論辨》，《外科精要發揮》，《本草衍義補遺》，《風水問答》諸種。

丁存《雲崖雜稿》。無存。

明

金涓《青村遺稿》二十卷。存一卷，裔孫光刻，版佚，今後人重刊。

王褘《文集》原刻二十四卷。康熙辛未，知縣王廷曾增附録重刻，《續大政紀》崇禎己卯，蘭溪章有成刻。

朱廉《理學纂言》及《文集》十七卷。

傅藻《紀行詩》若干卷。以上無存。

胡讓《晚翠堂集》十二卷。今僅存詩十一首。

朱肇《撫安泮池稿》。

王紳《繼志齋》二十卷。今存一卷，刻附《忠文公集》。

王稌《青巖類稿》。今存一卷，刻附《忠文公集》。

龔永吉《疏稿》。

沈賓國《五經注疏》《太極圖衍》《皇極經世書疏》。

王汶《齊山文集》。今存一卷，刻附《忠文公集》。

虞守隨《芝巖雜稿》《皇陵正議》。

李鶴鳴《雙杉亭草》十二卷。

王宗聖《賓湖稿》五十卷，《榷政記》十五卷，《六朝詩彙》一百二十九卷。今存二記、《青巖八景》詩。

虞守愚《虔臺拙稿》《東崖文集》《四書一得録》。

金江《續綱目書法》《續敬鄉録》《端本要略》《華川文派録》《義烏人物記》《太倉》《高唐》二州志，總八十卷。今《要略》《人物記》存。

朱湘《家禮俗通》《習韻稿》《瑞陽遺稿》《恤刑稿》。

龔一清《奏議》。

金世俊《疏稿》《宗貫録》《寧我録》。

陳思任《燕遊》《淮海》《黔中》《忻忻園》諸《詩草》。

王如心《起從集録》。

金世儼《樂天賡陶集》六卷，《吏隱繡水》，《三餘諸藹言》。

王開明《覺非》先、續二集。

龔士驤《石芝園稿》。

吴大纘《詩文稿》《洙泗道心别録》。

國朝

朱之錫《奏稿》。

金漢鼎《疏草》四卷，《文集》十卷。

陳達德《茜園集》《汾草》。

胡之翰《酥溪詩草》。

陳聖圭《易圖解》《太極圖解》《五經要旨》《理學淵源録》《八嫯類考》《東巖文録》《歲萍詩集》《封建井田論》。

劉元震《繩其集》。

吴之器《婺書》七卷，《明月齋詩稿》十六卷，《文稿》四卷。

朱崇魯《四書了義》《此園集》《詩草》。

朱淳《講録》《澤水居士集》。

吴之文《明詩正葩》三十六卷，《得山堂稿詩》三十二卷、文二十卷。

丁先庚《字釋發蒙》十二卷，《資治通鑑綱目書法補》。

編類

詔

開科舉詔代言

明·王禕

詔曰：朕聞成周之制，取材於貢士，故賢者在職，而其民有士君子之行，是以風俗淳美，國易爲治，而教化彰顯也。漢唐及宋，科舉取士，各有定制，然但求詞章之學，而未求六藝之全。至於前元，依古設科，待士甚優。而權要之官每納奔競之人，辛勤歲月，輒竊仕禄，所得資品或居舉人之上。其懷才抱道之賢，耻於並進，甘隱山林而不起，風俗之弊，一至於此。今朕統一中國，外撫四夷，方與斯民共享昇平之治。所慮官非其人，有傷吾民，願得賢能君子而用之。自洪武三年爲始，特設科舉以起懷才抱道之士，務在經明行修、博古通今、文質得中、名實相稱。其中選者，朕將親策于廷，觀其學識，品其高下，而任之以官。果有才學出衆者，待以顯擢，使中外文臣皆由科舉而選，非科舉者毋得與官。敢有遊食奔競之徒，坐以重罪，以稱朕責實求賢之意。於戲！設科取士，期必得於全材，任官惟賢，庶可成於治道。咨爾有衆，體予至懷。故兹詔示，相宜知悉！

疏 劄子 表 揭

薦合浦太守孟嘗表 一作「上書」

漢・楊喬

臣前後七表，言故合浦太守孟嘗，而身輕言微，終不蒙察，區區破心，徒然而已。嘗安仁弘義，耽樂道德，清行出俗，能幹絶群；前更守宰，移風改政，去珠復還，饑民蒙活；且南海多珍，財産易積，掌握之内，價盈兼金，而嘗單身謝病，躬耕壟次，匿景藏采，不揚華藻，實羽翮之美用，非徒腹背之毛也。而沈淪草莽，好爵莫及，廊廟之寶，棄於溝渠；且年歲有訖，桑榆行盡，而忠貞之節，永謝聖時。臣誠傷心，私用流涕。夫物以遠至爲珍，士以希見爲貴，槃木朽株爲萬乘用者，左右爲之容耳。王者取士，宜拔衆之所貴。臣以斗筲之姿，趨日月之側，思立微節，不敢苟私鄉曲，竊感禽息，忘身進賢。按，范史稱桓帝時尚書同郡楊喬上書薦嘗。嘗，上虞人。漢，烏傷隸會稽郡，故云同郡。

條畫四事劄子

宋・宗澤

臣聞情生於愛，愛生於見，見生於目之所遇與左右之所接。所遇所接果順於己則喜，喜則賞之，賞之者，非懋其功也，賞其順己而已耳。所遇所接果逆於己則怒，怒則罰之。罰之者非罰其罪也，罰其逆己而已耳。如是則賞罰出於喜怒，喜怒出於順逆，可謂之公而無私乎？賞罰徇私，其何以礪世磨鈍、大有爲於天下乎？聖人無我故忘情，忘情故忘逆順，忘逆順故忘喜怒。故賞一善而天下之爲善者勸，知其非私喜也；罰一惡而天下之爲惡者沮，亦知其非私惡也。一賞一罰，歸之至公，而我無容心焉。人其不心悦而誠服者乎？陛下所以號令天下，使人知所趨、知所避、知所行、知所止者，賞罰而已。昔文王一怒而安天下之民，武王亦一怒而安天下之民。是怒也，豈發于目之所遇於左右之所接哉？彼賊虜橫肆兇暴，侵犯我王室，臣願陛下如文王、武王，亦一怒而安天下之民，有賞有罰，惟平惟一。至於應酬萬機，進退取予之際，斷之至公，以慰天下之望。

臣聞人君職在論相。昔舜有天下，選於衆，舉皋陶，不仁者遠；湯有天下，選於衆，舉伊尹，不仁者遠。皋陶贊舜去四凶，而後九德咸事，庶績其凝；伊尹贊湯革夏，而後咸有一德，格於皇天。是知不仁者遠，不能播其惡於衆，始能使衆賢和於朝，更相汲引，以成大功也。以人君身居九重，其彌縫燮理，鎮撫表正，但仰成于朝而已。高宗得傅説而商中興，憲宗得裴度而唐中興，臣願陛下於稠人廣衆中，不以親疏，不以遠近，不以夢，不以卜，虚心考驗，參以國人左右之言，爰立作相，俾之應變守文。果得其人，能率厲衆志，交修不逮，其在位皆節儉正直，小大之臣咸懷忠良，以持天下之正，以成天下之務，天下其有不大治者乎！陛下果尊道德，遠邪佞，與大臣言欽而信，毋使小人參焉；與賢者遊親而禮，毋使不肖者與焉；用賢勿貳，去邪勿疑，斯言行，而天下治矣。《書》曰：「知之非艱，行之惟艱。」知之不行，無益也；行之不至，無益也。兹事在陛下力行之而已矣。

臣伏聞李絳見憲宗于浴堂殿，帝曰：「比諫官多朋黨，論奏不實，皆陷謗訕，欲謫其尤者如何？」絳曰：「此非上意，必僉人以此熒誤上心。自古納諫昌，拒諫亡。夫臣進言於上，豈易哉？君尊如天，臣卑如地，加以雷霆之威，彼晝夜思度，如欲陳十事，俄而去五六，及將以聞，則又憚而削其半，故上達者纔十二。何哉？干不測之禍，顧身無利。雖開納奬勵，尚恐不至，若譴訶之使杜口，非社稷利。」帝曰：「非卿之言，我不知諫之益。」且人君深居嚴密，又以旒纊蔽其聰明，所以見天下之是非，聞天下之情僞者，蓋用諫官代爲耳目，俾奸邪讒慝，不敢掩其不善而見其善者也。唐高祖、太宗初即位，嘗賞孫伏伽、蘇世長，以激諫臣。恭惟陛下，聲色貨利，弗邇弗殖，舍己從人，樂取諸人以爲善，固無可諫者。至於臣下，懷奸藏慝，嫉賢蔽善，敢肆欺罔，苟朋比者，當使耳目之臣廣其聞見，瀝心彈糾，毋有所隱，以絶後艱。

臣聞天下之事，爲於可爲之時則成，爲於不可爲之時則敗，成敗之幾，間不容穟。是以古人有「時哉不可失」之語。恭惟陛下繼離之照，法乾之剛，故見幾而作，柄果斷而罔後艱，成敗之幾不出昭回之鑒，臣復何言？臣誠心衹思徇國，又荷眷遇，臣非木石，寧不自知？然臣每見事有當行，請之必力，言既拙直，勢甚孤危。願陛下察臣之衷，力賜保佑，使全骸骨，以盡餘年。臣之悃誠，言不盡意。

上乞毋割地與金人疏

宋・宗澤

臣聞天下者，我太祖、太宗肇造一統之天下也，奕世聖人，繼繼相承，增光共貫之天下也。陛下爲天眷佑，爲民推戴，入紹大統，固當兢兢業業，思傳之億萬世，奈何遽議割河之東，又議割河之西，又議割陝之蒲、解乎？此三路者，太祖、太宗基命定命之地也，奈何輕聽奸邪附賊張皇者之言，而遂自分裂乎？臣竊謂淵聖皇帝有天下之大，四海九州之富，兆民萬姓之衆，自金賊再犯，未嘗命一將、出一師、厲一兵、秣一馬，曰征曰戰；但聞奸邪之臣，朝進一言以告和，暮入一説以乞盟，惟辭之卑，惟禮之厚，惟虜言是聽，惟虜求是應，因循踰時，終致二聖播遷，后妃親王流離北去。臣每念是禍，正宜天下臣子弗與賊虜俱生之日也。

臣意陛下即位，必赫然震怒，旋乾轉坤，大明黜陟，以賞善罰惡，以進賢退不肖，以再造我王室，以中興我大宋基業。今四十日矣，未聞有所號令作新斯民，但見刑部指揮有不得謄播赦文於河東、河西，陝之蒲、解，兹非新人耳目也，是欲蹈西晋東遷既覆之轍耳。是欲裂王者大一統之緒爲偏霸耳。爲是説者，不忠不孝之甚也。既自不忠不孝，又壞天下忠義之心，褫天下忠義之氣，俾河之東、西，陝之蒲、解，皆無路爲忠爲義，自賊其民者也。臣雖駑怯，當躬冒矢石，爲諸將先，得捐軀報國恩足矣。臣衰老，不勝感憤激切之至。

乞回鑾疏第一次，建炎元年。

宋・宗澤

臣聞三代之得天下也，得其民也。得其民有道，得其心也。得其心有道，所欲與之聚之，所惡勿施爾也。是則得民之道在察其心之所欲，與其心之所惡而已。此古所以有「天時不如地利，地利不如人和」之語。求民之和，豈必家至户到，一一而求之哉？應天順人，承天下之大順，則民不期和而自和矣。

臣蒙恩差知開封府，臣雖衰老無能，然久知開封染習，諸統制下，皆是招集惡少亡命無行者。臣既領府事，更不敢徇身自顧，但以正道瀝誠感之。不浹旬間，彼惡少輩咸知格心爍謀，斂迹遁去。其間巷間亦自然悛改，上下帖然，無復肆横。以是人人鼓舞，仰陛下之威，懷陛下之惠，拳拳慕戀，不啻嬰孺之愛父母，咸思發憤，敵其所愾。臣每聞王畿内外，日久嘉靖，熙熙皞皞，將如向祖宗慶、祐、熙、豐時。臣觀人心念念徯望者，惟願陛下六龍之御，警蹕之聲，千乘萬騎來歸九重，以副萬邦切切繫戀之誠。

又第二次，七月。　宋・宗澤

臣聞禹之行水，行其所無事。所謂無事者，非泊然無所爲於事也，事無事而已。夫禹蒙天錫，洪範九疇，知水有順下之性，且親見堯有洪水滔天，績用弗成之患，遂因水之性而順道之，故天下免乎昏墊，而奠厥攸居。兹無他，皆堯用禹之力也。

臣竊聞將士籍籍，皆願陛下歸京師，云京師是衆兵駐劄之本根也；商旅籍籍，皆願陛下歸京師，云京師是天下賈販之要區也；農民籍籍，皆願陛下歸京師，云京師是天下首善之地也；士大夫懷忠義者籍籍，皆願陛下歸京師，云京師是陛下祖宗之域也。臣前在臨濮兵寨中，實憂群臣無遠識見，恐贊陛下去維揚、金陵，又見京城有賊臣張邦昌僭竊，與范瓊輩擅行威福，無所忌憚，所以曾暫乞駐蹕南都，以觀天意，以察人心，仰蒙聽從。

臣誤被宸恩，差知開封府事。今到五十餘日，物價市肆，漸同平時。每觀天意，眷顧清明；每察人心，和平逸樂。且商賈、農民、士大夫之懷忠義者，咸曰若陛下歸正九重，是王室再造、大宋中興也。臣竊料百僚中唱爲異議，不欲陛下歸京師者，不過如張邦昌等奸邪輩，陰與賊虜爲地耳。

臣願陛下體堯禹順水之性，順將士、順商旅、順農民、順士大夫之懷忠義者，早降敕命，整頓六師，及詔百執事，示謁款宗廟、垂拱九重之日，毋一向聽張邦昌奸邪輩陰與賊虜爲地者之語，不勝幸甚！臣之少也，猶不如人，今年六十九矣，眷眷血誠，恨其學問荒鄙，不能以激忠義之辭仰動天聽，臣不勝涕泣痛怛之至！

又第六次，九月。　宋・宗澤

臣學問膚淺，不能式是古訓，對揚天休。今再瀝悃誠，干冒睿聽，以臣耳目所親聞見事，一一疏進，伏望陛下哀憐，特賜俞允。

伏睹國家嘗變更三舍之法以取士，意謂皋、夔、稷、契皆自此塗出；卒之迫於月試，剽竊時文，罔有稽古者，是三舍果不足以取士也。又嘗尊崇道教以奉真仙、莊老皆是此塗出；卒之誕謾譎怪，污染成風，罔有成就者，是道術果不足以奉真也。又嘗進貢花石以昭享上，卒之驕淫矜誇，蠹耗財計，無有紀極，是貢花石果不足以享上也。又嘗結好虜人，欲以息民，卒之邀迎二聖，劫掠侵欺，靡所不至，是守和議果不足以息民也。當時行之，固有阿意順旨、作爲歌頌以叨富貴者，其間亦有毅然獨立、不相詭隨、以骾亮獲罪者。陛下觀之，昔富貴者爲是乎，被罪者爲非乎？

臣每思之，宗廟社稷岌嶪如是者，盡由奸邪憸人鼓唱四事，俾民病弊，幾不聊生，所以致有今日之患。《詩》曰「商鑒不遠，在夏后之世」，茲覆轍正陛下蕭牆之鑒。今之言遷幸者，猶前日之言四事爲可行，阿諛諂佞，動爲身謀，翕翕訿訿，更相助成。今之言不可遷幸者，猶前日之言四事不可行，而罹其罪者也。且我京師是祖宗二百年積累之基業，是天下大一統之本根，陛下奈何聽先入之言輕棄之，欲以遺海陬一狂虜乎？臣觀河東、河西、河北、京東、京西之民，咸懷冤負痛、感慨激切，想其慷慨之氣，直欲吞此賊虜。陛下何忍怙聽諛順，而不令剛正之士率厲同心，剿絶兇殘乎？

今東京市井如舊，上下安貼，但嗷嗷之人，思望翠華之歸，謁款宗廟，垂衣九重，不啻饑渴之望飲食、大旱之望雲霓也。臣竊謂陛下一歸，則王室再造矣，中興之業復成矣。陛下如以臣爲狂率誕妄，願延左右之將士試一詢之。昔周勃入北軍，使左袒右袒以卜劉、吕，蓋非獲已也。臣區區誠意，願陛下以遷幸大計，不獨謀之一二大臣，當與億萬之衆同之。臣忠憤，不勝涕泣交下，激切屏營之至。

奏乞回鑾仍以六月進兵渡河疏第二十四次，二年五月。　　宋·宗澤

臣聞《詩》於《小雅》載《六月》宣王北伐之事，蓋夷狄以弓矢馬騎爲先，而當六月歊蒸之時，皆難於致用。故宣王乘時行師，終於薄伐玁狁，以建中興之功。臣

自留守京師，夙夜匪懈，經畫軍旅。近據諸路探報，賊勢窮促，可以進兵。臣欲乘此暑月，遣王彦等自滑州渡河，取懷、衛、濬、相等處；遣王再興等自鄭州直護西京陵寢；遣馬横等自大名取洺、趙、真定；楊進、王善、丁進、李貴等諸頭項，各以所領兵，分路並進。既過河，則山寨忠義之民相應者不啻百萬，契丹漢兒亦必同心殲殄金賊。事纔有緒，臣乞朝廷遣使，聲言立契丹天祚之後，講尋舊好。且興滅繼絶，是王政所先，以歸天下心也，况使虜人駭聞，自相携貳邪？仍乞遣知幾辯博之士，西使夏，東使高麗，喻以禍福。兩國素蒙我宋厚恩，必出助兵，同加掃蕩。若然，則二聖有回鑾之期，兩河可以安貼，陛下中興之功遠過周宣之世矣。

臣犬馬之齒，今年七十矣，勉竭疲駑，區區愚忠，所見如此。臣願陛下早降回鑾之詔，以繫天下之心，臣當躬冒矢石，爲諸將先。若陛下聽從臣言，容臣措畫，則臣謂我宋中興之業，必可立致。若陛下不以臣言爲可用，則願賜骸骨，放歸田里，謳謌擊壤，以盡殘年。頻煩上瀆天聽。

謝賜對衣金帶鞍馬表

宋・宗澤

服思不稱，始貴身章；馬志無疆，方爲駿骨。況帶被兼金之飾，而鞍如華校之榮，仰荷寵私，倍增慚惕中謝。竊念臣蓑衣冷族，駑廄下材，本操耒耜以耕雲，偶備馳驅而獵道。恭承褒字，已驚在笥之羞；景仰天飛，尤激戀軒之望。既免回旋而見肘，敢忘夙夜以加鞭！兹蓋伏遇皇帝陛下天道覆臨，萬邦衣被，乾剛運動，四海駿奔，灼見三有之心，迪知九德之行，致臣衰朽，亦被恩榮。臣敢不曳縷懷慙，負乘知愧！素絲可效，誓堅正直之心；小駟無能，願竭周旋之力。

遺表

宋・宗澤

某等心期許國，每輸扶厦之忠；死不忘君，猶積戀軒之意。魂魄將離於形體，精忱願達於冕旒。中謝。伏念臣猥以樸忠，受知淵聖，擢自困躓羈窮之際，付以寇虜往來之衝。適遇陛下出總元戎，察臣粗著勞效；坐籌密計，俾臣得預屬僚。逮夫踐祚之初，首録孤危之迹；寇攘未泯，暫爲淮甸之巡，宗廟斯存，委守留司之鑰。力小任重，志大心勞，誓殄羯胡，奠安王室。但知懷主，甘委命於鴻毛；無復偷生，期裹尸於馬革。夙宵以繼，寢食靡寧。斯民獲高枕之安，敵馬無飲河之患。事爲紛至，黽勉惟多。回視頹齡，已迫桑榆之晚景；益堅素節，每期松柏之後彫。豈謂餘生，忽先朝露，尚扶病以治事，敢愛己而顧私？陰陽之寇洊深，藥石之功莫效，少延殘喘，庶畢願言。

昨有招安到楊進等，約其衆多，無慮百萬。昔嘗爲寇，頗聚衆以震師；今已革心，欲爲國而戡難。足踵道路，雲集都城。已涓吉而戒塗，擬成功於指日。干戈未舉，舟壑忽移。神爽飛揚，長抱九泉之憾；功名卑劣，尚貽千古之羞。仰憑睿眷之深，必無生死之異。囑臣之子，記臣之言，力請回鑾，亟返京闕。上念社稷之重，下慰黎民之心。命將出師，大震雷霆之怒；救焚拯溺，出民水火之中。夙荷君恩，敢忘尸諫。顒昂法座，無由再望於清光；枯朽微生，從此永辭於宸扆。臣無任云云。

進緝熙殿四十八規表

虞　復

臣復言：伏以聖明謹德，樂聞規警之辭；狂瞽效忠，冒進空疏之論。不量僭越，宜速譴訶。臣復惶懼惶懼，頓首頓首。竊以湯德既昭，猶刻銘而示戒；舜言已納，尚立木以求箴。雖聰明時乂，而嘗懷自滿之憂；雖臣鄰交贊，而每慮人言之伏。此皆隆古之盛美，不圖今日之親逢。

恭惟皇帝陛下睿哲冠倫，謙虛嗜學。左經右史，有聖心自得之功；記事纂言，皆治道當爲之要。爰肆成書之筆，用爲宥座之規。目擊道存，不但鐵畫銀鈎之勝；事諧辭稱，莫非金聲玉振之調。更資鴻碩發明，足備燕閑之省覽。啓沃已無有餘藴，操持何止於一端。書而得所以書，何襲六經之成訓；聖而益至於聖，實開萬世之太平。

臣由大學之諸生，竊先朝之末第，久陶教育，獲際休明。屬當大有爲之君，親灑不一書之翰。天之高，星辰之遠，雖難窺測於奎文；地所載，人力所通，固以誦傳於聖作。幸矣！耳聞而目見，居然機動而籟鳴，輒攄將順之忱，并寓箴規之意，裁成編帙，上瀆冕旒。伏望聖聰，俯垂淵鑒，庶有片言之痞，幸寬萬死之誅。聖人求多聞，諒不間芻蕘之賤；愚者有一得，倘或收葑菲之微。所有撰到《緝熙殿四十八規》並前、後序，謹繕成一册，隨表囊封投進以聞。臣下情無任，瞻天望聖，激切屏營之至！

祈天永命疏

王禕

臣聞自古帝王定天下，成大業，必祈天永命，以爲萬世無疆之計。所以祈之者，人君修德而已。君德既修，則天眷自有不能已者。《書》曰「皇天無親，惟德是輔」，此之謂也。修德之要有二：忠厚以存心，寬大以爲政。二者，君德之大端也。是故周家以忠厚開國，故能垂八百年之基；漢室以寬大爲政，故能成四百載之業。簡策所載，不可誣也。欽惟陛下負不世出之資，奮大有爲之志，艱難十年，大業已成，周之文、武，漢之高、光，蓋無讓焉。

臣竊聞之，人君莫先於法天道，莫急於順人心。夫上天以生物爲心，故春夏以長養之，秋冬以收藏之，皆所以生物也。其雷霆霜雪，有時而搏擊焉，有時而肅殺焉，然皆暫而不常。向使雷霆霜雪無時而不有焉，則上天生物之心息矣。人君體上天生物之心，故一動一静之間，務合乎天。不然，則天必示之變異以警戒之。人君誠能修德，則豈不足以當天意而承天眷哉！此臣所以願陛下之法天道也。

夫民恃君以爲生，故人君視民之休戚，必若己之休戚，以君民同一體耳。古者藏富於民，言取之有節，則民生遂而得其所。陛下近發德音，減茶課，免軍需，蠲邊郡之租税，民心咸悦，得以遂其有生之樂。然浙西既平，租税既廣，科斂之當減，猶有可議者。此臣所以願陛下之順人心也。

法天道，順人心，則存於心者自然忠厚，施於政者自然廣大。祈天永命之道，未有越此者。今建國之始，方將立法垂憲，以定一代之典。制度禮文之事可議者固多，未敢悉數，謹舉帝王爲治之大要以聞，無謂儒者之常談而不加覽焉。

崇實學昭正道以光祀典揭時爲河南道監察御史

龔一清

近給事中蕭彦等疏奏「御史、詹事、侍講上請陳獻章、王守仁從祀孔廟。科道部屬諸臣各疏，並及胡居仁等。遵旨集議，欲加查核，俟久定論」等因。奉聖旨：「這本著禮部看了，便會九卿、科道、儒臣廷議，歸一來説，不必紛紛具奏，欽此。」欽遵，於本月十五日會集九卿、科道、儒臣於廷，各持所見，不無異同。禮部設簿，請各親書去取次第，總不出王守仁、陳獻章、胡居仁三人間，一二以蔡清、吕柟舉者。或曰守仁有議，胡居仁雖無可見，實無議，急欲進居仁而抑守仁也。職叨班列之後，正當屬筆之際，乃肅而言曰：

從祀之典，重學術也。先定學術，而後可以定人。有用始可言學，如日月之必明、江河之必潤也。有真切直截用功處，始可言實學，如禦寒之必于衣，充食之必於粟也。《大學》言格致誠正，而要之以齊治均平，《中庸》言戒懼慎獨，而終之以位天地、育萬物。一日克己復禮，而天下歸仁，因之出門、使民，勿欲勿施，而家邦無怨，因之聖門有用之學如此。曰意曰知、曰喜怒哀樂、曰視聽言動、曰見賓承祭之類，其用功真切直截如此。是故孔子自名其爲人也好學，在於憤樂。其與顏子好學也，在於不遷怒、貳過，學之所重可知已；及其爲乘田委吏，則會計當而牛羊茁壯。爲魯司寇，則退齊兵而誅少正卯，男女別於塗，羔豚不飾價，三月而魯國大治；其謂顏子也，「用之則行，舍之則藏，惟我與爾有是夫」，有可行可藏之學也；至問爲邦，而以「行夏之時，乘殷之輅，服周之冕，樂則韶舞，遠佞人，放鄭聲」告之：相傳正脉，不專記誦口説明矣。若夫多聞多見、學問思辨之訓，未嘗不諄諄開示，然必曰擇善，曰知之次，其究也，「予欲無言」「無行不與」，不既章章較著矣乎！卒以道大莫容，始退而删述，此所謂實學也，此道之宗也。萬世師之，亦萬世祀之。以此考之，自漢而下從祀孔廟者，若而人各隨其所發明即祀之，謂足以羽翼聖學可矣，非謂黜有用之學而反不之祀也。我朝志理學者不一家，獨王守仁「致良知」之説最爲真切，最爲直截，人人皆可自奮。曰致曰知，本《大學》也；曰良，本孟子也。是故性命道德，皆知之實體；功業文章，皆知之實用。即物窮理，身體力行，皆所以致此知耳。學者不必問其爲守仁之言而求之。吾自有之心，是非善惡孰不炯然，奚必讀盡天下之書而後知哉？淺言之，居官毋鑽刺，毋污辟，皆自知也。知而禁止之，即自致也。奈何書無不讀、文彩爛然，而鑽刺污辟，躬自蹈之，又對人言務爲掩飾。此掩飾也，猶知之不昧也，而不亟反，其病不在不讀書、不窮理矣。又淺言之，厮隸徒卒，以父母爲當事，以妻子爲當育，亦自知也，即能以其身役而仰事俯育孳孳焉，書安在哉？是故致吾之知，時時有實功，日日有實用，無爲不爲，無欲不欲，如此而已矣。此「致良知」之説也。自宋以來，有用之學、真切直截之功，獨此爲庶幾耳。

言者於守仁，訾其竊儒，何據也？謂宸濠一節心事多、難暴白乎？則陽虎終亂，孔子不拒其饋；佛肹、公山已叛，孔子欲往其召，卒致三都之墮者，此不拒，此欲往者也。守仁亦除宸濠之逆，顧不足自暴邪？謂行事多權謀乎？則夾谷之會，具左右司馬以從。少正卯，魯之聞人，而以後至誅，孔子亦權謀邪？謂入於禪乎？則功業文章昭昭，掀揭禪宗其若是邪？謂其有議不可以從祀？則孔子不足於黨人，致毀於叔孫，誚於東門，愠於子路，沮於晏嬰、子西，何害其爲孔子？雖以朱子大儒，且自相戹，何朱、陸之並祀邪？謂其無議者始足從祀？則非之無舉、刺之無刺、自以爲是者，云何「德之賊」邪？且從祀者從孔廟，非朱廟也。志於孔子則爲孔子之徒，使朱子而在，豈以其異己而概阻之、使不入聖門邪？况子路、宰我，孔子嘗絶之曰：「朽木不可雕也。糞土之牆，不可杇也。」曰：「野哉由也。」「若由也，不得其死。」然子路亦云：「有是哉，子之迂也。」至如不悦見南子之類，非異己乎？守仁尊信孔子極矣，孔廟不拒由、予，後人何拒守仁之甚邪？

苟非攻習異端，則雖彼此牴牾，要不失爲互相發明耳。大抵未嘗究心於有用之學、從事於真切直截之功，忘其本心之良，習於好言之口，無惑乎其抑守仁也。若曰居一廬，操一牘，上下古今，涉獵紀載，置其身於無用，懸空言以待人，必如是而後無議，必如是無議而後從祀，其於吾道何功邪？天下萬世亦何賴斯學哉？是故行著於鄉則祀於邑，行著於國則祀於郡，學著於天下萬世則祀從乎孔廟。維世道而正人心，其必有用而不爲虛談，必其真切直截而不爲虛文，始足定祀議矣！職愚攄其一得如此，伏維尊裁斷而行之，以仰承聖明德意，幸甚。

籲賜旌表幽貞疏 時爲吏部辦事進士

金德義

臣濫竽甲第，誼迫服官，敢以遠年芳躅，冒塵聰聽。伏讀《會典》一款，凡民間寡婦三十歲以上守志至五十歲以後不改節者，許旌表。」又奉有萬曆三十四年恩詔：「凡義夫節婦，孝子順孫，許令奏聞旌表。」臣浙江金華府義烏縣人，曾祖貢聘娶祖母季氏，止生祖李。先以家貧住縣城，見陵富室，因徙烏界之赤澔。居無何，祖貢即世，祖李甫脱繈褓，季氏年二十有七，以是藐諸孤，煢煢孑處。上有八旬姑嫜，取給菽水；下撫三尺孩提，誰爲覆怙。宵旦籲天，祈祖李之成立也。課以孝弟，督以夏楚，痛思先人被陵別居，賫志以没，乃取家計而綜理之，自持杼辟纑外，頗釀酒佐生，由旦達暝，無息以休，駸駸有生意。而强鄰憑陵搆釁，莫可逞臆。因號泣語其姑曰：「吾不即從亡人者，爲金門一塊肉耳。今兒漸長，宗有托矣，其外侮之不克靖，恐爲污衊，吾其死乎？」姑曰：「吾誰養也哉？其死也。」用是潸涕斷髮，矢以終身。

姑没，身營窀穸。祖李既冠，不殄厥愠，乃益磨勵，惟是平心處之。適邑多劇盗，假道赤滸，群相戒，無驚金寡婦門。里中窶者，歲時分壺飱給之。祖李奉教唯謹，不墮家聲。蓋至設家塾，誘里穉觀臣父游泮，而始終正寢也。於時年七十三矣，臣猶記少時，祖若父動輒引先劬課學曰：「若輩不努力，謂飲恨九原何？」臣爲骨悚毛豎。癸卯，登鄉書。歸，觀者僉私語曰：「金寡婦樹德務滋，是其應乎！」臣不禁涕泗。雖嘗乞郡縣賜扁，無由仰荷旌典。今咫尺天顔矣，仍復因循不舉，豈惟貞烈之殘魂莫慰、祖父之叮嚀莫副，庸無孤天朝表正世風意乎？

臣思婦節惟一，然有易有不易焉。或以聚族共砥，或以饒殖自堅，或以嗣長有託，猶易樹耳。如臣祖妣者，露屋草茅，不扶自直；茹辛歷險，百折彌堅。用保孤以克家也，陌路之人猶慕兹奇節，况爲後裔而忍湮没不彰乎？且臣近將受吏行，捐軀盡瘁于國，遑恤其家？惟是辦事之暇，仰籲恩恤，庶得藉手以報先人，即可畢慮以事皇上也。臣不勝激切待命之至。後奉聖旨建坊旌表。

廣集衆思申明銓政以遵舊制以肅官常疏時爲吏部文選清吏司郎中　金世俊

文選清吏司案呈：天啓三年九月初五日，奉本部送吏科抄出江西道監察御史王心一題爲「微臣陛辭有日、敬攄葑菲」等事，三年八月二十五日奉聖旨：「近來吏治不修，民生日困，皆因遷轉太急，不行久任之法。這本說的是。著該部逐款酌議覆行，欽此。」又於十月初二日，奉本部送吏科抄出江西道監察御史劉璞題爲「仕途似清而實濫」等事。九月二十一日奉聖旨：「該部酌議具覆，欽此。」同日又奉本部送吏科抄出吏科給事中章允儒題爲「用人與用財之途交濫」等事，九月二十四日奉聖旨：「該部知道，欽此。」又于十月二十五日奉本部送吏科抄出山東道監察御史周汝弼題爲「人才之進退關士節」等事，十月初七日奉聖旨：「該部知道，欽此。」又於二十六日奉本部送吏科抄出河南道監察御史劉大受題爲「聖主獨攬乾綱」等事，初八日節奉聖旨：「這本說超遷官當論勞績，關門輔臣在内當協心相應，俱切時務，餘俱有屢旨了。該部知道，欽此。」又于二十七日奉本部送吏科抄出河南道監察御史翟學程題爲「時事堪憂」等事，初九日節奉聖旨：「近來吏治不修，民生憔悴，亟宜振飭。這所奏狥情請託等弊，著嚴行禁諭。有違犯的科道官，指名參處。選法量才授官，掣籤至公，亦多窒礙；况又借以行私，應否更改停止，著從長議奏。朱光祚前條陳銓政奉旨已久，著查原疏覆行，欽此。」又于閏十月十四日奉本部送吏科抄出河南道監察御史麗尚廉題爲「仕途壅滯已極」等事，十月二十二日奉聖旨：「這所奏有裨用人，守令佐貳近弊，尤切吏治，著行各撫按官嚴加申飭。該部知道，欽此。」同日又奉本部送吏科抄出福建道監察御史李應昇題爲「治法治人交弊」等事，十二月二十二日奉聖旨：「該部知道，欽此。」又于閏十月十四日奉本部送吏科抄出福建道監察御史周宗建題爲「微臣陛辭之日忻逢大慶之期」等事。初二日奉聖旨：「用人自當公嚴，以後有鑽求的，著參來處治。吏部知道，欽此。」又于二十五日奉本部送吏科抄出廣西道監察御史王政新題爲「時事多艱」等事，初十日奉聖旨：「這本説的是。朝廷設官各有職事，豈得任意遷延，耽誤地方，著查明違限的盡行出缺，規避的另行參處。該部知道，欽此。」又于二十五日奉本部送吏科抄出廣東道監察御史李玄題爲「銓政關係至鉅」等事。初十日奉聖旨：「這所奏有裨銓政，著該部酌議行，欽此。」又于二十八日奉本部送吏科抄出户科給事中孫紹統題爲「吏治日就于頽」等事，十二日奉聖旨：

「吏部知道，欽此。」又于十二月初三日奉本部送吏科抄出户科給事中朱欽相題爲「皇恩已溥而猶有未盡之恩」等事，閏十月十二日奉聖旨：「陞遷論望，亦當論資俸，豈得營求躁進？大臣去留，自有定評，且當自審年力，不必各以私意紛紜。該部知道，欽此。」又于閏十月二十一日奉本部送吏科抄出兵科給事中朱大典題爲「世風日競」等事，十四日奉聖旨：「該部知道，欽此。」又于十一月初二日奉本部送史科抄出廣東道監察御史劉徽題爲「敬陳用人之效」等事，閏十月十七日奉聖旨：「該部知道，欽此。」同日又奉本部送吏科抄出福建道監察御史李思啓題爲「銓政方新仰陳末議」等事，本年閏十月十八日奉聖旨：「該部知道，欽此。」又于十一月初十日奉本部送吏科抄出浙江道監察御史劉四端題爲「司官有必不可踵之陋規」等事，閏十月二十六日奉聖旨：「該部知道，欽此。」又于同日奉本部送吏科抄出浙江道監察御史劉之待題爲「銓司關係匪細」等事，閏十月二十八日奉聖旨：「冢卿銓政方新，自能次第振飭，不必條議紛紜，以滋牽掣。該部知道，欽此。」又于十一月十五日奉本部送吏科抄出陝西道監察御史沈猶龍題爲「恭繹明旨、煩言病銓」等事，初七日奉聖旨：「督師輔臣，朕非不念勞苦，但封疆事重，還藉料理。沈猶龍如何輕議？姑不究，餘著該部酌行，欽此。」又于二十三日奉本部送吏科抄出吏科給事中郝士膏題爲「銓法壅極當通」等事，二十一日奉聖旨：「近來京堂填壅，皆因推陞太多，爾每科道官却不言及。以後都著查照舊例陞轉，不得狥情濫推。其例推方面不到任的，限外即作缺另補，不必一年。該部知道，欽此。」欽遵，通抄到部送司。

竊惟年來聖主當陽，百僚布列，可爲盛矣。而言者每憂底滯，蓋當神祖屯膏之後，而又值四方多事之秋，不得不弘開網羅，破越常格。然而圓極未免毀方，通極因而成塞。諸臣臚列敷陳明旨，叮嚀申飭，犁然備矣。兹因諸臣之議，宜申畫一之規，案呈到部爲照。國有成法，則人無越思。欲止獵較，在先簿而正祭器；欲杜躁競，惟遵法而率舊章。但能平政而行，自不必每人而悦。然而遵循既定，亦自可相安以恬。采集群謨，條成銓格，計無便于此者。謹列款上請，伏乞聖明敕下遵奉施行。

一、功令之遵行宜信。頃臣「再剖良心」一疏：「凡内之講陞者、講調者、薦人者，外之咨陞者、咨調者、保留者、腹裹而作邊俸者，一概不行。」已奉旨欽遵，以後恪爲遵守，勿開便門。凡撫按題咨，除邊方遐方及重地需人甚急者，量爲酌覆外，其餘俸深無過者，臣等自當循次遷轉，不得援以爲例。伏候聖裁。

一、京堂之疏通宜議。近日京堂之壅極矣！歷階而陞，幾無安頓，而增益不已，將安定乎？二月間，欽奉明旨，添注原非舊章，且員數冗濫，故行停止。但念起廢人多，姑准將見在添注各官遇缺遞轉陞補，仍限至四年冬止。蓋即添注之中已設限制之法。近來添注無非頂缺者，然不免速遷頻轉以爲出缺地，愈多愈壅，疏通何術？真不知後浪之所終，而前薪之所止矣。勢窮理極，不得不受之以節，以爲明冬盡停之地。其遷轉之法，除緊要衙門、衝邊巡撫難拘俸次外，其餘起廢者論資，平轉者論俸，未任者不得遽遷。有乞差乞假者，聽俟資俸。已及貫魚推轉，如起而不赴者、病而請告者，即允其辭，以俟起用。庶幾節流疏滯之法。京堂既壅，則藩臬之内移無地，不必以有用之才，競逼窄之路。言者亦屢及之，但既至左轄，宜推一二節鉞，次亦即推京堂，庶足鼓勞勸之勸。伏候聖裁。

一、巡撫之久任宜議。臣前疏云：可以救民者，莫過于巡撫，宜選擇破格而用之，久任而優擢之，非特以深歲閱藉輕熟也。巡撫綱紀一方，入境以後賜履延袤者，或經年而文移始遍、條教始行，若非久即遷，則傳舍其官，而蘧廬其政，與地方竟未徹入矣。兹擬以三年爲率，如緊要地方，保障功高，借寇情急者，仍加銜久任，以需崇晋，固惠綏之切務也。伏候聖裁。

一、部屬之俸序宜定。萬曆二十九年八月，該選司郎中鄧光祚題准「部官陞遷俱有定規：禮部七年以上陞參政，五年四月至六年六月陞參議，四年六月陞副使，三年二月至四年陞僉事。兵部八年陞參政，六年八月至七年陞副使，五年四月至六年陞參議，三年二月至四年陞僉事。户、刑、工九年陞參政，八年陞副使，六年陞參議，四年四月至五年十月陞知府，三年二月至四年陞僉事。南吏部與禮部同。南五部與户、刑、工同。」遵循以來，非一日矣。近陞轉稍速，即不能盡如舊法，亦宜稍爲限制。大約陞府以四年爲率，餘俱俟俸陞轉。即酌量人地，只在三四人之内，惟學道、邊道，須審才論望，不得拘拘俸次。然亦選擇于俸資相近者，而拔其尤，不得過爲凌越也。有畔之田不争，日至之時皆熟，誰不安于恬乎！伏候聖裁。

一、兩司之官制宜復。國家設官原有位置，按察司則按察使、副使、僉事，布政司則左右布政、參政、參議。由僉事而參議，參議而副使，副使而參政，參政而按察使，按察使而布政使，俸滿挨陞，衙門自異，安得加銜？自藩臬兼官，兩司幾混，而懷安者思久任，獵俸者思蚤陞，占據一缺，可臬可藩，坐而待遷，而保留之風熾矣。

神祖時，啓事往往中閣，故權宜兼官。今皇上用人如流、報可如響，循俸陞轉，又何事兼官乎？即云仍襲已久，所在兼官急難修復，然請自今以後，以漸補實缺爲主，不得已始補兼銜，行之數年，自可復祖宗設官之舊。此急宜加意者也。伏候聖裁。

一、序遷之俸次宜定。自昔唐虞尚行考績之法，豈當今日反可行越格之事？知府有師帥之責，舊有五六年始陞者，兹即量爲之節，亦宜考滿方推，而藩臬各官挨俸遞遷，各見績用，毋得凌越。若超遷學道、邊道，不妨稍越俸次。夫既定其應轉之格，明列其俸序之規，即有躁進者，自安心于資序之尚淺而無營；即有孤孑者，各翹首于程期之相逼以自慰：何事咨且保乎？惟是藩臬無多，俸次有定，雖悉心爲之位置，而人地遠近或難盡拘。然大吏之郵程亦便，推務遵憑限、刻期赴任，撫按官按季將各官到任日期據實報部，過違憑限者開缺另推；若邊遠地方，即以規避論，從重議處：固當其畏簡書，不至躭悮地方也。伏候聖裁。

一、邊道之遷期宜定。嘉靖三十一年，該本部題准：邊道凡百艱勞，倍于腹裏，各官有裨益邊方者，三年之上加陞二級，其任淺者兩司互轉。比之腹裏量減年資，仍留邊方管事。蓋邊道皆選擇而用，必三年報滿，特加二級以酬勞績。若驟遷則不便考成，是勞臣而僅博一級也；若通理前俸，則藩臬品級不同，强爲通理而欲再加二級，是一任而加三級也：俱非止體。以後照舊邊俸另序，非三年滿後不得咨陞。如有咨陞，止量減年資，不得通理前俸，庶免參差。若邊道勞績茂著，即憲長右轄例可徑推節鉞，固不必亟遷躐級也。伏候聖裁。

一、有司之考語宜嚴。夫親民者莫有司若矣，而本部之黜陟則據撫按司道之考語，撫按之考語又皆以司道爲據也。邇來除復命册揭齎表入覲外，其季報考語注劣者寥寥不一見。即有開劣，不過卑官，而府佐縣正更不一二見。以致每次推陞，索瘢于句字之間，殊爲未便。以後合行撫按每年四季將應劣官員據實報部，而府佐縣正不拘科甲、每季開報考語數字，不必文致其詞，只明示上、中、下等差。庶本部可憑爲酌陞之資，撫按亦得伸其彈壓之柄。若概注優考，本部別有的據，轉以左官，是司道之蒙蔽，撫按必不甘受也。伏候聖裁。

一、各行之選法宜定。年來恩選開而貢途壅矣，事例廣開而吏道雜矣，各衙門咨送過多而雜途益壅矣。因其資格排定行頭，舉貢例粟則以上選爲序，吏典印承則以冠帶爲序，援納各行以咨到爲序，考定各官以考案爲序。序單一照年咨，截取一照序單，俱有一定之格。不惟聽選者不得僥倖以私，即當事者亦不能上下其手。年月列眉，先後指掌，更何紛乎！若候選之人株守點卯，無論選人薪桂堪憐，而向來點卯多雇倩包承，何取填庭塞闥。宜一切不計斷卯，序次已定，凡選未及者，許給假回籍，需次赴選。但里居日久不無事故，假滿赴部，必須本州縣起文，里鄰甘結，以防頂冒。至本部效勞人役，勞分三等，滿有定期，選有定數，斷不宜濫。而各衙門效勞者，再不得移咨以求收選，亦所以共惜名器也。伏候聖裁。

一、各省之號簿宜一。向年各省投部文書，俱用巡按半印號紙，以防詐僞，甚關係也。然號簿零星，舉貢有册，吏行有册，文選有册，考功有册，大堂册庫有册，頭緒既多，小册錯亂，往往查對不合，則有號與無號同。今議每省只用號簿一、樣二、扇一，投本部一，貯本院一，紙挂上下二號，上號挂吏字號，下號挂察字號，半印鈐蓋，自一號起至一千號止不拘。舉貢、監儒、官吏，挨次順發，若一千號紙將完，即再依式鈐進，自一千一號起至二千號止。層累而上，以至幾千幾萬册無重，號紙無奪倫。文書到部，按號查對，入手便知，到眼便見，簡易直截，而飛跳詭冒諸弊，庶足操其要領矣。伏候聖裁。

以上諸條，多祖宗之舊章，而修舉其墜；諸臣之忠告，而裒集其成。伏乞天語嚴飭，俾得設誠致行。臣等挈缾之智，或可藉手以仰報聖明萬分之一，謹題請旨。

恭繹明諭循職披陳以暢皇仁疏時爲大理寺卿　金世俊

臣等備員棘寺，逾年以來，斤斤三尺。法有當執者必盡破情面，以振皇上之紀綱；情或可原者亦歷有平反，以昭皇上之明允。大審屆期，闔扉望澤，乃于四月十八日恭奉聖諭，張鳳翔等五人特蒙解網，不惟五家老小感更生而五體投地，抑且萬衆見聞、頌帝德而三祝呼天，此真中外一大快舉也。

舊冬兩行大决，纍囚自分必死，特頒恩旨停刑。今兹大審將臨，累囚延喘望生，先沐特恩賒命，大小臣工乃知曩日諸臣之罹法特欲懲其錮習以儆積玩，而矜恤之恩自將需時而沛。蓋霜雪嚴凝之候，即藏春光浩蕩之根；雷電合章之時，政爲解澤旁流之地。今夏大審，臣等從法官之後，惟應細酌爰書，静候聖裁，豈宜復有陳請、攘主上之善以自爲名？伏念臣等叨皇上司平之官，逢兹盛事，寧無一言以奉揚德意？

竊惟國家典制有已定之案，而復有熱審、大審之舉。當定案之時，務求其確，雖情有可原而法無可貸，則不得不從法，以創天下之惰窳；當審録之時，又務求其疑，雖法已一成而情可末減，則不得不原情，以廣好生之大德。用以曲愳勸威，鼓舞臣庶，道固並行而不相悖者。伏讀聖諭，如鄧邦漢、王惟善之類，以及軍徒等罪，俱詳審酌議奏奪。大哉王言，包含甚富。則獄中一二罪臣有如張鳳翔之類者，能無切冀推恩者乎！仍望聖慈于大審之前續有沛發，則不測之恩俱出自皇上，而臣等職掌攸關，亦與有榮光矣。

監房等工有緒謹陳支放簡明之法疏時爲工部署部事左侍郎加服俸一級　金世俊

營繕、屯田二清吏司案呈：崇禎五年五月二十六日，奉本部送工科抄出提督工程、工部左侍郎加服俸一級金世俊題稱「德陵監房果園兩工急須錢糧，監督者恐缺料而成稽，司庫者又恐過發而成濫。臣謂領者與放者必當相照，查舊有『月截』一法：置循環二簿，給發各差。每月做過工程若干、上過夫料若干、該價若干，月終報繳，發司截算。領過錢糧有無存剩，送庫查照。如有餘則停支，不足則再給。如此則銷算以時而浮濫自清，接濟應期而工程自速。法無便於此者，伏乞敕下臣部著實舉行」等因具題。二十五日奉聖旨：「據奏，月截法行，浮冒可清，工程自速。該部即酌議具奏，欽此。」欽遵，抄出到部送司。奉此，相應具覆，案呈到部。

臣等看得各工估計，惟約略大凡，而節省核實，全在臨時斟酌，故課工喫緊，宜勤截算。今各工亦非無循環報部，止開其所上夫匠物料，以爲工完總算之案，而每月工料價值，視領過銀數，爲餘爲欠，無從知之。故或前領未銷而復給，則金錢未免長發；或前領已盡而不繼，則工程爲之稽延：此領者與放者不相照之故也。而欲使相照，惟有月截完欠之數，送庫以爲確據而已。查萬曆四十三年，該部覆科臣何士晉疏内「酌領狀」一款，議「於收後接粘一紙，備開原額及先領、今領之數，必完過八分，總撒相符，方准再給，其未完二分仍於下次帶銷」。崇禎四年，該科臣張承詔題爲「敬循職掌」等疏内「勤稽核」一款，謂「領銀俟工完而始銷算，其影射必多。議每月以領過銀兩、上過物料及銀之有無存剩，開報部科巡視，然後因之以發銀接濟」等因。業經該部遵旨議覆，奉有欽依在卷，總期截算前領，以爲後領之準也。臣深有味乎其言，欲圖所以行之者，而未有路。閲舊册有「月截」一簿，欣然會心。已而細詢既行矣而何以不行，則月月而算，未免任勞也；一一而吹，未免任怨也。既截之後，便須接濟，或不能應，難爲充耳，而姑爲閉目也，此行而復輟之故也。

臣以爲人臣任事，勞怨何辭，而出納錢糧，寧使知而待發，豈可使發而不知。臣故以爲此法終不可罷也。乞敕下臣部，著實舉行。自今月爲始，請行各工監督各給循環簿二扇，將月内所做工程、所上夫料，備細開報，循去環來，每於次月初三日繳堂，發司磨算。視所領之數有無存剩，如透支則即爲扣抵，如果不足則速爲接濟，送庫查驗。使耳目曉然而呼吸相應，清浮濫而速工程，當可操其竅會矣。惟是各工開報必確，該司磨算必清，全在諸臣悉力。而工完之後，更有巡視科道細加裁核，又不以月截，便爲成數，其法自綦密也。伏乞皇上裁察施行。

兩河利害甚鉅疏時爲兵部尚書兼都察院右副都御史總督河道　朱之錫

黄河建瓴萬里，及入河南以下，土壤既鬆，群流奔滙，泛溢之害，無代無之。元以前，河猶從北入海，其間議塞議防，官窮於智計、民困於徵徭者，載在史册，難以縷數。迨至前明，用河資運，夫有歲編，銀有額設。戒毖之法，非不周也。乃二百餘年之間被大害、興大役者，猶至五十餘見。當時所稱治河能臣，如徐有貞塞張秋，役夫五萬八千；劉大夏塞荆隆口，用軍民夫十二萬餘；潘季馴先後行河，役夫俱至八九萬；甚至曾如春、曹時聘蒙牆之役，遞年役夫俱以二十萬計。所請帑金，亦復不貲。我朝因明之舊，數百萬京儲仰給東南。黄河自滎澤以至山陽，南北兩岸垂四千里，苟蟻穴不戒，漕且中斷，則凡所以籌河者，豈能與前明有異。臣自蒙恩受事，稽之故籍，問之水濱。前明經營遺迹，數十年來廢弛已甚。如太行遥堤，政宋任伯雨所謂「寬立隄防，約攔水勢」者，治河要策，無以出此，而竟以工鉅帑詘議寢。至於運河，自通惠至董口、清口至江，共計二千餘里，防淤防淺，舊時規制僅存十五。以臣職掌論之，何事不宜修復？然今者司農告匱，民力凋敝，無論舉贏未易，即斤斤歲修常例，河帑缺額，漸苦捉襟。臣早夜焦思，實有不能一刻即寧者。爲今之計，亦惟是内酌盈虚，外權緩急，隨時補苴，期不失爲治標之策而已。除應有急修工程俟司道勘報、容臣酌議具題外，今據見行事例有宜稍加損益、以裨河政萬分之一者，共得十事：一曰陳明河南夫役，一曰酌議淮工夫役，一曰查議通惠河工，一曰特議建設柳園，一曰嚴剔河工弊端，一曰釐核曠盡銀兩，一曰慎重河工職守，一曰申明河官專責，一曰申明激勸大典，一曰酌議撥補夫食。各爲一疏，仰請睿鑒施行。

通漕疏

朱之錫

閘河一帶，原因漕輓重計，人力開鑿，裒滙衆泉，分濟南北。得雨則泉流常潤，湖櫃可收；久旱則泉脉先枯，湖身日涸。且南旺爲運河之脊，南至臺莊，北至臨清，地勢窪下，全賴上下四十餘閘遞相灌輸，否則一洩無餘，舟膠而不可行矣。原與長江大河天然利涉者不可同日而語也。以故運河之水，止以六捺爲限。在《明會典》所載，漕船有定式，載米有定數，取其入水不深，易於浮送，而於各閘偏漕之禁，尤諄諄三致意焉。且云：「公差内外官員人等，乘坐馬快船或站船；緊急公務，就於所在驛分給與馬驢過去，不許違例開閘。」我朝順治十三年十二月，亦經工部題覆巡漕臣侯于唐「申嚴開座」等事一疏内開「閘座啓閉，原關糧運，務照舊例，首先糧艘，次及官商」等因，奉有「依議，嚴飭行之旨」。欽遵在案。總緣天時地利不得不然，故權衡事勢而勒爲禁例有如此也。況從來瀕河地方，春雨嘗少，舊例惟恃伏秋時雨盛行，收入湖櫃，接濟下年新運。奈東省自去歲以來乾旱異常，境内各山滴水未發，雖竭力支持舊漕，幸而告竣；然山泉之小者多枯、大者已弱，湖水之舊者盡放、新者無收。臣日夕憂懸，未敢寧處。屢經檄行司道廳印等官，倍集鄉夫加挑河身，多設閘壩，搜剔泉源，疏通會河，務使一勺無遺，盡爲漕用。但恐雨澤仍屯，來源既澀，人力雖竭，難與天爭，有不得不鰓鰓過計者。查臣於康熙二年九月内具有「敬陳河漕等事」一疏，内船式一事，已經部覆奉旨。頃閲邸抄，復經倉場臣白色純等條奏現行會議。然如式打造，尚屬遠圖，目今急籌，尤在僱剥。除一面移咨倉場總漕臣會商、不敢瑣陳外，至于閘禁一事，已經工部題覆，未奉俞旨。復經兵部覆議，内開「奉旨差遣及赴任官員船隻，仍令糧船讓路放過」。在諸臣固因王事起見，但官差各船原聽隨漕啓放，未嘗禁阻行程，且所難者不在讓路，而在閘板内之涓涓水利耳。若閘禁全弛，官差船隻絡繹不絶，雖仰體國計固不乏人，其間心急行程、惟圖便一己之私、不復顧京儲之重，往往到閘勒催啓板。積水無存，閘内糧船必致淺閣。甚有裝載重艦需水浮送，船役假藉聚集多人分守各閘，上閘之應閉者强之使開，洩水下注，則重運之在上者阻矣；下閘之應開者强之使閉，留水待船，則重運之在下者又阻矣。當此天旱流微之日，即使恪守漕規、毫無紊越，猶恐輸輓維艱，若再視爲末務，則涓滴幾何，節宣盡廢，而欲其泛舟飛渡，豈可得哉？

臣以爲：公差緊急，雖不能盡由於陸路，不妨差船漕船兩相照應。至於赴任官員，南來北往，無日無之，果使遵照水程，即隨漕而進，何致悮限。倘志存叱馭，則河路紆迴，原未禁其從陸，似又不可不盡臣誼以全國計也。伏懇皇上天語涣頒，特賜申飭：除緊急差船，兩相照應，遇便讓行外，其餘船隻務遵例隨漕前進，毋容船役擁衆閙上，强勒啓開，阻誤糧艘。如有故違，照例參究。仍容臣刊刻榜文，豎立各閘，庶人心有常目之儆，而漕事無廢墜之憂，所禆軍國非淺鮮也。

欽奉上諭疏 時爲刑科左給事中加一級

金漢鼎

順治十六年十月十九日，恭接上諭：「諭吏部：刑獄關係重大，聽斷理宜速結。今刑部日行事件，凡奉諭旨及由科抄者俱依限完結。其不能依限完結者，必先題明，至別項送審。告訐等事延遲不結者甚多，應差科臣不時稽察。其應行事宜，爾部會同該科酌議具奏。特諭，欽此。」該刑科都給事中粘本盛等，於十一月初六日題爲「遵旨題差」事，十二月十二日奉旨：「刑名原係刑科職掌，這稽察刑部送審告訐等事，著爾科左右給事中輪流差遣，其新資官與五科輪流别差，欽此。」又該刑部都給事中粘本盛等，於十二月十九日題前事，本月二十五日奉旨：「是著金漢鼎去，欽此。」欽遵。臣跪捧綸音，深慙𦍒負，仰見我皇上欽恤洪慈，雖古泣罪解網之仁不是過也。臣雖駑劣，敢不盡心稽察，以稱任使！除奉諭旨及出科抄并通狀事件俱有題定限期，遵行已久。今送審告訐等項事務繁雜，頭緒紛紜。刑部爲朝廷庶獄之總，必有事關重大方准申理。若乃睚眦小忿，搆成怨毒之端；雀鼠虚詞，徒長刁奸之習。以致囹圄充塞，案牘煩興，反使正務寢閣而不行，欽件經年而弗結。上干天地之和，仰廑至尊之念，此尤臣子之心所大不安者也。但稽察事屬創舉，條例未能遽詳，謹先將應行事宜臚列八款，恭請睿鑒，裁斷施行。

一、速催審以稽察積案。凡送審告訐等事，俱係未經題明者。臣科無案可查，應請敕下刑部：自上諭以前凡一切未給事件，詳注緣由，叙清月日，盡數造册移送臣科，俱限一月内審結。間有真正重大事情，聽該部司官説堂，量與寬限。如有托故耽延者，臣科指參。

一、設印簿以稽察號件。凡送審告訐等事，自上諭以後者，應令刑部十四司每司各造號件簿二扇，用堂印鈐蓋，一送臣科查核，一存部堂備照，將送審告訐等事逐日登記，每月二次。臣科稽查，如有遺落件數、顛倒月日者，臣科指參。

一、定限期以稽察遲延。查六科舊例，凡科抄到部，俱限二十日具覆。今送審告訐等事，如人犯原在京城，近地就事質審，應照科抄例限二十日結案。間有真正重大事情、不得不遠提者，應酌量道迹，立定限期，俱令本部堂上官於准狀日分別事情，批限發司。如有節外生枝、借端行提以致耽延時日、株累無辜者，臣科指參。

一、彙略節以稽察隱漏。凡科抄到部，俱有紅本貯科，臣能悉其始末。今送審告訐等事，臣科無案可查，且清字狀詞，俟告准後方翻出漢字，保無吏書借此舞文，致滋隱漏挾嚇等弊。嗣後滿人凡告旗下人及民狀詞必須兼用清、漢字，方准審理。堂上官即於准狀時同漢字狀一例批限該司經承，一例備造原被干證姓名及狀內簡明略節并堂上限期，登入號件册内，不得隱漏。如有前弊，臣科指參。

一、定注銷以稽察審結。查六科科抄到部，每月各部赴科注銷二次。今送審告訐等事亦應每月赴科注銷二次。但臣科若止憑號件簿，令書辦臨時登答，恐有以未完作已完，更有雖已審鞫、尚未發落者。應令該司另造注銷册一本，用印鈐蓋，各經承依期持赴臣科查核：其已結者，於前件下注明某月某日依限審理發落訖，並將審結情罪緣由備寫簡明略節，以防虚僞；其未結者，仍於前件下注明限内未結字樣，以憑查對。如踰限不結、朦朧報册者，臣科指參。

一、掣卷宗以稽察朦混。凡科抄到部俱有紅本貯科，今送審告訐等事只憑册報，自後刑部各司，不論大小事件，每事必立卷一宗，審語情罪俱備清、漢字存案。臣科不時掣取勘對。如有與報册不符者，臣科指參。

一、禁濫准以稽察誣詐。凡漢人告滿人，必遵題定例，由通政司准過方送刑部。至五城既設滿、漢御史，一切輕重事情俱可審明結案，間有事關重大，亦必題明，然後送部。其滿、漢狀詞，被告不許過四五人，證佐不許過五六人。如告後續報姓名、希圖出票生事者，不准行提，即被告止許就本案報干證一次。如扳累無辜、妄覬遮飾者，亦不准行提。如事涉瑣細，不許濫准以長刁風。如被告提到已久，而原告托故刁延不赴審理，應令該司呈明堂上官，徑與注銷，以懲訐詭。倘有不遵者，臣科指參。

一、臨監獄以稽察淹滯。囹圄嚴扃，原以羈禁重囚，今送審告訐等事每有提到人犯未經審鞫、輒行收監，曲直未辨，而人已早斃獄中，無端冤命，實可矜憐。嗣後惟重大事情，止許將正犯送監，其餘證佐牽連及事不關緊要者，一概不得濫禁。即各城門墩鎖，亦不得濫及無辜。仍容臣不得親臨查點。倘蹈前弊，臣科指參。

以上八款，臣止就愚昧所及，約略敷陳。其有未盡事宜，容臣於稽察之後，再有訪聞，陸續具奏，再照臣所酌條例奉法，不敢不嚴。伏乞皇上軫念刑獄重大，特允親裁，或敕都察院、大理寺會同刑部秉公覆議，永可遵行。臣惟有矢心執法，不徇情面，不避怨尤，以期無負皇上祥刑之至意而已。

再陳推廣矜全之議以順天心疏

金漢鼎

臣惟天地之大德曰生，王政所務詳惟獄。其在《易》曰：「雷雨作解，君子以赦過宥罪。」明乎雷雨者，上天之愷澤；赦宥者，人主之湛恩也。在《周官》曰：「司刺掌三宥三赦之法：一宥曰不識，再宥曰過失，三宥曰遺忘；一赦曰幼弱，再赦曰老耄，三赦曰愚蠢。」原古哲王立法之意，誠慮斷者不可復續、死者不可復生，故不憚其詳其慎，寧失出，毋失入耳。我皇上因久旱不雨，夙夜靡寧，既攄祈禱之誠，復特簡滿、漢大臣慎理刑獄。新綸甫沛，甘澍隨施，長安瓶傥，歡呼踴躍，仰見皇上精誠感格如此其顯且捷也。在事大臣，自能虛公推勘，有枉必伸，以期副如天好生至意。

乃臣顧媿媿慮者，司寇所繫，事皆重大，非强盜得財則殺人抵命，非貪官蠹役則逋稅侵糧，幾經覆讞，强半定辟。諸如此類，果係情真罪當，何妨立置典刑？即視息囹圄，已屬過倖。然得毋有行劫成招，贓無指實，黜貨正律，迹尚模糊。懲貪所以恤民也，保無有察訪奸惡，而鬼車冰砌；治蠹所以護良也，保無有吞舟網漏，而李代桃僵。侵肥顯著，固爲法所難寬；鬻變無途，似亦情有可憫。他若狂愚獲譴，未邀浩蕩之洪恩；詿誤蒙辜，猶冀高深之湔拔：所當並加矜察，求一生於萬死之中者也。第恐諸大臣惕於意增意減之嫌，或躊躇於刑疑罰疑之議，一經觸罟，三面難開。伏乞再敕滿、漢大臣反覆推詳，務求情實，勿撓衆是，勿泥成招。閱招詞必詢口詞，自可破畏威懸坐之弊；盡我心仍合衆心，不必避深故縱出之疑矣。

抑臣更有請者：部禁之罪囚有限，天下之讞案無窮。若止數監犯以求生，恐全活無幾，尚非推廣皇仁之意也。如各省大小罪犯，情事豈無詿誤，罪案豈無重輕？曾經京詳者，悉聽滿、漢大臣會同剖鞫，細閱全招，秉公覆核。稍涉疑竇，徑行駁正。其未經京詳者，仍敕各該撫按虛心研訊，務在得情。勿憚對讞之煩、仍批原問，致臆見之難翻；勿恤平反之難、有礙前官，俾覆盆之終抑。如此則在内在外，獄禁一清，感召天和，甘霖大沛，普天率土，共慶豐亨，於以仰答皇上祈天恤民之盛心匪渺小矣！

請飭城垣疏

金漢鼎

臣惟國家開創以來，海宇廓清，輿圖式闢，分疆畫野，郡邑星羅其間。所以固民心、消外侮者，惟賴垣墉堅鞏、扃鎖森嚴，俾億兆有所恃以寧居、草竊有所憚而戢志。故雖勞一時之力，可以維萬世之安；建一方之威，足以弭震鄰之釁。則城守一節，誠不可不急講也。臣按，漢高祖庚子六年冬十月，令天下縣邑城。蓋自嬴秦墮壞之後，城郭堙毁，漢祖心鑑前弊，力行修復，所以疆圉底定，享曆悠長。即如蘇之崑山，嚮有倭患，明正德間輔臣顧鼎臣創議建城，嗣是之後，邑賴安堵。又如臣鄉縉雲、義烏、永康，從來未有城郭，明季白巾竊發，罹禍獨慘，况天下無城州縣實不止此。即此觀之，則城守斷不可緩也明矣。

臣非不知度支匱絀、興作爲艱，然近若大同、陝西以至蜀之順慶，號爲凋殘之極，惟其文武同心、士民協力，毅然肇舉，不日觀成，何嘗費公帑絲毫而雉堞已改觀矣。然則何患工績之難就，患地方官不肯實心任事耳。懇祈特敕各該督撫分道稽查，凡有城垣頹塌者，宜令地方官盡心修葺。或多方設處，或量勸捐助，乘三時之暇，刻期鳩工，務使增高浚深，緩急可恃。其無城而圖創造者工費自繁，宜計功之大小，需以歲月，大或寬以五年，小或俟以三年。一切設處捐助之資，歲終俱令造册申報道府。道府核其成數，量估足用，然後動工。在州縣不得借端侵漁、以衛民之名而行其斂怨之實。如有訪聞，據實參處。在上司亦不得偷安推諉，以畏難之故而長其悮事之心。如果雉堞堅完、勞績懋著，所在官紳士庶，自當紀録獎叙，分别勸功。蓋以一勞圖永逸，雖勞民不以爲過。誠使在在有金湯之固，則伏莽自可潛消，伏莽既消，則民志從此大定。於以紓宵旰之憂，而奠萬年不拔之業，所關匪渺小也。

箴

續丹扆箴

王禕

官箴王闕，古之誼也。唐李衛公獻《丹扆六箴》于其君，立意措辭，分章指事，忠愛之道，藹然可觀。其殆有所諷刺，而救君於得失，箴諫之誼者矣。然其言之，猶乏剴切，君子病焉。褘不自揆，因掇衛公之餘旨，取夫善可爲訓、惡可爲戒，而人臣所難言者極言之，作《續丹扆六箴》。

宵衣箴

天運不息，昏昕有恒。有恒伊何？宵終則明。人君體天，夙興在廷。宵向終矣，君胡不興？宵終不明，天運乃愆。宵終不興，君斯違天。珮玉晏鳴，荒淫用宣。鷄鳴而起，大舜稱賢。

正服箴

維衮與冕，君服堂堂。以朝以祭，視瞻所宗。玉衣示侈，商祚以亡。估服稱妖，漢室乃傾。一服之華，若未過靡。孰知禍殃，鮮不職此。皇王所戒，不物不軌。三服罷官，著美惇史。

罷獻箴

爲天下君，職在養民。匪以天下，徒奉一人。取民有制，壤奠式陳。貢獻無藝，喪亂之因。淫聲冶色，使君聾瞽。奇物異品，竟亦何補。却蛤焚裘，爲事非矩。儉德著聞，齊風堯禹。

納誨箴

臣言剴君，如批逆鱗。大誅小斥，何益於臣。臣豈求益，凡以益君。君弗臣聽，匪愚則昏。從君轉圜，是謂能改。一事十諫，庶無後悔。聖維堯舜，芻蕘猶采。拒諫遂非，不敗奚待。

辨邪箴

人心不同，有如其面。面則易知，心實難見。心之奸邪，陰運潛變。審之察之，貴在能斷。秦斯豈訐，唐杞非諛。欺君誤國，面是心殊。此而弗辨，家國淪胥。知人則哲，欽哉聖謨。

防微箴

《春秋》謹始，大《易》知幾。思患預防，必防其微。莽卒篡漢，貂終危齊。惟微弗防，逐至噬臍。不觀堅冰，其初履霜。滔天之水，實由濫觴。惡過無小，雖小勿將。積之久矣，社覆宗亡。

縣令箴

劉　同

古謂縣令，上應列宿。苟非其人，其殃民受。凡民所利，令當興之。凡民所病，令當去之。其去其興，休戚在茲。如秋月之明，如玉壺之清。毋假公以漁利，毋小惠以沽名。勿嗜酒以妨政，勿暴怒以酷刑。宜遠讒佞，宜撫孤煢。惟彼賢哲，克稱厥職。賦役日均，田野日辟。户口以增，詞訟以息。流竄來歸，奸殘屏迹。惟彼愚蚩，物欲繫累。肆意酷貪，恬不知畏。已而獲咎，中心始愧。蠖屈鼠劘，徒自長喟。予以菲凉，來令茲土。夙夜孜孜，慚無裨補。而今而後，尚亦勉旃。罔俾卓魯，專居令賢。慈以撫衆，廉以律身。自公退食，時誦斯箴。

檄

代李敬業起兵誅武后檄

駱賓王

彼僞周武氏者，人非温潤，地實寒微。昔充太宗下陳，曾已更衣入侍。洎乎晚節，穢亂春宫。密隱先帝之私，陰圖後庭之嬖。入門見嫉，蛾眉不肯讓人；掩袂工讒，狐媚偏能惑主。陷元后於翬翟，致吾君之聚麀。加以虺蜮爲心，豺狼成性。暱狎邪佞，殘害忠良；殺子屠兄，弒君鴆母。神人之所共疾，天地之所不容。猶復包藏禍心，窺竊神器。君之愛子，幽之别宫；賊之宗盟，委之重任。嗚呼！霍子孟之不作，朱虚侯之已亡。燕啄皇孫，知漢祚之將盡；龍漦帝后，識夏庭之遽衰。

敬業皇唐舊族，公侯冢子。奉先君之遺訓，荷本朝之厚恩。宋微子之興悲，良有以也；桓君山之流涕，豈徒然哉！是以氣感風雲，志安社稷。因天下之失望，遂四海之推心，爰舉義旗，以清妖孽。南連百粤，北盡三河，鐵騎成群，玉軸相接。海陵紅粟，倉儲之積匪窮；江浦黄旌，匡復之功何遠？班聲動而北風起，劍氣衝而南斗平。喑嗚則山岳崩頽，叱咤則風雲變色。以斯制敵，何敵不摧，以斯攻城，何城不克！

公等或居漢地，或叶周親，或膺重寄於爪牙，或受顧命於宣室。言猶在耳，忠豈忘心？一抔之土未乾，六尺之孤安在？儻能轉禍爲福，送往事居，共立勤王之師，無廢大君之命，凡諸爵賞，同指山河。若眷戀窮城，徘徊岐路，坐昧先幾之兆，必貽後至之誅。請看今日之域中，竟是誰家之天下！

論、訓、議

答客問

黄　湑

僕大德中忝被選舉，一時後進之士多見拔擢，而僕方居田里。或譏其苞苴不脩，以爲迂闊，乃仿昔賢述其問答之辭云。

客問主人曰：「蓋聞周乎道者，不貞於小諒；通乎變者，不佪於俗度。所以超尋常而建榮名者也。是故劉澤捐百金而王全燕，不韋資奇玩以相强秦。由此言之，豈非仁者固以財發身耶？今吾子餐醇穌，襲芳華，畢弋文翰之林，而藩道德以爲家有日矣。生逢熙洽之朝，名厠英俊之列，曾不能披金閨、歷絳闕，騰驤翕艴，揚眉鼓舌，使聞之者膽寒，炙之者手熱。下是猶不得輸筋力、效智能於斗食之末。然且黽勉趦趄，擇地而趨，持下執雌，以踸踔乎泥塗。子之爲術，不既疏乎？」

於是主人瞠然而視，囅然而笑曰：「若客之言，毋乃眩勢交之榮悴，昧俗化之隆庳，睹權橇之利用，而將乘之階阤也。曩者王途墋濁，僄狡接足，恈恈婞婞，壤壤轟轟，川奔猋馳，爪拏角觸，富者蹈顯榮，貧者嬰賤辱。當是之時，毀廉爽行，懷膏潤以賈媚悦者，蓋不可勝録也。一旦恩移勢奪，權傾位軋，金銷石毀，星離電滅。信夫以膏沃火者，膏盡則火微；以利錮交者，利盡則交絶爾。其便翾捷疾，更起迭仆，朝據要津，夕儹羈旅。曾得喪之幾何，而蒙訴於終古。是宜顔子殉志於簞瓢，魯連唾睨於商賈，長鶩獨立、蟬蜕滓溷而弗顧也。今國家陶泰和、溯淳源、軼燧農、轢羲軒，寵恩瀸澤，旁魄布濩。圓顱方趾之民，濯沐神化者，無不抱信讓，揭貞素，籍禮義之衽席，服中正之冠屨。時則群公庶尹，濟濟鱗列，騰聲發采，作世玉雪：譬若以伯夷爲太傅，曾參爲司徒，公儀休爲御史，孟公綽爲尚書，原思爲博士，於陵仲子爲大夫，鮑焦給事於黄門，黔婁待詔於公車。邈哉！此非常之際，亘億齡之所無。由是遐陬裔壤嵬岸之士，莫不舒翹振華，纓冠縱履，喁喁于于，以觀羔幣之所抵。雖以眇膺邅迍，朝佔夕呻，亦且睢盱批捩，羞没齒而無聞也。然而淹速有時，顯默有宜，故甘生以童孺都上卿，而太公白首乃爲萬乘師，此理之固然，而物之不可必齊者也。今吾子處盛時而談叔季，當群居而言財利，奈之何笑鳴玉曳履之舒徐，而欲挾纖離騕褭以助其駛耶！」

客乃憮然。有間，曰：「夫市井之言，不足以陳於先生之前，固也。敢問君子之將售其志者，亦潔名以爲高、矜己以自熹而已乎？」

主人曰：「何爲其然也？昔百里用秦，鬻身五羊；鞅介嬖豎，厥開富强；毛生重趙，引錐脱囊；孔舍魯而歷聘，摯匿媵以要湯：是皆韞不世之閎略，將圖霸而謀王。誠懼夫厥志之弗究，寧卑己而皇皇。夫以鯫生黥淺，毫補縷拾，退若失九牛之一毛，進若增太倉之一粒，固宜量簣而容、度綆而汲，亦安敢肩聖喆而駢立哉！乃若樹不貪以爲名，宋司城之寶也；弗枉尋以合污，鄒孟氏之道也。斯吾徒之所知，而百世之師表也。且予聞之，時盈時虛，天理之常；乃仁乃義，人道之綱。是以君子立不易方，故曰：勿行爾悔，無患名不大；勿信爾欺，無患禄不隨。客獨不觀夫蘭滋九畹，珠媚重淵，無脛以自致，無舌以自宣，至其流光晶、吐郁烈，則人亦莫得而棄捐也。若夫卜生投間於乏興，張季籍勢於雄貲，相如發軔於武騎，次公奮迹於沈黎，是亦非窶人子之可幾，獨共己竢命而奚疑。」

六經論

王禕

《六經》，聖人之用也。聖人之於道，不徒有諸己而已也，固將推而見諸用，以輔相乎天地之宜，財成乎民物之性，而彌綸維持乎世故，所謂「爲天地立極，爲生民立命，爲萬世開太平」者也。是故《易》者，聖人原陰陽之動静，推造化之變通，以爲卜筮之具，其用在乎使人趨吉而避凶。《書》者，聖人序唐虞以來帝王政事號令之因革，以爲設施之具，其用在乎使人圖治而立政。《詩》者，聖人采王朝列國風雅之正變，本其性情之所發，以爲諷刺之具，其用在乎使人懲惡而勸善。《禮》，極乎天地、朝廷、宗廟，以及人之大倫，其威儀等殺，秩然有序，聖人定之以爲品節之具，其用在乎明幽顯、辨上下。《樂》，以達天地之和，以飾化萬物，其聲音情文，翕然以合，聖人協之以爲和樂之具，其用在乎象功德、格神人。《春秋》之義，尊王抑霸，内夏外夷，誅亂賊，絶僭竊，聖人直書其事，志善惡，列是非，以爲賞罰之具，其用在乎正義不謀利、明道不計功。由是論之，則六經者聖人致治之要術、經世之大法。措諸實用，爲國家天下者，不可以一日廢也。

孔子嘗曰：「我欲託諸空言，不如載諸行事之深切著明也。」後世學者，因以謂聖人未嘗見諸其行事，而惟六經是作，顧遂以空言視六經；而訓詁講説之徒又從以浮辭曲辨肴亂之：其弊至於今幾二千年，於是聖人致治經世之用微矣。嗚呼！聖人之用載於六經，如日月之明、四時之信，萬物無少替也。天地之所以位，萬物之所以育，世故之所以久長而不壞者，緊孰使之然也。

或曰：六經，聖人之心學也。《易》有先天後天之卦，乃聖人之心畫；《書》有危微精一之訓，乃聖人之心法；《詩》者，心之所發；而《禮》由心制，《樂》由心生者也；《春秋》又史外傳心之要典也。又曰：説天莫辨乎《易》，由吾心即太極也；説事莫辨乎《書》，由吾心政之府也；説志莫辨乎《詩》，由吾心統性情也；説理莫辨乎《春秋》，由吾心分善惡也；説體莫辨乎《禮》，由吾心有天序也；道民莫過乎《樂》，由吾心備人和也。心中之理無不具，故六經之言無不該也。

然則以聖人之心言六經者，經其內；以聖人之用言六經，則經其外矣。心者其本，而用者其末矣。舍內而言外，棄本而取末，果可以論六經乎？曰：非然也。心固內也，而經則不可以內外分，內外一體也，而尤不可以本末論。聖人之道，蘊諸心而不及於用者，有之矣，未有措諸用而不本於心者也。況乎六經爲書，本末兼該，體用畢備，吾即聖人之用以言之，則聖人之道爲易明，而聖人之心爲已見，本體之全固在是矣。若夫徒言乎心，而不及于用者，有體無用之學，佛老氏之所爲道也，豈所以言聖人之經哉！

兵論集凡三篇，此其下也。 王禕

極天下之智，始可以用兵。兵之變無窮，必我之智亦無窮也，然後兵皆足以爲吾用。兵之用，有正有奇，而奇又有二焉：有奇之正，有奇之奇。嗚呼！用兵而至於奇之奇，則其變不可勝窮；而智之用，其變亦不可勝言矣。故用兵者非用兵，乃用智也。用兵而善于用智者，寡可以勝衆；不善用智，雖衆亦敗也。陳餘以二十萬而敗於韓信之數萬，王尋、王邑以百萬而敗於光武之三千，曹公以八十萬而敗於三萬之周瑜，苻堅以百萬而敗於八千之謝玄，是也。故衆勝寡，寡勝於衆，常道也。

至於以寡勝衆，則非極天下之智而神於兵者不能也。夫極天下之智而神其用於兵者，其數術大氐不由於古法，而應奇合變，特顧其一時方略之如何。霍去病，漢之名將也，武帝欲教以兵書，乃曰：「顧方略如何，不至學古兵法。」則兵固不可以法傳也。夫歸師勿遏，曹公所以敗張繡也，皇甫嵩犯之而破王國；窮寇弗迫，趙充國所以緩先零也，唐太宗犯之而降薛仁杲；百里而争者蹶上將，孫臏所以殺龐涓也，趙奢犯之而破秦軍，虞詡犯之而破叛羌。强而避之，周亞夫所以不擊吴軍之鋒也，光武犯之而破尋邑，石勒犯之而敗箕澹；兵少而勢分者敗，黥布所以覆楚軍也，曹公用之拒袁紹而斬顔良；臨敵而易將者危，騎劫所以喪燕師也，秦君用之將白起而破趙括。若是者不可悉數，皆所謂奇之奇，而非法之所得膠者，則兵之不可以法傳也明矣。蓋法有定論，而兵無常形，膠一定之法而欲以應無窮之變，則勝負之數已戾，安往而不取敗矣乎？

惟夫不以法爲守，而以法爲用；緣法而生法，離法而會法；順求之於古，逆施之於今；出入離合，動有節制；向背取舍，各適事機：非特夫人莫知吾之所以然，雖吾亦不能先必其所以然，斯謂之極天下之智。譬之槃之走丸，丸走於槃，縱横圜直，繫於臨時，不可必知。所可必知者，丸之不能出於槃也。孫武之書曰：「兵家之勝，不可先傳。」又曰：「奇正之變，不可勝窮。」又曰：「人皆知我所勝之形，而莫知吾所以制勝之形。故其戰勝不復，而應形於無窮。」夫古之以兵爲書者，無若孫武，後世之言兵者，無不孫武之書是學。按其書之遺法以取勝者，有矣，然武之自言如此，則其法誠有不能盡言於其書者矣。是以趙括能讀父書，而藺相如謂徒能讀之、不知合變也。至括論兵，雖其父奢無以難之，而奢不以爲能，且知其必敗者，知書之無益於括，而智之在我者。非特書之所不能盡言，而亦非吾口之所能宣也。嗚呼！世之徒能如括者多矣，况乎又不皆能如括焉，宜乎良將之無聞於後世也。

酒德論

汪道昆

昔人之飲客者，非婺不甘，比年鬻婺者半至，人謂中山以下，若吴醴、楚瀝，其地屢遷，將婺有遷德邪？何今之婺非昔之婺也。

余居婺且久，蓋嘗習之。即今之鬻者未必皆良，其良者猶故耳。始都人無善酒，必以婺爲上尊，頃之則酤有良矣。其後王公貴人，鬭其供具，監六物而求良焉。即婺之良，曾不以當醴醆，况粢醍乎哉？余聞弘治中，群臣奉職無闕，退朝則相與講業，故文事興。今上端拱而治，百執事無夙夜之勞，日飲而醉二參，故酒德茂，此治徵也。楚好戰，故堅甲在楚；韓好兵，故利兵在韓。然則今之所服者，必楚之甲、韓之兵也，婺何有焉？

文訓

王禕

華川王生學文於豫章黄太史公，三年而不得其要，倀倀焉食而不知其味，皇皇焉寢而不安其居，望望焉如有求而不獲也。太史公一日進生而訓之曰：「子之學文有年於兹，志則勤矣。吾聞天地之間有至文焉，子豈嘗知之乎？夫雲漢昭回，日星宣朗，烟霞卷舒，風霆鼓蕩者，天文之所以暢；山嶽錯峙，江河流行，鳥獸蕃衍，草木茂榮者，地文之所以成。天地之文不能以自私，誕賦於人，人則受之，故聖賢者出，以及瓌人畯士，相繼代作，莫不大肆於厥辭。蓋自孔氏以來，兹道大闡，家修人勵，致力於斯。其間鞠明究曛，疲斃歲月，刓精竭思，耗費簡札者，紛趍而競馳，孰不欲争裂綺繡，斥攀日月，高視萬物之表，雄峙百代之下，卓然而有焉。然而躑躅而不進，骫骳而不振，思窮力蹷，吞志而没者，往往而是；而能登名文章之籙者，其實無幾。則所謂至文者，固夫人所罕知。是故文有大體，文有要理，執其理則可以折衷乎群言，據其體則可以剸裁乎衆制。然必用之以才，主之以氣，才以爲之先驅，氣以爲之内衛，推而致之，一本於道，無雜而無蔽。惟能有是，則統宗會元，出神入天，惟其意之所欲言而言之，靡不如其意，斯其爲文之至乎！凡吾之説〔一〕，子豈嘗知之，苟知之，其試以語我。」

生曰：「文之爲物，貴適時好，粲然相接，合喜投樂，有如正始不完，文氣遂偏，俗尚化遷，而排偶之習興焉。四屬六比，駢諧儷聯，抽黄對白，調朱施鉛，五采相宣，八音相便，握擒穠纖，嗆呀寒暄，豐腴醲酣，眩麗媚妍，珠璣溢緘，膾炙滿篇。凡慶函與賀牘〔二〕，咸累幅而疊番。王公之門，下逮閭閻，彝儀縟典，往來交際，率奉之以周旋。又如大雅既遠，詩歌日變，玉臺西崑，其流也漸。支爲詞曲，争嫩競艷，字分重輕，句協長短，浮聲切響，清濁和間，羽振宫潛，商流徵泛，笙簧觸手，錦繪迷盼，風月留連，鶯花凌亂。振妙韻於沉冥，託葩辭於清婉。性情因之以暢宣，光景

〔一〕「吾」字，底本原作「事」，兹據明嘉靖元年張齊校刻《王忠文公文集》及文義改。

〔二〕「函」字，底本原作「爾」，兹據明嘉靖元年張齊校刻《王忠文公文集》及文義改。

因之而呈獻。好會睽離，歡忻悲嘆，莫不假是以託情，固無間於貴賤也。若是者，其爲文何如？」

太史公曰：「古語變而四六，古聲變而詞曲，文之弊也甚矣。請置勿道，爲言其他。」生曰〔一〕：「命鄉選士之法廢，而科舉乃興。以文取士，設爲範程。漢有射策，唐有明經，復有詩賦，逮宋日益增。經衍爲義，而三篇以明。賦本於律，而八韻以成。咸各專其科，各精其能。其義則意融旨切，言粹辭達，枝語蔓引，叢論英發，剗聖秘而立辯，斡天機而生説；其賦則句鍊字戛，音核韻軋，藻秀春擷，花艷晴掇，較妍醜於錙銖，品抑揚於毫髮。它若宏辭制舉，大科别設，文法靡不該，文格罔弗列〔二〕。又必學稱博極，才號閎傑，乃能攻其業。凡習於斯者，皆賈勇詞場，角雄藝闈，不厲兵而曰戰，爭奪弧而先拔。若工若拙，三年是力；若勝若劣，一日而決。及其中文衡、入文彀，則遂圜棘聲徹，榜金名揭，上賢書於天府，承洪恩於帝闕，乃躋膴仕，乃展

〔一〕「曰」字，底本原作「因」，兹據明嘉靖元年張齊校刻《王忠文公文集》及文義改。
〔二〕「文」字，底本原作「攻」，兹據明嘉靖元年張齊校刻《王忠文公文集》及文義改。

遐轍，若卿若相，鮮不由兹而出矣。上以此而求賢，士以此而致身。文之用世，信不可誣也歟。」

太史公曰：「科舉之文，趍時好以取世，資特干禄營寵之具耳。學古之君子耻言之。」生曰：「文之古者，登諸金石，記誌頌銘，具有成式。或鐘鼎是勒，或琬琰是刻，或鎸于麗牲懸綍之碑，或鑱在封嶽磨崖之壁。莫不炫燿崇勳，烜焯茂德，載丕丕之嘉猷，紀赫赫之休績。然皆一筆之力，九鼎可扛；一字之價，千金是直。爾其宏奥之思，雅健之姿，瑰瑋之辭，攟摭馬、班，凌厲蔡、陳，蹂躪柳、韓。玉采金聲，焜煌煌，鏘鏘；衮章繡紋，炳炳焞焞，繽繽紜紜。詭然而蛟龍翔，蔚然而虎鳳昂，翕然而律吕張。正音諧䪭，詼變態類，雲霆勁氣，排甲兵沈。冥以之而開褰，幽閟以之而著宣，邈遠以之而綿延。然非儒林宗匠，藝營宿將，道德爲世之模楷，名位爲國之儀望，堂堂焉，章章焉，擅鴻筆，攬魁柄，稱文章之大家者，孰當仁而不讓？宜其媲美古昔，傳信今後，照四裔以無倫，垂千載而不朽。此其爲文也，不幾於古乎？」

太史公曰：「文至於是，謂之古，宜也。雖然，其爲用殆不止是已。」生曰：「朝廷之上有巨文焉。典謨誓誥，制册令詔，藹爲王言，涣爲大號，而帝王之制作存焉。灝灝噩噩，渾渾洋洋，稜厲蓬孛，揮霍奮揚。或温潤而精粹，或宏偉而秀雄，或嚴肅而簡重，或衍裕而深長。經緯天地，橐籥陰陽，黼黻萬化，轇轕三光。封職則氣含陰雨之潤，授官則義炳重離之明。敕戒則吐星漢之華，治戎則揚洊雷之轟。肆赦則垂滋於春露，明罰則示烈於秋霜。一字之褒，沛漏泉於下地；一言之感，被挾纊於黎蒸。朝出九重，暮行四方。如風動而草偃，如山鳴而谷應。奮迅乎寓外，磅礴乎域中；鼓舞乎彝夏，陶鎔乎帝皇。文章之用，蓋與造化而侔功矣。若是何如？」

太史公曰：「《易》曰：『王言如絲，其出如綸。』《詩》曰：『辭之輯矣，民之協矣。辭之繹矣，民之莫矣。』文之爲用，誠莫盛於此矣。姑舍是，豈無復有可聞者乎？」一生曰：「文之難者，莫難於史，故良史之才，古今或無。皇道帝德，王略霸圖；運祚興衰，治道隆汙；將相卿士，武烈文謨；賢智忠孝，凶慝奸諛；天文五行，地理河渠；禮樂兵刑，食貨賦租；選舉職官，冕服車輿；蠻彝戎翟，遐方異區；恍惚詭變，俗怪習殊。凡一代之本末，皆史乎載，故曰：史者一代之成書。是故事以實之，辭以給之，法以立之，例以律之，作史之要必備乎此。然非其能足以通古今之體、明足以周萬事之理、智足以究難知之意、文足以發難顯之義者，曾烏得以稱良史？蓋自紀、表、志、傳之制，馬遷創始，班固繼作，綱領昭昭，條理鑿鑿。三代而下，史才如二子者，可謂特起拔出，隽偉超卓。後之爲者，世仍代襲，率莫外乎其槩護。論者以謂遷、固之書，其與善也隱而彰，其懲惡也直而寬，其賤彝也簡而明，其防僭也微而嚴，是皆合乎聖人之旨意，而非庸史之敢干及乎！范曄、陳壽之流，則遂肆意妄纂，曲筆濫箋，曖昧其本旨而義駁以偏，破碎其大體而辭謭以纖。況乎曄、壽之不若者，則又卑陋而無足觀矣。故史所以明乎治天下之道而爲之者，亦必天下之才，然後勝其任，兹其所爲難乎。

太史公曰：「噫！史之爲文誠難乎！其盡美矣！文而爲史，誠極天下之任矣。抑吾聞之，文有二：有紀事之文，有載道之文。史者，紀事之文，於道則未也。」生曰：「聖人既没，道術爲天下裂。諸子者出，各設户分門，立言以爲文。是故管夷吾氏以霸略爲文，鄧析氏以兩可辯説爲文，老聃氏以秉要執本、持謙處卑爲文，列禦寇氏以黄老清净無爲爲文，墨翟氏以貴儉、兼愛、上賢、明鬼、非命、上同爲文，公孫龍氏以堅白、名實爲文，莊周氏以通天地之統、序萬物之性、達死生之變爲文，慎到氏以刑名之學爲文，申不害氏、韓非氏復流於深刻之文，尹文氏又合黄老、刑名爲文，鬼谷氏以捭闔爲文[一]，蘇秦氏、張儀氏因肆爲縱横之文，孫武氏、吴起氏以軍形、兵勢、圖國、料敵爲文，荀卿氏、揚雄氏則以明先聖之學爲文，淮南氏則以總統道德仁義而蹈虚守静、出入經道爲文。凡若此者，殆不可遽數也。雖其文人人殊，而其於道未始不有明焉。譬猶水火相滅，亦以相生；和敬相反，亦以相成。《易》所謂『天下一致而百慮，同歸而殊涂』者言，本於一揆而已[二]。文以載道，其此之謂乎！」

太史公曰：「諸子之文，皆以明夫道，固也。然而各引一端，各據一偏，未嘗窺夫道之大全。人奮其私智，家尚其私談，支離頗僻，馳聘鑿穿。道之大義益以乖，大體益以殘矣，此固學術之弊而道之所以不傳也。」生曰：「聖人之文，厥有六經。《易》以顯陰陽，《詩》以道性情，《書》以紀政事之實，《春秋》以示賞罰之明，

〔一〕「捭」字，底本原作「押」，兹據明嘉靖元年張齊校刻《王忠文公文集》改。
〔二〕「揆」字，底本原作「癸」，兹據明嘉靖元年張齊校刻《王忠文公文集》改。

《禮》以謹節文之上下，《樂》以著氣運之虧盈。凡聖賢傳心之要、帝王經世之具，所以建天衷、奠民極，立天下之大本、成天下之大法者，皆於是乎有徵。斯蓋群聖之淵源，九流之權衡，百王之憲度，萬世之準繩。猶之天焉，則昭雲漢而揭日星，布烟霞而鼓風霆；猶之地焉，則山嶽峙而江河行，鳥獸蕃而草木榮。故聖人者，參天地以爲文，而六經配天地以爲名。自書契以來、載籍以往，悉莫與之京，斯其爲文不亦可以爲載道之稱也乎？」

太史公矙然而驚、喟然而嘆曰：「盡之矣！其蔑有加矣！此固載道之器，而聖人之至文矣。嗟乎！世之學者，無志乎文則已，苟有志焉，舍是無以議爲矣。是故本之《詩》以求其恒，本之《易》以求其變，本之《書》以求其質，本之《春秋》以求其斷，本之《樂》以求其通，本之《禮》以求其辨。夫如是，則六經之文爲我之文，而吾之文一本於道矣。故曰：經者，載道之文，文之至者也。後聖復作，其蔑以加之矣。今子知及乎此，則於文也其進孰禦焉！特在加之意而已矣。」生於是再拜謝曰：「謹受教。敢不拳拳服膺，是則是效，以無忝夫子之訓告。」

泉貨議

王禕

天下之物，以至無用而權至有用者，泉貨是也。謂之泉者言其形，謂之貨者言其用。其制，先有銅錢，後有楮幣。銅錢之制，自五帝三王，下更歷代，莫之有改，其爲法最古。而楮幣之制，所謂關會交鈔者，又所以權錢而行，金、宋之末造也。之二物者，握之非有補於暖也，食之非有補於飽也，而先王以守財物，以御人事而平天下，命之曰衡。於國家者，恒賴以爲生民之大命，而不能以一日廢。一日或廢，則國家之命幾乎息矣。故曰：以至無用而權至有用者，泉貨是也。

國朝因時制宜，襲近代之法，一切用鈔，而錢盡廢不用。自中統、至元鈔之行且一百年，中更至大，雖嘗改法，然旋亦即復舊。乃自頃歲以中統交鈔重其貫陌，與至元寶鈔相等並行，京師復鑄至正新錢，使配異代舊錢與二鈔兼用，其意殆將合古而達今，而不知適以起天下人心之疑。夫中統本輕，至元本重，二鈔並行，則民必取重而棄輕；鈔乃虚文，錢乃實器，錢鈔兼用，則民必舍虚而取實。故自變法以來，民間或争用中統，或純用至元，好惡不常。以及近時，又皆絶不用二鈔而惟錢之是用，而又京師鼓鑄，尋廢。所鑄錢流布不甚廣，於是民間所用者悉異代之舊錢矣。

嗟乎！二鈔者，國家之所用，而民則以爲棄物而弗之用；舊錢者，國家未嘗專以爲用，而民爭相寶愛而用之。是天下之民反操國家之柄，而國家之命已下制於民，泉貨之弊，莫此時爲甚矣。詔旨屢飭，禁令愈嚴，民頑然相視而弗之恤，而上之人亦坐視其法之弊，舉無策以救之。民情所至，如水就下，勢之趨嚮，不可復遏。是故善爲天下者，因民之所利而利之。民以爲利，上之人何故而不爲？今外宰相得承制行事，亦既審察民情，即江浙省府治鼓鑄，纍月之間，國用頗賴以資給，則其爲效固有不可誣者。然其所鑄乃當十大錢，止用於杭城，而不足以行遠。間有流布諸路者，民亦易視之弗信，泉貨之弊自若也。

愚竊以爲，今日鈔法宜姑置弗問，而錢法當在所速講。錢法之議有二：一曰廣開鼓鑄，二曰罷鑄大錢。考之史傳，漢郡國皆得鼓鑄，而縣官往往即多銅山所在而鑄錢；唐亦即出銅所在置監，天下鑪九十有九；宋鑄錢總二十六監，而諸路所鑄其數多寡各有差。其法皆爲不可廢。賈誼所謂「事有召禍，而法有起奸」，今令細民人操造幣之勢者〔一〕，此謂不可使民私鑄爾，非謂官不當廣鑄也。夫錢便於貿易，而銅不便於轉輸。轉輸不便，故即其所出而鼓鑄；貿易相便，故隨其所在而流布。此勢之必然。而國朝至大中亦置江淮等六監，此可見鼓鑄之開當廣矣。

自周景王、楚莊王欲鑄大錢，其臣即以爲非。漢之赤仄，以一當五，王莽之大錢五十，蜀之直百，後周之當千，唐之乾元、後唐之永通、宋之熙寧，皆爲當十，大抵一時苟且之爲。張商英言當十錢，自唐以來爲害甚明。蓋大錢質輕而利重，利重故盜鑄者多，質輕故寶愛者少；小錢費厚而利均，費厚故盜鑄者少，利均故貿易者平。此亦勢之必然。故歷代大錢皆旋踵而廢，而至大大錢，今亦存者無幾。此可見大錢之鑄當罷矣。

由是言之，鼓鑄不可不開，而監局之置不可不廣，大錢不可不罷，而小錢之鑄不可不多，爲今之計，無踰此者。且今江浙地大物衆，省府鼓鑄，固必仍舊，其浙東西、江東、閩中諸路，宜各斟酌所在，分置監局，或一州、二州即爲一鑪，而凡所鑄錢，必以漢五銖、唐開元、金大定、宋大觀及今至正小錢爲則，其大錢更不復鑄。夫

〔一〕「幣」字，底本原作「弊」，兹據明嘉靖元年張齊校刻《王忠文公文集》改。

鼓鑄廣則造錢多，而人易致；小錢多則稱物均，而人知貴；易致則其用不匱，知貴則其行可久。推而放之，其法將遍諸天下而準，固不特浙江一省而已。至於灌銅有禁，尤當加嚴。宜如唐制，佛像以鉛錫土木爲之，唯鑑磬釘環鈕得用銅，餘皆禁絶。又民間所有銅皆得入官，官爲鼓鑄，除工本之費，更取其三而以七歸於民。而又鼓鑄之際，關防嚴密，製作精緻，定其輕重而有度，平其出納而有常，如是則今日之錢殆可流於地上，而異代之錢將不銷而自廢矣。於是國家之命得以伸於民，民生由之而可遂。因民之所利而利之，莫此爲便。匡今之弊，以復古之道，爲計宜無踰於此者。

上之人豈亦不是之思？誠思之，顧胡爲而不亟於行也？抑嘗因是復有其説。古者三幣，珠玉爲上，黄金爲中，白金爲下。後世或爲二幣，秦制黄金以鎰爲名，及銅錢是也。今誠使官民公私並得鑄黄金、白金爲錢，隨其質之高下、輕重而定價之貴賤、多寡，使與銅錢母子相權而行，當亦無不可者。且今公私貿易，苦於銅錢重、不可致遠，率皆挾用二金，藉使有司不明立之制而使之用，公私之間有不以之爲用者乎？是則用黄金、白金爲錢，與銅錢並行，亦所謂因其所利而利之者也。或者顧謂廢錢而用鈔，實祖宗之成憲，而於術數之説爲有符。今惟用錢，無乃稽之典章、驗之圖讖，有相乖違者乎？是不然，天下之法，雖聖人不能使之久而無弊，及其弊也，固未嘗無法以救之。變而通之，存乎人焉耳，而可泥於拘攣之見、偏於尋常之論哉？《記》曰：「一弛一張，文武之道。」夫弛而不張、張而不弛，要皆非先王之所以爲天下者。弛之張之，與時宜之，斯爲善矣。嗟乎！當今時事之急可言者衆矣，然孰有急於泉貨者？故述斯議，庶上之人得采擇焉。

王待制私謚議

方孝孺

翰林待制王公褘使雲南以節死，久而易名之典未下，門下議私謚之。烏傷俞恂曰：「惟三代之學本諸身心，著于行事，發于文辭。表裹相符，華質不爽。故著之于書者，即其操行之餘；形于言行者，即其學術之實。未有言與行乖，身與學戾者也。世降道喪，儒者始離學術、身心而二之；所學歸乎仁義，而所爲徇乎邪僻。考其爲書則上援聖賢，稽其所至則僅同庸俗。以之處下，則不足以美風敎化鄉閭；以之事君，則不足以光華朝廷、表率海内。惟待制公則不然，自其少時已有大志，受于家庭、得于師友者，皆純正之學。察理盡乎精微，制行本乎忠恕。負剛方之氣，懷經濟之資。

當元之季，嘗草書數千言，將上于朝，以救闕失，知事不可爲，乃歸休于家，欲以文辭名後世。既而遭逢聖明，遂爲史官。修《元史》，始于太祖造邦之初，終于末主播殂之後，删煩剔冗，補其軼遺，君臣賢否、邪正、逆順之迹，天地事物、禮樂刑政、兵民財貨，消長興廢盛衰之由，莫不粲然包綜、具有倫序。嘗兩贊郡政，咸著廉能之聲，有豈弟之德。後以伉直忤用事者，使萬里絶險之邦，留滯數年。蠻夷向義之心未洽，遂加戕害，竟不屈以死。追考公平生，志行端潔，學術淵深，其於性命道德之要、治忽成敗之幾灼見洞曉。發之文辭，敷腴蔚贍，浩乎若秋江之濤，鼓盪莫測，而其來有本也；藹乎若春空之雲，變化不常，而其出無窮也。其在翰林，嘗掌制命，四方學者争傳誦之，求者盈門，以不得一言爲耻。蓋自古盛世之文，一代不能數人，而公之述作，可與相準。偏才曲士，多優於言而劣於行。公南中之節，奮厲卓偉，使異域知中國有守死不貳之臣，其過于人甚遠。昔王仲淹、孟東野之徒，門人朋友皆援古著謚，從世韙之。今欲最公文行，以「文」暨「節」謚之，于禮其可。」衆皆曰「諾」。其子紳以告天台方孝孺，孝孺曰：「余嘗聞翰林學士金華宋公稱待制公文行，皆如恂言。死而易名，于義爲稱，乃定謚曰『文節』。」

雍正義烏縣志卷之十九

藝文志

編類

記

石門山記

陳炳

大凡有雄偉之趣者，不必其聲之舊而後以爲稱，苟炳焉有異於吾耳目，則人未之與，吾弗可以漫視也。石門之爲山，其有是與？蓋吾邑繡川在婺之東北隅，去州治餘百里。州之赤松三洞，其勝異同天下所聞，而至於繡川，勢以遠而不續，故吾邑雖四障以山，而皆蚴蟉涣散，傾頓渾昧，無可以肆觀，而人咸不以爲有異趣。

歲在乙亥，春陽方中，予以文史之暇，將求夫有以抒吾懷者，於是涉東江，遵亂徑，四矚探搜，而連山中斷，有兩石隱隱相負而立者，矗峭扃闔，其峰絶特於群山。予心異之，遂以其形問塗於耕者，得小塍崎嶇，背東江去約三百步，奄入短崖松林，其中谾然有水瀦焉，曰「古塘」。而東扶棘荆，循樵采路以上，路窮而山在焉。兩峰並峙，由右腋陟其頂，乃甚夷坦，可坐十二三人者。小石磊磊，若器皿，若編鐘磬，其大者若屏榻然，可以環飲其下。森松挺柏儼儼攢聳於亂青中。後有泉如乳脉疏豁，酌其味滑且甘。耕者曰「是夏冷徹骨，而冬則温」。因复視四野，巒列無遠近，惟所指前帶大江，屈折入雙溪以之錢塘，左右山去無窮，而後山轉高，每微風至，澒洞澎湃，大聲相盪，草木交樛，時時有芬鬱清氣自足底降升，激一嘯，百谷翕答，使人凛然不覺毛髮竦聳，疑非人世。吁！兹亦可謂雄偉之趣矣。而按之《圖經》，詢之耆老，寂焉莫有道石門山者。何邪？非以其處之隱，而或隱且小，雖言之而人有弗我信故與？夫矜大而略小、趨顯而忽隱，固俗之甞情，何足以爲失得。而盆盎之沈沈，可以想滄溟；坻阜之巍巍，可以意泰華。吾於内既有以自廣，則一涓之流、一拳之石，咸可以爲寄，而况其又誠不苟然者邪！予故爲記，俾樂遊者自予言以始。

宜齋記

何恪

子何子榜所居之齋曰「宜」。有客睇而詰曰：「宜謂何？將櫺檻明曠宜展卷乎？庭宇邃密宜遠囂乎？可瑟可奕宜適意乎？有圖有刻宜寓目乎？楮枕隱几，眠坐適時，宜寄傲而養恬乎？」

僕笑而應曰：「凡子之所謂宜者，豈僕之所宜哉！僕每痛伯仲間，兩盡其宜，今昔所難。且以舜爲兄固宜矣，而有象之弟；以旦爲弟固宜矣，而有鮮之兄。雖聖賢猶不免於不幸，矧中下乎！故若兩龔之節、二陸之文、元仲之名德，與夫共被易衣、推財爭死之事，雖簡牘浩茫、汗牛充棟，所載可屈指數，而布粟不容、豆萁相煎之誚，無世無之，可謂難矣！吾家二兄弟，雖節未龔，文未陸，名德未陳，所幸父母俱存，必方時導，日對古人黄卷中而尚友之。吾兄所以待僕者，既友愛矣，而僕亦不敢不恭。此得孟軻氏三樂之一。若今閭巷言同氣者，方其孩提嬉戲，肴核氏咀，不見斯念，或感啼真若骨肉，自然莫可間。一旦愛奪，長舌猜忌不相能，雖親在堂而鼎異餁，橐私儲，所争纔刀錐，手足爲仇敵，至有限閾不面，連甍不過，縱斧相瘉且不顧，遇急難往往束手旁視，甚者陰擠而竊幸焉。嗚呼！此殆不禽獸夷狄若也。吾兄弟不移於習俗，如前數子致美之懿，非曰等之，切有意取詩人宜兄弟之義，名齋以自樂。」

客默然良久曰：「斯名固宜矣。子之兄弟其踐之，無徒言。」客去，因援筆而誌諸壁。紹興己巳冬之日也。

重修縣學記

黄中輔

乾道三年春正月，福唐張侯來尹義烏，以巨手剔群蠹，以餘力起宿敝，政平訟理，百廢俱作。越明年，崇脩縣庠，命有所未盡，一撤新之，築土爲基，以立外門，屹然伉爽。逮落成，諸生屬中輔爲文以志。按，學之舊址，在繡湖之濱，湫隘蓁蕪。紹興戊午，建安張侯公衮始卜而遷於縣之東偏。既而番陽董君爟、臨川晏君節相繼經理，歷三十載，而祠有殿、講有堂，肄習食息之所罔不具備。歲月既久，日以圮壞。自侯之來，出令鳩工，復經復營，革舊而新，易仆而興，無尺地不甃，無一椽不飾。聖容從貌，藻火旒綴，儼然端莊。簾幕欄檻，朱碧相映，豐而不踰，約而不偪。又立十二載於中門，森然偉觀，過而望者，雖遠而數十百里咸知所敬仰。每月初吉，侯來涖止，士肅於斯，冠帶而圜，雍雍翼翼，有洙泗之風。猗歟休哉！非侯之政知所先務，曷以臻此？昔子産不毁鄉校，聖人稱仁；僖公能脩泮宫，詩人頌之。矧庠序之備如吾黨里，可不紀述？乃爲之記云。

題名縣壁記

劉應龜

縣，古子男國也。近制，達魯花赤、尹爲之長，丞、主簿、尉曰佐，户三萬以上乃得備設。常日，尉治事别廨，丞、簿皆得與其長完坐廳事上，吏抱文書來，前佐涉筆而後長始署事紙尾。雖崇卑有間，然持其不可、以贊其可，相與扶植大體，佐視長均爲縣官。非若異位司存參立、權位相軋，可以差殊觀也。丞山陽莊君請於尹北府蔣君曰：「義烏，婺壯縣，壁記缺，何以詔後？且事之作古，非熟講而定、僉詢而同，則有未易言者。稽之官制，酌之人情，先長後佐，列其氏名與去來之歲月，盍即縣之廳壁記之。」尹曰：「然。」屬應龜以記。應龜因謂丞曰：「君不欲專美藍田，合長佐立石公明堂下，屢書不一，書俾來者有所於考，顧不偉歟？是所謂『事之作古熟講而定、僉詢而同』者也。奚庸辭。」於是，因二君之意，而敘其次第如此。

思報堂記

王禕

寧國袁謙子謂其友王禕氏曰：「吾食君之禄，而以養吾親。君親之恩，思有以報之，未能也。吾聞之：『無親無生，無君無以生。』君親之恩，將若之何而報之也？吾朝夕以思不敢忘，因名吾堂曰『思報』，子尚有以教我乎哉？」

王禕氏對曰：「噫！善如是之問也。君親之譬猶天也。《詩》不有云乎：『欲報之德，昊天罔極。』天，莫之報也。爲臣子者，夫亦求盡其分焉耳。是故忠者，盡爲臣之分之謂也；孝者，盡爲子之分之謂也。忠孝盡則臣子之分盡，故曰：『君父，人倫之大本；忠孝，臣子之大節。』君親之恩，莫之可報也，惟忠與孝，其庶幾以報夫君親者乎！雖然，世之言曰『爲忠孝者不兩全』，夫豈然哉？臣子之道一也，豈有不相爲用而又相害者哉？是故以其私則兩害，以其義則兩得。今夫有親在而君有難，則將死之乎，抑否乎？亦曰『身從其居，志從其義』而已。吾身居於君所，而君難及，則號泣以死請曰：『吾非忘事親也，君不可以棄。吾其敢以不死？可死則死之。其幸而不死，則終事而請於君以事其親。』君有難而吾身居親所，吾將赴而救之，而親不可以舍也，則號泣而呼曰：『吾非忘吾君也，有親在，吾不忍以即死。其不幸而親死，則終喪而委身以事其君。』是之謂『身從其居，志從其義』也。古之知孝者莫如舜，知義者莫如孔孟，其於君臣父子之際詳矣。使其不幸而遭焉，其亦如是而已矣。世顧以爲『爲忠孝者不兩全』，夫豈然哉？」

袁謙子於是再拜謝曰：「美哉乎，子之言忠孝也！吾曷敢不思而行之，以報吾所當報！雖然，豈獨予哉？天下後世將子之言以爲訓。盍書諸簡以遺予，因以記吾堂也？」遂記之。

樗隱記

王禕

清江胡居敬先生，世家渝水之南、天柱峰之下，先廬毁於兵燹者一紀矣。頃歲乃即其故阯作屋以居，而名之曰「樗隱」。

一日，與其友王禕相遇於盧龍山下，具以其意告之曰：「樗隱者，吾之託以自志也。樗，不材木也，無所可用，是以能終其天年也。吾聞之莊周氏云。」禕聞而疑之曰：「異哉，子之託以自志者，何其匪類也！夫世之所重者，材也，而樗乃以不材稱；材之所貴者，用也，而樗獨以無用全。樗奚足道也！先生之起家也，爲名進士；歷官也，爲名御史。謂之不材而無用，非余所敢知也。而欲託於樗以隱稱，烏在其爲知類也？且莊周氏之論樗也，謂不材而無用，故得全其天年，此尤一曲之談，非通論也。木之材美者，無如楩、楠、豫章矣，苟其産乎深山絶谷之中，雖閲百千年，匠石不睨也。使樗而植根官道之旁，曾不拱把，其不夭於斧斤也者幾希。而謂木之爲樗者天年獨全焉，無是理也。彼莊周氏者，蓋徒悲夫世之人，因材以爲累，不若不材之爲愈，故爲是有激之言。然獨不知不材者固亦有時，而不免爲尤可悲也。夫材既爲人累，而不材者又復不得免，然則將自處於材、不材之間邪？曰：非然也。材、不材之間，似是而非，猶不免乎累者也。嗟乎！處於材、不材之間而猶不免於累，則凡可以爲累者，獨材之罪哉？雖然，余也亦嘗聞於莊周氏矣：所貴於有道者，以能不物於物焉爾。不物於物者，游乎物之初而物莫能爲之損益也。物不能爲之損益矣，又奚材、不材之論哉？今先生之學，固内聖外王之道也，豈其不出於此乎？夫苟出於此矣，則其所造者人將孰得而名言之？」

先生矍然曰：「噫！子之疑我者，誠是也。吾其釋然矣。抑子之所聞，政吾之所有事焉者也，而子能言之。盍書以遺我，因以記吾居也？」遂書之以爲記。

滇南慟哭記

王紳

先公以洪武五年正月奉使雲南，招諭元梁王。六月抵其境，六年遇害。至二十五年，不肖孤紳竊禄西川，屢請於蜀王殿下。二十八年冬得旨，十二月朔日戒行，次年二月二十三日到滇，次日參見岷府，退謁藩閫文武大臣及土人士友，並以情事爲告。聞者閔之，競爲諮訪。二十五日，有僰人畫工何仁可，年七十餘，來言，親炙先公於佑聖宫，甚久，至繪素之事亦多經指授，且云：初來時，梁加禮敬，府僚大臣若司徒達理麻、參政喻金間、高撫慰輩，尤所尊重。凡見梁王，必以天命所歸、人心所屬之理爲之開説；退諭其臣僚，尤加委曲。梁之君臣亦知元社已屋，皆有降意。時元之孽主逋逃朔漠者，遣侍郎脱脱自西番來通好索援，且劫以危言，必欲殺我使，以固梁王意。梁王不忍遽絶於我朝，乃匿先公於民間。脱脱聞之，誚曰：「國家顛覆而不能救，反欲遠附他人邪？」躍馬而起。梁王不得已，遂出先公以見之。脱脱欲加屈辱，先公慷慨罵曰：「天訖汝元命，我朝實代之。汝如爝火餘燼，尚欲假息以與日月争光邪？我將命遠來，豈爲汝屈？今惟有死而已。」或解曰：「兩國交争，不罪來使。不從則遣，彼何罪焉？况王公才器，天下無雙，宜有以全之。」脱脱曰：「今日雖孔子在，義不可留。」梁王不能救。先公復顧梁王謂曰：「汝朝殺我，大兵夕至矣。」亦不聽，遂遇害，時爲臘月二十四日未申時。蓋僰人以此日爲節日，故久不忘也。諱日，城中父老士女莫不垂淚。達理麻既陳奠祭，命左右具衣冠，殮之以禮。即日舁至地藏寺北漏澤園，化之以火。諱所則今之觀音寺前三市街。

言訖，引至漏澤園，躃踴設奠，是夕宿地藏寺。自此連日至彼展哀。至二十七日，紳別訪南關董金剛保，以合其説，蓋以先公嘗主其家故也。金剛保亦引至觀音寺前，指以諱所。號慟間，市人競來致問，中有蘇奴者，言棺木實其家所備，蓋其兄慶，時爲元帥，故達理麻一以後事委之。其言遺事，略與仁可同，但奴則云火化在小南門城濠邊。復引至，歷指其處。哀未止，有僧從西來，年百歲，口述遺事甚悉。紳拱問：「化後遺殖何在？」僧言彼時上下恟懼，誰復道及此者。三人之言遺殖並同。自是士民僧道多來稱述先公容貌、言行、嗜好、製作、動静、僕從，皆可稽，但無能知夫葬所者。因姑設次爲位於地藏寺之東夾室。越明日，漏四下，陳設於寺門外，告祭於雲南府城隍、里社、寺伽藍等神，備述情事之由。禮畢，奉新製木主，就觀音寺前諱所盡哀，題主。禮畢，迎回地藏寺位次。昧爽，行正祭禮。

先是，布政張公紞、參議范公祖，嘗訪先公節行於臨安儒士賈寬。寬，達理麻門客也，故獲侍先公最密，因言曾有詩見寄，可考概。紳至，張公即命迎寬。三月十日，寬至，所言與前頗同，乃云化後達理麻已使葬於地藏寺之旁。後十許日，寬往哭之，止見平土而不結丘隴。自國兵來，陵谷變遷，已不可認。迄今犁鋤薦臻、屋廬相望，想像亦不能得其彷彿也。寬又云：「先公前館於報國寺，後因脱脱至，遂移館於春登楊氏家。平日杜門，不接人事，惟讀書著述，有文集二大册。達理麻録本藏於家，後并原稿不知何在。」寬年高質重，所言似非虚妄者。

又沅士鎦有年，近見宜良民李鉉。鉉自言其父起宗爲元樞密院都事，好士而知書，曾延先公於家甚久，後事皆其經理。今墓所，惟鉉知之。有年前任沅庠時，嘗接見先公，故聞之甚留意。越半月，紳至滇，有年即來告，且爲書招鉉。十一日，鉉至，口述遺事亦悉，又舉先公題其竹軒三絶句，遂導兀兒朵東門外之百步，指群冢千百而言曰：「大略記在此處。」而群冢盡遭發掘，無遺者。紳見其年少，不敢盡信，又見頗能記憶，亦不敢不信。遂於其處仰天大慟。次日，於群冢旁擇曠地，仍設次爲位，迎神主，陳設祭畢，復奉歸寺之元次。越十日，奉神主而迴。

嗚呼哀哉！紳之初志，鋭欲訪求遺殖、歸葬先隴，以襄大事。不幸歲久事殊，以至此極，雖粉身碎骨亦不足以贖其辜，他日尚何面目見先公於九泉者哉！躃踴之餘，因忍死備記於簡，以誌不忘終天之恨，且使後世子孫有以知其荼毒。嗚呼痛哉！

貞則堂記

宋　濂

貞則堂者，傅君藻養母夫人之所也。夫人姓樓氏，故爲烏傷士族，年十五，歸同里處士壽朋，生二子：長曰權，次即藻。又十有八年而寡，夫人斷髮，誓不食他姓。家日單，凍餒交攻。當風雪凄迷，青鐙夜織，雞再號，猶軋軋聞機杼聲，人勿能堪，夫人裕如也。越若干年，始克葬處士君華川之南。葬已，先廬未備者補之，持宿券責金者庚之。專心一力，訓二子有成，權得推擇爲吏，藻從黄文獻公游，以文辭稱。夫人素髮垂領，日坐堂上，含冲挹腴而享壽養之樂，時年蓋六十餘矣。人皆曰：「女婦青年能守貞者非艱，守於阽危中者爲艱。」當夫人獨居，室無儋石之積，皦皦自信，如荆南之金，色百煉而弗變，非其賢過人，能如是乎？吾邦生齒之繁，動至數十萬，求如夫人者，千或不能二三，宜其休聞流溢無窮。所可憾者，無良有司上於朝廷，以表其宅里爾。

金華宋濂獨不謂然，何者？婺爲吕成公講道之邦，禮義脩明，風俗淳美，非惟家孝弟而人詩書，至於女子婦人，亦皆無思犯禮而畏《行露》之侵。第處道之常，同老于室，無以見其所執之操。今謂如夫人者千不能二三，是何待父母之國如此其輕也？向使處士君不蚤逝，孰知夫人之行能卓卓如是乎？利器之施，遇錯節而顯；勁柏之剛，因凝霜而知名：蓋生於世之變也。計夫人之心，豈樂負守貞之名哉？以守貞名夫人，已爲不幸，况又欲徼旌寵之榮乎！旌寵，朝廷之事也。濂也不敏，與藻居同郡、學同師，常升斯堂而拜夫人。藻指謂濂曰：「吾子幸爲我文之。」濂不敢讓，使濂之文傳夫人大節，其亦烜著於世矣乎！

孝友庵記

方孝孺

烏傷朱氏，居赤岸者爲最著。元之季世，丹溪先生諱震亨，字彦修，以道德性命之説教其鄉人，人咸服之。先生娶戚氏，生二子：衍、玉。嘗擇地東朱山之原，謂其子曰：「我死，與而母俱藏此，若等宜祔於左右。」皆應曰：「諾。」已而戚氏卒，衍亦卒，未幾先生亦卒。玉奉先生及母夫人柩窆於其中，奉兄柩窆墓右，又預治其左爲二穴，他日將與其妻合葬。即墓前若干武爲庵，俾子弟居之，以奉灑埽，扁之曰「孝友」，而來告曰：「此先君之志，我則行之，請有以示後人，使世守無怠。」

嗚呼，古禮之廢也久矣，葬之弊爲尤甚。古之葬者，萬民各以其族區分而序列之，惟有罪者則不入兆域。至周之季，雖稍變弛，然族葬之禮未變也。昔嘗觀乎洙泗之間，拜先聖人之墓，見伯魚、子思之冢昭穆序葬，而子孫咸祔其側，至今二千年而未已，猶有先王之遺意焉。今之人儒衣冠而誦六藝者，皆以學孔子自名，至於葬其親，則往往信俗巫冢師之説，爲其身謀，或父子異處，或兄弟殊遷，使其魂魄不相接、形氣不相依，與黜罰其親何異乎？而猶以儒稱於人，不亦妄矣乎？若先生父子者，可謂無愧於孔子。傳不云乎：「慎終追遠，民歸厚矣。」慎終之事，玉既能行之，苟欲追遠，則豈不在後之人哉？玉之子與衍之子，從父兄弟也，至於孫，則爲從祖兄弟矣。愈遠而至於曾、玄，至於來昆，又至於數十世分，益盡愛敬之心，得無少衰乎？幸有人焉，能相率而拜於墓下、會於斯庵之中，指而曰：「某，某墓之子也，某墓之孫也，出於某墓者也，其墓又出於先生者也。吾數十百人，其初數十人耳，數十人，其初數人耳，數人之先，先生一人耳。一人之身，何爲而不親睦乎！」聞斯言也，有不涕泣而下拜者，非人也。孝友之心，其能自已乎？其有弗追遠而返始者乎？斯豈先生之志乎！其可以示後人否乎！

玉泣曰：「是先生鑒玉之志也，請書之。」

題名碑記

僉事劉濬

義烏，婺之屬邑也，去郡治百一十里，居東南之奥區。其山川秀峙，人物之殷俗，尚儒雅，甲於他邑，稽之郡乘，蓋可見矣。在宋則有宗忠簡公澤、徐文清公僑，元有黄文獻公溍，實産兹邑。後先悉以科第起家，其文章政事，炳然焕然，海内至今稱之。洪惟我太祖高皇帝，龍飛淮甸，肇造區夏，樹立學校，開設科目，亦累有其人。永樂八年夏，余僉浙江按察司事。明年冬，來按於兹，下車皇皇，未暇他及，首謁文廟，拜先聖先師。禮成，諸生復導升堂會講。講餘，其教諭胡春同率生徒進而告曰：「邑庠自前代登第者，咸勒石豐珉，文獻公嘗爲文以記之。國朝開科迄今，四十餘祀俱未有紀載，恐後泯焉。」先是，諸生悉捐貲於家，傚匠礱石，願刻先達之名以勵將來。而未有紀之者，乞一言以傳不朽。余謂黄公天下鉅儒，後學師仰之，既秉筆大書於前，若等求余荒謬之言繼之，猶持布鼓以過雷門，懷燕石而趨玄圃，誠可哂也。且公事鞅掌，文墨謝去久矣，力却之。厥後，春同復與諸生固請如初，遂俯狥輿情，余辱風紀，旌别淑慝，固分内事也，奚容再拒之哉。切惟科目之設，其來尚矣。自唐虞興賢亮采，明試其言，後世以科舉取士，實基於此。凡士生戴履間，誦詩讀書，獲與四方俊乂角藝場屋，裒然奏捷，發身文章以躋膴仕，亦榮矣哉。今又記名於石，立於學宫，俾傳永久信足嘉已。蓋學校爲風化之源，人材所從出也。今諸生絃於斯，誦於斯，目之所擊，惕然奮發，潛心六學，安知異日不接踵以魁榜首乎？凡登名金石者，益思上以忠於君，下以行其學，爲世之名臣，勿使諸公專美於前，而後人指此而非議之，庶科目可以得人矣。傳曰：事君敬其事，而後其食尚，其勉諸。永樂九年冬，閏十有二月中吉。

許侯新建文昌橋閣記

金世俊

吾婺所難得者水，而烏獨有湖，涵浸城邑。迴環學宫，浮清挹翠，以其相錯如繡，故以繡名湖。故有八景，當年宋學士、王待制諸公題詠甚盛。以支流注射，夏潦所乘，寖成閼塞，而郊於郛郭，居人侵擾，舊迹漸湮。只今問八景之舊，惟烟寺曉鐘、松稍落月、荷畔鷺鷗及島雲漁市依然如昨，而所謂晚照之丹樓、繫馬之畫橋、柳洲之歌舫，不可復見矣。雉皋許侯來令烏，每謁學，經行湖上，柳拂褰帷，花迎露冕，欣然會心，月進諸生而再課之，賞異拔尤，人文蔚起。侯慨然嘆曰：「湖勝如此，風行水上，涣天下之至文。兹一碧千頃，澄泓漣漪，對此便覺心靈映發，筆底花生，是文光所式憑也。」會甲戌之歲，新葺學門，因於學宫閣之以祠文昌，而湖中有堤，復駕石爲橋，高三丈，闊二丈，長九丈六尺，翼以扶欄，飛虹俯波，香塵擁轂，坐花醉月，不減六橋。而高閣相望，引日月以壯雕梁，摘星辰以綴朱拱，流雲捲雨，吞吐四虚，丹樓畫橋之勝，再見于今日。且成以不日，勞不及民，明德遠矣。侯才名擅代，詞壇執耳，故身應文昌，既以冶鑄嘉惠諸生，而復以形勢佐之。此後之邀福文昌，而蛟騰鵬徙，以仰副聖天子作人之化，誰匪屬侯之成勞乎！昔子瞻作西湖主人，芟夷茭葑，永垂澄湛，千秋美談。侯之爲此，六橋不得擅勝於前矣。侯，甲戌進士，諱直，字若魯，維揚如皋人。

遊雞鳴山記

劉元震

雞鳴山峙東江之左，屈曲盤旋，來若無因，止若無去，突者若螺，垂者若帶。後枕小巔，里人搆廟祀神。而最高一峰挺出原野間。或曰昔山有金鷄鳴而群雞皆鳴，或曰唐崔智韜逐化虎之婦至此聞鷄鳴，故名焉。宋時有陳彌者，因國亡，結茅其陽，躬耕事母。余先人嘗搆小亭，名「登高臺」。歲九日，與鄉之士大夫會於此，今圮矣。登山曠覽：北爲邑之龍祈山，鋸齒刀背，諸崖青影逼人；西北爲浦之仙華山，宋謝皋羽嘗同方韶卿、吴子善輩登之，以寓其中之所感；西則邑之稠嶺，宋忠祐胡公，惠政在人，廟祀於此；西南爲雙峰，下爲明宋景濂先生故址；正南則郡之芙蓉峰，爲通郡人文所鍾秀，而釣魚巖則南之最近者，上建浮圖七級；東爲龍門，宋王正叔先生講學處也，爲石門，先世山南先生隱居處也；東之南麓，明王忠文公託處於兹；東北旁溪而聚族者，則宋忠簡宗公之遺裔。而旁睨城郭，則徐文清、黄文獻之祠在焉；俯瞰山麓，又有龔忠愍父子之墓，皆歷歷可數。中有一江，自吴寧蜿蜒入烏，經蘭江以歸錢塘。曾足迹不越數武，而數百里之奇觀勝迹，皆在几席間。是歲重九，風日晴爽，與諸子登其巘，坐石磴，分韻賦詩行觴。余顧而慨曰：「諸君得無有觸目而動心，弔古而傷今者乎？龍祈之連天插漢，奇矣。未聞有名人碩士蔚起其間，遂與衆山埒焉。而仙華復有登之者乎？稠嶺猶是也，復有没敬其神者乎？景濂之文章與雙峰同不朽，今徒望芙蓉而羡秀、觀釣巖而嘆異而已。孰能講學使龍門增重乎？砥節使石門艷稱乎？保障封疆、仗義死國如忠簡、忠文、忠愍之表表乎？孰能衍未喪之傳，立朝正直如文清、文獻者乎？川岳之鍾毓無時或息，而人士之後起何若前蹤？必也積學博稽如文獻、景濂，守道式時如文清、正叔、山南，樹勳立節如忠簡、忠文、忠愍，而殁也如忠祐之歌祀勿絶，其庶幾乎！然則登斯山而徒怡情風景，恣意嘯詠，豈但山靈所不許，亦吾與諸君子之所羞矣！」

育嬰堂記

韓慧基

天地以生物爲心，而所生之物，因各得夫天地之心以爲心，况人尤血氣心知之最靈者，而有無不忍人之心者乎！自薄俗相沿，至親生子女從而溺之，傷天地之和甚矣！此育嬰堂所爲設也。顧育之云者，有所以育之者也；無所以育之，猶虛設耳。義邑育嬰堂創於康熙四十六年，邑侯孫公樹建。時尚乏資斧，貢生黄之琦等各捐田畝歲儲所入爲養育之費，歷今二十餘年，受惠者多，是豈矜功耀德，好爲名而然哉，惟仁心爲質故也。誠使後之人皆有是心，則殘忍之風不患不除，而所利濟者溥矣！試以視夫世之奉佛、齋僧求福田利益者，相去何如也。是爲記。至於捐助各姓名號畝，其詳已見於署廨中，兹不贅。

修築祭田記補刻

朱震亨

萬物本乎天，人本乎祖，此追遠報本之所由昉也。自井田廢而圭田之制不行，貧者難於備物，富者莫保後艱。一本之中，遂有未閱世而各祖其祖者矣，君子傷之。是以緣義起禮，證古宜今，規己田以定祭，無世禄而有世田，俾子子孫孫引之弗替。斯制也，即親親之仁，義禮所從生也。吾族宋祖東堂公置美田三十六畝，合爲一區，以公諸族。使長厚者司其入，以給宗廟歲祀之需。慮年無常豊，築東溪石堰百尺許，循街鑿溝逶迤一里，周砌以石，導堰泉溉之，擇精壯而勤者主修其缺壞，時其蓄洩，名之曰「自家陂」、「自家甽」，示以永非他人所能與也。予嘗歷觀大田溝堰間，其經畫綜理之周，而吾祖之仁孝誠敬，宛然如見，每徘徊不能置。詎意今者四月之交，商羊舞虐，山漲横流，石堰壞而大田盡没於沙礫。致予族之子孫，莫不悲祖志之淪胥，而孝享之中輟也。子因撫之曰：「天災流行，何國蔑有？繼志述事，務在我者耳。」於是儲廪既，具器用，糾工徒，分任使，畚鍤如雲，擔虆若市，墾淤以畝計，築堰以方計，浚溝以丈計，運石以工計，約工力四千一百有奇。田也、堰也、溝也，逐次第而告成。是役也，始於孟秋丙午之辰，成於仲冬既望之夕。雖衆力輪勤，程工若倍，而天時效順，風雨無侵，一似有神靈之默相焉者。非吾祖德之深長，彼水湄河涘田卒汙萊者不知凡幾，亦將荒烟蔓草徒滋，田賦之征求於後世已耳，烏睹其墾廢若新，而告成之速如期也耶？記其歲月，以示後而追遠，報本之思，庶紹衣於百世云。

重建東江橋記張若霈

邑之有東江橋也，始於宋慶元三年，中間天時人事遞廢遞興，議創建者，或殊其制，或異其名，總之，興則爲民利，廢則爲民病，橋固不可一日而無也。余攝兹邑篆，在康熙五十四年冬，而橋之毁於火也，在五十一年春。前之官斯土者，倡議重興，顧以費不貲，僅修築石墩得半而止。是非余之責而誰責哉？爰集邑之好義者，經營相度，鳩工庀材，春夏之季，不數月而告厥成。橋之廣二丈，長四十餘丈，計石千石，圍木數千丈，小木三之，鐵器千觔，油與灰千斗，工手指數千。覆橋之屋四十楹，廣長與橋等。椽柱瓦植之屬千，其他勞酒肉食費錢十幾千。其費官俸居十之二，好義督事之人輸其三，而募捐所得居十之五焉。是役也，物料論其值，無尅價也；匠作償其傭，無白役也。在官在民之費，按簿而納，無絲粟虚浮也。且夏五之月，積雨連綿，山溪滄莽，木植之屬，溯流而上，殊苦艱辛。好義督事者，不辭况瘁，扁舟上下，而居近之民，咸裹糧泅水，必令速達於岸而後止焉。余聞而憂之，方亟止之，而民奮迅以從，不少懈也。嗚呼！此以見民風之淳厚，亦兹橋之會當興也。顧余何幸而得此歟。橋成之日，適余卸邑事將返嚴州，因呼諸民而告之曰：「事不從踴躍得者，卒難以圖成功；不從勞瘁收者，不可以垂久。今兹橋也，惟爾民圖利之實，惟爾民相成之。余往矣，爾民當知廢之易而興之難如此也，有損則急補苴之，有費則豫儲蓄之，毋令灾於火，漂摇於風雨，則兹橋可以長利濟也。以永濟名橋，可乎？」維時好義督事者，爲樓君元斐、吴君允祉，咸曰「善」。因請書之於石。

王公祠，在東江橋西，祀知縣王廷曾。士民樓元斐等置田，收其入，歲時以祭焉。糧立王培户完納。計額一兩一錢五分。

張公祠，在東江橋東，祀署縣張若霈。

建崇聖祠碑記 韓慧基

聖天子崇儒重道，御極以來，追王至聖先師五代祠曰「崇聖」，誠鉅典也。薄海之内，皆式相鼓舞。烏邑素稱小鄒魯，其欣喜踴躍之情，自倍於他邑。乃啓聖舊祠傾圮已久，神主奉於尊經閣中。余抵任即思建立，以仰副我皇上欽崇至意。詢其舊址，知祠初在禮門外北，嘉靖二年邑侯沈公相建。迨康熙二十二年，邑侯辛公國隆廣文、吴君觀垣、董君弈相，徙建於明倫堂之西，即今之破瓦頹垣者也。余視其地甚爽塏，近則繡水成文，遠則諸峰拱翠，又在學宫以内，於國崇聖祠爲宜。丁未夏杪，爰集紳士商確是舉，邑庠生樓元斐、太學生王夔，毅然以捐建自任。越日擇吉鳩工庀材，至臘月二十有一日落成，棟宇焕然，繚以垣墻，堅固完密，較舊制加恢宏焉。復捐田二畝，歲收所入爲修葺計。又見其謀之久遠也。余嘉其義，議於春秋兩祭，頒胙旌美，率以爲常，將祠不朽，而二生之名亦藉以俱傳矣。因勒石而爲之記。

義學記

韓慧基

義學之設，所以廣勵人才，俾貧而無資者皆得有所成就也。生當聖世，我皇上加意振興，昌明教化，分頒聖諭廣訓，令遐陬僻壤皆得誦習，以成一道同風之治，則凡有教人之責者，又孰不當體此以爲兢兢？烏邑義學之建，前邑侯沈公曾純創於康熙之四十一年，在朝陽門内之金山嶺，地最高曠，一披覽間，山川秀色盡歸襟袖，信讀書窮理處也。爲屋凡三進，東西廊房各十，捐俸延師授徒，其中一時稱盛。歷今二十餘年，屋皆傾圮，惟臺門後進僅存，惜未克因舊而即新之。姑借他所，敦請師傅以教貧士。然沈侯創始之功，不可忘也。故因修縣志而記之，余將有以續而成其志也。至於各鄉路遠，負笈或難，欲使各立義學，而郡庠生陳雲荃於大陳村創建書院，名曰「漱芳」，捐田二十余畝。嗣後邑庠生陳恪等亦輔捐田畝，共額糧一兩八錢零，糧户即編名「陳義學」，以示無改易也。擇陳成甫、陳悦中二人董理租務，税收其入爲延師之費，余以給膏火，俾貧苦者入而習業，每朔望宣講聖諭，即童蒙咸令聚而敬聽之。吁！諸生可謂知所務矣。有如各鄉皆能如此，則邑人咸遵□□又孰是其不興起於教化也。因並記之，以爲有志者勸。

序

忠義傳序

喻良能

忠義者，天下之大閑也，亦天地勁正之氣之所寓也。是氣之在太虚間，金得之，更百鍊而不變；松柏與竹得之，冒嚴霜、烈風、積雪而不少衰；人臣得之，蹈白刃、赴水火，歷萬死而不改其操。由此故也。

李白有言：「忠於其主，人之主皆欲其臣。」然則不忠於主，亦人主之所不欲也。蓋人之意若曰：斯人者，既忠於彼，豈負我哉；苟負於彼，必不忠於我矣。且比干，違武王者也，武王封之，美其正也；太宰嚭，成越王者也，越王誅之，惡其奸也。丁公不殺漢高，恩孰甚焉，而報以大戮者，豈非以其悖於楚乎；季布數窘高祖，讎孰甚焉，而赦爲郎中者，豈非以其忠於羽乎！徐世勣不貪李密之黎陽，太宗所以勤勤於託孤也；鄧曉聞李軌敗而入賀，高祖所以廢而不齒也。

章聖皇帝過巡、遠雙忠廟，徘徊嘆息，嘉其盡節異代，著金石刻以贊其忠。夫巡等盡節於有唐之時，而見褒於有宋之英主，蓋忠則爲人主之所貴，不忠則爲人主之所賤，未有反覆賣國、左右取容而見好於主者，亦未有盡忠爲國、不爲詭隨而見惡於主者。此《忠義傳》之所以作也。

《傳》自列國，終於五代，博采正史，旁及傳記，惟忠節卓然係天下國家之所以安危、事之所以成敗，可以裨名教、可以勵風俗者，乃在此選，不然不録也。上下千餘年間，所取者不過一百九十人而已。嗚呼！可謂難得也矣。後之爲人臣者，可不慕哉。

送楊仲章歸東陽詩卷序

金涓

楊君仲章以清峻修敏之質，好學不倦，窮討六籍。雖晚登先師黃文獻公之門，而强記卓識，邁倫逸等，一時學者咸推先登。宋君景濂每稱之曰「能」，而先師亦自謂「不意晚年復得此友」。如涓者，愚弗能砭，頑弗能訂，安敢望其末光也哉。

重自念四方士人登先師之門者，無有不立名成業。涓自幼年侍側時，則有陳君時甫、吴君立夫、李君仲倫、朱君元達，朝夕講論文字，辨析義理，涓未始或能識知也。既而時甫居東陽，以明經授徒常數十百人，弟子不遠百里而至。其高第弟子則有張君良金，爲江浙鄉舉《易》魁。凡爲舉子之業者，無不宗焉。立夫以庚申歲中鄉試榜，仲倫以茂才異等用，大臣薦爲校官。惟元達豪俠不羈，邈視進取，以學問文章同遊浙西者三十餘年，雖虞、柳諸公薦書交上，亦睥睨弗顧也。後數年，先師提舉江浙儒學時，則有劉君子實、哲君子正、應君之邵、陳君子中肆業西湖書院。劉、哲二君皆登上第，應則兩中鄉舉榜。陳回河南授試，主司見其文，反疑其爲南人代筆之作，由是失利而返，則抑鬱不得志，卒於錢塘，先師銘其墓焉。迨夫先師告老致事而歸，則有宋君景濂、許君存仁、王君子充，以英敏絶人之學，一時咸集，文名德業超出前輩，今則皆居要路，密邇清光，所謂立名成業，真足以承前引後。嗚呼，盛哉！

夫何朱君伯清、傅君國章，與吾仲章氏，皆以妙年傑學、才器局幹，以出入乎諸公之間，逐逐焉不以印組爲務，忒忒焉不以文章自高，晦光隱德，逸志抗雲，迥出人表。比辟書及門，伯清以居制不出，國章以母老懇辭，仲章則先事適機以自潛。時知縣胡公子實，方興學校以導民，奉幣致請仲章爲弟子師，迎焉以備其敬，館焉以具其禮。無幾何，致辭而歸，咸贈之以詩。去則隱於東陽南溪之濱，閉門絶客，束書問農，文不留稿，詩不贈人，與涓不相聞問者，寥寥四五載矣。

今其季仲齊授徒法興精舍，涓適見此卷，慨後生之可畏，嗟良覿之難逢，痛念先師之不可復作矣。因撫卷興思，先師以晚年得此友爲喜，而涓亦以晚年得友斯人爲奇，則先師道業之傳宗而主之者有其人，予復何憂？遂并叙此意于卷端，以寓夫久要不忘之意云。仲章見之，其必有以知我屬望之深意也。

題蜀山樵唱後序

金涓

予憶侍先師黄文獻公謁文懿許先生於歲寒亭上，學者環立左右，而北方之人爲多，儀觀俊偉，辭語閑雅，心竊慕之。既而先師以應奉文字召入翰林，予遂登文懿先生之門，與諸公並列。時蒙古人丑時中已登科第，維揚王仁昭魁河南省，真定馬文潛由國子監生，先後繼至。雖以先生之德業聞望昭著于外方，故不遠數千里而來，亦由當時科目之設爲一代之盛選，所以讀書而至者不絶乎道路，是皆有出仕之望者也。

今天下方用兵，設科取士之法有所未暇，吾友楊君仲齊獨閉户讀書，爲文詞有氣有光，法度可采，且又絶意進取，深可加尚。而熊侯以郡同知金華事潘公，廷堅，字文叔，號茂清。薦首推爲武義經師，居數月，力辭而退。邑宰胡子實又因選才之例，舉以充貢，僶俛戒途，遽辭疾而還。於是，心愈求僻，徘徊於蜀山之間，擇林谷之幽、竹石之美，僦法興精舍小樓爲修讀之計，感激奮勵，刻苦自持，不與事接。凡經史子氏、醫藥卜筮之書，無有不讀，而約通其大義。其於堪輿之學，尤爲精妙。暇則藝游乎吟詠之間，長篇短章，豐厚古澹，膾炙人口，此特其餘事耳。予久寓蜀墅，與仲齊相去不遠二三里。而每一相見，動逾數月。仲齊方以分陰爲惜而不暇出，予亦以多病足弱而憚於行，暇日偶同劉仲章氏過仲齊，見其學日益進而德日益修，且材質足以任重、知慮足以周物，誠不忍見奇瑶横葉道側，因諷之出仕。方仲齊曰：「予才雖不迨古人，而志豈不同於古人乎？予不聞閔子之言曰：『如有復我者，則吾必在汶上矣。』」卓然之志，介然之言，殆不可犯，庶幾古之所謂獨善其身者歟？

嗚呼！古之君子未嘗不欲仕，又惡不由其道。惟其有可爲之時，必資乎能爲之才，又有得爲之勢，而後出。既出，則必求行吾志，未嘗屈身以殉人也。今仲齊讀書明理，論學則優矣，是有能爲之才也。郡邑之間文章論薦，又有得爲之勢也。抱能爲之才，挾得爲之勢，乃高居深隱，若將終身焉者，抑非以時方用武、未見其有可爲之時邪？誠使憣然悔悟，出而用世，操觚翰以厠于諸公之間，立奇以取名，孰曰不可；乃釋此時而不爲，則知仲齊夙夜强學非所以待問也，藏器于身非所以待時乎！時不再來，仲齊其自爲之。時爲乙巳九月，在洪武前四年。

朱左司集序

王禕

厲志先生朱公集若干卷，禕與公之曾孫烈既訂定而編次之，因序其後曰：公諱元龍，字景雲，婺之義烏人，宋嘉定十六年進士，歷温州平陽、池州青陽兩縣尉、饒州司理參軍，皆有能名。遷處州縉雲令，改官，擢幹辦行在諸司糧料院，除宗正寺主簿，尋陞宗正丞兼權左司郎官、國史院編修官、實録院檢討官。公之在左司也，京局官或挾權貴勢求舉牘，輒拒之曰：「舉牘可以勢取邪？」宦官陳詢益求建節，事下都司議。公以謂「優異内官寵賁節鉞，雖出於特恩，主張國是、愛惜名器，必由於公論」，於事爲不可。宰臣傳旨令改擬，公曰：「吾職可罷，筆不可改也。」有宗室與民訟圩田，衆莫敢引決，公曰：「于法品官不許佃民田，奈何天子屬籍之親，乃有争田訟邪？」毅然决之。歲大旱，宰臣請天子拜佛以禱，公沮之曰：「稽首號泥佛，常人不屑爲，顧欲天子爲之乎？」時議括兩淮之浮鹽，公以爲朝廷而行商賈之事，廟堂而踵諸闤之規，使史氏書曰「括浮鹽自今日始」，不可。又兩上封事，自宫禁、朝廷以及百官、萬民，皆痛哭流涕言之。先是，史嵩之在督府，公劾其殺富民王倫爲非，已而嵩之入相，公遂斥去矣。郭右史磊卿，正士也，聞而嘆曰：「嗟乎！朱左司亦遭煩言，世道猶可爲乎？」因憤而死。公既斥，得予祠。秩滿，差知衢、吉二州，皆旋予祠禄。除知台州，以憂不赴。暨服除，而鄭清之再入相。清之尤素惡公切直，或告公有可以回宰相之意者，則應之曰：「吾生爲正人，死爲正鬼耳。」於是家食十年，卒老以死矣。

自禕幼時從長老得公言行，想見其人，巖巖然不可犯，竊嚮慕之。及讀公家集，獲窺其剛大之氣浩然無餒，益信公之正色立朝、危言峻行不可奪者，一本於誠，非世之矯訐而盗名者可同日語也。始公受學鄉先生毅齋徐公僑，既又從四明絜齋袁公燮遊。徐公，考亭朱子門人；袁公，象山陸氏弟子。公之學，蓋會朱、陸之異以爲同，是以著於大節，表表如是。惜乎不克展其所藴，齎志以死。既死，史闕其傳，其言行又無以暴於後世，不亦可悲也夫！故禕序其集，特論著其大節，俾後有考焉。

理學纂言序

宋濂

自孟子之殁，大道晦冥，世人擿埴而索塗者千有餘載。天生濂、洛、關、閩四夫子，始揭白日於中天，萬象森列，無不畢見，其功固偉矣。而集其大成者，唯考亭子朱子而已。四夫子之微辭精義，朱子與吕成公既已纂成《近思録》，以六百二十二條彙分十又四篇。朱子之道，無異於四夫子也，其散見語言文辭者，廣博淵深，若未易涯涘，烏可以不成編？是故覺軒蔡氏與三嶼陳氏，皆嘗采爲續録以傳。退軒熊氏患其去取不同，摭朱子諸書之至精者爲語要，而於論學論事尤詳。虚谷方氏與熊氏同時，則又以爲門人之所紀録不盡得其真，未若文辭出於親製而無可疑，復於百十卷中句抄節析爲四十類，名之曰「晦庵集鈔」。嗚呼！尊朱子之學者，諸家亦可謂有其志矣。然而傷於簡者既不足盡其真醇，病於繁者又不能領其樞要，二者蓋胥失焉。

烏傷朱君伯清，自幼至老酷嗜朱子之書，每謂人曰：「朱子之學，菽粟布帛也，天下一日不可無也。」伯清既受薦爲國史編修，上簡主知，特詔授經於楚王府，其見於辭章、資爲講説，皆以朱子爲宗。已而不俟引年，納禄而歸。寄迹浦陽江上，日取朱子書温繹之，察陰陽鬼神之運行，驗心情性命之發舒，明白昭著，循環無窮，皆本乎道體之妙，所見端確，所得粹凝，於是即朱子精語編成《理學纂言》一書。其凡例全仿《近思録》，其所采語録，雖雜以方言，惟恐失真，片辭不敢移易，氣象或不類者刪之。其於文集，則節取切而要者載焉，凡八千三百條。方之於諸家殊適厥中，取而讀之，不翅親逢朱子在坐〔一〕，而見門人難疑答問之盛，不知其身生於二百年之後也。伯清嘉惠後學之功，何其至歟！世之好著書者多矣，恃一偏之見，操無根之學，肆口詆斥，恬不自愧，何嘗能窺朱子之藩籬，是皆獲罪於伯清者也。抑嘗聞孔子，天之孝子也，以其扶持天地、植立綱常，爲千萬世計也。朱子之志，實與孔子同，是亦孔子之孝子也。當今學者，瀾倒波隨，一惟卑陋之歸。伯清能尊朱子之學而扶導之，豈非朱子之孝子乎！夫孝者，善繼人之志者，伯清實有焉。伯清名廉，官至楚相府長史。其父裕軒先生，師事許文懿公，公則上承朱子六傳之緒。其家學淵源，蓋有所自云。洪武十二年九月二十四日，同郡宋濂序。

華川集後序

方孝孺

華川先生出使南裔之九年，其子綬、紳將傳其文于世。天台方孝孺爲擇精醇尤可

〔一〕「朱」字，底本原作「諸」，兹據宋濂《宋學士文集》校改。

傳者若干首，定爲若干卷，序之曰：

天下之物，天皆易與人也，惟斯文不易以與人。幸而與之，必困辱其身心，鬱抑其神志，使之垂死而僅生，悔悟咎愧，不敢與造化者争强，然後置之而不顧。蓋富貴禄爵出於人，身尊位崇，雖有人刑，而時有免脱者。斯文之柄出於天，而人莫能與之較，故天深忌之，大得者受禍多，小得者遇禍少，求其終身逸樂榮盛而無虞者，至鮮也。豈非以挾富貴立威之惠，近用斯文以榮辱天下、其所及爲尤遠邪？不然得所欲以誇世者盈海内，何先生獨不遇邪？

先生在元之季世，嘗持所爲文入燕都，奇其才者比肩立，皆莫之薦，困悴而歸。今上有天下，先生嘗用矣。既而出佐遠郡，召入修《元史》，爲翰林待制，且將用之。復出使西陲，始還，又奉詔之南裔，竟留未遣。國家遐蒐遠攬，於士無所不用，用之無不盡其才，位過其望、事浮於器者亦衆矣。必不爲先生獨惜也，非天誰能使然哉！然天之於人，豐於今者，未必不嗇於後，厄於一時者，未必不光耀於無窮。漢數百年間，王侯將相多矣。司馬遷、班固，刑餘卑賤之人，當世之所戲慢而侮訕者，今彼之尊榮盛大咸不能自存，而遷、固之言與經訓並傳，豈以其遇乎？况夫聖人之道，非遷、固所至者，其自視宜何如也，而先生何恨哉！先生之文，始學於江夏黄文獻公，晚自肆爲一家言。觀其平生，其得於天者可知矣，余故不論，惟推其意且論之，使人知先生非果不遇也。先生名褘，字子充，金華之義烏人。華川者，義烏别名云。

義烏縣丁田實徵序

李鶴鳴

金華郡治東北踰百里，縣曰「義烏」，山枝坡蔓，包絡谿谷，約其界圍僅二百里，計其間可畎畝耕稼地復不能十之三。無美材嘉果之産，無佃漁藪澤之利，無商賈工巧器服之資料，士女長少與夫老獨廢疾者，聚食之口不啻餘十萬數。然公家之賦，以及其所自賓祭吉凶、日用人道之不可缺者，固不能越境取足焉。是以其俗深思而慮遠，相尚儉嗇以務蓄積，雖逢不虞，罔或匱急。弘治、成化前，猶租鮮詭田、庸寡隱丁，殷豐簡質，見稱易治。迨正德年，逆豎干紀，斂集調發，不經不時，忽更華侈，重以菑變，公私并迫，入不副出，生計日艱，點算漸通。由是飛田灑米、漏丁省户之弊競作矣！故宿胥桀猾，得藉之以爲囊橐，瘠柔淳以資奸宄，蓋三紀于今。九江梅侯以名胄英，選來職縣長，子諒毅達威，張令從適黄册更造，乃窮弊根而痛剗除之。米必附田，丁必歸籍。於是富有增户，貧無浮糧，審編既周，磨勘愈精，頌聲載揚，式我四鄰。仍懼遺弊之復萌也，益損舊規，别類短册，縣都圖甲，遞爲總撒，細大合離，莫得羡耗，嘗課雜需，悉此焉徵。鏤版于官，鈞視有衆，譬之灌鼠穴、劈蠹木，又將何所匿伏！侯之流惠至是乎倍深遠矣。殆見上制嚴則下志定，妄念沮則良心生，庶幾力本貴農，節費崇樸，守以歲月，縣其復往俗哉！勿替引之，敬俟後之父母我者。

重修花溪虞氏譜序

虞守愚

夫譜何爲而作也？人本乎祖，祖同也而代遷，世遠則涣且疏，疏則忘，涣則離，况其中人品家業不齊，或有相嫌不相認識者，惡知初本一人之身邪？譬之水與木焉，其不齊者枝也、派也，而其根源則一而已矣。以一人之身，至於相忘相離，不相認識，豈仁人孝子所能忍哉！是故譜之不容不作也，然所關豈小小哉！

吾花溪之祖，始自大三府君，蓋别子也。一傳而生小三府君，再傳而生九府君，三傳而生四府君，五傳而生迪功郎府君、十府君、十一府君、十二府君四人。至七世孫曰復者，登嘉定癸未進士，累官尚書吏部，乃追孝廣愛而譜牒肇修。及九世孫曰仲寔，議建廟會祀，以推行譜意，未就而卒。其子曰榕、曰槮，克紹成之，皆十一府君派裔也。嗣後修舉充益者凡幾人，具存譜中可考。

嗚呼！吾家自宋迄今歷四百有餘年，其子姓亦不下千餘人，然而祖宗不忘，宗族不離，昭穆不紊，喜有慶，憂有弔，冠娶有告，貴富不敢加，賢智不敢先，貧賤愚不肖不敢相嫌棄，果何修以得之邪？蓋譜廟之力也。何也？譜昭所出以繫其後，廟會其後以祀所出。等而上之，則尊尊之義隆；順而下之，則親親之仁篤；旁而及之，則睦友子愛之恩洽生焉。聯疏萃渙，死焉追遠反始，其立人紀以竭人道者，豈能外於此哉？况天理民彝，萬古不磨，禮教既興，則善行日積。不惟遠禍，且福至矣，尚何家不永保乎？嗟夫！獸知有母而不知有父，禽知有父母而不知有祖宗。苟使譜牒明、宗廟嚴，由家而達之國，則能愛百姓、重社稷也審矣。其所關有如此，君子惡可少忽乎！

吾家舊廟，隘窄且傾壞。癸卯歲，命長男良棟重造，頗完美。兹懼譜久或遺忘，特於公暇延名士以相爲校修，用求不辱乎其先，庶維家教人道於將來也。愚系十府君派、大三府君之十七世孫云。

太玄吴氏宗譜序

汪道昆

浙以東，則婺以文獻首諸郡。烏傷爲郡上邑，而太玄吴氏首邑中。往不佞嘗式里門下，宗廟進俎豆之士，相與論先世而討舊章。蓋泰伯執牖之宗，延陵之胄也。不佞故與吴公同籍，比公按楚，首舉不佞襄陽。其後十五年，不佞從公佐邦政，公出所著《大玄宗譜》以示不佞，幸而教之。百朋嚮從君侯於荆，歲在戊午，先公家食，幸得以餘力譜吾宗。比及季年，業未就，無禄先公即世，手澤僅存。百朋既終喪，遂述先公之舊，因先世之遺而爲之譜。君侯，故有土之大夫也，序在君侯。嗟乎！公不棄不佞，而以首事命之，敢不敬諾！既公以省太夫人得請遣使程督京師，使者曰：「歲既單，序可已。」不佞諾諾如嚮者，卒未遑。及公以御史大夫起南臺，不佞亦且以寧親賜告，公數以諾責來討，豈其曠日久而惟一序之難。不佞避席曰：

嗟乎！序非難，而序譜者難也。非序譜之難，序太玄之難也。何也？勺水則芥可舟，埳井則鼃可泳。行潦可揭，中流可壺。乃若東首而望洋，即河伯曾不足以窺海，若其所睹者大也。太玄大矣！聞道百者，猶將困大方之家，一難也。由灌陽而下，譜者十有六。由燕國而下，叙者三十有三。顯者若廬陵、若京兆、若豫章，及我明興，若潛溪、文成、文忠之屬，率皆主盟當世，豈不焯焯乎哉！後死者得與於斯，猶之登藤薛而班晉楚也，二難也。司馬遷終談之業，其自叙爲詳，由太玄而望龍門，公且優爲之矣。今則以命不佞，其將匿離朱而索象罔邪？三難也。三難難矣，終不可以五稔而食成言。竊惟仲尼尊周，顧亟稱泰伯、虞仲，周德至矣，卒集大命而身顯名。夫惟民無得而稱焉，德斯其至也。荆蠻白廢乃可與權宜，其兄泰伯而弟之矣。施及延陵季子，其斯伯仲之遺風歟！太史公《世家》首吳，即周、召瞠乎其後；季子不立傳，而附泰伯者：特詳其讓有足多者。《春秋》之首魯隱，列傳之首伯夷，皆是族也。彼由魯衛以及凡祭，非文之昭、武之穆、周公之胤乎！卜世卜年，亦既滋大，《黍離》以降，其能食舊者幾何？伯仲在吳，僅以身匿，及其胙之土而建之國，僅足以當庶方小侯。有吳肇祀以迄于今，開國而王者十三，追王者六，爵五等者四十五，將相公孤者二十五，譜具矣。更僕悉數，曾何負于諸姬？非此其身則其子孫，此伯仲所不能逃，而季子毋讓也。且也周賓杞宋世，相後豈遠哉！仲尼業已病其無徵，雖盛弗傳，非虛矣。乃若有吴之故實，視二代之後煌煌焉。始詘而終贏，始晦而終顯，是天道也。公之有事兹譜也，豈其侘傺大而益紛華，無亦彰既往、厲方來，使之率乃祖攸行，世世興讓焉爾！夫泰伯以天下讓季子，以其國讓，不亦瞀乎大哉！乃今簞食豆羹或見於色，斗粟尺布或不相容，一何細也！彼以其大而讓，此以其細而争，溷矣。彼以風於百世，聞者莫不立廉，乃今承宗祏，奉粢盛，所不求世德而隕舊聞，非夫也。雖然，聚食太玄不啻千指，即有方之士衆矣，豈皆無所待而興者乎！《記》有之曰：「禮者，衆之紀也。」紀散而衆亂則争，禮達而分定則讓，故讓本於禮，禮重於名。譜也者，所以正名辨分，講讓去争，禮之善物也。昔仲尼之正名也，必先行其言，言無所苟，而修身以踐之，禮之質也。往執政爲公，志先公墓也，則曰推産分讓其弟，而恤孤賙急，獨惓惓焉。先帝以任子加恩，公舍其子而先兄之子，此其見諸行事者較著，匪徒託諸空言。觀是譜者，可以興矣。

嗟乎！蓬生麻中，不扶自直，其受之地者然也；弓冶之子，必爲箕裘，其受之世者然也。語其地，則爲婺，爲烏傷，爲太玄，禮俗刑矣；語其世，則爲泰伯，爲仲雍，爲季子，世美濟矣。作者皇皇於兹譜，並以躬行先之，讓道達矣。藉第令一夫不直，而猶有蓬之心，是將以呰窳而廢箕裘，「子之無良」者也。則斯譜也，若澤劍首而述陳人，序之者若劍首一吷耳。嗟乎！此作譜者之所深懼也，此序譜者之所以爲難也。

吴中丞南贛督府奏議序

汪道昆

公卿大夫以奏議名當世者，宜莫如陽明先生。先生具文武才，其勳業由南、贛起，今所稱述則在南、贛者居多。余嘗侍堯山吴公論作者之軌，公則以人臣敷奏務深切著明，陽明先生是已。時公爲御史，數以言事當上心。其後三年，開府南、贛，公所經略，修新建之成法而損益之。當是時，閩、廣視昔爲多事，内苦山寇，外苦島夷。開府部署其間，四顧不給，且兵食少，人以爲難。公言：新建當毅皇帝時，猶能宣布朝廷威德，乃今聖明在上，千載一時，即負新建名高，其何敢廢疆事。於是鞭策將吏，無論外内奸宄，一切芟夷之，先後以捷聞凡數十牘。其諸陳便宜，課殿最，若越人視疾，察見府藏而投禁方；若庖丁奏刀，肯綮立解；若弘羊握算，不爽絲毫：所謂深切著明，于是乎該矣。

夫氣，水也，言浮物也。余嘗有味乎楊子之言，故置杯勺水之上則膠，行舟于江河則日千里。彼中稱兵如薙草，不旋踵而萌焉。先是有司務相蒙，往往藉納降以逭薄責，當事者唯唯，庶幾無及乎其身，一何餒也！以故言多枝葉，尚何取於能言。自公入部中，有以求撫來告者〔一〕，公宣言天子神武、不怒而天下舉安，即一夫陸梁，奈何貸天子法〔二〕。或謂新建舉無遺筴，卒未奏全功，乃公務囊舉之，賢於新建遠甚。公亟謂否好，從事者毋失時，新建未嘗具節制之師，徒以賊攻賊，互出奇耳。藉第令持久，其技將窮，所謂以奇爲正者也。乃令師武臣力稟廟算而左右之，即舉其全〔三〕，宜無不濟，又一時也。其慷慨感憤之氣，本之乎精白一心，壯矣。猶之操艅艎而泛雲夢，惡往不可哉！

嗟乎！新建以彼其才，日在疆埸，其所建白，徒以用武終焉。即使揖讓聖主之

〔一〕「求」字，底本原無，兹據汪道昆《太涵集》卷二〇補。
〔二〕「貸」字，底本原作「貰」，兹據汪道昆《太涵集》卷二〇改。
〔三〕「全」字，底本原作「權」，兹據汪道昆《太涵集》卷二〇改。

前，贊宗廟社稷之畫策，蓋猶有足多者。乃今李大夫集公奏議，要亦不越乎一隅，上方修南、贛功，由此入侍中，操大議，余將以三隅觀也。李大夫聞此，則亦以余爲知言。

高祖青村先生祀鄉賢序

金庚

高皇帝鑒王國之化啓於閈閭，編民向方自勸善始，乃敕郡縣歲歲祀賢人，以風四方。無論隱顯，德重則祀之，道高則祀之。萬曆嗣元，申明舊章，吾邑潘侯祗承德意，慨富貴丐墦，人心饑渴，烏民棄農役兵，又率禮義廉耻而塗泥之。非清風高節，曷鎮頽波？乃以吾祖青村先生逸德聞，考素履於輿情，酌公論於學校，始上其狀於督學林公，林公賢之，繼而養弘俞公再上其狀于督學蘇公，蘇公益賢之，乃請于朝而祀吾祖於鄉，俾幽人枯骨血食王家，吾祖不亦榮歟！使穢俗靡風，獲仰清德，斯世不既幸邪！卜日乃祀，祀之日咸相聚而言曰：「直道亡而公論忒，嶋雄黑白，咫尺異同。今父老曰賢，薦紳曰賢，質之師儒，師儒亦曰賢。士論民謡與當道賢聲同然一辭，難矣哉！」

客爲吾祖喜者曰：「先達之祀於鄉也，猶荆山之寶，琢而爲器，陳之清廟，孰曰不宜！先生逸德幽光，一玉之在璞然，誰則知之？吾懼先生執方，圓者以爲石；先生尚潔，污者以爲石；先生敦節義，敗道者以爲石；先生志不屈，奔競者以爲石：而瓦礫之矣。今群然玉先生而無瑕，與既琢者並陳，不更難邪？」俞公正襟對衆而言曰：「先生之行尤難。古叙逸賢詳矣，於夷、齊、泰伯，不曰聖之清，則曰德之至。以世方歸周，彼獨叩馬，以匹夫而抗天子久矣；儲貳乃逃荆蠻，讓千乘猶敝屣，難也。然夷、齊係商遺黎，故義不食粟；太王逆知廢立，乃委曲去國，孔孟且難之。先生身爲元民而不立其朝，父非太王，悉田廬而三讓于兄，不尤難乎？至娶婦不棄瞽目，好施不惜傾囊，祀師不吝建祠。值腥羶絶學，獨接金許不傳之秘，承召脩《元史》，懇辭宋濂、王褘之薦，抑又難矣。豈硜硜結蘭餐芝、枕石漱流、蟬脱囂埃者比哉！昔以祀典係風化，先生祀，屈膝北廷、推刃同氣者，不赧然愧乎？請纓角藝、栖栖望侯門而燕雀之者，不惕然省乎？聞先生之風，寧無藐軒冕、輕萬鍾、振衣霄漢、濯足天河、薄日月而傲風雲者乎？有關世教，豈曰小補！」衆唯唯，三奠而退。

庚喜吾祖之祀可以風世，又喜諸公之言足以闡幽，故備述之。

合刻正續大事記序

吴之器

金華吕成公，諱祖謙，字伯恭，以宋淳熙中著《大事記》，卷肇周敬王三十九年，訖漢武帝征和三年，凡四百五十一年。烏傷王忠文公，諱禕，字子充，以元至正中著《續編》七十七卷，肇漢征和四年，訖宋德祐二年，凡一千三百六十五年。按，兩公著作之體，則唐劉子玄《史通》所云《春秋》家也。其發凡起例，與班氏《本紀》、紫陽《綱鑑》約略相似，而此爲簡，曰「吾從其大者」云爾。有通釋，有解題，則大概存其事，而間衡以己意，或似注，或似小論，規橅《公》《穀》之緒，而行以近代之文。

别爲一體，而尤尚簡嚴，亦曰「吾取其大者」云爾。

之器受讀而三嘆曰：《史記》之多端也難言哉，諸家不具論，即所云《春秋》家者，如許止弑君、趙盾弑君之類，無其實而蒙其名，則史家之意也。如會於某地、盟於某地之類，則未必有其意，而記注之文也：蓋是時之典是職者莫不爾也。上之而《竹書紀年》，考其文，亦莫不爾也。而儒者之言曰：聖人之操筆持牘，固不可以若是其悠悠也，則字爲櫛，句爲比，而悉求一意以附會之。夫聖人之意，游、夏親承之，而弗以正告後世也。《公》《穀》之宕而不稽也，固難信也。《左氏》文其事而燦然可信矣。然而妖夢是踐之類，雖曰先傳後傳，厥裁應爾，不已誕乎？今制科屏諸家而尊胡氏，似信矣；然而謬戾膠擾，拘牽雜亂，或甲可而乙否，或前是而後非，隱桓之際不勝詳，定哀之際不勝略，一簡之内不勝異意焉，則亦儒者之所見，而奚可以定聖人之指也。蘇洵氏曰：「聖人之作以權予魯也，後世之作春秋者無所予而慢然爲之，是僭也。」嗚呼！得聖人之意而猶未免於僭，况乎不得聖人之意而徒爲是區區者哉！

兩公之著於篇者，其意之所存，固不肯大謬於聖人，然而義例之間吾不能無疑也，則亦不能無疑其意也。姑以吕公一書言之，如陳恒弑事而書孔子沐浴朝也，此解題中見之可也，而提綱不可也。至如列禦寇之爲李耳學也，吴起之對文侯也，魯連之一矢而辭其賞也，項氏之分秦爲四也，漢高之敗於下邑而踞鞍謀也，則尤瑣矣，而大事特書，何也？夫史氏之文，後世猶弗能純也，况乎其爲聖人之意哉！然而聖人之意千里絶迹，固非後世之所得幾也。而循兩公之文以思聖人之文，循兩公之意以思聖人之意，則猶學弓者之去而爲箕，學繪染者之去而爲古塑，猶不至于之燕而越其轍也。

夫漢之治《春秋》者，顓門淳深，斤斤師説，劉歆立《左氏》而移書責讓，衆皆環起而攻之，至天子動色爲之解。今之爲《春秋》家言者，居恒無服習之素，臨事無經義之守，且不能深聖人之意以自信其學，豈能信兩公之意而深之哉！夫吕公以任道之躬年登强仕，猶惓惓於史事若此；王公居隱約時一江南布衣耳，又能拔起自立，蕩滌元季之靡嫚，而上躋馬、班之列。今之學人有其完書，使之詳其文意竟不可得。嗟乎！吾安得如兩公者，與之讀兩公之遺書，因是以求深於聖人之意哉！

訂刻宗忠簡公集序

王廷曾

忠簡宗公豈欲以文傳哉？公之志在存宋而已，不使宋南而已。公以靖康丙午年年六十八。閏十一月己酉，奉蠟書充副元帥。十二月，請康王入衛，命公先行。公至開德，進南華。明年正月，于衛南諸處屢獲戰功。既知二聖播遷，北望號慟。王即位應天，公詣行在。入對，時有割地之議，公疏止之。擢知開封。至京，疏請回鑾，自建炎元年七月至次年五月，疏表凡二十四上，至七月十二日而卒，時年七十。在昔諸葛忠武志存漢室，表凡前後再上。公之疏表不絶若此，公未死，不止二十四也。古之欲不亡其國者，有似公之專且堅若是哉！蓋殷有三仁，宋亦有諸仁：公，志存宋者也，岳忠武，志復宋者也，文丞相，志存南宋者也，鄭三外，志存殘宋者也，皆無濟于亡。然不可謂公與諸賢之不能存之，是宋固未嘗不以公與諸賢而知有可存之緒也。豫讓曰：「吾以愧人臣之懷二心者。」元世祖曰：「那家無忠臣？」明太祖曰：「何不守余闕廟去。」是知心如國士，忠如宋瑞，廟如忠愍，在後世之君臣，皆以之爲法，以之爲美且戒。然則公之文，何可一日不行於天地邪？

公之集刻於宋嘉定辛巳十有二月。先是，四明有《遺事》之刊，樓氏昉得公遺文于其曾孫有德，因掇《遺事》中所載表疏，次第其日月并刻之。至明寧海方公孝孺于公九世孫濬所藏「請帝都汴」之疏「不盡載于史氏」者，凡二十有四，序之以行。而公生于烏傷，明崇禎庚辰冬，前令熊公人霖復刻之。同邑王忠文公禕之傳公也，有曰：「高宗無北還意，公請以高宗親弟信王榛爲大元帥，遂有門下之命，實奪之權。」寧海之論公曰：「張浚、趙鼎，天下之賢相，而韓世忠、岳飛、劉錡之徒，亦一時之將材。高宗雖庸懦，豈遽出法章下哉。然沮撓而不足成事者，以其初不用宗忠簡公之言耳。徽、欽之亡在乎兵不足戰，而公既入都城，百萬之兵立具，争欲爲之致死，正田單復齊之機，而公孔明之流亞也。世皆知宋之不振由于秦檜之相，而不知始于不用公之言。」斯可爲知公之志矣。則朱子序李忠定之疏，謂：「天之愛人有時，不勝夫氣數之力。」而《金柁》諸詠謂「南渡君臣輕社稷」「當時自怕中原復」「千古人來笑會之，會之只恐似今時」，固已蚤見于公之世耳。

熊公所刻佚疏，止《割地》一篇，乃邑乘亦先已收之，亦不見方《序》。而公以宣和中羈置潤州，卜居丹徒，墓於是，祠於是，明永樂中，金華伯靜劉公守潤，葺治其祠墓，經紀其祀田，刻石墓道，楊文貞士奇書，復立墓碑，卷後亦未采入。而公之《遺事》，元黄文獻公溍嘗有讀《遺事》詩，似即樓氏所掇。方公所稱「不盡載於史氏」者，熊公刻本未知是否兹訂編。集後復取前令張公維樞與熊公《序》次樓、方二公爲舊《序》；其忠定《建炎進退志》一段，公家藏敕、劄、謚辭、畫像贊及題誥敕、詩文、詠峴山遺龘弔詩、例跋，合以忠文《先達傳》，益以郡守劉公蒞《祠堂記》，編爲附録。而本傳在《宋史》可考，不入也。其《遺事》末，舊有《三學祭文》，當屬開封諸士所作；并哭公詩，一載其名，一入其什，非《遺事》也，文特摘出，綴《遺事》後，其載名者，已另刻其詩。一詩云：「二豎巧沮，行或止還。雖醢二奸，奚足償焉。」此不足爲公吐氣，且公亦不必有爲之吐氣者。公志在此，公不行其志亦在此，亦惟如公所云「出師未捷身先死，長使英雄淚滿襟」，連呼「過河」者三，若是而已。余少嘗得南中所刻公疏表一册，前有公像，又有世系圖。今討其像於家，冠集首，世系俟訂補。

其生自嘉祐己亥，三十三而登第，三十五而尉館陶，四十宰龍游，四十五調膠水，五十一調趙城，五十五改掖縣，五十七通判登州，六十一主管南京鴻慶宫，退居東陽，尋羈置鎮江，六十四居丹徒，監鎮江府酒稅，六十六判巴州，六十八召赴闕。公未殁之先已乞休，繼上遺表，除門下侍郎、御營副使，依舊京城留守。後贈觀文殿學士，通議大夫致仕。薨之日，都人爲之哀慟，朝野無賢愚相弔出涕。數日間，兵民去者十五六。識者憂之，請於朝，謂公子穎居戎幕，得士卒心，以穎直祕閣、充留守判官。已丐終喪，扶公櫬歸京口，葬於京峴山。蓋自是而宋不北矣。後穎乞謚于朝，賜謚「忠簡」，並詳本傳及《遺事》，不復贅。

補訂黄文獻公集序

王廷曾

孔子，顔曾思孟四子，七十子，其所言學也，而文莫大於是。董子文不出於學，其文爲最高。韓氏、歐陽氏以文衍其學，文爲最工。周、程、張、朱五子，學外無文焉。烏之傳朱學，始文清徐氏，與直卿黄氏同時，而在何、王、金、許四氏之前。而紹徐氏之學者，爲處善龔氏、子厚康氏、景雲朱氏、通齋葉氏、唐卿王氏、元齡樓氏。南稜王氏則又繼通齋，晉卿石氏又繼唐卿，彦脩、裕軒又承許氏。而朱子共世，南軒張氏、象山陸氏外，有東萊吕氏、龍川陳氏。則葉氏邽出吕氏門，而朱氏質、陳氏錫繼之；喻氏南强、傴出陳氏門，葉氏謹翁承祖邽及父震。蓋自紹興中至明洪、建、永、洪、宣、正間，學相禪不絶。

而文獻黄先生生景炎丁丑，二十五而舉校官，又二年舉憲史；三十九賜同進士出身，丞寧海；四十二判諸暨；五十五爲應奉翰林文字、同知制誥兼國史院編脩官，進階儒林郎，轉承直郎、國子博士，换奉政大夫、江浙等處儒學提舉；七十拜翰林直學士、知制誥、同脩國史，明年兼經筵；七十二升侍講學士、中奉大夫、知制誥、同修國史，同知經筵事；七十四得謝南還，又七年而卒。追封江夏郡公，「文獻」其謚也。

蓋自宋寶慶後，學術紛而陳言是襲。先生成童，稟業山南劉氏凡十五年，隨取徵于故老，二十而執弟子禮於巖南方氏，垂四十年。先生故石氏甥也，事晉卿三十五年，接唐卿之緒；總角預南稜弟子列五十年，續通齋之宗：蓋通齋、唐卿得先生而三傳。而先生後得忠文王氏，是亦足比蹤何、王、金、許四氏，抑四氏産金、蘭、東三邑，諸氏並産烏，而先生又因方氏與吴氏思齋爲忘年交，并溯龍川。其記《山南集》有曰：「辭必己出，古也。」又曰：「其爲言也，非出於古，非不出於古也。」又曰：「文辭各載夫學術者也，無愧先聖人，斯可已。」又曰：「聖賢未嘗學爲文也，沛然而發之，卒然而書之，而天下之學爲文者，莫能過焉。以其爲本昌、爲源博也。」宋文憲以爲一神之所爲，中統、至元以來，二三人而已。王忠文謂以精純之學羽翼聖學，以典雅之文黼黻人文，誠一代之儒宗、百世之師表。而先生之門弟子若王、宋二氏外，德源侍先生，亦侍許氏；伯清侍許氏，復侍先生。而先生嘗謁許氏於歲寒亭，没爲之銘，謂少不能從游而偶獨後死。序方氏之集，舉聖予之論在人倫不在人事、在天地不在古今，謂言先生詩無以易此斯則遺經吟社，莫非物理人事之所寓焉。蓋先生之文可能也，而其少無仕進之情，尊師取友以成其學，猶恨不及事白雲。而侍白雲者轉師先生，此不可能也。此劉、宋、王、朱諸弟子，未能發先生之覆，而亦劉、宋、王、朱諸弟子所由此而心形俱服者。而宋又與彦修友忘年。卒後，先生一禩宋，表其墓，蓋許、黄門無異同，而宋十九受經業聞人氏，故與許同得統魯齋者。於是，宋之門，有正學方氏，王之孫孝莊稌又師正學。二百九十年來，能不推本宋、王以及先生哉！而數十年之中，有力持聖學見於崇祀之疏、宗貫之録，最後有葺理學淵源，斷以山陰爲學術純正、終始一節者，斯則先生之風流猶未歇絶矣。

然則世皆謂華川忠孝，足以冠冕一世，文章風概，足以度越當時。而不知理學一綫，猶可尋討。在昔道學傳創自有宋，道學原不别於儒林，然特爲標揭，亦足使文人學士知有從來故。廷曾於志中既特著之，而於先生復申言之。其先生之集名《日損齋稿》，凡二十五卷，元時縣大夫胡公惟信刻于薨後之五年，屬文憲爲之序。復建祠，俾忠文記之，當是至正壬寅、癸卯。歷二百三十八年，而張侯維樞選而布之。今又九十二年矣，版之闕者百有十，而字之漶且譌者不止百千焉。稍爲補之訂之，尚當求其全本，而以文憲《狀》及忠文《祠堂碑》入《附録》，增録其後。是爲叙。

重刊王忠文公文集序

王廷曾

夫委質之道，以艱貞爲鵠，取以自勵，亦以勵人。至於其文可傳、其學可宗，尤不可一日廢者也。烏傷王忠文公，生於至治之壬戌，幼習祖南棱先生炎澤之教，南棱得於外父葉氏由庚。葉氏，朱子高第，徐氏僑之門人也。於是同里黄文獻公溍師之，而公還以事文獻，其從文獻於西湖、於京，蓋二十四五六時也。已，南歸，而即於二十七時上書八千言，格勿以聞。三十四隱居青巖山，至三十七而應徵，署中書省掾。四十進《平江西頌》。四十二爲江西儒學提舉司校理。四十四爲侍禮郎兼引進使，遷起居注，轉同知南康府事。四十六召議即位禮，忤旨。四十七出判漳州府，上《祈天永命疏》。四十八召還，與宋公濂爲《元史》總裁。書成，授翰林待制、同知制誥。已，降國史院編修。四十九豫教大本堂、授太子經，使招諭土蕃。五十一使雲南諭梁王。五十二漠北使至雲南，梁王出公見之，欲屈公，公痛駡不絶，遇害，是爲十二月之二十四日。

計公三十時文已成集，胡公行簡序之，謂卓然可傳於世。繼有《華川集》前後各十卷：前集成於初被徵之後，胡公翰序之，謂聖賢相傳之道由斯文而知之，公之文不可不傳；後集成於踰四十時，宋公濂序于首簡，謂其渾然天成，條理弗爽，蘇公伯衡序之於後，謂睹其言語文章以觀其志之所存、學之所至、道之所成。而《王忠文公文集》則刻於公殁之六十九年。蓋公殉雲南，傳係火瘗，或云葬地藏寺。閱二十三年，乙亥，子博士紳求骸不得，載主而還。又五年，建文己卯，有翰林學士之贈、「文節」之謚，而晦而不行。又四十三年，正統辛酉，邑丞劉公傑白其忠於朝，贈翰林學士，而其謚「忠文」。劉公乃輯公文，刻以傳，楊盧陵序之，謂公死以使命與顔魯公同，而其文追配《出師》《陳情》與韓文公、歐陽、大蘇。今録本所標「鄱陽三臺劉傑編輯、盧陵銅溪劉同校正」者，即是時所刻；同，即同時令也。又八十二年，嘉靖壬午，郡丞張公齊取劉本重鎸，編輯、校正仍之，祝君鑾爲之序，謂珪璋之器，汪濊之量，松檜之操，率於言外見所賴以不朽者，幸斯文之有存。又八十三年，萬曆甲辰，邑令張公維樞復梓之，謂公以文雄也，而不獨以文雄，惟得就義之烈而雄文乃益傳。

今又八十八年，顧人知重公文，而文原於節，人知重公節，而節由於學。公之傳《儒林》也，於金氏履祥、許氏謙爲之論曰：「朱氏之徒亦衆矣，得其宗者，惟黄榦氏。榦傳何基氏，基傳王柏氏，柏之傳爲履祥、爲謙。程氏之道，至朱氏而始明；朱氏之道，至金氏、許氏而益尊。」其序宋公濂文集也曰：「景濂亦遊柳、黄二公之門，又因許氏門人，以究夫道學之旨，是公生平以學爲的矣。」山陰劉子宗周作《道統録》，首以景濂，而繼之以公，謂先生《祈天永命》一疏，雖伊、傅告其君不是過。使非有程朱之學，安能爲伊、傅哉！

忠文表於劉丞，故忠文集始於劉，其疏集中不載，而詳於《史竊》。公尚有《玉堂雜著》二十四卷，略見集中；而續吕成公《大事記》七十九卷，此青巖山所著書，未有傳本。集中惟載《大事記後記》，云成公《大事記》解題各自爲書，今用《春秋》經傳相附之例，以解題附見各條之下，是其作記大凡；又云以臆見復加蒐輯，補其一二：是或未有七十九卷也。其本傳向惟載於郡邑志，正統、嘉靖本俱不載，而萬曆本增入之，然《道統録》《名山藏》《史竊》著之於前，《列朝詩集》《名臣言行録》著之於後，雖大小同異，正可參稽互訂。此外又有李公默《祠墓記》，吴公寬《祠記》，亦增自萬曆者。兹仿諸《范文正公集》本傳、褒賢之碑，《陳龍川集》答書、祭文、誌銘、書院記、詩，編爲附録，次於集末。又萬曆本行格、式款俱同嘉靖本，而不載祝《序》，版模較寬，是嘉靖取正統原本而摹之。而萬曆本《序》謂「二百餘年，亥豕不能句」，是不見嘉靖本，因正統漫本另刻也。乃嘉靖本文目亦有譌别，萬曆本字語不無更定，今合兩本細讎之。至張傳「正統辛酉」誤「庚午」，即先一年亦庚申也，然《名山藏》且誤「正統」爲「成化」矣。《史竊》於「丁未，將即位」，誤「即位」矣。此所以分注而並存之也。

顧向非鄱陽劉公、歷城張公、温陵張公一刻而再、再而三，公之節何由顯，文何由傳，而學何由著？此楊廬陵所爲表鄱陽爲達於政體哉！至集中文多有關于邑事，前志收之未盡，妄意將編舊乘，思擇補焉。特公祠墓惟栗主，與前此忠簡宗公骨葬潤州、記詞亦出廬陵，於吾烏爲憾事。而博士出宋公門；博士子稌出方正學門；稌子舍人汶，成化中與陳文恭獻章同徵：三世皆以學相承。而嘉靖中，柳州教授敏子僉事宗聖，萬曆中高士如心又皆以學相沿。及見之政績，人人有集，並登志傳。今又有修仁用諏，克振先緒，公之澤於歿後已垂三百二十一年矣。劉山陰所謂「生何、王、金、許之後，遞承考亭之傳，文章莫大焉」者乎！廷曾固系臨沂者，然仰公不啻懷祖述之思焉。是爲叙。

訂言四則

王廷曾

一、訂從原本。鄱陽劉刻，原本也；歷城張刻，襲本也；温陵張刻，竄本也。鄱陽本不入《祈天永命疏》《梅思禮授大都府副使制》，佚也。而温陵本次《祈天永命疏》與《梅思禮制》于方遜志先生《贈仲縉序》後，則誤。蓋疏宜次卷四論前，今已刻附録制旨後，以後有《道統録》，劉子傳亦載疏，略依類登之，而於疏題下特注「宜次卷四首」字。而梅制補入卷十二末，以温陵本闕二行，俟補也，題下注「宜次原制」四文後。其襲本目文倒闕互異，並爲釐正。温陵本芟去詩《寄贈申屠教諭》《登黄樓》《贈别陳希文》《北上雪夜與友人同賦四十韵》《庚戌七月十五日離南京作》《留别京師諸同志》《陪侍講常侍二先生宴趙氏家園》，共七首；文芟《湖清辨序》《原儒》《原士》《送金華尹徐君序》《贈丹徒令吕君序》《廬山遊記序》《送羅傳道序》《送劉志伊序》《贈鄭仕亨序》《送分水達魯花赤之官序》《送申巡檢之官序》《贈醫師張君序》《送湯子誠序》《棣蕚軒詩序》《贈王伯達序》《送孫實夫序》《章氏兄弟字序》《知學齋記》《天機流動軒記》《南康二賢祠記》《寫易軒記》《建昌州新建譙樓記》《致樂軒記》《説學齋記》《好古齋記》《處善堂記》《湯氏順寧庵記》《壽萱堂記》《福建轉運鹽使司題名記》《友怡堂記》《崆峒山房記》《婺州路總管府推官廳記》《甘泉寺佛殿記》《汪廣洋除中書右丞誥》《學海齋銘》《貧樂齋銘》《思學齋箴》《跋至治鹵簿詩》《書馬易之潁川歌後》《跋王丞相家藏劉侍讀帖》《跋周益公祭文稿》《述説苑成王告伯禽一則》《續志林唐太宗有天下一則》《儒解》《金存》《戴琦字説》《續喜聞過説》《江夫人行述》《陳仲晋》《王處士》《汪元明哀辭》《衛處士》《務光先生張君誄辭》《劉先生》《薛君》《劉母徐夫人》《錢夫人羅氏》《贈禮部員外郎葉府君》《故孫公》《袁母奚夫人》《陸夫人》《故石門書院山長吴君》墓誌碣銘，共六十三首，今悉增入。而各篇多有損節更易，今悉如舊，惟《讀書有感》一詩，原本糢漫，從温陵本闕之。其集序亦闕胡行簡、蘇伯衡、祝鑾三首，即原本亦少遜志先生《華川録後序》一首，今悉補入，頗費蒐討。其編對之煩，則同人謝詒與有勩焉。

一、訂删評語。古集以箋注考異爲得，若《史》《左》之《評林》，劉須溪之評杜詩，即如忠文公之評姚、歐二公文，多有關于知人論世，他若弇山、褏文、遵巖、歸安之評前人詩文，皆直探作者之奥，發其光焰。温陵本於數十篇中間，有短評，意止贊美，詞義且或評或否，似可不存，概爲删去。

一、訂增附録。集以載文，而其人之生前没後不可不核。朱子年譜、本傳、行狀、御批、誥詞、制告，俱作附録。陳龍川記傳亦作附録。宋學士濂附録，首誥文，次封贈誥，次敕與賜書、賜詩，應制歌、送寄詩與贊、世譜，記傳、小傳、行狀、集序識、題後、祭文、子瓚字説、建祠文移、看批、行帖、祭産、號數、穀銀、春秋祭物、賃銀、修理、印刷工費、祠圖碑記、詳案、改葬、墓誌、祭文、祠祭文、閬州守妻題壁歌。忠文向無附録，惟集首載正統誥，而温陵本先以洪武旨。今合編附録首。傳則山陰劉子宗《周道統傳》有作，晉江何公喬遠《名山藏》洪武臣有作，東莞尹公守衡《史竊》有作，常熟錢公謙益《列朝詩集》有作〔一〕，崑山徐氏開任《明名臣言行録》有作，皆三本所無。而温陵本張公維樞所自作，次入《史竊》下，繼之以温陵本《祠墓》《祠記》。乃宋學士故有《送王子充字序》，温陵本載在《梅思禮制》後，似混，又佚去十七行。今從學士集采入，次《祠記》後。而遜志先生所作《畫

〔一〕「錢公謙益」四字底本原脱，兹據《康熙義烏縣志》補。

像序贊》《謚議》《祭文》，李少師東陽《題青巖隱居記後》，三集俱未載，今並收入爲附録一。又學士附録既載封贈誥、《子瓚字説》及《宋氏壁歌》，而温陵本以遜志先生《王氏兄弟字説》次宋學士《字序》後，今增入遜志先生《南稜王先生像贊》於前，而以《兄弟字説》次之，繼以《思親堂記》《釋思辭》爲附録二，其集序總載集首，與學士附録異。

一、訂合家集。忠文公子博士公紳、孫孝莊公稌、曾孫舍人公汶各有集。温陵本始刻附《忠文公集》後，乃温陵本於卷二十四末標一「附」字，首李少師《青巖詩集序》，次遜志先生《贈王仲縉序》，此後次《祈天永命疏》、《梅思禮制》、宋學士《字序》、《王氏兄弟字説》，亂矣。今疏、制、字序説已歸附録，而博士尚有《送方教授還漢中序》、《正學齋記》、《上侯城先生》兩書，孝莊尚有《與童景庸書》，温陵本所無，今爲補入。又《忠文公集》已作附録，三公不便復爲附録。今以温陵本連載博士後者，如鄭公曉《博士傳》附子稌者次居首，遜志先生《贈仲縉序》次之。又《題賜王訓導詩後》《王仲縉先生畫像贊》，温陵本所無者，補次之。《祭文》又次之，冠《博士集》。而以少師《青巖詩集序》冠《孝莊集》，以縣志《舍人傳》冠《舍人集》。而温陵本作《繼志齋集》，今于卷首改爲《王博士公集》，温陵本作《瓉齋詩稿》，今於卷首改爲《王孝莊公集》，温陵本作《齊山稿》，今於卷首改爲《王舍人公集》。其《博士集》爲卷一，《孝莊集》爲卷二，《舍人集》爲卷三，刻稍拙粗，定之以俟嗣鎸。

附録識語

王廷曾

按，鄱陽劉氏、歷城張氏、温陵張氏三本，故無附録。余創編之，而宋學士録歷官各有誥文，公止待制一旨，贈謚一制。學士父母祖、祖妣、父妣、妻，有贈封誥，有敕符、賜書、賜詩及應制送寄詩，而公未見。學士有世譜，屬公書後，而公未有記之者，皆佚也。其學士傳，公與鄭檢討濤爲之，當係生傳，行狀則詳其後事，述自門人鄭楷。公傳俱出自後人。學士集序及題識與詩并録公，並載在集首。兹集已刻，竟復得遜志先生畫像贊、謚議、祭文，李少師題《青巖隱居記後》，并遜志先生《南稜先生像贊》《思親堂記》《釋思辭》，合之温陵本已刻《王氏兄弟字説》，并附焉。

樓氏忠孝節義序

張坦讓

從來天地之精英，山川之靈秀鍾聚而間出偉人。而其人每每生於名山大澤之間，積德累功之族類，皆岐嶷俊偉，不屑苟同於人，處爲大儒，出爲明俊，雖一功一績，亦必媲美前徽，超越流輩，登名仕版，流芳竹帛，使後之人震驚慨歎，指而目之曰：「某忠臣，某義士，某孝子，緬想風徽，輝煌俎豆。」斯其人，自古及今間嘗有之，亦無足異。所可異者，爲臣秉忠，爲子盡孝，難兄難弟，萃於一門，如烏傷樓氏也。余自己亥歲奉命來守此邦，夙慕小鄒魯之名，幸而承乏茲土。下車之日，即訪求四先生之遺蹤，八婺之内，代多明賢，指不勝屈。而於公餘之下，晋接諸生，每有談及先世軼事者，余不厭亹亹傾聽之。庚子歲督賑烏傷，至樓氏祠内，其裔孫樓承焜、樓元斐等，悉皆恂恂儒雅，迥出恒流。至詢其家世，乃備悉其淵源，不覺撫膺長嘆曰：「樓氏其盛矣乎！」夫義烏之有樓氏，肇自東漢時有諱昈字重玉者，歷官至三軍府總督尉，封太師，御葬烏傷之香山。次子良騶守墓，遂家焉。厥後裔孫繁衍，蔓析支分，聚族而居者，亦非一處。而詳稽其先人，如以忠著者則有樓圖南、樓璉；以義顯者則有樓鎮；以孝稱者則有樓藴、樓斗南、樓楷；至於節烈閨媛，歷載邑乘，班班可考。是忠、孝、節、義四大綱維，獨樓氏兼而有之。而圖南、斗南一盡臣道於王室，一盡子道於家庭，雖二南均系科名，其於君父兩俱無愧而著美，各成其名，況以同胞兄弟一忠一孝，尤不易得也。猗歟休哉！烏傷誠以忠孝重也。夫樓氏之族，代出偉人，文章功業，德行科名，卓然宇宙，炳若日星，上下千餘年，後先輝映，可以裨名教，可以勵風俗，可以警頑，可以起懦，迄今得逢盛典，祠祀薦馨，邀俎豆之光者，有若而人。嗚呼！不誠難得也哉。雍正丁未之秋，義宰韓益恬毅然倡捐，重修邑乘，取三十餘載之殘缺失墜，一旦修明而釐正之，誠盛舉也。余既深知樓氏，又何惜爲之贅片言以附簡末。因節叙其源流，略舉其家世，非欲使後之人震驚慨嘆，尤深望樓氏之子若孫，有以踵芳躅而媲休聲，追賢蹤而紹懿美，觀感於前，興起於後，則將來之爲忠、爲孝、爲義、爲節、爲烈，正未有艾也。

重建東江平政橋引

王廷曾

平政橋之改浮橋而石也，始宋慶元丁巳，至于今四百九十六年。薛侯揚祖創之，趙侯圓卿繼之，劉侯同又繼之，齊侯溥又繼之。趙侯之繼之也，距薛侯四十四年，爲淳祐壬寅；劉侯之繼之也，距趙侯一百九十九年，爲明正統辛酉；齊侯之繼之也，距劉侯四十二年，爲成化癸卯。先後修建者爲施侯寅，亦侯璘真，歐陽侯柏，熊侯人霖，于侯漣，聶簿用和，劉丞傑；董勸者李郡丞珍，吕侯盛，方侯介，周侯士英，張侯維樞，鄭侯極祥。而仍爲浮梁者，木侯薛飛；用巨木爲梁者，辛侯國隆。而助之、任之、協之、倡之者，趙侯時有鄰壤之賢者，成化九年、十六年有東陽盧孟涵、孟實；齊侯時有義民吴希仁，李侯時有義士吴希彩、黄子宣、虞子盛；嘉靖十四、十六年，有東陽趙模幹兄弟；四十五年有吴襄毅公百朋；歐陽侯時有吴孝廉公大纘；周侯時有吴彦清、虞學鳳、虞大常、虞懋徽；鄭侯時有競勸之籍；熊侯時有吴、虞、金、陳、李各大姓之捐。其勤事者，趙侯時有周勇、樓宴、樓曇；齊侯時有丞簿史及吏民；周侯時有參政虞公德燁，鄉進士吴君；辛侯時有陳祥發、李培美、黄大吕、毛岳、樓元斐。若製橋之法，趙侯時上作五楹，立東西門；泰定乙丑時築兩岸爲堤，作七甃以石，仍覆以屋；盧孟涵改捲石洞橋；齊侯時纍南堤之壞者，以石甃增三之二，上疊木，貫以梁，布版被以甎，搆屋四十間，南北端爲亭。爲守葺計者，趙侯祠居僧於西岸之閣，齊侯時東面立神祠，辛侯時置田以備修。其費則趙侯時市材，募役用人之力，踰四萬靡，錢百萬，粟千石；齊侯時費錢二萬五千有奇，用粟二千八百斛；鄭侯時費漢緡錢千五百鍰有奇。其橋名，薛侯時曰「薛公橋」；趙侯時曰「興濟橋」；齊侯時曰「廣濟橋」；張侯時曰「平政橋」。「興濟」扁於朱左司元龍，虞朝議復記之。「廣濟」王舍人汶記之，周侯則自記之，虞參政記之，鄭侯則吴孝廉之器記之，辛侯則吴教諭觀垣、金知州以琳記之。蓋是江之水源，發東陽山中，至此衆流會合，勢大易衝，工鉅難舉，又地當孔道，橋不可廢，修築不可緩。余不敢望薛、趙、劉、齊諸老，亦未敢附施、亦、歐、熊、于、吕、方、周、張、鄭諸公，所冀本邑鄉壤大夫、士庶，賢而好義，助之、任之、協之、倡之，與勤事者并講，求製橋之法，爲不壞之圖，洎守葺之計，而量度其費。兹余特首爲輸助，而義紳吴君洪禹即出金二百，義生前司事樓元斐仍仔其任復捐金一百。蓋是橋濟人甚普，而濟人之德，其應甚捷。吴君以願捐祈嗣，今已得嗣，故樂有子而助之勇。元斐父一品以願捐祈壽，前已享壽，故承其父而效之堅。他若祈名、祈寔，更僕可數。夫濟人之心，非徒希報，而報有必然，非巧爲誘辭也。亦見斯橋之繫人甚切，而衆擎之鼓動宜先，且以踵前迹，垂之不朽云。

題劉養浩所製本朝鐃歌後

方孝孺

文章之用，明道、紀事二者而已。明道之文，非有得於斯道者，雖工而不傳；紀事者，不得豐功偉德可以聳懾衆庶耳目者，而書之亦不足取尚于後世；故士未足以明道，則博求當世非常可喜之事而述焉，亦文之美者也。西漢文士最衆，尤傑然者賈生、董仲舒，其才未必遷、固之下；然後世傳而誦之者，必遷、固之文，而賈、董不若焉：賈、董不得紀天下大事，而遷、固爲史也。今天子起布衣，除群雄，十餘年統一四海，與漢高祖無異。吾太史公以閎博奇偉之文，居遷、固之任，爲士者莫不慕之。公之門人金華劉君養浩，亦奮然自喜，以爲此難遇之時，不可漫無所述，乃考徵征伐之次第，爲《鐃歌》十二篇，以宣歟國家之功烈。其事信，其辭奇，其取尚于世可必也。嗟乎！養浩於斯文，可謂有志矣。昔之人居史氏之位而不修其職者甚衆，今養浩未嘗得位于時，而遇事感發、輒有所作，使假之以位，遺功遺德未盡紀載者〔一〕，庶乎有所託哉！余少竊妄志述者之事，勢孤行獨，無宗族親黨之譽，而不聞于人，或聞于人而不得賢人君子爲之美，故往往顧以怠惰而未能然。斯文之有益于世者，不止若此而已也，願與養浩加勉焉。

附《劉氏家藏誥命》

宋濂曰：「宋誥大抵沿襲于唐。唐初以紙，肅宗朝有用絹者，貞元以後始易爲綾，其制凡三變。宋則自國初至季年，一皆用綾，此其所以異耳。烏傷劉公亮，以中奉大夫致仕，贈其父俊太中大夫。蓋大夫乃秦官，取掌議論之義〔二〕，漢署太中大夫，歷代因之而不變。至宋元豐官制行，則以之易諫議大夫。若中奉之階，始置于大觀間，而古制則無之也。中奉六世孫剛，久從余游，持誥來求題。余見名門右族未一再傳，祖父之名諱有不知之者，剛則能寶此於一百四十餘年之後，剛亦賢矣哉！余故略攄所見以告之。」　方孝孺曰：「烏傷劉氏，在宋季如公亮者，嘗以中奉大夫致仕，而贈其父

〔一〕上一「遺」字，底本原脱，兹據方孝孺《遜志齋集》補。

〔二〕「取掌議論之義」，底本原作「取掌論□□□」，兹據宋濂《宋學士文集》校補。

爲太中大夫，亦嘗貴顯矣。未越二百年，而歷官行事之詳已無所考。向微斯誥，則子孫且無從徵之，況他人乎！此可見人之傳世，在彼不在此。中奉之昆孫剛，方以學術自表著，勉爲其所當爲，而無外慕之心，固知所重輕哉。」金華胡翰，眉山蘇伯衡，皆爲之識。至弘治間，剛之四代孫有曰叔傑者，復加裝潢寫刻，四明刑部郎中王應奎題其卷末。歷今四百餘年，子孫猶能藏之。無論誥敕難得，即諸名公墨筆亦足珍也。余修志已竣，而其子孫生員劉一崇持卷軸謁余。余以爲此不惟徵烏民先世衣冠之盛，而前代之典故於是乎在。故附録焉。

孝子冰蘖龔翁墓表

虞守愚

翁，予同邑，世姻，生知之，死傷之，仲子象又予道義友也。今求表其墓，予惡敢以不文辭。按狀：翁諱曇，字汝霖，龔其姓，冰蘖其號也。世居邑之華川，都諫忠愍公泰之裔孫也。叔祖亞卿公永吉，祖徵士沖，父演，翁其季子，母吴氏出也。質直寡慾，與物無校，善書好古，凡格言嘉行必録佩之。年十七，父就養仲兄易守，淳因疾迎侍湯藥，踰年不懈。及卒，哀毁幾滅，殯葬如禮。奉母曲順，至老益謹。事諸父諸兄，克愛克敬。撫恤庶弟晟及遺孤儒益厚。外父母無後，爲之立石以祀。延師教子，絶不惜費。凡遇一良友，即禮款不厭。凶年有鬻妻者，傭處其子，以全其夫婦。翁行卓異類如此。母没時，年幾六十，哀毁如初不衰，及葬，廬側三年，苫塊饘粥，跬步不離。羅君柏賢之，達諸當道，以聞于朝，至勘議再三無閒言。甲午，荷恩錫旌表，因而榮之冠帶，復其家。越丁酉冬十一月十六日，以疾終，享年八十有三。戊戌三月十一日，窆於湖西之原。子男四：長龍，次即象，任贛庠司訓；次驥，次豸。男孫八：曰培、塾、垔、墇、垕、來嶽、來朝、來某。女孫四：長鳳，適太玄吴良恭；次凰，適東陽吴萬椿；次九，適山盤朱某；次適大陳陳某。嗚呼！迹晦泉石，行顯朝廷，宗族稱之，鄉黨信之，士大夫敬之，雖曰考終，人尤痛惜之。若翁者，真光乎厥先，風乎厥後，無忝所生者。予故忘其陋，以爲之表云。

按，《東崖集》廷曾備閲之，多出宦遊所作，已取其目登於傳間，摘一二要語入之，並序表二首，於邑有關故録。

書

上吏部裴侍郎書行儉

駱賓王

書不盡言，言不盡意。然則理存乎象，非書無以達其微；詞隱乎情，非言無以筌其旨。僕誠鄙人也，頗覽前事，每讀古書，見高臺九仞，曾參負北向之悲；積粟千鍾，季路起南遊之嘆；未嘗不廢書輟卷，流涕沾衣。何者？情蓄乎中，事符則感；形潛於内，迹應斯通。是布腹心，罄瀝肝膽，庶大雅含弘之度，矜小人悃款之誠，惟君侯察焉。

賓王一藝罕稱，十年不調。進寡金、張之援，退無毛、薛之遊。亦何嘗獻策干時，高譚王霸，衒材揚己。歷抵公卿？不汲汲於榮名，不戚戚於卑位，蓋養親之故也，豈謀身之道哉！不圖君侯忽垂過聽之恩，任以書記之事。擬人則多慚阮瑀，入幕則高謝郄超。昔聶政、荊卿，刺客之流也，田光、豫讓，烈士之分也。咸以勢利相傾，意氣相許，尚且捐軀燕趙，甘死齊韓。今君侯無求于下官，見接以國士，正當陪麾後殿，奉節前驅，賈餘勇以求榮，效輕生而答施。而顧逡巡於成命，躊躇於從事者，徒以夙遭不造，幼丁閔凶，老母在堂，嘗嬰羸恙。藜藿無甘旨之膳，松櫝闕遷厝之資。撫躬存亡，何心天地？故寢食夢想，噬指之戀徒深；歲時蒸嘗，崩心之痛罔極！

若僕者，固名教中一罪人耳，何面目以奉三軍之事乎？況屬天倫之喪，奄踰七月；違膝下之養，忽已三年。而凶服之制行終，哀疚之情未洩。興言永慕，舉目增傷。夫怨于心者，哀聲可以應木石；感於情者，至性可以通神明。故徐元直指心以求辭，李令伯陳情以窮訴。上以棄興王之佐命，下以全奉親之篤誠，而蜀主不以爲非，晋君待之逾厚。此二者，豈貪貧賤，惡榮華，厭萬乘之交，甘匹夫之辱也？蓋有不得已者哉！

人有乾没爲心，脂韋成性，舍慈親之色養，奉明主以驅馳，内忘顧復之私，外存傅會之眷。薄骨肉，厚榮寵，苟背恩而自效，則君侯何以處之？且義士期乎貞夫，忠臣出乎孝子。既不能推心以奉母，又焉能死節以事人？假物議之無嫌，實吾斯之未信也。况流沙一去，絶塞千里〔一〕。子迷入塞之魂，母切倚閭之望。就令歡以卒歲，仰南薰之不貲；而使憂能傷人，迫西山而何幾？君侯情深錫類，道叶天經，明恕待人，慈心應物。儻矜犬馬之微願，憫燕雀之私情，寬其負恩，遂其終養；則窮魂有望，老母知歸。

上廉使啓

駱賓王

每讀書，見古人負米之情、捧檄之操，未嘗不廢書輟卷，流涕傷心。何則？情蓄于中，事符則感；形潛于内，迹應斯通。而悦帝力以棲魂，情欣養素；仰皇華而暢慮，敢用披丹？

伏惟公源控玉輪，激神濤而涵地；基疏金闕，駕飛岊以韜雲。洎乎鹿走周原，霸燕圖於即墨；蛇分沛澤，封漢爵於箄城。福禄攸鍾，公侯必復。炳靈丹穴，襲吉黄裳。若乃峰秀學山，列三墳而仰止；瀾清箄海，委九流以朝宗。登小魯之山，辨練光

〔一〕「塞」字，底本原作「幕」，兹據宋刻本《駱賓王文集》改。

於亂馬；臨大吳之國，識寶氣於連牛。垂秋實於翰林，絢春花於文苑。清規湛秀，炤月旦而雕談；素論凝玄，開夜光於妙辨。既而業成麟角，引茅茹而彈冠；道映鳳池，絢桃花而曳綬。揆留皇鑒，忠簡帝心。列職春宮〔一〕，標離光於青殿；代工天府，明台燿於紫宸。故得龍紼垂光，戢兩星而開照；鶴蓋浮影，翼五雲以連陰。

某大塊流形〔二〕，小人餘慶。幸河神入昴，映白榆以流祥；江使負圖，泛青蓮而薦兆。薰風廣扇，聖日揚煇。進不能高議雲臺，談社稷之上務，退不能銷形地肺，揖箕潁之餘芳。而出沒風塵，湮淪名利，十年無棣，萬里惟桑。既而日遠長安，出蓬門而西笑；雲飄吳會，遡松浦以南浮。冀塵迹丘中，絶漢機於俗網；承歡膝下，馭潘輿於家園。不悟地絡遐張，維白駒於空谷；天羅迥布，弋黃鶴於高雲。顧已駑鉛，並從媒衒。力農賤事，未免東皋之勞；反哺私情，遽切《南陔》之詠。少希顧復，輒布悃誠。雖噬臍思歸，空軫倚閭之望；而嚙臂求仕，非圖高蓋之榮。

〔一〕「宮」字，底本原作「官」，茲據宋刻本《駱賓王文集》改。

〔二〕「某」字，底本原作「集」，茲據宋刻本《駱賓王文集》改。

明公資孝履忠，恕己及物；惟幾成務，論道經邦。庶顧兔離星，動薰風於舜海；從龍潤礎，霈甘雨於堯雲。則白羽書生，自銘恩於食稻；黄裳童子，將賽德於餐花。拜手迴遑，傾心霡霂。

南稜王先生像贊

方孝孺

士習之盛衰，豈不繫乎世哉！世之生士，猶地之生木，柯葉碩茂而花實盛美者，必非瘠土之所能有也。余觀于宋，考其政教文章之懿，而求士於其時，其大者既皆博聞多識，宏偉而端亮，其隱約而不顯者，亦多忠信敦慤，方介嚴重，望其威儀，聽其議論，莫不偉然有以異于人，此豈士之素賢哉！師友之際，禮義之習，有以成之也。烏傷南稜王先生威仲，生于宋季而老于元，余不及識其人而嘗聞其家，求其遺事，詢其鄉之耆老，以考其行己之大方，蓋直諒剛嚴之君子，而非今世之士所能及也。楊子雲曰：「周之士也貴，秦之士也賤。」周秦之相遠，士未必皆以之而貴且賤也。然不隨世而變者鮮矣，安能不以之而異乎？先生之弟子，最顯者爲黄文獻公溍，仕元，爲學者所宗。而先生之孫翰林待制禕，以文學事今上，有名當世。覿于先生可以識宋之盛，觀於文獻公與待制君，亦可以知先生之德矣。贊曰：「欲知其身，視其所處之世；欲知其學，視其所傳之人；欲知其德之厚薄，曷不觀諸子孫？」吾以是知先生宋之善士，古之逸民，徐孺子、管幼安之倫也。

南稜王先生墓誌銘

黄溍

先生姓王氏，諱炎澤，字威仲，學者因其别號尊之曰「南稜先生」。其先系出太原，五季時自會稽徙婺之義烏者彦超，官至節度使。其諸孫固，早遊安定胡公之門，登皇祐五年進士第。宋三百年，縣人取科第，自固始，卒官恩陽令，右正言知制誥李公清臣銘其墓。固諸孫從用生説，贈宣奉大夫，工部尚書郭公表其墓。説生永年、喬年，永年登紹聖元年進士第，仕於京師，而僑居於濟南，後歸義烏而占籍焉，終於中大夫知福州、文安縣開國男，贈正議大夫。子鑄，通判嘉興府，贈金紫光禄大夫。儔，從政郎，嚴州司法參軍，娶陳忠肅公子直秘閣正彙之女，其殁也，正彙志其墓。鑄子寧，提舉廣東常平茶鹽，贈中散大夫。寅歷知宜、連、滕、柳、峽、饒、江七州，積階朝請大夫。喬年子濤，承奉郎。濤子寓江東轉運司幹辦公事，其世序官閥見於譜牒如此，餘以賞延入官十有五人，其通朝籍部郡符者，不可悉舉。運幹，則先生之高祖也，曾祖諱誠，祖諱衛道，並潛晦弗耀。考諱濟，以景定二年應薦爲國子免解進士。妣葉氏，軍器監丞夔路轉運判官蓁之孫女，通齋隱君由庚之女。先生少嗜書，稍長治舉子業，穎出儕輩間，運去物改，而場屋事廢，因得專意探索聖賢之微旨。家庭所受既得其素，而通齋爲外大夫，又從徐文清公傳考亭朱子之學，風聲氣習之所存，感發多而操行愈堅，窮居約處，開門授徒，絶口不言仕進。久之，乃用部使考察，舉起爲東陽、常山兩縣教諭，遷石峽書院山長。所至以善教養，得士譽。在石峽歲餘，即棄官而歸，徜徉於家林逾十寒暑。至順三年八月十三日以疾卒，享年八十。其年十月十日葬縣南崇德鄉湖陽山先墓之次。先生氣貌充偉，襟度疏暢，待人一本於誠，言論磊落，無所隱蔽，莫不敬服焉。爲諸生講説，務推明其大義，不事支離穿鑿。文簡質而主於理，詩極渾厚而間出奇語，不屑以雕刻求工，有《南陵類藁》二十卷。娶傅氏，前三十年卒。先生之葬，實同兆域。子二，長良玉，常山縣儒學教諭；次良珉。女三，孫男四，曾孫三。良玉葬先生將兩紀，乃來諗於溍曰：「先人家居教授，前後及門數十百人而無顯者。不朽之託，非子其誰？顧以子方效官於中外，未遑有請，子既得謝而退，失今弗圖，懼流風遺范日就湮没，謹命次男褘疏其行實，以俟采摭而論撰焉。」溍竊惟吾里衣冠望宗，莫有先於王氏，文獻之相仍，亦莫久於王氏。溍自先生引而弗替，畀付有人，見其進未見其止，豈必亮都高位而後能世其家也哉？溍自總角忝預弟子列，今也髮種種矣。嗟逝者之如斯，愧前聞之荒落，言不能文而義不敢辭。銘曰：

婺女之墟，孝子之里。以儒起家，肇自王氏。世科世禄，恒不乏人。重理疊組，萃於一門。是似是續，蟬聯十葉。復抱遺經，修其世業。先生承之〔一〕，弗墜益振。如木有本，如水有源。教施於鄉，佩衿濟濟。道之將行，乃止不仕。尚克有子，而又有孫。餘潤所蒙，有林彬彬。趾美於前，休垂於後。嗚呼先生，是謂不朽！

〔一〕「之」字底本原作「乏」，據《嘉慶義烏縣志》改。

雍正義烏縣志卷之二十

藝文志

編類

賦

螢火賦并序

駱賓王

余猥以明時，久遭幽縶。見一葉之已落，知四運之將終。悽然客之爲心乎？悲哉！秋之爲氣也。光陰無幾，時事如何？大塊是勞生之機，小智非周身之務。嗟乎！綈袍匪舊，白首如新。誰明公冶之非，孰辨臧倉之愬！是用中宵而作，達旦不寐，睹兹流螢之自明，哀此覆盆之難照。夫類同而心異者，龍蹲歸而宋樹伐；質殊而聲合者，魚形出而吴石鳴。苟有會于精靈，夫何患於異類。況乘時而變，含氣而生，雖造化之不殊，亦昆蟲之一物。應節不愆，信也；與物不競，仁也；逢昏不昧，智也；避日不明，義也；臨危不懼，勇也。事有沿情而動與，因物而多懷，感而賦之，聊以自廣云爾。

伊玄功之播氣，有丹烏之賦象。順陰陽而亭毒，資變化而含養。每寒潛而暑至，若知來而藏往。既發揮以外融，亦含光而内朗。若夫小暑南收，大火西流，林塘改夏，雲物凝秋。忽臨虚而赴遠，乍排叢而出幽。如火齊之宵映，若夜光之暗投。逝將歸而未返，忽欲去而中留。入槐榆而焰發，若改燧而環周。繞堂皇而泛影，疑秉燭以嬉遊。點綴懸珠之網，隱映落星之樓。乍滅乍興，或聚或散，居無定所，習無嘗玩。曳景周流，飄光凌亂。泛艷乎池沼，徘徊乎林岸。狀火井之沈熒，似明珠之出漢。值衝飆之不烈，逢淫雨而逾焕。炤灼兮若湛盧之夜飛，灼爍兮像招摇之夕爛。與庭燎而相炫，燃重陰於已昏。共爝火而齊息，避太陽於始旦。爾其光不周物，明足自資。偶仙鼠而伺夜，謝飛蛾之赴熺。類君子之有道，入暗室而不欺。同至人之無迹，懷明義以應時。處幽不昧，居炤斯晦。隨隱顯而動息，候昏明以進退。委性命兮幽玄，任物理兮推遷。化腐木而含彩，集枯草而藏烟。不貪熱以苟進，每和光而曲全。豈知鎔金而自爍，寧膏火而相煎。陋蟬蜩之易蜕，怵螻蟻之慕羶。匪傷蜉蝣之夕，不羨龜鶴之年。搶榆飛而控地，搏扶起而垂天。雖小大之殊品，豈逍遥之異筌。夫何化之斯化，無使然而自然。若乃有來斯通，無往不至。排朱門而獨遠，昇青雲而自致。匪偷光於鄰壁，寧假輝於陽燧。終狗己以致能，靡因人而成事。

物有感而情動，迹或均而心異。響必應之於同聲，道固從之於同類。殆未明于趨舍，庸詎識其旨意。子尚不知魚之爲樂，吾又安知螢之爲利！高明兮有融，遷變兮無窮〔一〕。牛哀倏而化虎〔二〕，羽泉忽兮生熊。血三年而藏碧，魂一變而成虹。知戰場之有燐，悟冤獄之爲蟲。彼翾飛之弱質，尚矯翼而淩空。何微生之多躓，獨宛頸以觸籠。異壁光之炤廡，同劍影之埋豐。冀迷途其可復，庶幽鑒而或通。覽華光而自炤，顧形影以相弔。感秋夕以殷憂，嘆宵行以熠燿。熠燿飛兮絶復連，殷憂積兮明且煎。見流

〔一〕「遷」字，底本原作「遠」，兹據宋刻本《駱賓王文集》改。
〔二〕「牛哀」，底本原作「哀牛」，兹據宋刻本《駱賓王文集》乙正。

光之不息，愴驚魂之屢遷。如過隙兮已矣，同奔雷兮忽焉。倘餘光之可炤，庶寒灰之重然。

蕩子從軍賦

駱賓王

胡兵十萬起妖氛〔一〕，漢騎三千掃陣雲。隱隱地中鳴戰鼓，迢迢天上出將軍。邊沙遠離風塵氣，塞草長萎霜露文。蕩子辛苦十年行，回首關山萬里情。遠天横劍氣，邊地聚笳聲。鐵騎朝嘗警，銅焦夜不鳴。抗左賢而列陣，比右校以疏營〔二〕。滄波積凍連蒲海，雨雪凝寒遍柳城。若乃地分玄徼，路指清波。邊城熢氣從來少，關塞寒雲本自多。嚴風凜凜將軍樹，苦霧蒼蒼太史河。既拔距而從軍，且揚麾而挑戰。征旆凌沙漠，戎衣犯霜霰。樓船一舉争沸騰，烽火四連相隱見。戈文耿耿懸落星，馬足駸駸擁飛電。終取雋而先鳴，豈論功而後殿。

〔一〕「胡」字，底本原脱，兹據《康熙義烏縣志》補。

〔二〕「右」字，底本原作「石」，兹據宋刻本《駱賓王文集》改。

征夫行樂踐榆溪，倡婦銜怨坐空閨。蘼蕪舊曲終難贈，芍藥新詩豈易題。池前怯對鴛鴦伴，庭際羞看桃李蹊。花有情而獨笑，鳥無恨而恒啼。蕩子别來年月久，賤妾空房更難守。鳳皇樓上罷吹簫，鸚鵡杯中休勸酒。聞道書來一鴈飛，此時緘怨下鳴機。裁鴛帖夜被，薰麝染春衣。屏風宛轉蓮花帳，夜月朎朧翡翠圍。個日新粧始復罷，祇因含笑待君歸。

太極賦

黄　湣

厥初馮翼以瞢闇兮，維玄黄其孰分？爰揭揭予中立兮，配天地以爲人。曩既學而有志兮，紛皇皇其求索。曰道不可名兮，孰無徵而有獲？繄皇羲之神聖兮，感龍馬之負圖。得妙契于俯仰兮，何有畫而無書？豈至道之玄遠兮，非名言之可摹。

懿尼丘之降神兮，廓人文以宣朗。揭日月於中天兮，啓群昏之罔象。指道妙於難名兮，曰以一而生兩。是謂太極兮，非虚無與惚恍。高下以位兮，天尊地卑。燥濕以類兮，五行順施。南乾北坤兮，西坎東離。萬物錯綜兮，殊鉅細與妍蚩。孰主張是兮，兹一本之所爲。歷兩都而江左兮，胡亂説之紛霏。豈清言之弗美兮，去道遠而違則。惟先哲之獨詣兮，重指掌於無極。揭座右以爲圖兮，開盲聾於千億。謂斯道之匪他兮，在夫人而曰誠。幾善惡猶陰陽兮，兹吉凶之所生。嗟奇論之後出兮，穴墻垣爲户牖。析同異於一言兮〔一〕，或曰無而曰有。猶終不可使薰兮，至終不可使黝。道惟辨而愈明兮，貽話言于不朽。

昔聖門之多賢兮，纔入室而升堂。端木氏之穎悟兮，僅有睹其文章。雖亞聖之挺生兮，猶嘆其前後之無方。疇敢索無聲於窅默兮，孰能求無形於渺茫。惟下學而上達兮，炳聖謨之洋洋。諸生之貿貿兮，方鈎深而摘隱。探賜也之所未聞兮，誇神奇而捷敏。持空言如繫影兮，曾不滿夫一哂。曰予未有知兮，何太極之敢言。秉思誠之遺訓兮，矢顛沛而弗諼。庶反觀而有得兮，明萬理之一原。申誦言以自詔兮，聊抒意於斯文。

思親賦

王　禕

天台陳君敬初，幼孤，事母盡孝。壯歲遠遊，所寓之室，因名曰「白雲」，著思

〔一〕「析」字，底本原作「析」，兹據元刻本《金華黄先生文集》改。

親也。吾内翰黄先生，既爲作白雲之辭，同門友王禕，復造斯賦焉。賦曰：

仰蒼旻之冥漠，運玄化之渾淪，何賦授之殊致，或偏頗而不均。撫予身之薄祜，慨此生之多屯。豈造物之見靳，將受命之匪辰。歲越在乎稚齡，倏棄捐乎嚴君。曾志學之未逮，已過庭而無聞。寄眇眇之弱植，托微微之孤根。灑血淚于枯柏，結哀號於愁雲。痛《蓼莪》之既深，幸菽水之可樂。調旨甘於瀡瀡，糝餘粒於藜藿。蹡積雪而笋生，斲層冰而鱗躍。奉慈訓之温恭，承懿範之柔恪。雖罔極之莫忘，固終養之有托。

急景不息，芳年易徂。曷致三釜，曷賁重墟。恐令名之不振，使先猷之弗舒。奉堂上之明命，離膝下之深娱。乃辭故里，乃游名區，薦紳是從，冠蓋爲徒。摛麗藻於淮浙，覲清光於皇都。朗節矯以遐奮，蜚聲鞾其旁敷。嗟功名之蹭蹬，慨日月之居諸。處違離以自適，與憂憤而長俱。眄丘園之雨寂，睠桑梓之雲腴。烝嘗邈其弗逮，温凊倏其久疏。豈初服之難返，念夙素之已渝。感風樹以浩嘆，閔燧穀而長吁。至若青陽布和，縟景騰美，風揚柔颸，日轉華晷。雖行樂而何歡，恨承顔之非邇。朱明啓節，南薰奏琴。果散嘉實，樹聯芳陰。枕炎蒸其孰理，襟邑鬱而莫任。瀼露宵零，嚴霜晨被。坂遠萎蘭，隰空摧燧。雁哀哀以翔霄，葉蕭蕭而隕地。怵此日之苦思，激往年之餘涕。

玄冥臨御，重陰沍寒。蕭條徼塞，摇落鄉關。日韜光而弗曜，川積凍而成乾。伊天意之猶慘，豈物情之能歡。矧予懷之含瘁，固觸景而增酸。撫四時之推移，靡一息之停緩。年既迫於喜懼，日宜較乎長短。指白雲之在望，緬丹丘之未遠。遡歸風而效誠，藉流月以寄款。倘微榮之可養，固遠遊之焉敢。閔干禄以辭親，曾爲吏而踰險。在往哲其猶然，可吾儕之不勉。誓至恩之少酬，期餘生之無忝。持寸草之微心，報春暉於未晚。獺設祭以報本，烏反哺而效慈。彼蠢蠢之細物，亦靈明而有知。察妙理以彌戚，曠大觀而遐思。悵意長而語短，聊擥翰以陳詞。

辭

望黄山辭　　陳　炳

望黄山兮峨峨，見接天兮葱青。紛群峰兮怪奇，眩不變兮幽明。朱砂湯兮山椒，下白龍兮甚靈。龔深潭兮百尺，夜有光兮晶熒。山中泉兮娛嬉，坐蛇蚖兮隱形。歲徂夏兮既秋，農失助兮麕驚。禾稼鬱兮滿野，垂槁死兮無成。訴哀侗兮神祠，牲豆陳兮芬馨。巫夸詡兮後先，龍跧處兮皇寧。盍歸去兮九霄，麾電公兮震霆。前豐隆兮戒路，叱雨師兮建瓴〔一〕。予朅來兮江東，無礱竅兮儲餅。井邑荒兮窮谷，門兩版兮嘗扃。泛瀸襪兮良勤，幾視日兮占星。粟升斗兮莫飽，將溝壑兮鰥煢。官吾卑兮何求，職水旱兮憂矜。願時以雲兮又以雨，黃山之田兮世世可耕。

瞻烏傷辭　　王禕

瞻望烏傷，吾故鄉兮。千里阻隔〔二〕，路茫茫兮。若昔嬴秦，禮義亡兮。彝倫攸斁，瀆綱常兮。首顏氏子，烏其名兮。詩書靡習，一黎甿兮。獨孝之能盡，至行昭彰兮〔三〕。

〔一〕「瓴」字，底本原作「領」，兹據《敬鄉録》卷十陳炳《望黃山詞》改。
〔二〕「隔」字，底本原作「陷」，兹據明嘉靖元年張齊刻《王忠文公文集》卷二十改。
〔三〕「兮」字，底本原作「矣」，兹據明嘉靖元年張齊刻《王忠文公文集》卷二十改。

呼號躃踴，執親之喪兮。乃卜宅兆，以埋以葬兮。躬負厥土，用反壤兮。一念之至，格穹蒼兮。畢逋者烏，紛回翔兮。銜土而助，成高岡兮。厥吻流血，集哀聲兮。悲風滿林，日色黃兮。維行之至，名乃長兮。邑以是名，曰烏傷兮。千載之下，我生是邦兮。耳目所及，亦云詳兮。胡行之悖，不能彼同兮。豈性之蔽，學弗克兮。恭惟百行，孝爲宗兮。曾是之弗致，不愧爾躬兮。興言及此，痛割肺腸兮。陟彼岵矣，日月以望兮。白雲天末，渺飛揚兮。《蓼莪》之思，頃刻能忘兮。維是哀衷，遠莫將兮。已不得自由，中心曷明兮。靖言思之，不如無生兮。

詩　歌行

行軍軍中行路難

駱賓王

君不見封狐雄虺自成群，馮深負固結妖氛〔一〕。玉璽分兵徵惡少，金壇授律動將

〔一〕「妖」字，底本原作「奴」，兹據宋刻本《駱賓王文集》改。

軍。將軍擁旄宣廟略，戰士横戈静夷落。長驅一息背銅梁，直指三危登劍閣。閣道迢遥起戍樓，劍門遥裔俯靈丘。邛關九折無平路，江水雙源有急流。征役無期返，他鄉歲月晚。杳杳丘陵出，蒼蒼林薄遠。途危紫蓋峰，路澁青泥坂。去去指危牢，行人入不毛。絶壁千里險，連山四望高。中外分區宇，夷夏殊風土。交趾枕南荒，昆彌臨北户。川源饒毒霧，溪谷多淫雨。行潦四時流，崩崖千歲古。漂梗風蓬不暫安，捫藤引葛陟危巒。昔時聞道從軍樂，今日方知行路難。滄江緑水東流駛，炎州丹徼南中地。南中南斗映星河，秦關秦塞阻風波。三春邊地風光少，五月瀘中瘴癘多。朝驅疲斥堠，夕息倦樵歌。向月彎繁弱，連星轉太阿。重義輕生懷一顧，東征西伐凡幾度。夜夜朝朝班鬢新，年年歲歲戎衣故。故人霸城隅，遊子滇池水。天涯望轉遥，地際行無已。徒覺炎涼節，匆復離寒暑。物華非不知，關山千萬里。棄置勿重陳，征行多苦辛。且悦清笳梅柳曲，詎意芳園桃李人？絳節紅旗分白羽，丹心白刃酧明主。但令一被君王知，誰憚三邊征戰苦！行路難，幾千端，無復歸雲憑短翰，空餘望日想長安。

行路難

駱賓王

君不見玉關塵色暗邊庭，銅鞮雜虜寇長城。天子按劍徵餘勇，將軍受脤事横行。七德龍韜開玉帳，千里鼉鼓壘金鉦。陰山苦霧埋高壘，交河孤月照連營。連營去去無窮極，擁旆遥遥過絶國。陣雲朝結晦天山，寒沙夕漲迷疏勒。龍鱗水上開魚貫，馬首山前振鵰翼。長驅萬里讋祁連，分麾三命武功宣。百發烏號遥碎柳，七尺龍文迥照蓮。春來秋去移灰琯，蘭閨柳市芳塵斷。雁門迢遞尺書稀，鴛被相思雙帶緩。行路難，誓令氛祲静皋蘭，但使封侯龍頟貴，詎隨中婦鳳樓寒。

帝京篇

駱賓王

山河千里國，城闕九重門。不睹皇居壯，安知天子尊。皇居帝里崤函谷，鶉野龍山侯甸服。五緯連影集星纏，八水分流横地軸。秦塞重關一百二，漢家離宫三十六。桂殿陰岑對玉樓，椒房窈窕連金屋。三條九陌麗城隈，萬户千門平旦開。複道斜通鳷鵲觀，交衢直指鳳凰臺。劍履南宫入，簪纓北闕來。聲名貫寰宇，文物象昭回。鉤陳肅蘭汜，碧沼浮槐市。銅羽應風迴，金莖承露起。校文天禄閣，習戰昆明水。朱邸抗平臺，黄扉通戚里。平臺戚里帶崇墉，炊金饌玉待鳴鐘。小堂綺帳三千户，大道青樓十二重。寶蓋彫鞍金絡馬，蘭窗繡户玉盤龍。綺柱璇題粉壁映，鏘金鳴玉王侯盛。王侯貴人多近臣，朝遊北里暮南鄰。陸賈分金將燕客，陳遵投轄正留賓。趙李經過密，蕭朱交結親。丹鳳朱城白日暮，青牛紺幰紅塵度。俠客珠彈垂楊道，倡婦銀鉤采桑路。倡家桃李自芳菲，京華遊俠事輕肥。延年女弟雙鳳入，羅敷使君千騎歸。同心結縷帶，連理織成衣。春朝桂尊尊百味，秋夜蘭燈燈九微。翠幌珠簾不獨映，清歌寶瑟自相依。且論三萬六千是，寧知四十九年非。古來名利若浮雲，人生倚伏信難分。始見田竇相移奪，俄聞衛霍有功勳。未厭金陵氣，先開石槨文。朱門無復張公子，灞亭誰畏李將軍！相顧百齡皆有待，居然萬化咸應改。桂枝芳氣已銷亡，柏梁高宴今何在？春去春來若自馳，争名争利徒爾爲。久留郎署終難遇，空鎖相門誰見知？當時一旦擅豪華，自言千載長驕奢。倏忽摶風生羽翼，須臾失浪委泥沙。黄雀徒巢桂，青門遂種瓜。黄金銷鑠素絲變，一貴一賤交情見。紅顔宿昔白頭新，脱粟布衣輕故人。故人有湮淪，新知無意氣。灰死韓安國，羅傷翟廷尉。已矣哉！歸去來。馬卿辭蜀多文藻，揚雄仕漢乏良媒。三冬自矜誠足用，十年不調幾邅迴。汲黯薪逾積，孫弘閣未開。誰惜長沙傅，獨負洛陽才。

悲夏畦　喻良能

悲夏畦，南畝苗未長，東皋草已齊。旋令嫗婦辦餉饁，獨引丁男耘稗稊。悲夏畦，炎天炙背如爇鷄，渴來不得飲清溪。寧知水榭冰山裏，猶自頻嫌日未西。

趙將軍歌　王褘

趙將軍，須髯如畫六尺身，年未四十勇且仁，不獨好武兼好文。弓彎烏號滿挾月，旗蹇大赤高凌雲。拳毛紫馬白玉勒，雙脊寶劍青萍紋。自從弱冠領戎伍，及此百戰成功勳。有時閑散即緩帶，席上濟濟延嘉賓。月夜投壺翠竹下，風晨垂釣紅蓮濱。談詩論曲曾不厭，歌聲更對蛾眉顰。皋蘭山下大河上，嚴城屹立開重闉。近控西夏遠西域，種雜蕃漢多居民。聖皇在御重邊面，夷夏一視施威恩。將軍承詔來坐鎮，上體睿意綏遠人。戎羌酋首咸慕義，奉贄納款歸如奔。設施布置未期月，轟轟績譽遐荒聞。豈不見昔時漢家趙充國，金城既守田先屯。其策十二務持重，夷裔帖服稱如神。古今邊將推第一，竹帛所載光焞焞。將軍將軍重自愛，太史有筆吾將伸。

築城謳　王禕

朝築城，暮築城，築城欲高高輒崩。江南五月盛霖雨，隨崩隨築人人苦。大家築城多賣田，小家賣産來助錢。朝築一寸暮一尺，盡是齊民膏血積。争道城高可防賊，民力已窮何所益。君不見，陛下盛德猶如天，四海一家千萬年。金湯之固非所恃，何乃坐令民力潡！

四言古

義烏括田詩并序　王禕

至正十年，浙東部使者言，民役不均，繇民田有不實。乃俾屬郡括其實以賦役，且命有田者隨其田之所在而受役。真定范侯公琇，遂被檄來涖其事于義烏。義烏，婺屬縣，而侯實仕衢爲録事。衢婺異郡，而檄侯者，慎重其事，非其人不以委之也。侯涖事精敏，凡所行科條，具有繩墨，以故令既下而事易集，法既定而民不争。竣事還衢，縣民相與言曰：「侯之來，部使者之命也。雖然，所以易弊革奸、引公示正，使吾富者不敢私其逸，而貧者得以遂其安者，侯之惠也。侯之惠在吾義烏，曷有窮已？吾黨之士，苟喑無詩以誦其事，將何以表吾感思之意？善於辭者，盍聲爲詩。」於是王褘爲之詩曰：

維縣義烏，有腴其田。畇畇原隰，有陌有阡。田則民有，税入于官。歲取幾何，石萬三千。民之繇役，視税寡多。維民之婾，虚實以訛。富累千百，役僅一加。貧或斗升，顧同其科。官有臬司，視民孔明。曰兹富貧，弗均弗平。宜括其實，使無遁情。役以税差，税由籍徵。維事之殷，匪才莫支。孰以才稱？范侯在衢。

臬司檄侯，侯莫敢違。義烏之事，俾侯來尸。侯來尸之，躬其勞勤。凡民有田，俾其自陳。里胥載核，徂隰徂畛。且稽故籍，質其僞真。鈎隱弗遺，增崇弗逾。既括而實，乃籍乃圖。圖籍既完，弗繆弗污。按籍以役，庳高用敷。豪民大家，繇兼役重。單夫寠人，獲免于庸。富既弗病，貧將終豐。民情載愉，頌聲渢渢。頌聲伊何，民役孔均。匪役之均，惟侯之恩。侯恩曷忘，膏澤我身。我身之餘，施及子孫。願侯毋行，侯行不留。豈惟我人，人皆徯侯。侯其行矣，莫維侯舟。我歌我詩，以相民謳。

景行篇　　王廷曾

烏出於林，魚浮於沼。我思古人，民瘼是討。曰有烏傷，厥始秦封。名因孝子，其行可風。上以及下，下以答上。秉《蓼莪》心，庶哉保障。乃瞻邑里，含宮嚼徵。文人之傑，實惟義士。有留守臣，年已七十。三呼渡河，懦夫可立。斯文云亡，受之故老。以啓來賢，爲世師表。建安四傳，曰起白雲。歲寒之亭，得所未聞。詔使之魂，歸於地藏。靖難雙忠，後先相望。

學從師授，淵源可數。何遜直卿，真小鄒魯。不樂人善，記自華亭。指其功用，若鐘就莛。春興有什，《棃書》有輯。文人才子，不遠斯集。齧臂無語，截喉無茹。有姆争嫠，亦同少女。前有韋吳，後有汪許。我瞻高山，搔首延佇。

五言古

贈鷄山陳七四秀才

宗澤

渥洼生駿駒，丹山生鳳雛。家有寧馨子，慶自積善餘。粹然秀眉宇，瑩徹真璠璵。高聲誦《論語》，健腕學大書。頭頭欲第一，氣以凌空虛。想兹顧復意，何止掌上珠。更期速騰蹈，爾祖立以須。

竹門

徐　僑

竹門爲何設，護此自在身。而有不知者，謂隔一切人。門有閉有開，人有疏與親。閉以謝俗客，開以納嘉賓。或方計財利，或方甘窶貧。或方圖宦達，或方理隱淪。豈惟乖趨向，誠亦因糾紛。若無道義交，開益所願聞。清幽能共適，淡薄能相因。與夫學問徒，講説敢辭勤。義理滋我悦，詩書陶我真。俱不役肴酌，且無昏精神。然當時省己，勿或浪尤人。古人重晚節，氣衰當志新。古人貴老成，齒頹資德尊。初心苟無負，斯不愧斯門。

愧陶

喻良能

淵明在彭澤，到罷八十日。雖營三徑資，未獲公田秫。珍重千金腰，不爲督郵折。拂衣賦《歸來》，何異自投劾。我生本樗散，山林久蟠蟄〔一〕。雖非淵明儔，頗亦

〔一〕「久」字，底本原作「允」，兹據喻良能《香山集》改。

慕幽逸。偶然得一第，遂竊升斗秩。未書藍田考，已捧錦溪檄。荒縣饒逋負，催科費鞭抶。强顔簿領間，忽復彌數月。心焉愧淵明，俛首三嘆息。番江何時還，哦松聊自適。

秋曉野步　喻良能

幽居邇郊原，出户目已瞭。閑携一枝竹，散步及秋曉。寒烟引輕素，澹澹縈木杪。矯首矚層穹，轉眄失飛鳥。野潦净荒陂，驚飈泛枯篠。世態徒營營，此心殊了了。佳處誰與論，聊用付清醥。

知廉州條上邊事落職主管台州崇道觀賦感　劉仕龍

人生百年中，窮通無定迹。譬如風前花，榮謝亦頃刻。當時牧牛豎，尊貴誰與敵。顛頷種瓜翁，乃是封侯客。丈夫苟得時，糞土成珙璧。一朝恩寵衰，黄金失顔色。古今諒皆然，我今何嘆息！

登鷄鳴臺述懷

王禕

早秋未徂暑，亭午忽凝陰。旅居坐局束，勝餞思登臨。幸獲陪衆彦，駕言陟幽岑。出關僅百武，攀磴無十尋。稍已騁遐目，遂兹舒鬱襟。乾坤正納納，歲月何駸駸。斯文付重託，吾力懼難任。道在己逾困，命玄天可諶。終應守素志，誓勿枉初心。浩嘆真有激，微言聊自箴。

雜賦七首

王禕

大化莽冥冥，曜靈無停候。往古復來今，吾往渺何究。無始在我前，無窮在我後。其間僅閲世，曾不百年久。百年亦頃刻，彭聃詎云壽。悲哉浮休身，不及道旁堠。不學劉伯倫，陶然付杯酒。

窈窕青樓人，二八多嬌艷。朝朝明鏡中，芙蓉媲生面。春花紅艷殘，緑葉秋容變。白髮日夜生，衰莫如轉眄。所以學仙人，形神每精鍊。吸景制頽齡，長生凡骨换。

萬物何總總，錯糅兩儀間。人身亦一物，於何較媸妍。古人有不朽，身後貴名傳。

鴻勳勒惇史，奥學在崇編。託兹以名世，庶用垂不刊。孰知竹帛壽，不似金石堅。

夙予秉微尚，外慕俱棄捐。獨持方寸心，千載明月懸。驅車適秦京，策馬來燕國。所見何堂堂，莫非侯與伯。甲第金張家，乙觀王謝宅。旌節出廣衢，百步人辟易。威權自其口，氣焰何烜赫。安知公餗傾，反掌遂狼籍。魯連彼何人，肆志寧自適。

梧桐生巖陽，下俯清澗潯。柯葉雨露滋，鳳凰宿其陰。禀材一何良，裁作緑綺琴。被以弦朱絲，綴以徽黄金。澹然三尺中，實涵太古心。唐虞世已遠，末代崇哇淫。匪無南風曲，欲鼓孰知音。

終朝飲醇酒，舉杯易成醉。終日讀古書，撫卷不成寐。義理一何深，歲月一何駛。功名實外物，山林乃吾事。昨夜西山雲，秋雨生爽氣。笑指三尺檠，終當勿相棄。

門前兩松樹，千尺何青青。白雲枝間宿，縹緲姿態生。驚飈來吹拂，復作笙竽聲。物情豈有適，偶爾相合并。須臾遂分散，彼此各無情。因之感世故，超然欲忘形。

金德原西園宴集得第字　王　禕

旭日散微暄，喬林動清吹。雖然氣候佳，頗覺衆芳悴。朋簪得稍盍，客屐隨所憩。華年嗟易徂，嘉會況難值。開尊引清觴，有酒須盡醉。情真略儀飭，理會忘物議。維予二三子，夙宿諧深契。豈無西掖才，未擢南宮第。淹時姑陸沈，誰云果忘世。獨憐飄泊蹤，萍蓬渺根蒂。未知今日歡，明年復何地。

遊聖壽寺

李鶴鳴

伊昔支遁流，説法此山曲。我來尋舊迹，路險跬步促。飛泉吹烟蘿，怪石參雲木。隤然枯松根，甕塔莓苔緑。野僧三兩輩，凄凉巖下屋。敗壁篆蝸涎，蒼鼠蹄亂竹。旋拂禪榻塵，留我燈前宿。多事披遺像，無端話語録。色相本俱空，了悟不可續。夜深獨不寐，風雨滿幽谷。

勸農

熊人霖

元氣轉斗杓，和風起龍角。星言出東門，川原盱歷落。布穀鳴好音，農人競春作。污邪稚苗青，蟹螺舉趾錯。高原茂來牟，麥秋如可穫。社鼓聲鼘鼘，神明貺民樸。天子齍我成，稼穡事有恪。趣駕循四郊，我馬轡沃若。見三耦而下，周爰用咨度。童子每追隨，或歌或以咢。歡指青前旌，勸農字孔爍。

鄉賢詠 漢尚書楊公喬　陳聖圭

良驥志千里，不同駑馬埒。孤鶴唳九皋，何知野鳥吷。卓彼楊尚書，錚錚人中鐵。夙具廟廊才，代天司喉舌。有才謹且廉，丰神麗堪悅。上書謁皇帝，慷慨數陳切。合浦孟太守，臭味同一轍。七表雖未報，其章裂復綴。乃知阜鵰手，無難探虎穴。天子勿深知，用意徒宛結。恤緯漠不聞，伉儷徒璅屑。豎子何足爲，甘同鮑焦絕。宋弘亦小夫，高懷迴自別。天婚尚不愛，伊誰心可折。使抒繡虎才，金甌將無缺。角墊林宗巾，寒卧袁安雪。醫兒千頃波，孺子生芻潔。東都顧及倫，遂表千秋節。卑哉卓與操，徒然成盜竊。

顏墓　吴雲亭

逍遥城北隅，徘徊顏氏墓。墓頂草時芰，墓旁鬱楓樹。中藏父母骸，左即身爲祔。嬴亂天紀弛，斯人獨堪慕。感此烏鳥情，千秋輝寶婺。當年延陵隧，能使宣尼顧。因知至行人，不受祖龍怒。我來拂穹碑，斯須日已暮。寄語往來人，風規在歧路。

七言古

憶昔

王 禕

憶昔當年二十七，一旦辭家赴京邑。翠眉新婦白頭親，相送出門雙淚泣。亦知離別難爲情，志期年少早成名。囊中束書無長物，欲以文藝干公卿。公卿門前盛冠蓋，棨戟未陳人已待。穎脱且讓毛生能，瑟工敢卜齊王愛。三年韡帽東華塵，驅馳鞍馬多苦辛。謾嬴虚譽落群口，結託誰是知心人。爲驚歲月匆匆去，翻然南歸理吾素。季子寧無妻嫂慚，長卿本乏家財顧。歸來故山今兩年，男兒未遂坐長嘆。功名何物倘可待，須留緑鬢與朱顔。

姑蘇臺　金涓

闔閭城畔姑蘇臺，百花洲上千花開。笙歌半空曉未絶，一聲落月啼烏來。蛾眉顰翠愁如簇，空捧春嬌在心曲。滄江羅網縱鯨鯢，碧瓦丘墟走麋鹿。悽烟慘日潮生處，怨滿鴟夷猶不悟。甬東東海不可棲，劍光夜冷吴山路。

章華臺　金涓

楚臺雲棟連天宇，伯氣憑陵横九土。方會諸侯求鼎時，天下無周而有楚。一朝吴蔡兵合謀，孤舟江路誰從遊。宫花曉露細腰泣，空山落日餓鬼愁。春風過眼秋蕭瑟，餇人一飯那能得。道旁塊土棲草烟，夜寒夢落空臺前。

朝陽臺　金涓

楚王昔日遊臺上，前望巫峰近相向。青楓錦石叢古祠，暮雨朝雲依叠嶂。蔓花古木多春寒，翠幃仙佩非人間。神功治水佐禹迹，至今石刻巍如山。詞臣錯寫《高唐賦》，剛道朝雲夢中遇。千尺黃湍洗不清，水聲猶望臺前怒。

黃金臺　　金　涓

昭王有志興宗社，厚幣卑辭禮賢者。郭君一語捐千金，國士争趨騈駟馬。燕臺計議皆英豪，齊人蹴踏猶兒曹。三軍旗幟白日動，半空劍氣青雲高。樂生既去士亦少，回首春風長芳草。火牛遂復七十城，恨滿臺荒天地老。

戲馬臺　　金　涓

將軍逐馬關中來，神威掠地風雲摧。鴻門舞劍成敵國，彭城衣錦空登臺。馳下漢軍何披靡，垓下楚歌相應起。山河百二幾諸侯，子弟八千無一騎。古來天下誰英雄，荒臺老樹悲秋風。符命合歸赤帝子，項伯不忠范增死。

二月望在鞏昌客館夜夢歸里中與金十二丈傅九文學同游高五處士別業既覺有感而賦

王禕

東風解凍春二月，東還隴西駐吾轍。中宵好月入窗明，孤館殊花應時發。慷慨既罷倚醉眠，夢裏迢迢返東浙。我家住在縣烏傷，奕世衣冠紹先烈。青巘之下華川湄，古木修篁蔭門閲。里中朋友不數人，總角交游到華髮。金丈雖老文益昌，傅子方强氣難遏。縣南高叟故所居，别墅新營最幽絶。大田多稼廩不虚，華屋有軒席常設。自余便道過家時，三載于今成闊别。今日何日乃盍簪，固應舊好三生結。竹林藤箄坐峥嶸，橘徑梅蹊行躄躠。篇章雜遝詩句哦，盤饌紛紜酒杯啜。既誇答客語仍狂，頗憐哭子言猶噎。儼然相對如平生，抵掌論心盡歡悦。寒鐘驚覺頓無聊，一點青燈自陰滅。倍思故隱只山中，却嘆浮蹤向天末。嗟我文章非古人，虚名在世真叨竊。一從螭陛到鑾坡，久侍清光入金闕。每多杜甫能自期，許身欲比稷與禼。政圖事主盡愚疏，豈意謀身轉迂拙。肅將使指往西垂，迢遞河山重跋涉。嚴風裂面沙眯眸，冰髯霜鬢莖莖折。瘦馬衝寒不自禁，狐帽貂裘仍狗襪。得非定遠泛星槎，無乃中郎持漢節。道塗哽塞竟莫通，使事還須遂中輟。歸報吾君扣九重，天顔只尺容趨謁。儻矜弱質賜恩光，便向明時乞骸骨。慈母手綫猶滿衣，先人遺書故盈篋。鑑湖一曲非所望，家山自可采薇蕨。

暮春過中丞朱公即事

吴之器

城陰窈窕朱扉小，中有叢篁助深杳。虚堂如雪無人聲，奇石筍立穿林杪。主人揖罷攬花茵，芍藥牡丹開放新。顧謂雙鬟出名酒，相與對酌酬青春。筵間飣餖不可數，蘋婆之果來朔土。馬上裹馳筒竹封，携歸初作賓祭供。是時流燹入秦趙，大河以北無堅墉。從今此物尤難致，玩色矜香還再四。主人無言忽揮淚。

五言排律

久戍邊城有懷京邑

駱賓王

擾擾風塵地，皇皇名利途。盈虚一易舛，心迹兩難俱。弱齡小山志，寧期大丈夫。九微光賁玉，千仞忽彈珠。棘寺遊三禮，蓬山篋八儒。懷鉛慙後進，投筆願前驅。北走非通趙，西之似化胡。錦車朝促候，刁斗夜傳呼。戰士青絲絡，將軍黃石符。連星入寶劍，半月上雕弧。拜井開疏勒，鳴桴動密須。戎機習短蔗，妖祲净長榆。季月炎初盡，邊庭草蚤枯。層陰籠古木，窮色變寒蕪。海鶴聲嘹唳，城烏尾畢逋。葭繁秋色引，桂滿夕輪孤。行役風霜久，鄉關夢想孤。灞池遥夏國，秦海望陽紆。沙塞三千里，京城十二衢。楊溝連鳳闕，槐路擬鴻都。璧殿規宸象，金堤法斗樞。雲浮西北界，月照東南隅。寶帳垂連理，銀床轉轆轤。廣筵留上客，豐饌引中厨。漏緩金徒箭，嬌繁玉女壺。春濤飛喻馬，秋水泛仙艫。意氣風雲合，言忘道術趍。共矜名已泰，詎肯沫相濡。有志慙雕朽，無庸類散樗。關山暫超忽，形倦嘆艱虞。結網空知羨，圖榮豈自誣。忘情同塞馬，比德類宛駒。隴坂肝腸絶，陽關亭障迂。迷魂驚落雁，離恨斷飛鳧。春去容華盡，年來歲月無。邊愁傷郢調，鄉思繞吴歈。河氣通中國，山途限外區。相思若可寄，冰泮有銜蘆。

邊城落日　　駱賓王

紫塞流沙北，黄圖灞水東。一朝辭俎豆，萬里逐沙蓬。候月長持滿，尋源異鑿空。野昏邊氣合，峰迥戍烟通。膂力風塵倦，疆埸歲月窮。河流控積石，山路遠崆峒。壯志凌蒼兕，精誠貫白虹。君恩如可報，龍劍有雌雄。

宿温城望軍營　　駱賓王

虜地寒膠折，邊城夜柝聞。兵符關帝闕，天策動將軍。戍静胡笳徹，沙明楚練分。風旗翻翼影，霜劍動龍文。白羽摇如月，青山亂若雲。烟疏疑卷被，塵滅似銷氛。投筆懷班業，臨戎想召勛。還應雪漢耻，持此報明君。

浮槎有序　　駱賓王

遊目川上，觀一浮槎。泛泛然若木偶之乘流，迷不知其所適也。觀其根柢盤屈，枝幹扶疏，大則有棟梁舟檝之材，小則有輪轅榱桷之用。非夫禀乾坤之秀氣，含宇宙之淳精，孰能負凌雲翳日之姿，抱積雪封霜之骨。向使懷材幽藪，藏穎重巖，絶望於廊廟之榮，遺形於斤斧之患，固可垂蔭萬畝，懸映九霄，與建木較其長短，將大椿齊其年壽者。而委根險岸，託迹畏途，上爲疾風衝飆所摧殘，下爲奔浪迅波所激射。基由壤括，勢以地危，豈盛衰之理繫乎時，封植之道存乎我。一墜泉谷，萬里飄淪。與波浮沈，隨時逝止。雖殷仲文嘆生意已盡，孔宣父知朽質難雕，然而遇良工，逢仙客，牛磯可託，玉璜之路非遥；匠石先談，萬乘之器何遠。故用、不用，時也。悲夫！然則萬物之相應感者，亦奚必同聲同氣而已哉！感而賦詩，貽諸同志。

昔負千尋質，高臨九仞峰。貞心凌晚桂，勁節掩寒松。忽值風飆折，坐爲波浪衝。摧殘空有恨，擁腫遂無庸。渤海三千里，泥沙幾萬重。似舟飄不定，如梗泛何從。仙客終難託，良工豈易逢。徒懷萬乘器，誰爲一先容。

詠懷　駱賓王

少年識事淺，不知交道難。一言芬若桂，四海臭如蘭。寶劍思存楚，金鎚許報韓。虛心徒有託，循迹諒無端。太息關山險，吁嗟歲月闌。忘機殊會俗，守拙異懷安。阮籍空長嘯，劉琨獨未歡。十步庭芳斂，三秋隴月團。槐疏非盡意，松晚夜凌寒。悲調絃中急，窮愁醉裏寬。莫將流水引，空向俗人彈。

晚泊蒲類塞外河名　　駱賓王

二庭歸望斷，萬里客心愁。山路猶南屬，河源自北流。晚風連朔氣，新月照邊秋。竈火通軍壁，烽烟上戍樓。龍庭但苦戰，燕頷會封侯。莫作蘭山下，空令漢國羞。

題東林寺　　喻良能

江湖大蘭若，廬阜一東林。砌遶琮琤水，門羅翠碧岑。烟雲千古色，松檜四時陰。岸幘銷塵慮，凭欄净客心。殿成神運力，泉出虎跑音。溪在思元亮，堂荒憶醉吟。圖傳三笑粲，閣擁五杉森。貝葉應難訪，經臺已莫尋。僧袈何代朽，佛影幾時沈。晉輦黄埃久，殷碑蒼蘚深。不妨閑弔古，誰復爲沾襟。香火唯蓮社，傳流直至今。

雨後雙杉亭十四韵　李鶴鳴古志前人

風樹曉收濕，雲山春逗寒。快登還木屐，宴坐亦蒲團。眼澀輕抛卷，頭疏厚著冠。藥鑪緣不薄，茶盌量能寬。屬思頻拈筆，沈吟更倚闌。細泉仍滿聽，嫩蕊可禁看。雅静憐叢竹，幽深想茁蘭。隔林樵應斧，逆瀨釣移竿。客遽勤轡頓，農忙促飯摶。熟田牛抄水，淺渡馬尋灘。霞綻斜紅日，烟籠重翠巒。野心閒自會，僻性懶相安。未便虛松屋，終當老蕨盤。檻猿時起笑，意緒得無端。

奉敕纂修武經七書成偕同館賦　虞國鎮無傾

焦勞煩聖主，四海尚烽烟。不識韜鈐術，難司將帥權。經邦文德舉，戡亂武功宣。敕命分諸館，操觚付一編。迂疏誠謬厠，探索愧精研。黄石書無授，青黎照未燃。霸王猷自在，奇正理應全。商訂資鴻巨，參稽訂後前。皇靈期遠賜，載頌遏劉篇。

贈王培庵明府

丘克承

聖世循良見，弘儒康濟優。一心施惠政，百口頌賢侯。官閣琴聲永，山城花事幽。家門江左盛，宦迹孝烏周。童竹争馳馬，農刀悔佩牛。河紆看虎渡，釜冷任魚遊。數本除園薙，雙歧發野粦。論文欣共賞，課士拔群尤。架屋儲紅朽，編書苦較讎。訟庭簾日下，圜土草時稠。事事除無藝，家家樂有秋。宫墻增絢彩，苜蓿壯薪櫄。春暖流鶯喜，波長赤鯶浮。繡川風日好，乘暇漫登樓。

五言律

在獄詠蟬有序

駱賓王

余禁所禁垣西，是法曹廳事也，有古槐數株焉。雖生意可知，同殷仲文之古樹；聽訟斯在，即周召伯之甘棠。每至夕炤低陰，秋蟬疏引，發聲幽息，有切嘗聞。豈人心異於曩時，將虫響悲乎前聽？嗟乎！聲以動容，德以象賢。故潔其身也，稟君子達人之高行；蜕其皮也，有仙都羽化之靈姿。候時而來，順陰陽之數；應節爲變，審藏用之機。有目斯開，不以道昏而昧其視；有翼自薄，不以俗厚而易其真。吟喬樹之微風，韵資天縱；飲高秋之墜露，清畏人知。僕投路艱虞，遭時徽纏。不哀傷而自怨，未摇落而先衰。聞蟪蛄之有聲，悟平反之已奏；見螳螂之避影，怯危機之未安。感而綴詩，貽諸知己。庶情沿物應，哀弱羽之飄零；道寄人知，憫餘聲之寂寞。非謂文墨，取代幽憂。

西陸蟬聲唱，南冠客思侵。那堪玄鬢影，來對白頭吟。露重飛難進，風多響易沉。無人信高潔，誰爲表予心。

秋露 駱賓王

玉關凉吹蚤，金塘秋氣歸。泛掌光逾净，添花滴尚微。變霜凝曉液，承月委團輝。别有吴臺上，應濕楚臣衣。

玄上人林泉　駱賓王

俗遠郊居勝，春還初服遲。林疑中散地，人似上皇時。芳杜湘君曲，幽蘭楚客詞。山中有春草，長此寄相思。

秋螢　駱賓王

玉虬分静夜，金螢炤晚凉。含輝疑泛月，帶火怯凌霜。散彩縈虚牖，飄花繞洞房。下帷如不倦，當解借餘光。

書大洞僧壁　喻良能

招提閟林麓，魚鼓白雲邊。地僻疑無路，山深别有天。幽花充佛供，好鳥伴僧禪。何日征鞍暇，重來借榻眠。

樓文翁約遊法華兼訪五雲　黄　潛

故廬湖水曲，門對法華山。百里空荒外，三峰掩靄間。倦遊煩汲引，闊步强躋攀。老怯高寒景，非緣興盡還。

題宗留守故居　丁　存

王室方多難，經營守汴都。竭謀心報國，戮力願擒俘。落葉封苔砌，虚簷亂曙烏。當時過河語，千載共嗟吁。

夜過繡湖　樓　仁

暝投煙郭外，遥矚見平湖。秋霽水天合，夜清山月孤。叢蘆將宿雁，古木尚啼烏。馬影過橋處，分明在畫圖。

山莊

金　涓

青村溪盡處，林密隱孤莊。石老莓苔路，門荒薜荔墻。人行秋葉滑，鶴立晚松凉。治畝農歸後，蓑衣挂夕陽。

江村

金　涓

寂寂江村路，輕烟晚自生。遠峰晴見色，獨樹暖無聲。渚鷺行看水，溪魚賣入城。孤舟人不渡，兩岸夕陽明。

辛丑夏日同劉聲之重遊石門山屬山南先生隱居處擬建室以祀

吴偉玠

峻石抱雲生，凌空俯削成。樹摇平野色，谷隱落泉聲。窗敗蘿全合，崖欹字半明。重搜高士迹，薦菊有心盟。

石門山　劉元震

隔斷塵喧事，尋幽每一過。峰圍天覺小，徑險石偏多。白日閒麋鹿，清風老薜蘿。欲移李子架，高卧萬山窩。

秋日集抱甕園分賦　陳達德

絶境招攜入，層臺徙倚同。寒花緣石磴，新曲響巖風。作賦推枚叔，譚經失馬融。清池松月細，玄理映來空。

余方悼嫂痛猶未定而娌郭繼亡以泪和墨記此　倪仁吉

此秋何太苦，令我兩重傷。昨痛還疑夢，今罹更斷腸。袖湮新舊泪，人隔死生鄉。欲返當年魄，無從乞異香。

七言律

三月二十四日再朝永祐陵

喻良能

扁舟投曉出重城，春浪初肥緑滿汀。竹裏幾聲泥滑滑，河邊十里草青青。人家艾葉鶯飛燕，水面楊花入翠萍。漸近昭陵佳氣集，五雲松柏喜重經。

治檝舟行五雲門

喻良能

畫舫朱簾出曉關，便風飛過幾重灣。路經僧舍漁村畔，身在烟霏靄霧間。驚浪沸晴輪遠浦，亂雲施粉露崇山。偶因王事從心賞，詩語匆匆不暇删。

遊下巖過松峭祠旁偃松因賦長句

喻良能

誰符秋色替雲峰，萬里炎歊一洗空。細雨復青池上草，西風頓白鬢邊蓬。聊同吾鄉二三子，來訪山中十八公。更待夜深乘月到，要看香霧共冥濛。

次韻伯壽兄見寄 喻良能

江國疏梅吐玉英，故園想見木欣榮。二年鴻雁碧雲闊，千里江湖春水生。苒苒池塘應入夢，瀟瀟風雨苦爲情。行看戲綵青萱發，準擬芳樽相對傾。

輦下言懷 喻良能

馬蹄重踏帝京塵，七載江湖飽問津。白髮有人疑甲子，清齋無日不庚申。不才詎敢誣明主，厚禄那能羨故人。乞得泮宫閩粤去，未妨閑處著吾身。

題淵明祠堂 喻良能

宅邊雖有五柳樹，歸去已荒三逕園。平生胸中羞五斗，偶爾城市羡華軒。盈樽濁酒自可漉，得趣古琴那用絃。欲知耿耿忠憤意，甲子斷自永初年。

題歸宗寺

喻良能

寺因逸少曾爲宅，峰自秦王已得名。不獨山南稱最古，故應江左號尤清。路趨絳闕山梁嶮，奮隱金輪石鏡明。誰信塵埃倦遊客，秋風還許杖藜行。

題開先寺二首

喻良能

少年魂夢到廬山，今日身游鬢已斑。聊復揮毫吟紫翠，未妨拄頰對孱顔。遥看飛瀑三千丈，近去青天咫尺間。不爲白雲頻屬意，應遊此地不知還。

壯觀端宜冠九州，未應萬壑敢争流。盡將銀漢爲懸瀑，一洗紅塵變凛秋。白雨廉纖飛迥野，玉龍夭矯下靈湫。廬山處處雖奇絶，不到開先未是游。

題石壁精舍

劉祖尹怡堂

結廬投老瞯群峰，隱隱松杉曲徑通。剩種地邊千矗竹，近營林下一巢風。欲眠静絶春來夢，趺坐閑看月墜空。檢點吾生諸事了，子孫更與護其終。

重遊光明寺　金涓

梵王宫殿倚崔嵬，積翠繽紛圖畫開。啼鳥避人穿樹去，老僧迎客下山來。裁詩石徑書青竹，散髮雲林卧緑苔。自識個中幽興熟，杖藜何惜重徘徊。

過稽亭　丁存

春風引杖過稽亭，初日融融水荇青。百頃澄波涵碧落，一行歸雁渡青溟。簷楹鳥集知人好，山水龍蟠覺地靈。堪嘆舊交單落盡，臨風涕泗有餘零。

題宗忠簡公祠　林士淵

幾年淹滯一朝伸，獨步天衢表縉紳。身作長城扶厄運，氣吞北塞植彝倫。乘機自是無勁敵，掣肘那堪有佞臣。聲斷過河天柱折，英雄萬古爲沾巾。

龍陂亭

劉繼善

家乘班班事可尋，當年朱吕已傳心。龍陂風月閑亭樹，鳳閣功名並華岑。直道不回存浩氣，清詩獨步振希音。緣知文獻源流遠，喜有聞孫重士林。四詩本古《志》。

次侍講先生遊方巖韵

王禕

靈迹初開不記年，危峰如削路如懸。曾聞匹馬臨池飲，恐有群羊化石眠。風引珮聲來上界，雨連香氣落中天。昌黎亦有衡山謁，今古清遊豈浪然。

與德原國章解后光明溪上

王禕

眼見兵連婺女城，吾邦騷亂若爲情。已應邮緯無他策，要復窮經了此生。少室山人空索價，杜陵野老欲吞聲。荒村避地相來往，日暮班荆蓋共傾。

春日讀書山房過積翠樓登覽樓在水竹洞天後　胡　讓

山樓佇望夕陽斜，遠樹縈烟入塢賒。半壁琅玕横過日，一泓寒碧上蒸霞。懸崖巉峭垂蒼薜，古木蓊葳集暮鴉。太息春光同逝水，杏花歷亂又桃花。

宿雲黄山　劉　傑

偶因修史訪仙蹤，夜宿雲黄第一峰。蝶影未回千里夢，鯨音先動五更鐘。光明列炬羅星斗，秀拔雙檮護柏松。俄頃出山回首望，露華凉浸玉芙蓉。

次前韵　劉　同

雲黄勝日采遺蹤，回首雙林近碧峰。聯轡喜聞秋後雁，連床驚聽夜分鐘。香浮寶地當軒桂，影落瑶階夾道松。共説浮屠靈有感，法光遍照翠芙蓉。

過斗潭　李鶴鳴

路上層灣歇馬頻，彩霞晴散曙光新。連天風雁字變態，過雨雲山畫入神。渡谷老牛鳴顧犢，隔籬躁犬吠迎人。苔磯正蔭雙松古，可愛溪翁把釣綸。

元旦次日發平原見霽雪　朱湘

春郊一夜飛瓊屑，樹樹枝枝盡曉粧。白到遠山翻作黯，寒欺午日亦無光。未論竹徑千竿卧，却益梅花一味香。最是太平人物瑞，無邊清意入遐荒。

登泰山絶頂　朱湘

攀雲躡磴扣天閽，絶頂摩空星可捫。俯視千山參法從，平看八極隘乾坤。龍紋虎阜封苔蘚，漢柏秦松長子孫。今古登臨誰是主，斷碑荒碣自黄昏。

聞吴堯山侍御廣陵監兵未解　汪道昆

使君寶劍七星明，截海揚帆斷巨鯨。開幕定傳書記檄，飛符先召伏波兵。大堤烟火連隋苑，高壘風雲擁漢旌。六月王師愁汗馬，孤城桴鼓仗安平。

移鎮信豐生擒諸渠捷至　吴百朋

山城曾弭文成節，我亦雙甄指縠川。日月新開豺虎道，風霆直掃棘菁煙。嶠陰死戰輕三伏，閭左生全可百年。白髮漸生金革裏，歸田無計負先賢。

聞劾報口占　龔一清

譚知豈必盡嘘揚，生我還須藥石良。多病挂冠勞曉夢，希時懷寶熱中腸。萊階五采斑斕色，荆砌千章碧落光。感荷一封完朽質，悠悠吾道付滄浪。

悼弟寄子美兄　龔一清

飛鴻天外一聲哀，幾許柔腸日九迴。有分同胞憐骨肉，無端歧路哭塵埃。嚶鳴多爲晨風去，唳鶴偏從夜月來。欲奏知音流水調，岡原雲水共徘徊。

上撫院劉公移鎮金華二首 一琨　陳乾陽

元戎曾賜九花虬，華髮登壇控上游。風静戈船横海口，月明强弩射潮頭。東方駐節還千騎，北顧籌邊自一樓。但借吹笳劉越石，肯教塞馬更淹留。

西臺獨坐漢時庭，忽指雙甄切婺星。組練不驚鷗鳥色，風雲猶壯鸛鵝形。烽前插羽旗看白，閣内燃藜火尚青。爲報從軍諸俠少，折衝曾不罷傳經。

秋登八詠樓同龔季良吴賜如陳大孚　陳乾陽

四山迴合接飛甍，睥睨那堪我輩情。枕郭溪流還日夜，過橋野色逐陰晴。寒空碪杵千家急，平楚風煙萬壑生。爲問登樓能賦客，何人腰似沈郎清。

稠巖晨興　　吴大纘

暑夢初殘星宿稀，循欄緩屐散熹微。炊烟叢薄分松色，夜雨簷牆澹曙暉。山綻青螺黄鳥悦，池明緑藻錦鱗飛。物華獨對幽人暢，襬襶炎塵斷户扉。

賜鈔　　傅巖

慣見罘罳識御床，漢庭題柱重爲郎。蟠龍寶字頒初命，丹篆金錢出上方。是處闌螭渾刻雪，頻窺殿瑣只聞香。周除若水無鵷鷺，獨有諸儒仰昊蒼。

贈駱潤父　　朱淳

霜飛一檄劍花寒，膽落晨鷄夢未安。四子才難推爾祖，微臣氣轉壓千官。松崖煮石浮烟碧，鷲嶺捫霞射日丹。爲憶長明燈下句，沾巾渾是不曾乾。

雨後同陳大孚登雲黄山

龔士驤

探奇乘興復如何，淺澗深松牧者多。樹杪人從雲裏度，山家春是雨中過。煙明蘭若雄幢蓋，水漬花原冷薜蘿。登眺不妨歸路遠，陌頭試看踏青歌。

賀季良叔登第

襄陽夏長卿

幾年春色五侯家，今日長安始見花。馬上蚤鶯催漏斷，苑邊弱柳任烟斜。東風到處眠芳草，明月歸來擁碧紗。醉後杏園成遠夢，應憐猶子滯天涯。

乞假省親不得聞烏志感

胡之翰

蕭蕭蓬鬢雪千莖，愁聽庭前烏哺聲。日暮落霞飛鶩疾，風高殘葉塞鴻驚。氊寒羞捧安陽檄，天遠誰傳令伯情。獨向空階閑徙倚，隔林深處白雲生。

秋日集抱甕園同陳具茨陶石梁先生李瓊崖龔季良吴賜如叔簡分賦　陳達德

萬壑松聲夕照中，幽尋徑轉習池通。疏飄歌雪停雲白，間發林花帶葉紅。金幌月殘初過雨，錦堂燭滅細含風。千秋勝賞誰堪擬，况復留髡興未窮。

和龔季良春遊靈鷲作　陳達德

雲壑千重梵境開，最高峰上壓香臺。輕嵐護嶺分泉細，危磴攀花拂鳥迴。磬入巖松初地寂，龕生海月晚潮來。老僧題後君重到，千古應憐隔世才。

重過霸臺　陳達德

先府君曾守兹土，多惠政，民立碑尸祝。手植柳萬株蔭行旅。河决，詔發丁壯萬人修築，漂溢愈甚。府君奉命作文誓河伯，刑牛沉之，堤立就。

古臺晴雪照荒州，惆悵先人此舊遊。菀柳萬株堪蔭日，安流千里昔沉牛。碑因墮淚苔常濕，詩爲行春俗尚謳。憶我童年初學賦，五渠烟景入狂搜。

華川十景詩〔一〕　熊人霖

城堞建威

初縣封疆古越東，凌虚雉翥石樓雄。遥遥嶺勢千重出，漠漠村烟百道通。戍角夜閒斜浦月，寒旌晝静隔溪風。河山襟帶閭閻暇，聖主恩崇户牖功。

橋閣滙秀

閣飛似隼乘烟起，橋湧如虹吸浦迴。鎖斷兩崖函日月，横吞千瀨静風雷。簷前浪捲長空盡，海上雲隨獨鳥來。芳甸黍苗青極目，澄清保障思悠哉。

東江渡春

江橋東去海西涯，海曙江春轉物華。著草初濃蒼巘霧，憑闌閒繞赤城霞。村莊帖

〔一〕此處僅八景之詩，另二景詩當爲《崇禎義烏縣志》所載之《步虚寓望》《鈎岩瑞石》，二詩疑爲前卷二「步虚嶺」「釣魚巖石」所記熊人霖詩。

就棲雙燕，驛使書來見一花。無限韶光隨馬首，散分雨露與桑麻。

南營講武

春蒐小隊出林坰，羽扇綸巾江上亭。組練光摇鷗鷺色，風雲氣壯鸛鵝形。六千君子推雄略，十二便宜憶武經。薄斂省刑多暇日，三農努力報明廷。

泮宫繡繞

清波十里照宫墻，處處春風藻荇香。按樂每依鸞翼譜，彈琴閑和《鹿鳴》章。草侵書屋青栽帶，石近天台紫作梁。欲識遠臣心似水，沿堤桃李已成行。

棠茇清垂

南國詞人第一流，太函霸氣挾高秋。禪心静對雙檮樹，秀句遥連八詠樓。樞府籌邊存諤諤，卿才敷政自優優。只今萬户絃歌地，還引清風灑緑疇。

慈航秖林

春堤楊葉覆春潭，潭影春燈旁雨龕。咒食汀虚初上月，尋源瀑瀉乍分嵐。玉堂學士陪龍衮，秖嶺高僧演象函。原隰泉流勞吏事，每依幢影一停驂。

稠嶺祥雲

空山臺殿自粱時，雲物輝煌入座奇。谷口一痕江鳥入，鉢中五色凋龍知。半輪法轉開千藏，雙樹衣傳第一枝。國泰民安天地久，祥光長護盛明時。外步虛，寓望釣巖瑞石。見「嶺石」下。

星言亭

熊人霖

鷄鳴催漏斗横斜，夢遶桑田緑徑賒。挂壁一琴閑自好，出郊小隊静無譁。蠶筐摘露春眠繭，牧笛吹烟曉作霞。聞道未央方問夜，小臣努力課農家。

詠懷古迹四首皆吾邑先賢也

吴之器

殘碑斜倚兩三松，初縣東郊此故封。道左一抔秦世土，溪頭雙嶺漢時峰。寒原去馬嘶遥樹，煙郭移屯過夕烽。猶有舊烏山寺外，夜聲常和講堂鐘。右秦孝子顔烏墓，其側有寺。

颯颯松風吹墓門，遺忠堪爲表乾坤。百年論託千秋定，六尺孤從一檄存。幸有青山埋烈士，更憐白屋認仍孫。邑有三駱氏，皆云公裔。魯連逝後先生往，東海何人解報恩。右唐駱丞墓。

村煙數點小溪干，忠簡家山道路嘆。一旅踏冰先叩闕，萬言泣血未歸鑾。烽烟近塞思迴馬，群盜來王耻揭竿。白首危疆餘涕泪，凋年霜色至今寒。右宋宗忠簡故里。

蒲輪一上起雲雷，聖主初延蓋代才。金闕威儀開漢蕞，玉堂編簡出秦灰。由來漠北羝難乳，莫詫滇南馬不迴。荒徑楓林愁過客，寒嘶霜壑不勝哀。右明王忠文故里。

庚申閏秋月哀辭　吴雲充

回首桑榆急景催，恨消炬蠟忽成灰。梅傳春信誰爲問，竹報平安客不來。露浥簾前萱影瘦，秋迴天際雁聲哀。自慙甘旨年年缺，絮酒何堪薦夜臺。

稗官野志代興雄，文獻東南一壑中。注就麟經驅左氏，輯成婺史揖扶風。茹荼花管傳家學，卧雪雕龍問國工。吾道今窮何限嘆，蕭條秋色入丹楓。

詩壇氣格祖三唐，月舫懷人春思長。香灑芝蘭皆是怨，清含冰雪總成狂。溪山試屐痕猶在，花鳥關愁韵未藏。惆悵素交誰可到，分箋依舊訴殘陽。

詠螢火　　王明冕

湖畔風微暑氣清，破昏丹鳥暗飛晶。飄花掩映疏星白，照水依稀淡月明。避地幾懷荆玉藴，乘時常帶夜珠行。摶扶不少凌霄志，摇曳還隨卷帙縈。

暮秋懷吴禪生　　王明冕

輕寒細細透羅裳，日落烟村納晚凉。野樹漸看秋色老，山嵐已傍柳梢黄。思深兩地聽鴻雁，待久千杯貯酒漿。知汝此時詩興發，幾回遥望白雲長。

侑胡母陳氏節壽　　駱宁楨

彤雲烟靄一陽天，千里斑衣赴錦筵。雙鶴蹁躚翔瑞日，五芝濯秀舞華川。亭亭蘭玉來天上，濟濟曾孫繞膝前。共醉丹砂稱不老，九如應繼《柏舟》篇。

寄外二首　倪仁吉

新詩賦寄遠人收，別後風光澹若秋。芳草無情迷路迹，杜鵑有恨咽枝頭。秖緣彈鋏憐羈客，非睹垂楊悔覓侯。莫向天涯勞鯉素，閨春此日慣經愁。

落日平林倦鳥投，何緣遊子尚淹留。每疑簾竹頻推枕，恐錯歸航不倚樓。風送榆錢寧買夢，春槎柳綫正牽愁。瀟瀟又植空階雨，滴碎窗西未肯休。

五言絶句

亦好園四詠　喻良能

亦好亭

亦好茆亭小，登臨意緒長。清流依檻曲，明月逐簷方。

磬湖

未用他山錯，寧須泗水浮。衝風時激浪，清韻亂鳴球。

釣磯

不爲貪赬鯉，還應愛碧流。風來花落餌，雲破月沉鈎。

菊徑

小徑三秋好，西風百本黄。但令頻泛酒，日日是重陽。

題齊山翠微亭　　喻良能

山深雲氣多，撥雲尋徑入。但覺襟袖寒，不知濃翠濕。

雪日　　龔士驤

照夜催鴻度，先春試鳥銜。萬山摇落盡，留取護松杉。

善關義烏北六十里　　熊人霖

碧嶂連雲峻，丹梯旁澗彎。鷄鳴春晨過，静氣滿深山。

秋日西江閣二首　吴之器

高閣臨江秋，秋色迥不極。隔堤千萬樹，樹樹雲霞色。
野曠夕陽多，江清細烟少。白鷗無近遠，蕭然點空島。

七言絶句

約喻叔厚會于香山　徐僑

鄉居惟我與君閑，相見俱緣一出慳。此去君家無十里，杖藜明日會香山。

遊雙林寺　楊傑

山路崎嶇山頂平，兜羅雲向下方生。了知大士夢中夢，更去如來行處行。

秋日有懷仲文季直二弟　喻良能

微雲初月澹層城，絡緯聲連促織清。北雁不來千里信，西風還起故園情。

溪頭晚歸　　金涓

野店春寒酒力微，溪雲吹濕上人衣。山童不顧肩書重，更折梅花帶雪歸。

幽興　　金涓

燕子飛來近畫簷，暮春時節雨纖纖。杏花落盡無情緒，何處人家有酒帘。

送義烏龔叔安給事歸省二首　　方孝孺

鷄舌同含侍紫宸，朝回東閣每相親。片帆忽逐西風去，鴛鷺行中少一人。

繡湖烟雨正宜秋，之子還家喜得遊。忠孝堂前舊明月，相隨重到鳳池頭。古《志》止入此首。

煙寺曉鐘　　龔永吉

岧嶢梵刹曙光分，僧動鯨音遠近聞，一百八聲初歇處，滿湖烟靄氣氤氲。

湖亭漁市　龔永吉

會景臨清湖水濱，鬻鮮貰酒集漁人。柳枝密插新亭外，盡是銀蝦雜錦鱗。

松稍落月　龔永吉

蒼松偃蹇月如盂，光浸平湖趣自殊。風動樹端何所擬，老龍争攫夜明珠。三首本古《志》。

偶成　龔士驤

水國垂楊緑滿枝，沙鷗漁艇往來時。朝朝暮暮平堤外，占盡晴烟共雨絲。

洛茹亭　熊人霖

溪樹山藤相與鮮，行逢村叟問秋田。雨肥晚秫雙垂穗，臘酒開春不要錢。

清樾亭　熊人霖

一道溪流跨兩橋，高樓甲觀隱遥遥。行人坐著清陰裏，又聽鶯聲送遠飆。

越紐亭　熊人霖

斗南婺北嶺嶠分，石鏡藤花破蘚紋。隨意勞勞成小憩，吴山越水總春雲。

瑞日亭　熊人霖

縣門東上日蒼蒼，野水晴雲動曙光。稚子越歌争得意，儂家百秤大禾黄。

紀事詩二首　吴之器

望眼迷離鬟緑枯，吞聲曾憶故夫無。可憐畫棟雙棲燕，化作軍城幕上烏。

歸死難禁衆叛時，逋臣休詫再生奇。從來胥子寒潮裏，何處堪容宰嚭尸。

鷄鳴山下過宗忠簡公祠

吴雲亭

京口迢遥江墓魂，祠堂此處故荒村。重重新黍含秋日，點點殘花出洞門。

龍旂山

金以琳

龍劍新開嶽底函，桃花照錦落青潭。海天煙月憑誰得，會有雲衢駕紫驂。

附編

重修東江橋記

東陽盧格

弘治紀元之庚申，廣德李君文郁以名進士出宰義烏。越明年，令行禁止，化行俗美，民有餘力，官有餘財。乃修庠校以居學徒，修倉廩以廣儲蓄，修陂障以防澤，修茀塞以通道，修館舍以無忘賓旅，蓋其所存者，莫非利物之心，故其所發，亦莫非利物之政也。邑之東江有大橋，路當衝要，往來絡繹。自宋慶元至今，不知幾興廢矣。

成化間重建於先子贈知縣府君，再修於邑宰齊君溥。雖工力浩繁，規制完美，而洪漲衝激，暴風飄忽，頓崩而屋壞，瓦落而柱欹，漏濕相仍，日就傾圮。侯時過而見之，慨然曰：「橋梁道路，長民者之責也，吾其可坐視乎？」謀之庠序，士有喜色，聽之道路，民無異言。乃謹規畫料貨食，敦勸義士吴希彩、黄子宣、虞子盛爲之助理。三人尚義者，皆欣然捐己資，殫心力以祇承德意，購材于集，鳩工於良。欹者正之，墜者舉之，缺者補之，敝者易之，不嗇不侈，不亟不徐。財用以足，民不知勞，不數月而工告畢。工程堅固，氣象巍峨。遠視之，如蝃蝀行空，雲龍騰海。豈特行者之利哉？誠一邑之勝概也！吴希彩恐侯之德久而不傳，而屬格爲之記。古者辰角見而雨畢，則除道；天根見而水涸，則成梁。橋梁之修，有司之常事耳。常事不書，此何以書？昔侯初視篆，辱臨余舍，聆其言論，正直有以，占其所存矣。數年以來，明目熟視，見侯于事有定見，守有定力，規模宏遠，舉措光明，學識淵源，器度渾厚，乃知侯之所以大過人者，其本在是。他日躋顯階而秉大政，功名事業直當與古人等。故雖常事而不容不書，亦《春秋》賢而得書之法也。《詩》云：「蔽芾甘棠，勿剪勿伐。召伯所茇。」夫甘棠微物，非能利人，周人感召公德，澤之深而愛護之。若此，則斯橋之所以寄遺愛於無窮者，又豈可以常事論邪？故不辭而爲之記。

青巖詩集序諱稌，字叔豐，紳子。

李東陽

夫世之有文獻，大者關天下，次者關一鄉，而小者關一家，其政行風教可考而知也。故國有史册，鄉有傳記，家有譜乘，又往往見諸制作著述之間。史傳及譜，挈綱而舉要，勢不能以槩天下，獨其人之所自述作，則凡志操功業之詳，皆得備見而無所遺焉。然以天下之大，古今先後之邈且久，則其詳者勢亦不得以盡存，必辭暢理達，然後可以自見乎世。故古之君子，有立德、立功、立言。言雖細，亦世之所不能廢也。説者又謂，必爲之先則其美彰，必爲之後則其盛傳，故所謂文與獻皆繼世者之責。及其至也，則雖門生故吏，不得以佞其官長；鄉黨之子弟，不得以諛其先達，而況子之於父、孫之於祖哉！故文獻者可以觀世矣。

余於青巖王先生之詩，竊有感焉。先生，待制忠文公之孫，博士公諱紳之子。博士嘗從宋太史游，與方遜志爲友。先生爲遜志所教，見許以女。暨其難之及也，實嘗周旋其間。文皇帝念忠文死國，宥先生于逮繫，且欲用之，而先生以疾歸。所編有

《皇朝文纂》《金華賢達傳》《續真西山文章正宗》，而所著詩尤多。君子謂國朝文獻金華爲盛，王氏于金華爲尤盛。蓋忠文之文章節操，關天下休明之治；而繼志閎業如博士公者，非適爲鄉里之望也。若先生孝義清白，不失世守，而所謂詩又和雅冲泊，粹然不戾乎正，亦豈獨一家之範而止哉？然則雖其詩亦不可以不傳也。

先生之子中書舍人汶，輯其詩數千篇。鄭義門諸老間爲選訂。中書君在南雍，又屬今太史吴君厚博擇其尤粹者，此集是也。中書君既謝病歸，將鋟梓以傳。余慕王氏文獻之盛，又信中書之賢，非誣其親者也，故序而歸之。先生諱稌，字叔豐，别號青巖蹟樵。曰「孝莊」者，門人私謚也。

送許克仁任德興丞序

國史修撰餘姚謝遷

地百里爲縣，縣之長有令，貳有丞，令以統理，丞則佐之而理者。其位下一品，其署共一堂，其政教號令、刑獄催科，事無巨細，皆得可否其間，夫豈閑官也哉？許君克仁，吾浙之烏傷巨族胄也。素負大志，蚤入邑庠，治葩經，學成，自分功名可唾手取，而卑位若不屑爲者。第爲宰物所制，屢走文場不偶，竟膺貢入成均。今年春二月，拜命授江右德興丞。友人徐進士天爵，暨其鄉之士夫在京師者，惜其學贍才充，而丞一卑官，未足以大展厥志，相率請言以壯之。

惟先儒有言：「一命之士，苟存心愛物，於物必有所濟。」况佐理一縣、貳職百里者乎？是正克仁得展其志之日，要在求其稱而無曠焉耳。吾竊有以告克仁：夫令爲長官，有兄道焉。兄弟和則家事理，長貳和則邑政脩。故令之政教善矣、號令行矣、刑獄當矣、催科公矣，吾協力而贊襄之；反是，則相與可否，必求其善、求其行、求其當與公而後已。無恃才以相陵，狥私以相傾。俾我之心有乎於令，令之心不貳於我，則署無弗宜，事無弗濟，吏卒無所施其豪猾，而縣不治、民不安者，未之有也。如是，斯無負於丞矣！雖然，吾無負於丞，丞其負於我哉？古人有爲龍門丞者，不數年而登列獄，則丞蓋自下升高之一級耳，無患乎名位之不崇，而足以大展厥志也。

題金孟章制義

陶望齡

孝烏金君孟章，以萬曆辛丑走會稽，贄文於予。其文洗澤去華，務出簡淡，意津津自喜。予謂之曰：「有情事於此，一人頤若溜、舌若電，縱横捭闔〔一〕，吐詞千百，而其事白、其情殫；一人卷舌樹頞、片言居要而其事亦白、情亦殫：二人者孰辨？」孟章曰：「莫辨於簡言者。」予曰：「爲文猶是矣！辨甚則簡，吾子姑患勿辨，勿遽爲簡也。簡而弗辨，去啽幾何？」是時孟章之技，骨不腴，神不揚，故予砭之云。然甲辰復見其文於都下，其骨愈立，然腴矣；其神愈闓，然揚矣。予謂曰：「是役也，子戰必勝。」既而罷還來辭。予曰：「子技自工，不勝者，命也。」丁未，舉於南宫，以書及所哀義，來山中若謂予言有少助。予笑曰：「子不聞張長史之草聖於争擔、劍舞乎？傭夫之鬥、伎兒之弄，何與於毫素？然而物有相觸者，志專而功苦也。昔吾子之問業於予也，心静一而無他色，伊鬱而如不能自解，此專苦之至也。予言鬥夫、舞伎而已，何功之有？子以是物爲政，治必辨，以是物求道德，業必精。神將告子直舉子業已邪！」丁未嘉平月廿日，石簣山樵陶望齡書。

〔一〕「捭」字，底本原作「押」，兹據陶望齡《陶文簡公集》之《金孟章制義序》改。

陳大孚詩序順治甲午仲夏　　郜南魏裔介

余生平好遇異人，讀異人書。異書乃時時得覽之矣，異人則未嘗數數見也。蓋嘗於書而見古之異人焉。或慷慨奮發，捐生刎頸，則俠而異；或變姓易名，赴山蹈海，則隱而異；或餔糟啜醨，歌哭無端，則狂而異；或伏氣餐霞，乘鸞跨鶴，出有入無，則仙佛而異。當吾世而得一人焉，可與之共坐百尺樓上，俯視一切矣。然余每讀史至張騫奉使、班超立功、終軍請纓、宗慤破浪，則又未嘗不掀髯浮白，擊碎唾壺，以爲大丈夫生世當如此耳。二十年來，每於朝市山林，風塵擾攘，傾蓋應對之際，未嘗不留心物色也。

癸巳冬，遇陳子大孚於晋邸，詢其所自，知爲浙人，官於晋，遭亂，遂家焉。與司馬衛郃孫先生昆玉善，偶來京師，其年已長矣，而視聽强健，飲啖過於恒人，心竊異之。及與之談，則自圖占、象緯、陰陽、地理、兵法、屯務、河渠漕政以至性命奥窔之旨、人事情僞之變，莫不批郤導窾，言之娓娓動聽，余則嘆以爲天下之異人也。未幾，天子念遼陽係豐鎬重地，擇賢者綏輯之，下令曰：「能招百人往者，授以縣尹。」不數日，而陳子得百人應募，司農以聞。天子異之，如前令。陳子治裝數日，過宣武門與余別，酒酣登車，毅然就道，惟車一乘、馬一匹、僕一人、書數卷而已，遂與百人者出關而東。聞石衛先生留其詩數帙付剞劂，而命予爲之序。余與陳子談有日，既得其生平之所學非尋常之可測識，今觀其以孑然之身蕭條旅舍，朝夕饔飧且不給，而號召百人得諸旬日，仗劍遼左數千里之外，不問妻子家事，此其人爲何等也！焉知異日者大孚不建豎奇功，轟轟烈烈，與張、班諸君子後先追逐乎？此余所以讀其詩徘徊而不能已也。若其詩之靈濬蒼秀，在唐人中有似高達夫，郃孫先生序之詳矣，余不復贅。序其人之異而可傳者如此。

評陳大孚詩集順治甲午春

曲沃衛周祚

大孚先生在浙有集，兹集蓋僑沃後之所著也。集中近體居多。胡元瑞曰：「五十六字之中，意若貫珠，言如合璧。」又云：「七言律如果位菩薩三十二相，百寶瓔珞，莊嚴妙麗，種種天然，而廣大神通在在具足，乃爲最上一乘。」元瑞不及見《大孚集》，苟以之評大孚，豈不當焉。大孚亦言：「古體非漢魏莫適。近體杜老外，若高、岑、王、李諸公，咸典麗風雅，醇厚和平，不失三百篇氣象。迨明王季，挽救正派，則元美色相俱備。」今觀大孚詩，推敲一字，錙銖輕重，律吕低昂，洵有功于元美，洎盛唐諸君子哉！昔少陵在夔門，抑鬱閉塞，瑣尾流離，其孤諒一形之于詩。大孚遭豺虎亂，偃蹇蓬迹，清泉白石，操觚吟哦，不叫不怒，古今人何一揆也！一旦騎青牛出榆關，高卧幼安之樹，斯時也，南撫大海，北眺醫巫閭，必有詩矣，其鋟海外篇可也。

過顔孝子墓金華太守漢陽　　吴　炯闇存

人倫風化自孝始，我懷義烏顔氏子。昔從書傳聞其名，今來浙東入其里。未入里先見路碑，高冢巋然雲樹裏。猶有群烏繞墓飛，或者神烏長不死。銜土傷吻土亦赤，烏血凝成暮山紫。今古人人皆有親，負土葬者豈獨此。如何感召到山禽，須就人心推物理。生前服勞情自苦，亡後附身哀靡已。天地憐憫鬼神泣，無知羽族有所使。父子塋域永相依，白雲深處精靈起。風吹草卉即萊衣，溪浮蘋藻爲甘旨。千秋萬古此經過，誰人眼淚不如水。

過繡湖懷黄文獻公

吴　炯

宋亡尚有名賢出，餘韻流風水共長。古道荒祠無客拜，繡湖春草爲誰芳。遺文氣欲追諸葛，講學心堪接紫陽。好爵自然縻不住，官高頻上乞休章。

主要參考文獻

《史記》，漢司馬遷撰，北京：中華書局，一九五九年。
《隋書》，唐魏徵、令狐德棻撰，北京：中華書局，二〇〇二年。
《宋史》，元脱脱等撰，北京：中華書局，一九八五年。
《駱賓王文集》唐駱賓王撰，見《中華再造善本》影印國家圖書館藏宋刻本，北京：國家圖書館出版社，二〇〇四年。
《宗澤集校注》，宋宗澤撰，北京：中華書局，二〇二一年。
《香山集》，宋喻良能撰，北京：中華書局，二〇二〇年。
《文獻集》，元黄溍撰，見《全元文》，南京：江蘇古籍出版社，一九九八年。
《金華黄先生文集》，元黄溍撰，見《中華再造善本》影印上海圖書館藏元刻本，北京：國家圖書館出版社，二〇〇五年。

《宋學士文集》，明宋濂撰，見《明別集叢刊》第一輯影印明正德九年刻本，合肥：黄山書社，二〇一三年。

《宋濂全集》，明宋濂撰，杭州：浙江古籍出版社，二〇一六年。

《王忠文公文集》，明王禕撰，見《北京圖書館古籍珍本叢刊》影印明嘉靖元年張齊刻本，北京：書目文獻出版社，二〇〇〇年。

《萬曆義烏縣志》，明周士英修、吴從周等纂，竇懷永點校，北京：中華書局，二〇二一年。

《崇禎義烏縣志》，明周士英纂修、熊人霖增修，竇懷永點校，北京：中華書局，二〇二二年。

《康熙義烏縣志》，清王廷曾修纂，義烏市志編輯部影印，二〇〇五年。